娄底年鉴

LOUDI YEARBOOK

2018

娄底市地方志办公室 编

方志出版社
Publishing House of Local Records

图书在版编目 (CIP) 数据

娄底年鉴. 2018 / 娄底市地方志办公室编. -- 北京:
方志出版社, 2019.9
ISBN 978-7-5144-3935-9

Ⅰ. ①娄… Ⅱ. ①娄… Ⅲ. ①娄底 -2018- 年鉴
Ⅳ. ①Z526.43

中国版本图书馆 CIP 数据核字(2019)第 259914 号

娄底年鉴(2018)

编　　者: 娄底市地方志办公室
责任编辑: 张 颢

出版者: 方志出版社
地址　北京市朝阳区潘家园东里 9 号(国家方志馆 4 层)
邮编　100021
网址　http://www.fzph.org
发　行: 方志出版社图书经销中心
电话(010)67110500
经　销: 各地新华书店
印　刷: 娄底市娄一印务有限公司

开　本: 889×1194　1/16
印　张: 32.2
字　数: 1020 千字
版　次: 2019 年 9 月第 1 版　2019 年 9 月第 1 次印刷
印　数: 0001~1000 册

ISBN 978-7-5144-3935-9　**定价:** 220.00 元

《娄底年鉴》编纂委员会

《娄底年鉴(2018)》编辑部

编辑说明

一、《娄底年鉴(2018)》记载娄底市国民经济和社会发展的基本情况与重大事件。

二、《娄底年鉴(2018)》以马克思列宁主义、毛泽东思想、邓小平理论、“三个代表”重要思想、科学发展观、习近平新时代中国特色社会主义思想为指导,坚持辨证唯物主义和历史唯物主义的立场、观点和方法。本年鉴从2017年娄底市经济社会发展和改革开放的实际出发,注重反映地方特色和年度特点,突出经济社会发展和改革开放的新情况。全书共25个部类,依次是:特载、大事记、娄底概览、党政群团、法治、军事、经济综合监督管理、园区经济、农业、工业、城乡建设·房地产·环境保护、交通·通信·邮政、商贸·旅游、财政·税务、金融、科学技术与服务、教育、文化·艺术·体育、新闻·出版·广播电视、卫生和计划生育、社会保障、县(市、区)概况、统计公报、重要文件目录及索引。

三、《娄底年鉴》所载稿件,均由各单位撰稿人提供,并经供稿单位领导审核。凡全市性数据和各市县区的主要经济、社会数据,均经娄底市统计局审定。主要经济指标中的地区生产总值、工农业总产值一般按当年价格计算,其增减百分比则按可比价格和可比口径计算。因统计口径和统计制度变化,部分数据不尽一致。

四、《娄底年鉴》采取部类、分目、条目的编辑体例,以字体、字号等版式设计区别不同层次;少数部类如党政群团、市县区概况等,在分目下面增设次分目层次。条目一级标题用黑体加【 】号表示。

娄底市地图

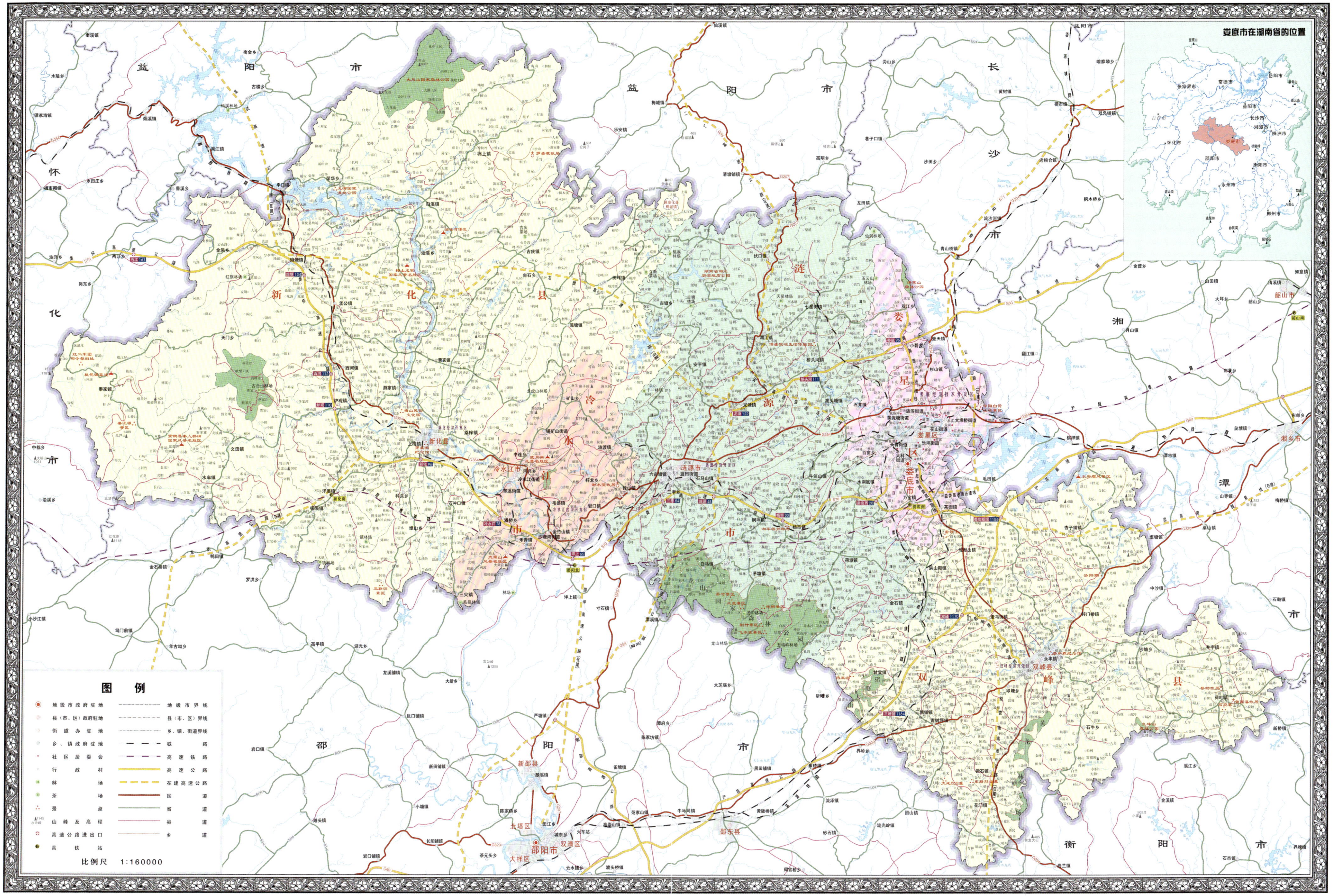

审图号: 湘S(2015)33号

娄底市城区图

审图号: 湘S(2015)34号

目　录

特　载

在市委经济工作会议上的讲话 …………………（2）
政府工作报告 ……………………………………（9）
娄底市人民代表大会常务委员会工作报告
……………………………………………………（16）
中国人民政治协商会议娄底市第五届委员会常务委员会工作报告 ………………………（21）

大事记

1月 ………………………………………………（28）
2月 ………………………………………………（30）
3月 ………………………………………………（32）
4月 ………………………………………………（35）
5月 ………………………………………………（38）
6月 ………………………………………………（41）
7月 ………………………………………………（45）
8月 ………………………………………………（48）
9月 ………………………………………………（51）
10月 ……………………………………………（54）
11月 ……………………………………………（56）
12月 ……………………………………………（59）

娄底概览

自然地理
区域位置 ………………………………………（64）
地质地貌 ………………………………………（64）
自然资源 ………………………………………（64）
水文气候 ………………………………………（66）

人口民族 ……………………………………（66）

建置区划
历史沿革 ………………………………………（66）
行政区划 ………………………………………（67）

国民经济与社会发展
综合 ……………………………………………（68）
农业 ……………………………………………（68）
工业和建筑 ……………………………………（68）
固定资产投资 …………………………………（69）
贸易外经 ………………………………………（69）
交通、邮电、旅游 ……………………………（69）
金融 ……………………………………………（70）
教育和科学技术 ………………………………（70）
文化、卫生和体育 ……………………………（70）
资源、环境和安全生产 ………………………（71）
人民生活与社会保障 …………………………（71）

重要会议
娄底市政协五届一次会议 ……………………（71）
娄底市五届人大一次会议 ……………………（73）
娄底市委召开农村工作会议 …………………（75）
娄底市召开坚决打赢脱贫攻坚誓师大会 ………（75）
娄底市委召开人大政协工作会议 ……………（77）
娄底市召开推进“两学一做”学习教育暨责任心教育常态化制度化工作会议 ………………（77）
中共娄底市委五届三次全体会议举行 ………（78）
中共娄底市委五届四次全体会议召开 ………（80）
娄底市委经济工作会议召开 …………………（81）

重要活动
李荐国杨懿文率团赴“长三角”考察学习 ………（82）

北京娄底企业商会成立大会在京举行 ……… (83)
杜家毫来娄调研创新开放与转型升级 ……… (84)
李荐国率队赴浙江洽谈工业项目 …………… (85)
李荐国率团赴俄罗斯芬兰瑞典交流访问 …… (85)
李荐国率队赴京对接重点项目 ……………… (86)
娄底市举行项目建设观摩讲评会 …………… (86)
李荐国率队赴深圳考察企业对接项目 ……… (88)

重要成果

看点1 …………………………………………… (89)
看点2 …………………………………………… (89)
看点3 …………………………………………… (89)
看点4 …………………………………………… (89)
看点5 …………………………………………… (89)
看点6 …………………………………………… (89)
看点7 …………………………………………… (89)

重要报道

打造"互联网+政务服务"升级版 ……………… (90)
大潮奔涌逐浪高 ………………………………… (91)
筑牢"安全墙"守护"生命线" ………………… (93)
娄底市主要工业品生产企业回暖趋稳 ……… (95)
守护一方蓝天净土绿水青山 ………………… (95)
娄底大堤是这样筑成的 ……………………… (97)
把抗洪工作做到细处 ………………………… (99)
青山碧水家园美 ……………………………… (101)
娄底市改革全面深化 ………………………… (102)
娄底市深入推进依法行政加快建设法治政府 …………………………………………… (104)
组织机构及负责人名单 …………………… (106)

党政群团

中国共产党娄底市委员会

概况 …………………………………………… (120)
紧抓发展第一要务 …………………………… (120)
项目建设大比拼 ……………………………… (121)
促进经济集聚发展 …………………………… (121)
全面深化改革开放 …………………………… (121)
创新引领开放开发 …………………………… (121)
宣传思想文化工作 …………………………… (121)
脱贫攻坚改善民生 …………………………… (122)
民主政治与法治娄底建设 …………………… (122)
建设山清水秀家园 …………………………… (123)
全力维护社会稳定 …………………………… (123)
构建良好政治生态 …………………………… (123)

中共娄底市委办公室

概况 …………………………………………… (124)
机关建设 ……………………………………… (124)
责任建设 ……………………………………… (125)
效能建设 ……………………………………… (125)
廉政建设 ……………………………………… (126)
市委常委会议(含市委常委扩大会议) …… (126)

督察工作

概况 …………………………………………… (129)
决策督查 ……………………………………… (129)
专项查办 ……………………………………… (129)
小康工作 ……………………………………… (129)

组织工作

概况 …………………………………………… (130)
两学一做 ……………………………………… (130)
干部工作 ……………………………………… (130)
基层党建 ……………………………………… (130)
人才工作 ……………………………………… (130)
自身建设 ……………………………………… (131)

宣传工作

概况 …………………………………………… (131)
舆论引导 ……………………………………… (132)
文明创建 ……………………………………… (132)
文明创建 ……………………………………… (132)
队伍建设 ……………………………………… (132)

中共娄底市纪律检查委员会
概况 …………………………………… (133)
政治建设 ………………………………… (133)
正风肃纪 ………………………………… (133)
高压态势 ………………………………… (133)
基层整治 ………………………………… (133)
预防腐败 ………………………………… (133)
体制改革 ………………………………… (134)
队伍建设 ………………………………… (134)

娄底市委直属机关工作委员会
概况 …………………………………… (134)
履职主责主业 …………………………… (134)
打造党建品牌 …………………………… (135)
党风廉政教育 …………………………… (135)
服务中心工作 …………………………… (135)

统一战线工作
概况 …………………………………… (135)
紧扣主题主线,巩固共同思想政治基础 …… (136)
抓好落实落地,推动解决重点难点问题 …… (136)
突出汇智汇力,在服务发展中彰显作为 …… (136)
强化创新创优,拓展统战工作广度深度 …… (137)
夯实基层基础,自身建设得到全面加强 …… (137)

机构编制工作
概况 …………………………………… (138)
推进行政审批制度改革 ………………… (138)
推进事业单位分类改革 ………………… (138)
完成娄底经开区体制机制改革 ………… (138)
有序推进各项重点领导改革 …………… (138)
从严抓好机构编制管理 ………………… (138)
创新机构编制管理 ……………………… (138)
严肃机构编制纪律 ……………………… (139)
区划调整所涉机构编制工作 …………… (139)
事业单位登记管理 ……………………… (139)
网上名称管理工作 ……………………… (139)
重点工作机构编制 ……………………… (139)

对台工作
概况 …………………………………… (139)
对台交流 ………………………………… (140)
招商引资 ………………………………… (140)
涉台维稳 ………………………………… (140)

政策研究工作
概况 …………………………………… (140)
参谋服务 ………………………………… (140)
深化改革 ………………………………… (141)
《娄底工作》……………………………… (141)
党建工作 ………………………………… (141)
事务管理 ………………………………… (141)

老干部工作
概况 …………………………………… (142)
老干部工作实现“三个纳入” …………… (142)
共享改革发展成果 ……………………… (142)
夯实离退休干部党建工作 ……………… (142)
开展正能量活动 ………………………… (142)

军休所
概况 …………………………………… (143)
提高素质 ………………………………… (143)
落实待遇 ………………………………… (143)
完善设施 ………………………………… (143)

保密工作
概况 …………………………………… (144)
保密宣传 ………………………………… (144)
保密教育 ………………………………… (144)
保密管理 ………………………………… (144)
依法行政 ………………………………… (144)
队伍建设 ………………………………… (145)

市委党校(娄底行政学院)工作
概况 …………………………………… (145)
从严治校 ………………………………… (145)
培训效果提高 …………………………… (145)
科研水平提升 …………………………… (146)
强化队伍建设 …………………………… (146)

精准扶贫 ……………………………………（146）

党史工作

概况 ……………………………………（147）
党史征编 ……………………………………（147）
党史宣传 ……………………………………（147）
资政调研 ……………………………………（147）

讲师团工作

概况 ……………………………………（147）
中心组学习服务 ……………………………………（148）
激发理论宣讲活力 ……………………………………（148）
推出高质量社科成果 ……………………………………（148）
自身建设内务管理 ……………………………………（148）
脱贫攻坚工作 ……………………………………（148）

接待工作

概况 ……………………………………（149）
思想政治 ……………………………………（149）
八项规定 ……………………………………（149）
党建工作 ……………………………………（149）
廉政建设 ……………………………………（149）

娄底市人民代表大会

概况 ……………………………………（150）
监督工作 ……………………………………（150）
议决大事 ……………………………………（150）
代表工作 ……………………………………（150）
履职能力 ……………………………………（150）
市五届人大常委会议 ……………………………………（151）
市五届人大常委会主任会议 ……………………………………（151）

娄底市人民政府

概况 ……………………………………（154）
项目建设 ……………………………………（154）
产业转型 ……………………………………（154）
脱贫攻坚 ……………………………………（154）
城乡环境 ……………………………………（154）
改革开放 ……………………………………（155）
民生事业 ……………………………………（155）
社会治理 ……………………………………（155）
民生实事 ……………………………………（155）
市政府常务会议 ……………………………………（156）
市长办公会议 ……………………………………（157）

市人民政府办公室

概况 ……………………………………（158）
优化决策服务 ……………………………………（158）
统筹服务发展 ……………………………………（159）
强化自身建设 ……………………………………（159）

驻北京办事处工作

概况 ……………………………………（160）
招商引资 ……………………………………（160）
维稳劝返 ……………………………………（160）
化解难题 ……………………………………（160）

驻广州办事处工作

概况 ……………………………………（160）
配合招商 ……………………………………（161）
接待服务 ……………………………………（161）

驻长沙办事处工作

概况 ……………………………………（161）
信访维稳 ……………………………………（161）
乡亲联络 ……………………………………（161）
招商引资 ……………………………………（161）

地方志工作

概况 ……………………………………（162）
方志机构 ……………………………………（162）
续志工作 ……………………………………（162）
志鉴编纂 ……………………………………（162）
学习与考察 ……………………………………（162）

民族宗教工作

概况 ……………………………………（162）
宗教活动管理 ……………………………………（163）
强化宗教管理 ……………………………………（163）

依法排查宗教场所 …………………………… (163)
调处宗教团体宗教场所内部矛盾 ………… (164)
宣传引导宗教界传递社会正能量 ………… (164)

信访工作
概况 ………………………………………… (164)
特护期工作 ………………………………… (164)
两无创建 …………………………………… (164)
化解积案 …………………………………… (164)
网上信访 …………………………………… (164)
法治信访 …………………………………… (165)
信访责任制 ………………………………… (165)

政府法制工作
概况 ………………………………………… (165)
法制工作 …………………………………… (165)
民主决策 …………………………………… (165)
规范执法 …………………………………… (165)
规范复议 …………………………………… (166)
仲裁工作 …………………………………… (166)

电子政务工作
概况 ………………………………………… (166)
集约型政府网站群 ………………………… (166)
门户网站 …………………………………… (166)
网络问政 …………………………………… (167)
政务服务 …………………………………… (167)
外网平台 …………………………………… (167)

无线电管理
概况 ………………………………………… (167)
干扰查处 …………………………………… (167)
安全保障 …………………………………… (167)
监测检测 …………………………………… (167)

港澳事务和外事侨务
概况 ………………………………………… (168)
外事接待 …………………………………… (168)
服务“三侨” ……………………………… (168)
港澳资源 …………………………………… (168)

港澳工作及归国华侨侨眷联合会
概况 ………………………………………… (168)

机关事务管理
概况 ………………………………………… (168)
公车改革 …………………………………… (169)
用房管理 …………………………………… (169)
公共节能 …………………………………… (169)
旧车淘汰 …………………………………… (169)
大院提质 …………………………………… (169)

移民工作
概况 ………………………………………… (169)
移民划转 …………………………………… (169)
项目监管 …………………………………… (170)
避险解困 …………………………………… (170)
整村推进 …………………………………… (170)

中国人民政治协商会议娄底市委员会
概况 ………………………………………… (170)
政协娄底市第五届委员会第一次会议 …… (172)
政协娄底市第五届委员会常委会议 ……… (172)
政协娄底市第五届委员会主席会议 ……… (173)

民主党派·人民团体
中国民主同盟娄底市委员会
概况 ………………………………………… (174)
参政议政 …………………………………… (174)
组织建设 …………………………………… (174)
社会服务 …………………………………… (174)

中国民主建国会娄底市委员会
概况 ………………………………………… (175)
组织建设 …………………………………… (175)
参政议政 …………………………………… (175)
民主监督 …………………………………… (175)
社会服务 …………………………………… (175)

中国农工民主党娄底市委员会
概况 …………………………………………（176）
参政议政 ……………………………………（176）
民主监督 ……………………………………（176）
社会服务 ……………………………………（176）

九三学社娄底市委员会
概况 …………………………………………（177）
政治学习 ……………………………………（177）
制度建设 ……………………………………（177）
组织建设 ……………………………………（177）
社会服务 ……………………………………（178）

娄底市工商业联合会
概况 …………………………………………（178）
参政议政 ……………………………………（178）
经济服务 ……………………………………（179）
娄商返娄 ……………………………………（179）
组织建设 ……………………………………（179）
扶贫济困 ……………………………………（179）

娄底市社会主义学院
概况 …………………………………………（179）
党建工作 ……………………………………（179）
教育培训 ……………………………………（180）
理论研究 ……………………………………（180）
政策宣传 ……………………………………（180）
扶贫工作 ……………………………………（180）

娄底市总工会
概况 …………………………………………（180）
职工维权 ……………………………………（181）
帮扶解困 ……………………………………（181）
素质提升 ……………………………………（181）
激发活力 ……………………………………（181）
优化管理 ……………………………………（181）

中国共产主义青年团娄底市委员会
概况 …………………………………………（182）
宣贯精神 ……………………………………（182）
网上共青团 …………………………………（182）
志愿服务 ……………………………………（182）
扶持就业创业 ………………………………（182）
脱贫攻坚 ……………………………………（182）
权益维护 ……………………………………（183）
希望工程 ……………………………………（183）
深化改革 ……………………………………（183）
教育实践 ……………………………………（183）

娄底市妇女联合会
概况 …………………………………………（183）
助力经济发展 ………………………………（183）
关爱妇女儿童 ………………………………（184）
精神文明建设 ………………………………（184）
妇女儿童维权 ………………………………（184）
妇联组织建设 ………………………………（184）

法　治

政法委工作
概况 …………………………………………（186）
护航经济社会发展 …………………………（186）
强化平安娄底建设 …………………………（186）
推进法治娄底建设 …………………………（187）
纵深推进改革 ………………………………（187）
提升队伍履职能力 …………………………（187）

社会治安综合治理
概况 …………………………………………（188）
重点治理 ……………………………………（188）
治理模式 ……………………………………（188）
共治共享 ……………………………………（188）
机构队伍 ……………………………………（188）

公安工作
概况 …………………………………………（189）
社会维稳 ……………………………………（189）
犯罪打防 ……………………………………（189）
护航发展 ……………………………………（189）
公安改革 ……………………………………（189）

公安钢城分局
概况 …………………………………………… (192)
法制建设规范 ……………………………… (192)
信息化建设趋好 …………………………… (192)
管理严优并举 ……………………………… (192)

交警支队
概况 …………………………………………… (193)
执法管控能力建设 ………………………… (193)
交通实战能力建设 ………………………… (194)
管理创新能力建设 ………………………… (194)
队伍履职能力建设 ………………………… (194)

消防支队
概况 …………………………………………… (196)
军事业务 …………………………………… (196)
防火监督 …………………………………… (196)
政治建警 …………………………………… (196)
后勤保障 …………………………………… (196)
消防宣传 …………………………………… (196)

检察工作
概况 …………………………………………… (197)
保障经济健康发展 ………………………… (197)
履行检察职能 ……………………………… (198)
诉讼法律监督 ……………………………… (198)
推进公益诉讼 ……………………………… (198)
司法体制改革 ……………………………… (198)
监察体制成改革 …………………………… (198)
接受内外监督 ……………………………… (199)

强制隔离戒毒所
概况 …………………………………………… (200)
戒毒工作 …………………………………… (200)
党建脱贫 …………………………………… (200)

法院
概况 …………………………………………… (200)
刑事审判 …………………………………… (200)
民商审判 …………………………………… (201)
推进打处非 ………………………………… (201)
破解执行难题 ……………………………… (201)
加强队伍建设 ……………………………… (201)
司法体制改革 ……………………………… (201)
自觉接受监督 ……………………………… (202)

司法行政
概况 …………………………………………… (203)
推进专项调解 ……………………………… (203)
公共法律服务 ……………………………… (203)
服务中心工作 ……………………………… (203)
司法考试考务 ……………………………… (203)
公职人员学法用法 ………………………… (203)

湖南省娄底监狱
概况 …………………………………………… (204)
政治站位 …………………………………… (204)
社会责任 …………………………………… (204)
防范体系 …………………………………… (204)
专项整治 …………………………………… (204)
公正执法 …………………………………… (205)

军 事

中国人民解放军娄底军分区
概况 …………………………………………… (208)
政治建军 …………………………………… (208)
班子建设 …………………………………… (208)
军队调整 …………………………………… (208)
党管武装 …………………………………… (208)
国防动员 …………………………………… (208)
兵役征集 …………………………………… (209)
国防教育 …………………………………… (209)
安全工作 …………………………………… (209)
脱贫攻坚 …………………………………… (209)

中国人民武装警察部队娄底市支队
概况 …………………………………………… (209)
铸魂工程 …………………………………… (209)
聚焦使命 …………………………………… (210)
基层建设 …………………………………… (210)

从严治军 …………………………………… (210)
综合保障 …………………………………… (211)
整风整改 …………………………………… (211)

娄底市人民防空办公室
概况 ………………………………………… (211)

经济综合监督管理

发改委
概况 ………………………………………… (214)
项目建设 …………………………………… (214)
七个“三年行动计划” ……………………… (214)
产业转型 …………………………………… (214)
“放管服”改革 ……………………………… (214)
对外开放合作 ……………………………… (215)
社会民生事业 ……………………………… (215)
经济发展环境 ……………………………… (215)

国有资产管理
概况 ………………………………………… (215)
国资监管 …………………………………… (215)
国企改革 …………………………………… (215)
项目建设 …………………………………… (216)

国土资源
概况 ………………………………………… (216)
土地管理 …………………………………… (216)
地矿管理 …………………………………… (217)
测绘信息 …………………………………… (217)
管理改革 …………………………………… (217)

国有土地上房屋征收中心
概况 ………………………………………… (218)
房屋征收 …………………………………… (218)
安置小区建设 ……………………………… (219)
信访维稳 …………………………………… (219)

不良资产处置
概况 ………………………………………… (219)
体系建设 …………………………………… (219)

审计
概况 ………………………………………… (220)
国家跟踪审计 ……………………………… (220)
重点财政审计 ……………………………… (220)
经济责任审计 ……………………………… (220)
固定资产投资审计 ………………………… (220)

安全生产监督管理
概况 ………………………………………… (221)
国家安监总局约谈会推动湖南省煤矿安全整治 ………………………………………… (221)

工商行政管理
概况 ………………………………………… (222)
监管执法 …………………………………… (222)
商制改革 …………………………………… (222)
双随机一公开 ……………………………… (222)
商标品牌 …………………………………… (222)
消费者权益保护 …………………………… (222)

质量技术监督管理
概况 ………………………………………… (223)
品牌建设 …………………………………… (223)
标准化建设 ………………………………… (223)
转型发展 …………………………………… (223)
特种设备监管 ……………………………… (223)
计量服务 …………………………………… (223)
监督抽查 …………………………………… (224)
执法打假 …………………………………… (224)
服务企业 …………………………………… (224)
精准扶贫 …………………………………… (224)

食品药品监督管理
概况 ………………………………………… (225)
稽查执法 …………………………………… (225)
检验检测 …………………………………… (225)

食品药品检验
概况 ………………………………………… (226)

统计
概况 ……………………………………………… (226)
统计服务 ………………………………………… (226)
信息化建设 ……………………………………… (226)
专项普查 ………………………………………… (226)
数据质量 ………………………………………… (227)
统计行风建设 …………………………………… (227)
统计执法 ………………………………………… (227)

国家统计调查队
概况 ……………………………………………… (228)
能力建设 ………………………………………… (228)
法制建设 ………………………………………… (228)
品牌建设 ………………………………………… (228)

农村经营管理
概况 ……………………………………………… (230)
经营管理 ………………………………………… (230)
集体财务与资产管理 …………………………… (230)
权益维护 ………………………………………… (230)

公共资源交易
概况 ……………………………………………… (231)
推进平台标准化建设 …………………………… (231)
推进平台规范化建设 …………………………… (231)
助推七个三年行动计划 ………………………… (231)
推进创文管卫扶贫攻坚 ………………………… (231)

园区经济

娄底经济技术开发区
概况 ……………………………………………… (234)
综合实力 ………………………………………… (234)
招商引资 ………………………………………… (234)
机构改革 ………………………………………… (234)
民生福祉 ………………………………………… (234)
主要活动 ………………………………………… (235)

万宝新区
概况 ……………………………………………… (236)
招商引资 ………………………………………… (236)
项目建设 ………………………………………… (236)
生产要素 ………………………………………… (236)
大局稳定 ………………………………………… (236)

农 业

农业委员会
概况 ……………………………………………… (240)
农畜产品生产 …………………………………… (240)
脱贫攻坚 ………………………………………… (240)
美丽乡村与特色小镇建设 ……………………… (240)
蔬菜产业 ………………………………………… (240)
农产品质量 ……………………………………… (241)
农产品加工业 …………………………………… (241)
经济作物 ………………………………………… (241)
粮油作物 ………………………………………… (241)
光伏扶贫 ………………………………………… (241)
农经管理 ………………………………………… (241)
农民教育 ………………………………………… (242)
休闲农业 ………………………………………… (242)
行政执法 ………………………………………… (242)
农作物病虫防治 ………………………………… (242)

畜牧水产业
概况 ……………………………………………… (243)
养殖污染整治 …………………………………… (243)
产品质量安全 …………………………………… (243)
动物疫病防控 …………………………………… (243)
屠宰监管严格有序 ……………………………… (244)
渔业资源保护 …………………………………… (244)
项目建设 ………………………………………… (244)

农业机械
概况 ……………………………………………… (245)
举办插秧机械化技术培训班 …………………… (245)
对外交流 ………………………………………… (245)

林业
概况 ……………………………………………… (246)

退耕还林还湿 …… (246)
市域森林防火 …… (246)
松毛虫防治 …… (246)
双峰县松材线虫病疫情 …… (246)
联村建绿 …… (247)

水利
概况 …… (247)
防汛抗旱 …… (247)
水利建设 …… (247)
河长制工作 …… (247)
水利改革 …… (247)

水文
概况 …… (248)
水文监测 …… (248)
水情服务 …… (249)
设备维护 …… (249)
管理工作 …… (249)

气象预报
概况 …… (250)
基础业务 …… (250)
气象服务 …… (250)
气象建设 …… (251)
依法行政 …… (251)
气象宣传 …… (251)

工　业

经信委
概况 …… (254)
电力工业 …… (254)
原材料工业 …… (254)
装备工业 …… (255)
医药食品工业 …… (255)
移动互联网及电子信息产业 …… (255)
节能环保产业 …… (256)

地质矿产勘测
概况 …… (256)
地质找矿 …… (256)
灾害防治 …… (256)
勘察施工 …… (256)
多种经营 …… (256)

涟源钢铁集团有限公司
概况 …… (257)
科技创新 …… (257)
节能减排 …… (257)
企业管理 …… (257)

湖南省煤业集团涟邵实业有限公司
概况 …… (259)
湖南省煤业集团金竹山矿业有限公司
概况 …… (259)
安全生产 …… (259)
精抓细管 …… (259)

大唐华银金竹山火力发电分公司
概况 …… (260)

锡矿山闪星锑业公司
概况 …… (261)
安全环保 …… (261)
深化改革 …… (261)
创新升级 …… (261)

华达汽车空调(湖南)有限公司
概况 …… (262)

湖南兵器长城机械有限公司
概况 …… (262)

湖南神斧集团一六九化工有限责任公司
概况 …… (263)

城乡建设·房地产·环境保护

城市建设管理
概况 …… (266)

民生实事 …… (266)
城建项目 …… (266)
专项行动 …… (266)
行业监管 …… (266)
PPP项目 …… (267)
脱贫攻坚 …… (267)

娄底市城市建设投资集团有限公司
概况 …… (268)
建设市强制隔离戒毒所 …… (268)
建设华达学校 …… (268)
中心城区小游园项目建设 …… (268)
新星路下穿沪昆铁路段改扩建工程项目完工 (268)
中心城区道路提质改造PPP项目 …… (268)
中心城区路网完善工程PPP项目 …… (268)
中心城区社区足球场项目建设 …… (268)
中心城区黑臭水体整治 …… (268)
城投·文庭项目 …… (269)
收购社会资立 …… (269)
土地出让工作 …… (269)
融资工作多管齐下 …… (269)

娄底市城市建设投资管理办公室
概况 …… (269)
涟水河综合治理 …… (269)

城市管理行政执法
概况 …… (269)
城市管理 …… (270)
行政执法 …… (270)
创文管卫 …… (270)
工作亮点 …… (270)
县市区城管 …… (271)

城管行政执法支队
概况 …… (271)
垃圾专项整治 …… (271)
占道经营整治 …… (271)
城市立面整治 …… (271)
禁燃工作 …… (272)
素质提升年 …… (272)
最严城管执法年 …… (272)
机制创新 …… (272)
投诉处理 …… (272)
精准扶贫 …… (272)

市政维护
概况 …… (272)

环境卫生
概况 …… (273)
完善设施 …… (273)
扶贫攻坚 …… (273)

风景园林管理
概况 …… (273)
绿化建设 …… (273)
绿化营养 …… (273)
花木生产 …… (274)
园林执法 …… (274)
园林建设 …… (274)
特色花展 …… (274)
增绿提质 …… (274)

城市供电
概况 …… (274)
安全生产 …… (274)
改革创新 …… (275)
电网建设 …… (275)
经营管理 …… (275)
精益管理 …… (275)
供电服务 …… (275)

城市供水
概况 …… (276)
项目建设 …… (276)
公司改革 …… (276)

公共交通
概况 …… (276)

燃气供应
概况 …… (277)

城乡规划
概况 …… (277)
规划编制 …… (277)
规划管理 …… (277)
规划执法 …… (277)
规划服务 …… (278)

住房公积金
概况 …… (278)
归集资金突破20亿元 …… (278)
缴存比例增长 …… (279)
提取维持平稳 …… (279)
贷款稳中有升 …… (279)
资金整体安全 …… (279)

房地产监管
概况 …… (280)
住房保障 …… (280)
物业管理 …… (280)

房地产开发
概况 …… (280)
产业管理 …… (281)
日常服务 …… (281)

环境保护
概况 …… (281)
环保督察 …… (281)
环境治理 …… (281)
生态红线 …… (281)

交通·通信·邮政

交通运输
概况 …… (284)
交通基础建设 …… (284)
城乡公交发展 …… (284)
质量安全监管 …… (284)
运输保障服务 …… (284)

交通质监
概况 …… (285)
监督管理 …… (285)

道路运输管理
概况 …… (285)
安全监管 …… (286)
行业改革 …… (286)
依法治运 …… (286)
精准扶贫 …… (286)

公路
概况 …… (286)
日常养护 …… (286)
路政管理 …… (287)
公路治超 …… (287)
安全生产 …… (287)
精准扶贫 …… (287)

农村公路管理处
概况 …… (288)
路政管理 …… (288)
农路养护 …… (289)

水运
概况 …… (289)
执法服务 …… (289)
水运基础设施建设 …… (289)

通信
电信股份有限公司娄底分公司
概况 …… (290)
网络建设 …… (290)
客户服务 …… (290)
关电退网 …… (290)
异业联盟 …… (290)

中国移动通信集团湖南有限公司娄底分公司
概况 …… (290)
网络覆盖 …… (290)
业务运营 …… (290)
客户满意度 …… (291)

中国联通娄底分公司
概况 …… (291)
网络建设 …… (291)
手机秘书 …… (291)
事故网络保障 …… (291)

中国铁塔股份有限公司娄底市分公司
概况 …… (291)

邮政
概况 …… (291)
经济指标 …… (292)
政策支撑 …… (292)
网点布局 …… (292)
转型升级 …… (292)
邮政投递 …… (293)
市场监管 …… (293)

商贸·旅游

商务粮食
概况 …… (296)
招商引资 …… (296)
开放型经济 …… (296)
内贸流通 …… (297)
商贸物流 …… (297)
市场监管 …… (297)
粮食安全 …… (297)
创文管卫 …… (298)
湘博会 …… (298)

投资事务促进
概况 …… (298)
管理创新 …… (298)
精准招商 …… (298)
投资服务 …… (299)

贸促会
概况 …… (299)
服务国际经贸 …… (299)
构建国际平台 …… (299)
打造会展品牌 …… (299)
招商引资 …… (300)

电商协会
概况 …… (300)
主要业务 …… (300)
工作重点 …… (300)
标准制定 …… (300)
自身建设 …… (301)

石油销售
概况 …… (301)
市场经营 …… (301)
内部管理 …… (301)
网点建设 …… (301)
企业改革 …… (301)
企业文化 …… (302)

供销合作
概况 …… (302)
综合改革 …… (302)
社有企业 …… (302)
农资供应 …… (302)
农村电子商务 …… (302)
土地托管 …… (303)
精准扶贫 …… (303)

粮食储备
概况 …… (303)

烟草专卖
概况 …… (303)
卷烟营销 …… (304)
专卖监管 …… (304)

企业管理 …………………………………（304）
队伍建设 …………………………………（304）

盐业
概况 ……………………………………（305）

旅游
概况 ……………………………………（306）
项目拉动 …………………………………（306）
品牌创建 …………………………………（306）
旅游扶贫 …………………………………（306）
业态创新 …………………………………（306）
品牌推广 …………………………………（306）
特色活动 …………………………………（306）
依法治旅 …………………………………（307）

财政·税务

财政
概况 ……………………………………（310）
民生保障 …………………………………（310）
财税改革 …………………………………（310）
财政管理 …………………………………（310）
预算管理 …………………………………（310）
财源培植 …………………………………（310）
综合治税 …………………………………（311）
化解大班额 ………………………………（311）
公共文体场馆免低收费开放 ………………（311）
涉农资金整合 ……………………………（311）
社保水平提高 ……………………………（311）
落实工资与养老保险标准 …………………（311）
财政农业保险 ……………………………（311）
农村综合改革 ……………………………（311）
国库集中支付 ……………………………（311）
房地产去库存 ……………………………（311）
非税移动缴费 ……………………………（312）
政府购买服务 ……………………………（312）
互联网+监督 ……………………………（312）
“雁过拔毛”式整治 ………………………（312）
参与县市区区划调整 ……………………（312）
湘江保护治理 ……………………………（312）
乡镇财政管理 ……………………………（312）
规范实施PPP项目 ………………………（312）
会计管理 …………………………………（312）

国家税务
概况 ……………………………………（314）
税收征管 …………………………………（314）
纳税服务 …………………………………（314）
税收执法 …………………………………（314）

地方税务
概况 ……………………………………（315）
收入组织 …………………………………（315）
税收征管 …………………………………（315）
队伍建设 …………………………………（315）
法治建设 …………………………………（316）
纳税服务 …………………………………（316）

金　　融

金融办
概况 ……………………………………（320）
金融改革 …………………………………（320）
金融产业 …………………………………（320）
服务实体 …………………………………（320）
企业上市 …………………………………（320）
政府平台 …………………………………（320）
风险处置 …………………………………（321）
创新机制 …………………………………（321）
建立联合惩戒制度 ………………………（321）
推进金融扶贫 ……………………………（321）
对口结对帮扶 ……………………………（321）

人民银行
概况 ……………………………………（321）
金融风险防控 ……………………………（322）
金融生态建设 ……………………………（322）
金融监督管理 ……………………………（322）

支付结算服务 ……………………………… （323）
国库服务 ……………………………… （323）
外汇管理 ……………………………… （323）
货币发行 ……………………………… （323）
调查统计 ……………………………… （323）
征信服务 ……………………………… （323）
科技服务 ……………………………… （323）
大会计管理 ……………………………… （324）
大监督管理 ……………………………… （324）
大安全管理 ……………………………… （324）
行政效能管理 ……………………………… （324）

银监分局
概况 ……………………………… （325）
公司治理 ……………………………… （325）
风险管控 ……………………………… （325）
金融监管 ……………………………… （325）
队伍建设 ……………………………… （325）

中国银行
概况 ……………………………… （326）
财务管理 ……………………………… （326）
社会责任 ……………………………… （326）

建设银行
概况 ……………………………… （327）
资产质量与风险控制 ……………………………… （327）
夯实客户基础 ……………………………… （327）
机构业务取得突破 ……………………………… （327）
信贷结构优化 ……………………………… （327）
渠道布局优化 ……………………………… （327）
普惠金融服务 ……………………………… （327）
智慧平台结算 ……………………………… （328）
信贷风险管理有力 ……………………………… （328）
内控风险管理 ……………………………… （328）
财务资源配置 ……………………………… （328）
营运管理工作 ……………………………… （328）

工商银行
概况 ……………………………… （328）
服务民生 ……………………………… （328）
化解风险 ……………………………… （329）
回归本源 ……………………………… （329）
内控防管 ……………………………… （329）

农业银行
概况 ……………………………… （329）

农发行
概况 ……………………………… （330）
化解不良贷款 ……………………………… （330）
政策支农 ……………………………… （330）
脱贫攻坚 ……………………………… （330）
经营管理 ……………………………… （330）

省农信社
概况 ……………………………… （331）
精准扶贫 ……………………………… （331）
树立形象 ……………………………… （331）

娄底市兴娄融资担保有限公司
概况 ……………………………… （331）

娄底市保安服务有限责任公司
概况 ……………………………… （332）

娄底市交通建设投资开发有限责任公司
概况 ……………………………… （332）
融资拓展 ……………………………… （332）
项目推进 ……………………………… （332）
三好一优 ……………………………… （333）

娄底市国有资本投资运营有限公司
概况 ……………………………… （333）
资产归集 ……………………………… （333）
精耕项目 ……………………………… （333）
内部管理 ……………………………… （334）

娄底市文化旅游发展投资有限公司
概况 ……………………………… （334）
打造全域旅游亮点工程 ……………………………… （334）

包装全域旅游重点项目 …………………… （334）
搭建自驾游智慧旅游平台 ………………… （335）

娄底市保险行业协会

概况 ………………………………………… （335）

科学技术与服务

娄底市科学技术局

概况 ………………………………………… （338）
工业科技 …………………………………… （338）
农业科技 …………………………………… （338）
社会科技 …………………………………… （338）
学术与科普 ………………………………… （338）
知识产权 …………………………………… （339）
防震减灾 …………………………………… （339）

娄底市科学技术协会

概况 ………………………………………… （339）
助力全市科学素质提升 …………………… （339）
推动科技服务体系完善 …………………… （340）
提升自身服务能力 ………………………… （340）

社科联

综述 ………………………………………… （340）
学习宣传十九大精神 ……………………… （341）
开展科普主题活动周 ……………………… （341）
日常管理工作 ……………………………… （341）

教　育

总类

概况 ………………………………………… （344）
基础教育 …………………………………… （344）
职业教育 …………………………………… （344）
成人教育 …………………………………… （344）
民办教育 …………………………………… （344）
教育规划 …………………………………… （344）
教育经费 …………………………………… （345）
教师队伍 …………………………………… （345）
校园安全 …………………………………… （345）
德育工作 …………………………………… （345）
教学研究 …………………………………… （345）
体育卫生 …………………………………… （346）
艺术教育 …………………………………… （346）
高校招生 …………………………………… （346）
毕业就业 …………………………………… （346）
高教自考 …………………………………… （346）
教育督导 …………………………………… （346）
教育扶贫 …………………………………… （346）
信息化建设 ………………………………… （347）
教学仪器 …………………………………… （347）
语言文字 …………………………………… （347）
教育宣传 …………………………………… （347）
教育工会 …………………………………… （347）
教育史志 …………………………………… （347）
关心下一代工作 …………………………… （347）
教育基金会 ………………………………… （348）

高等教育

湖南人文科技学院

概况 ………………………………………… （348）
教学管理 …………………………………… （348）
双一流建设 ………………………………… （348）
硕士点建设 ………………………………… （348）
创新创业教育 ……………………………… （349）
人才队伍建设 ……………………………… （349）
教学质量监控 ……………………………… （349）
改革内部管理 ……………………………… （350）
办学条件 …………………………………… （350）
两个校园建设 ……………………………… （350）

基础教育

娄底市第一中学

概况 ………………………………………… （350）
教育教学 …………………………………… （350）
课程改革 …………………………………… （351）

娄底市第五中学

概况 ………………………………………… （351）

师资建设 …… (351)
学校管理 …… (351)
教育教学 …… (352)
安全工作 …… (352)
体艺工作 …… (352)

职业技术教育与成人教育

娄底职业技术学院
概况 …… (352)
教学改革 …… (353)
科研工作 …… (353)
师资建设 …… (353)
招生就业 …… (353)
社会服务 …… (353)
文化建设 …… (353)

娄底广播电视大学
概况 …… (356)
教育质量 …… (356)
教务管理 …… (356)
科研工作 …… (356)
启用新校区 …… (356)
教育转型 …… (356)
扶贫攻坚 …… (357)

娄底幼儿师范学校
概况 …… (357)
学校管理 …… (357)
教育教学 …… (357)
教研教改 …… (357)
德育教育 …… (358)
精准扶贫 …… (358)

娄底技师学院
概况 …… (359)
校企合作 …… (359)
技能脱贫 …… (359)
教学质量 …… (359)

娄底市第一职业中学
概况 …… (360)
师德建设 …… (360)
人文素养 …… (360)
学校安全 …… (360)
专业调整 …… (360)

冷水江工业中等专业学校
概况 …… (361)
教学质量 …… (361)
师资队伍 …… (361)
学生管理 …… (361)
校园生活 …… (361)

文化·艺术·体育

文体广新局
概况 …… (366)
文艺排演 …… (366)
戏曲传承 …… (366)
文化活动 …… (366)
公共文化体系建设 …… (366)
场馆免费低收费开放 …… (367)
赛事活动 …… (367)
竞技体育 …… (367)
文化产业 …… (367)
倡导全民阅读 …… (367)
市场监管 …… (367)
文化遗产保护 …… (368)
文化扶贫 …… (368)

娄底市文化艺术联合会
概况 …… (369)
小说创作 …… (369)
散文创作 …… (369)
诗歌创作 …… (369)
报告文学 …… (369)
著作出版 …… (369)
民间文艺 …… (369)
美术·书法·摄影 …… (370)

音乐·舞蹈·曲艺 ……………………………… (370)
文艺活动 ……………………………………… (371)
文艺惠民 ……………………………………… (371)
文艺组织 ……………………………………… (371)
文艺扶贫 ……………………………………… (371)

娄底市文化市场综合执法支队

概况 ………………………………………… (371)
文化网络监管 …………………………………… (371)
新闻出版整治 …………………………………… (372)
广电市场监管 …………………………………… (372)
体育市场监管 …………………………………… (372)
脱贫攻坚 ……………………………………… (372)

文物·考古

概况 ………………………………………… (373)
文物保护 ……………………………………… (373)
两馆开放 ……………………………………… (373)
文物考古 ……………………………………… (374)
人才队伍 ……………………………………… (374)

图书发行

概况 ………………………………………… (374)
政治读物发行 …………………………………… (374)
教材教辅发行 …………………………………… (374)
推进阅读工程 …………………………………… (374)
发行网点建设 …………………………………… (374)

档案工作

概况 ………………………………………… (375)
开发利用 ……………………………………… (375)
基础业务 ……………………………………… (375)
依法治档 ……………………………………… (375)
档案宣传 ……………………………………… (375)
学会工作 ……………………………………… (375)

体育学校

概况 ………………………………………… (376)
体育训练 ……………………………………… (376)
承办赛事 ……………………………………… (376)

全民健身服务中心

概况 ………………………………………… (378)
承接娄底第三届CEFA国际标准舞全国大奖公开赛 ……………………………………………… (378)
娄底市直单位第三届足球联赛 ………………… (378)
湖南省青少年田径锦标赛 ……………………… (378)
湖南省第八届“湘博会” ……………………… (379)
2017中国大学生武术锦标赛 …………………… (379)

新闻·出版·广播电视

娄底日报社

概况 ………………………………………… (382)
新闻采编 ……………………………………… (382)
广告经营 ……………………………………… (382)
党建工作 ……………………………………… (382)
日常管理 ……………………………………… (382)

广播电视

概况 ………………………………………… (383)
队伍建设 ……………………………………… (383)
新闻宣传 ……………………………………… (384)
经营创收 ……………………………………… (384)

电视发射台工作

概况 ………………………………………… (385)
设施升级 ……………………………………… (385)

卫生和计划生育

总类

概况 ………………………………………… (388)
健康娄底建设 …………………………………… (388)
全科队伍建设 …………………………………… (388)
全面深化医改 …………………………………… (388)
计生工作进位 …………………………………… (388)
推进项目建设 …………………………………… (388)

人才队伍优化 …… (389)
中医药服务能力提升 …… (389)
办好民生实事 …… (389)
严管医疗服务 …… (389)

卫生计生执法监督
概况 …… (390)
卫生监督检查 …… (390)
传染病防治与放射卫生监督检查 …… (390)
消毒产品和集中式餐饮具消毒监督 …… (390)
专项整治工作 …… (391)
“双随机”工作 …… (391)
卫计监督应急机制 …… (391)

计生协会
概况 …… (391)
计生特殊家庭帮扶 …… (392)
流动人口计划生育 …… (392)
计生宣传教育工作 …… (392)

疾控中心
概况 …… (393)
传染病疫情控制 …… (393)
免疫规划工作 …… (393)
地方病、寄生虫病和病媒生物监测工作 …… (394)
艾滋病与麻风病防治 …… (394)
结核病防治 …… (394)
慢性非传染性疾病防控 …… (394)
职业病防治与职业卫生 …… (394)
卫生检验和卫生监测 …… (394)
质量管理工作 …… (395)

市中心医院
概况 …… (397)
整顿医疗环境 …… (397)
提升医疗质量 …… (397)
科研教学取得成效 …… (397)
注重尖端技术引进 …… (398)
推进精准扶贫和医联体建设 …… (398)
推进6S精益管理 …… (399)

妇幼保健院
概况 …… (400)
推进医改工作 …… (401)
妇幼健康服务 …… (401)
推进技术创新 …… (401)

娄底市第一人民医院
概况 …… (401)
医疗综合实力 …… (402)
学科建设成就 …… (402)
改革取得进展 …… (402)
人才队伍有建树 …… (402)
健康扶贫有成效 …… (403)

娄底市第二人民医院
概况 …… (403)
儿科综合楼项目 …… (403)
争创二甲医院 …… (403)
医疗技术创新 …… (403)
业务拓展 …… (404)
作风建设 …… (404)

娄底市中医医院
概况 …… (404)
提高医疗质量 …… (404)
完善学科建设 …… (405)
着力培养人才 …… (405)
对口支医工作 …… (405)

社会保障

人社工作
概况 …… (408)
脱贫攻坚 …… (408)
就业创业 …… (408)
职业能力建设 …… (408)
社保制度改革 …… (408)
社保待遇调整 …… (408)
人事人才工作 …… (408)

劳动关系 ………………………………… (409)
绩效评估 ………………………………… (409)

民政工作
概况 ……………………………………… (409)
社会救助 ………………………………… (410)
防灾减灾救灾 …………………………… (410)
区划调整 ………………………………… (410)
退役安置 ………………………………… (410)
优抚工作 ………………………………… (410)
养老事业 ………………………………… (410)
殡葬改革 ………………………………… (410)
未成年人保护 …………………………… (410)
孤儿权益 ………………………………… (410)
福利企业 ………………………………… (411)
收养登记 ………………………………… (411)
社会组织 ………………………………… (411)
福利慈善 ………………………………… (411)
基层政权 ………………………………… (411)
民政项目 ………………………………… (411)
婚姻登记 ………………………………… (411)

残疾人事业
概况 ……………………………………… (412)
帮扶就业 ………………………………… (412)
教育培训 ………………………………… (413)
助残宣传 ………………………………… (413)

福利救助
概况 ……………………………………… (413)
关注留守儿童 …………………………… (413)

红十字会
概况 ……………………………………… (413)
外援项目 ………………………………… (414)
安全教育 ………………………………… (414)
无偿捐献 ………………………………… (414)
志愿服务 ………………………………… (414)
宣传工作 ………………………………… (414)

县（市、区）概况

娄星区
概况 ……………………………………… (416)
农牧渔业 ………………………………… (416)
科教文卫 ………………………………… (416)
金融财券 ………………………………… (416)
工交、建筑 ……………………………… (416)
民生社保 ………………………………… (416)

冷水江市
概况 ……………………………………… (417)
美丽乡村建设 …………………………… (417)
“放管服”改革 ………………………… (418)

涟源市
概况 ……………………………………… (422)
抗击特大洪灾 …………………………… (424)
园区工业企业建设 ……………………… (424)
大案破获 ………………………………… (424)

双峰县
概况 ……………………………………… (424)
经济增长 ………………………………… (424)
创新转型 ………………………………… (424)
城乡建设 ………………………………… (425)
社会事业 ………………………………… (425)
脱贫攻坚 ………………………………… (425)

新化县
概况 ……………………………………… (427)
科教文卫 ………………………………… (427)
脱贫攻坚 ………………………………… (427)
绿色崛起 ………………………………… (428)
农业提质 ………………………………… (428)
提档转型 ………………………………… (428)

统计公报

2017年娄底市国民经济和社会发展统计公报 …………………………………………………… (434)

重要文件目录

2017年中共娄底市委出台文件目录 ……… (454)
2017年中共娄底市委办公室文件目录 …… (455)
2017年娄底市人民政府文件目录 ………… (461)
2017年娄底市人民政府办公室文件目录 … (463)

索引

…………………………………………………… (466)

Contents

Special load

Speech at the Economic Work Conference of the Municipal Committee ………………………… (2)
Report on the Work of the Government …… (9)
Report on the Work of the Standing Committee of the Loudi People's Congress ……………………… (16)
Report on the Work of the Standing Committee of the Fifth Loudi Committee of the CPPCC ……… (21)

Memorabilia

January …………………………………………… (28)
February …………………………………………… (30)
March …………………………………………… (32)
April …………………………………………… (35)
May …………………………………………… (38)
June …………………………………………… (41)
July …………………………………………… (45)
August …………………………………………… (48)
September …………………………………………… (51)
October …………………………………………… (54)
November …………………………………………… (56)
December …………………………………………… (59)

Overview of Loudi

Regional location ……………………………… (64)
Geology and geomorphology …………………… (64)
Natural resources ……………………………… (64)
Hydroclimatology ……………………………… (66)
Population ethnic group ……………………… (66)
Organizational system division History ………… (66)
Administrative divisions ……………………… (67)

National economic and social development

Synthesis ………………………………………… (68)
Agriculture ………………………………………… (68)
Industry and construction ……………………… (68)
Investment in fixed assets ……………………… (69)
Foreign economic trade ………………………… (69)
Transportation, post and telecommunications, tourism ……………………………………………… (69)
Finance ……………………………………………… (70)
Education and science and technology ………… (70)
Culture, health and sport ……………………… (70)
Resources, environment and production safety … (71)
People's livelihood and social security ………… (71)

Important meeting

First meeting of fifth session of Loudi CPPCC … (71)
First meeting of fifth session of Loudi people's Congress ……………………………………………… (73)
Loudi municipal party committee holds rural work conference ……………………………………… (75)
Loudi city holds conference to fight against poverty ……………………………………………… (75)
Loudi municipal party committee holds work session of NPC and CPPCC ……………………………… (77)
Loudi held the work conference on promoting "two studies and one action" learning education and normalizing and institutionalizing responsibility education ……………………………………… (77)
3rd plenary meeting of the 5th loudi municipal committee of the CPC ………………………… (78)
Fourth plenary session of the fifth loudi municipal committee of the CPC ………………………… (80)
Economic work conference of loudi municipal party committee ……………………………………… (81)

Important activities

Li jianguo and Yang yiwen led a delegation to study in "Yangtze river delta" .... (82)
Beijing loudi enterprise chamber of commerce establishment conference held in Beijing .... (83)
Research, innovation, opening up and transformation and upgrading of du jia wu lai Lou .... (84)
Li jianguo leads a team to zhejiang to discuss industrial projects .... (85)
Li jianguo leads a delegation to Russia, Finland and Sweden for exchange visit .... (85)
Li jianguo led a team to Beijing Opera for docking key projects .... (86)
Project construction observation and evaluation meeting held in loudi city .... (86)
Li jianguo led a team to visit the enterprise docking project in shenzhen .... (88)

Important achievements

Point 1 .... (89)
Watch point 2 .... (89)
Point 3 .... (89)
Watch point 4 .... (89)
Watch point 5 .... (89)
Watch point 6 .... (89)
Watch point 7 .... (89)

Important report

Building an upgraded version of "Internet plus government services" .... (90)
High spring tides .... (91)
Building "safety walls" to protect "lifelines" ... (93)
Loudi major industrial product manufacturers recover and stabilize .... (95)
Protect the blue sky, pure land, clear water and green mountains .... (95)
Loudi embankment is built like this .... (97)
Carry out flood control work in detail .... (99)
Beauty of green hills and clear waters .... (101)
Comprehensive deepening of reform in loudi city (102)
Loudi city further promotes law-based administration and accelerates the construction of a law-based government .... (104)
List of organizations and principals .... (106)

Party and government groups

Communist Party of China Loudi City Committee of the Communist Party of China

Profiles .... (120)
Giving top priority to development .... (120)
Project construction competition .... (121)
Promoting economic agglomeration .... (121)
Comprehensively deepening reform and opening up
Innovation leads open development .... (121)
Publicity, ideological and cultural work .... (121)
Combating poverty and improving people´s livelihood.
Democracy and rule of law loudi construction ... (122)
Building homes with beautiful mountains and waters .... (123)
Efforts to maintain social stability .... (123)
Building a sound political ecology .... (123)

Loudi municipal party committee office of the communist party of China

Profile .... (124)
Administration building .... (124)
Responsible construction .... (125)
Efficiency building .... (125)
Clean government .... (126)
Meeting of Standing Committee of Municipal Committee (including enlarged meeting of Standing Committee of Municipal Committee) .... (126)

Supervision work

Profile .... (129)
Decision making inspection .... (129)
Special investigation office .... (129)
Well-off work .... (129)

Organizational work

Profile .... (130)
Two studies and one practice .... (130)
Cadre work .... (130)
Grassroots party building .... (130)
Talent work .... (130)
Self-construction .... (131)

Propaganda work

Profile …… (131)
Public opinion guidance …… (132)
Civilization creation …… (132)
Civilization creation …… (132)
Team building …… (132)

Discipline inspection

Profile …… (133)
Political construction …… (133)
Zhengfeng suji …… (133)
High pressure situation …… (133)
Grassroots improvement …… (133)
Corruption prevention …… (133)
Institutional reform …… (134)
Team building …… (134)

Loudi municipal party committee directly under the working committee

Profile …… (134)
Responsibilities …… (134)
Build the brand of party construction …… (135)
Education on party conduct and clean government …… (135)
Service centre work …… (135)

United front work

Profile …… (135)
Consolidate the common ideological and political foundation by keeping to the main theme …… (136)
We will ensure the implementation of these policies and work to solve key and difficult problems.Highlight huizhi huizhi power and highlight our role in service development …… (136)
Strengthen innovation and excellence, and expand the breadth and depth of united front work …… (137)
We rammed the foundation of grass roots and strengthened self-construction in an all-round way …… (137)

Establishment work

Profiles …… (138)
Promoting reform of the administrative examination and approval system …… (138)
Promoting the reform of public institutions by category …… (138)
Complete the reform of the system and mechanism of loudi economic development zone …… (138)
Orderly implementation of key leadership reforms …… (138)
We will strictly manage the size of government institutions.Establishment management of innovative institutions …… (138)
Strict organisational discipline …… (139)
Establishment of organizations involved in zoning adjustment …… (139)
Registration of public institutions …… (139)
Online name management …… (139)
Establishment of key work units …… (139)

Work on Taiwan

Profiles …… (139)
Taiwan exchange …… (140)
Investment attraction …… (140)
Taiwan stability …… (140)

Policy research

Profiles …… (140)
Staff services …… (140)
Deepening reform …… (141)
《Loudi work》 …… (141)
Party building …… (141)
Transaction management …… (141)

Veteran cadre work

Profile …… (142)
"Three inclusion" of veteran cadres …… (142)
Sharing the fruits of reform and development …… (142)
Ramming the work of party building for retired cadres …… (142)
Positive energy activities …… (142)

What JunXiu

Profile ………… (143)
Improving quality ………… (143)
Pay ………… (143)
Improved facilities ………… (143)

Secrecy
Publicity on confidentiality ………… (144)
Confidentiality education ………… (144)
Confidentiality management ………… (144)
Administration by law ………… (144)
Team building ………… (145)

Party school of the party committee of the CPC (loudi administrative college)
Profile ………… (145)
Strict governance ………… (145)
Improved training effect ………… (145)
Research level improvement ………… (146)
Strengthening team building ………… (146)
Targeted poverty alleviation ………… (146)

History of the party work
Profile ………… (147)
Party History Compilation ………… (147)
Propaganda of party history ………… (147)
Zi Zheng research ………… (147)

Lecturers work
Profile ………… (147)
Central group learning service ………… (148)
Inspiring the vitality of theoretical preaching ………… (148)
High quality social science achievements ………… (148)
Internal management of self–construction ………… (148)
Poverty alleviation ………… (148)

The reception work
Profile ………… (149)
Ideology and politics ………… (149)
Eight provisions ………… (149)
Party building ………… (149)
Clean government ………… (149)

Loudi municipal people´s congress
Profile ………… (150)
Supervision ………… (150)
Resolution ………… (150)
Representation ………… (150)
Performance ………… (150)
Standing Committee meeting of fifth session of Loudi people´s Congress ………… (151)
Chairman´s meeting of the Standing Committee of the fifth Municipal People´s Congress ………… (151)

Loudi municipal people´s government
Profile ………… (154)
Project construction ………… (154)
Industrial transformation ………… (154)
Combating poverty ………… (154)
Urban and rural environment ………… (154)
Reform and opening up ………… (155)
Public welfare programs ………… (155)
Social governance ………… (155)
Improving people´s lives ………… (155)
Executive meeting of municipal government ………… (156)
Mayor´s office meeting ………… (157)

Municipal people´s government office
Overview ………… (158)
Optimizing decision services ………… (158)
Integrated service development ………… (159)
Strengthening self–improvement ………… (159)

Work in Beijing office
Profile ………… (160)
Investment attraction ………… (160)
Restoring stability ………… (160)
Solving problems ………… (160)

Work in guangzhou
Profile ………… (160)
Cooperate with investment promotion ………… (161)
Reception services ………… (161)
Resident office
Profile ………… (161)

Petition maintenance ······ (161)
Township liaison ······ (161)
Investment attraction ······ (161)

Local work
Overview ······ (162)
Local organization ······ (162)
Continuing work ······ (162)
Documentary compilation ······ (162)
Study and inspection ······ (162)

Ethnic and religious work
Overview ······ (162)
Management of religious activities ······ (163)
Strengthening religious administration ······ (163)
Investigation of places of worship in accordance with law ······ (163)
Mediation of internal conflicts between religious groups and places of worship ······ (164)
Propaganda and guidance for religious circles to deliver positive social energy ······ (164)

The complainant
Profile ······ (164)
Intensive care ······ (164)
No creation ······ (164)
Resolving outstanding cases ······ (164)
Online petition ······ (164)
Rule of law petition ······ (165)
Complaint reporting system ······ (165)

Government legal work
Profile ······ (165)
Legal work ······ (165)
Democratic decision-making ······ (165)
Standard enforcement ······ (165)
Normative reconsideration ······ (166)
Arbitration ······ (166)

E-government work
Profile ······ (166)
Intensive government websites ······ (166)
Portal ······ (166)
Online politics ······ (167)
Government services ······ (167)
External network platform ······ (167)

Radio management
Profile ······ (167)
Interference investigation ······ (167)
Safety assurance ······ (167)
Monitoring and testing ······ (167)

Foreign affairs and overseas Chinese affairs
Profile ······ (168)
Reception for foreign affairs ······ (168)
Serving 3 overseas Chinese ······ (168)
Hong Kong and macau resources ······ (168)
Hong Kong and Macao work ······ (168)

Hong Kong and Macao Affairs and foreign affairs and overseas Chinese Affairs
Profiles ······ (168)
Official vehicles reform ······ (169)
Occupancy management ······ (169)
Public energy conservation ······ (169)
Scrapping old cars ······ (169)
Yard quality improvement ······ (169)

resettlement
Profiles ······ (169)
Immigration transfer ······ (169)
Project management ······ (170)
Escape of migrants ······ (170)
Whole village advancement ······ (170)

Chinese people´s political consultative conference Loudi municipal committee
Profiles ······ (170)
1st meeting of the 5th CPPCC loudi committee ······ (172)
Standing Committee meeting of the Fifth Committee of Loudi Municipal Committee of the CPPCC ··· (172)
Chairman´s meeting of the fifth Loudi Committee of

the CPPCC ······ (173)

Democratic parties and people´s organizations

Loudi municipal committee of China democratic league Profiles ······ (174)

Political participation and deliberation ······ (174)

Organizational construction ······ (174)

Social services ······ (174)

Loudi municipal committee of China national democratic construction association

Profiles ······ (175)

Organizational construction ······ (175)

Participation in political affairs ······ (175)

Democratic oversight ······ (175)

Social services ······ (175)

Loudi municipal committee of China Democratic Party of agriculture and industry

Profile ······ (176)

Participation in political affairs ······ (176)

Democratic supervision ······ (176)

Social services ······ (176)

Loudi municipal committee of jiusan society

Overview ······ (177)

Political studies ······ (177)

Institutional development ······ (177)

Organizational development ······ (177)

Social services ······ (178)

Loudi federation of industry and commerce

Profile ······ (178)

Participation in and deliberation of state affairs ··· (178)

Economic services ······ (179)

Low business returns low ······ (179)

Organizational construction ······ (179)

Poverty alleviation ······ (179)

Loudi Socialist College

Profile ······ (179)

Party building ······ (179)

Education and training ······ (180)

Theoretical research ······ (180)

Policy publicity ······ (180)

Poverty alleviation ······ (180)

Loudi federation of trade unions

Overview ······ (180)

Employee rights protection ······ (181)

Helping out ······ (181)

Quality improvement ······ (181)

Energizing ······ (181)

Optimal management ······ (181)

Loudi municipal committee of Chinese communist youth league

Profiles ······ (182)

Spirit of xuanguan ······ (182)

Online communist youth league ······ (182)

Volunteer service ······ (182)

Support employment and entrepreneurship ··· (182)

Combating poverty ······ (182)

Safeguarding rights and interests ······ (183)

Project hope ······ (183)

Deepening reform ······ (183)

Educational practice ······ (183)

Loudi women´s federation

Profiles ······ (183)

Boosting economic development ······ (183)

Caring for women and children ······ (184)

Building spiritual civilization ······ (184)

Rights for women and children ······ (184)

Organization construction of women´s federations ······ (184)

Institutional self–improvement ······ (184)

The rule of law

Work of the political and Legal Commission

Profiles ······ (186)

Escort economic and social development ······ (186)

Strengthening construction of pingan loudi ··· (186)

Promoting the construction of loudi legal system ······ (187)

Deepening reform ································ (187)
Enhancing the team´s ability to perform their duties ································ (187)

We will comprehensively improve public security
Profiles ································ (188)
Key governance ································ (188)
Governance patterns ································ (188)
Co-governance and sharing ································ (188)
Organisation team ································ (188)

The public security
Profiles ································ (189)
Social stability ································ (189)
Crime prevention ································ (189)
Escort development ································ (189)
Public security reform ································ (189)

Steel city branch of public security
Profiles ································ (192)
Code for legal construction ································ (192)
Good trend of informatization construction ··· (192)
Strict and excellent management ································ (192)

Traffic police detachment
Profiles ································ (193)
Capacity building for law enforcement and control ································ (193)
Traffic combat capacity building ································ (194)
Capacity building for management innovation ··· (194)
Team capacity building ································ (194)

Fire detachment
Profiles ································ (196)
Military business ································ (196)
Fire supt ································ (196)
Political police ································ (196)
Logistics support ································ (196)
Fire publicity ································ (196)

The procuratorial
Profiles ································ (197)
Ensuring sound economic development ································ (197)
Performance of procuratorial functions ································ (198)
Litigation supervision ································ (198)
Promoting public interest litigation ································ (198)
Judicial reform ································ (198)
Reform of the supervisory system ································ (198)
Accept internal and external supervision ································ (199)

Mandatory isolation center
Profiles ································ (200)
Drug rehabilitation ································ (200)
Party building and poverty alleviation ································ (200)

The court
Profiles ································ (200)
Criminal trials ································ (200)
Civil and commercial trial ································ (201)
Push the hitting office ································ (201)
Solving execution problems ································ (201)
Strengthening team building ································ (201)
Judicial reform ································ (201)
Voluntary supervision ································ (202)

The judicial administrative
Profiles ································ (203)
Promoting special mediation ································ (203)
Public legal services ································ (203)
Service centre work ································ (203)
Judicial examination ································ (203)
Study of law for public servants ································ (203)

Loudi prison in hunan province
Profiles ································ (204)
Political stance ································ (204)
Social responsibility ································ (204)
Prevention system ································ (204)
Special campaign ································ (204)
Fair enforcement ································ (205)

Loudi military district of the people´s liberation army
Profiles ································ (208)

Political jianjun ………… (208)
Team building ………… (208)
Adjustment of the armed forces ………… (208)
Party-run armed forces ………… (208)
Mobilization of national defense ………… (208)
Military service collection ………… (209)
National defense education ………… (209)
Safe work ………… (209)
Combating poverty ………… (209)

Loudi detachment of the Chinese people´s armed police force

Profiles ………… (209)
Soul casting project ………… (209)
Mission focus ………… (210)
Grassroots construction ………… (210)
Yan zhijun ………… (210)
Comprehensive protection ………… (211)
Rectification ………… (211)

Civil air defense

Profiles ………… (211)

Comprehensive economic supervision and management

The national development and reform commission
Profiles ………… (214)
Project construction ………… (214)
Seven three-year action plans ………… (214)
Industrial transformation ………… (214)
Reform to delegate powers, regulate and serve … (214)
Opening-up and cooperation ………… (215)
Social programs to improve people´s wellbeing … (215)
Economic development environment ………… (215)

Management of state-owned assets

Profiles ………… (215)
State assets supervision ………… (215)
Reform of state-owned enterprises ………… (215)
Project construction ………… (216)

Land and resources

Profiles ………… (216)
Land MGT ………… (216)
Geology and mineral management ………… (217)
Surveying and mapping information ………… (217)
Management reform ………… (217)

Expropriation of houses on state-owned land

Profiles ………… (218)
Housing levy ………… (218)
Resettlement community construction ………… (219)
Maintaining stability through letters and visits … (219)

Disposal of non-performing assets

Profiles ………… (219)
System construction ………… (219)

The audit

Profiles ………… (220)
National follow-up audit ………… (220)
Key financial audits ………… (220)
Economic responsibility audit ………… (220)
Fixed asset investment audit ………… (220)

Supervision and administration of production safety

Profiles ………… (221)
State administration of work safety will promote coal mine safety in hunan province ………… (221)

Industrial and commercial administration

Profiles ………… (222)
Regulatory enforcement ………… (222)
Business reform ………… (222)
Double random one public ………… (222)
Brand name ………… (222)
Protection of consumer rights ………… (222)

Quality and technical supervision and management

Profiles ………… (223)
Brand building ………… (223)
Standardization construction ………… (223)
Transformation and development ………… (223)

Special equipment supervision ………………… (223)
Metering services ………………………………… (223)
Supervisory spot check ………………………… (224)
Enforcement against counterfeiting …………… (224)
Service enterprise ……………………………… (224)
Targeted poverty alleviation …………………… (224)

Food and drug supervision and administration

Profiles ………………………………………… (225)
Inspection enforcement ………………………… (225)
Inspection and testing ………………………… (225)

Food and drug inspection

Profiles ………………………………………… (226)

statistical

Profiles ………………………………………… (226)
Statistical services ……………………………… (226)
Informatization construction ………………… (226)
Special census …………………………………… (226)
Data quality ……………………………………… (227)
Statistical industry construction ……………… (227)
Statistics enforcement ………………………… (227)

National statistical investigation team

Profiles ………………………………………… (228)
Capacity building ……………………………… (228)
Legal construction ……………………………… (228)
Brand building ………………………………… (228)

Rural operation and management

Profiles ………………………………………… (230)
Operation and management …………………… (230)
Collective finance and asset management …… (230)
Rights and interests …………………………… (230)

Public resource transaction

Profiles ………………………………………… (231)
Promoting standardization of platforms ……… (231)
Promoting standardization of platform ……… (231)
7 three–year action plan ……………………… (231)
Promoting innovation, culture, management and health to alleviate poverty ……………………… (231)

The park economy

Loudi economic and technological development zone
Profiles ………………………………………… (234)
Comprehensive strength ……………………… (234)
Investment attraction ………………………… (234)
Institutional reform …………………………… (234)
People´s well–being …………………………… (234)
Major activities ………………………………… (235)

Wanbao new district

Profiles ………………………………………… (236)
Investment attraction ………………………… (236)
Project construction …………………………… (236)
Factors of production ………………………… (236)
Overall stability ………………………………… (236)

Agricultural

Committee on agriculture

Profiles ………………………………………… (240)
Agricultural and livestock production ……… (240)
Poverty alleviation ……………………………… (240)
Construction of beautiful countryside and characteristic town ……………………………………… (240)
Vegetable industry ……………………………… (240)
Quality of agricultural products ……………… (241)
Agricultural products processing industry …… (241)
Cash crop ……………………………………… (241)
Grain and oil crops …………………………… (241)
Photovoltaic poverty alleviation ……………… (241)
Management of agricultural economics ……… (241)
Education for farmers ………………………… (242)
Leisure agriculture ……………………………… (242)
Administrative enforcement …………………… (242)
Crop pest control ……………………………… (242)

Animal husbandry and aquaculture

Profiles ………………………………………… (243)
Remediation of aquaculture pollution ………… (243)
Product quality and safety …………………… (243)
Prevention and control of animal epidemics … (243)

Strict and orderly supervision of slaughter ...... (244)
Protection of fisheries resources ...... (244)
Project construction ...... (244)
Agricultural machinery
Profiles ...... (245)
Training course on rice transplanting mechanization technology ...... (245)
Foreign exchange ...... (245)

forestry
Profiles ...... (246)
Returning farmland to forest and wet ...... (246)
Urban forest fire prevention ...... (246)
Control of pine caterpillar ...... (246)
Pine wood nematode disease in shuangfeng county ...... (246)
Lian cun jian lu ...... (247)

Water conservancy
Profiles ...... (247)
Flood control and drought relief ...... (247)
Water conservancy construction ...... (247)
Work of river chiefs ...... (247)
Water reform ...... (247)

hydrological
Profiles ...... (248)
Hydrologic monitoring ...... (248)
Water situation services ...... (249)
Equipment maintenance ...... (249)
Management ...... (249)

The weather forecast
Profiles ...... (250)
Basic services ...... (250)
Meteorological services ...... (250)
Meteorological construction ...... (251)
Administration by law ...... (251)
Meteorological publicity ...... (251)

Industrial

By the letter committee
Profiles ...... (254)
Power industry ...... (254)
Raw material industry ...... (254)
Equipment industry ...... (255)
Pharmaceutical and food industry ...... (255)
Mobile Internet and electronic information industry ...... (255)
Energy conservation and environmental protection industry ...... (256)

Geological and mineral exploration
Profiles ...... (256)
Geological prospecting ...... (256)
Disaster prevention and control ...... (256)
Survey and construction ...... (256)
Diversified economy ...... (256)

Lianyuan iron & steel group co. LTD
Profile ...... (257)
Technological innovation ...... (257)
Energy conservation and emission reduction ...... (257)
Enterprise management ...... (257)

Hunan coal industry group lianshao industrial co. LTDCo., Ltd.
Profile ...... (259)

Hunan coal industry group jinzhushan mining co. LTDCo., Ltd.
Profile ...... (259)
Production safety ...... (259)
Fine catch fine tube ...... (259)

Datang huayin jinzhushan thermal power plant
Overview ...... (260)

Tin mine flash antimony industry company
Profile ...... (261)
Safety and environmental protection ...... (261)
Deepening reform ...... (261)
Innovation and upgrading ...... (261)

Huada automobile air conditioning (hunan) co. LTD
Profile ……………………………………… (262)
Hunan weapons Great Wall machinery co. LTD
Profile ……………………………………… (262)

Hunan shenaxe group 1609 chemical co. LTD
Profile ……………………………………… (263)

Urban and rural construction, real estate, environmental protection

Urban construction management
Profiles ……………………………………… (266)
Improving people's lives ……………………… (266)
Urban construction project …………………… (266)
Special action ………………………………… (266)
Industry regulation …………………………… (266)
The PPP project ……………………………… (267)
Poverty alleviation …………………………… (267)

Loudi urban construction investment group co. LTD
Profiles ……………………………………… (268)
Construction of municipal compulsory isolation and drug rehabilitation center …………………… (268)
Building Nevada school ……………………… (268)
Construction of small garden in central district … (268)
Xinxing road, shanghai -kunming railway section reconstruction and expansion project completed (268)
PPP project for upgrading roads in central urban areas ……………………………………… (268)
PPP project of road network improvement project in central urban area …………………………… (268)
Construction of community football field in central urban area ………………………………… (268)
Treatment of black and foul water in central city (269)
Urban investment · wenting project ………… (269)
Acquisition of social capital ………………… (269)
Land transfer work …………………………… (269)
Multi-pronged approach to financing ……… (269)

Loudi city urban construction investment management office
Profile ……………………………………… (269)
Comprehensive treatment of lianshui river … (269)
City administration and law enforcement
Profiles ……………………………………… (269)
City management …………………………… (270)
Administrative enforcement ………………… (270)
Chuang man wai …………………………… (270)
Highlights …………………………………… (270)
Urban management ………………………… (271)

Chengguan administrative law enforcement detachment
Profiles ……………………………………… (271)
Waste management ………………………… (271)
Road occupation …………………………… (271)
Urban facade renovation …………………… (271)
Fire suppression …………………………… (272)
Quality improvement year ………………… (272)
Year of the strictest urban management law enforcement ……………………………………… (272)
Mechanism innovation ……………………… (272)
Complaint handling ………………………… (272)
Targeted poverty alleviation ………………… (272)

Municipal maintenance
Profiles ……………………………………… (272)

Environmental health
Profiles ……………………………………… (273)
Improved facilities ………………………… (273)
Poverty alleviation ………………………… (273)

Landscape management
Profiles ……………………………………… (273)
Greening …………………………………… (273)
Greening nutrition ………………………… (273)
Flower and wood production ……………… (274)
Landscape law enforcement ……………… (274)
Landscape architecture …………………… (274)
Feature flower show ……………………… (274)
Increasing green quality …………………… (274)

City power supply
Profiles …… (274)
safety production …… (274)
reform and innovation …… (275)
power grid construction …… (275)
operation management …… (275)
lean management …… (275)
power supply service …… (275)

Urban water supply
Profiles …… (276)
Project construction …… (276)
Corporate reform …… (276)

Public transport
Profiles …… (276)

The gas supply
Profiles …… (277)

Urban and rural planning
Profiles …… (277)
Planning establishment …… (277)
Planning management …… (277)
Planning enforcement …… (277)
Planning services …… (278)

Housing accumulation fund
Profiles …… (278)
Collected funds exceeded 2 billion yuan …… (278)
Increase of deposit ratio …… (279)
Extraction remains stable …… (279)
Steady growth in lending …… (279)
Overall safety of funds …… (279)

Real estate supervision
Profiles …… (280)
Housing protection …… (280)
Property management …… (280)

Real estate development
Profile …… (280)
Estate management …… (281)
Daily service …… (281)

The environmental protection
Profiles …… (281)
Env insp …… (281)
Environmental governance …… (281)
Ecological red line …… (281)

Transportation, communication and postal service

The transportation
Profiles …… (284)
Transport infrastructure …… (284)
Urban and rural public transport development …… (284)
Quality and safety supervision …… (284)
Transport support services …… (284)

The traffic quality
Profiles …… (285)
Supt MGT …… (285)

Road management
Profiles …… (285)
Safety monitoring …… (286)
Industry reform …… (286)
Rule by law …… (286)
Targeted poverty alleviation …… (286)

highway
Profiles …… (286)
Daily maintenance …… (286)
Road administration …… (287)
Highway overage control …… (287)
Production safety …… (287)
Targeted poverty alleviation …… (287)

Rural highway administration
Profiles …… (288)
Road administration …… (288)
Nong road maintenance …… (289)

Water transport

Profiles ······ (289)

Law enforcement services ······ (289)

Water transport infrastructure construction ··· (289)

communication

Loudi branch of telecom co., LTD

Profiles ······ (290)

Network construction ······ (290)

Customer service ······ (290)

Power off and off ······ (290)

Interindustry alliance ······ (290)

Loudi branch of China mobile communication group hunan co., LTD

Profiles ······ (290)

Network coverage ······ (290)

Business operation ······ (290)

Customer satisfaction ······ (291)

Loudi branch of China unicom

Profiles ······ (291)

Network construction ······ (291)

Mobile secretary ······ (291)

Incident network support ······ (291)

Loudi branch of China iron tower co., LTD

Profiles ······ (291)

The postal

Profiles ······ (291)

Economic indicators ······ (292)

Policy support ······ (292)

Network layout ······ (292)

Transformation and upgrading ······ (292)

Postal delivery ······ (293)

Market regulation ······ (293)

Business · tourism

Business food

Profiles ······ (296)

Investment attraction ······ (296)

Open economy ······ (296)

Domestic trade ······ (297)

Commercial logistics ······ (297)

Market regulation ······ (297)

Food security ······ (297)

Chuang wen guan wei ······ (298)

Hunan expo ······ (298)

Investment promotion

Profiles ······ (298)

Management innovation ······ (298)

Precision investment ······ (298)

Investment services ······ (299)

ccpit

Profiles ······ (299)

Serving international trade ······ (299)

Building an international platform ······ (299)

Building exhibition brand ······ (299)

Investment attraction ······ (300)

Electricity association

Profile ······ (300)

Major business ······ (300)

Focus ······ (300)

Standard setting ······ (300)

Self–construction ······ (301)

Oil sales

Profiles ······ (301)

Market operations ······ (301)

Internal management ······ (301)

Network construction ······ (301)

Enterprise reform ······ (301)

Corporate culture ······ (302)

Supply and marketing cooperative

Profiles ······ (302)

Comprehensive reform ······ (302)

Social enterprise ······ (302)

Agricultural supplies ······ (302)

Rural e-commerce ······ (302)
Land trust ······ (303)
Targeted poverty alleviation ······ (303)

Grain reserves

Profile ······ (303)

Tobacco monopoly

Profiles ······ (303)
Cigarette marketing ······ (304)
Monopoly supervision ······ (304)
Enterprise management ······ (304)
Team building ······ (304)

Salt industry

Profiles ······ (305)

tourism

Profile ······ (306)
Project pull ······ (306)
Brand creation ······ (306)
Tourism poverty alleviation ······ (306)
Business innovation ······ (306)
Brand promotion ······ (306)
Featured activities ······ (306)
Rule of law ······ (307)

Finance and taxation

Fiscal

Profiles ······ (310)
People's livelihood ······ (310)
Fiscal and tax reform ······ (310)
Financial management ······ (310)
Budget management ······ (310)
Financial resources ······ (310)
Comprehensive tax administration ······ (311)
Eliminating large shifts ······ (311)
Public cultural and sports venues open free of charge ······ (311)
Integration of agriculture-related funds ······ (311)
Social security increased ······ (311)
Implementing wage and pension standards ······ (311)
Financial agricultural insurance ······ (311)
Comprehensive rural reform ······ (311)
Centralized payment by the Treasury ······ (311)
Real estate destocking ······ (311)
Non-tax mobile payment ······ (312)
Government procurement of services ······ (312)
Internet plus supervision ······ (312)
"Wild goose overpulling" regulation ······ (312)
Participate in the adjustment of county and urban districts ······ (312)
Protection and management of xiangjiang river · (312)
Financial management of townships ······ (312)
Standardize the implementation of PPP projects (312)
Accounting management ······ (312)

National tax

Profiles ······ (314)
Tax collection and administration ······ (314)
Tax services ······ (314)
Tax enforcement ······ (314)

The local taxation

Profiles ······ (315)
Revenue organization ······ (315)
Tax collection and administration ······ (315)
Team building ······ (315)
Rule of law ······ (316)
Tax services ······ (316)

Financial

Financial services office

Profiles ······ (320)
Financial reform ······ (320)
Financial industry ······ (320)
Service entity ······ (320)
Enterprise listing ······ (320)
Government platform ······ (320)
Risk management ······ (321)
Innovation mechanism ······ (321)
Establishment of a joint disciplinary system --- (321)
Promoting financial poverty alleviation ······ (321)
Pairing help ······ (321)

The people´s bank of China

Profiles ·· (321)
Financial risk prevention and control ············ (322)
Construction of financial ecology ················ (322)
Financial supervision and regulation ············ (322)
Payment and settlement services ················· (323)
Treasury services ································· (323)
Exchange management ························· (323)
Currency issue ···································· (323)
Survey statistics ·································· (323)
Credit investigation service ····················· (323)
Technology services ···························· (323)
Major accounting management ················· (324)
Major supervisory management ················ (324)
Large safety management ······················ (324)
Administrative effectiveness management ······ (324)

The CBRC branch

Profiles ·· (325)
Corporate governance ··························· (325)
Risk control ······································ (325)
Financial regulation ····························· (325)
Team building ···································· (325)

The bank of China,

Profiles ·· (326)
Financial management ·························· (326)
Social responsibility ···························· (326)

Construction bank

Profiles ·· (327)
Asset quality and risk control ·················· (327)
Strengthening customer base ··················· (327)
Breakthrough in corporate business ············ (327)
Credit structure optimization ··················· (327)
Optimization of channel layout ················· (327)
Financial inclusion services ···················· (327)
Smart platform settlement ······················ (328)
Strong credit risk management ················· (328)
Internal control risk management ·············· (328)
Financial resource allocation ··················· (328)
Operation management ························· (328)

Industrial and commercial bank of

Profiles ·· (328)
Serving people´s livelihood ···················· (328)
Risk reduction ··································· (329)
Return to source ································· (329)
Internal control and control ···················· (329)

Agricultural of bank

Profiles ·· (329)

The bank

Profile ··· (330)
Resolving non-performing loans ··············· (330)
Policy support for agriculture ················· (330)
Poverty alleviation ····························· (330)
Operation and management ···················· (330)

Provincial rural credit cooperatives

Profiles ·· (331)
Targeted poverty alleviation ··················· (331)
Image building ································· (331)

Loudi xinglou financing guarantee co. LTD

Profiles ·· (331)

Loudi security service co. LTD

Profile ··· (332)

Loudi traffic construction investment and development co. LTD

Profiles ·· (332)
Financing development ························· (332)
Project promotion ······························· (332)
Three good and one excellent ················· (333)

Loudi state-owned capital investment and operation co. LTD

Profiles ·· (333)
Asset collection ································ (333)
Fine farming project ··························· (333)

Internal management ······························ (334)

Loudi cultural tourism development investment co. LTD

Profile ·· (334)
Project to create a highlight of regional tourism (334)
Packaging key projects of global tourism ······ (334)
Build smart travel platform for self-driving travel ·· (335)

Loudi insurance industry association

Profile ·· (335)

Science, technology and service

Loudi municipal bureau of science and technology

Profiles ·· (338)
Industrial technology ······························ (338)
Agricultural science and technology ············ (338)
Social technology ································· (338)
Science and popular science ····················· (338)
Intellectual property rights ······················ (339)
Earthquake prevention and disaster reduction ··· (339)

Loudi science and technology association

Profiles ·· (339)
Help improve the scientific quality of the city ··· (339)
Improving science and technology service system ·· (340)
Enhance service capacity ························· (340)

SheKeLian

Overview ·· (340)
Study and publicize the spirit of the 19th CPC national congress ·· (341)
Science popularization theme week ············ (341)
Daily management ································· (341)

Education

Total class

Profile ·· (344)
Basic education ···································· (344)
Vocational education ······························ (344)
Adult education ···································· (344)
Private education ·································· (344)
Education planning ································ (344)
Education expenditure ···························· (345)
Teaching staff ······································ (345)
Campus safety ····································· (345)
Moral education ··································· (345)
Teaching research ································· (345)
Sports hygiene ····································· (346)
Arts education ····································· (346)
College enrollment ································ (346)
Graduate employment ···························· (346)
Self-examination for higher education ········· (346)
Education supervision ···························· (346)
Poverty alleviation through education ········· (346)
Information construction ························· (347)
Teaching apparatus ······························· (347)
Language ·· (347)
Education publicity ································ (347)
Education union ··································· (347)
History of education ······························ (347)
Caring for the next generation ·················· (347)
Education foundation ····························· (348)

Higher education

Hunan university of humanities and science

Profile ·· (347)
Teaching management ···························· (347)
Double first-class construction ················· (347)
Master program construction ···················· (347)
Innovation and entrepreneurship education ··· (349)
Talent team building ······························ (349)
Teaching quality control ·························· (349)
Reform of internal management ················ (350)
School conditions ································· (350)
Construction of two campuses ·················· (350)

Basic education

Loudi no.1 middle school

Profile ·· (350)
Education and teaching ··························· (350)

Curriculum reform ······ (351)

Loudi no. 5 middle school

Profile ······ (351)
Teacher development ······ (351)
School management ······ (351)
Education and teaching ······ (352)
Safe work ······ (352)
Physical arts ······ (352)

Vocational and technical education and adult education Loudi vocational and technical college

Profile ······ (352)
Teaching reform ······ (353)
Research work ······ (353)
Faculty development ······ (353)
Enrollment and employment ······ (353)
Social services ······ (353)
Cultural construction ······ (353)

Loudi radio and television university

Profile ······ (356)
Quality of education ······ (356)
Academic administration ······ (356)
Research work ······ (356)
Opening of new campus ······ (356)
Education transformation ······ (356)
Poverty alleviation ······ (357)

Loudi kindergarten normal school

Overview ······ (357)
School management ······ (357)
Education and teaching ······ (357)
Teaching research and reform ······ (357)
Moral education ······ (358)
Targeted poverty alleviation ······ (358)

Loudi technical college

Profile ······ (359)
School-enterprise cooperation ······ (359)
Skills in poverty alleviation ······ (359)
Teaching quality ······ (359)

First vocational and technical college

Profile ······ (360)
Teacher ethics construction ······ (360)
Humanistic quality ······ (360)
School safety ······ (360)
Major adjustment ······ (360)

Lengshuijiang technical secondary school

Profile ······ (361)
Teaching quality ······ (361)
Faculty ······ (361)
Student management ······ (361)
Campus life ······ (361)

Culture / Art / Sports

Cultural and sports bureau

Profile ······ (366)
Artistic rehearsal ······ (366)
Opera inheritance ······ (366)
Cultural activities ······ (366)
Construction of public cultural system ······ (366)
Free and low fee ······ (367)
Event activities ······ (367)
Competitive sports ······ (367)
Cultural industry ······ (367)
Promoting reading for all ······ (367)
Market regulation ······ (367)
Protection of cultural heritage ······ (368)
Cultural poverty alleviation ······ (368)

Loudi culture and art federation

Profile ······ (369)
Novel creation ······ (369)
Prose writing ······ (369)
Poetry writing ······ (369)
Reportage ······ (369)
Publication ······ (369)
Folk literature and art ······ (369)
Art, calligraphy and photography ······ (370)
Music · dance · quyi ······ (370)
Cultural activities ······ (371)
Literature and art ······ (371)

Arts and cultural organisation ···················· (371)
Poverty alleviation through literature and art ··· (371)

Loudi cultural market comprehensive law enforcement detachment
Profile ·· (371)
Cultural network supervision ···················· (371)
Press and publication regulation ················· (372)
Market supervision of radio, film and television (372)
Sports market regulation ························ (372)
Poverty alleviation ······························ (372)

Cultural relics and archaeology
Profile ·· (373)
Heritage protection ······························ (373)
Opening of two museums ························· (373)
Heritage and archaeology ························ (374)
Talent team ······································· (374)

Book publish
Profile ·· (374)
Political publications ···························· (374)
Distribution of teaching AIDS ···················· (374)
Promoting the reading project ···················· (374)
Distribution network construction ·············· (374)

Archives work
Profile ·· (375)
Development and utilization ····················· (375)
Basic services ···································· (375)
File administration by law ······················· (375)
Archive publicity ································· (375)
Learning about work ······························ (375)

Sports school
SProfile ··· (376)
Sports training ··································· (376)
Organising events ································ (376)

National fitness service center
Profile ·· (378)
To take over the third CEFA international standard dancing national awards open ···················· (378)
The third football league of loudi municipal straight unit ··· (378)
Hunan junior track and field championship ··· (378)
The eighth hunan "hunan expo" ················ (379)
2017 Chinese university wushu championship ··· (379)

News,publication,radio and television

Loudi daily
Profile ·· (382)
News editing ····································· (382)
Advertising ······································· (382)
Party building work ······························ (382)
Daily management ································ (382)

Radio and television
Profile ·· (383)
Team building ···································· (383)
Publicity and publicity ·························· (384)
Operating income ································ (384)

Television transmitters work
Profile ·· (385)
Upgrading of facilities ·························· (385)

Health and family planning

Total class
Overview ·· (388)
Healthy loudi construction ······················ (388)
General training team building ················· (388)
Comprehensively deepening medical reform ··· (388)
Family planning ·································· (388)
Promoting project construction ················· (388)
Talent team optimization ······················· (389)
Chinese medicine service capacity improvement ··· (389)
Doing practical work to improve people´s wellbeing ··· (389)
Strict management of medical services ········ (389)

Health and family planning law enforcement supervision
Profile ·· (390)
Health supervision and inspection ·············· (390)

Control and inspection of infectious diseases and radiological health ·································· (390)
Supervision of disinfection of disinfection products and centralized tableware ································ (390)
Special rectification work ························ (391)
"Double-random" work ························· (391)
Emergency monitoring mechanism ············ (391)

Family planning association,

Profile ··· (391)
Special family planning assistance ··············· (392)
Family planning for floating population ········· (392)
Publicity and education on family planning ··· (392)

The centers for disease control and prevention

Profile ··· (393)
Control of communicable diseases ·············· (393)
Immunization programme ························ (393)
Surveillance for endemic, parasitic and vector diseases ·· (394)
AIDS and leprosy prevention ···················· (394)
Tuberculosis control ······························ (394)
Prevention and control of chronic noncommunicable diseases ··· (394)
Occupational disease prevention and health ··· (394)
Health inspection and health surveillance ······ (394)
Quality management ····························· (395)

City centre hospital

Overview ··· (397)
Fixing the medical environment ················ (397)
Improving medical quality ······················ (397)
Achievements in scientific research and teaching ··· (397)
Focus on the introduction of cutting-edge technologies ··· (398)
Promoting targeted poverty alleviation and medical consortium construction ·························· (398)
Promote 6S lean management ················· (399)

Maternal and child health center

Profile ··· (400)
Promoting medical reform ······················ (401)
Maternal and child health services ·············· (401)
Promoting technological innovation ··········· (401)

Loudi first people´s hospital

Profile ·· (401)
Comprehensive medical strength ··············· (402)
Achievements in discipline construction ······ (402)
Progress in reform ································ (402)
Talent team with achievements ················· (402)
Health effective in poverty alleviation ········ (403)

Loudi second people´s hospital

Profile ·· (403)
Pediatric complex building project ············· (403)
No. 2 class a hospital ···························· (403)
Medical technology innovation ················· (403)
Business development ···························· (404)
Style building ····································· (404)

Loudi hospital of traditional Chinese medicine

Profile ·· (404)
Improving health care quality ··················· (404)
Improving discipline construction ·············· (405)
Efforts to cultivate talents ······················· (405)
Cross section ······································ (405)

The social security

Social work

Profiles ·· (408)
Poverty alleviation ································ (408)
Employment and entrepreneurship ·············· (408)
Vocational capacity building ···················· (408)
Social security reform ···························· (480)
Adjustment of social security benefits ········· (480)
Human resources ································· (408)
Labor relations ···································· (409)
Performance appraisal ··························· (409)

Civil affairs work

Profile ·· (409)
Social assistance ·································· (410)
Disaster prevention, reduction and relief ······ (410)
Zoning adjustment ································ (410)
Retirement placement ···························· (410)
Special care work ································· (410)

Pension service ···················· (410)
Funeral reform ···················· (410)
Protection of minors ···················· (410)
Orphan rights ···················· (410)
Welfare enterprises ···················· (411)
Registration of adoption ···················· (411)
Social organisation ···················· (411)
Welfare and philanthropy ···················· (411)
Grassroots power ···················· (411)
Home affairs project ···················· (411)
Marriage registration ···················· (411)

Undertakings for the disabled

Profile ···················· (412)
Employment assistance ···················· (412)
Education and training ···················· (413)
Disability publicity ···················· (413)

Welfare assistance

Profile ···················· (413)
Focus on left–behind children ···················· (413)

The Red Cross

Profiles ···················· (413)
Foreign aid projects ···················· (414)
Safety education ···················· (414)
Free donation ···················· (414)
Volunteering ···················· (414)
Publicity work ···················· (414)

County (city, district) overview

LouXing area

Profile ···················· (416)
Agriculture, animal husbandry and fishery ······ (416)
Science, education, culture and health ········· (416)
Financial notes ···················· (416)
Construction and construction ···················· (416)
Social security for people's livelihood ········· (416)

Lengshuijiang city

Profile ···················· (417)
Beautiful countryside construction ···················· (417)
Reform of decentralization, regulation and service ···················· (418)

lianyuancity

Overview ···················· (422)
Combating major floods ···················· (424)
Industrial enterprise construction in the park ··· (424)
Major crime solved ···················· (424)

Shuangfeng county

Profile ···················· (424)
Economic growth ···················· (424)
Innovation and transformation ···················· (424)
Urban and rural development ···················· (425)
Social services ···················· (425)
Poverty alleviation ···················· (425)

Xinhua county

Profile ···················· (426)
Science, education, culture and health ········· (426)
Poverty alleviation ···················· (426)
Green rise ···················· (428)
Agricultural quality improvement ···················· (428)
File transformation ···················· (428)

Statistical Bulletin

Loudi statistical bulletin on national economic and social development in 2017 ···················· (434)

Important file directory

List of documents issued by Loudi Municipal Committee of the Communist Party of China in 2017 ···················· (454)
List of documents of Loudi municipal Party committee office in 2017 ···················· (455)
List of documents of Loudi Municipal People's Government in 2017 ···················· (461)
List of documents of Loudi Municipal People's Government Office in 2017 ···················· (463)

The index

···················· (466)

特　载

Special Records

◎在市委经济工作会议上的讲话
◎政府工作报告
◎娄底市人民代表大会常务委员会工作报告
◎中国人民政治协商会议娄底市第五届委员会常务委员会工作报告

在市委经济工作会议上的讲话

中共娄底市委书记、市人大常委会主任　李荐国

（2017 年 12 月 27 日）

一、关于中央、省委经济工作会议主要精神

最近，中央、省委先后召开经济工作会议，我们务必提高政治站位，认真学习，准确掌握其核心要义和精神实质，自觉用来指导实践，推动工作。

1.中央经济工作会议主要精神。12 月 18 日至 20 日，中央经济工作会议在北京举行。习近平总书记在会上发表重要讲话，总结党的十八大以来我国经济发展历程，分析当前经济形势，部署 2018 年经济工作。李克强总理在讲话中对明年经济工作作出具体部署，并作了总结讲话。这次会议是党的十九大后党中央召开的第一个全国性会议，明确了以新发展理念为主要内容的习近平新时代中国特色社会主义经济思想，对于我们统一思想、深化认识，打好决胜全面建成小康社会三大攻坚战，推动经济高质量发展，具有十分重大的意义。

会议精神集中体现为七个关键词：一是“新成效”，党的十八大以来，我国经济发展取得历史性成就、发生历史性变革，为其他领域改革发展提供了重要物质条件。经济实力再上新台阶，经济结构出现重大变革，对外开放深入发展，人民获得感、幸福感明显增强，生态环境状况明显好转。二是“新思想”，即习近平新时代中国特色社会主义经济思想。会议指出，习近平新时代中国特色社会主义经济思想，是 5 年来推动我国经济发展实践的理论结晶，是中国特色社会主义政治经济学的最新成果，是党和国家十分宝贵的精神财富，必须长期坚持、不断丰富发展。三是“新判断”，会议认为，中国特色社会主义进入了新时代，我国经济发展也进入了新时代，基本特征就是我国经济已由高速增长阶段转向高质量发展阶段。推动高质量发展是当前和今后一个时期确定发展思路、制定经济政策、实施宏观调控的根本要求。四是“总体要求”，做好明年经济工作，要全面贯彻党的十九大精神，以习近平新时代中国特色社会主义思想为指导，加强党对经济工作的领导，坚持稳中求进工作总基调，坚持新发展理念，紧扣我国社会主要矛盾变化，按照高质量发展的要求，统筹推进“五位一体”总体布局和协调推进“四个全面”战略布局，坚持以供给侧结构性改革为主线，统筹推进稳增长、促改革、调结构、惠民生、防风险各项工作，大力推进改革开放，创新和完善宏观调控，推动质量变革、效率变革、动力变革，在打好防范化解重大风险、精准脱贫、污染防治攻坚战方面取得扎实进展，引导和稳定预期，加强和改善民生，促进经济社会持续健康发展。五是“重要原则”，稳中求进工作总基调是治国理政的重要原则，要长期坚持。“稳”和“进”是辩证统一的，要作为一个整体来把握，把握好工作节奏和力度。六是“三大攻坚战”，今后 3 年要重点抓好决胜全面建成小康社会的防范化解重大风险、精准脱贫、污染防治“三大攻坚战”。七是“8 项重点工作”，要围绕推动高质量发展，做好深化供给侧结构性改革，激发各类市场主体活力，实施乡村振兴战略，实施区域协调发展战略，推动形成全面开放新格局，提高保障和改善民生水平，加快建立多主体供应、多渠道保障、租购并举的住房制度，加快推进生态文明建设等 8 项重点工作。

2.省委经济工作会议主要精神。12 月 22 日至 23 日，省委召开经济工作会议。会议采取先参观、后开会的方式，22 日，省委书记、省人大常委会主任杜家毫，省委副书记、省长许达哲，省政协主席李微微，省委副书记乌兰分别率队参观考察了长沙市 8 个产业项目；23 日开会，家毫书记、达哲省长在会上发表讲话。

会议全面总结了今年全省经济工作，认为全省经济发展稳中向好、稳中趋优，总体完成全年目标任务。会议强调在明年经济工作实践中，要提高政治站位，把讲政治落实到经济发展的方方面面；要保持战略定力，对近年来省委作出的一系列决策部署，不折腾、不懈怠、不犹豫，继续推进；要坚持稳中求进，不断巩固“稳”的基础，持续增强“进”的动能；要推动高质量发展，坚持以质量效益为中心，以抓改革为重点推动动力变革、以优服务为重点推动效率变革、以促创新为重点推动质量变革，加快实现向高质量发展的根本转变；要大力发展产业，坚持以园区为载体，以产业链为抓手，以优化环境为基础，以项目落地为关键，以引才聚才为支撑，着力培育、发展、壮大、做优产业；要突出抓重点、补短板、强弱项，紧紧围绕产业发展、对外开放、脱贫攻坚、环境治理、投资环境改善等短板和弱项，集中力量攻坚克难。会议明确了全年工作重点：即大力推进产业项目建设、打好“三大攻坚战”、深化供给侧结构性改革、实施乡村振兴战略、深化新时代改革开放、提高保障和改善民生水平等六个方面。会议强调要坚持和加强党对经济工作的领导，增强“四个意识”，自觉维护党中央权威和集中统一领导，确保党对经济工作的领导落到实处，切实提高驾驭新时代经济建设的能力和水平。

中央、省委经济工作会议精神，是我们做好明年经济工作的行动指南，我们要把思想和行动统一到党的十九大精神上来，统一到中央、省委的决策部署上来，紧密结合娄底实际，不折不扣贯彻落实。

二、关于 2017 年“娄底答卷”

今年以来，我们坚持以习近平新时代中国特色社会主义思想为指导，大力实施创新引领开放崛起战略，坚持加速转型、奋力赶超，全力打好防范化解重大风险、精准脱贫、污染防治“三大攻坚战”，深入推进七个“三年行动计划”和项目建设大比拼，全力以赴打赢防汛避险救灾保卫战，推动经济社会继续向好、持续向好、越来越好，在去年交出“合格答卷”的基础上，今年向省委、省政府和全市人民交出了一份优异的“娄底答卷”：预计全年地区生产总值增长8.5%左右，规模工业增加值增长 8.6%左右，固定资产投资增长 14.7%左右，全市社会消费品零售总额增长10.8%左右，一般公共预算收入增长 9%以上，城乡居民人均可支配收入分别增长 8.5%、11%左右。特别是发展的质量效益提升，GDP、工业、投资、消费等大部分指标增幅高于全省平均水平，增幅排位继续保持全省前列，全省产业发展现场推进会在我市举行首站观摩，我市作典型发言。供给侧结构性改革、项目建设、信访维稳、民生事业、全面从严治党等工作成效明显。当前，撸起袖子、扑下身子、干出样子的“娄底新作为”正在彰显，迎难而上、昂扬向上、蒸蒸日上的“娄底新气象”正在形成。

这些成绩的取得来之不易，是在经济形势复杂多变、下行压力增大的背景下取得的，是在防汛避险、环保督察、脱贫攻坚、煤炭钢铁烟花爆竹去产能多重压力叠加的条件下取得的，是以习近平为核心的党中央英明领导的结果，是省委、省政府坚强领导的结果，是市几大家班子履职尽责、攻坚克难的结果，是全市各级党委政府和广大干部群众团结奋斗、艰苦努力的结果。

这一张成绩单，之所以能从“合格”走向“优异”，有几点值得认真总结：一是始终坚持党对经济工作的领导。坚决贯彻中央和省委省政府关于经济工作的重大决策，紧扣省、市党代会确定的目标任务，把方向、观大势、谋全局，确保党对经济工作的领导落在实处。二是始终坚持科学研判、密切调度。阳历新年、农历新春上班的第一天，市委市政府主要负责人都率领市直相关部门到园区企业调研指导，为企业排忧解难，督促复工复产。逐一对七个“三年行动计划”进行调度，对存在的问题进行集中会审、逐个解套，确保各项经济任务按时序推进。三是始终坚持高高举起项目建设大比拼的指挥棒。持续开展项目集中签约、集中开工竣工，专门召开项目建设观摩点评会，观摩只看新项目，不看老项目，重点看产业项目，看新班子抓的新项目，用新项目检验新班子，让新项目和新班子共成长、好项目和好干部共成长。通过大比拼催生了一批大项目、好项目、新项目。四是始终坚持用改革的思维和办法来破解发展难题。开展重点项目联合审批，强力推行“只跑一次”，深入推进园区管理体制改革，全力打造“放管服”改革升级版，及时解决项目企业在要素保障、生产经营等方面的急事难事，营造良好发展环境。五是始终坚持牢牢守住底线。强化问题导向，树立底线思维，紧紧盯住安全生产、信访维稳、社会舆论等底线工作，抓源头、抓苗头、抓“头头”，着力化解各类矛盾风险隐患，认真解决群众的合理合法诉求，确保了娄底不出大事、少出小事，社会总体稳定祥和。

在肯定成绩的同时，我们也要清醒地看到矛盾和问题，主要是：经济总量依然不大，经济增长动力不强；脱贫攻坚、生态环境治理任务十分艰巨，民生事业欠账较多；实体经济、产业发展成效还不够明显，又好又大的产业项目还不多；创新能力不足，经济外向度不够；征地拆迁难、“三强”行为尚未根治，仍时有发生；安全生产、信访维稳的压力依然很大，社会矛盾和各种隐患还比较多；一些领导干部的思想观念和专业能力与新时代要求、新发展理念、实际工作需要还不完全适应；办事效率不高、营商环境不优、政务服务质量不高；等等。这些问题，都值得我们认真研究，在今后的工作中切实予以解决。

三、关于2018年的形势和任务

做好2018年的经济工作，必须准确把握发展形势，坚定发展信心，牢牢把握工作主动权。

从国际上看，短期企稳向好，中期挑战较多。从国内看，我国发展仍处于重要战略机遇期，经济长期向好的基本面没有变，特别是党的十九大胜利召开，为经济发展在理念、战略、举措、预期上注入了强大动能。国家继续实施积极的财政政策、稳健的货币政策，强化结构性减税、供给侧结构性改革、更加重视实体经济，支持资源型城市转型等重大举措，为地方发展提供更多机遇。从全省看，发展战略科学明晰，产业支撑有力，经济总量挺进全国第九，持续保持强劲增长势头。省委省政府对娄底发展高度关注关心，给了我们坚强领导和坚定支持。从我市的情况看，虽然面临的任务重、矛盾多、压力大，但有利条件、积极因素正在不断聚集和增多：一是我们在2016年交出了“合格答卷”，2017年可以交出“优异答卷”，主要经济指标趋稳向好、在全省排名位置前移，今天的娄底不再“垫底”，而是在稳步“上楼”。二是市委市政府部署的七个“三年行动计划”、项目建设大比拼、供给侧结构性改革以及“有事请找我”、“只跑一次”等举措，符合中央、省委精神，切合娄底实际，成为了全市上下的共识和追求。三是新发展理念深入人心，聚焦实体经济、振兴产业、比拼项目的氛围日益浓厚，新的动能加速成长，发展质量和效益明显提升，发展基础和后劲明显增强。四是责任心教育向纵深推进，全市广大党员干部在迎接中央环保督察、脱贫攻坚问题整改、防汛避险、安全维稳等大事难事中锤炼了意志，强化了担当，干事创业的劲头正在凝聚。五是娄底好声音、好故事、好典型不断涌现，全省产业发展现场推进会在娄底举行首站观摩，上级领导、外面各界对娄底有了新的认识，对娄底的美誉度和口碑评价明显上升，这为我们加快发展营造了良好外部环境。同时，国家和省里的政策叠加效应持续释放，环境治理倒逼淘汰落后产能、催生新兴产业，企业转型升级内生动力不断增强，等等。总的来看，明年“时”与“势”都于我更为有利，机遇大于挑战。只要我们继续保持一往无前的奋斗姿态，趋利避害，乘势而为，撸起袖子、扑下身子、干出样子，完全可以实现更高质量、更高水平的发展。

2018年是贯彻党的十九大精神的开局之年，是改革开放40周年，是决胜全面建成小康社会、实施“十三五”规划承上启下的关键一年，也是娄底七个“三年行动计划”的收官之年。做好明年的经济工作，要全面贯彻党的十九大精神，以习近平新时代中国特色社会主义思想为指导，加强党对经济工作的领导，科学把握“稳中求进”，坚持新发展理念，紧扣社会主要矛盾变化，按照高质量发展的根本要求，以供给侧结构性改革为主线，深入实施创新引领开放崛起战略，加速转型、奋力赶超，大力培育和发展实体经济，坚决守底线、奋力争上游，统筹推进稳增长、促改革、调结构、惠民生、防风险各项工作，在打好防范化解重大风险、精准脱贫、污染防治攻坚战方面取得扎实进展，推动经济社会持续健康发展。

贯彻这一总体要求，市委考虑，明年经济增长预期目标为8.5%左右，固定资产投资增长14.5%以上，社会消费品零售总额增长11.5%以上，一般公共预算收入增长8%以上，节能降耗完成省定目标任务，城乡居民收入分别增长8.5%以上和11%左右。

把明年经济增长预期目标确定为8.5%左右，主要基于以下几个方面的考虑：第一，这是落实中央、省委决策部署的需要。这个速度是在综合分析我市经济发展现状和趋势上提出的，是一个比较稳健的预期指标，与中央提出的“高质量发展”等要求相一致。省委提出明年经济增长预期目标为8%左右，与今年持平；我市今年的增速在8.5%左右，明年也应该保持今年的这个水平。而且省委省政府明确要求娄底乘势而上，为全省发展做贡献，为此我们也必须有一个相对较快的发展速度。第二，这是贯彻市第五次党代会精神、抓好七个“三年行动计划”收官的需要。经济年均增长8.5%，是市第五次党代会确定的发展目标，也是确保2018年七个“三年行动计划”圆满收官的配套指标。第三，这是保障和改善民生的需要。中央强调要“在发展中提高保障和改善民生水平”。保证日益增长的民生刚性投入，稳定和增加就业，给人民群众持续不断的获得感、幸福感，必须有量质并举的较快增长。

做好明年经济工作，实现预期发展目标，必须做到以下几条：一是必须坚持以习近平新时代中国特色社会主义经济思想为指导。以新发展理念为主要内容的习近平新时代中国特色社会主义经济思想，是做好新时代经济工作的根本遵循。发展必须是科学的发展，必须坚定不移贯彻创新、协调、绿色、开放、共享的发展理念，不断以新理念指导新实践，激发新动能，取得新成效。二是必须科学把握“稳中求进”。“稳中求进”工作总基调是治国理政的重要原则。“稳”和“进”是辩证统一的，要作为一个整体来把握，把握好工作节奏和力度，该稳的要稳住，该进的要进好，特别是娄底作为后发地区，尤其要善于在“稳”的基础上做好“进”的文章，持续增强“进”的质量、“进”的动能、“进”的业绩。三是必须落实高质量发展的根本要求。要贯彻新发展理念，坚持以质量效益为中心，以抓改革为重点推动动力变革、以优服务为重点推动效率变革、以促创新为重点推动质量变革，加快形成推动高质量发展的指标体系、政策体系、绩效体系、政绩考核，创建和完善制度环境，加快实现向高质量发展的根本转变。四是必须大力发展实体产业。大力发展实体经济，推动各类生产要素向实体企业汇聚，各类优势产业向园区集中；改造提升传统产业，培育壮大新兴产业，补链、延链、强链，做活产业链文章，促进产业集群集约发展，推动娄底产业、娄底产品迈向中高端。五是必须突出抓重点、补短板、强弱项。积极运用“抓重点、补短板、强弱项”集中调研成果，围绕实体经济、产业转型、对外开放、环境优化等短板和弱项，集中力量攻坚克难，努力把短板拉长、把弱项变强。

四、关于2018年的重点工作

2018年，全市各级各部门要咬紧继续交出一份“优异答卷”这个目标，坚决守底线、奋力争上游，盯住短板，瞄准重点，实现重点突破。

1.抓实脱贫攻坚，为2019年全面摘帽奠定坚实基础。根据全市脱贫攻坚总体目标，双峰县在2018年要退出，新化县、涟源市在2019年要退出。目前，全市还有21.2万贫困人口尚未脱贫，324个贫困村没有退出。剩下的都是贫中之贫、困中之困，并且还要继续巩固已有脱贫成果，防止返贫。可以讲，2018年要一手抓脱贫，一手抓巩固，任务更加繁重。要大力发扬持续作战的精神，紧扣“两不愁三保障”“四跟四走”“五个一批”“三率一度”“三走访三签字”的工作要求，瞄准特定贫困群众精准帮扶，向深度贫困地区聚焦发力，认真抓好产业扶贫、易地扶贫搬迁、教育扶贫、健康扶贫、就业扶贫等工作。继续在村支书中开展争当“脱贫致富带头人”活动，在贫困户中倡导开展“人穷志不穷、脱贫靠自身”自强自立行动，强力治惰、治懒、治脏、治赌、治愚，不断激发贫困群众内生动力，促进贫困群众收入稳定增长。强化扶贫督查考核和责任追究，严查扶贫领域侵害群众利益的行为，做到真脱贫、脱真贫。

2.以“产业项目建设年”为抓手，瞄准短板弱项，全力推动产业转型升级。2018年，是省委省政府确定的产业项目建设年，提出要抓好“五个100”，即抓好100个重大产业建设项目、100个科技创新项目、100个重大产品的创新、引进100个五百强企业、引进100个科技创新人才。全市要以此为契机，高高举起项目建设大比拼的指挥棒，推动项目快上、快进、快成。明年的项目观摩仍将只看新项目，不看老项目，重点看产业项目，观摩评比干部的精气神。要重点围绕推进供给侧结构性改革，加快建设国家产业转型升级示范区，聚焦一、二、三产业，谋划推进一批又好又大的产业项目。聚焦工业抓产业项目。深入实施“工业提振三年行动计划”，做大做强新材料、储能产业、汽车及汽车零部件、装备制造、新一代信息技术、生物医药、节能环保等重点产业，实实在在新增规模以上工业企业100家以上，努力打造“1+5”千百亿产业集群，即，板材深加工及汽车零部件千亿以上产业集群和新能源电池及储能产业、装配式建筑、精细陶瓷、军民融合、健康旅游等5个百亿以上产业集群。特别是要提高工业的增加值、工业的税收贡献率，扩大工业园区的集聚效应，促进一批老工业企业重新焕发生机。把建设“钢铁新城”作为娄底转型升级的标志性工程来打造，全心全意、真心真意支持涟钢、服务涟钢，在全省率先做强、做优、做精钢铁主业，为华菱集团早日跨入世界500强做贡献、挑大梁。聚焦服务业抓产业项目。全力推进“文化旅游和健康养老产业发展三年行动计划”，加快发展生产性服务业和生活性服务业。中心城区要重点建设好湘中国际物流园、诚通物流园，以万豪城市广场和五江·碧桂园为龙头打造名店、名街、名商场，提升消费体验，做旺商业产业。积极打造“曾国藩”“紫鹊界梯田”“波月洞”这几张名片，加快创建AAAAA级景区，努力开发一批好吃的、好玩的、好看的。加快发展现代金融业，加强金融诚信建设，大力发展金融新业态，鼓励企业上市融资，支持本土金融企业做大做强，努力让金融成为娄底的支柱产业。聚焦农业抓产业项目。培育壮大一批农产品加工龙头企业，加强农业品牌建设，促进农村一二三产业融合发展，不断提升农业质量和效益；围绕城郊农业做足特色文章，着力发展休闲、观光、体验型农业，让城郊农村“四季花儿开、四季瓜果香”，打造游客休闲游玩的理想去处。聚焦园区抓产业项目。我认为，好园区承载好项目，大园区承载大项目。各地要把园区作为项目建设大比拼的大舞台，按照“一区多园”的发展模式，推动各类生产要素向实体企业汇聚，各类优势产业向园区集中，形成企业入园、产业集聚、实业兴旺的良好格局，真正把园区建成产业转型升级的先行区，。

3. 深入实施“天蓝水净地绿三年行动计划”，打好污染防治攻坚战，创造良好生态环境。娄底有良好的绿色生态资源，但也有许多“生态包袱”，生态治理的历史欠账较重。我们要坚持节约优先、保护优先、自然恢复为主的方针，动员广大人民群众与党委政府一起努力，打一场污染防治的人民战争。要深入推进“天蓝水净地绿三年行动计划”和“湘江保护治理第二个三年行动计划”，用好中央环保督察成果，出重拳抓好大气污染治理、水污染治理和土壤污染治理，解决突出环境问题。推进绿色低碳发展，从源头上减少和控制污染。统筹山水林田草系统治理，推进生态修复保护，全面落实河长制，推进资水、涟水、孙水等流域沿岸保护治理。结合创文管卫和城乡环境整建，抓好村庄环境、中心镇环境、乡镇机关环境、居民院落环境、背街小巷环境以及县城风貌整治，开展创建国家森林城市、节约型机关、绿色家庭、绿色学校、绿色社区和绿色出行等行动。通过党委、政府、社会、企业和群众的共同努力，让全市人民喝上干净水，呼吸到新鲜空气，听到鸟儿叫，经常看到“蓝蓝的天上白云飘”。

4.深化供给侧结构性改革，全面推进改革开放。继续推进“三去一降一补”，着力在“破”“立”“降”上下功夫，把供给侧结构性改革推向深入，不断提高供给质量和效益。坚决淘汰落后产能，大力破除无效供给；持续推进房地产业去库存，加快建立多主体供应、多渠道保障、租购并举的住房制度，促进房地产业健康发展；坚持增量控制和存量化解相结合，有序降低杠杆率，防范化解各类债务风险；进一步落实减税、降费、降低要素和物流业成本政策，大力降低实体经济成本和制度性交易成本；要把补短板与扩大优质增量相结合，拉长补齐园区经济、县域经济、城市经济、金融经济等发展短板，积极培育共享经济、数字经济、生物经济、现代供应链等新业态新模式。以“只跑一次”改革撬动各领域改革，不断增强改革的系统性、整体性、协同性。深化“放管服”改革，坚决打破信息孤岛、推进数据共享，提升政务服务效能，打造最优政务环境。全面提高对外开放水平，招“娄商”、引“外商”，瞄准世界和全国500强、央企，有的放矢、锲而不舍抓实招商引资工作，切实提高招商引资项目的签约率、开工率、竣工率、达产率。充分利用“湘博会”和各类经贸平台，把娄底的好企业、好产品、好资源、好风光、好的人文环境推出去，不断提升经济外向度。

5.大力实施乡村振兴战略。要坚持农业农村优先发展，按照产业兴旺、生态宜居、乡风文明、治理有效、生活富裕的总要求，建立健全城乡融合发展体制机制和政策体系，加快推进农业现代化。坚持质量兴农、绿色兴农，加快构建现代农业产业体系、生产体系、经营体系。坚持和完善农村承包地“三权”分置，探索盘活用好闲置农房和宅基地办法，深化农村产权制度改革。乡风文明是乡村振兴的重要基础，既要有兴旺的产业，也要有文明的乡风。要大力移风易俗，从不良卫生习惯、婚丧嫁娶大操大办、打牌赌博、封建迷信等陈规陋习抓起，制定乡规民约，引导社风民意，促进乡村群众的精神面貌、思想观念有新的改观。市县乡村要积极开展“勤俭持家模范”“勤劳致富模范”“移风易俗模范”和“艰苦创业模范”评选表彰活动，用身边的典型教育身边的人，使“好山好水好人家”成为娄底乡村的一道亮丽风景。

6.突出抓好急需的基础设施建设。近年来,全市的高铁、高速公路、城乡公路以及水、电、气等基础设施有了根本性改观,为扩大投资、改善民生、优化环境起到了强大的支撑作用。但是,由于多方原因,当前有的基础设施明显滞后于城市发展、现实需要,比如中心城区的小学、老年大学、垃圾场、殡仪馆、会议中心、工会活动中心等;还有一些基础设施仍是空白,比如通用机场、规划馆等。这些都是关系国计民生、关系老百姓生老病死的基础设施,都是当前急需解决的事情。各地各部门要认真梳理,列出具体清单,明确时限要求、约束措施,抓紧解决。要加快实施“中心城区提质扩容三年行动计划”,全面打通“断头路”、改造城中村、修建小游园、整治背街小巷。重点推进龙琅高速、官新高速、娄底大道建设,建好、管好、护好、运营好农村公路,加快农村水利、电网、宽带、安全饮水等公共服务设施建设改造。特色小镇建设要在“特”字上做文章,在“实”字上下功夫,确保建筑风貌有特色,历史文化有特色,产业发展有特色,确保项目规划能够落地,项目投资能够产生效益。特别要强调的是,基础设施、民生建设一定要坚持量力而行、尽力而为,突出实用管用,科学设定投资规模,不吊高胃口,不开空头支票,不贪大求洋,不好高骛远,不给后任留包袱。

7.全力防范化解重大风险,确保全市安全稳定祥和。防范化解重大风险,是一项系统工程,涉及金融风险、安全风险、稳定风险等各个领域;每一块的风险隐患都不可小视,都有可能由小到大、由点及面,引发新的矛盾。我多次讲过,市一级要确保不出大事、少出小事,县一级就不能照套,要有更高的要求。市里提出确保不发生较大以上安全事故,是指全市范围内,如果乡镇、村一级也说“确保不发生较大以上安全事故”,那么,全市就会出大事。全市各级各部门必须坚持问题导向、底线思维,抓源头、抓苗头、抓“头头”,努力把各种不稳定、不和谐的因素控制在萌芽状态,化解在基层。要稳妥处置民间融资风险,牢牢守住不发生区域性金融风险的底线。扎实做好生产安全、食品药品安全、交通安全、消防安全、校园安全、生态安全等各领域的安全工作。要加强舆论引导,防止因舆论引导不力影响社会稳定。深入推进“平安娄底”建设,持续创建“无上访乡镇(街道)、无上访村(社区)”,严厉打击和惩治各类违法犯罪活动,加强和创新社会治理,全面推进社会治安防控体系建设和基层网格化管理。

8. 坚持以人民为中心的发展思想,不断改善民生,让群众有更多获得感。坚持把人民对美好生活的向往作为奋斗目标,围绕“幼有所育、学有所教、劳有所得、病有所医、老有所养、住有所居、弱有所扶”,抓住人民最关心最直接最现实的利益问题,一件事情接着一件事情办,一年接着一年干,不断满足人民日益增长的美好生活需要。稳定扩大就业,加强新市民公租房保障,实施全民参保登记计划,健全医疗卫生服务体系和全民基本医保,加大对特殊困难群体兜底服务,织密扎牢社会保障网。积极解决拖欠农民工工资问题,以工程建设领域特别是政府建设项目为重点,摸清底数,完善机制,严格督查,确保农民工拿到汗水钱。要用心用情抓好群众家门口的民生实事,解决群众身边的小事,比如,公共厕所、公交站、垃圾堆放、老房子漏水、下水道堵塞、停水停电停气、街道井盖、群众文化广场等等,都要随时关注,一一为群众把这些事情办好。当前,正值岁末年初,全市各级各部门要特别关心群众冷暖安危,保障煤电油气等能源系统正常运行,抓好安全生产和公共安全,保障市场供应和食品安全,让人民群众过上安全祥和的元旦、春节。

五、关于加强领导狠抓落实

做好 2018 年的经济工作,关键在各级党组织和党员干部。要推动责任心教育向纵深发展,狠抓落实力,把加强党的领导贯穿于经济建设各领域、全过程,为推动高质量发展提供坚强保证。

1. 切实加强党对经济工作的领导。全市各级党委、政府要切实增强“四个意识”,自觉维护以习近平为核心的党中央权威和集中统一领导,在思想上政治上行动上同党中央保持高度一致,不折不扣贯彻落实中央、省委省政府和市委市政府的决策部署,坚持把方向、观大势、谋全局,坚决反对经济工作中的分散主义、自由主义、本位主义、山头主义、地方保护主义,把党的领导贯穿于经济工作的全部实践中。

2.不断提升推动经济工作的能力水平。市委五届四次全会提出了深化“大学习大调研大提升”推动党的十九大精神在娄底落地见效的意见,全市各级领导干部要认真贯彻,按照党的十九大提出的增强“八种本领”的要求,学懂弄通习近平新时代中国特色社会主义经济思想，大兴学习之风、调查研究之风，掌握科学的经济分析方法，把握市场经济发展规律，培养专业思维、专业素养、专业方法，以能力的大提升促进经济大发展。

3.不断提升落实力。全市各级领导干部要带头抓落实，主动抓落实，克服困难抓落实，锲而不舍抓落实。现在，一些工作落实不了、落实不快、落实不好，我分析了一下，原因主要有四条：一是有的同志缺乏抓落实的意识，从一开始就没想要抓落实，目的只是开一个会、出台一个文件、下达一个通知去应付交账；二是制定的方案没有经过认真思考和调研论证，不靠谱，根本就落不了地；三是自己不主动落实，靠别人落实，也不督查督办，“落实”变成“落空”；四是一遇到困难就打退堂鼓，最后不了了之。还有，自己不记得了，“良心好，记心差”。提升落实力，首先要解决这四个方面的问题；作为领导干部，也必须努力地、自觉地、坚决地解决这些问题。要“干”字当头，“成”字见效，用落实的姿态、落实的实际效果来检验责任心教育的成效。

新的一年，新的起点，要有新气象、新作为。在座的都是各级领导干部，是“关键少数”，在推动经济社会发展中，我们务必做到“六个一”：要一身正气，以身许党许国，不怕困难、不怕麻烦、不怕得罪人，一身正能量，敢抓敢管，把该做的事情坚决做好，把该尽的职责坚决尽到位；要一心为民，出以公心，多为群众办实事、做好事，竭尽全力为群众排忧解难，努力让群众过上美好生活；要一专多能，既成为本职工作、分管工作的行家里手，又要熟悉全局工作，全面提升能力素质，争当“多面手”；要一鼓作气，承接好目前的良好发展势头，发扬连续作战的精神，趁热打铁，乘势而上，跃马扬鞭，奋力打开发展新局面，开创工作新境界；要一抓到底，对作出的决策、看准的事情，要坚定信心，狠抓落实，不达目的誓不罢休；要一往无前，面对艰险不畏惧，面对挫折不气馁，面对成绩不骄傲，心无旁骛，奋不顾身，奋勇向前，环环相扣，步步为营，夺取一个又一个新的胜利。做到这“六个一”，什么困难都能够克服，什么歪风邪气都能够刹住，什么工作都能够抓好。

(略有删节)

政府工作报告

——2018 年 1 月 3 日在娄底市第五届人民代表大会第二次会议上

中共娄底市委副书记、市长 杨懿文

一、2017 年工作回顾

刚刚过去的 2017 年，是充满挑战但喜获丰收的一年。在市委的坚强领导下，全市上下认真贯彻落实党中央、国务院和省委、省政府的决策部署，紧紧围绕建设富饶美丽健康祥和新娄底的目标，大力实施创新引领开放崛起战略，坚持加速转型、奋力赶超，全面推进七个“三年行动计划”，坚决打好“三大攻坚战”，努力开创了全市经济社会发展的新局面。

经济发展稳中趋好，越来越好。1—11 月，纳入省政府绩效考核的 13 项主要经济指标，我市第一、二产业、规模以上工业、建筑业等 4 项指标，增速排全省第一位；固定资产投资增速排全省第二位；地区生产总值增速排全省第三位；其中 11 项指标，增速高于全省平均水平。预计，全年实现地区生产总值 1560 亿元（预计数，下同），增长 8.5%左右，一、二、三产业分别增长 3.5%、8%、11%左右；固定资产投资增长 14.7%左右；规模工业增加值增长 8.6%左右；社会消费品零售总额增长 10.8%左右；一般公共预算收入达到 115.63 亿元，增长 10.55%；城乡居民人均可支配收入分别增长 8.5%、11%左右；规模以上工业企业新增 113 家，净增 59 家，利润增长 73.7%；税收占财政收入比重达到 59.41%。在全省竞相发展、你争我赶的发展大势中，彰显了娄底力量。

一年来，我们坚持工作高标准，全力保重点、攻难点、创亮点。一是在推进脱贫攻坚、生态环境治理、安全生产等重点工作中，坚持不怕困难、不怕麻烦、不怕出丑的“三不”精神，发动群众广泛参与，敞开大门抓整改，打赢了年度攻坚战。二是面对历史罕见的洪涝灾害，全民动员，科学应对，众志成城，紧急转移群众 16.37 万人，解救受困群众 4740 人，夺取了防汛避险救灾的全面胜利。三是强力推进中心城区道路提质改造、路网完善及风貌整治，吉星路、娄星南路、甘桂路等 9 条“断头路”建成通车，湘阳街、乐坪西街、扶青路等 10 条道路完成“白改黑”，顺利通过国家卫生城市复查评审，以全省第一名的成绩保留了全国文明城市提名资格。四是行政区划调整平稳有序推进，涟源市水洞底镇、双峰县蛇形山镇划入娄星区管辖，新化县撤销上梅镇和上渡办事处，改设 3 个街道。五是在全国率先推进健康快车下基层，在全省率先完成农村墙体广告清零、率先实现市县乡村四级公共法律服务全覆盖。六是成功跻身全国产业转型升级示范区，全面启动国家级高新区创建，全省产业发展现场推进会首站观摩放在娄底，我市作典型发言。这些做法和成效，集中展示了我市发展的新格局和新形象，极大提升了娄底的对外影响力和美誉度。

一年来，我们以“跳起来摘桃子”的勇气，按照“四个略高于”的要求，较好地完成了年初确定的各项目标任务。

（一）项目建设推进有力。继续开展“项目建设大比拼”活动，推进各类项目 2800 个，完成固定资产投资 1375 亿元，发挥了稳增长的决定性作用。其中，重点项目 395 个，完成投资 850 亿元，占总投资的 62%；重点产业项目 210 个，占重点项目总数的 53.1%；投资 20 亿元以上的重大项目 32 个，比 2016 年增加 11 个，项目结构明显优化，规模和质量都有较大提升。

（二）产业转型步伐加快。以供给侧结构性改革为主线，扎实推进“三去一降一补”，关闭煤矿 23 对、石膏矿山 5 家，粘土砖厂全部取缔，烟花爆竹生产企业全部退出。钢铁、水泥等产业“老树发新芽”，质量效益提升。高新技术产业增加值增长 17%。六大高耗能行业占规模工业的比重，从41.5%下降到36.9%。万元GDP能耗下降5.3%。园区规模工业增加值占全市规模工业的比重，由62%提高到66.2%。三迅电子、电将军、上海星珂实业、三一中源等新技术新材料工业企业加快成长。现代金融、商贸物流、文化旅游等产业快速发展。湘中国际物流园、诚通物流园、五江·碧桂园等项目的主体功能区建成使用。全年接待游客3600万人次，旅游收入增长30%。互联网经济、总部经济、赛事经济、智能制造等新兴产业有新作为，陌陌、葛洲坝集团、中钰基金等在我市设立独立公司。农业现代化、产业化、机械化进程加快，新增农业合作社983个、市级以上龙头企业30家，农产品加工产值增长20%。新增规模以上企业280家，净增125家，其中高新技术企业总数达到85家，新增27家。三次产业结构调整为14：47.5：38.5。

（三）脱贫攻坚扎实有效。坚持“四出”“五进”“八不退”标准，按照“两个服气”要求，扎实开展精准识贫专项行动，排查出不符合贫困条件的错评对象21.02万人、符合条件的漏评对象11.14万人。制定了脱贫攻坚“四个意见”“十条禁令”，建立了“有事请找我”责任担当机制，在“三走访三签字”的基础上，设置了“三张联系卡”，狠抓产业、教育、金融、健康、劳务、水利、易地扶贫搬迁和贫困户危房改造等各项扶贫工作。全市减少贫困人口9.98万人，156个贫困村实现脱贫摘帽，在全国全省督查评比中取得优异成绩，涌现出了新化县油溪桥村、娄星区湘村万乐电商平台等先进典型。

（四）城乡环境明显改善。以“天蓝水净地绿三年行动计划”、湘江流域污染防治“一号工程”为总揽，全面推行河长制，推进孙水河保护立法，划定生态保护红线。抓好中央环保督察问题整改，交办的9个问题已解决7个，2个完成年度任务，245个信访问题全部提前办结。推进锡矿山地区环境综合治理，启动了砷固废资源化无害化工程技术中心建设。超额完成黑臭水体治理年度任务，全面完成450个村的环境综合整治，基本完成6个工业园区废水处理设施建设，淘汰黄标车7525辆。探索推进区域碳排放零增长创建活动，率先在全国地级市中完成碳普查和碳规划。中心城区空气质量优良率达到87.1%，地表水质、6个江河交界考核断面水质，以及3个“水十条”国家考核断面水质，达标率均为100%。智慧娄底建设加快推进，交通秩序、超限超载、农贸市场等专项整治成效明显。大力实施“综合交通提升三年行动计划”，益娄高速、娄新高速金竹山互通建成通车，完成干线公路改造106公里、农村公路提质改造680公里。全面启动高速公路沿线8个特色小镇试点建设，冷水江市禾青镇获批全国特色小镇。双峰县荷塘村等3个村获评第五届全国文明村镇。

（五）改革开放持续推进。9大类161项重点改革进展顺利。出台了加快金融产业发展、促进民间投资、补齐公共设施关键短板等政策文件。加快“放管服”改革，全面实施“多证合一”，行政审批事项精简70%，办理时限缩短50%。取消、降低或放开43项行政事业性和服务性收费。深入推进园区管理体制改革，市直1473项管理权限全部下放到娄底经开区。不动产登记制度、农村土地确权登记颁证等改革进展顺利。市本级公车改革全面完成。娄星区被征地农民“养老贷”、冷水江市社区警务网格化与社区矫正、涟源市刑释人员安置帮教、新化县先富村并贫困村共同致富、涟钢“三供一业”分离移交等改革，被国家和省里宣传推介，双峰县涉农资金整合改革被评为全省首届“管理创新奖”。坚持创新引领，高举开放大旗，突出招大引强，出台了坚持开放崛起战略建设开放强市的实施办法，制定了落实创新驱动发展战略建设科技强市的实施意见。成功举办第八届湘博会。全年内联引资605.3亿元，增长17.5%；实际利用外资4.69亿美元，增长17.8%；实现进出口总额80.4亿元，增长35.3%。

（六）民生事业保障有力。省定12个重点民生实事项目全面完成。全面小康实现程度达到83.4%。完成农村薄弱学校改造项目134个。娄星区获评全国义务教育发展基本均衡县（市、区）和全省教育强县（市、区）。全市53%的村完成文化服务中心建设，人均体育场地面积达到1.39平方米。完成城市棚户区改造26603户、农村危房改造12030户。租赁补贴、灵活就业人员缴存住房公积金等政策有效落实。智慧医疗有序推进，大病保险、大病救助全面落实，公立医院取消药品加成，建档立卡贫困户住院医疗费用医保报销比例提高10%。新增养老床位3216张。在全省率先对农村低保对象和社会兜底脱贫对象进行核查，农村低保标准提高至每人每月268元。

（七）社会大局总体稳定。加强安全生产源头治理，深入开展重点行业领域“十大战役”专项整治，生产经营性安全事故起数和死亡人数，分别下降60%

和46%。坚持"政府牵头、司法主导、依法处置"思路，成立民间金融纠纷调解中心和中心城区打处非集中办案中心，稳妥化解民间融资风险。加强食品、药品、农产品安全监管，全年没有发生一般以上食品安全事件，全省民调群众满意度提高4.5个百分点。扎实开展"十大平安创建"活动，刑事、治安发案大幅下降，命案全部告破。全面开展了"无上访乡镇(街道)、无上访村(社区)"创建活动，圆满完成了1837个村、258个社区的换届选举工作。

一年来，我们认真学习贯彻党的十九大精神，深入推进"两学一做"学习教育暨责任心教育常态化制度化，出台"十条规定"，切实加强政府自身建设。制定了法治政府建设实施方案，充分发挥政府法律顾问作用，提高依法决策水平。坚持"零容忍"惩治腐败，深入开展"雁过拔毛"式腐败问题和"纠'四风'治陋习"专项整治，立案1619件，给予党纪政纪处分1435人，组织处理55人。加强审计监督，经审计上缴财政2.16亿元。

主动接受人大及其常委会的法律监督和工作监督，自觉接受政协民主监督和社会舆论监督，充分尊重人大代表、政协委员建议意见。全年办结人大代表议案1件、建议189件，政协委员提案166件。所提问题得到解决或基本解决的145件，纳入计划正在解决的194件，一时难以解决做出解释说明的17件。老百姓特别关注的城区生活垃圾无害化处置正在按计划推进，学校大班额等问题正在有效化解。

狠抓民生实事落实落地，总体完成年初确定的10件民生实事。偏远山区中小学校WIFI无线网络全覆盖、长沙—娄底—新化低空旅游观光航线等2件，提前完成；城市棚户区改造、新增城镇就业和农村劳动力转移就业、打通中心城区"断头路"等3件，圆满完成；农村全科医生或助理全科医生驻村全覆盖、易地扶贫搬迁、湘江资江娄底流域截污和水体治理等3件，完成年度任务；中心城区城乡公交一体化项目列入了全国公交都市建设，购置了新能源纯电动汽车50辆，已开通2条线路；娄底大道娄双段主体工程基本完成，沿线慢行系统自行车道及中心城区国际马拉松赛道正在积极推进，娄底大道冷新段一标段(4.26公里)没有完成建设任务。对持续实施和未完工的项目，我们将作为今年的民生实事，继续予以推进。

国防动员和后备力量建设全面加强，军民融合深度发展，全民国防教育普及深化，驻娄解放军、武警、消防、公安和民兵预备役遂行任务能力持续提升。统计、人防、地震、气象、移民、供销社、公共资源交易、档案、机要、保密、地方志、对台、贸促、外事侨务、港澳、民族宗教、工商联、工会、共青团、妇女儿童、老龄、关工委、文联、科协、红十字会、慈善、残联、计生协、机关事务等各项工作，均取得了新的进步。

2017年，面对复杂多变的经济形势和多重压力叠加的严峻挑战，全市上下履职尽责，攻坚克难，创先争优，向省委、省政府和全市人民，交出了一份优异的"娄底答卷"，撸起袖子、扑下身子、干出样子的"娄底新作为"正在彰显，迎难而上、昂扬向上、蒸蒸日上的"娄底新气象"正在形成。这些成绩的取得，是市委总揽全局、坚强领导的结果，是市人大、市政协、娄底军分区有力监督、鼎力支持的结果，是各级各部门攻坚克难、团结奋进的结果，凝聚了全市人民和社会各界的智慧和力量，倾注了各级各部门广大干部群众的心血和汗水。在此，我谨代表市人民政府，向全市人民，向各民主党派、工商联、人民团体，向驻娄解放军和武警、消防官兵、政法干警，向中央、省驻娄单位，向所有关心支持我市发展的各界人士，表示衷心的感谢并致以崇高的敬意！

与此同时，我们也深刻感受到，发展中还面临不少的困难和问题：一是经济下行压力较大，去年大部分指标增速虽高于全省平均水平，但仍有少数指标没有完成预期目标。二是经济总量依然不大，县市区之间发展不平衡，园区产业集聚度、关联度不高，脱贫攻坚、安全生产、生态环保和民生事业等方面欠账较多。三是驾驭新经济的能力不够强，做规划、谋项目的水平不够高，实体经济、产业发展成效还不够明显，又好又大的产业项目不多，支撑经济发展、推进产业转型的后劲不足。四是思想观念落后，创新能力不足，开放程度不够，办事效率不高，社会诚信受损，"三强"问题突出，征地拆迁、控违拆违难，发展环境还不优。五是部分干部精神不振、作风不实，得过且过、消极应付情绪一定程度存在，贪污腐败、雁过拔毛等违规违纪行为时有发生，等等。对此，我们将牢牢坚持问题导向，不回避、不推诿、不畏难，坚持抓重点、补短板、强弱项，一个一个地加以解决。

二、2018 年目标任务和工作重点

2018 年，是贯彻落实党的十九大精神的开局之年，是改革开放 40 周年，是决胜全面建成小康社会、实施“十三五”规划承上启下的关键之年，也是我市推进七个“三年行动计划”的收官之年。党的十九大和中央、省委、市委经济工作会议，对今年和今后一段时期的经济社会发展，做出了科学判断和全面部署，我们一定要提高思想认识，端正发展理念，立足娄底实际，找准工作重点，科学谋划并全力抓好各项工作。

2018 年政府工作的总体要求是：全面贯彻党的十九大精神，以习近平新时代中国特色社会主义思想为指导，加强党对经济工作的领导，科学把握“稳中求进”，坚持新发展理念，紧扣社会主要矛盾变化，按照高质量发展的根本要求，以供给侧结构性改革为主线，加速转型、奋力赶超，深入实施创新引领开放崛起战略，大力培育和发展实体经济，坚决守底线、奋力争上游，统筹推进稳增长、促改革、调结构、惠民生、防风险各项工作，在打好精准脱贫、污染防治、防范化解重大风险攻坚战方面取得扎实进展，推动经济社会持续健康发展。

2018 年的主要预期目标是：地区生产总值增长 8.5%左右，其中一、二、三产业分别增长 3.5%、8%、11%左右；固定资产投资增长 14.5%以上，规模工业增加值增长 8.5%左右，社会消费品零售总额增长 11.5%以上；一般公共预算收入增长 8%以上；城乡居民人均可支配收入分别增长 8.5%以上和 11%左右；居民消费价格指数控制在 3%以内；节能降耗完成省定目标任务。

围绕上述目标，重点抓好六个方面的工作：

（一）坚决打好“三大攻坚战”，决战全面小康

打好精准脱贫攻坚战。全力推进“脱贫攻坚三年行动计划”，严格按照“两不愁三保障”“三率一度”“三走访三签字”的工作要求，瞄准深度贫困村和特殊贫困人口，一手抓脱贫，一手抓巩固，切实提高脱贫质量。突出产业扶贫，坚持“四跟四走”基本路径，提升农业经营主体带动作用，扩大贫困群众的受惠面。采取民企联村、企事业单位结对帮扶和电商平台进农村等措施，有效解决农产品销路难题，提升农民持续增收能力。扎实推进金融、教育、医疗、住房、社会等扶贫工作，加强对“五保”人员、无劳动力家庭、因病因学返贫家庭的社会救助力度。全面完成易地扶贫搬迁任务。继续在村支书中开展争当“脱贫致富带头人”活动，在贫困户中开展“人穷志不穷，脱贫靠自身”自强自立行动，强力治惰、治懒、治脏、治赌、治愚，激发贫困群众内生动力。确保全年实现 10 万以上贫困人口脱贫、200 个以上贫困村整体脱贫、双峰县脱贫摘帽。

打好污染防治攻坚战。深入推进“天蓝水净地绿三年行动计划”和“湘江保护治理第二个五年行动计划”，扎实开展全国第二次污染源普查，继续抓好中央环保督察反馈问题整改落实，加强大气、水、土壤污染防治，重点抓好锡矿山地区环境综合治理、涟钢周边环境综合治理、煤矿沉陷区整治等工作。以《孙水河保护条例》实施为契机，全面落实河长制，完成县级以上饮用水源地规范化整治和标准化建设，加强黑臭水体治理和关闭煤矿矿井废水治理，推进资水、涟水、孙水等流域综合整治。加快国家森林城市创建，统筹推进山水林田湖草生态保护和修复，完成造林绿化 15 万亩。坚持低碳绿色发展，积极推进杨市镇捕碳草种苗基地、锡矿山地区生态修复和异地碳捕集等项目，探索创建零碳区域。

打好防范化解重大风险攻坚战。加快社会诚信体系建设，依法严厉打击非法集资、高息揽储等违法违规金融活动，稳妥处置民间融资风险，坚决守住不发生区域性金融风险的底线。构建政府主导、市场运作、管理规范、风险可控的政府举债融资机制，坚决防范政府性债务风险。严格落实安全生产责任，坚决淘汰落后不安全产能，全力抓好重点行业领域安全整治，有效防控安全事故。全面落实“四个最严”要求，大力实施食品安全战略，开展省级食品安全城市示范区创建。加强基层社会治理，全面推进“四位一体”村级治理，继续推进“无上访乡镇（街道）、无上访村（社区）”创建。扎实推进“雪亮工程”建设，依法打击和惩治黄赌毒黑拐骗等违法犯罪活动，全面建设“平安娄底”。

（二）大力发展实体经济，推进产业转型

打造工业升级版。以全国产业转型升级示范区建设为总揽，深入实施“工业提振三年行动计划”，将建设“钢铁新城”作为转型升级的标志性工程来打造，深度对接“中国制造 2025”和湖南“制造强省”战略，推动钢铁、水泥、有色等传统产业，农机、精细陶瓷等特色产业，新能源、新材料、高端装备制造、电子

信息、生物医药等新兴产业，向集约化、高端化、智能化、绿色化方向发展。做好建链、延链、补链、强链文章，抓好钛合金、电动大皮卡等重大工业项目，壮大互联网经济、不锈钢、耐火材料、应急、农产品深加工等产业，加快打造“1+5”千百亿产业集群，即板材深加工及汽车零部件千亿以上产业集群，新能源电池及储能产业、装配式建筑、精细陶瓷、军民融合、健康旅游等5个百亿以上产业集群。

发展现代服务业。全力推进“文化旅游及健康养老产业发展三年行动计划”，积极对接省“双百”工程，加快发展现代金融、商贸、物流、信息、健康、养老、家政等生产性、生活性服务业，在做大做强做实湘中国际物流园、诚通物流园、五江·碧桂园、利和宁邦城市广场等项目的基础上，着力打造一批名街、名店、名品、名商场。加快足球小镇、景观公路、马拉松赛道、慢行系统自行车道、自驾车房车营地等项目建设，支持紫鹊界梯田、曾国藩故居、湄江国家地质公园创建AAAAA级景区。完善景区基础配套，大力发展赛事经济，推动全域旅游向纵深发展，确保全年旅游接待人次、旅游收入均增长18%以上。

推进农业现代化。坚持质量兴农、绿色兴农，坚守耕地保护红线，确保粮食总产量160万吨左右，蔬菜总产量150万吨以上。整合各类涉农资金，着力抓好农村水利、电网、宽带、安全饮水等基础设施建设。坚持和完善农村承包地“三权分置”，促进农村土地流转，加快农业机械化，力争农机综合化水平达到56%以上。积极培育新型农业经营主体，支持农业合作社公司化运作，确保新增2家以上销售过亿的龙头企业。全面开展“互联网＋现代农业”“互联网＋商贸流通”和“电子商务进农村”行动，构建现代农业产业体系、生产体系、经营体系。完善农业保险制度，增强农业抵御自然风险的能力。大力发展休闲、观光、体验型农业，促进三次产业融合发展，提高农业综合效益。

大力发展实体经济，必须以提高发展质量和效益为中心，大张旗鼓地鼓励大众创业、万众创新。进一步落实减税、降费政策，降低水、电、气、运等生产性成本。设立政府主导的产业发展基金和企业扶持基金，鼓励国有资本以多种方式入股民营企业，鼓励民间资本参与公共领域投资和重大项目建设，鼓励投融资平台参与产业发展。扎实推进“财源培植三年行动计划”，力争新增规模以上工业企业100家以上、服务业企业40家以上、农业企业50家以上。

（三）抓实项目建设，扩大有效投资

加强投资引导。全面开展“产业项目建设年”活动，以“项目建设大比拼”为抓手，积极对接国家165个重大专项和省“百千万投资促进计划”，大力实施“531”投资促进计划，确保工业投资、高新技术产业投资分别增长16%以上、20%左右，基础设施投资、生态环境投资、社会民生投资，分别增长15%、20%、18%左右。提高产业投资的比重和质量，确保产业投资占全部投资的比重提高5个百分点以上。

推进产业集聚。坚持政策向园区倾斜、要素向园区集聚、产业向园区集中，加快产城融合，加强园区标准厂房建设，切实提高园区承载能力。加快国家级高新区创建步伐，制定“一区多园”操作细则，支持“飞地经济”试点。确保园区工业增加值增长12%以上，上缴税收增长20%以上，园区工业占全市规模工业的比重达到68%以上。

坚持招大引强。全方位对接北上广、大长沙，紧盯世界500强、中国500强、民营500强企业，依托现有产业基础，开展差别化招商、产业链招商、小分队招商。办好第九届湘博会、第五届娄商大会，支持异地商会建设，满腔热忱招“娄商”、引“外商”，确保引进投资50亿元以上项目2个、30亿元以上项目5个、10亿元以上项目8个。实现内联引资增长14.5%以上，实际利用外资增长10%以上。

优化营商环境。规范市场秩序，重拳打击走私、制假售假、“三强”等行为。全面整治招商引资中的违约失信问题，切实维护投资者权益。建立金融机构参与项目谋划、建设、招商引资全过程机制，努力扩大信贷投放，确保融资规模增长15%以上。创新融资担保体系，鼓励企业上市融资、债券融资、股权融资，有效缓解中小企业融资难融资贵问题。落实市级领导挂点企业（项目）机制，切实提高招商引资项目签约率、开工率、竣工率、达产见效率。全面推行征地拆迁货币化安置，坚持先征拆再挂牌，切实解决因征地难、拆迁慢而影响项目落地的问题。深化“放管服”改革，强力推行“只跑一次”政务服务流程再造，进一步缩短涉企行政审批及服务事项办理时限，打造经济发展环境娄底“小气候”。

（四）加快改革创新，激发发展活力

加强改革攻坚。深化供给侧结构性改革，以处置“僵尸企业”为抓手，引导煤炭等过剩产能市场化退出,统筹做好职工安置、债务处置等工作。坚持“房子是用来住的,不是用来炒的”定位,推行多主体供应、多渠道保障、“租购并举”的住房制度改革。探索盘活用好闲置农房和宅基地办法,深化农村产权制度改革。加快万宝新区体制机制改革。认真抓好财税、金融、供销、国企、教育和卫生等领域改革。深化监察体制改革,圆满完成试点任务。

突出创新引领。实施财政科技经费倍增计划,创建共享实验室,重点支持3~5个重大科技项目。加快综合性服务平台、创新平台、工程技术研究中心、重点实验室建设,发挥国家精细电子陶瓷检测中心、中科创一芯磁实验室等创新平台的引领作用。推动企业与高校、科研院所加强战略合作,共建核心技术研发团队、科技创新平台。深入实施“湘中英才聚集”工程,想方设法引进人才、留住人才、用好人才。

推进开放崛起。实施外贸“破零倍增”工程,积极创建省级出口食品、农产品质量安全示范区,推动“娄企出海”“娄品出境”,确保外贸进出口总额增长10%以上。积极参与“一带一路”建设,对接“湘欧快线”,协助办好“一带一路”沿线国家农机博览会,参与国际产能合作。加快铁路口岸平台、保税仓库、海关特殊监管区、外贸综合服务机构建设,加强与海关、商检机构的合作,推进国际贸易“单一窗口”电子口岸建设,提高贸易投资自由化水平。

(五)统筹城乡建设,推动融合发展

建设品质中心城区。以创建全国文明城市为总揽,推进创文管卫工作制度化常态化。加快实施“中心城区提质扩容三年行动计划”,全面打通“断头路”,改造城中村,修建小游园,整治背街小巷。实施城市生态修复和城市修补工程,坚决打好控违拆违攻坚战。加快地下综合管廊建设,完成道路提质改造及风貌整治和路网完善扫尾工程。加快水府庙——孙水河风光带建设,开展城市增绿提质、增花添彩及亮化行动。完成一、二污水处理厂提质改造和三水厂建设。加强停车场、停车位建管,有效化解停车难题。加快“智慧娄底”建设,建成“云上娄底”大数据中心,推动城市标准化、精细化、网格化和智能化管理。

发展壮大县域经济。坚持规划先行,优化县市城区功能定位和产业布局,加强基础配套,提升承载能力。抓实园区经济、项目经济、产业经济,提升县域综合实力。支持冷水江市打造世界“锑都旗舰”、涟源市发展农产品深加工业和应急产业、新化县发展文化旅游业、双峰县做大做强农机产业,逐步形成“一县一品、各具特色、错位发展”的县域经济新格局,新增一批销售超100亿元的主导产业和超50亿元的特色产业集群。加快娄底通用、民用两个机场建设,推进龙琅、官新等高速公路建设,加快8个高速公路沿线特色小镇建设,形成县域经济新的增长点。

大力推进乡村振兴。按照产业兴旺、生态宜居、乡风文明、治理有效、生活富裕的总要求,以农业产业振兴为总揽,全面提高农村环境质量、农村治理能力和农民收入,加快建设“五美”乡村。建立职业农民制度,加强农村专业人才队伍建设,鼓励引导工商资本参与农业振兴,鼓励社会各界人士投身乡村建设。以文明村镇创建、省级美丽乡村示范创建为契机,规范农村建房,开展联村建绿。建好、管好、护好、运营好农村公路,抓好村级综合服务平台建设,推进“厕所革命”,加强村庄、中心镇、乡镇机关、居民院落等环境整治。加强农村公共文化建设,开展“勤俭持家”“勤劳致富”“移风易俗”和“艰苦创业”模范评选活动,培育文明乡风、良好家风、淳朴民风。通过不懈努力,让农业成为有奔头的产业,让农民成为有吸引力的职业,让农村成为安居乐业的美丽家园。

(六)坚持以人民为中心的发展思想,增进民生福祉

继续抓好民生实事。全面完成娄底大道冷新段建设,继续推进农村建制村全科医生或助理全科医生驻村全覆盖行动计划、湘江资江娄底流域截污和水体治理行动、易地扶贫搬迁等3件实事。今年新增6件:完成116条背街小巷第一期改造任务;全面推进农村垃圾分类处理;全面实施山塘清淤行动;全力化解“大班额”(中心城区新建4所、改扩建3所学校),将中小学班级人数控制在66人以下;开工建设中心城区11个小游园;全面启动自然村通水泥(沥青)路建设工程,实现1600个左右自然村通水泥路。大力发展社会事业。开展“技能培训+创业培训”,完善劳务对接机制,提高就业创业成功率。新增城镇就业3.6万人、农村劳动力转移3.5万人。推动城乡义务教育一体化发展,继续加强农村薄弱学校改造,加快公办幼儿园建设,推进娄底幼儿师范学校中升专,改善教学条件,提高教师待遇,让我们的孩子幼有所育、学有所教。深化医药卫生体制改革,加强基层医疗卫生体系建设,让人民群众方便看病、看得起病。积极应对人口老龄化,推进医养结合,新增养老床位

1200 张以上，加快建设老年大学，让老年人老有所依、老有所养、老有所乐。加快推进规划馆、公共图书馆、美术馆、体育学校、工会活动中心、基层综合文化服务中心等项目建设，完成农村广播“村村响”工程。切实加强民生保障。全面实施全民参保计划，完善基本养老、基本医疗和失业、工伤、生育等保险制度。完成城市棚户区、农村危房改造省定任务。加快推进殡仪馆、救灾物资储备中心等项目建设。统筹城乡社会救助体系，完善最低生活保障制度。完善社会福利、慈善事业、优抚安置等制度，健全农村留守儿童和妇女、老年人关爱服务体系。发展残疾人事业，提升残疾康复服务水平。用心用情抓好公共厕所、公交站、垃圾堆放、街道井盖、群众文化广场等群众身边的小事，解决好老房子漏水、下水道堵塞、停水停电停气等群众家门口的实事，让群众有更多的获得感。

用好用活军民融合政策，大力发展国防科技产业。压减民兵规模，调整民兵结构，加强国防后备力量建设。做好退役军人安置和教育引导工作，将其打造成维护基层稳定的重要力量。扎实开展第四次全国经济普查，全面做好第八批全国重点文物保护单位申报，加快推进第二轮娄底市志修编。统筹抓好其它各项工作，力争每项工作创出新特色，迈上新台阶。

三、加强政府自身建设

打铁必须自身硬。完成全年目标，兑现庄严承诺，必须进一步加强自身建设，有效提高政府执行力和落实力。

（一）加强学习，增强本领。认真开展“不忘初心、牢记使命”主题教育，深入推进“两学一做”学习教育暨责任心教育常态化制度化，确保党的十九大精神在娄底落地见效。深入开展“大学习大调研大提升”活动，切实提高适应新时代、实现新目标、落实新部署的能力。旗帜鲜明讲政治，践行“七个带头”，不折不扣落实党中央国务院、省委省政府和市委的决策部署，做到雷厉风行、令行禁止。

（二）依法行政，科学决策。坚持办事依法、遇事找法、解决问题用法、化解矛盾靠法，确保政府一切活动在法制的轨道上运行。全面落实“谁执法谁普法”责任，实现行政机关法律顾问、公职律师全覆盖。自觉接受人大及其常委会的法律监督和工作监督、政协的民主监督和社会舆论监督，认真听取人大代表、政协委员、民主党派、工商联、无党派人士、各人民团体的建议和意见，确保政府决策科学，体现人民意愿。

（三）求真务实，狠抓落实。对照中央指出的形式主义、官僚主义等“十种表现”，坚持问题导向，切实改进作风，以一身正气、一心为民、一专多能、一鼓作气、一抓到底、一往无前的责任与担当，推动责任落实、任务落实、项目落实、工作落实。

（四）清正廉洁，干净干事。认真贯彻中央八项规定精神，一以贯之纠“四风”、治陋习，严肃查处侵害群众利益的不正之风和腐败问题。加强行政监察和审计监督，着力营造“亲”“清”新型政商关系。落实容错纠错机制，治理“为官不为”，旗帜鲜明为公道正派、敢于担当、实绩突出的干部撑腰鼓劲。

（略有删节）

娄底市人民代表大会常务委员会工作报告

——2018 年 1 月 3 日在娄底市第五届人民代表大会第二次会议上

娄底市人大常委会党组书记、常务副主任 谢志雄

2017 年主要工作

2017 年,党的十九大胜利召开,描绘了决胜全面建成小康社会、夺取新时代中国特色社会主义伟大胜利的宏伟蓝图,必将载入中华民族光辉史册。踏着时代的节拍,一年来,市人大常委会在中共娄底市委的坚强领导下,传承发展,开拓创新,认真履行法定职责,圆满完成市五届人大一次会议确定的各项工作任务,实现良好开局。

一、始终坚持党的领导,牢牢把握正确政治方向

党政军民学,东西南北中,党是领导一切的。一年来,常委会坚定不移地在市委领导下开展工作,注重发挥人民代表大会制度政治优势,各项工作沿着正确道路奋勇前进。

高规格谋划推进人大工作。召开市委人大工作会议是我市民主政治生活中的一件大事。会前,常委会根据市委部署,组织开展了专题调研,形成了调研报告。会上,市委书记、市人大常委会主任李荐国作了重要讲话,印发了《市委关于加强和改进人大工作的意见》等文件,为推动今后一个时期全市人大工作指明了方向、提供了遵循。会后,常委会迅速召开党组扩大会议、县市区人大主任座谈会议,明确责任,细化任务,确保精神落地。

高标准贯彻市委决策部署。常委会坚决维护市委的领导权威,坚决执行市委的决议决定,坚持重点工作向市委汇报、重要活动向市委请示。主任(党组)会议成员按照市委部署,积极参与转型升级、生态环境治理、脱贫攻坚、社区建设、企业帮扶、创文管卫等中心工作,戮力同心促进发展。坚持党的领导与人大依法选举任免有机统一,任免国家机关工作人员 88 人次,保证省委、市委人事安排意图顺利实现。对选举任命的国家机关工作人员组织宪法宣誓,拟任职务发言公开,强化了选举任命干部的宪法意识、党的意识和公仆意识。

高水平抓好党组自身建设。把党建工作作为最大政绩,进一步完善了党组议事规则,出台关于加强党组自身建设的七条规定,着力提高政治敏锐性和政治鉴别力,确保在原则问题上立场坚定,在大是大非面前旗帜鲜明。坚持民主集中制原则,党组一班人带头示范引领、带头狠抓落实、带头维护团结,相互理解尊重,相互信任支持,营造和谐的共事环境。积极争取市委重视,成立机关党组,组织建设不断加强。

二、始终坚持服务大局,着力推动经济社会发展

发展是解决我国一切问题的基础和关键。一年来,常委会注重发挥"钉钉子"精神,科学选题,有的放矢,精准发力,注重实效,彰显人大作为。

科学决定重大事项。为推进依法决策、科学决策和民主决策,常委会党组根据中央文件精神,在深入调研、广泛征求意见的基础上,提请市委批转了《关于完善人大讨论决定重大事项制度的实施意见》,科学厘清重大事项的界定范围,严格规范重大事项的决定程序。常委会审议了市人民政府 2017 年度政府投资计划、批准了政府购买服务计划,要求政府量力而行、统筹平衡、科学布局、规范管理、防范风险,为推进项目建设、提升城市品位、破解资金瓶颈提供了有力支撑。狠抓已出台决议、决定的贯彻落实,围绕中心城区义务教育阶段最大班额控制目标决议,组织人大代表对中心城区 27 所学校 1092 个班进行检

查，科学测算，作出了2017—2022年中心城区义务教育阶段学校最大班额控制目标的决议，确保政策的延续性。融城战略、行政区域调整取得新的突破。强化财政经济监督。常委会听取和审议半年政情通报、国民经济和社会发展计划半年执行情况报告，支持督促政府加快经济转型，努力实现更高质量、更有效率、更加公平、更可持续的发展。围绕诚信娄底建设，深入开展银行业金融生态环境调研，着力推动信用信息共享平台建设，加强联合惩戒机制建设，坚决支持重拳出击整治"老赖"。深入推进全口径预决算审查监督，积极推动出台《政府平台公司监督办法》，加强对重大投资项目的全过程监督，努力实现对财政性资金监督的全面覆盖。高度重视和支持审计监督工作，出台《关于建立和完善审计查出问题整改情况向市人大常委会报告机制的意见》，为构建审计整改长效机制提供制度保障。强化审计整改的刚性监督，常委会听取和审议了2015年审计查出问题整改情况报告，并首次分项对11个责任单位的整改工作进行满意度测评。政府以此为契机，高度重视整改工作，采取强有力措施解决了一批多年的遗留问题，并从体制机制层面进行规范，对个别重大违规违纪问题，已经移交纪检或司法机关查处，有效提升审计整改效果。

精心组织工作评议。在总结往届成功做法的基础上，常委会决定从2017年开始，利用4年时间，对政府31项工作和市人民政府副市长所分管的工作进行一次全面评议，实现对政府组成单位监督工作"全覆盖"。2017年对规划、农业及扶贫、文化体育广播新闻出版、审计、法制、质量技术监督6项工作进行集中评议。评议工作始终坚持问题导向，狠抓评议调查、边查边改、会议测评、整改问效等环节，确保了调查深入细致、评议客观中肯、测评公开透明。常委会第五次会议进行了具体审议，表决通过了评议意见，并确定12个需要重点整改的突出问题，一并向市人民政府进行交办，要求政府及主要责任单位限期整改并按时报告整改情况。同时，加强对2016年度政府9项工作交办问题整改落实的跟踪督办，推动农民工欠薪信访积案化解、低保工作整改、食品药品监管、耕地保护等一批重点难点问题的有效解决。

三、始终坚持务实为民，积极促进民生不断改善

人民对美好生活的向往就是我们的奋斗目标。一年来，常委会深入贯彻以人民为中心的发展思想，以脱贫攻坚、生态治理为切入点，努力为人民群众解难事、办实事，切实增进民生福祉。

高度关注脱贫攻坚。常委会紧扣中央关于脱贫攻坚的战略部署，主动发力，积极作为，综合运用各种监督方式，由主任（党组）会议成员带队，分赴5个县市区进行专题调研，组织开展《湖南省农村扶贫开发条例》执法检查，听取市人民政府关于全市脱贫攻坚情况的报告，对脱贫攻坚工作进行专项评议，提出了创新工作思路、压实工作责任、健全长效机制、形成攻坚合力等建议，对反映强烈的问题及时进行交办。同时，组织6个监督小组，由常委会领导带队，对发改、财政、农业、民政、金融、教育、卫计等17个市直相关单位行业扶贫工作进行专项监督检查，保障各项扶贫政策惠及贫困群众。

接力监督水污染防治。2015年省、市两级人大常委会开展了水污染防治法执法检查，向市人民政府交办了30个水污染点源问题。常委会持之以恒，锲而不舍，督促政府将点源污染问题整改工作纳入绩效考核内容，并多次组织督查，反复交办。市人民政府凝心聚力，攻坚克难，以超常规的举措抓整改，24个问题整改到位，其余6个问题正在整改之中。水府庙网箱养鱼、中心城区涟钢生活区污水无序排放、工业生产废水和乡镇卫生院医疗废水直排、涟水河娄底城区段非法洗砂、涟水河娄底城区段非法塑料粒子厂、中心城区餐厨垃圾处理、娄星区黄泥塘办事处的恩口村、东来村猪场养殖污染等一些长期影响重点区域水环境的问题得到解决，全市饮用水源水质达标率为97.6%，我市顺利通过中央环保督察，成果来之不易。

着力破解民生难题。为优先发展教育事业，听取和审议了中心城区中小学布点专项规划实施情况的报告，建议政府积极破解土地、资金难题，整合各方资源，加快新建和改造一批学校。听取特殊教育工作汇报，要求各级政府关注弱势群体，为特教事业发展开"绿灯"，让每个孩子都能享有公平而有质量的教育。为加快推进农村卫生事业发展，认真听取村卫生室标准化建设和全科医生驻村全覆盖情况的报告，督促政府加大项目争取和实施力度，确保年度目标

任务全面完成。为夯实城乡基层组织建设，听取和审议了村(居)民委员会换届工作情况的报告，建议政府加大村干部培训指导力度，解决好并村遗留问题。为营造良好的人居环境，听取和审议了贯通中心城区断头路、控违拆违、城乡生活垃圾处置、城乡公交一体化、饮用水源保护区划定和市政维护等报告，要求政府既尽力而为，又量力而行，不断满足人民日益增长的美好生活需要。

稳步推进“五行”活动。环保世纪行持续聚焦饮用水源保护，督促政府抓好企业排污、矿山废水、农村垃圾等重点领域的污染治理；农产品质量安全行坚持明察暗访，加大对中心城区生猪定点屠宰、农产品市场质量安全监管力度；农民健康行以实现家门口就医为目标，稳步推进分级诊疗、家庭医生签约服务、健康快车下基层等工作；民族团结进步行突出帮扶解困，重点指导新化县天门乡土坪村示范创建活动，促进民族团结大和谐；安全生产保障行以职业安全为主题，把从业者健康安全摆到突出位置，通过现场督查，发现排除安全隐患686处，推动建立职业病防治联席会议制度。安全保障行活动得到了国家安监总局的充分肯定。

四、始终坚持民主法治，加快推进依法治市进程

全面依法治国是中国特色社会主义的本质要求和重要保障。一年来，常委会高擎民主法治旗帜，着力为改革提供法治依据，为发展提供法治环境，为稳定提供法治保障。

完成立法开篇之作。按照“党委领导、人大主导、政府依托、各方参与”的工作格局，常委会本着“积极稳妥、保证质量、务实管用”的工作原则，三次审议了《娄底市孙水河保护条例(草案)》，并坚持民主立法、开门立法，组织调研组对孙水河沿线进行实地视察，召开调研座谈会、法制委全会、立法论证会30余次，2次向社会公布法规草案，广泛听取和征求各方面意见，重点围绕河长制、生态补偿、委托执法、罚则设定等社会关注度高、涉及群众切身利益的问题进行研讨，先后修改草案20余次，既体现了上位法的精神，又符合改革发展要求和基层工作实际。同时，积极向省人大常委会请示汇报，争取上级人大的指导和支持。条例经省十二届人大常委会第三十二次会议审查批准，于2018年1月1日起施行，为孙水河保护提供了坚实的法制保障。《娄底市孙水河保护条例》是我市获批地方立法权后出台的第一部地方性法规。这是我市人大发展史上具有里程碑意义的一件大事，标志着依法治娄进入了一个新时期。

不断加强法律监督。深化司法体制改革，是党中央的重要部署。常委会及时听取市中级人民法院、市人民检察院关于司法体制改革进展情况的报告，要求“两院”保持政治定力，以改革促工作，确保各项改革举措落到实处。加强类案监督，对全市法院系统“婚姻关系存续期间夫妻一方以个人名义所负债务”类案件进行调研，促进了司法监督工作由虚向实转变。支持法院审判工作，先后3次组织57名代表旁听法院庭审，开展点评，增强了法院工作的透明度和公信力。认真做好规范性文件备案审查工作，报备规范性文件1件，对市政府及县市区人大38件规范性文件进行备案审查，维护了法制统一。配合上级人大对环境保护法、固体废物污染环境防治法、人民防空法、著作权法、残疾人保障法、森林公园管理条例等法律法规开展执法检查和立法调研，提出意见建议。务实抓好信访工作。始终把信访工作作为了解民意、维护民利的重要窗口和抓手，热情接访，及时转办，认真督办，跟踪反馈。常委会领导率先垂范，坚持开门接访、带案下访，得到了基层干群的称赞。全年共受理群众来信558件，接待来访群众1547人次，妥善解决了一批涉及民间融资、征地拆迁、村级组织换届和司法等方面的信访案件，为社会大局稳定贡献人大力量。

五、始终坚持主体地位，不断激发代表履职活力

人大工作的主体是代表，人大工作的开展靠代表。一年来，常委会把服务、支持、保障、激励代表履职作为重要工作，充分发挥代表反映民意、集中民智、凝聚民心的巨大作用。

强化代表履职服务。创新代表培训工作，组织常委会组成人员、代表小组长、机关干部赴全国人大培训基地进行集中培训，指导县市区人大常委会对辖区内市人大代表进行履职培训。搭建履职平台，建立35个市代表小组，组织开展“脱贫攻坚，人大代表在行动”活动，全市各级人大代表共结对帮扶贫困户9676户、组织集中视察217次、撰写专题调研报告143份、提出建议1255条、解决实际问题1166个。深

入开展组成人员联系代表和代表联系群众活动，邀请200余名市人大代表列席常委会会议、参加执法检查和视察调研等活动。

规范代表履职行为。认真落实代表履职登记报告制度，编纂代表履职实务手册，督促代表如实登记和报告履职情况，代表履职实现了有据可查。加强人大代表联系群众工作站管理，引导代表“零距离”与群众接触，1900余人次进驻工作站，收集意见建议1773条，帮助群众解决问题1287个。健全代表履职激励机制，组织开展“三优”表彰活动，公开表彰38名优秀人大代表、10个优秀代表小组和12件优秀代表建议，并精心编印优秀人大代表风采录。坚持代表述职评议制度，22名市人大代表回选举单位述职，主动接受人民群众的监督。健全代表辞职机制，接受20名市人大代表辞去代表职务。

加大建议督办力度。继续推行主任会议成员领衔督办、专门委员会对口督办、联工委跟踪督办、代表全程参与督办工作机制，理顺代表建议提出、交办、办理和督办工作程序，坚持代表建议及其办理情况公开制度，探索建立代表建议办理工作评议机制，市五届人大一次会议确定的1件议案和代表提出的207件建议，已全部办理完毕，办理质量有新的提高。市人民政府以办理“加强娄底物业管理的议案”为契机，深入调研，研究通过了《关于进一步加强物业管理的通知》，并选择9个小区进行智慧物业试点。通过对8类12件重点建议的督办，推动了中心城区交通安全管理、养老服务、农业产业化及品牌培育、信用娄底建设等工作。

六、始终坚持强基固本，全面提升人大工作水平

打铁必须自身硬。一年来，常委会主动适应时代要求，切实加强自身建设，全面提升履职能力，努力使人大工作紧扣时代脉搏，永葆生机活力。

加强思想建设，增强政治定力。坚持把政治建设摆在首位，旗帜鲜明讲政治，在思想上政治上行动上同以习近平为核心的党中央保持高度一致。以“两学一做”学习教育常态化制度化和责任心教育为载体，抓实党组中心组理论学习和机关干部集中学习，组织开展“扪心三问”大讨论活动，进一步坚定理想信念和“四个自信”，树牢“四个意识”，实现用党的创新理论武装头脑。

加强制度建设，强化规范管理。系统总结往届好的经验和做法，认真梳理各方面的意见建议，按照“立废并举、切实可行”的原则，形成制度成果，建立健全常委会党组议事规则、机关党组议事规则、严肃会议纪律规定、秘书长联席会议制度、涉法涉诉信访事项处理办法、新闻宣传奖励办法等规则和制度，有效提升人大工作的制度化、规范化水平。

加强作风建设，展示良好形象。坚持把正风肃纪牢牢抓在手上，将党风廉政建设和反腐倡廉工作纳入机关委室目标管理，常委会及其机关风清气正。大兴调查研究之风，主任会议成员带队，围绕脱贫攻坚、现代农业建设、锡矿山环境整治、民族村发展等课题进行调研，并就有关问题向市、县两级人民政府进行交办。切实转变工作作风，聚全机关之力，对口帮扶新化县大熊山林场金龙村脱贫攻坚，驻村队长被评为湖南省最美扶贫人。

加强效能建设，提升工作合力。抓实人大宣传，紧扣工作重点、民生热点、创新亮点和履职闪光点，充分发挥电视专栏、党报专版、党网专页和《娄底人大》杂志、娄底人大门户网站等舆论阵地的作用，精心策划宣传内容，及时发布重要信息，不断拓展人大宣传的广度和深度，扩大了人大工作的影响力和辐射力。加强上下级人大之间的联系指导，持续开展人大目标管理考核，组织开展人大系统男子篮球运动会、演讲比赛，不断丰富活动内容，创新活动形式，凝聚力和战斗力进一步提升。

各位代表，市五届人大常委会在开局之年能够取得以上成绩，是市委正确领导的结果，是全体市人大代表共同努力的结果，是常委会组成人员、各专门委员会组成人员以及市人大机关工作人员辛勤劳动的结果，是市人民政府、市政协、娄底军分区、市中级人民法院、市人民检察院和各县市区人大常委会、社会各界大力支持的结果。在此，我代表市人大常委会向大家表示崇高的敬意和衷心的感谢！

在总结工作和成绩的同时，我们也深深感到，常委会工作与宪法法律规定、党的十九大精神、人民群众的期望、人大代表的要求相比，还有较大的差距。主要是：立法能力建设有待提升、监督实效有待提高、重大事项决定权行使有待强化、代表工作有待规范、法律法规和人大业务学习有待加强、调查研究力度有待加大等等。我们将自觉接受人大代表和人民群众的监督，不断加强和改进。

2018年工作任务

2018年，是贯彻党的十九大精神的开局之年，也是决胜全面建成小康社会、实施“十三五”规划承上启下的关键一年。做好今年的工作，意义重大。常委会工作的指导思想是：全面学习宣传贯彻党的十九大精神，以习近平新时代中国特色社会主义思想为指导，按照中央、省委、市委的决策部署，认真履行宪法和法律赋予的职责，坚定信心，不辱使命，锐意进取，积极作为，奋力开创人大工作新局面，为建设富饶美丽健康祥和新娄底作出新的更大的贡献！着力抓好五个方面的工作：

一、注重质量引领，稳步推进立法工作。坚持依法立法、科学立法，深入研究立法需求，精心制定年度立法计划，推动立法工作与改革发展稳定相适应、相协调、相促进。坚持民主立法，加强立法过程中起草、审议、修改、表决等工作的统筹协调，开展调查研究，强化项目论证，公开征求意见，扩大人大代表和人民群众在立法工作中的有序参与。坚持夯实基础，加强立法能力建设，注重发挥立法咨询专家库、基层立法联系点的作用，提高立法质量，以良法促进发展、保障善治。

二、注重问题导向，有效开展监督工作。主动把握经济发展新常态、社会进步新特点和人民群众新期盼，着力推动解决经济社会发展中的不平衡不充分问题。围绕防范化解重大风险、转型发展、精准脱贫、污染防治等重大问题深入调研，有针对性地提出意见建议。加强对国民经济和社会发展计划和政府全口径预决算监督，听取审计查出问题整改工作报告并进行满意度测评。对教育、经济和信息化、公安、司法、住房和城乡建设、交通运输、水利、旅游外事侨务8项工作及2名副市长所分管的工作进行专项评议，促进各项工作有序开展。督促政府稳步推进监察体制改革，加强国有资产监督管理，努力提高监督实效。强化司法监督和法律法规实施情况检查，认真开展规范性文件备案审查，促进公平正义。坚持用法治思维做好信访工作，切实维护群众利益。

三、注重发扬民主，依法行使决定权和任免权。认真实施《关于完善人大讨论决定重大事项制度的实施意见》，围绕市委决策部署和全市经济社会发展大局，依法行使重大事项决定权，推动形成共识，凝聚发展合力。坚持党管干部和人大依法任免的有机统一，严格任免程序，使市委推荐的人选通过法定程序成为国家机关工作人员。认真落实宪法宣誓制度，加大任后监督力度，进一步提高被任命人员的法治意识、监督意识、责任意识和公仆意识。

四、注重机制创新，不断提升代表工作水平。坚持和尊重代表主体地位，强化为代表服务的理念，加强代表培训，规范代表履职，充分发挥代表小组和人大代表联系群众工作站的作用。出台《代表建议、批评和意见工作办法》《代表建议办理工作评议办法》，进一步健全完善代表建议督办机制，努力提高代表建议办理水平。认真落实代表工作“四个办法”，积极引导各级人大代表加强学习、严于律己、勤勉敬业，不断提升思想境界，增强履职能力，更好发挥人大代表作用。

五、注重提质增效，切实加强自身建设。坚持以政治建设为统领，强化党建工作，加强常委会党组和机关党组建设，深入学习党的十九大精神，推进“两学一做”学习教育常态化制度化和责任心教育，开展“不忘初心、牢记使命”主题教育活动，坚定政治立场，保持政治定力，打造党性过硬的政治机关。进一步强化作风建设和纪律建设，切实加强调查研究，密切联系人民群众，深入推进反腐倡廉工作，打造同人民群众保持密切联系的代表机关。进一步强化能力建设，加强履职培训，加大宣传信息工作力度，推进信息化建设，强化上下级人大的工作联系与业务协同，强化与市人民政府、市监察委员会、“法检”两院的沟通协调，不断提升人大工作的科学化、制度化、规范化水平，打造全面担负起宪法法律赋予的各项职责的工作机关。

征程万里风正劲，重任千钧再扬鞭。从全面建成小康社会，到基本实现社会主义现代化，再到建成富强民主文明和谐美丽的社会主义现代化强国，号角已经吹响，战鼓催人奋进。让我们紧密团结在以习近平为核心的党中央周围，在中共娄底市委的坚强领导下，不忘初心，牢记使命，凝心聚力，奋发图强，加快推进全市经济社会发展和民主法治建设，为建设富饶美丽健康祥和的新娄底而努力奋斗！

(略有删节)

中国人民政治协商会议
娄底市第五届委员会常务委员会工作报告

——在政协娄底市第五届委员会第二次会议上

娄底市政协主席 姚 兵

（2018年1月2日）

一、2017年的工作回顾

2017年，在中共娄底市委的坚强领导下，市政协坚持以中共十八届六中全会和十九大精神为指导，深入学习贯彻习近平新时代中国特色社会主义思想，认真落实市委人大政协工作会议决策部署，紧紧围绕全市中心工作和发展大局，锐意创新，精准建言，真抓实干，创新发展，为建设富饶美丽健康祥和的新娄底展示了政协作为，贡献了政协力量。

（一）加强思想引领，夯实履职基础

始终把加强思想引导、坚定政治方向摆在首要位置，把规范队伍管理、激发履职热情作为基本前提，注重以理论学习强化政治引领，以组织建设拓宽聚力平台，以管理创新释放内生动力。

在学习教育中明方向。认真学习宣传贯彻中共十九大精神和习近平新时代中国特色社会主义思想，下发专门文件对学习贯彻活动进行安排部署，市政协机关已组织开展3次集中学习、2次主题党日活动，邀请湖南人文科技学院教授为部分政协委员作专题辅导。部署开展“真学实做，创先争优”——推进“两学一做”学习教育暨责任心教育常态化制度化工作，组织开展“扪心三问”、“以案说纪”、“两学一做”知识竞赛、《习近平的七年知青岁月》读书分享会等活动。市政协五届一次全会期间举办委员培训班；选送120多名机关干部和政协委员，分批参加全国政协、省政协组织的学习培训。通过学习教育，广大政协委员进一步坚定了理想信念，树牢了“四个意识”，提升了“四个自信”，各党派、各界别、各方面进一步夯实了共同奋斗的思想政治基础，更加紧密地团结在以习近平总书记为核心的党中央周围。

在组织建设中搭平台。年初，市政协换届圆满成功，选举产生了新一届市政协常委、主席会议成员；配齐配强了各工作机构和专委会人员；设立市政协委员联络机构，规范市、县两级政协机构设置。组织开展市政协主席会议成员走访市政协常委、市政协常委走访市政协委员活动，及时掌握广大委员的思想、工作和生活情况。注重加强界别建设，将全体市政协委员组建为21个界别委员学习活动小组，为广大委员搭建学习和履职平台。充分发挥市政协党组在全局工作中把方向、管大局、保落实重要作用，制定出台市政协党组自身建设8条规定，切实增强管党治党意识，全面落实从严治党政治责任。设立市政协机关党组，充实市政协机关党委班子力量，组织机关党支部和工会进行换届，为加强和改进党对政协工作的领导提供了有力的组织保障。

在履职激励中添动力。建立健全委员学习教育、履职管理、年度述职、宣传信息工作等20多项规章制度；对县市区政协工作实行目标管理，对市政协各专委会和工作机构实行绩效考核；组织开展创建先进基层党组织和争当优秀共产党员、创建市级文明标兵单位活动；对优秀界别委员学习活动小组、社情民意信息工作先进单位、优秀政协委员、优秀政协提案等实行表彰奖励，进一步激发了各级政协组织和广大政协委员的责任意识、大局意识和创新意识。积极推广使用政协云，抓好《娄底日报》、娄底电视台、娄底新闻网等市直媒体政协工作专栏（专版）宣传，在《中国政协》《人民政协报》《湖南日报》《湖南新闻联播》《湘声报》等中央、省级媒体，积极推介广大委员的履职动态与协商成果，进一步增强了大家的荣誉感、使命感和责任感。

（二）聚焦脱贫攻坚，积极献计出力

围绕市委、市政府坚决打赢脱贫攻坚战决策部署，充分发挥政协优势，汇聚政协力量，力求在精准扶贫中既要“说得好”，也要“做得实”，既要勤建言，也要真帮扶。

整合职能，精准建言。整合调研、协商、监督、议政职能，围绕脱贫攻坚全方位建言、高密度议政。将“落实精准扶贫政策，坚决打赢脱贫攻坚战”课题，细分为产业扶贫、教育扶贫、易地扶贫搬迁等7个子课题，于5—9月组织7个调研组，分头深入11个市直单位、5个县市区、40个乡镇、68个贫困村与非贫困村、170多个贫困户，开展调查研究。年初，从7个界别精选28名市政协委员，以界别为主体组建7个民主监督组，委派至脱贫攻坚任务较多的市直部门，就精准扶贫政策落实情况开展委派监督，提出监督意见30多条。举办“聚焦脱贫攻坚——知情明政大讲堂”，邀请6个市直部门负责人，为政协委员辅导讲课、释疑解惑，与政协委员交流互动、沟通协商。9月底组织召开市政协五届三次常委会暨“落实精准扶贫政策，坚决打赢脱贫攻坚战”专题协商会议，向市委、市政府提交调研报告7份、建议案与民主监督报告各1份。市委书记、市人大常委会主任李荐国对协商活动给予充分肯定，要求市委、市政府相关部门认真吸纳政协意见，抓紧进行整改落实。同时，各级政协组织、广大政协委员通过大会发言、政协提案、社情民意信息等，积极为脱贫攻坚建言献策。

机关带头，倾情帮扶。按照市委、市政府的统一安排，市政协主席会议成员联系指导扶贫重点乡镇10个，分别结对帮扶1个建档立卡贫困户。扎实开展驻村扶贫工作，安排3名机关干部在新化县西河镇三新村专职扶贫，38名机关干部结对帮扶贫困户72户，发动政协委员和镇村干部结对帮扶97户。已投入资金340万元，维修公路23千米，河道清淤15千米，完成危房改造5户，发展养殖大户60多户，引导成立雾峰茶叶合作社，带动64个贫困户参股，2017年已实现50个贫困户脱贫。

三级联动，抓实结对。针对市、县两级政协换届后新任委员较多的实际情况，在市政协五届一次全会发出“助力脱贫攻坚倡议书”，动员、组织全市政协委员，积极参与助力脱贫攻坚“三个一”行动（每一名政协委员结对帮扶一个贫困家庭增加收入，资助一个贫困家庭在校学生完成学业，有条件的委员帮助贫困家庭一名成员解决就业）。在新化县西河镇三新村举办“促进转移就业、助力脱贫攻坚”招聘推介会，促成288名村民与企业签订劳动合同，实现转移就业，其中有贫困劳动力82名。通过宣传引导、加强调度、抓实结对，18名驻娄省政协委员和1570多名市、县两级政协委员，共结对帮扶贫困户1894户，资助贫困学生840名，帮助实现转移就业1884个。

（三）拓宽建言渠道，推动协商民主

认真贯彻落实中共中央加强社会主义协商民主建设新要求，充分发挥人民政协协商民主重要渠道和专门机构作用，进一步营造协商氛围，拓宽协商平台，提高协商质量，推动社会主义协商民主广泛多层制度化发展。

不断完善协商机制。深入学习贯彻省委政协工作会议精神，积极配合召开市委人大政协工作会议，提请市委出台《关于进一步加强人民政协工作的意见》。《意见》明确了新形势下人民政协工作的总体要求，对人民政协开展协商议政、推进民主监督的内容、形式、程序等提出了具体意见，要求全市各级党委、政府及其工作部门，进一步增强政协意识，支持政协工作，主动参与政协活动，积极吸纳政协建言。省政协主席李微微作出批示：“很好。贯彻落实省委政协工作会议精神有实招，政协党组要认真学习，主动作为。请办公厅推介全省借鉴”。

积极履行协商职能。按照市委、市政府、市政协共同制定的年度协商计划，在组织召开脱贫攻坚专题协商会议的基础上，分别围绕娄底高速公路的现状与发展，发展多种金融产品、补齐金融短板，改善中心城区空气环境质量，中心城区教育资源合理分配，社区禁毒工作5个课题，组织开展了深入调研，召开了对口协商会议；分别围绕矿山生态修复，促进精细（电子）陶瓷产业精准化发展，发挥融资担保平台作用、促进地方经济发展，大力发展我市景观体育产业，实施科技强企战略、促进非公经济健康发展等5个课题，开展了协商调研，召开了界别协商会议。共有8个调研报告获市委、市政府主要领导批示。市委、市政府分管（或联系）领导分别出席对口（界别）协商会议，听取委员建言建议，推动协商成果落实“落地”。组织召开全市政情通报会，市委副书记、市长杨懿文向市政协常委通报全市经济社会发展情况，并与委员们围绕一些热点问题面对面沟通协商、互动交流。引导广大委员积极参与“创新引领、开放崛起”大讨论，为践行新发展理念献计献策。

切实推进民主监督。在对精准扶贫实施委派监督的基础上，进一步拓宽民主监督渠道，抓实民主监督工作。组织市政协主席会议成员，对新能源动力电池和储能产业园、中心城区路网和基础设施建设进行专项视察。编报《经济研究参考》2 期，为经济转型提供决策参考。配合省政协开展优化非公经济发展环境，防控区域性金融风险，实施开放崛起战略、建设开放强省等监督性调研活动。始终坚持问题导向，及时报送社情民意信息，全年被省政协《社情民意》采用 13 条，社情民意信息工作居全省先进行列；编报《社情民意专报》48 期，其中 8 期获市委、市政府主要领导批示。

认真做好提案工作。通过开展业务培训、指导进行选题、引导加强调研等，不断拓展提案内容，提升提案质量。全年收到提案 197 件，审查立案 180 件，已交相关单位全部办结；对于 10 组 15 件重点提案，由市政协主席会议成员分头进行督办，并分别组织召开提案办理协商会议。在已办结的 180 件提案中，提案所提问题已经解决落实的 A 类提案 78 件，占 43.3%；提案所提问题正在解决或列入工作计划的 B 类提案 93 件，占 51.7%；提案所提问题因条件限制不能解决的 C 类提案 9 件，占 5%。《适应城市发展，调整公交站台线路布局》《建议加快办理房产及土地他项权证手续》《加强学校特别是中小学校周边食品安全管理》《拓宽娄星北路与娄涟高等级公路的接口通道》等一大批提案的有效办理，赢得了群众的好评与点赞。

（四）围绕发展大局，主动担当作为

充分发挥人民政协协调关系、汇聚力量、建言献策、服务大局作用，积极参与经济建设，切实服务民生改善，主动担当社会责任。

助推经济建设有实招。制定出台《政协娄底市委员会关于开展“助推新发展，建设新娄底”的实施意见》，倡导全市各级政协组织、各民主党派工商联及广大政协委员，开展以“提出一条可行建议，抓实一次民主监督，帮扶一个贫困农户，联系一个企业（项目），开展一次走访活动，创造一份崭新业绩”为主要内容的“六个一”活动。积极服务“娄商返娄”战略，注重走访联络在外创业娄商。主动参与“项目建设大比拼”，市政协机关设立招商引资小分队，已引进项目 2 个，其中投资 2 亿元、并已开工建设的新材料项目 1 个。市政协主席会议成员包案化解信访积案 10 件，挂点联系企业（项目）14 个、民间融资风险化解企业 9 个，联系帮扶社区 10 个，帮助挂点联系单位协调解决了一批困难与问题。

抓好文史工作创特色。收集、整理、创作 71 首富有娄底特色、展示娄底风情的歌曲，汇编成《娄底歌曲精选》，现已出版发行，更好地唱响了娄底，宣传了娄底，提升了娄底美誉度。启动了《〈清史稿〉中的娄底人》资料征集工作，配合省政协对禹之谟故居开展调研视察，全面征集“湖南老字号”和“家训、家规、家书”等文史资料，进一步弘扬了娄底文化，增强了娄底意识，培育了娄底精神。

投身抗洪救灾见真情。面对我市 2017 年 6 月底 7 月初遭遇的特大洪灾，动员全市政协组织、广大政协委员，及各民主党派工商联，积极投身抗洪救灾。市政协机关干部职工踊跃为抗洪救灾捐款，主动赴灾区开展慰问活动，民盟娄底市委、市工商联等分别发出抗洪救灾倡议书，工商联界别为抗洪救灾捐款捐物 40 余万元，各异地娄底商会和娄商为家乡捐募救灾资金 1400 多万元。

过去一年工作成绩的取得，是市委坚强领导、高度重视的结果，是市人大常委会、市人民政府、娄底军分区、各位离退休老领导和社会各界鼎力支持、热忱帮助的结果，也是市政协各参加单位、全体市政协委员及县市区政协同心协力、团结奋斗的结果。在此，我谨代表市政协常委会，向重视、关心、支持政协工作的各位领导、各位委员、各位同志和社会各界表示衷心的感谢，并致以崇高的敬意！

我们也清醒地看到，面对新时代新要求，市政协工作还存在一些不足，比如，协商建言的广度与深度还不够，政协委员履职管理还有待进一步加强，民主监督工作还需进一步深化，工作的规范化、程序化、制度化建设还需进一步推进，等等。对于这些问题，我们将在今后的工作中认真研究，着力加以解决。

二、2018 年的工作安排

2018 年是贯彻中共十九大精神的开局之年，是决胜全面建成小康社会的关键一年，是改革开放 40

周年。市政协工作的总体要求是:高举中国特色社会主义伟大旗帜,全面贯彻中共十九大精神,以习近平新时代中国特色社会主义思想为指导,在中共娄底市委的坚强领导下,围绕践行新发展理念,实施创新引领、开放崛起战略,及打好防范化解重大风险、精准脱贫、污染防治攻坚战,积极履行政治协商、民主监督、参政议政职能,努力加强自身建设,在决胜全面建成小康娄底的伟大实践中发挥独特优势,作出新的贡献。

(一)以深入学习宣传贯彻中共十九大精神为主题,始终高举伟大旗帜,凝聚各方力量

中共十九大是在全面建成小康社会决胜阶段、中国特色社会主义进入新时代的关键时期召开的一次十分重要的大会。习近平总书记代表十八届中央委员会所作的报告,是我们党进入新时代、踏上新征程、书写新篇章的政治宣言和行动纲领。深入学习宣传贯彻中共十九大精神,是全市政协系统当前和今后一个时期的首要政治任务。要以深化“大学习大调研大提升”为抓手,推动中共十九大精神在全市政协组织和委员中落地见效。进一步明确学习重点,组织广大委员深入研读十九大报告,深刻领会习近平新时代中国特色社会主义思想的精神实质和丰富内涵,认真学习十九大报告关于社会主义协商民主建设和人民政协工作的重要论述等重点内容。进一步创新方式方法,通过个人自学、专家辅导、组织培训,举办学习分享会、知识竞赛、演讲比赛等多种学习活动,真正用中共十九大精神武装头脑、铸造灵魂、指导实践、推进工作;利用《政协之窗》、门户网站、政协云、手机客户端、宣传橱窗等宣传渠道,组织开展丰富多彩的宣传教育活动。通过广泛深入学习贯彻中共十九大精神,引导广大委员始终高举爱国主义和社会主义旗帜,进一步夯实共同思想政治基础,不断巩固和发展最广泛的爱国统一战线,紧密团结在以习近平总书记为核心的党中央周围,为实现社会主义现代化和中华民族伟大复兴而努力奋斗。

(二)以践行社会主义协商民主为主线,主动开展协商议政,推动转型创新

中共十九大报告指出:“人民政协是具有中国特色的制度安排,是社会主义协商民主的重要渠道和专门协商机构。”大力发展人民政协协商民主,有利于广纳群言、广谋良策,有利于推进国家治理体系和治理能力现代化。要将协商民主贯穿政治协商、民主监督、参政议政全过程,为深入实施创新引领、开放崛起战略建良言、谋善策、出实招。在认真组织全体会议协商、常委会议协商、主席会议协商的同时,围绕七个“三年行动计划”推进实施,整合市政协各工作机构和专委会力量,采取调研、协商、监督等多种形式,集中开展专题协商。选取对接“一带一路”战略、推动我市开放崛起,城区停车位建设与管理,加快我市中医药产业发展,中心城区网格化管理等课题,认真组织对口协商。围绕我市农村义务教育发展问题、加快发展全域旅游、推进地下综合管廊建设、山区土地规划开发、孙水涟水流域生态保护与建设等课题,有序推进界别协商。配合省政协开展产业扶贫专题调研。倡导广大委员进社区、进企业、进村庄,收集社情民意,畅通建言渠道,广泛开展微协商,提出微建议。充分发挥政协提案的参政议政功能,利用市政协门户网站,探索推行提案公开和提案办理公开,继续实行提案分类管理、协商办理、联合督办、跟踪续办、考核促办等工作方法,推动实现提案工作由“任务型”向“质量型”转变,由“重答复”向“重办理”转变。继续运用专项视察、专题调研、社情民意信息等多种形式,积极协商建言,主动参政议政,助力转型创新。

(三)以加强和改进民主监督工作为重点,切实推动决策落实,促进民生改善

中共十九大报告强调,“加强人民政协民主监督,重点监督党和国家重大方针政策和重要决策部署的贯彻落实”。进一步做好新形势下人民政协民主监督工作,有利于推动党和政府解决问题、改进工作、增进团结、凝心聚力。要找准监督着力点。围绕市政协“落实精准扶贫政策,坚决打赢脱贫攻坚战”建议案,及相关调研报告、民主监督报告提出的意见建议,实施委派监督,推动贯彻落实。组建民主监督小组,进驻相关市直部门,围绕七个“三年行动计划”推进实施情况,组织开展委派监督。要形成监督新常态。对于部分重点提案,由市政协主席会议成员领衔,分别组织办理协商,进行跟踪督办,并对办理落实情况开展民主评议。注重在会议协商、调研报告、视察建议、社情民意信息中增加监督性内容,提出监督性意见,真正让民主监督成为一项日常工作、一种履职常态。

(四)以组织实施“双助”活动为抓手,积极推行“三级联动”,助力决胜小康

“助力脱贫攻坚，全面建成小康社会”“助推新发展，建设新娄底”的“双助”活动，是市政协组织部署、全力推进的两项主题活动，是“十三五”期间贯穿全市政协工作的重要内容。市、县、乡三级政协组织要加强调度，狠抓落实，组织引导驻娄省政协委员、市政协委员、县市区政协委员全员参与，共同发力。在用足政协职能、主动协商建言的基础上，进一步抓实结对帮扶，总结推广各级政协委员开展产业扶贫的好经验、好做法，引导贫困农户积极参与“人穷志不穷，脱贫靠自身”自强自立行动，帮助他们盘活资源、因户施策、发展产业、脱贫致富；不断推动创新开放，引导广大委员坚持新发展理念，按照高质量发展的要求，积极服务“产业项目建设年”活动，争当创新引领的先行者，开放崛起的实践者，质量变革、效率变革、动力变革的推进者；充分发挥人民政协联系广泛、渠道畅通优势，主动引导娄商返娄，助力娄商兴娄，切实开展招商引资、招才引智。编辑出版《〈清史稿〉中的娄底人》，为我市文化建设作出新贡献。

（五）以建强“两支队伍”为依托，不断创新服务手段，激发履职潜能

政协委员是政协工作的主体。政协机关干部是政协日常工作的组织者和执行者。中共十九大报告明确要求，加强政协委员队伍和干部队伍建设。发展社会主义协商民主、推动人民政协事业创新，必须把“两支队伍”建设摆到重要位置。着眼培育“懂政协、会协商、善议政”的委员队伍，切实加强学习培训，优化服务管理，抓实考核述职，注重奖惩激励，真正让广大委员“聚是一团火，散是满天星”，奉献聪明才智，创造崭新业绩。着眼打造忠诚、干净、担当的干部队伍，在市、县两级政协机关开展“不忘初心、牢记使命”主题教育，继续推动“两学一做”学习教育暨责任心教育常态化制度化；充分发挥市政协党组的领导作用和机关党组、驻政协机关纪检组、机关工会的职能作用，勇担党建责任，规范内部管理，开展文明创建，进一步增强机关党员干部职工的凝聚力、执行力和创造力。着眼搭建更广泛、更便捷、更有效的协商平台，抓紧建好用活政协云，改造升级门户网，打造一个突破时空限制、随时随地履职的协商平台。着眼发挥界别委员学习活动小组作用，充实、丰富界别委员学习小组活动，在协商议政中更多、更好地听取基层的意见，发出界别的声音，贡献集体的智慧。

（略有删节）

大事记

Chronicles

1 月

1 日

△《娄底日报》自 1 月始,由周 6 刊增发周 7 刊,由每日 4 版扩为每日 8 版。

3 日

△市委书记李荐国主持召开市委常委（扩大)会议,表示坚决落实省委指示精神,履行好换届选举工作"第一责任人"职责。省委派驻市"两会"现场督导组组长刘越高到会讲话。

△市委书记李荐国率市直相关部门负责人前往娄星工业集中区调研园区建设、推进情况和工业企业生产、经营情况。

4 日

△政协娄底市第五届委员会第一次会议隆重开幕。

△省政协原副主席、省教育基金会副理事长王汀明,省教育厅原工委委员、副主任督学、省教育基金会副理事长聂荣华一行赴新化县开展"为基层教师送温暖"走访慰问活动。

5 日

△娄底市五届人大一次会议隆重开幕。

△上午 11 时,一对体重分别为 2550 克、2850 克健康龙凤胎在娄底市中心医院顺利诞生,母子平安。这是继 2016 年 12 月 24 日娄底市中心医院生殖医学中心独立培育娄底首例试管婴儿顺利诞生之后,第一例双胞胎试管婴儿(龙凤胎)。

7 日

△政协娄底市第五届委员会第一次会议举行选举大会。大会以无记名投票方式,选举姚兵为市政协第五届委员会主席;选举易南斌、刘继清、邵瑛、李德仁、肖扬、席伏应、李赛斌、苏旻、李利文为市政协第五届委员会副主席；选举罗孝贵为市政协第五届委员会秘书长;选举于晶等 57 人为市政协第五届委员会常务委员。

△市政府印发新修订《娄底市市长质量奖管理办法》，并同意开展第二届市长质量奖申报评选工作。

8 日

△市五届人大一次会议举行第三次全体会议,选举市五届人大常委会主任、副主任,市人民政府市长、副市长,市中级人民法院院长,市人民检察院检察长。李荐国当选为市五届人大常委会主任,杨懿文当选为市人民政府市长。

9 日

△历时 6 天的娄底市第五届人民代表大会第一次会议圆满完成各项议程，在庄严国歌声中胜利闭幕。市委书记、市人大常委会主任李荐国出席会议并作重要讲话。本次大会由李荐国、谢志雄、肖有胜、赵应良、颜桂兰、龚彧、陈明华、杨金含、钟楠修、彭增光、袁跃进、邓光吕担任执行主席。市人大常委会党组书记、副主任谢志雄主持会议。市委副书记、市长杨懿文,市委副书记何文君,市政协主席姚兵等出席会议并在主席台就座。

△市委书记、市人大常委会主任李荐国主持召开市委常委(扩大)会议,要求新一届市人大常委会、市人民政府、政协娄底市委员会、市中级人民法院、市人民检察院领导班子在市委统一领导下，加强班子自身建设,迅速到岗到位、始终同心同德、务必尽职尽责、坚持从高从严,肩负新使命,开启新征程。

△市委书记、市人大常委会主任李荐国主持召开市委常委会议,审议《娄底市党政领导干部生态环境损害责任追究实施细则》(试行)。

△市委书记、市人大常委会主任李荐国前往市人大机关，与市人大常委会班子成员以及各委室负责人座谈,强调要进一步提高人大工作科学化水平,营造团结紧张、严肃活泼工作氛围。

△冷水江市贵鸿特色林下经济产业园被省林业厅、财政厅认定为"湖南现代林业特色产业园省级示范园"，成为冷水江市首家林业产业省级示范园,标志该市林业产业向现代林业特色产业发展迈出坚实步伐。

10 日

△市委副书记、市长杨懿文主持召开 2017 年第 1 次市政府常务会议。研究招商引资、安全生产、脱贫攻坚等工作,审议《市政府工作规则》。

△市五届人大常委会举行第一次主任、党组会议。市人大常委会党组书记、副主任谢志雄主持会议。市人大常委会主任、党组会议组成人员肖有胜、

赵应良、陈明华、杨金含、钟楠修、彭增光、颜桂兰、邓光吕、袁跃进出席会议。

△中央纪委监察部网站“中国传统中的家规”和客户端同时推出双峰曾国藩专题。该部专题片包括家规视频、文字材料、图片资料三大部分。视频部分由市纪委、双峰县纪委和湖南广播电视台经视频道联合制作,片名为《湖南双峰曾国藩:清芬世守盛德日新》,由市委书记、市人大常委会主任李荐国担任总顾问,市委常委、纪委书记徐勇担任总策划。

△市委书记、市人大常委会主任李荐国,市委副书记、市长杨懿文会见华菱安赛乐米塔尔汽车板有限公司(VAMA)董事会成员、安赛乐米塔尔执行副总裁布莱恩一行。

11 日

△娄底市召开出席省十二届人大七次会议代表培训会。市委书记、市人大常委会主任李荐国强调,要忠诚履职、严守纪律、展示形象,把娄底代表团各项任务圆满完成好。市委副书记、市长杨懿文出席会议。

△国家标准化管理委员会、国家发展和改革委员会会同湖南省质量技术监督局、湖南省发展和改革委员会组织专家对娄底市循环经济综合标准化试点项目进行考核评估,以 109 分(总分 120 分)通过考核验收。

△全国、全省安全生产电视电话会议召开。市委副书记、市长杨懿文在娄底分会场收看收听会议。他强调,要认真贯彻落实国务院副总理马凯在全国安全生产电视电话会议上讲话精神和省委副书记、省长许达哲在全省安全生产电视电话会议上讲话精神,结合娄底实际,抓好“两会”、春节期间安全生产工作。

12 日

△涟钢牌号 LG700T(Q690D)低合金高强度结构钢板荣获中国钢铁工业协会冶金产品“特优质量奖”。

13 日

△出席省十二届人大七次会议娄底代表团在驻地召开全体会议。市委书记、市人大常委会主任李荐国主持会议,传达省委书记杜家毫在省十二届人大七次会议各代表团负责人会议上讲话精神,就如何开好省十二届人大七次会议重申纪律和要求。

14 日

△出席省十二届人大七次会议娄底代表团代表围绕省政府工作报告展开热烈讨论。省人大常委会副主任刘莲玉参加讨论,强调探索“变道超车”,建设富饶美丽健康祥和新娄底,要实字当先,功在不舍。

15 日

△省文化厅“精准扶贫”专题文艺晚会走进涟源。

16 日

△出席省十二届人大七次会议娄底代表团代表重点讨论湖南省 2016 年国民经济和社会发展计划执行情况及 2017 年国民经济和社会发展计划草案报告、湖南省 2016 年预算执行情况和 2017 年预算草案报告。市委书记、市人大常委会主任、娄底代表团团长李荐国,市委副书记、市长、娄底代表团副团长杨懿文,市人大常委会党组书记、常务副主任、娄底代表团副团长谢志雄等参加讨论。省发改委、省财政厅有关负责人到会听取意见和建议。

17 日

△出席省十二届人大七次会议娄底代表团代表重点围绕省人大常委会工作报告开展讨论。市委书记、市人大常委会主任李荐国,市委副书记、市长杨懿文,市人大常委会党组书记、常务副主任谢志雄等参加讨论。

18 日

△出席省十二届人大七次会议娄底代表团代表重点围绕省高级人民法院工作报告和省人民检察院工作报告认真开展讨论。省委常委、省委政法委书记黄关春,市委书记、市人大常委会主任李荐国,市委副书记、市长杨懿文,市人大常委会党组书记、常务副主任谢志雄等参加。

△娄星区报告娄底市 2017 年第一例人感染 H7N9 流感确诊病例。

△娄底市水文局自主研发“娄底市水文信息平台”通过湖南省水利厅验收,成为全省第一个市级水文信息平台。

19 日

△经韶山出入境检验检疫局娄底工作组检验检疫合格新化奉家渠江薄片黑茶顺利出口越南。这是

2000年后娄底产茶叶首次出口，将成为娄底外向型经济发展新的增长点。

20日

△中共娄底市第五届纪委第二次全体会议召开。会议主要任务是学习贯彻党的十八届六中全会、中纪委全会、省纪委全会和省、市党代会精神，推动全面从严治党向纵深发展，增强全面从严治党系统性、创造性、实效性，为建设富饶美丽健康祥和新娄底提供坚强保障。市委书记、市人大常委会主任李荐国出席会议并讲话。市委副书记、市长杨懿文主持会议。

△省十二届人大七次会议胜利闭幕后第二天，全市召开大会，传达学习省"两会"精神，并就如何贯彻落实会议精神作出安排部署。市委书记、市人大常委会主任李荐国强调，要准确把握省"两会"精神核心要求，进一步理清工作思路，开启娄底"加速转型、奋力赶超"新征程。

△中共娄底市第五届委员会第二次全体会议召开。市委书记、市人大常委会主任李荐国主持会议。市领导杨懿文、何文君、徐勇、华学健、王雄、张希慧、吴建平、欧友生、陈蕾、向世聪、尹华凯等出席会议。

21日

△省委常委、常务副省长陈向群抵娄检查安全生产工作，先后到冷水江市铎山镇金胜煤矿和资江煤业实地走访调研，召开工作情况汇报会。他强调娄底要从未来发展、生态文明建设高度，把安全生产、去产能、环境保护等工作综合起来，统筹考虑。

22日

△省政协主席李微微抵娄走访慰问困难党员、困难群众和困难职工，给他们送上新春祝福，带去党和政府关怀与温暖。市委书记、市人大常委会主任李荐国，市委副书记、市长杨懿文陪同慰问。

△娄底市公安局治安防控中心、新闻舆情中心、侦查实战中心、指挥情报中心举行揭牌仪式。

△市委常委班子召开2016年度民主生活会。会议以学习贯彻党的十八届六中全会、省委十届九次全会和市委七届二次全会精神为主题，围绕"两学一做"学习教育要求，重点对照中央《准则》《条例》、省委《决定》精神，结合思想和工作实际，进行党性分析，开展批评和自我批评，不断增强领导班子和领导干部发现和解决自身问题能力，为娄底"加速转型、奋力赶超"营造良好政治生态。

23日

△娄底市召开军地迎春座谈会，军地领导欢聚一堂，喜迎新春，共叙友情，共话未来。市委书记、市人大常委会主任李荐国代表市委、市政府对驻娄官兵为地方经济社会发展作出贡献表示衷心感谢，希望军地齐努力，发扬革命传统，共创全国双拥模范城。市委副书记、市长杨懿文主持会议。

△市委副书记、市长杨懿文率市直相关部门负责人到市社会福利院、育财农贸市场、环卫处等民生保障一线检查工作，亲切慰问困难老人、孤残儿童和民生保障人员，给他们送去新春慰问和节日祝福。

△市政府党组召开民主生活会。会议围绕"两学一做"暨责任心教育要求，重点对照《准则》和《条例》，开展批评和自我批评。市委副书记、市长杨懿文主持会议。他要求加强班子自身建设，凡事出于公心，以更加优良作风推进政府各项工作。

24日

△经报湖南省人民政府备案，省民政厅批复同意将涟源市水洞底镇和双峰县蛇形山镇调整至娄星区。并于2月15日举行挂牌仪式。

25日

△娄底市举行2017年春节团拜会。市委书记、市人大常委会主任李荐国致辞。市委副书记、市长杨懿文主持团拜会。

27日

△农历猴年大年三十，市委书记、市人大常委会主任李荐国看望坚守一线工作人员。

2月

3日

△市委书记、市人大常委会主任李荐国主持召开市委常委（扩大）会议，通报春节期间全市社会管理与民生情况，通报2017年市级领导联系重点项目和重点风险企业、市级扶贫工作队、工业提振工作等安排情况，要求全市各级各部门立即进入状态，投入工作，做到"四个务必"，撸起袖子加油干，干在实处，昂首挺胸快步走，走在前列，确保全年经济社会发展大丰收。

4日

△市委组织部、市发改委制定《关于统筹推进全市农村综合服务平台建设的实施方案》。

5日

△涟钢投资8900余万元建设一炼轧湿法改干法除尘项目竣工,项目投运后可有效改善厂区环境。

6日

△市委书记、市人大常委会主任李荐国专题调研国土资源工作,在实地察看市不动产登记中心、认真听取国土资源工作情况汇报后强调,市国土资源局要进一步做活资源文章,服务发展服务群众,在全市经济社会发展中挑大梁、当表率、做贡献。

7日

△省委副书记乌兰抵娄调研娄底经济社会发展情况。

8日

△市政府出台《工作规则》规范权力运行。

9日

△市委书记、市人大常委会主任李荐国主持召开会议,与市委深改办研讨今年全面深化改革工作。强调要把中央和省委改革精神吃透,借鉴外地成功改革经验,结合娄底发展实际,用创新思维和务实举措谋划推动改革,把全面深化改革作为一件大事抓好、抓出成效。

△全市精准扶贫调研督导座谈会在新化召开。市委副书记、市长杨懿文强调,全市各级务必高度重视,全力推进,借全国、全省加强脱贫攻坚契机,把娄底脱贫攻坚战打出特色、打出水平,打一场翻身仗。

10日

△市委书记、市人大常委会主任李荐国主持召开市委常委会议,传达贯彻省委副书记乌兰到娄调研时讲话精神以及全省组织部长、宣传部长、统战部长、政法工作会议精神。

11日

△涟钢开发耐热钢A387GR11-2首次出口韩国。

13日

△"天蓝水净地绿"三年行动计划暨环保工作专题会议召开。市委书记、市人大常委会主任李荐国出席会议,他强调,要提高思想站位,聚焦重点难点,力推项目落地,强化督查督办,严格问责、严厉打击,两手发力,出重拳、下猛药,众志成城打赢环境治理攻坚战,努力建设富饶美丽健康祥和新娄底。市委副书记、市长杨懿文主持会议。

14日

△1时37分,涟源市斗笠山镇祖保煤矿井下发生爆炸事故。当班下井29人,自行安全升井16人,救出4人,死亡9人。事发后,国家安监总局、湖南省、娄底市、涟源市党政领导及有关部门负责人迅速赶往现场组织开展紧急救援处置。

15日

△市委书记、市人大常委会主任李荐国在市委常委、市委秘书长向世聪以及市委组织部、市委政研室、市农业委、市民政局、市扶贫办等部门有关负责人陪同下,轻车简从深入新化县部分乡镇、村和社区,围绕村(社区)"两委"换届、基层党组织建设、脱贫攻坚等工作,与基层干部面对面交流,耐心倾听他们心声,详细了解工作中难点和问题。在与基层干部座谈时,他反复强调,要拓宽渠道,严格把关,选优配强村(社区)带头人。

△娄星区蛇形山镇、水洞底镇正式挂牌。娄星区区域面积由原来429.03平方千米扩大到628.42平方千米,总人口由49.7万人增加到61.68万人。

△娄星区荣获全国专利系统先进集体荣誉称号。

16日

△全市五会合一,集中部署2017年全市组织、宣传、统战、政法和信访工作。市委书记、市人大常委会主任李荐国出席会议并作重要讲话,他强调,要以对党绝对忠诚,以强烈责任担当,切实做好组织、宣传、统战、政法和信访工作;要盯住重点难点,力求各个突破,把工作抓出实效抓出特色;要加强统一领导,全面落实责任,带头争先创优,以优异"娄底答卷"迎接党的十九大胜利召开。

△全市国资国企改革暨中央省驻娄企业"三供一业"分离工作推进会召开。市委副书记、市长杨懿文作重要讲话,副市长方建荣主持会议并作工作报告。

17日

△娄底市召开安全生产工作会议暨市安委会第一次全会。市委书记、市人大常委会主任李荐国强

调，要吸取祖保煤矿瓦斯爆炸事故深刻教训，痛定思痛，严格落实责任，坚决防范和遏制安全事故发生，切实把安全生产工作抓好抓实。市委副书记、市长杨懿文主持会议并讲话。

△全市计划生育工作会议召开，市委副书记、市长杨懿文强调，全市各相关单位要切实抓好计划生育工作，坚持“三个不变”，知耻后勇，迅速扭转不利局面，全力以赴打好打赢计划生育翻身仗。

△全市召开项目建设推进工作会议，对七个“三年行动计划”、项目建设大比拼、园区建设、发改工作、招商引资等5项经济工作进行集中动员部署。市委书记、市人大常委会主任李荐国强调，要牢固树立项目意识，让抓项目成为一种习惯、一种乐趣、一种荣耀；要紧紧聚焦项目建设短板，逐个解决突出问题，推动项目健康成长、快速成长；要严格强化项目建设责任，推动项目建设大比拼，掀起新高潮。市委副书记、市长杨懿文作工作报告。

△省政协副主席、致公党省委主委、省监察厅副厅长胡旭晟到新化调研产业发展情况。

18日

△由市委组织部牵头在东莞举行娄底“春风行动”暨“四海揽才”人才招聘会，现场与155名高层次人才达成引进意向，其中具有博士学位13名。

△18—19日，“山水围城·魅力涟源”首届“博盛杯”2017全国汽车场地越野挑战赛，在湖南省娄底市涟源市桥头河镇国家级AAA旅游景区博盛山地越野主题公园举行。湖南、重庆、湖北、安徽、广西等15个省份200多名国内车手参加专业组、公开组、量产组、巾帼组角逐。

19日

△省教育厅副厅长应若平到新化县职业中专调研。

20日

△全市农村危房改造坚持“优先帮助住房最危险、经济最贫困农户，解决最基本安全住房需求”原则，重点帮扶与整体推进相结合，整合资源，创新机制，改善民生。自2008年实施农村危改以来，完成农村危房改造近60000户，入住9800户。

21日

△从市统计局获悉：全市高新技术行业发展取得新进展，呈现出产业贡献持续提高、创新能力不断增强，新兴产业稳步发展特点，产品产值首次突破700亿元大关，同比增长12.5%。

23日

△市人大常委会党组书记、常务副主任谢志雄主持召开全市人大常委会主任座谈会，通报《2016年度县市区人大工作目标管理考核情况》《关于表彰2016年度县市区人大工作目标管理先进单位的决定》，并颁发证书。

△新化大熊山林场(国家森林公园)入选湖南省首批森林康养试点示范基地名单，成为娄底唯一入选森林公园，并被授予“湖南省秀美林场”和全省森林公园质量管理“十佳单位”称号。

25日

△娄底市中心医院53病室副主任、泌尿外科副主任医师康乐运用腹腔镜层面解剖新技术，成功为患者吴女士切除一个“鸭蛋”大肾上腺肿瘤。

27日

△市委农村工作会议召开，市委副书记、市长杨懿文出席并作讲话。

28日

△市委书记、市人大常委会主任李荐国主持召开市委常委会议，传达学习省委农村工作会议、全省扶贫开发工作会议精神以及全省市厅级党员主要领导干部专题研讨班精神，研究国家卫生城市管理和迎接2017年复审、煤矿安全生产、关心下一代工作以及全市县处级单位党委(党组)书记专题研讨班实施方案，审定《中共娄底市委常委会2017年工作要点》。

3月

1日

△市委书记、市人大常委会主任李荐国到娄底经开区开展“三进”活动，实地调研三迅、电将军、大北农、薄板深加工产业园等实体企业和重点项目，详细了解项目进展情况和目前存在困难与问题。强调要实实在在开展“三进”活动，主动服务，用心解难题，推动项目快上、快进、快成。

△市委副书记、市长杨懿文主持召开孙水河（杨市镇段）生态廊道与退耕还湿示范项目及零碳经济建设工作调度会。他强调要以创建“零碳城市”为目标，积极探索碳循环经济，推动娄底转型发展。

2日

△中国工程院院士印遇龙为首专家团队与湖南伍星生物科技有限公司签订合作协议，举行院士工作站揭牌仪式，建成娄底首家落地县市区院士工作站。

△市第五届人民代表大会常务委员会举行第一次会议，表决通过有关人事任命事项，审议通过《娄底市人大常委会2017年工作要点》。市委书记、市人大常委会主任李荐国主持会议并讲话。市委副书记、市长杨懿文提出《关于提请决定任命胡忠威等同志职务的议案》并作说明。

△省环保厅厅长王一鸥到娄底调研环境保护工作。他强调环境保护关键是要落实地方党委、政府责任，把生态环境保护放在更加突出位置，把生态红线观念牢固树立起来，推动“五位一体”总体布局协调发展。

3日

△全市县处级单位党委（党组）书记专题研讨班开班。市委书记、市人大常委会主任李荐国作辅导报告。他强调，要深入学习贯彻习近平总书记系列重要讲话精神和《准则》《条例》，带头学原著、读原文、悟原理，旗帜鲜明讲政治，做一名有觉悟的领导干部。把全面从严治党落到实处，以“优异答卷”迎接党的十九大胜利召开。市委副书记、市长杨懿文主持。

6日

△市委书记、市人大常委会主任李荐国主持召开军队退役人员代表座谈会，与他们面对面沟通交流，认真听取他们诉求。李荐国强调，全市各地各部门要认真学习好领会好中央和省委有关精神，站在讲政治高度切实做好军队退役人员工作，带着责任带着感情努力解决好他们合理合法诉求，并发挥好他们优势，来共同建设富饶美丽健康祥和新娄底。市委副书记、市长杨懿文出席座谈会。

△全市召开迎接国家卫生城市复审工作动员大会，市委副书记、市长杨懿文出席会议并作重要讲话。他强调，要深化认识，严格对标，全面动员，严格奖惩，全力打好创文保卫攻坚战。省卫生计生委巡视员张斌到会指导。

△市政府下发《关于加快发展现代职业教育的实施意见》（娄政发〔2017〕5号）。

7日

△娄底市各界妇女隆重集会，庆祝“三八”国际妇女节，表彰在全市经济社会发展中作出突出贡献先进典型。市委书记、市人大常委会主任李荐国出席会议，他代表市委、市人大、市政府、市政协，向全市广大妇女同胞致以节日美好祝愿，并希望广大妇女同胞争做优秀、优美、优雅女性，为建设富饶美丽健康祥和新娄底添彩增色。

△市委副书记、市长杨懿文主持召开市政府常务会议，研究妇女儿童、基层全科医生覆盖、金融改革、土地利用规划、开放型经济、管道燃气特许经营权等工作并审议通过相关规划和方案，通报有关人事任免。

△湖南省水文局党组书记、局长郭世民抵娄召开基层党建暨党风廉政建设座谈会，到冷水江、涟源、双峰看望基层一线职工，检查汛前准备工作，开展县域水文调研。

8日

△省委常委、省委组织部长王少峰轻车简从，抵娄到部分企业、社区、村庄和机关单位调研基层党组织建设工作。市委书记、市人大常委会主任李荐国，市委副书记、市长杨懿文分别陪同调研。

△8—9日，在全市开展年轻干部公开择优比选，此次选拔正处职干部2名，副处职干部6名，比选8名年轻干部中，平均年龄36岁，女干部4名。

10日

△市政协主席姚兵率市发改委、交通运输局等部门负责人到万宝新区现场调研城区外环线及娄底大道体育功能PPP项目，并主持召开调度会。他强调，要进一步明确任务要求、责任分工和当前重要工作，全力以赴加快项目建设，确保阶段目标任务按时完成。

△10–12日，市委书记、市人大常委会主任李荐国，市委副书记、市长杨懿文率团赴“长三角”地区考察交流，以开拓视野、学习经验、推介娄底、洽谈合作。

14日

△市委书记、市人大常委会主任李荐国主持召开会议，就如何结合娄底实际，有效转化“长三角”考察学习成果交办任务。他强调要围绕薄板深加工产业园建设，发展钢铁配套产业，把钢文章做足。市委副书记、市长杨懿文出席会议并讲话。

16日

△市委书记、市人大常委会主任李荐国率市直有关部门负责人赴万宝新区调研。在考察碧桂园、高铁南站枢纽、孙水河风光带、诚通物流园等项目，听取万宝新区工作情况汇报后，他强调，万宝新区面对新机遇和新挑战，要解放思想、勇于创新、苦干实干，掀起创新发展新高潮。

△市委副书记、市长杨懿文主持召开新化县龙湾新农村规划建设工作专题会，他指出，要坚持零碳建设，把龙湾村打造成让“城市人”向往“美丽乡村”。

17日

△市委书记、市人大常委会主任李荐国主持召开市委常委会议，传达贯彻省委常委、省委组织部部长王少峰来娄调研讲话精神，研究出台关于建立容错纠错机制、治理“为官不为”、查核处理党员和公职人员侮辱诽谤诬陷他人行为、运用监督执纪“四种形态”等四项制度。

20日

△娄底市召开大会，宣讲全国“两会”精神，邀请全国人大代表陈代富、肖安江、杨娟娟参会并在主席台就座。市委书记、市人大常委会主任李荐国对全国“两会”精神进行解读，并就娄底如何结合实际进行贯彻落实提出明确要求。他强调，确保全国“两会”精神在娄底落地见效，务必做到：旗帜鲜明讲政治、聚精会神抓发展、千方百计保稳定、全心全意为人民。市委副书记、市长杨懿文主持会议。

21日

△娄底市召开全域旅游工作推进调度会议。市委书记、市人大常委会主任李荐国出席会议，他强调要清醒认识娄底旅游有什么、应该做什么、怎么做、谁来做；要握紧拳头办大事、了难事，实现重点突破，推动旅游文化产业大变样大提升。市委副书记、市长杨懿文主持会议。

△市委副书记、市长杨懿文主持召开市规委会第二次专题会议。他指出，城市规划要画龙点睛，提升城市建设品位。

△市委书记、市人大常委会主任李荐国在新化县吉庆镇了解龙琅高速项目进展情况后，又迅速赶往吉庆镇老塘冲村和水车镇正龙村，调研村里脱贫攻坚工作，重点了解产业扶贫情况。强调扶贫要扶志，村党支部要发挥战斗堡垒作用，强化村民自力更生意识，带领村民艰苦奋斗，努力夯实村级集体经济基础，积极探索村民稳定增收途径，确保贫困户脱贫后不返贫。

22日

△市委书记、市人大常委会主任李荐国轻车简从赴新化开展“三进”活动。他深入龙琅高速三标段一工区项目部，详细了解项目进展情况以及目前存在困难和问题。强调全市各级各部门要大力支持龙琅高速项目建设，主动配合，主动服务，积极为项目排忧解难。

23日

△市人民政府与卓达集团就装配式建筑产业和城镇化综合开发项目签署战略合作协议。市委书记、市人大常委会主任李荐国，市委副书记、市长杨懿文出席签约仪式。

24日

△市委副书记、市长杨懿文主持召开招大引强专题调度会，他强调全市上下要形成讲项目、谋项目、招项目浓厚氛围，招大引强，让项目满园扩园、倍增倍生，促进娄底经济社会大发展。

26日

△北京娄底企业商会成立大会在北京举行。全国人大常务委员会原副委员长、中国关心下一代工作委员会主任顾秀莲出席揭牌仪式。

27日

△市委书记、市人大常委会主任李荐国采取不打招呼、临时通知、直奔现场方式，突击检查重点项目推进情况。他强调要在确保安全、确保质量前提下，抢抓进度，推动项目如期落地、如期竣工、如期见效。

△市委副书记、市长杨懿文到市信访局面对面接待来访群众。他要求站在信访人角度，理解诉求，换位思考，维护和保障好信访群众合法权益和诉求。

28日

△在收听收看省委中心组理论学习视频会议后，市委常委中心组紧接着召开（扩大）学习会议，就如何贯彻落实国家安全生产监督管理总局局长杨焕宁辅导报告精神和省委书记、省人大常委会主任杜家亳重要讲话精神进行部署。市委书记、市人大常委会主任李荐国强调，全市各级各部门要把杨焕宁局长辅导报告精神和杜家毫书记重要讲话精神学习好、消化好、落实好，在心灵深处树牢安全发展理念。市委副书记、市长杨懿文主持会议。

29日

△国务院安委会副主任、国家安全生产监督管理总局局长杨焕宁一行抵娄底督察安全生产工作。他要求牢固树立安全发展理念，坚决遏制重特大事故发生。副省长、省政府秘书长杨光荣，市委书记、市人大常委会主任李荐国，市委副书记、市长杨懿文等陪同。

△新化县天鹏生态园开发有限公司和娄底市三和绿缘高科农业发展有限公司2家企业在湖南股权交易所“农业专板”成功挂牌。

30日

△省委书记、省人大常委会主任杜家毫到娄底调研经济社会发展情况。在深入娄底经开区、万宝新区和娄星区了解部分重点企业生产经营情况和新农村建设情况后，杜家毫强调，要解放思想，改革创新，扩大开放，推动产业转型升级，确保经济社会持续健康发展。市委书记、市人大常委会主任李荐国，市委副书记、市长杨懿文陪同调研。

△山东省政协副主席孙继业一行到娄底考察，姚兵、席伏应陪同。

31日

△全省全面建成小康社会推进工作电视电话会议在长沙召开，省委书记、省人大常委会主任杜家毫出席会议并作重要讲话，省委副书记、省长许达哲主持会议，省政协主席李微微出席，省委副书记乌兰宣读有关表彰决定。市委书记、市人大常委会主任李荐国在长沙主会场参加会议。市委副书记、市长杨懿文，市委副书记何文君，副市长梁立坚，市政协副主席苏旻在娄底分会场参加。冷水江市在会上作典型发言。

4月

1日

△市委书记、市人大常委会主任李荐国主持召开市委常委（扩大）会议，传达贯彻省委书记、省人大常委会主任杜家毫在娄底调研时讲话精神。他要求把杜家毫书记讲话精神和省委省政府关心重视化作娄底“加速转型、奋力赶超”动力，苦干实干、攻坚克难，努力把娄底事情办好，向省委省政府和全市人民交出一份优异答卷。

5日

△全市科技创新大会和市科协第三次全市代表大会召开。会议学习习近平总书记系列重要讲话精神特别是关于科技创新重要论断，中央“科技三会”、全省科技创新大会和省科协第十次代表大会精神，部署全市科技创新工作。市委书记、市人大常委会主任李荐国出席会议并强调，要把创新摆在发展全局核心位置，依靠科技创新，加速转型发展，打造科创园区，培育科技创新型“巨人”企业。市委副书记、市长杨懿文主持会议。

△娄底军分区党委七届十二次全体（扩大）会议召开。市委书记、市人大常委会主任、娄底军分区党委第一书记李荐国出席会议，他强调，要聚焦强军目标，牢固树立“四个意识”，强化责任担当，发扬优良传统，坚持党管武装，不断开创国防动员和后备力量建设新局面，为迎接党的十九大胜利召开交上一份优异娄底答卷。

6日

△市委书记、市人大常委会主任李荐国轻车简从，先后前往市保安公司、湖南省地勘局418队以及中国移动娄底分公司调研，与中央、省属驻娄企业以及市属国有企业党委书记座谈。他强调要牢记庄严使命，自觉担当起管党治党的责任；要抓党建促发展，把国有企业做大做强做优。

△市委副书记、市长杨懿文主持召开全市综合交通运输发展规划（2016—2030）及交通重点项目调度会。他强调要尊重规律，开阔视野，创新思维和方法，编制好《娄底市综合交通运输发展规划》，促进娄底大发展、大提升。

7日

△市委书记、市人大常委会主任李荐国主持召开市委常委(扩大)会议，分析一季度经济运行形势，调度二季度经济运行工作。李荐国强调，大家撸起袖子、甩开膀子、扑下身子，才能改变娄底样子。要坚持“加速转型、奋力赶超”不动摇，坚持“创新引领、开放崛起”不动摇，坚持全面争先创优不动摇，继续苦干实干，确保二季度圆满实现“双过半”，确保全年经济社会发展目标任务圆满完成。市委副书记、市长杨懿文出席会议并讲话。

△市委书记、市人大常委会主任李荐国主持召开市委全面深化改革领导小组第十三次会议，听取全面深化改革工作情况汇报，审议并原则通过《中共娄底市委全面深化改革领导小组2017年工作要点》。李荐国强调，要深入学习习近平总书记关于全面深化改革系列重要讲话精神，用创新思维、开放视野、务实作风推动全面深化改革，为建设富饶美丽健康祥和新娄底提供强劲动力。市委副书记、市长杨懿文出席会议并讲话。

10日

△市委书记、市人大常委会主任李荐国率农口系统相关单位负责人，辗转双峰县走马街、永丰、青树坪、印塘、锁石等乡镇，到农村合作社、农资供应店和田间地头检查春耕备耕工作。他强调，要深入贯彻中央一号文件精神，推进农业供给侧结构性改革，强化科技创新引领，实现农业增效、农民增收。

△市委副书记、市长杨懿文主持召开2017年第5次市政府常务会议，研究高速公路沿线特色小镇建设、安全生产、中心城区中小学校近期建设方案等工作。

△市委副书记、市长杨懿文主持召开第5次市政府常务会议。娄底中心城区中小学近期建设方案和娄底幼儿师范升专问题列入会议议程。

11日

△市委书记、市人大常委会主任李荐国召集有关市直部门与企业召开“诸葛亮会”，探讨研究新能源动力与储能产业发展问题。他强调政府和企业要一起努力，高举创新和开放大旗，加速转型、奋力赶超，把新能源动力与储能产业做大做强。

12日

△娄底市召开安全生产“十大战役”暨落实企业安全生产主体责任动员大会。市委书记、市人大常委会主任李荐国出席会议并作重要讲话，他强调，要始终保持清醒、严格履行职责、全面排查隐患、及时整改销号、放手发动群众，坚决打赢安全生产保卫战持久战。

△11-12日，全省市州政协研究室主任座谈会在全市召开，省政协副秘书长、研究室主任吴志宪出席会议。他要求，各市州政协研究室要把握形势，强化政治引领，创新思维，提升政协理论研究和决策服务水平，为全省人民政协事业发展作出新贡献。市政协主席姚兵、省政协研究室副主任张辉学、江涌，市政协副主席易南斌出席会议。

13日

△全省一季度工业经济形势分析会在娄底召开。会议贯彻中央、省委、省政府关于工业经济发展重要指示精神，分析全省工业经济形势，研究部署下一步工作。副省长张剑飞出席并讲话。他强调要紧紧抓住稳增长这个核心任务，抢抓机遇、精准发力，推动全省工业经济平稳增长。省政府副秘书长向曙光主持会议，省经信委主任谢超英，省国资委主任丛培模参加，市委书记、市人大常委会主任李荐国陪同考察调研。

14-15日

△市委书记、市人大常委会主任李荐国率全市招商团队前往浙江省金华市永康市，与中国步阳集团对接项目、洽谈合作。座谈会上，步阳集团董事长徐步云表达在娄底经开区投资5亿元建设安全门生产基地意愿，当场与市政府签订合作协议。李荐国表示，期待项目早日落地见效，双方实现合作共赢。

△市政协党组书记、主席姚兵主持召开政协娄底市第五届委员会常务委员会第一次会议，学习贯彻省委政协工作会议精神，部署推进全年政协工作。他强调，要把握机遇，勇于担当，在创新政协事业、助力转型发展中发挥表率作用。

△市政协党组书记、主席姚兵主持召开全市政协主席座谈会议，研究探索今年政协工作新思路和新举措，并就工作中遇到困难和问题进行沟通交流，共同商讨解决办法。市政协副主席易南斌出席会议。

△中国科学院大学(简称“国科大”)副校长、博士生导师，湖南招生组组长苏刚教授到冷水江一中作

题为《格物穷理,至真达美》科普讲座。冷水江一中一千余名学生参与。

17日

△市委书记、市人大常委会主任李荐国主持召开市委常委(扩大)会议暨市委常委中心组学习会议,传达学习习近平总书记在中央政治局第三十九次集体学习时关于脱贫攻坚工作重要讲话精神以及4月16日下午全省领导干部会议精神。

△市委书记、市人大常委会主任李荐国率市直有关部门,在中心城区育才农贸市场、娄底一小和大科街道办大屋社区督查迎国卫复审工作。他强调,要严格对标,严抓严管,常抓常管,把创文创卫作为一项民生工程、德政工程来抓好抓实抓出成效。

△在浙江大学举办全市政法系统信访系统领导干部综合素能提升班,全市有99名政法和信访战线优秀中层干部、业务骨干参加。

△17—18日,省政协副主席、民建湖南省委主委、省科技厅厅长赖明勇率调研组抵娄就“优化非公经济发展法治环境”开展调研协商监督,并到娄底民建机关调研走访。省政协副秘书长汤新华,市政协党组书记、主席姚兵,市委常委、统战部长王雄,副市长甘跃华,市政协副主席李德仁、席伏应陪同调研。

△省人大常委会委员、环资委主任委员邹学明率调研组抵娄,就《湖南省实施〈中华人民共和国固体废物污染环境防治法〉办法(草案)》召开座谈会征求意见。省人大环资委副主任委员胡安平,省人大常委会委员、环资委委员王晓光,市人大常委会副主任赵应良陪同调研。

18日

△市委书记、市人大常委会主任李荐国主持召开全市信访维稳工作研判会议,对当前影响全市社会稳定重点隐患进行“会诊”,并“对症开方”。他强调,全市各级各部门要切实强化责任心,强化信息研判,抓苗头、抓源头、抓“头头”,确保不发生群体性进京赴省非访,不发生极端性个体事件,不发生规模性群体性事件,不发生恶性刑事案件,不发生较大黄赌毒和电信诈骗案件。

19日

△市委书记、市人大常委会主任李荐国召集相关部门、市内新闻单位专题研究新闻宣传工作。他强调要认真学习贯彻习近平总书记“2·19”“4·19”重要讲话精神,紧紧围绕市委政府重要决策、重大部署和重点工作,聚焦娄底经济社会发展好经验、做法、成效、典型,加强新闻宣传和舆论引导工作,提高新闻舆论引导力。

△市五届人大常委会召开第七次主任(党组)会议,听取和审议有关立法工作情况报告。市人大常委会党组书记、常务副主任谢志雄主持会议。市人大常委会主任(党组)会议组成人员肖有胜、赵应良、陈明华、杨金含、钟楠修、彭增光、龚彧出席会议。

20日

△省林业厅党组书记、副厅长胡长清抵娄调研湘江流域退耕还林还湿试点工作。

△美国著名关节外科专家Tad Gerlinger教授应邀到娄底市中心医院开展国际学术交流活动。

21日

△国家发改委副司级稽察特派员许长旺率国家发改委稽察办处长李晓军、专家刘挺和湖南省发改委稽察办处长黄吉,到市第二人民医院现场稽察、督办国家投资项目“儿科综合楼项目”建设。

22日

△市委书记、市人大常委会主任李荐国主持召开市委常委会议,研究脱贫攻坚、设立娄底市新能源动力电池和储能产业园有关工作,要求全市各级各部门高度重视产业发展,自我加压,负重奋进,掀起实体经济发展高潮。

△市委常委会议研究决定,在国家级娄底经济技术开发区设立新能源动力电池和储能产业园,这是娄底产业发展史上、工业发展史上、转型发展史上一个重大决策,对于推动娄底经济社会发展具有十分重大意义。

24日

△娄底市召开坚决打赢脱贫攻坚战誓师大会,贯彻落实习近平总书记扶贫开发重要战略思想和省委、省政府重大决策部署,安排落实脱贫攻坚突出问题集中整改工作。市委书记、市人大常委会主任李荐国强调,要以对党绝对忠诚和对人民高度负责态度,苦干实干,精准发力,坚决打赢脱贫攻坚战,确保如期完成脱贫攻坚任务。市委副书记、市长杨懿文主持会议。

△由省人民检察院和省教育厅联合组织开展“法治进校园”全省巡讲活动走进娄底市第一中学，全市600余名师生和家长参加。巡讲活动中，授予娄底市第一中学省“未成年人法治教育基地”牌匾。

25日

△市委书记、市人大常委会主任李荐国主持召开市委中心组学习研讨会，围绕“贯彻落实党的十八届六中全会精神，推进全面从严治党落地生根”等主题，开展集中学习研讨。

△市委副书记、市长杨懿文率全市代表团参加2017年湖南(香港)投资贸易洽谈周活动。全市在谈项目43个，引进资金839亿元，省市级签约项目23个，引进资金198.5亿元。

26日

△娄底市“五一”先模表彰暨劳动竞赛动员大会举行。市人大常委会副主任、市总工会主席肖有胜主持会议；副市长李有才宣读表彰决定；市委书记、市人大常委会主任李荐国，市政协副主席席伏应参加会议。授予涟源钢铁集团公司一炼轧厂等12个单位和国网娄底检修公司电气试验二班等11个班组娄底市“五一劳动奖状”荣誉称号；授予周建中等55名娄底市“五一劳动奖章”荣誉称号；授予文佐等70名“娄底工匠”荣誉称号。

△香港娄底联谊会成立大会在香港九龙举行。市委副书记、市人民政府市长杨懿文为联谊会揭牌并讲话。市委常委、统战部部长王雄致词。解放军驻香港部队政治部主任周吴刚，中联办社团联络部处长穆晨红，市人民政府副市长甘跃华出席会议，受邀参加成立大会各界朋友和在港娄底籍乡亲200余人欢聚一堂，共话乡音、共叙乡情。

△省人大常委会选举任免联络工作委员会主任王刚、省人大常委会农业与农村委员会主任委员李小平一行来娄走访省人大代表杨文莲，调研湘村黑猪。

27日

△市委书记、市人大常委会主任李荐国率有关部门先后前往市第一、第二自来水厂取水点以及水府庙库区督查水环境保护工作。他强调，要像保护生命一样保护好饮用水源，确保千家万户饮水安全；要以中央环境保护督察组到湖南督察为契机，聚焦突出环境问题，自查自纠、立说立行、限期整改，推进生态环境持续好转，为建设山水相融、宜居宜业、众人向往现代化城市打下坚实基础。

28日

△娄底市召开卫生与健康大会，学习贯彻全国、全省卫生与健康大会精神，落实市第五次党代会关于奋力建设富饶美丽健康祥和新娄底目标任务，提升人民健康水平，推动健康娄底建设，开创娄底市卫生与健康事业新局面。市委书记、市人大常委会主任李荐国出席会议并作重要讲话。市委副书记、市长杨懿文主持会议。

△市委副书记、市长杨懿文在全市配合中央环保督察工作紧急调度会上强调，要以督察为契机，全面提高全市生态文明建设水平。市委常委、常务副市长张希慧，副市长方建荣及市政府秘书长胡忠威参加会议。

29日

△市委书记、市人大常委会主任李荐国带着到娄底经开区督查在建项目进展情况，并为奋战一线劳动工人送去节日祝福。他要求，全市各级各部门牢固树立项目意识，撸起袖子加油干，扑下身子抓项目，推动项目快上快进快成，掀起“项目建设大比拼”新高潮。

5月

1日

△市委副书记、市长杨懿文在全市治超工作专题调度会上强调，建立长效机制形成“打非治超”严管态势，从根本上解决货运车辆超限超载问题。

2日

△市委书记、市人大常委会主任李荐国主持召开市委常委会议，传达贯彻许达哲省长代表省委省政府约谈娄底脱贫攻坚工作指示精神、全省高校思想政治工作会议精神、中央第六环境保护督察组督察湖南工作动员会议精神、全国文明城市经验交流会议精神，研究人大、政协和国安工作。

3日

△九三学社湖南省委对口娄底市脱贫攻坚民主监督座谈会在娄底华天大酒店召开。省政协副主席、

九三学社省委主委张大方,省人大常委、九三学社省委专职副主委王仁祥,九三学社省委、省统计局、省质监局、湖南农业大学、湖南师范大学等省直单位、高校专家学者组成专家调研组赴娄调研。

△市委书记、市人大常委会主任李荐国主持召开市委中心组(扩大)集中学习电视电话会议。国家安全监管总局统计司巡视员周永平到会作辅导讲座,为大家解读《中共中央国务院关于推进安全生产领域改革发展的意见》。

△李贝荣获"全国公安系统二级英雄模范"。

4日

△全省推进"两学一做"学习教育常态化制度化工作视频会议召开。省委书记、省人大常委会主任杜家毫作重要讲话。省委副书记乌兰主持会议。省委常委、省委组织部部长王少峰传达习近平总书记关于"两学一做"学习教育重要指示和中央推进"两学一做"学习教育常态化制度化工作座谈会精神。

△娄底市4个新兴产业项目同时开工,掀起新一轮项目建设大比拼高潮,对于全市推进供给侧结构性改革、实体经济发展、株潭娄产业转型升级示范区建设将起到重要支撑作用。市委书记、市人大常委会主任李荐国宣布项目开工。市委副书记、市长杨懿文致辞。市委副书记何文君主持开工仪式。市政协主席姚兵出席。

5日

△市委书记、市人大常委会主任李荐国率督察小分队,深入双峰县部分乡镇,走村入户督查脱贫攻坚工作。他强调,全市各级各部门要把脱贫攻坚当作头等政治任务和一号民生工程,切实抓好突出问题集中整改,紧扣"两不愁三保障",把工作重心放在贫困对象帮扶上,做到精准识别、精准退出、精准扶贫、精准脱贫,确保脱贫攻坚任务如期完成。

△市委副书记、市长杨懿文到新化县督查调研时指出,要提高政治站位,全力以赴抓好当前各项工作。

△市政协党组书记、主席姚兵主持召开市政协今年第七次党组会议。市政协党组成员易南斌、席伏应、李赛斌、苏旻、吴合群、曾福泽出席会议,副主席刘继清列席会议。

7日

△市委书记、市人大常委会主任李荐国,市委副书记、市长杨懿文连夜调度全市落实中央第六环保督察组交办信访件办理工作,要求聚焦环保突出问题,下定决心抓整改,加快办结进度,第六提高办结质量,坚决打赢环保突出问题整改这场硬仗,以实际行动贯彻落实中央五大发展理念。

8日

△省委常委、省委宣传部部长蔡振红深入娄星区考察调研基层文化建设和社区精神文明创建工作。

△市委书记、市人大常委会主任李荐国主持召开市委常委会议,研究市本级2017年度政府投资项目计划(草案)、七个"三年行动计划"和"项目建设大比拼"活动,2017年度实施方案和考核办法、全市"两学一做"学习教育暨责任心教育常态化制度化工作。

△新修订后《中华人民共和国红十字会法》颁布实施,市域各媒体第一时间全文发布。

9日

△市委副书记、市长杨懿文主持召开市政府常务会议,传达全省安全生产工作紧急电视电话会议精神,审议《关于促进电子商务和"创客经济"发展的若干政策意见(试行)》,研究全市招商引资若干政策和娄底经开区需要市政府购买服务项目等工作。

10日

△ 省委常委胡衡华到娄底督查防汛抗旱备战情况。

△ 湖南省委常委、省国资委党委书记胡衡华、省国资委副主任杨晓喻等一行到涟钢调研。

△市委副书记、市长杨懿文到涟源杨市镇调研孙水河(杨市段)生态廊道退耕还湿及零碳示范区项目,就下阶段推进工作进行研究部署。他指出,零碳发展是供给侧结构性改革终极目标,要以杨市镇孙水河生态廊道退耕还湿、零碳示范区项目建设为突破口,构筑绿色生态护栏,共同建设青山永驻、绿水长流生态环境。

11日

△娄底市第五届人民代表大会常务委员会第二次会议召开。市委书记、市人大常委会主任李荐国,市人大常委会党组书记、常务副主任谢志雄分别主持会议。

12 日

△市委召开人大、政协工作会议，贯彻落实中央、省委关于加强和改进人大、政协工作精神，研究部署全市人大、政协工作。市委书记、市人大常委会主任李荐国强调，各级人大、政协要坚持党领导，找准定位，履职尽责，不断提高工作水平，为建设富饶美丽健康祥和新娄底贡献力量。市委副书记、市长杨懿文主持会议。

△全市易地扶贫搬迁工作推进暨政策培训会议召开。市委副书记、市长杨懿文在会上强调，全市上下要把脱贫攻坚作为头等大事和第一民生工程来抓，把易地扶贫搬迁作为“第一菜单”来推进，把责任扛在肩上，做出成效，打好翻身仗。

11—15 日

△为期 5 天第十三届中国(深圳)国际文化产业博览交易会在深圳会展中心举行。开幕当天，省委常委、宣传部长蔡振红来到娄底非遗展馆饶有兴致地视察全市参展梅山棕编工艺、国藩溪砚、文田砚等非遗产品，给予充分肯定，并勉励传承人总结工艺特点，优化产品创意，挖掘传承好非物质文化遗产，推进文化产业发展。市委常委、宣传部部长吴建平率各县市区和有关单位、企业组团参展。

16 日

△市委书记、市人大常委会主任李荐国，市委副书记、市长杨懿文赴省环保厅对接环境保护和生态文明建设工作。省环保厅党组书记、厅长王一鸥表示全力支持娄底抓好抓实环保和生态文明建设工作，并要求娄底提高政治站位，按时按要求办结中央环保督察交办信访件，切实把环保突出问题解决好。

17 日

△市委书记、市人大常委会主任李荐国主持召开专题会议，调度推进全市责任心教育工作。他强调，要以“扪心三问”为抓手，通过评选表彰娄底市最具责任心领导干部和通报一批责任心缺失警示案例等手段，实打实把责任心教育引向深入，激励全市各级领导干部履职尽责、攻坚克难、创先争优，为娄底加速转型、奋力赶超做贡献。

18 日

△市委副书记、市长杨懿文专题调度 PPP 项目有关情况。他指出，要进一步统一思想认识，用更高质量、更严标准，加速推进，有效提高城市品质和娄底形象。

△市委副书记、市长杨懿文到中心城区督察城市“断头路”建设情况时指出，希望各级各部门要把政府确定工作目标落到实处，集中精力、齐心协力，早日打通“断头路”，疏通城市“主动脉”，让市民生活更舒心。

19 日

△市委书记、市人大常委会主任李荐国主持召开市委常委会议，传达贯彻省党代会、市州委书记座谈会、省科技奖励暨创新奖励大会精神以及省委常委、省委宣传部部长蔡振红，省委常委、省国资委党委书记胡衡华分别在娄调研时讲话精神，研究公共资源交易、“两无”创建、深化“放管服”改革等工作。

△全国公安系统英雄模范立功集体表彰大会，公安部授予涟源市公安局“全国优秀公安局”称号。

20 日

△娄底市组织收看省政府召开全省深化“放管服”改革电视电话会议，省委副书记、省长许达哲在会上强调，要进一步坚定改革信心和决心，以更大力度推动“放管服”改革。省委常委、常务副省长陈向群主持会议，省政府秘书长王群出席。省编办、省发改委、省工商局和部分市县政府主要负责同志作交流发言。市委副书记、市长杨懿文在娄底分会场参加会议。

21 日

△市委书记、市人大常委会主任李荐国亲切会见娄底市出席全国公安系统英雄模范立功集体表彰大会先进集体代表和先进个人，对他们载誉归来表示热烈祝贺，勉励大家倍加珍惜荣誉，在各领域各方面创造更好成绩，为娄底在全省、全国争取更大光荣。

23 日

△市委书记、市人大常委会主任李荐国会见 VAMA 总经理费尔南德一行。他指出，VAMA 和 GONVVAMA 成功，体现开放发展、合作发展、共赢发展精神，市委、市政府以及娄底经开区、市直各有关部门一定会竭尽全力为企业发展提供优质服务。

24 日

△市委书记、市人大常委会主任李荐国主持召开县市区党政正职谈心谈话会，他语重心长地强调，要

特别珍惜组织信任，特别珍惜干事舞台，旗帜鲜明讲政治，切实履行好全面从严治党主体责任和第一责任人职责，对重点工作和关键问题盯紧看牢、紧抓不放，扎扎实实把娄底事情办好，向省委省政府和全市人民交一份满意答卷。市委副书记、市长杨懿文安排当前重点工作。

△市人民政府与中南大学签订产学研战略合作框架协议。中南大学校长、中国工程院院士张尧学，市委书记、市人大常委会主任李荐国出席签约仪式并讲话。市委副书记、市长杨懿文主持签约仪式。

△国家水利部移民局副局长杨嘉隆一行抵娄调研指导移民后期扶持工作。省移民局副巡视员马志武、市政协副主席刘继清陪同调研。

△全省军休工作会议在娄底召开，娄底市军休所被省厅评定为“五星级军休所”。

25 日

△市委书记、市人大常委会主任李荐国在市信访局约见信访群众，面对面倾听他们诉求，并在了解事情来龙去脉后当场拍板定下解决办法。他强调全市各级领导干部一定要带着责任带着感情，妥善解决好群众合理合法诉求。

△市委副书记、市长杨懿文主持召开市政府常务会议，传达全省有关会议精神，研究建立“一单四制”督查制度推动工作落实，审议《关于加快开放崛起建设开放强市的实施办法》等。

26 日

△市委书记、市人大常委会主任李荐国主持召开市委常委会议，传达学习省委副书记、省长许达哲率队赴贵州考察脱贫攻坚工作和全省市州长视频会议精神、全省宣传部长座谈会暨理论工作“四大平台”建设推进会精神，研究开放强市等工作。

△26 日上午，娄底市召开重点建设项目联合审批会议，VAMA、市创投等企业现场提出有关申请办理事项，市直相关部门带着公章、现场联合审批、现场办结申请事项、现场发放审批文件。这是全市在深化和推进“放管服”工作上一次开创性尝试，是政府职能部门一次自我革命。市委书记、市人大常委会主任李荐国，市委副书记、市长杨懿文出席会议并讲话。

△湖南省供销合作总社理事会副主任李云才一行到娄底市供销社调研综合改革及农村电子商务发展工作。

26–27 日

△公安部咨询委员、省政协原副主席李贻衡率省公安厅政治部、省警察学院相关负责人一行到娄底专题调研人才兴警和公安改革工作。省公安厅副厅级干部杨建杰，副市长、市公安局局长王成良及局党委班子成员陪同调研。

27 日

△市委书记、市人大常委会主任李荐国主持召开市委中心组集体学习会议，主要学习习近平总书记关于脱贫攻坚工作系列重要讲话精神以及脱贫攻坚政策法规。他强调，精准脱贫要精准对标中央要求，提高政治站位，用工匠思维抓实脱贫攻坚，以壮士断腕勇气，全面、彻底抓好精准识别。市委副书记、市长杨懿文参加学习并发言。

△市委书记、市人大常委会主任李荐国前往娄底星星实验学校调研，为小朋友们送上节日问候和祝福。他寄语全市少年儿童，珍惜美好时光，好好学习，天天向上，健康成长，早日成才，成为德智体美劳全面发展好学生，做共产主义接班人。

31 日

△市委书记、市人大常委会主任李荐国主持召开市委市政府班子成员谈心谈话会。他强调市委市政府班子成员要不断提高政治站位，把讲政治贯穿到全部工作之中，落实到实际行动中，做履职尽责、攻坚克难、争先创优表率。市委副书记、市长杨懿文部署当前重点工作。

△市中级人民法院刑事审判第一庭被最高人民法院授予“全国法院刑事审判工作先进集体”。

6 月

1 日

△省委副书记、省长许达哲到娄底调研工作。他深入乡村学校与小朋友们共度“六一”，前往贫困村调研脱贫攻坚工作，登上锡矿山考察生态环境综合治理工程，进入企业了解转型升级情况。

2 日

△在市委常委（扩大）会议结束后，紧接着召开文明委全会。市委书记、市人大常委会主任、市文明委

主任李荐国主持会议，他强调，精神文明建设要在精准上下功夫，做到目标精准、定向精准、措施精准，全力以赴聚人心、强素质、求实效、创特色，把精神文明建设提高到新水平。

△湖南人文科技学院和市科协联合举办“2017年娄底市科学道德和学风建设宣讲报告会”，中国科学院院士、上海交通大学副校长、上海交通大学医学院院长陈国强作宣讲报告。市委副书记何文君出席并讲话，他强调，必须把加强科学道德和学风建设放到一个更高层面去考量，并作为矢志以求真理、目标和每一名科技工作者基本准则、操守。

3日

△市委书记、市人大常委会主任李荐国主持召开会议，就迎接省委省政府脱贫攻坚督察进行专题调度。他强调，要按照原定工作计划扎扎实实抓突出问题整改，抓精准识别；要以虚心坦诚、实事求是态度，为督查组创造良好工作环境，不许遮遮掩掩，不许敷衍应付，不许弄虚作假，不许阻挠和威胁反映问题的群众。

4日

△省委省政府督查组来到全市督查脱贫攻坚工作，并在涟源市召开见面会。省纪委副书记、督察组组长汤军传达省委省政府关于脱贫攻坚督察指示精神。市委书记、市人大常委会主任李荐国，市委副书记、市长杨懿文出席见面会。

5日

△娄底市召开推进“两学一做”学习教育暨责任心教育常态化制度化工作会议，表彰娄底市首届最具责任心领导干部。市委书记、市人大常委会主任李荐国强调，全市各级领导干部要坚持把思想政治建设摆在首位，在真“学”实“做”上深化拓展，把“两学一做”学习教育融入日常、抓在经常、形成长效；要紧扣“履职尽责、攻坚克难、争先创优”，推动责任心教育不断向纵深发展。

6日

△市委书记、市人大常委会主任李荐国，市委副书记、市长杨懿文专题调度全市工业和信息化工作，要求全市各级各部门要多想工业、多服务工业，市级领导要及时调度工业、深度研究工业，切实解决工业经济发展中困难和问题，确保娄底工业经济持续保持良好发展势头，勇当全省“排头兵”。

△中国环境科学研究院专家组到娄底调研。零碳城市创建工作会议召开。市委副书记、市长杨懿文出席会议并讲话。

△市委书记、市人大常委会主任李荐国主持召开市委常委会议，传达贯彻全省环境治理战役“夏季攻势”动员大会、全省新社会阶层人士统战工作会议精神。

7日

△市政府与中国石化湖南分公司合作洽谈。市委副书记、市长杨懿文与中国石化湖南石油分公司党委副书记、总经理黄河一行就项目合作进行亲切交流，互相交换意见。

△“迎老乡、回故乡、建家乡”共建幸福娄底工作推进会暨第二届异地娄底商会会长会议在深圳召开。参加座谈会娄商会长及娄商代表40余人，市政协主席、市娄商联合会会长姚兵，市委常委、统战部长王雄出席并讲话，市政协副主席、市工商联主席李德仁主持会议，各县市区政协主席参加会议。

△市委副书记、市长杨懿文到娄底中心城区督查“断头路”拉通进展工作，他指出，各级各部门要积极配合，形成合力，扫除“拦路虎”，争取早日打通“断头路”，缓解城市交通压力，让市民出行更便捷、顺畅。

8日

△出台《关于推进社会治理网格化服务管理工作实施意见》(娄办发〔2017〕23号)。

11日

△中央电视台《新闻联播》“砥砺奋进的五年”专栏报道《湖南新化油溪桥村脱贫纪事》。

12日

△市委副书记、市长杨懿文主持召开脱贫攻坚工作督察调研会。他强调，要精准科学，快速推进，确保全市脱贫攻坚工作取得实效。市委副书记何文君参加。

13日

△国务院召开全国深化简政放权放管结合优化服务改革电视电话会议。市委副书记、市长杨懿文在娄底分会场参加会议。

14日

△市委副书记、市长杨懿文与浪潮集团执行总裁

陈东风见面会召开。双方共同探讨“智慧娄底”建设，互相交换意见和建议。市领导谢志雄、方建荣及市政府秘书长胡忠威参加。

15 日

△娄底技师学院(筹)校企合作签约仪式举行，省内外 60 多家企业与娄底技师学院(筹)签订合作协议。市委副书记、市长杨懿文，省人力资源和社会保障厅党组副书记、副厅长蔡畅元见证签约。

16 日

△全市精准推进扶贫开发工作座谈会召开。市委副书记、市长杨懿文和乡镇基层干部面对面交流，共同探讨如何务实有效有力地推进扶贫开发和脱贫攻坚工作。他要求，全市各级领导要落实联系卡，加强责任心，打好攻坚战。市委副书记何文君主持会议。

△市委副书记、市长杨懿文专题调度 PPP 项目。他指出，相关部门负责人要吃透政策，精准研判，成为 PPP 项目行家里手。

17 日

△市委书记、市人大常委会主任李荐国率团前往“一带一路”北线国家俄罗斯、芬兰、瑞典进行交流访问。

18 日

△娄底市第一期党外政协委员培训班在浙江大学开班。年轻一代非公企业家、新社会阶层人士和市县两级工商联主席 50 余人参训，其中年青一代非公企业家 21 名，新社会阶层人士 15 名，占比达 70%。

19 日

△市委书记、市人大常委会主任李荐国专题调度脱贫攻坚突出问题整改工作。他强调，全市上下要坚定信心，保持定力，树立恒心，坚持从高从严从实标准抓好问题整改，确保脱贫攻坚工作环环相扣、步步为营、节节胜利。

20 日

△市委书记、市人大常委会主任李荐国轻车简从，前往娄底经开区大埠桥街道办事处西阳村调研美丽乡村示范片区建设工作。他指出，美丽乡村示范片区建设务必要在“示范”二字上下功夫，不仅要带动周边乡村、乡镇，还要在全市范围内产生示范效应。

△市委副书记、市长杨懿文到娄星区洞新社区和娄底经开区仙人桥居委会督导调研创文管卫工作，他指出，要创新工作方法和服务平台，创造性地开展创文管卫工作，扮靓娄底城区，为居民生活提质提档。

21 日

△市五届人大常委会召开党组会议。市人大常委会党组书记、常务副主任谢志雄主持会议。市人大常委会党组副书记肖有胜，党组成员杨金含、钟楠修、颜桂兰出席。

22 日

△市委书记、市人大常委会主任李荐国主持召开市委常委会议，传达贯彻全省国有企业党的建设工作会议、全省基层党建工作重点任务推进会精神，研究娄底经开区投资公司体制改革、全市全面小康建设等工作。

△市委副书记、市长杨懿文在涟源调研孙水河(杨市段)生态廊道退耕还湿及零碳创建示范区项目时指出，搞好示范，形成一条完整“零碳”经济产业链条，建立碳汇草种植及利用可持续、有效运行模式。

23 日

△市委书记、市人大常委会主任李荐国冒雨深入娄底中心城区火车站社区、竹山社区督查创文管卫工作。他说，大家都是娄底这座城市主人，把这座城市规划好、建设好、管理好，是市委、市政府义不容辞责任，请全体市民同党委政府一起共建文明家园。

△市委书记、市人大常委会主任李荐国在督察完创文管卫工作后，赶往市中级人民法院调研。在听了有关工作汇报后，李荐国强调，法院当前最突出问题是“执行难”，一定要创新管理机制，推出务实管用举措，强化执行力，破解“执行难”，提高法院公信力，提升群众满意度。

25 日

△娄底普降暴雨，省委常委、省国资委党委书记胡衡华高度关注娄底汛情，他致电娄底相关领导和娄底市防指：要继续保持警惕，严格落实责任，突出重点，强化措施，确保度汛安全。

△市委书记、市人大常委会主任李荐国深入涟水河边察看汛情、灾情，在市防汛抗旱指挥部与市直相

关部门会商当前雨情、水情，并与各县（市、区）主要负责人逐个通话，根据各地不同情况细致叮嘱他们做好防汛救灾各项工作。他强调，全市各级各部门要坚持安全至上、生命至上，严防死守、严格履责，确保人民群众生命财产安全。

△湖南省总队司令员李明辉带领司令部作战勤务处处长陈智斌、司令部办公室秘书杨浩一行3人，到支队检查指导。

26日

△市委书记、市人大常委会主任李荐国到涟源市调研精准识贫、精准脱贫工作。他强调，要扎实抓好贫困人口精准核实专项行动，对清退人员，要送达告知书，让当事人服气；对新纳入人员，要张贴公示榜，让其他人服气，从而提升识贫准确率和群众满意度。

△市委书记、市人大常委会主任李荐国在涟源调研脱贫攻坚、安全生产工作，考察项目建设情况后，与涟源市党政班子成员谈心谈话，他勉励大家要放下包袱、提振精神，吸取教训、深刻反思，切实转变作风，履职尽责、攻坚克难，从高从严从实抓好脱贫攻坚，统筹抓好项目建设、安全生产、防汛保安、环境治理、信访维稳、舆情引导等重点工作，确保多出实绩、多出经验、多出典型。

27日

△市委办、市政府办、市委组织部联合举行“永远红心向党、抓实脱贫攻坚”主题党日活动，庆祝党96岁华诞。市委书记、市人大常委会主任李荐国以普通党员身份参加活动，并就如何增强宗旨意识，深化脱贫攻坚认识与大家谈心交心。市委副书记、市长杨懿文主持。

△市委副书记、市长杨懿文会见香港宜和国际投资有限公司董事长林永杰一行，双方就农村医疗合作和娄底足球城建设等项目进行洽谈。

28日

△省政协主席李微微深入新化县水车镇楼下村走访慰问老党员、贫困党员和贫困户，指导村党总支部专题组织生活会，督导“两学一做”学习教育常态化制度化工作。市委书记、市人大常委会主任李荐国陪同。

△副省长张剑飞到娄底调研华菱涟钢转型升级等有关工作，省经信委主任谢超英，市委副书记、市长杨懿文陪同。

△市委副书记、市长杨懿文深入娄星区督导调研脱贫攻坚问题整改和精准扶贫工作。他强调，脱贫攻坚要走特色发展、规模发展之路。

△市委副书记、市长杨懿文到娄星区石井镇泽溪村和荷叶村走访慰问困难党员和群众，勉励大家积极面对生活，坚强地与困难作斗争，早日渡过难关。

29日

△星星影剧院内，市直单位“红心向党”经典歌曲清唱比赛汇报演出精彩纷呈、高潮迭起。在节目主持人和现场观众强烈要求下，市委书记、市人大常委会主任李荐国登上舞台，即兴清唱经典歌曲《红星照我去战斗》，获得观众如潮掌声。市委副书记、市长杨懿文，省直工委副书记、省直工会主席谢立三观看演出并为获奖者颁奖。

△市委副书记、市长杨懿文主持召开精准识贫“两服气”专项行动专题调度会。他强调，脱贫攻坚是第一菜单和第一政治任务，要以人民为中心，抓好重点，弹好钢琴。

30日

△市委书记、市人大常委会主任李荐国，市委副书记、市长杨懿文共同调度全市财源培植工作，强调要牢固树立质量效益观念，用务实作风和创新手段来抓财源培植，着眼长远，久久为功，确保财税收入持续健康增长。

△市委副书记、市长杨懿文主持召开电商互联网创客经济发展座谈会。在听取电商对《娄底市人民政府关于支持电子商务和互联网创客经济发展意见（草）》意见和建议后。杨懿文强调，政府要为电商和创客经济“松绑”，打开一条引进互联网经济大通道。

△“双百”活动娄底法院系统专场报告会在中院举办，来自全市两级法院200余名干警，聆听中国人民大学法学院教授、博士生导师、《中国法学》杂志社总编辑、长江学者奖励计划特聘教授、国家“四个一批”领军人才、国家“万人计划”领军人才张新宝对《民法总则》解读。

7月

1日

△市委书记、市人大常委会主任李荐国紧急召集市直有关部门负责人，在市防汛抗旱指挥部会商当前雨情、汛情、险情、灾情，安排部署全市防汛保安工作，并现场拟定娄底市防汛保安紧急令。副市长梁立坚参加会商。

△娄底市启动防汛II级应急响应。市委副书记、市长杨懿文在市防指组织召开紧急会商会。他强调要夯实责任，突出工作重点，千方百计保证不发生人员伤亡事故。

2日

△上午，省委常委、省国资委党委书记胡衡华到新化县督导防汛抗灾工作，他强调，要坚定信心，保持定力，统筹安排，科学调度，细致排查隐患，及时处置险情，充分做好持续防大汛抢大险思想准备、人员准备、物资准备，确保平稳、平安度汛。市委书记、市人大常委会主任李荐国陪同。

△上午，全市防汛抗洪抗灾救灾会商会在市防指召开。市委副书记、市长杨懿文强调，全市上下要坚决贯彻落实省委、省政府指示精神，按照《娄底市防汛保安紧急令》要求，干群一心，众志成城，全力以赴把防汛抗灾硬战打出水平，确保人民群众和救援人员安全，不发生因灾伤亡事件。

△下午5时许，省委书记、省人大常委会主任杜家毫与市委书记、市人大常委会主任李荐国通话，对娄底市防汛抗灾工作做出重要指示。

3日

△中国红十字基金会胡星奇副部长到湖南娄底涟源市桥头河镇受灾区进行慰问。

△市委书记、市人大常委会主任李荐国前往涟水河两岸部分受灾村庄、社区，检查防汛救灾后续工作。他指出，要发动群众一起参与，做好环境清理等防汛救灾后续工作，让城市尽快恢复清爽。

△1时51分，资江洪峰抵达新化县，持续2小时左右，最高水位173.35米，新化成功通过洪峰检验。

△省民政厅厅长唐白玉到新化县现场指导救灾工作，慰问受灾群众和各级民政干部。市委副书记何文君陪同。

△6月30日到7月3日，特大暴雨袭击娄底，造成重大洪涝灾害。1.4133万亩农田被淹，14.733万人受灾，紧急转移2.1万人，侧塌民房663间，山塘塌方365处，冲坏河堤7万米，56处山体滑坡，直接经济损失4.5亿元。

4日

△市委书记、市人大常委会主任李荐国，市委副书记、市长杨懿文对冷水江市锡矿山地区环境综合治理问题进行“会诊”，强调要站在践行五大发展理念高度，盯住关键问题，以对党负责、对人民负责、对历史负责态度，责无旁贷地把冷水江锡矿山历史遗留问题处理好，让百年老矿区焕发新颜。

△受市委书记、市人大常委会主任李荐国委托，市委副书记何文君在市防汛抗旱指挥部主持召开紧急调度会议，传达省委书记、省人大常委会主任杜家毫，省委副书记、省长许达哲最新指示精神，安排部署当前灾后恢复重建工作。他强调，当前决不能麻痹大意，要毫不松懈抓好救灾补损工作。副市长梁立坚出席。

△市委副书记、市长杨懿文在市政府办机关主题党日暨提高政府运转效能会议上指出，提高政府工作效能，提高工作水平是终极目标，党员干部要练好内功，提升服务水平，使市政府机关新风扑面。

5日

△中国红十字会党组书记、常务副会长徐科率总会救灾工作组赴娄底勘察灾情。

△市委书记、市人大常委会主任李荐国，市委副书记、市长杨懿文专题研究解决湘中国际物流园有关问题，要求全市各部门全力支持、热心支持、主动支持，促进项目尽快建成、尽快开张营业、尽快产生效益、尽快做活做旺。

△市委书记、市人大常委会主任李荐国主持召开市委书记专题会议，听取五届市委第二轮巡察综合情况、首轮巡察问题整改情况、省委巡视反馈意见整改情况汇报，研究部署下一轮巡察工作。

6日

△长江水利委员会副主任胡甲均一行代表国家防汛抗旱指挥部到娄星区检查防汛救灾工作。

△娄底市召开动员大会,部署"信访积案攻坚"行动和"无上访乡镇无上访村"创建活动,全面推进信访问题源头治理和信访积案化解工作。

△省高级人民法院党组成员、立案信访局局长李立新一行4人到娄底督察"三调联动解纠纷、防控风险促发展"专项调解活动。开展矛盾纠纷多元化解机制完善、行业性专业性调委会建设、政府购买人民调解服务等工作。

7日

△市委书记、市人大常委会主任李荐国主持召开市委常委会议,学习贯彻省委书记、省人大常委会主任杜家毫,省政协主席李微微,省委常委、省国资委党委书记胡衡华有关讲话精神;研究全市防汛救灾工作,重建美丽安宁幸福家园。

9-10日

△省委常委、省委统战部部长黄兰香赴双峰县督查脱贫攻坚工作,强调要坚定信心,保持定力,紧紧围绕"精准"二字,实之又实、细之又细做好脱贫攻坚各项工作,确保双峰县2018年真正实现整体脱贫。市委书记、市人大常委会主任李荐国,市委副书记、市长杨懿文陪同督查和参加情况反馈会。

10日

△娄底市召开全面建成小康社会推进工作会议,深入学习贯彻习近平总书记关于全面建成小康社会系列重要讲话精神和全省全面建成小康社会推进工作电视电话会议精神,总结工作、分析形势,对全市下阶段全面小康工作进行安排部署。市委书记、市人大常委会主任李荐国强调,全市各级各部门务必站在讲政治、讲规矩、讲纪律高度,紧紧围绕"三大战役"推进全面小康建设,不断提高老百姓获得感和满意度。市委副书记、市长杨懿文主持会议。

11日

△市委书记、市人大常委会主任李荐国主持召开市委常委会议,学习贯彻省委书记、省人大常委会主任杜家毫在部分贫困县县委书记座谈会上讲话精神和省委常委、省委统战部部长黄兰香在双峰督查脱贫攻坚工作时讲话精神,审议《娄底市市属投融资公司重大事项报告暂行规定》,研究申创国家级高新技术产业开发区工作。

12日

△全市公安机关举行"迎接十九大、忠诚保平安"誓师动员大会,并为先进集体和先进个人授奖,为从警30年和光荣退休民警授勋。市委书记、市人大常委会主任李荐国强调,全市广大公安民警要切实提高政治站位,牢记神圣使命,坚决打赢中共十九大安保攻坚战,并指出,群众平安、娄底平安,方能心安。

△全市易地扶贫搬迁工作现场会在新化召开。市委副书记、市长杨懿文强调,高位精准快速推进,确保搬得出稳得住能致富。

△市委副书记、市长杨懿文视察龙湾新农村建设点时指出,要有大思维、大格局,提升大品质,打造大景点,将龙湾村打造为令人向往和憧憬全域旅游新景点,促进农民脱贫致富。

△市政协主席会议到娄底经济技术开发区视察新能源动力电池和储能产业园建设发展情况。市政协主席姚兵率队视察。市政协主席会议(党组)成员易南斌、刘继清、邵瑛、席伏应、李赛斌、吴合群、曾福泽、罗孝贵及市政协各委室主任、娄底经开区相关负责人参加视察。

△娄底市深化商事制度改革工作会议召开。市商事制度改革领导小组组长、市人民政府副市长甘跃华出席会议并讲话。35个市直相关部门、5个县(市)区人民政府、娄底经开区、万宝新区管委会分管负责人,市工商局全体班子成员和相关科室负责人,以及各县(市)区工商部门主要领导参加会议。

13日

△中共娄底市委五届三次全体会议在娄底华天湖南厅AB厅举行。市委书记、市人大常委会主任李荐国受市委常委会委托向全会作工作报告,并作总结讲话。市委副书记、市长杨懿文主持会议。会议审议并原则通过《中共娄底市委关于实施创新引领开放崛起战略奋力建设富饶美丽健康祥和新娄底的决定》《中共娄底市委关于推动责任心教育向纵深发展的决定》《中共娄底市委五届三次全体会议决议》,补选刘道阳、童成功为市委委员。

15日

△"情系娄底·大爱无疆"北京娄底企业商会抗洪救灾捐赠仪式在北京举行,为娄底受灾群众募集捐款1410320元,其中涟源分会捐款20万元,现场书

画义卖44100元。此次活动由北京娄底企业商会、市人民政府驻北京联络处主办，在京娄底籍党、政、军、企各界代表以及省、市有关领导出席活动。

18日

△受何报翔副省长委托，省政府副秘书长罗建军主持会议，专题研究第八届湘博会筹备工作。会议原则同意《湖南省第八届农业机械、矿山机械、电子陶瓷产品博览会总体工作方案》，各承办单位要做好筹办经费保障工作，其中，省商务厅150万元，省经信委120万元，省粮食局100万元，省农机局50万元，省贸促会20万元，不足部分由市人民政府承担并市场运作筹措。

19日

△市委书记、市人大常委会主任李荐国主持召开市委常委会议，传达贯彻省委十一届三次全体会议和省政府第八次全体会议精神，研究行业扶贫工作，要求纵深推进脱贫攻坚，在坚持继续打基础情况下，更加务实、更加精准、更加有特色，确保出成效、出经验。

△市委书记、市人大常委会主任李荐国与各县市区人大常委会主任座谈交流，探讨新形势下如何做好人大工作，并耐心、诚恳地倾听大家心声。李荐国强调，要坚持党的领导，依法履行职责，全力服务大局，加强内部建设。通过立规矩、守规则、促规范，进一步提升人大工作水平，更好地发挥人大作用。

20日

△娄底市第五届人民代表大会常务委员会第三次会议召开。会议表决通过人事任免事项和有关《决议》《决定》，审议贯彻实施《专项规划》报告和《孙水河保护条例(草案·二次审议稿)》。市委书记、市人大常委会主任李荐国主持会议。市委副书记、市长杨懿文列席会议。

△围绕“创新引领、开放崛起”这一主题，在全市开展为期一个月“湘中娄底创新开放大讨论”活动。收集意见建议4300余篇(条)，编发《专报》65期，在《娄底日报》、娄底广播电视台、娄底新闻网、掌上娄底、娄底发布、娄底新新网公众微信号、无限娄底客户端等媒体平台同步刊播284篇(条)，其中《以“容缺审批”为突破口深化“放管服”改革》等4个篇(条)被《湖南日报》刊用。

△兴业银行长沙分行行长洪文理一行到娄底洽谈合作事宜。市委书记、市人大常委会主任李荐国出席洽谈会。市委副书记、市长杨懿文致辞。

△市五届人大常委会第三次会议表决通过《娄底市人民代表大会常务委员会关于娄底中心城区义务教育阶段学校最大班额控制目标(2017—2022)的决议》。决议明确：到2018年年底前将全市66人以上超大班额比例控制在5%以内；到2020年底前将全市56人以上大班额比例控制在10%以内；到2022年，义务教育阶段全部实现按小学不超过45人、初中不超过50人标准班额办学。

21日

△在娄底中心城区房地产业“解难题、促发展、保稳定”专项行动工作推进会上，市委书记、市人大常委会主任李荐国强调，要下定决心，坚定信心，敢于啃“硬骨头”，敢于打硬仗，敢于打持久仗，坚决把房地产业“解难题”专项行动进行到底，全面有效解决“竣工扫尾难、库存消化难、交房办证难、税费清缴难”等重点难题，为稳增长、促发展、保稳定、惠民生做出新更大贡献。市委副书记、市长杨懿文主持会议。

△省政协携在港湘籍爱心人士支援娄底灾后重建捐赠仪式在涟源市举行，省政协副主席、致公党湖南省委主委胡旭晟出席捐赠仪式并讲话。市政协主席姚兵，市委常委、统战部长王雄，副市长梁立坚出席捐赠仪式并为爱心人士和企业颁发荣誉证书。

△人大常委会研究室主任祁圣芳率省人大常委会专题调研组到娄底，就贯彻落实中央、省委关于加强县乡人大工作和建设有关情况进行专题调研。省人大常委会研究室副主任王向前、市人大常委会副主任陈明华以及市人大常委会秘书长邓光吕出席座谈会。

25日

△市委书记、市人大常委会主任李荐国主持召开市委常委会议，传达贯彻全省脱贫攻坚巡查整改工作会议精神，研究纵深推进脱贫攻坚具体措施，要求用脑用心、尽职尽责、精准精细、较真较劲；听取党风廉政建设与纪检监察工作汇报，审议《娄底市运用监督执纪第一种形态开展党内谈话的实施办法（试行)》。

△市委书记、市人大常委会主任李荐国，市委副书记、市长杨懿文会见到娄底联系工作中国银行湖南省分行党委书记、行长魏国斌一行。座谈会上，双方均希望本着互利共赢的原则，在更宽领域进行深度合作。

△2017年市政府第二次全体会议召开。市委副书记、市长杨懿文作重要讲话。他强调，各级各部门要坚决贯彻省委、市委有关精神，以创新促转型，以开放促发展，全力以赴做好下阶段特别是下半年各项工作，坚决实现"四个确保"。市委常委、常务副市长张希慧主持会议。

△湖南省分行行长魏国斌出席娄底市委政府与中国银行湖南省分行联系工作会议。

26日

△娄底市社会科学界联合会第三次代表大会召开。市委书记、市人大常委会主任李荐国出席开幕式，他强调，社科联要在"联"字上多下实功夫，把准"联"方向，挖掘"联"资源，用好"联"平台，畅通"联"渠道，联"天线"、联大局、联实际、联群众、联专家学者，多出成果、多出经验、多献良策，为建设富饶美丽健康祥和新娄底提供有力思想保证、精神动力和智力支持。

27日

△省委常委、省委秘书长谢建辉一行深入新化调研信访工作，强调要进一步提高政治站位，坚持以人民为中心思想，带着责任带着感情解决重点领域重点行业突出信访问题，对于疑难信访问题解决，要创新工作方法，坚持"一把钥匙开一把锁"。市委书记、市人大常委会主任李荐国陪同。

△省政协副主席胡旭晟率督察组到涟源市开展脱贫攻坚常态化联点督察工作。他强调，要认真贯彻落实中央、省委有关精神，从严、从细、从实开展好脱贫攻坚联点督察工作，确保政策更落实、措施更精准、督导更有效。市政协主席姚兵、副市长梁立坚陪同。

28日

△市委书记、市人大常委会主任李荐国，市委副书记、市长杨懿文率队走访慰问驻娄官兵和军休老干部，向他们致以节日问候和崇高敬意。

△下午，市委副书记、市长杨懿文主持召开市政府常务会议。会议传达全省有关会议精神，审议研究《娄底市2017年上半年国民经济和社会发展计划执行情况的报告》等工作。

29日

△市统计局发布上半年经济运行报告：1—6月，全市完成地区生产总值同比增长8.6%，分别高于上年同期、全省平均水平1.3个百分点和1.0个百分点，增幅居全省第一位，排名比上年同期前移12个位次。

30日

△《人民日报》、新华社、《中国纪检监察报》《湖南日报》、湖南电台交通频道、湖南卫视、湖南经视、红网、《潇湘晨报》以及市直主要媒体齐聚涟源市采访脱贫攻坚专项巡察工作，推介其工作经验做法。

31日

△市委书记、市人大常委会主任李荐国主持召开市委常委（扩大）会议暨市委中心组学习会议，学习习近平总书记7月26日在省部级主要领导干部专题研讨班开班仪式上重要讲话精神，要求从思想深处、灵魂深处维护以习近平为核心党中央权威，听从以习近平为核心党中央指挥，保持良好精神状态和奋斗姿态，推动娄底各项事业蒸蒸日上。

△娄底市创建国家高新区动员大会召开。科技部高新司原司长、科技部高新区升级调研评审组组长赵玉海作专题辅导。市委书记、市人大常委会主任李荐国主持会议，市委副书记、市长杨懿文作动员讲话。

8月

1日

△在全市金融形势分析会上，市委书记、市人大常委会主任李荐国强调，要以习近平总书记关于金融工作重要论述为遵循，群策群力做好全市金融工作。娄底金融机构要以娄底发展为己任，提供丰富、优质金融服务；市、县党委政府要善于运用金融武器，推动发展，服务群众。市委副书记、市长杨懿文出席会议并讲话。

2日

△全市乡镇党委书记乡镇长培训班开班，市委书

记、市人大常委会主任李荐国强调，乡镇（街道）主要负责同志要站在巩固党执政基础和治国理政高度来理解和对待乡镇工作，认清新形势下乡镇（街道）担负责任和使命，牢牢把握乡镇（街道）工作重点、难点，不断锤炼磨砺，强化责任担当，争做组织放心、群众信赖基层干部。市委副书记、市长杨懿文主持开班式。

△副省长杨光荣率队，采取“四不两直”方式，对娄底安全生产工作进行督察。在下午督察情况反馈会上，他强调，要坚守“三个下降一个决不”目标，落实“一单四制”，形成横向到边、纵向到底安全隐患登记、交办、治理长效机制，为中共十九大胜利召开营造良好安全环境。省政府副秘书长黎咸兴主持反馈会。市委书记、市人大常委会主任李荐国作表态讲话。市委副书记、市长杨懿文汇报有关工作。

3日

△市委副书记、市长杨懿文在娄底经开区调研项目建设和检查安全生产工作时强调，要深化改革，快速突进，有效提升娄底经开区核心竞争力。

4日

△市委副书记、市长杨懿文主持召开市政府常务会议，传达有关会议精神，审议《建立和完善项目推进五项机制方案》《娄星工业集中区建设钢铁配套产业园实施方案》，研究房地产解难题专项行动有关问题。

△3–4日，市委书记、市人大常委会主任李荐国率小分队赴北京汇报环保工作、对接重点项目。环保部部长李干杰对娄底在生态环境治理和生态文明建设方面所作出努力给予充分肯定，勉励娄底多出成果。

5日

△从商务部传来喜讯，在年度国家级经济技术开发区综合发展水平考核评价中，娄底经济技术开发区跻身全国百强，位列湖南省第三位。

8日

△市委书记、市人大常委会主任李荐国主持召开市委常委（扩大）会议，专题学习贯彻全省市州领导班子建设工作座谈会精神，要求突出思想政治建设，把“旗帜鲜明讲政治、聚精会神抓发展、千方百计保稳定、全心全意惠民生”作为加强领导班子建设总要求。

△全市城乡环境综合整治及建设工作领导小组成员暨农村墙体广告整治专项行动推进会召开，市委副书记、市长杨懿文要求，上下同心，工作合力，整治城乡环境、清理墙体广告、改善城乡面貌，还广大农村一片“净土”。市委副书记何文君参加。

△8—9日，省委常委、省委政法委书记黄关春抵娄调研政法工作。他强调，要善于把现代科技融入网格化治理，切实抓好矛盾纠纷源头排查和苗头管控，全力维护社会和谐稳定，努力建设平安娄底、法治娄底，为中共十九大胜利召开营造良好环境。

9日

△市委书记、市人大常委会主任李荐国带着思考深入新化县吉庆镇木方村和油溪桥村调研，与7个贫困村村支书座谈。他强调，要创新手段，全面动员，激励村支书争当脱贫致富带头人，在贫困群众中开展“人穷志不穷、脱贫靠自身”活动，发动贫困群众自力更生、艰苦奋斗，用勤劳双手创造美好生活。

10日

△副省长向力力，省政协副主席、省科技厅厅长赖明勇来到娄底调研科技创新、教育、卫生工作。

△湖南省人民政府副省长向力力，省政协副主席赖明勇及省教育厅副厅长王玉清一行在市领导陪同下到娄星区菲米力幼稚园调研考察。

11日

△市委书记、市人大常委会主任李荐国主持召开市委常委会议，传达贯彻省委常委、省委政法委书记黄关春，省委常委、省委秘书长谢建辉在娄调研时讲话精神以及全省党委秘书长会议精神，研究党史、保密工作，审议《中共娄底市人大常委会党组关于建立和完善审计查出问题整改情况向市人大常委会报告机制的意见》《关于在全市建立“有事请找我”责任担当机制的指导意见》。

△省政府下发《湖南省人民政府关于建立娄底技师学院的批复》（湘政函〔2017〕90号），娄底技师学院正式设立。

△全市河长制工作暨湘江保护与治理工作调度会议召开。市委副书记、市长杨懿文要求，提高政治站位，牢固树立生态环保意识，牢牢抓住全市推动“天蓝水净地绿”三年行动计划契机，结合娄底脱贫攻坚、转型发展、生态保护与环境治理“三大攻坚

战”,全力以赴推动河长制工作和湘江保护与治理工作落到实处。

△市委中心组集中学习习近平总书记治国理政新理念新思想新战略和在深度贫困地区脱贫攻坚座谈会上讲话精神。市委书记、市人大常委会主任李荐国主持会议并讲话,他强调,要从思想上政治上情感上认同核心、维护核心、拥戴核心,始终同以习近平为核心党中央保持高度一致,把习近平总书记关于脱贫攻坚系列讲话精神学深悟透,并转化为娄底实际行动,推动娄底脱贫攻坚取得更加扎实成效。

14日

△市委书记、市人大常委会主任李荐国主持召开专题会议,研究脱贫攻坚向纵深推进具体措施,强调要在贫困群众中大力倡导“人穷志不穷、脱贫靠自身”理念,坚持正向激励和反向约束相结合,从治惰、治懒、治脏、治赌、治愚等方面发力,动员贫困群众自力更生、艰苦奋斗、勤俭持家、勤劳致富。

15日

△娄底市召开中央环保督察反馈问题整改工作部署会,对中央第六环境保护督察组反馈9个问题,逐一明确整改要求、责任单位、责任人、督办市级领导和完成时限。市委书记、市人大常委会主任李荐国,市委副书记、市长杨懿文出席会议并强调,贯彻五大发展理念,盯住突出问题,强化责任担当,突出较真较劲,立即部署,立马行动,立行立改,确保中央和省里交办环保问题按时保质保量整改到位。

△市委副书记、市长杨懿文主持召开全市医改领导小组会议。会议传达全国、全省相关工作会议精神,听取市卫计委关于全市医改工作、健康扶贫工作、中医药有关工作汇报。强调医疗改革要重心往下沉,关注最基层,要改出成效,改出发展动力,让基层群众享受到医疗改革实惠。

△市委书记、市人大常委会主任李荐国组织召开协调会,研究解决龙琅高速公路建设中存在困难和问题。他强调,涉及项目所有单位和个人要强化政治责任,各司其责、各尽其责、竭尽全力、同心协力;对于全市所有重点项目,各级领导干部要盯住重点难题,实现重点突破,确保重点项目如期推进、如期完成。

17日

△市委书记、市人大常委会主任李荐国,市委副书记、市长杨懿文一行考察市城投集团部分建设项目,并组织召开座谈会,研究解决制约公司发展瓶颈问题,为公司下一步发展精准“把脉”。李荐国强调,建设品质中心城区,重点要打通断头路,改造“城中村”和背街小巷,管理好裸露地面,扮靓仙女寨,建设若干个小游园,把涟水和孙水“两河”流域打造成宜居宜业宜乐两条“彩带”,市城投集团要在打造品质中心城区中挑大梁、创伟业。

△全市煤矿安全生产“打非治违”执法大检查动员大会召开,市委副书记、市长杨懿文出席会议并讲话。他强调,要采取非常措施抓好抓细抓实安全生产,确保长治久安。

18日

△市五届人大常委会第13次主任会议召开。市人大常委会党组书记、常务副主任谢志雄主持会议,市人大常委会主任会议成员赵应良、杨金含、钟楠修出席,副市长陈旌,市人大常委会党组成员颜桂兰列席会议。

21日

△下午,市委书记、市人大常委会主任李荐国,市委副书记、市长杨懿文,就全市防范和化解重大风险事项进行专题调度。李荐国强调,要把防范和化解重大风险作为讲政治底线任务抓实抓牢抓好,建立横向到边、纵向到底责任体系,用脑谋篇,用心做事,在全市筑起一道防范和化解重大风险铜墙铁壁。

△市委副书记、市长杨懿文带案下访,在市信访局督办处理信访问题。他指出,接访要耐心听取上访群众诉求,了解上访案件来龙去脉,不能把面上工作误掺到信访中来,信访问题要一次性解决到位,确保群众不重访。

22日

△市委副书记、市长杨懿文主持召开全市招商引资工作会议。他强调,大家一定要解放思想,一定要有改革精神,一定要有敢于突破勇气,创新招商理念、把握发展机遇、理清工作思路、改变招商模式,全力以赴搞好招商引资工作。

△由市人民政府主办,市商务粮食局、市工商联、万宝新区、香港鑫奇投资有限公司、顺德造平台承办

万宝新区招商推荐会暨“顺德造”平台娄底发布会成功举行。

△湖南省供销合作总社总经济师欧程远率合作指导处、财务处相关人员到娄底双峰调研惠农综合服务工程示范县建设情况。

23日

△市委书记、市人大常委会主任李荐国，市委副书记、市长杨懿文赴娄底职业技术学院现场办公，解决学校目前面临实际困难，就学校下一步发展提出明确要求。李荐国强调，要坚持党要管党、从严治党，科学办校、从严治校；要根植娄底，面向全国、面向未来、面向市场，努力争创全国一流高职院校。

24日

△副省长隋忠诚抵娄调研并督导中央环保督察反馈问题整改工作。他要求，要突出整改目标和任务，以问题为导向，不折不扣按时序完成好。市委书记、市人大常委会主任李荐国，市委副书记、市长杨懿文陪同调研。

△市委副书记、市长、市规委会主任杨懿文主持召开市规划委员会2017年第4次专题会议。他强调，城市规划要有国际视野，有最新城市规划理念，用国际化标准衡量工作，持之以恒提高城市规划水平。

25日

△市委书记、市人大常委会主任李荐国主持召开市委常委会议，通报省委组织部对全市领导班子开局工作调研情况反馈意见，研究全市加强班子建设、“警务云”“雪亮工程”项目建设和产业转型升级示范区建设等工作。

29—30日

△娄底市举行项目建设观摩讲评会，对各县市区、娄底经开区、万宝新区新班子上任以来新项目和老企业新扩改项目尤其是产业项目进行观摩讲评。市委书记、市人大常委会主任李荐国在讲评会上强调，观摩会、讲评会是项目建设大比拼擂台和舞台，看新班子所抓新项目，目的是让新项目检验新班子，推动新项目和新班子、好项目和好干部共成长。市委副书记、市长杨懿文出席观摩讲评会并讲话。

30日

△市委副书记、市长杨懿文主持召开市政府常务会议，传达省有关精神，审议《新化县部分行政区划调整方案》和《娄底市生态保护红线划定方案》，听取2017年市本级人大代表议案建议和政协提案办理进度情况报告等。

31日

△市委书记、市人大常委会主任李荐国主持召开市委理论学习中心组集中(扩大)学习会议。省卫计委副主任易露茜应邀到娄底市，就如何做好新时期计生领域民生服务工作作专题辅导。市委副书记、市长杨懿文参加学习。

△财政部驻湘专员办党组书记、监察专员肖翔率队就娄底市经济社会发展及财政工作开展调研。市委常委、常务副市长张希慧出席座谈会。

9月

4日

△市委书记、市人大常委会主任李荐国前往华菱涟钢调研改革发展和“三供一业”分离移交工作。他强调，要深入贯彻落实省委、省政府重大决策部署和杜家毫书记8月30日在华菱集团调研时讲话精神，牢固树立涟钢就是娄底企业思想观念，全心全意、真心真意支持涟钢、服务涟钢，不讲价钱、不打折扣、不留尾巴做好“三供一业”分离移交工作，齐心协力建设娄底“钢铁新城”。

5日

△市委书记、市人大常委会主任李荐国率有关部门负责人在娄底中心城区检查校园安全、交通安全、危化品安全、消防安全等工作。他强调，要层层压实责任，抓好源头防范，全面排查隐患，及时整改问题，用脑用心打好安全生产“十大战役”，从严从细织牢安全网，为党的十九大胜利召开营造安全稳定社会环境，为“祥和娄底”建设夯实基础。

7日

△市委书记、市人大常委会主任李荐国主持召开工作交办会，就娄办发四个《意见》落实落地进行安排部署。他指出，四个文件是中央精神和省委、省政府要求在娄底集中体现，是立足娄底实际、汇聚集体智慧务实创新之举，全市各级各有关部门要把四个

文件学懂弄通，认真领会文件精神实质，用务实作风推动文件落地见效。

7-8 日

△市五届人大常委会第四次会议召开，听取市人民政府上半年工作情况通报，表决通过《娄底市孙水河保护条例》。市委书记、市人大常委会主任李荐国出席会议。他对市人民政府上半年工作给予充分肯定，强调要坚持以经济建设为中心，坚持以人民为中心发展理念，坚持以质量和效益为中心，奋力抓项目建设，全力保安全稳定，以良好精神状态和奋斗姿态，推动娄底经济社会加快发展、各项事业蒸蒸日上。

△中华全国总工会财务部副部长朱虎祥在湖南省总工会党组成员、副主席周海斌陪同下，到国网新化县供电公司调研，对工会工作给予高度评价。

8 日

△市委书记、市人大常委会主任李荐国主持召开市委常委会议，传达贯彻全省抗洪救灾总结大会、党委秘书长会议、市州纪委书记座谈会、城市基层党建工作经验交流座谈会、优秀年轻干部培养选拔工作推进会精神，研究水利、环境保护等工作。

△省政协副主席、九三学社湖南省委主委张大方率队到娄底，就脱贫攻坚工作进行实地督查，并组织召开座谈会，听取工作汇报，反馈督查情况。市委书记、市人大常委会主任李荐国出席座谈会并作表态讲话。

11 日

△ 娄底市举行甘桂路跨沪昆铁路桥合龙暨甘桂南路通车仪式，标志着中心城区路网完善和打通“断头路”工程取得实质性进展。市委书记、市人大常委会主任李荐国出席仪式并宣布大桥合龙、甘桂南路正式通车。

12 日

△市委书记、市人大常委会主任李荐国主持召开市委常委(扩大)会议，传达贯彻全省市州委书记视频会议精神，要求全力实施“创新引领、开放崛起”战略，坚定不移推进“三去一降一补”，加快推进项目建设，用脑用心抓好脱贫攻坚、环境保护与治理、安全维稳、责任心教育等工作，确保娄底经济有质量有效益稳步增长，确保娄底社会大局稳定。

13 日

△农工党娄底市委组织娄底市中心医院专家到娄星区石井镇松江村开展“送医、送药”大型义诊活动，接受问诊 300 余人，发放药品 1 万余元，发放各类宣传资料 500 余份。

△由市委政法委组织举办娄底政法大讲堂在娄底华天大酒店开讲。中国著名法学家、中国社会科学院荣誉学部委员、“中国法治三老” 之一李步云教授主讲《依法治国的回顾和展望》。市委常委、市委政法委书记尹华凯主持开讲仪式并讲话，市中级人民法院院长高鑫、市人民检察院检察长李芳芳出席。

14 日

△娄底市召开“创新开放大家谈”会议，邀请社会各界代表，就“湘中娄底怎样创新、如何开放”畅谈建议和对策，进一步凝聚天南地北娄底人智慧和力量，为奋力建设富饶美丽健康祥和新娄底做贡献。市委书记、市人大常委会主任李荐国出席会议。

15 日

△娄底市召开中央、省驻娄帮扶工作队队长座谈会。市委书记、市人大常委会主任李荐国出席会议，对帮扶工作队为娄底建设发展尤其是脱贫攻坚所作贡献表示感谢，并要求他们务必尽职尽责、注重精准精细、主动解难解困、加强互联互通，与娄底市、县两级党委政府一起努力，打赢脱贫攻坚这场硬仗。

16 日

△国家反恐办第 26 督导组组长、武警部队副参谋长张锁明率公安部三局副巡视员陈浩、总部作战勤务指挥中心副主任钟晓明、作勤局副团职参谋彭洋、训练局副团职参谋刘博等一行 7 人到娄底支队检查反恐力量建设。

19 日

△市委书记、市人大常委会主任李荐国主持召开专题会议，研究实施“创新引领、开放崛起”战略、落实省“四五一”行动具体措施。他强调要结合娄底实际，突出娄底特色，体现娄底行动，用改革、创新、务实精神，推动省“四五一”行动在娄底落地见效。

△市委副书记、市长杨懿文利用在中央党校学习机会，挤出时间率领市发改委、市住建局、市城投集团等单位负责人赴国家发改委城市和小城镇改革发展中心，对接加快全市新型城镇化建设和特色小

镇建设等工作。国家发改委规划司司长、国家发改委城市和小城镇改革发展中心主任徐林出席对接会并讲话。

△市委书记、市人大常委会主任李荐国在娄底中心城区督查市政建设推进情况。在察看部分断头路、城中村、背街小巷、小游园建设改造情况后，他强调，城市建设要按照小而精、小而美原则，坚持规划先行、建设与管理并重，坚持把市民出行方便、生活舒适作为工作出发点和落脚点，坚持市区联动，聚焦工作重点，全面提升中心城区品质，努力把娄底建成山水相融、宜居宜业、众人向往现代化城市。

21 日

△省委书记、省人大常委会主任杜家毫到娄底，深入涟源部分实体企业调研产业发展和项目建设情况。他强调，要牢固树立新发展理念，以创新促转型、以开放谋发展、扑下身子抓产业、拓宽视野引项目，着力振兴实体经济，确保经济社会发展行稳致远。省委常委、省委秘书长谢建辉参加调研。市委书记、市人大常委会主任李荐国等陪同。

22 日

△全省产业发展现场推进会在娄底举行首站观摩，湖南省省委书记、省人大常委会主任杜家毫，省委副书记、省长许达哲出席观摩活动。杜家毫在参观考察涟钢 2250 热轧生产线。

24 日

△市委书记、市人大常委会主任李荐国主持召开市委常委（扩大）会议，传达学习贯彻全省产业发展现场推进会以及杜家毫书记在涟源调研时讲话精神，要求倍加珍惜娄底发展来之不易喜人局面，清醒看到自己不足和短板，坚决把省委、省政府殷殷嘱托落实到娄底大地上。

25 日

△市委书记、市人大常委会主任李荐国前往双峰调研产业发展和项目建设情况。他强调，要树立新发展理念，坚持以创新促转型，注重提升经济发展质量和效益，有针对性做好产业建链、补链、强链文章，加快推动产业集群发展。

26 日

△市委书记、市人大常委会主任李荐国会见到娄底参加第八届“湘博会”外宾代表。他表示，娄底期待与各方加强经贸合作，相互交流、相互学习、相互促进，把“湘博会”打造成缔结友谊平台、开放合作平台、共谋发展平台。

27 日

△湖南省第八届农业机械、矿山机械、电子陶瓷产品博览会（简称湘博会）在娄底市体育中心开幕。副省长何报翔宣布开幕。市委书记、市人大常委会主任李荐国致辞。本届“湘博会”签订招商引资项目投资合同 65 个，总投资 476 亿元，其中，5 亿元以上项目 31 个，世界 500 强、全国 500 强项目 4 个；签订贸易合同 167 个，贸易总金额 38.94 亿元，其中，国际贸易合同 30 个，贸易额 9.1 亿元。

△由湖南省贸促会、印度驻广州总领事馆、娄底市人民政府共同主办中国（湖南）—印度经贸合作论坛隆重举行。副省长何报翔、中共中央对外联络部前副部长艾平、印度驻广州总领事馆总领事唐施恩、省贸促会会长贺坚、省贸促会副会长胡强，市委副书记华学健，市委常委、常务副市长张希慧等出席论坛。市委常委、统战部部长王雄主持。

△湖南省农行党委书记、行长陶伟梁到娄底分行调研指导工作。

28 日

△省脱贫攻坚常态化联点督查组涟源情况反馈会召开。省政协副主席胡旭晟强调，娄底市各级各部门要提高思想认识，把脱贫攻坚工作当作重点政治任务来抓，压实脱贫攻坚工作责任，以更加务实工作作风抓好抓细脱贫攻坚工作，确保脱贫工作扎实有效，全面打赢脱贫攻坚战。

△市政协五届三次常委会暨“落实精准扶贫政策、坚决打赢脱贫攻坚战”专题协商会议召开。市委书记、市人大常委会主任李荐国出席会议并对市政协关于脱贫攻坚调研成果给予充分肯定，要求市直相关部门虚心吸纳意见，迅速推动整改，认真用好成果。市委副书记华学健出席。市政协主席姚兵主持会议。

△娄底市正式全面实施企业“多证合一、一照一码”登记制度。娄底市人民政府副市长甘跃华当天在市政务服务中心工商窗口向企业颁发全市首张“多证合一”工商营业执照。

30 日

△新华社湖南分社社长邹云一行到娄底开展调

研采访，重点对全市开展责任心教育、建立“有事请找我”责任担当机制、脱贫攻坚等情况进行调研采访。

△市委书记、市人大常委会主任李荐国组织全市出席党的十九大代表集中“充电”，认真学习习近平总书记“7·26”重要讲话精神、党章党规以及党代表履职应知应会知识，并就如何当好代表提出要求与大家共勉。他强调，要倍加珍惜荣誉、抓紧调查研究、忠诚履行职责、严格遵守纪律、展示良好形象，以饱满政治热情、良好精神风貌，做好出席党的十九大各项工作，不辜负全市广大党员和人民群众重托。

10月

8日

△《涟源市志（1987—2007）》由方志出版社出版，为全国第二轮修志工作启动后，娄底市第一部县（市、区）级志书。《涟源市志（1987—2007）》编纂工作2008年7月启动，160个单位329人参与收集资料，主要采编人员173人。全书除概述、大事记、人物、附录、后记外，分32篇168章712节，216万字，图片419帧。全面、客观、系统记述涟源市自然、政治、经济、文化和社会历史与现状。

9日

△市委书记、市人大常委会主任李荐国主持召开市委常委会议，传达学习贯彻全省巡视巡察工作电视电话会议精神，研究市残联换届有关工作，部署10月重点工作。

△市委书记、市人大常委会主任李荐国主持召开市委深改组会议，传达学习贯彻习近平总书记关于群团改革工作重要指示和刘云山在中央群团改革工作座谈会上讲话精神以及全省群团改革工作座谈会精神，研究群团改革和推进政务服务“只跑一次”改革。

10日

△娄底市召开抗洪救灾总结、水利建设动员暨河长制工作会议。市委书记、市人大常委会主任李荐国出席会议，他强调，要强化“水”理念，节约“水”资源，保障“水”安全，治理“水”生态，做活“水”文章，落实“水”责任，坚持不懈地把治水兴水这件事关国计民生、关系子孙后代大事要事抓实办好。市委副书记、市长杨懿文出席会议并讲话。

△娄底市召开安全生产十大战役调度会。市委副书记、市长杨懿文主持会议，要求全市各级各部门要责任上肩，把“保安全”作为当前头等大事，全面开展安全生产十大战役“隐患清零”行动，坚决杜绝较大及以上事故发生，努力营造安全、稳定、祥和社会环境。

11日

△全市县市区党政班子成员培训班开班，市委书记、市人大常委会主任李荐国出席开班式并讲话，他要求“县官”们提高政治觉悟和能力水平，做到勤学多思、心无旁骛、爱岗敬业、知足感恩、深入细致、雷厉风行、锲而不舍、担当负责、包容欣赏，争当履职尽责、攻坚克难、争先创优表率，争做党和人民信赖好干部。市委副书记、市长杨懿文主持。

△在省公安厅国保总队统一协调、调度、指挥下，娄底、长沙、宁乡三地公安80余名警力，对省督办“8·26”特大地下团伙展开统一收网行动，抓获违法犯罪嫌疑人3名，刑事拘留1人，治安拘留2人，提取扣押法轮功反宣资料2万余份，各类印刷、包装机械40余台。

12日

△市委书记、市人大常委会主任李荐国主持召开书记专题会议，听取五届市委第三轮巡察综合情况、全省巡视巡察电视电话会议贯彻落实情况汇报，研究部署下一轮巡察工作。市领导杨懿文、华学健、徐勇出席。

13日

△市委书记、市人大常委会主任李荐国主持召开中心城区市政建设调度会，他强调，要树立以人民为中心发展思想，发动市民参与市政建设，汇集市民智慧力量，聚焦市民最关心、最直接受益突出问题，补齐市政建设短板，提升城市规划、建设、管理水平，创造宜居宜业城市环境，让市民有更多获得感。市委副书记、市长杨懿文出席会议并讲话。

15日

△涟钢生产热轧Q420D、09CrCuSb、Q450NQR1、Q960E（复评）等4个产品获得2017年度冶金行业品质卓越产品。LG1100QT钢种通过中联重科、三一重

工2家企业使用认证，成为国内首家具1100兆帕级别钢种批量供货能力生产厂家。

16日

△市委副书记、市长杨懿文会见北京陌陌科技有限公司董事长唐岩一行。他指出，要依托陌陌科技龙头带动，筑巢引凤，打造娄底互联网经济发展“洼地”。

17日

△娄底经济技术开发区体制机制改革动员大会召开。市委副书记、市长杨懿文作重要讲话，他强调，要大胆改革，勇于破题，创新突围，在项目建设方面创造新平台，在招商引资方面打造新洼地，在干事创业方面创造新舞台，让经开区真正担负起拉动区域发展、带动全市“加速转型、奋力赶超”重任。市委副书记华学健主持会议。

19日

△省发改委主任胡伟林到娄底调研锡矿山地区历史遗留砷碱渣无害化处理工程及相关项目建设情况。他指出，要坚决扛起环境保护与生态建设责任，把锡矿山地区综合环境整治作为“一号工程”来抓。市委副书记、市长杨懿文参加汇报会。

20日

△市委副书记、市长杨懿文主持召开市政府常务会议，传达学习党的十九大开幕会精神，审议《关于加快社会信用体系建设的意见》《关于进一步加快发展资本市场的若干意见》等意见方案，研究市级农村土地承包经营权信息应用平台建设等工作。市委副书记华学健参加。

21日

△市发改委印发《娄底市推进供给侧结构性改革补齐公共设施关键短板实施方案（2017—2020年）》（以下简称方案），计划到2020年，全市建设改造各类保障性住房133365套，建设配套市政道路200千米、供排水管网500千米、电力线路190千米、燃气管道140千米，力争2020年贫困地区农民人均可支配收入达到10000元，实现全面建成小康社会总目标。

23日

△市五届人大常委会第18次主任会议召开。市人大常委会党组书记、常务副主任谢志雄主持会议，市人大常委会主任会议成员陈明华、杨金含、钟楠修、彭增光出席。市人大常委会党组成员颜桂兰，副市长陈旌，市中级人民法院院长高鑫，市人民检察院检察长李芳芳列席会议。

26日

△市委副书记、市长杨懿文主持召开娄底技师学院设立工作专题会议。他指出，要弘扬工匠精神，依托技师学院铸造工匠“湘军”。

△市委副书记、市长杨懿文专题调度国土资源工作。他指出，要用改革开放思维，按照中央、省、市“放管服”工作要求，加强国土资源供给侧结构性改革，推动工作迈上新台阶。

27日

△市委召开大会，传达学习党的十九大精神和十九届一中全会精神。市委书记、市人大常委会主任、中共十九大代表李荐国传达党的十九大精神，并就学习、宣传、贯彻中共十九大精神提出要求。

△娄底市综治委在华天酒店召开全市见义勇为先进个人表彰会议，谢和忠等13人被授予“全市见义勇为先进个人”称号并分别奖励1万~2万元。

28日

△2017华人榜·华奖在洛杉矶揭晓，双峰籍院士龚巧玉获“科学奖”。

30日

△市委书记、市人大常委会主任李荐国主持召开市委常委会议，研究部署学习宣传贯彻党的十九大精神，他要求，全市上下要把思想高度统一到党的十九大精神上来，拥抱新时代，学习新思想，开启新征程，创造新业绩，彰显新作为，建设新娄底。

31日

△省政协副主席葛洪元一行到娄底调研，姚兵、刘继清、邵瑛、李德仁陪同调研。

△党的十九大代表、市委书记、市人大常委会主任李荐国到涟源市七星街镇仙洞村，向村民宣讲党的十九大精神，鼓励乡亲们坚定信心、勤劳致富，把农村建设得越来越好，把日子过得红红火火。

11 月

1 日

△市委书记、市人大常委会主任李荐国到娄底经开区调研项目建设和实体经济发展情况，向民营企业家、企业职工宣传党的十九大精神，要求大家用党的十九大精神和习近平新时代中国特色社会主义思想武装头脑、铸造灵魂、指导实践、推动工作，为娄底发展、实现中华民族伟大复兴贡献力量。

2 日

△市委理论学习中心组召开党的十九大精神学习交流会。市委书记、市人大常委会主任李荐国主持会议，率先交流学习体会并作小结讲话。

△娄底市安全生产信息综合平台与湖南安全生产应急平台实现对接，完成湖南省安监局下达启动安全生产应急平台和企业安全动态监管平台试点建设任务。

3 日

△市统计局发布前三季度经济运行情况。2017年1—9月，全市工业经济继续保持今年以来高位走势，规模以上工业增加值同比增长8.8%，增幅居全省第一位，比上年同期前移5个位次。同时呈现结构更优、运行效益稳步提升发展态势。

△市委副书记、市长杨懿文主持召开市政府常务会议，传达有关会议精神，研究地方志、"12345"市长热线、控违拆违等工作。

5 日

△娄底市第二届文学艺术奖评选揭晓。10个文艺门类45件优秀作品获奖，其中文学类(6件)、戏剧类(4件)、音乐类(6件)、舞蹈类(5件)、美术类(6件)、书法类(6件)、摄影类(6件)、电影类(1件)、民间文艺类(2件)、文艺理论类(3件)。

6 日

△市委书记、市人大常委会主任李荐国巡查涟水河中心城区段，督导河道治理工作，现场交办亟需整改突出问题。他强调，要不折不扣把巡河中发现问题和中央环保督察组反馈突出问题整改到位，用实际行动落实党的十九大精神。市委副书记、市长杨懿文参加。

△娄底市人大常委会发布公告，《娄底市孙水河保护条例》2017年9月8日由娄底市五届人大常委会第四次会议审议通过，9月29日经湖南省十二届人大常委会第三十二次会议批准，于2018年1月1日起正式实施。

7 日

△省政协副主席戴道晋就"防范区域性金融风险，促进实体经济发展"到娄底调研。他强调，要深入学习贯彻党的十九大精神，守住不发生系统性金融风险底线，把工作重心转移到支持实体经济发展上来。市委书记、市人大常委会主任李荐国陪同调研。市委副书记、市长杨懿文参加座谈会。

△市五届人大常委会第五次会议召开。市委书记、市人大常委会主任李荐国，市人大常委会党组书记、常务副主任谢志雄分别主持会议。市委副书记、市长杨懿文列席会议并讲话。

8 日

△市人大常委会党组书记、常务副主任谢志雄主持召开市五届人大常委会党组会议，深入学习研讨党的十九精神，要求深刻理解和准确把握十九大精神，不断开创新时代地方人大工作新局面。市人大常委会党组副书记肖有胜，党组成员陈明华、杨金含、钟楠修、彭增光、颜桂兰分别发言，畅谈学习心得体会。

9 日

△省社熊小兰副主任一行赴双峰督察调研示范县建设工作。

10 日

△日本三菱工程塑料公司到闪星锑业洽谈无尘氧化锑业务。

12 日

△市委召开领导干部会议，传达学习中共中央政治局关于加强和维护党中央集中统一领导若干规定和贯彻落实中央八项规定实施细则精神。市委书记、市人大常委会主任李荐国主持会议并强调，要旗帜鲜明讲政治，坚决维护以习近平为核心党中央集中统一领导；要持之以恒转作风，坚决贯彻中央八项规定精神，推动全面从严治党向纵深发展。市委副书记、市长杨懿文出席。

13 日

△市委书记李荐国主持召开娄底市委组织部和市委政法委主要负责人工作交接会。市委副书记华学健宣布娄底市有关干部任职决定，尹华凯任娄底市委组织部部长，陈旌任娄底市委常委、政法委书记。

14 日

△中国计生协专职副会长兼秘书长姚瑛等一行调研娄星区计生协工作。

△市委书记、市人大常委会主任李荐国前往娄星区万宝镇石塘村和双江乡洪山村调研，他强调，要深入贯彻党的十九大精神，按照产业兴旺、生态宜居、乡风文明、治理有效、生活富裕总要求，大力实施乡村振兴战略，加快推进农业农村现代化，让城郊乡村四季花儿开、四季瓜果香。

15 日

△湖南省检察院党组成员、副检察长刘清生、民行处副处长王宇清等一行三人到娄底市检察院调研指导公益诉讼工作。

16 日

△党的十九大代表、市委书记、市人大常委会主任李荐国前往湖南人文科技学院向广大师生宣讲党的十九大精神，为青年学子讲述习近平总书记成长之路，并寄语大家把准人生航向、坚定理想信念、学会理性平和、培育奋斗姿态，争做新时代中国特色社会主义事业建设者。

△省检查组听取娄底市工作汇报，并反馈检查情况，对全市计划生育和卫生重点工作给予高度评价。市委书记、市人大常委会主任李荐国出席汇报会。市委副书记、市长杨懿文汇报工作。

△市委副书记，市长杨懿文主持召开专题会议，调度全市财税工作。他要求，各级各部门要立足岗位，拓宽视野，做到综合治税和财源培植双管齐下，确保圆满完成目标任务。

17 日

△市委书记、市人大常委会主任、娄底军分区党委第一书记李荐国主持召开娄底军分区党委（扩大）会议，学习党的十九大精神，研究贯彻习近平强军思想具体措施。他强调，要把党的十九大精神学深悟透做实，用习近平强军思想指导党管武装、国防动员和后备力量建设等工作，为实现新时代强军目标做出娄底贡献。

△娄星区万宝镇石塘村入选第五届全国文明村镇。

△台湾长盛工程有限公司、福建省台谐创新科技有限公司董事长刘其丛与双峰县经济开发区在第十三届湘台经贸交流合作会上正式签署总投资 2 亿元、年产 1 万吨复合弹性料粒生产线框架协议。

20 日

△市委书记、市人大常委会主任李荐国到涟源市杨市镇调研特色小镇建设，他强调，特色小镇建设要在“特”字上做文章，在“实”字上下功夫，确保建筑风貌有特色，历史文化有特色，产业发展有特色，确保项目规划能够落地，项目投资能够产生效益。

△21 日

△市委书记、市人大常委会主任李荐国主持召开会议，听取“零碳市”创建前期工作汇报。在与会人员逐一发言后，李荐国说，要用党的十九大精神来指导工作，突出抓重点、补短板、强弱项，聚焦产业转型升级，节能降耗，打好环境治理战。积极探索，稳步推进，走好绿色低碳循环发展路子。

△ 娄底市幼儿师范学校升专工作列入湖南省“十三五”规划。

22 日

△省委副书记乌兰到新化调研脱贫攻坚工作。

△市委书记、市人大常委会主任、市深化监察体制改革试点工作小组组长李荐国主持召开全市深化监察体制改革试点工作小组第一次会议，研究部署全市改革试点有关工作。他强调，要提高政治站位，强化责任担当，坚决按政治要求、组织程序、时间节点，圆满完成改革试点工作任务。

△市委副书记、市长杨懿文在娄底中心城区城乡公交一体化专题调度会上强调，要依法依规，规范操作，把民生实事办好办实，惠及百姓。

23 日

△省委副书记乌兰前往新化县调研脱贫攻坚工作。她强调，要求认真贯彻落实党的十九大精神，始终坚持以人民为中心发展思想，突出规划引领、产业发展，精准精细落实扶贫政策和措施，保质保量完成脱贫目标和任务。市委书记、市人大常委会主任李荐国陪同考察。市委副书记、市长杨懿文参加座谈会并

汇报有关工作。

△娄底市第一届中小学生运动会开幕式在涟源市第一中学隆重举行。

24日

△紫鹊界梯田全球重要农业文化遗产已通过联合国粮农组织专家评审，成功申报省级田园综合体示范点。

△新闻发布全市追回历年逃犯785人，追回率达64.93%，其中追回历年命案逃犯14人，全省排名第二；追回省厅信访督捕逃犯9人，全省排名第三；追回娄底籍外省逃犯134人，全省排名第三。

25日

△10时38分，随着一声简短鸣笛，51辆崭新新能源纯电动公交车从涟源体育馆缓缓驶出，试乘新公交车市民们在体验和了解新能源公交车新性能后，感受到新能源公交车带来便利、舒适、安全，纷纷点赞，这标志着涟源市公交行业正式迈入绿色环保新能源时代。

△25—26日，第二届"涟商峰会"召开，全国41个异地商会、经促会245名涟商代表出席会议，现场签约项目14个、签约金额108.37亿元。

26日

△市委书记、市人大常委会主任李荐国主持召开市委常委会议，传达学习贯彻省委十一届四次全体会议精神和省委副书记乌兰到娄底调研时讲话精神，以及全国人大代表、政协委员推荐提名工作会议精神。审议《关于2016年度全市民间融资风险处置及打处非工作考核情况的通报》《娄底市深化国家监察体制改革试点工作方案》。

27日

△省委副书记、省长许达哲深入娄星区、娄底经开区、涟源市部分农村和企业调研，强调要深入学习贯彻党的十九大精神，坚持以人民为中心发展思想，以提高发展质量和效益为中心，抓重点、补短板、强弱项，圆满完成全年目标任务，奋力开创改革发展新局面。

△湖南省人民政府副省长、党组成员杨光荣对湖南省地税系统《探索"三项制度"试点助推法治税务建设》专项工作做出重要批示，肯定并赞许包括娄底地税在内四个市州在"三项制度"改革工作中取得成绩。

28日

△市委书记、市人大常委会主任李荐国主持召开市委常委（扩大）会议，传达学习省委副书记、省长许达哲11月27日在娄调研时讲话精神，强调要把许达哲省长指示精神转化为娄底实际行动，突出抓重点、补短板、强弱项，确保2017年收好尾、关好账，确保明年开好局、起好步，确保娄底在新时代有新气象、新作为。

△市委副书记、市长、市规委会主任杨懿文主持规委会议，评审中心城区道路绿化改造暨小游园项目、乐坪大道东延线新建工程、华星路新建工程等设计方案。他强调，规划设计是城市建设第一粒扣子，要扣好扣对，不给城市建设留下遗憾和"硬伤"。

△全市召开专题会议，谋划2018年政府性投资项目，尤其是市本级重点投资项目。市委书记、市人大常委会主任李荐国强调，要按照"抓重点、补短板、强弱项"要求，科学谋划，力求做实，确保落地。市委副书记、市长杨懿文主持会议并讲话。

29日

△娄底市召开市属国有企业负责人座谈会，学习贯彻习近平总书记关于国有企业系列重要讲话精神，研究市属国有企业党的建设和改革发展工作。市委书记、市人大常委会主任李荐国主持会议，强调要把学习贯彻党的十九大精神落实到企业改革发展具体实践中去，充分发挥国有企业党组织领导核心和政治核心作用，以坚强组织保障推动市属国有企业做强做优做大。市委副书记、市长杨懿文出席会议并讲话。

△市政协主席姚兵主持召开市政协五届八次主席会议，专题研究部署政协娄底市第五届委员会第二次会议有关工作。市政协主席（党组）会议成员易南斌、刘继清、邵瑛、李德仁、肖扬、席伏应、李赛斌、苏旻、李利文出席会议。

△《人民日报》以《大网套小格、一级包一级：警务室里办事忙》为题，推介冷水江市公安局社区警务体制改革工作经验。

30日

△2017亚太低碳技术高峰论坛在长沙举行。市委副书记、市长杨懿文在会上作交流发言。

△市委书记、市人大常委会主任李荐国率市商务粮食局、市投资促进事务局有关人员赴“珠三角”上门招商。对接重点在谈项目12个，签约项目6个，总投资21亿元。

12月

1日

△市委副书记、市长杨懿文主持召开市政府常务会议，传达省里有关会议精神及省领导来娄调研有关指示精神，研究消防、法治政府建设、禁毒等工作。

△市委书记、市人大常委会主任李荐国率队前往深圳考察企业对接项目，他表示，娄底将高举开放大旗，坚定不移实施“创新引领，开放崛起”战略，坚定不移优化经济结构，坚定不移振兴实体经济，敞开大门欢迎企业家到娄底投资兴业，娄底各级党委政府和各个部门将尽心尽力为来娄创业者提供帮助、当好服务员。

△娄底市内医保跨县、市、区联网结算平台启动，全面停止市内“点对点”结算方式，优化市内异地就医结算。

4日

△全市县处级领导干部学习贯彻党的十九大精神第一期集中轮训班开班。市委书记、市人大常委会主任李荐国在开班式上作题为“用新思想武装头脑、用新作为开创未来”专题讲座，要求全市各级领导干部坚持用党的十九大精神和习近平新时代中国特色社会主义思想武装头脑、铸造灵魂、指导实践、推动工作，不忘初心、牢记使命、履职尽责、攻坚克难、争先创优，努力建设富饶美丽健康祥和新娄底。市委副书记、市长杨懿文主持开班式。

5日

△市委书记、市人大常委会主任李荐国邀请8家企业负责人座谈，围绕“娄底如何转型升级”这一主题，鼓励他们大胆发言，认真听取他们的意见和建议，为娄底抓重点、补短板、强弱项、吸纳“养分”，为谋划下年和今后一段时期工作做准备。

6日

△市委书记、市人大常委会主任李荐国轻车简从，深入新化县田坪镇、温塘镇和坐石乡，调研脱贫攻坚、“有事请找我”责任担当机制落实、基层党组织建设等工作。他强调，脱贫攻坚工作一定要实打实，台账资料要做实做细做规范，结对帮扶要重实效，产业扶贫要让贫困群众得实惠，同时要夯实基层党建基础，把党员和群众凝聚起来，齐心协力打赢脱贫攻坚战。

△市政府办 娄政发〔2017〕36号文件印发《娄底市促进电子商务等互联网经济加快发展若干措施》通知。

△市委副书记、市长杨懿文专题调度安全生产工作。他强调，要深入学习贯彻党的十九大精神，真抓实干，持续推进安全生产工作，有效防范和遏制安全生产事故发生，确保全市安全生产大局稳定。

7日

△市委书记、市人大常委会主任李荐国主持召开市委常委（扩大）会议，传达学习贯彻杜家毫书记在全省市州委书记视频会议上讲话精神，要求市、县两级党委政府以习近平新时代中国特色社会主义思想为指导，始终坚持以人民为中心发展思想，牢固树立新的发展理念，牢固树立正确政绩观，做到尽力而为、量力而行，确保经济社会健康发展，让人民群众有持续不断的获得感。

△市委副书记、市长杨懿文主持召开市政府常务会议，审议《娄底市对接“北上广”优化大环境行动实施意见》；研究调整“化解大班额”等项目建设，2017年政府工作完成情况及2018年工作思路，绩效奖励、文明奖励、综治工作奖励发放办法。

△省检察院党组书记、检察长游劝荣率省检察院巡回督查组到娄底，对娄底市两级检察机关工作开展督查，要求增强问题意识，坚持问题导向，深入学习贯彻落实党的十九大精神，进一步提升解决问题能力，推动检察工作科学发展。省检察院党组副书记、副检察长常智余主持会议。市检察院检察长李芳芳作工作汇报。

△“湖南省2017年交通运输应急搜救演练”在涟源市湄江大江口水库展开。

8日

△娄底市启动首批668名全科医生驻村服务工作，这是市委、市政府深入贯彻落实党的十九大精神、大力实施健康中国战略、加快建设富饶美丽健康

祥和新娄底具体实践，也是推进健康扶贫工作重大举措。市委书记、市人大常委会主任李荐国出席启动仪式并宣布娄底市首批全科医生驻村服务正式启动。市委副书记、市长杨懿文出席并讲话。

△由国家质检总局计量司司长谢军任组长的国务院质量工作考核组一行到娄底，对质量工作进行实地考核。湖南省政府副秘书长彭翔，省质监局局长欧阳彪，省水利厅副厅长罗毅君，以及市在家全体领导参加考核活动。

9 日

△国务院质量工作考核实地核查组对娄底市质量工作进行实地核查。质检总局计量司司长谢军，水利部建设与管理司副司长李激扬，省政府副秘书长彭翔，省质监局局长欧阳彪参加。

11 日

△市委书记、市人大常委会主任李荐国到双峰县花门镇、井字镇、沙塘乡督查脱贫攻坚工作，他强调，村支部要充分发挥战斗堡垒作用，努力激发贫困群众内生动力，团结带领党员和群众自力更生、艰苦奋斗，找准发展路径，抓实扶贫产业，巩固脱贫成效，走出一条稳步增收路子，确保贫困户脱贫后不返贫，脱贫后能和全体村民一起勤劳致富。

△省脱贫攻坚工作成效考核验收组正式进驻娄底，对娄底市开展扶贫开发工作成效考核、贫困县摘帽验收检查和第三方评估工作。市委书记、市人大常委会主任李荐国主持见面会并作表态讲话。市委副书记、市长杨懿文汇报全市脱贫攻坚工作。

△涟源市七星街镇栗溪村大岩坪山突发山林大。武警娄底支队出动 51 名兵力，由参谋长郑强辉带队，按照抢险救灾预案，携带灭火救援器材赶赴火灾现场。

12 日

△市委副书记、市长杨懿文在新化县温塘镇、白溪镇、洋溪镇、琅塘镇等部分乡镇调研脱贫攻坚工作时强调，发挥优势，凝聚力量，打赢脱贫攻坚战。

△娄底公安钢城分局刑侦大队联合市局禁毒支队一举抓获吸贩毒人员刘某锋等 5 人，缴获冰毒 500 余克，查获仿制式手枪一把，子弹三发。

13 日

△市委常委会议传达学习贯彻中办、省办关于学习贯彻习近平总书记重要批示精神通知。市委书记、市人大常委会主任李荐国强调，全市各级党委政府及全体党员干部要驰而不息抓作风建设，坚决防止“四风”问题以新形式和表现反弹回潮；市委常委一班人要带头反对“四风”，带头加强自身作风建设，形成“头雁”效应。

14 日

△市委书记、市人大常委会主任李荐国深入新化县荣华乡、天门乡、槎溪镇、石冲口镇调研脱贫攻坚工作。他强调，要全力建强党基层组织，充分发挥党支部战斗堡垒作用，广泛宣传、组织群众、发动群众参与脱贫攻坚，确保群众在共建共享发展中有更多获得感。

△市委副书记、市长杨懿文主持召开市政府常务会议，研究市本级城市规划区建设工程竣工联合验收、城市执法体制改革、政务服务“只跑一次”改革等工作。

15 日

△娄底市第五届人民代表大会常务委员会第六次会议召开。市委书记、市人大常委会主任李荐国，市人大常委会党组书记、常务副主任谢志雄分别主持会议。市委副书记、市长杨懿文列席有关议程。

△湖南省高等教育学会招生专业委员会 2017 年研讨会(高职院校二组)在娄底职业技术学院主教学楼报告厅举行。

16 日

△省商务厅 湘商秩〔2017〕15 号文件，授予娄底市商务粮食综合执法支队为 2017 年度商务行政执法优秀队伍。

17 日

△全市 19 个重点项目集中竣工、开工，总投资 92.9 亿元。其中，产业项目 14 个，产业项目总投资 70.9 亿元，所占比重超过 75%。市委书记、市人大常委会主任李荐国，市委副书记、市长杨懿文出席市直项目和娄底经开区项目集中竣工开工仪式。

△“顺德造”家居连锁直销平台，谷歌大数据展示中心、中南地区大数据中心，颐高梦想小镇，同丰科技智能制鞋机器人生产线及华宁科技轻钢别墅建设 5 个重点项目在万宝新区开工开园。

18 日

△市委书记、市人大常委会主任、市委全面深化改革领导小组组长李荐国主持召开市委全面深化改革领导小组第十八次会议，学习贯彻十九届中央深改组第一次会议及近期省委深改组会议精神，审议有关具体改革事项。

△全市县处级领导干部学习贯彻党的十九大精神第二期集中轮训班开班。全体学员认真学习市委书记、市人大常委会主任李荐国在第一期集中轮训班上讲话。市委副书记、市长杨懿文出席开班仪式并讲话,要求大家切实把握党的十九大精神精髓要义，在“学懂、弄通、做实”上下功夫。

19 日

△省委常委、常务副省长陈向群到新化开展安全生产督导检查。省政府副秘书长黎咸兴,省安监局局长李大剑,市委副书记、市长杨懿文等陪同。

△市委书记、市人大常委会主任李荐国主持召开市委常委(扩大)会议,分析 2017 年经济运行情况，谋划 2018 年经济工作,强调要以党的十九大精神和习近平新时代中国特色社会主义思想为指导，牢固树立新发展理念,坚决贯彻落实“创新引领、开放崛起”战略,科学谋划、务实推进各项工作,确保娄底继续保持加速转型、奋力赶超强劲势头。市委副书记、市长杨懿文出席会议并讲话。

21 日

△市人大常委会组织召开省十三届人大一次会议娄底代表团议案建议（草案）征集座谈会。市人大常委会党组书记、常务副主任谢志雄,市委常委、常务副市长张希慧,市人大常委会副主任钟楠修出席会议。

22 日

△市政协主席姚兵主持召开市政协五届九次主席会议，专题研究政协娄底市第五届委员会第二次会议有关工作。

△新化县公安局民警陈某湘持抢杀人,造成 2 人死亡后潜逃。案发后,在公安部指挥下,省市县三级公安机关迅速启动重大案件侦办机制，迅速成立专案指挥部,全力追捕。24 日 17 时许,犯罪嫌疑人陈某湘在新化县科头乡三板桥附近抓获归案，所携抢弹被全部缴获。

23 日

△娄星区获“全省综治工作先进县市区”称号。

△涟源首座 110 千伏风力汇集站投运。本期设计安装 24 台单机容量为 2 兆瓦 SE93-2000 型和 1 台单机容量为 1.9 兆瓦 SE93-1900 型风力发电机组,总装机容量为 49.9 兆瓦,预计年上网电量为 9434 万千瓦时。

24 日

△市委副书记、市长杨懿文主持召开市政府常务会议,传达有关会议精神;研究 2018 年政府工作报告(审议稿);审议 2018 年国民经济和社会发展计划报告(草案)和 2018 年娄底市市本级政府投资计划(草案),2017 年财政预算执行情况和 2018 年全市及市级财政预算草案报告、2018 年市级部门预算（草案);审议《2017 年度全市社会管理综合治理工作、计划生育工作、安全生产工作考核考评结果》。

△24—25 日在 418 华天大酒店召开娄底市青年联合会第三届委员会全体会议，全市 181 名青联委员参加会议,50 余名基层团组织负责人作为特邀代表列席会议。会议选举产生新一届娄底市青联领导班子。

25 日

△市委理论学习中心组举行“扪心三问”交流会。市委书记、市人大常委会主任李荐国带头发言并作小结讲话，他强调，要把“扪心三问”作为领导干部加强党性锻炼和自我体检常态化手段，经常反省反思、主动自查自纠、严格履职尽责，以实际行动贯彻党的十九大精神。市委副书记、市长杨懿文出席会议并发言。

△市委书记、市人大常委会主任李荐国主持召开市委常委会议，传达学习贯彻省委经济工作会议精神,听取 2018 年全市经济社会发展主要指标安排情况汇报;传达学习贯彻中央、省委领导对“12·22”专案批示精神及省委书记、省人大常委会主任杜家毫关于“12·22”专案慰问信精神,研究加强政法系统队伍建设；传达贯彻全省社会治安综合治理工作会议精神。

26 日

△中国共产党娄底市第五届委员会第四次全体会议召开。全会高举习近平新时代中国特色社会主

义思想伟大旗帜，深入学习贯彻党的十九大精神，认真贯彻落实中央、省委决策部署，听取和讨论市委常委会工作报告，审议通过《中共娄底市委关于深化“大学习大调研大提升”推动党的十九大精神在娄底落地见效的意见》（简称《意见》）。市委书记、市人大常委会主任李荐国受市委常委会委托向全会作工作报告。市委副书记、市长杨懿文就《意见》起草情况向全会作说明。

△楚怡高级工业学校新化旧址在新化县游家镇白沙村开馆。省政协常委、省政府港澳台侨和外事委员会主任陈益枝，市委书记、市人大常委会主任李荐国现场揭牌，市委副书记、市长杨懿文致辞。

27日

△市委经济工作会议召开。会议高举习近平新时代中国特色社会主义思想伟大旗帜，全面贯彻落实党的十九大和中央、省委经济工作会议精神，总结2017年经济工作，部署2018年经济工作。市委书记、市人大常委会主任李荐国，市委副书记、市长杨懿文出席会议并讲话。

28日

△娄底市举行2017年度各民主党派、工商联和无党派人士参政议政调研成果汇报会。市委书记、市人大常委会主任李荐国出席会议并讲话。市委副书记、市长杨懿文主持会议。

△省质监局党组成员、副局长周笑春率省政府质量工作考核组到娄底开展2016年7月至2017年6月年度质量工作考核实地核查。

29日

△市委书记、市人大常委会主任李荐国主持召开市委常委会议，传达学习贯彻习近平总书记在中共中央政治局民主生活会上重要讲话精神和《中共湖南省委关于进一步贯彻落实中央八项规定精神实施办法》《关于集中精力开好市州“两会”的通知》，审议《市政府工作报告（审议稿）》以及计划、财政等报告，研究市本级城市棚户区改造项目纳入政府购买服务等事项。

△市医改办、市发改委、市人社局、市卫生计生委联合印发《关于娄底市二级以上公立医院开展按病种收付费工作的通知》（娄医改办发〔2017〕12号）。在全市范围内，正式启动106个单病种收付费改革。

31日

△市委副书记、市长杨懿文在涟源市调研脱贫攻坚工作时指出，2018年1月，即将迎来国务院扶贫开发成效省际交叉考核，全市要提高思想认识，切实增强“迎检”工作紧迫感，对照国家脱贫攻坚工作标准，对账清账，查漏补缺，做实做细，做好各项迎检工作，争取取得好成绩。

△益娄高速公路娄底段竣工通车。

娄底概览

The general situation of Loudi

◎自然地理
◎人口民族
◎建置区划
◎国民经济与社会发展
◎重要会议
◎重要活动
◎重要成果
◎重要报道
◎组织机构及负责人名单

自然地理

【区域位置】娄底市位于湖南地理几何中心，地跨北纬27°12′31″~28°14′27″，东经110°45′40″~112°31′07″。北接益阳市，南接邵阳市，西临怀化市，东临湘潭市。全市东、西宽160千米，南、北长102千米，国土8117平方千米。

【地质地貌】境内地势西高东低，呈阶梯度倾斜。在大地貌格局中，新化县、冷水江市、涟源市西南部属湘西山地区，涟源市中、东部和娄星区、双峰县属湘中丘陵区。属于云贵高原向江浙丘陵递降过渡带。南起双峰县猪婆山，至涟源市龙山（1513米），再到冷水江市狮子岭（591米）、癞子岭（994米）、锡矿山（825米），北至涟源市参机山、红军寨（893米），将区境分割成东西二大地域。西部山势雄厚，峰岭驰骋，大多为侵蚀、构造、溶蚀地貌，地势险峻，海拔较高；东部地势逐步降低，地形起伏平缓，丘冈延绵、平地宽敞，海拔较低。唯双峰县东部大多为溶蚀堆积丘冈平地貌。因下古生代印支期和中生代燕山期地壳运动，花岗岩侵入体局部隆起，形成一线九峰山脉（属衡山山系）。

西部有新化、禾青盆地。其东部盆缘是金竹山、锡矿山至鹰嘴岩一线中低山地貌；西部及北部盆缘是由雪峰山所围成孤形屏障，海拔高度平均在1000米以上，高于1500米山峰有九龙池等10座；西南部盆缘由雪峰山余脉天龙山，板子山等组成，平均海拔800~1000米，资江在盆地内由南向北蜿蜒流过。中部北有伏口、四古至红军寨中低山灰岩地貌，南有龙山至猪婆山中山地貌与之对峙，桥头河、娄底、杨家滩盆地，雷峰低山夹在其中，形成涟源、娄底向东敞开E字形地貌。东部双峰盆地，盆东以九峰山脉为缘，南有花门丘陵群体，北有洪山殿丘陵带，西有山斗灰岩低山，宽敞的龙田、吴湾、杏子平原冈地展布其中。

北有九龙池—大熊山—癞子岭—红军寨横亘雄厚山体，组成以山地为主山地地貌。南部有天龙山—大乘山—龙山—五脑岭—猪婆山—江大山并列山体，同样以山地地貌为主，与北部山体对峙。西部由雪峰山脉封闭。中部地势低凹，堆积平原广布，溶蚀残丘成串，剥蚀冈地如波，以平丘冈地貌为主。从新化县琅塘起，南下横阳、炉观、洋溪、燎原，至冷水江市潘桥、禾青，穿透金竹山鼻梁东折至涟源市荷叶、杨家滩、桥头河，再到娄底市涟滨、西阳、万宝，再转向双峰县洪山、龙田、吴湾、杏子，则呈“S”形带状盆地分布，是湘中盆地重要部分。

娄底境内山脉纵横，群峰起伏，矗立大小山峰数百座。西部雪峰山脉从新化西部风车巷蜿蜒入境，斜亘西北，主要支脉有天龙山、桐凤山、奉家山、古台山、凤凰山、大熊山和冷水江境内祖师岭等；东南部有坐落在双峰县九峰山，是南岳七十二峰之一，为双峰、衡阳两县天然分界线；西北部是雪峰山余脉，向涟源伸入，西起白竹山，东至洪家大山，逶迤起伏，峰峦重叠，最高峰寨子山为涟源与宁乡天然界山；中部龙山山脉横亘，主要山峰有龙山、石坪山、杨材山、仙女寨等，延续40余千米。

【自然资源】植物资源。娄底市农作物和果树资源常见有78科，168属2500多个品种。水稻常规品种370多个，杂交水稻21个组合以及大小麦、高粱、玉米、粟、糁子、红薯、马铃薯、豆类等30多种作物，有340多个品种，油料作物有油菜、花生、芝麻、蓖麻、向日葵、油沙豆等8科，70多个品种。经济作物有茶叶、西瓜、百合、烤烟、黄花等30多个科360多个品种；蔬菜有瓜类、豆角、辣椒、茄子、白菜、萝卜、葱、蒜等58科480多个品种；饲料作物有水浮莲、水花生、聚合草、葳菜、苏丹草等20多个品种；绿肥有兰花苕子、红花草子、回青、红萍等30多个品种；药材有丹皮、白芍、生地、尾参等150多个品种；果树有柑橘、桐柚、桃、李、梨、葡萄、枣、柿、板栗、杨梅、枇杷、猕猴桃等30多科200多个品种。地方传统名牌特产有新化苡米、板栗、烤烟、天麻、魔芋等。新化是唐宋贡品蒙洱茶主产区，盛产玉竹、柑橘、金银花等。

娄底境内林地主要由两大山脉组成，西北部为雪峰山及余脉，东南部为衡山山脉。根据地域差异、森林分布及林业发展方向，将娄底市林地划分为4个林业区：西北部中山商品用材林区，北部中低山坑木林经济林区，中部丘岗盆经济防护风景林区，南部东部中低山楠竹用材、水土保持林区。到2000年年底，娄底市林业用地355910.4公顷，其中有林地324641公顷。按林种用途划分：用材林198847.7公顷,经济林 33552.8 公顷,楠竹林 41872.7 公顷,防护林 48011.44 公顷,特种用途林 2030.80 公顷。按树种,杉木林 84671.8 公顷,马尾松林 122446.9 公顷,天然阔叶林 35924.5 公顷,柏木林 6172.3 公顷。娄底市木材蓄积量 1184.7 万立方米;娄底市楠竹面积 41872.7 公顷,蓄积 9143.9 万根;娄底市森业覆盖率 42.79%。娄底市有国家级森林公园 2 个:新化大熊山森林公园、涟源龙山森林公园。省级森林公园 4 个:冷水江紫云山森林公园、涟源市包围山森林公园、双峰县九峰山森林公园、娄星区洪家山森林公园。娄底市树龄上百年、胸径在 100 厘米以上珍稀大树有 36 种 192 株。

动物资源。娄底境内适宜动物栖息、生存和繁殖。属华南区系典型种类动物有穿山甲、豪猪、花面狸、苦恶鸟(白胸秧鸡)、画眉、八哥、饰纹姬蛙、稻瘦蚊、红薯小象甲、桔吹绵价等,而属北方区系代表性种类有狐、刺猬、蝮蛇、灰喜鹊、苜括盲蝽、潜叶蝇等。林栖鸟兽少见,具有狩猎意义仅有斑鸠、环颈雉、家雀、黄鼬、野兔、狐、獾和小鹿等中、小型动物。生活在水域、农田中昆虫、鼠类和两栖类、爬行类等动物,种多量大。境内农户与少数城镇居民素有饲养家畜家禽习惯。家畜中数量最大是猪,双峰县是全国瘦肉型生猪基地。牛(含水牛、黄牛)以役用为主。但性状逐渐退化,亟待提纯复壮。马、骡、驴虽有饲养,但数量不多,主要用来拖拉板车。20 世纪 90 年代曾在农村出现过养兔热(长毛兔、肉兔、獭兔等)。农村养狗、猫曾很普遍,后因预防狂犬病,狗数量有所减少。家禽中以养鸡为主,多由农户散养。80 年代办有机械化养鸡场和规模较大集中鸡场。鹅极少。养鸭除少数农户散养外,多为牧养。曾先后引进过樱桃鸭、康贝尔鸭等国外优良品种,但均未推广。近年来,在城镇郊区有些农户和居民以饲养鹌鹑、肉鸽(含信鸽)、乌骨鸡等为业,有的还引进牛蛙、火鸡、珍珠鸡、美国七彩野鸡等新类。原是野生乌龟、团鱼、黄鳝、泥鳅,也改为人工养殖,以满足消费。

矿产资源。娄底市境内已发现 47 个矿种,其中探明储量有 25 种,占湖南省探明储量矿种 30%,是湖南矿种较齐全地区之一。探明储量矿产地 58 处,其中大中型矿床 36 个,以煤炭、建材、有色金属为主。保有储量占中国、全世界第一位有锑,占湖南省第一位有煤、白云石、石灰岩和大理石,占湖南省第二位有石墨等,占第三位有石膏和黄铁矿,其他如金、铅、锌、锰、钨等矿种探明储量也在湖南省占有重要地位。钒、硅石等矿种,虽然尚未探明储量,但潜在远景较大,有望成为未来优势矿种。铁:市内有铁矿点 58 处,其中中型矿床 2 处,分沉积型、风化型和热液型 3 种类型。探明储量 4307.6 万吨,保有储量 2946.5 万吨,主要分布于涟源田湖,新化洪水坪、圳上,双峰钟岭、测水,冷水江锡矿山、潘桥等地。石灰石:分布极广,几乎随处可见。不仅储量大,而且质量好、品种齐,为全国少有。锑:境内有锑矿点 25 处,其中大型矿床 2 处,中型矿床 2 处,均集中在冷水江锡矿山。境内锰矿、铁锰矿、钒矿、石膏矿等金属和非金属矿储量也很丰富。特别引人注目的是 2001 年 5 月,中南石油局勘探开采"冷水江一井"绽开湖南第一束石油天然气火苗,标志着冷水江市石油天然气试开采获成功,结束湖南无油气历史。娄底矿产配套较好,空间公布较明显,有利于统一规划和综合开发利用,为娄底成为湖南省能源原材料开发区奠定基础。

煤炭资源。娄底市内煤矿资源丰富,品种齐全,有无烟煤、贫煤、瘦煤、肥煤、焦煤等,且品质好,发热量一般都在 4000~5000 大卡。娄底煤炭探明储量 11 亿吨,以烟煤和无烟煤为主,局部见有石煤。主要分布在冷水江市、涟源市、娄星区以及双峰西北部和新化东部。

水资源。娄底各河流水质较好,氢离子浓度指数在正常范围内,离子总量不高,中等矿化度,适合于工农业生产和人们生活之用。全区年平均降水 1406 毫米,降水总量 113.95 亿立方米,且西部山区多于东部丘陵平地,直接形成地表水资源 38.87 亿立方米。外来水资源丰富,有 133.42 亿立方米,主要在西部,控制利用少;东部入境水虽不多,但利用较好。地下水年平均为 21.6 亿立方米,年径流量平均达 21.35 亿立方米,主要分布在北、东、南部地区,水能理论蕴藏量 32.5 万千瓦,其中可开发利用 14.26 万千瓦。具备人工养殖水面 18 万亩。

土地资源。娄底境内土地总面积 1217.53 万亩,占全省土地总面积 3.8%,人均面积 3.32 亩,比全省人均 5.57 亩少 2.25 亩。土地利用构成为:耕地 223 万亩,占土地总面积 18.5%;园地 25.92 万亩,占 2.2%;有林地 329.13 万亩,占 27.1%;牧草地(含宜林地)193.44 万亩,占 15.9%;城乡居民及工矿用地 62.48 万亩,占 5.2%;交通用地 12.05 万亩,占 1.1%;水域 85 万亩,占 7.1%,合计利用土地 939.97 万亩,占

77.2%。未利用地 277.56 万亩，占22.9%。据全区待开发土地资源调查，有待开发土地资源 116.3 万亩，其中荒坡隙地 110.88 万亩，农村废弃地 7364 亩，工矿废弃地 2933 亩，河洲滩地 1.19 万亩，荒水面 3.2 万亩。按照自然条件可开发成耕地有 7.4 万亩，可开发成园地 11.36 万亩，可开发为林地 73.19 万亩，可开发为牧草地 2.09 万亩，可开发为养殖水面 3.07 万亩。

【水文气候】境内溪水纵横，河库密布，水系完整，水量充沛。主要河流有：东部涟水，为湘江中游一大支流，源于新邵观音山，自西向东，流经涟源市、娄星区、双峰县，经湘乡至湘潭县河口入湘江，境内全长 85.85 千米，沿途纳孙水、湄江、测水等 1~4 级支流 89 条，控制流域面积 3906 平方千米。西部资水，由南向北，流经冷水江、新化。经安化柘溪，过益阳注入洞庭湖，贯穿境内西半部，区内流程 112 千米，有 1~4 级支流 100 条，控制流域面积 3985 平方千米。

娄底地处中亚热带季风湿润气候区，具季风性，兼大陆性。其基本特征为气候温暖，四季分明；夏季酷热，冬季寒冷，秋季凉爽；春末夏初多雨，盛夏秋初多旱；积温较多，生长期长；气候类型多样，立体变化明显。1981—2010 年，娄底市年平均气温 16.5℃ ~ 17.5℃，年极端最高气温 40.1℃，年极端最低气温 -12.1℃。年均降水 1300 ~ 1400 毫米，一日间最大降水量 147.3 毫米，降水多集中在 4—7 月。年日照时数 1410.4 ~ 1621.9 小时，年日照率 34% ~ 37%。年蒸发量 1365.6 ~ 1521.6 毫米，年平均相对湿度 78% ~ 80%，年平均风速 1.5 米 / 秒 ~ 2.0 米 / 秒，多年最大风速为 20.3 米 / 秒。由于光、热、水基本同季，对农业生产较为有利。年平均降水 1400 毫米，降水总量 113.95 亿立方米；按人口、耕地计算，人均 1323 立方米，亩均 2630 立方米。地下水平水年储量 21.64 亿立方米，枯水年 9.36 亿立方米，丰水年 32.13 亿立方米。区内有资水、涟水两大水系。水系支流较多，水源较丰富。全区长 5 千米，流域面积大于 10 平方千米河流有 195 条，总长 3311.43 千米。河川多年平均总量 193.93 亿立方米。可利用水能资源 14.25 万千瓦。

人口民族

截至 2017 年年末，全市总人口 453.61 万人，常住人口 391.76 万人，其中城镇人口 185.34 万人，乡村人口 206.42 万人，城镇化率为 47.31%，比上年提高 2.02 个百分点。全年出生人口 5.98 万人，出生率为 16.52‰，死亡人口 2.71 万人，死亡率为 6.95‰，自然增长率为 9.57‰。

民族。娄底是一个以汉族为主体的多民族内陆市域。第五次全国人口普查登记有汉族、苗族、土家族、侗族、蒙古族、回族、藏族、维吾尔族、彝族、壮族、布依族、朝鲜族、满族、瑶族、白族、哈尼族、黎族、傈僳族、佤族、高山族、纳西族、土族、布朗族 23 个民族。少数民族人口最多是苗族。

表 1　2017 年年末娄底市常住人口数及构成情况表

指　标	年末数(万人)	比重(%)
年末常住人口	444.32	100
其中：城镇人口	167.12	37.61
乡村人口	277.20	62.39
其中：男性人口	231.45	52.09
女性人口	212.87	47.91
其中：0~14 岁人口(含不满 15 周岁)	88.20	19.85
15~59 岁人口(含不满 60 周岁)	279.17	62.83
60 岁及以上人口	76.96	17.32
65 岁及以上	52.56	11.83

建置区划

【历史沿革】娄底境域春秋战国时属楚国。秦置湘南县，辖双峰、涟源部分地域，隶属长沙郡。西汉时属长沙国。汉高祖五年(前 202)置连道，辖双峰县测水以西至涟源市蓝田等地。西汉建平四年(前 3)，系湘南县置湘乡县，连双峰、涟源大部分和娄底等县市，属长沙郡。三国时分属衡阳郡、昭陵郡。吴宝鼎元年(266)，析昭陵郡置高平县，今新化县西部属之。西晋、东晋、南朝(宋、齐、梁、陈)分属邵陵郡。隋属长沙郡。唐、五代、宋朝分属潭州、邵州。宋熙宁五年(1072)，建置新化县。元代，分属天临路、宝庆路。明分属长沙府、宝庆府。清同明属。

新化县成为娄底境内最早建制县，在宋代隶属邵阳郡，元代属宝庆路，明清属宝庆府。娄底境内其他县市，双峰一带，秦时属长沙郡湘南县，汉代以后长期属湘乡县。涟源一带，秦至东晋时大部分地域分属湘南、连道、湘乡、昭陵等县，北宋以后，其全部地域便长期分属湘乡、邵阳、安化、新化4县。娄星区一带从汉代开始，就一直为湘乡辖地。冷水江一带在宋以前属"梅山蛮"地，宋以后长期属新化县。

民国元年(1912)，属长宝道。民国3年（1914)，改为湘江道。民国11年（1922)，取消道制直属湖南省。民国29年（1940)，分属湖南省第五、第六行政督察区。

1949年，新中国成立初期，境域隶属益阳专区和邵阳专区。1950年6月，设立锡矿山矿区(县级)，直属邵阳专区；1951年8月，筹建涟源县、双峰县。1952年2月，经国务院批准，湘乡、安化、邵阳、新化4县部分行政区域置双峰县、蓝田县(7月更名涟源县)。11月，两县划属邵阳专区。同年8月，撤销锡矿山矿区，划归新化县管辖。1960年2月，设立娄底市和冷水江市，隶属邵阳专区。1962年10月，撤销冷水江市和娄底市，分别并入新化县和涟源县。1969年10月，国务院批准恢复冷水江市。

1977年9月，经国务院批准，将邵阳地区析置涟源、邵阳两个地区。涟源地区辖新化、新邵、邵东、双峰、涟源5县和冷水江市，地区机关驻涟源县娄底镇。同年11月，成立涟源地区革命委员会，1979年3月，改称涟源地区行政公署。1980年7月，国务院批准恢复娄底市，将涟源县娄底镇和杉山公社东风、民福大队及西阳公社方石、水洋大队、百亩公社思塘大队划入该市行政区域。1982年12月，涟源地区更名为娄底地区。

1983年2月8日，国务院批复撤销娄底地区娄底市，改设为湘潭市娄底区(县级)，双峰、涟源县划归湘潭市管辖；撤销冷水江市，改设为邵阳市冷水江区(县级)，邵东、新邵、新化县回归邵阳市管辖。但并未实施，娄底地区名撤实存。同年7月13日，国务院批准恢复娄底地区及其行政公署，娄底市、冷水江市、双峰县、涟源县、新化县归娄底地区管辖，原所辖邵东、新邵两县划归邵阳市管辖。

1987年6月，国务院批准撤销涟源县，设立涟源市，所辖行政区域不变。

1999年1月，经国务院批准，娄底撤地设市，原县级娄底市改名为娄星区。所辖娄星区、涟源市、冷水江市、双峰县、新化县行政区划不变。

【行政区划】娄底市下辖一区、两市、两县，市政府驻地娄星区。

表2 **2017年娄底市行政区划一览表**

地　区	面积(平方千米)	乡	镇	街道办	邮政编码	行政代码	政府驻地
市　辖	8117.6	21	55	15	417000	431300	湘中大道
娄星区	628.4	1	5	7	417000	431302	长青西街
冷水江市	439	6	6	4	417500	431381	冷水江街道
涟源市	1816.3	4	14	1	417100	431382	蓝田镇
双峰县	1591.9	3	12		417700	431321	永丰镇
新化县	3642	7	18	3	417600	431322	梅苑开发区

国民经济与社会发展

【综合】2017年，全市初步核算，实现地区生产总值1544.98亿元，同比增长8.5%。其中：第一产业增加值215.96亿元，同比增长4.1%；第二产业增加值724.72亿元，同比增长7.1%；第三产业增加值604.29亿元，同比增长12.0%。按常住人口计算，全市人均GDP 39555元，增长7.8%。

全市三次产业结构由上年14.7∶47.8∶37.5调整为14.0∶46.9∶39.1，第三产业占比提高1.6个百分点，三次产业对全市经济增长贡献率分别为6.7%、41.5%和51.8%，分别拉动全市GDP增长0.6个、3.5个和4.4个百分点。全市非公有制经济增加值697.13亿元，增长7.8%，占地区生产总值比重为45.1%，对全市经济增长贡献率为42.2%。

全市公共财政预算收入115.62亿元，同比增长10.5%，其中地方财政收入70.29亿元，增长5.2%。全市公共财政预算支出277.84亿元，增长3.8%，其中，教育、科技、文化、交通、医疗卫生、节能环保、社会保障与就业、城乡社区事务、农林水、住房保障等民生支出206.43亿元，占全市财政支出比重达74.3%。

表3　2017年娄底市财政收入和支出情况表

指　标	绝对数(万元)	增长(%)
公共财政预算收入	1156223	10.5
地方财政收入	702890	5.2
其中：税收收入	417569	16.4
非税收入	285321	-7.7
上划中央级税收	365031	19.0
上划省级税收	88302	24.0
公共财政预算支出	2778358	3.8
其中：一般公共服务支出	383816	29.4
教育支出	493858	5.7
科学技术支出	11932	37.7
文化体育与传媒支出	34540	12.1
社会保障和就业支出	449580	3.0
医疗卫生与计划生育支出	298360	-12.6
节能环保支出	50598	-27.0
城乡社区事务支出	179306	39.6
农林水事务支出	346168	20.4
住房保障支出	96814	-39.5

全市居民消费价格比上年上涨1.5%，其中食品烟酒类下降2.6%，衣着类上涨1.3%，居住类上涨4.0%，生活用品及服务类上涨2.0%，交通和通信类上涨2.0%，教育文化和娱乐类上涨0.6%，医疗保健类上涨14.0%，其他用品和服务类上涨1.9%。全市工业生产者出厂价格上涨5.8%，工业生产者购进价格上涨7.2%。

【农业】2017年，全市农林牧渔业总产值344.55亿元，同比增长4.2%。其中，农业产值144.55亿元，增长5.5%；林业产值6.92亿元，增长10.0%；牧业产值174.04亿元，增长2.6%；渔业产值17.0亿元，增长6.8%，农林牧渔服务业产值2.04亿元，增长9.8%。

全市粮食种植面积278.8千公顷，同比增长0.4%；蔬菜种植面积49.82千公顷，增长10.6%；油料种植面积40.78千公顷，增长3.0%。全市粮食总产量165.3万吨，增长2.6%；蔬菜产量175.72万吨，增长11.8%；油料产量5.40万吨，增长5.6%；肉类产量42.90万吨，增长6.5%；禽蛋产量3.05万吨，增长1.9%；水产品产量9.79万吨，增长7.2%。生猪出栏527.34万头，增长4.7%；牛出栏19.05万头，增长0.6%；羊出栏35.5万头，增长2.3%，家禽2058.96万羽，增长0.3%。

全市财政资金中农林水事务支出34.62亿元，占全市公共财政预算支出12.5%。全年开工水利建设工程6万处，投入资金9.88亿元，完成土石方7500万立方米，新增农田有效灌溉面积5.36万亩，新增节水灌溉面积6.71万亩，治理水土流失面积31.74平方千米。完成农村公路提质改造696千米，农村公路安保设施建设700千米。

【工业和建筑】2017年，全市实现全部工业增加值638.69亿元，同比增长7.3%。规模以上工业增加值增长8.7%，其中非公有制规模以上工业增加值增长7.5%。在规模以上工业中，按经济类型分，国有企业基本持平；集体企业下降12.0%，股份制企业增长11.6%，外商及港澳台投资企业增长11.0%。按企业规模分，大中型企业增长9.6%，小微型企业增长7.8%。按行业分，农副食品加工业增长30.6%，医药制造业增长18.7%，非金属矿物制品业基本持平，石油加工、炼焦和核燃料加工业下降22.6%，黑色金属及压延加工业增长10.7%，有色金属及压延加工业下降

21.4%,通用设备制造业下降0.1%,专用设备制造业增长18.8%。

全市省级及以上园区规模工业增加值同比增长11.3%,占全市规模以上工业增加值比重为68.5%。全市高加工度工业增加值增长12.2%,高技术产业增加值增长16.9%。全市六大高耗能行业增加值增长2.7%,占规模以上工业增加值比重为37.3%,比上年同期下降4.3个百分点。

全市重点监测10种主要工业产品产量中,原煤产量680.38万吨,同比下降13.2%;生铁950.2万吨,下降1.6%;粗钢1053.6万吨,增长8.0%;钢材1245.5万吨,增长21.1%;氮肥(折纯)4.26万吨,下降82.3%;发电量122.43亿千瓦时,增长5.0%;焦炭413.2万吨,下降2.2%;纯碱15.62万吨,增长0.9%;锑品6.52万吨,增长5.5%;水泥1419.7万吨,下降1.1%。

全市规模以上工业企业实现利润总额128.6亿元,同比增长72.9%。分经济类型看,国有企业盈利2180万元;集体企业盈利1.54亿元;股份制企业盈利110.29亿元,增长63.7%;外商及港澳台投资企业盈利12.89亿元。

全市建筑业增加值86.47亿元,增长5.9%;全市具有建筑资质等级总承包和专业承包建筑业企业133家,完成建筑业总产值296.24亿元,增长17.0%。房屋建筑施工面积1286.11万平方米,增长9.8%,房屋建筑竣工面积678.48万平方米,增长12.1%。

【固定资产投资】2017年,全市施工项目2904个,同比增长7.1%,新开工项目2245个,增长10.3%,投产项目1910个,减少1.5%。全市完成固定资产投资1376.32亿元,增长14.7%。分类型看,国有投资550.95亿元,增长20.8%,非国有投资825.37亿元,增长10.9%,其中,民间投资792.65亿元,增长9.8%,占全部投资比重为57.6%。分产业看:第一产业投资89.47亿元,增长32.2%;第二产业578.52亿元,增长16.9%;第三产业708.33亿元,增长11.1%,第三产业投资占全市投资比重为51.5%,超过第二产业占比9.5个百分点。全市采矿业完成投资51.38亿元,同比下降10.5%,制造业投资453.54亿元,增长16.1%,基础设施投资389.77亿元,增长27.6%,高技术产业投资86.04亿元,增长30.4%,战略性新兴产业投资321.24亿元,增长12.5%,生态环境投资57.28亿元,下降14.7%。

全市房地产开发投资73.05亿元,同比下降21.4%。其中住宅投资53.4亿元,下降18.1%,办公楼投资0.56亿元,下降24.7%,商业营业用房投资12.02亿元,下降39.7%。商品房销售面积292.4万平方米,增长20.8%,其中期房销售面积226.49万平方米,现房销售面积65.88万平方米。商品房销售额117.53亿元,增长32.5%,其中,住宅销售额96.28亿元,增长46.8%。商品房待售面积60.8万平方米,下降24.8%。

【贸易外经】2017年,全市完成社会消费品零售总额537.44亿元,增长10.8%。按经营地分,城镇消费品零售额453.97亿元,增长10.6%,乡村消费品零售额83.47亿元,增长11.5%。按消费类型分,商品零售额493.79亿元,增长11.2%,餐饮收入额43.65亿元,增长6.3%。按限额类别分,限额以上单位零售额238.86亿元,增长14.8%;限额以下零售额298.59亿元,增长7.7%。限额以上批零企业商品零售额中,粮油、食品类32.43亿元,增长42.3%;服装鞋帽针纺织品类15.26亿元,增长18.9%;化妆品类2.82亿元,增长7.0%;金银珠宝类3.0亿元,增长19.9%;日用品类7.87亿元,增长3.7%;家用电器和音像器材类27.29亿元,增长10.2%;五金电器类10.37亿元,增长18.9%;石油及制品类30.49亿元,增长14.9%;汽车类67.56亿元,增长18.4%。全市实现进出口总额81.78亿元,同比增长37.6%,其中,出口额20.42亿元,增长34.4%,进口额61.36亿元,增长38.7%。在出口货物中,从贸易方式看,一般贸易出口7.04亿元,加工贸易出口0.36亿元;从重点商品看,机电产品出口1.99亿元,高新技术产品出口4.83亿元,农产品出口0.69亿元。全市规模工业企业出口交货值17.61亿元,增长13.7%。全市实际利用外资4.62亿美元,增长16.1%,全市内联引资到位资金606.44亿元,增长17.6%。

【交通、邮电、旅游】2017年,全市公路货运量10355万吨,同比增长15.7%;货物周转量109.14亿吨千米,增长20.7%;公路客运量5451万人,减少9.4%;旅客周转量16.89亿人千米,下降3.5%。年末全市公路(不含高速公路)线路里程14717.5千米,高速公路里程319.8千米。全市民用汽车保有量31.3

万辆，增长11.5%，其中私人汽车保有量29.5万辆，增长13.3%。

全市完成电信业务总量42.0亿元(按2015年不变价计算)，增长58.1%，邮政业务总量5.75亿元(按2010年不变价计算)，增长46.2%。年末全市固定电话用户25.41万户，减少7.7%；移动电话用户328.47万户，增长16.9%；互联网宽带用户66.97万户，增长23.3%。

全年旅游者总人数3466.12万人次，增长21.3%，其中国内旅游者3463.67万人次，增长21.3%。实现旅游总收入251.38亿元，增长25.0%，其中国内旅游收入250.86亿元，增长25.0%。

【金融】2017年，全市金融机构各项存款余额1716.19亿元，比年初增加207.76亿元，其中住户存款余额1178.64亿元，比年初增加136.21亿元，非金融企业存款余额242.83亿元，比年初增加19.4亿元；年末金融机构各项贷款余额890.23亿元，比年初增加50.58亿元，其中住户贷款331.97亿元，比年初增加54.04亿元，非金融企业及机关团体贷款558.26亿元，比年初减少3.47亿元。

表4 2017年娄底市金融机构本外币存贷款余额及增速情况表

指　标	年末余额(万元)	增长(%)
金融机构本外币各项存款余额	17161879	13.8
其中:住户存款	11786415	13.1
非金融企业存款	2428283	9.2
广义政府存款	2933102	21.3
非银行业金融机构存款	10662	-30.5
境外存款	3418	3.5
全年新增本外币各项存款	2077641	-7.1
金融机构本外币各项贷款余额	8902294	6.0
其中:住户贷款	3319650	19.5
非金融企业及机关团体贷款	5582587	-0.6
个人住房消费贷款	1359330	14.0
中小微企业贷款	2605763	5.8
农、林、牧、渔业贷款	73000	9.5
制造业贷款	1086884	-12.8
全年新增本外币各项贷款	505780	3.2
金融机构人民币各项存款余额	17135439	13.8
金融机构人民币各项贷款余额	8805507	6.1

全市10家证券公司营业部完成证券交易额1282.4亿元，同比下降20.1%；2家期货公司完成成交金额1316.38亿元，下降8.4%。28家保险公司实现原保险保费收入51.14亿元，增长25.0%，其中财产保险收入13.76亿元，增长16.9%，寿险收入33.01亿元，增长26.6%，健康险收入3.78亿元，增长49.6%，意外伤害险收入0.59亿元，增长9.9%；各项赔款与给付支出18.53亿元，增长16.7%，其中财产保险赔付7.94亿元，增长29.0%，寿险赔付9.3亿元，增长3.2%，健康险赔付1.12亿元，增长102.3%，意外伤害险赔付0.17亿元，增长12.2%。

【教育和科学技术】2017年，全市普通高等教育招生0.90万人，在校生2.92万人，毕业生0.67万人；各类中等职业教育招生1.24万人，在校生3.51万人，毕业生0.99万人；37所普通高中招生2.67万人，在校生7.95万人，毕业生2.37万人；244所初中学校招生5.04万人，在校生14.53万人，毕业生4.68万人；759所普通小学招生6.04万人，在校生34.08万人，毕业生5.04万人；特殊教育招生191人，在校生500人，毕业生26人；幼儿园在园幼儿13.32万人；各类民办学校718所，在校学生15.15万人。

全市完成高新技术产业总产值1125.5亿元，同比增长21.0%；高新技术产业增加值218.8亿元，增长17.6%。全市申请专利1871件，其中发明专利申请309件；全市专利授权1143件，同比增长4.6%，其中发明专利授权106件，同比增长16.5%。

【文化、卫生和体育】2017年，全市有艺术表演团体5个，群众艺术馆和文化馆6个，博物馆和纪念馆4个，公共图书馆6个，国家级非物质文化遗产保护目录4个，省级非物质文化遗产保护目录7个。出版报纸4种，报纸总印数1498.8万份，出版期刊1种，期刊出版总印数0.6万册。放映农村公益电影3.92万场。全市有广播电台5座，电视台5座，有线电视用户59.16万户，电视综合人口覆盖率99.67%，广播综合人口覆盖率99.79%。

年末有医疗卫生机构3883个，其中医院86个，乡镇卫生院77个，社区卫生服务中心14个，村卫生室3409个，诊所、卫生室、医务室254个，妇幼保健机构6个，疾病预防控制中心6个。卫生技术人员20708人，其中执业医师及执业助理医师9975人，注册护士 7324 人。医疗卫生机构床位 25098 张，其中医院 17727 张，乡镇卫生院 5872 张，妇幼保健机构 1067 张，社区卫生服务中心 372 张。

全市各类体育场地 5180 个，其中体育馆 15 座，运动场 384 个，游泳池 31 个，各种训练房 248 个。开展全民健身项目 165 项次，经常参加体育锻炼人数达到 186 万人次，新建农民体育健身工程行政村 60 个。获全国冠军 3 个，全国冠军分别为第十三届全运会女子 200 米，女子 4×100 米接力，女子 4×400 米接力三块金牌，实现全市在全运会上金牌零突破。

【资源、环境和安全生产】2017 年，全市实施地质勘查项目（含续作项目）8 个，实施老矿山边深部找矿项目 3 个，完成资源整合重点矿区 3 个。全年水资源总量 67.81 亿立方米，平均年降水量 1445.8 毫米，年末全市大型水库蓄水总量 7551 万立方米，总用水量 15.16 亿立方米。

全年完成造林面积 1 万公顷，全市活立木蓄积量 1508.8 万立方米，森林覆盖率为 50.25%。实际监测地表水断面中，满足Ⅲ类标准及以上断面比例 95.24%；全年中心城区环境空气质量优良天数达到 318 天，优良率为 87.1%；中心城区污水处理率达 97.05%，比上年提高 6.41 个百分点，城市生活垃圾无害化处理率 100%。中心城区建成区面积 49.8 平方千米，城市人均公园绿地面积 9.61 平方米。

全年能源消费总量同比增长 2.12%，万元地区生产总值能源消耗量下降 5.87%。全年规模工业综合能源消费量下降 2.2%，万元规模工业增加值能源消耗量下降 9.4%。

全年发生各类生产经营性安全事故 32 起，死亡 43 人，其中道路交通事故 7 起，死亡 6 人。亿元 GDP 事故死亡人数为 0.0278 人，工矿商贸从业人员十万人事故死亡人数 2.22 人，煤矿百万吨煤死亡人数 1.844 人，道路交通万车死亡人数 1.834 人。

【人民生活与社会保障】2017 年，全市居民人均可支配收入 16813 元，同比增长 9.8%，扣除价格因素影响实际增长 8.2%；其中城镇居民人均可支配收入 25634 元，增长 8.3%，扣除价格因素影响实际增长 6.7%。城镇居民收入中，工资性收入 15074 元，经营净收入 1970 元，转移净收入 7199 元，财产净收入 1392 元。农民人均可支配收入 10530 元，增长 10.5%，扣除价格因素影响实际增长 9.2%，其中工资性收入 5173 元，经营净收入 2102 元，转移净收入 3172 元，财产净收入 83 元。

全市居民人均消费支出 13345 元，同比增长 8.3%，其中城镇居民人均消费支出 17734 元，增长 6.4%；农民人均消费支出 10220 元，增长 9.5%。城镇居民家庭人均住房面积 45.1 平方米，农村居民人均住房面积 72.1 平方米。

全市新增城镇就业人员 3.79 万人，帮助失业人员实现再就业 1.81 万人，城镇登记失业率为 4.39%。年末参加企业职工基本养老保险人数 40.05 万人，参加机关事业单位基本养老保险人数 13.92 万人，参加城乡居民基本养老保险人数 192.16 万人；参加基本医疗保险人数 397 万人，其中城乡居民基本医疗保险 360.26 万人，城镇职工基本医疗保险 36.74 万人；参加失业保险职工人数 33.01 万人，全年领取失业保险金职工人次为 3.17 万人。参加工伤保险职工人数 40.5 万人。参加生育保险职工人数 20.58 万人。全市有 4.78 万人享受城镇居民最低生活保障，发放城镇居民最低生活保障经费 1.99 亿元；8.04 万人享受农村居民最低生活保障，发放农村居民最低生活保障经费 2.12 亿元。年末各类福利机构床位数 23246 张，各类社会福利单位收养人员数 14623 人。城镇各种社区服务设施 520 个，其中综合性社区服务中心 258 个。全年销售社会福利彩票 36100 万元，筹集福彩公益金 10030 万元，直接接收社会捐赠 702.3 万元。

重要会议

【娄底市政协五届一次会议】1 月 4 日，备受瞩目的政协娄底市第五届委员会第一次会议隆重开幕。来自全市各条战线政协委员齐聚一堂，积极履行政治协商、民主监督、参政议政职能，为建设富饶美丽健康祥和新娄底贡献力量。

市委书记李荐国出席开幕大会并作重要讲话。省委督导组组长刘越高，市委副书记、市长杨懿文，市委副书记何文君等出席会议并在主席台前排就座。

本次大会由主席团常务主席姚兵、易南斌、刘继清、邵瑛、李德仁、肖扬、席伏应、李赛斌、苏旻、李利文、罗孝贵主持。

所有在家的市委、市人大、市政府、市政协、娄底军分区领导，部分离退休老领导，市中级人民法院、市人民检察院、娄底市委党校、湖南人文科技学院、娄底职业技术学院、涟钢集团等有关方面主要负责在主席台就座。

在娄第十一届省政协委员，省委督导组成员，领导班子中没有第五届市政协委员市直正处以上单位主要负责人，部分异地娄底（湖南）商会会长应邀列席会议。本次大会应到委员334名。因事、因病请假5名，实到329名，超过应到委员半数，符合政协章程规定。

8时30分，大会正式开幕，会场内全体起立，奏唱《中华人民共和国国歌》。

李荐国代表中共娄底市委向大会召开表示热烈祝贺，对过去四年全市政协工作取得成绩予以高度肯定。他说，四年来，四届市政协高举团结和民主两大旗帜，与市委、市政府同心同向，紧紧围绕全市中心工作与发展大局，锐意创新，积极作为，忠诚履职，同舟共济，为全市经济社会发展做出重要贡献，得到上级领导和社会各界充分肯定。

李荐国指出，未来五年，是娄底“加速转型、奋力赶超”、全面建成小康社会关键时期。市第五次党代会立足全国全省战略布局，描绘“坚持‘加速转型、奋力赶超’，向‘一核’靠拢，为‘四带’增色，争当‘核’里新力量，力创‘带’中特色城，全面建成小康社会，奋力建设富饶美丽健康祥和新娄底”宏伟蓝图，明确今后五年奋斗目标。要把蓝图变成现实、把愿景变成实景，需要包括人民政协在内全市广大干部群众共同奋斗。各级政协务必切实把准政治方向，担当时代使命，认真履行职责，在建设富饶美丽健康祥和新娄底生动实践中付诸行动、彰显智慧、展示政协风采。

李荐国强调，一要始终坚持党的领导，牢牢把握人民政协事业正确方向。要切实加强政治引领，坚决维护党的领导地位；努力践行协商民主，不断厚植党的执政优势；广泛汇聚智慧力量，积极服务党的各项事业。二要积极主动作为，在建设富饶美丽健康祥和新娄底的伟大进程中担当尽责，贡献力量。各级政协要充分发挥在协调关系、汇聚力量、建言献策、服务大局等方面独特优势，扎实履行政治协商、民主监督、参政议政三大职能，切实做到建净言、献良策，凝真心、聚合力，建实功、谋实业。三要突出主体地位，充分发挥委员主体作用。要切实强化委员意识，担当政治责任，主动履职尽责；要大兴学习之风，加强能力培育，提升委员素质，切实增强广大委员政治把握能力、调查研究能力、联系群众能力、合作共事能力，真正做到懂政协、会协商、善议政、敢担当、有作为；要深刻倍加珍惜政治荣誉，倍加珍惜自身形象，坚持讲诚信，讲品质，重声誉，像爱护自己眼睛一样爱护自己信誉，树立诚实守信、遵纪守法、勤勉敬业、服务奉献良好形象，成为诚信娄底建设标兵，成为文明娄底一道亮丽风景线。四要优化工作环境，大力支持人民政协履行职能。全市各级党委要进一步重视政协、支持政协、服务政协，不断完善协商机制，不断强化工作保障，为人民政协事业创造良好发展环境。

姚兵代表政协娄底市第四届委员会常务委员会，向大会报告工作。他说，四年来，在中共娄底市委坚强领导下，市政协四届委员会认真学习贯彻中共十八大，十八届三中、四中、五中、六中全会精神和习近平总书记系列重要讲话精神，紧紧围绕全市中心工作，认真履行政治协商、民主监督、参政议政职能，推动社会主义协商民主广泛多层制度化发展，为矢志转型，奋力赶超，加快建成全面小康娄底汇聚智慧力量，作出积极贡献。接着，姚兵从六个方面，全面回顾政协娄底市第四届委员会常务委员会过去四年工作。一、着眼团结合作，学习教育全面加强；二、聚焦改革发展，政治协商扎实有效；三、坚持问题导向，民主监督深入推进；四、汇聚各方智慧，参政议政卓见成效；五、参与中心工作，服务大局奋发有为；六、创新队伍管理，自身建设活力迸发。

姚兵指出，回顾过去四年工作，很多宝贵经验与体会，值得总结与传承：必须始终坚持党的领导，牢牢把握政协工作的正确方向；必须始终服务发展大局，善于选择协商议政切入点；必须始终突出工作主题，巩固发展生动和谐良好局面；必须始终注重改革创新，积极推动人民政协协商民主广泛多层制度化发展；必须始终狠抓队伍建设，不断夯实人民政协履职根基。

姚兵强调，今后五年，是全市矢志转型创新、决战脱贫攻坚、全面建成小康社会关键时期。市政协工作要紧紧围绕市第五次党代会确定目标任务，进一步维护核心、服务中心、贴近民心、凝聚人心、增强信心，努力做到协商民主有新发展，合作共事有新加强，服务大局有新成效，助力民生有新气象，为建设富饶美丽健康祥和新娄底做出新的更大贡献。要加强学习，进一步筑牢思想基础，广泛凝聚人心；主动献计出力，进一步助推转型发展，服务小康建设；抓实民主监督，进一步推动工作落实，促进民生改善；创新履职思路，进一步完善协商机制，开拓工作新局；注重强基固本，进一步加强自身建设，树优政协形象。

市委常委、市政府党组副书记张希慧代表市委、市政府向大会通报市政协四届四次会议委员大会发言办理情况。受政协娄底市第四届委员会常务委员会委托，刘继清向大会作提案工作报告。

会上，4名委员代表各界别作大会发言，4名委员作书面发言。

【娄底市五届人大一次会议】1月5日，娄底市五届人大一次会议隆重开幕。来自全市各行各业、各条战线人大代表，肩负人民重托与期望，共聚一堂，共商发展大计。

本次大会由李荐国、谢志雄、肖有胜、赵应良、颜桂兰、龚彧、陈明华、杨金含、钟楠修、彭增光、袁跃进、邓光吕担任执行主席。李荐国主持大会。省委派驻全市“两会”现场督导组组长刘越高到会指导，并在主席台就座。

在娄的十二届全国人大代表，市委原常委，市人民政府副市长、副市长提名人选，副厅级干部，市政协副主席、副主席提名人选，娄底军分区主要首长、副师职领导干部，市中级人民法院院长提名人选，市人民检察院检察长，市委党校、娄底职业技术学院负责人，省属行政、企事业单位负责人，市五届人大代表中的离退休市级老领导，曾担任过市级正职的在娄离退休老领导，近5年退休曾担任过市人大常委会正厅级干部、副主任老领导等在主席台就座。

本次大会应到代表407人，因事因病请假9人，实到代表398人，符合法定人数。8时30分，大会主席团常务主席、执行主席李荐国宣布大会开幕，全场起立，奏唱国歌。

在热烈的掌声中，市人民政府市长杨懿文作政府工作报告。报告分为四大部分：一是过去四年和2016年工作回顾；二是未来五年主要目标和任务；三是2017年工作重点；四是加强政府自身建设。

杨懿文说，过去四年，是宏观经济形势极其复杂、全市发展极不平凡四年，是全市经受重大挑战、并取得丰硕成果四年。在市委坚强领导下，全市上下深入贯彻党的十八大和十八届三中、四中、五中、六中全会精神，认真落实省委、省政府决策部署，主动适应发展新常态，深入践行发展新理念，大力实施融城发展、娄商返娄、对接大长沙战略，全面完成六个“四年行动计划”，部署推进七个“三年行动计划”，努力开创全市经济社会发展新局面，奋力谱写“加速转型、奋力赶超”新篇章。

杨懿文说，2016年，是本届政府收官之年。一年来，我们坚持加速转型、奋力赶超，以供给侧结构性改革为主线，以提高质量效益为中心，着力谋长远、打基础、抓关键、惠民生，以钉钉子精神抓好“十三五”规划落地落细落实，狠抓项目建设、扩投资、稳增长、增后劲，创新思路出实招、解难题、补短板，加快谋划城镇规划、建设和管理，多措并举推动精准扶贫、精准脱贫，着力办好民生实事，实现“十三五”良好开局。2016年，预计地区生产总值增长8.0%，固定资产投资增长14.1%，社会消费品零售总额增长11.8%，一般公共预算收入、地方收入分别增长9.66%、13.69%，城乡居民收入分别增长8.1%、10.1%，主要经济指标增速在全省排位明显前移。

杨懿文指出，未来五年，是我国深化供给侧结构性改革、全面建成小康社会重要时期，是湖南省实施“创新引领、开放崛起”战略、建设“五个强省”关键时期，是全市“加速转型、奋力赶超”、建设富饶美丽健康祥和新娄底攻坚时期。站在新的发展起点，我们要以更加开放的姿态、更加开明的胸怀、更加宽广的视野，立足全国“一带一路”和湖南“一带一部”战略布局，在全省“一核三极四带多点”新格局中，找准娄底发展坐标，积极付诸“娄底行动”，向“一核”靠拢，为“四带”增色。

今后五年政府工作总体思路是：高举中国特色社会主义伟大旗帜，以邓小平理论、“三个代表”重要思想、科学发展观为指导，深入学习贯彻习近平总书记系列重要讲话精神，认真落实省第十一次党代会和市第五次党代会精神，全面贯彻五大发展理念，以供给侧结构性改革为主线，以七个“三年行动计划”为抓手，坚持转型创新，矢志攻坚克难，坚决打赢转型发展、脱贫攻坚、生态环境治理攻坚战，确保如期全面建成小康社会，努力建设富饶美丽健康祥和新娄底。

未来五年奋斗目标是：地区生产总值年均增长

8.5%以上;固定资产投资年均增长15%以上;一般公共预算收入、地方收入年均增长9%以上;规模以上工业增加值年均增长9%以上;社会消费品零售总额年均增长12%以上; 城乡居民人均可支配收入年均增长10%以上;城镇登记失业率控制在4.6%以内,全力争创全国资源型城市转型发展示范城市, 打造大长沙拓展区, 建设沪昆高铁经济带重要支点城市和山水相融、宜居宜业、众人向往现代化城市。

实现五年奋斗目标,我们必须把中央和省委、省政府战略部署,与全市具体实际结合起来,按照市第五次党代会总体要求,矢志加快转型创新,构建产业新体系;全力推进开放崛起,拓展发展新平台;深入践行绿色发展, 打造生态新优势; 决战决胜脱贫攻坚,增进人民新福祉。

杨懿文说,2017年,是供给侧结构性改革深化之年,也是全市推进七个"三年行动计划"关键之年。必须按照中央、省委和市委经济工作会议精神,一项一项抓好落实。

2017年预期目标是:地区生产总值增长8.5%左右,其中一、二、三产业分别增长3.5%、8%、11%以上;固定资产投资增长18%以上,规模工业增长8.5%以上,社会消费品零售总额增长12%以上;一般公共预算收入、地方收入均增长9%以上;城乡居民人均可支配收入分别增长8.5%、10.5%以上; 节能降耗完成省定目标任务。

杨懿文强调,实现今年预期目标,必须着力抓好七个方面工作: 一要着力扩大有效投资。强力推进PPP项目,确保10个以上项目在今年开工,年度总投资达到400亿元以上;加快推进重大项目建设,继续开展"项目建设大比拼"活动,重点推进400个重大项目、60个重特大项目、10个标志性工程项目,确保完成投资800亿元以上; 以革命性举措优化发展环境,强化"娄底意识",坚决与娄底发展共荣辱、同进退,不管是党员干部,还是普通群众,都要当项目建设"促进派""主攻手",不要当"反对派""守门员",以湘军精神打好项目建设大会战。二要着力加快转型升级。加快打造工业升级版,全面提升现代服务业,推进农业供给侧结构性改革。三要着力建设美丽家园。建设品质中心城区、秀美县城、特色小镇、美丽乡村;提升城市规划建设管理水平,推动城市标准化、网格化、精细化和信息化管理。四要着力补齐县域经济、园区经济、开放型经济以及金融等主要短板,增强全市经济社会发展动力。五要着力实施脱贫攻坚。把脱贫攻坚作为"十三五"头等大事和"第一民生"工程来抓,开展"四跟四走"产业扶贫,推进教育扶贫,强化基础设施与基本公共服务扶贫,加强金融扶贫,拓展社会扶贫,加强对五保人员、零就业家庭、因病因学返贫等人员兜底保障,坚决防止虚假脱贫、口号脱贫、数字脱贫,让贫困群众有实实在在获得感。六要着力深化改革创新。以更大决心和勇气推进改革,积极探索"娄底版"改革,力争在产业培育、科技创新、园区管理、城市规划建设管理、农业农村发展、特色小镇建设、征地拆迁和社会治理等方面,取得新突破。推进以科技创新为核心全面创新,建立产业技术创新联盟,实施"质量强市""娄品工程"。七要着力增进民生福祉。加快发展教育、医疗、体育、文化等社会事业,切实加强社会保障,不断创新社会治理;全面推进生态整治,加强国防后备力量建设。

杨懿文强调,2017年,全市上下要集中精力抓好以下民生实事: 一是完成31166人异地扶贫搬迁任务,确保11.68万人脱贫,217个贫困村摘帽。二是完成城市棚户区改造26603户,分配公租房13798套,发放租赁补贴16702户。三是全面实施农村建制村全科医生或助理全科医生驻村全覆盖行动计划。四是实现全市偏远山区中小学校Wi-Fi无线网络全覆盖。五是新增城镇就业3.6万人,新增农村劳动力转移就业3.5万人。六是打通吉星路、娄星路、甘桂路等断头路,全面提升中心城区规划建设管理水平。七是全面实现中心城区城乡公交一体化。八是开通长沙—娄底—新化低空旅游观光航线。九是全面实施湘江、资江娄底流域截污和水体治理行动。十是完成娄底大道娄双段、冷新段主体工程,同步实施沿娄底大道自行车慢行系统项目, 以及中心城区国际马拉松赛道项目。

关于政府自身建设,杨懿文强调,要坚决破除思想坚冰,努力建设开放政府。以开放意识、国际视野、包容胸怀,搬掉思想保守"大山"。只要是有利于娄底发展的事, 只要是能造福娄底人民的事, 只要是市委、市政府已经决定的事,我们就要大胆地干,撸起袖子加油干,一刻也不耽误地干。要切实强化法律思维,努力建设法治政府。加快立法,带头守法,坚决做到一切政府行为在法律轨道上运行, 让每一个决策和每一项事业,经得起历史和人民检验。要全面提高工作标准,努力建设效能政府。坚决不搞形象工程和政绩工程，让财政每一分钱都花在刀刃上。发扬工匠精神，一丝不苟、精益求精，把每一项工作、每一个项目，干到最高标准，以一个又一个单项冠军，赢得全能冠军。要始终坚守红线底线，努力建设廉洁政府。坚决落实全面从严治党要求，全面履行“一岗双责”党风廉洁建设责任制，坚决治理不正之风，从解决发生在群众身边腐败问题抓起，严厉打击“雁过拔毛”式腐败，做到有案必查、有腐必惩。

最后，杨懿文说，全面建成小康、实现赶超进位，是时代赋予我们光荣使命，是全市人民共同愿望。让我们紧密团结在以习近平为核心的党中央周围，在省委、省政府和市委坚强领导下，勇于变革、敢于创新，不忘初心、奋力前进，为建设富饶美丽健康祥和新娄底努力奋斗。

会议审查娄底市2016年国民经济和社会发展计划执行情况与2017年国民经济和社会发展计划（草案）的报告（书面）、娄底市2016年全市及市级财政预算执行情况与2017年全市及市级财政预算（草案）的报告（书面），表决通过《娄底市第五届人民代表大会第一次会议选举办法》。

【娄底市委召开农村工作会议】2月27日，市委农村工作会议召开，市委副书记、市长杨懿文出席会议并作重要讲话，市委副书记何文君主持会议。2016年，全市农业产值稳步增加，增长速度不断加快。农业增加值达到207.22亿元，增幅排名全省第一。农产品加工企业达1150家，同比增加20家。农民收入持续快速增长，全年实现农村居民人均可支配收入9529元，增幅排名全省第四。脱贫攻坚三年行动计划有序有力推进，减少建档立卡贫困人口9.2万人，18个贫困村退出。全市完成造林14.05万亩，通道绿化建设2060公里，全市森林覆盖率达到50.21%。4大类20项重点改革扎实推进，改革效果凸显。

杨懿文强调，要以满足农民有效需求为方向，深入推进农业供给侧结构性改革。要将农业供给侧结构性改革，与工业和服务业供给侧结构性改革结合起来。以抓工业思维抓农业，加强土地流转，发展规模农业和龙头企业，发展农产品精深加工产业，发挥规模效益，提高农业综合竞争力；以工业先进技术，发展精细农业，坚持质量兴农、品牌强农、效益富农，提高农业比较效益。与服务业供给侧结构性改革相结合，就是要以全域旅游为平台，大力发展休闲农业、观光农业、体验式农业。要运用“互联网+”思维，以发展电子商务为重点，加快农村现代流通体系建设，全面打通城乡要素快速流动通道，使农业能参与生产、加工、流通等各个环节利润分配，提高农业综合效益。

杨懿文指出，要将农业供给侧结构性改革，与特色小镇建设、新农村建设结合起来。坚持以“人”为中心，推进农业供给侧结构性改革。通过加强特色小镇建设，让有能力走出来的人走出来，让符合异地扶贫搬迁的人搬出来，让他们到附近城镇来居住、来务工、来生活。通过新农村建设，让农民生产生活条件好起来，提高农村吸引力，鼓励和支持市民特别是城市能人、创客，到农村去创新创业，带动农村发展。

杨懿文强调，要将农业供给侧结构性改革，与脱贫攻坚结合起来。农业供给侧结构性改革目的有三个，农业增效、农民增收、农村增绿。这与脱贫攻坚主要任务，是完全一致。我们要把脱贫攻坚政策和资金，与农业供给侧结构性改革政策和资金，捆绑起来进行使用，做到相辅相成、相互促进；要把脱贫攻坚安排人员力量，与推进农业供给侧结构性改革力量，进行统筹安排，一队人马，两项任务，两种责任；要把精准脱贫与精准改革结合起来，碰到问题一起研究，一起解决。要将农业供给侧结构性改革，与农业农村总体改革结合起来。在突出发展生产力同时，注重体制改革、机制创新，增强内生发展动力，在不折不扣推进落实中央和省定各项改革基础上，大胆探索和推进一些“娄底版”改革。

杨懿文要求，要像抓安全生产一样，全面抓好农业农村安全。要着力抓好农村生态环境治理，还农村一个山清水秀原生态，让广大农村成为众人向往的地方。

各县市区人民政府向市人民政府递交2017年度防汛抗旱、森林防火、重大动物疫病防控和农产品质量安全工作责任状。

【娄底市召开坚决打赢脱贫攻坚战誓师大会】4月24日，娄底市召开坚决打赢脱贫攻坚战誓师大会，贯彻落实习近平总书记扶贫开发重要战略思想和省委、省政府重大决策部署，安排落实脱贫攻坚突出问题集中整改工作。市委书记、市人大常委会主任李荐国强调，要以对党的绝对忠诚和对人民高度负责态度，苦干实干，精准发力，坚决打赢脱贫攻坚战，确保如期完成脱贫攻坚任务。市委副书记、市长杨懿文主持会议。

省扶贫办副主任贺丽君到会指导。何文君、姚兵、谢志雄、徐勇、华学健、张希慧、吴建平、欧友生、陈蕾、向世聪、尹华凯等市委、市人大、市政府、市政协领导出席会议。

会议宣读娄底市脱贫攻坚工作在全省考核结果、脱贫攻坚突出问题集中整改方案、娄底市脱贫攻坚工作“十条禁令”,通报涟源市古塘乡易地扶贫搬迁项目围标串标案处理结果、娄底市对2016年脱贫攻坚工作相关单位和个人处理情况。会上,李荐国向5个县市区、娄底经开区交办脱贫攻坚突出问题整改落实任务书,各县市区委书记、乡镇党委书记代表、驻村帮扶工作队队长代表分别作宣誓表态发言。

李荐国说,今天的誓师大会,是对脱贫攻坚战再动员、再部署、再出发。这个会有很浓辣味和火药味,目的是希望大家有所触动、有所震动,工作变被动为主动。脱贫攻坚既然是一大战役,是“打仗”,就要搞清楚谁是扶贫攻坚的“敌人”:第一个敌人是已经发现和即将要全面排查扶贫工作中大大小小问题;第二大敌人就是各级领导干部思想麻痹、作风漂浮、急功近利。这是当前娄底扶贫攻坚最大的敌人,思想根子上问题不解决好,脱贫攻坚战就打不赢。

李荐国强调,一是务必提高政治站位,以实际行动贯彻落实习近平总书记关于扶贫开发工作重要讲话精神和省委、省政府重大决策部署,深刻认识打赢脱贫攻坚战艰巨性和紧迫性,努力把脱贫攻坚欠账补上去。二是务必把自己摆进去,做到扪心自问,反躬自省,深刻吸取教训。把自己摆进去,就是要“由人及己”“设身处地”“身临其境”,有亲身遭受“痛感”,看别人现象,查自己问题,对照反思,做好自查、自剖、自改工作。要扪心自问:一问思想上重视程度高不高,看是否真正把脱贫攻坚作为头等大事、第一民生工程和重大政治任务;二问政绩观正确不正确,看是否真正坚持以人民为中心的发展观,是否存在急躁冒进情绪和形式主义行为;三问扶贫政策知晓不知晓,看中央、省、市扶贫脱贫决策部署是不是心中有数,有没有得到贯彻落实;四问基层情况清楚不清楚,看贫困群众呼声、困难是否掌握,脱贫方式和脱贫路径是否科学有效;五问工作作风实不实,看是否真正扑下身子真抓实干,是否坚持以“三严三实”标准推进工作落实,脱贫攻坚突出问题是否得到及时解决;六问工作力量强不强,看机构队伍是否与脱贫攻坚相适应;七问业务素质精不精,看政策水平和工作能力是否适应脱贫攻坚新形势新任务新要求;八问脱贫攻坚效果好不好,看贫困人口识别准确率、脱贫群众退出准确率和帮扶工作群众满意度是否得到提高。三是务必严查细剖,找准脱贫攻坚存在突出问题。各级各部门要结合集中整改方案,结合娄底存在突出问题,进一步对本地区本部门展开全面摸底排查,把底子盘清,为全面整改打好基础。四是务必知耻后勇,痛下决心抓整改,坚定信心攻难关。要明确整改要求、压实整改责任、夯实基础工作、抓好精准整改、严格督查问责、突出正向激励,确保整改任务全部按规定时间完成,以此推动脱贫攻坚纵深发展,扶贫任务全面实现。

李荐国强调,打赢脱贫攻坚战,思想认识很重要,工作方法很重要,但是比认识更重要的是求真务实,比工作方法更关键是责任担当,各级领导干部在扶贫攻坚工作中,坚决不能当甩手掌柜。我们要共同努力,在省委、省政府正确领导下,攻坚克难,负重奋进,坚决打赢娄底脱贫攻坚这一硬仗,向省委、省政府和全市人民交一份满意答卷。

杨懿文强调,一要站在讲政治、顾大局、重民生高度,真正推动脱贫攻坚工作落地落细落实。要切实提高政治站位,原原本本、不打折扣贯彻落实中央和省里决策部署,用实际行动向党和人民交一份合格答卷。二要以知耻后勇决心,全力抓好突出问题整改落实。要严格对标对点,痛定思痛、举一反三,问题不查清不放过、整改不到位不放过、成效不符合上级要求不放过、群众对整改不满意不放过,坚决把问题整改到位。三要以“绣花”态度,切实做到精准施策。要坚持因人因地施策,区别不同情况,把对象搞准,把问题搞清,把事情搞实。要大处着眼、细处用力,选派好驻村干部,整合好涉农资金,激发贫困群众积极性主动性,找准“穷根”、明确靶向,扶到点上、扶到根上。四要把握时间节点,坚决打好打赢脱贫攻坚翻身仗。大家要切实增强责任感、紧迫感,认真学习下发系列文件和问题清单,一个一个地深入研究,一项一项地制定措施,严格按照进度要求,把任务布置到位,把工作推进到位,打一场漂亮脱贫攻坚翻身仗,以优异成绩迎接党的十九大胜利召开。

贺丽君强调,一要抓住重要契机,树立工作信心。全省发动集中整改是娄底补短板、创特色、抓落实、上台阶重要契机,我们要正确面对考核结果,多一些警醒,少一些沾沾自喜,既要认真反思总结经验,又要提振精神。二要坚持问题导向,聚焦全面整改,建立责任清单和销号制度,全面分析扶贫攻坚过程中出现七大问题以及问题产生原因。三要压实各级责任,自觉履职尽责,及时解决脱贫攻坚推进过程中出现新问题。

市委第一副秘书长,市人大常委会、市政府、市政协秘书长,市委、市政府副秘书长,各县市区、娄底经开区党政主要负责人以及分管扶贫工作负责人、纪委书记、扶贫办主任,全市各乡镇和有扶贫任务街道办事处(经开区、林场)党政主要负责人,市直和有关企事业联村单位主要负责人,省、市派驻村帮扶工作队队长参加会议。

【娄底市委召开人大政协工作会议】5月12日,娄底市委召开人大、政协工作会议,贯彻落实中央、省委关于加强和改进人大、政协工作精神,研究部署全市人大、政协工作。市委书记、市人大常委会主任李荐国强调,各级人大、政协要坚持党领导,找准定位,履职尽责,不断提高工作水平,为建设富饶美丽健康祥和新娄底贡献力量。市委副书记、市长杨懿文主持会议。何文君、姚兵、谢志雄、华学健、王雄、欧友生、陈蕾、向世聪、尹华凯等市四大家全体在娄领导出席会议。

近年来,各级人大、政协始终坚持党领导,在维护党权威、实现党主张上达到新高度;始终围绕中心、服务大局,在推动经济社会发展上做出新贡献;始终高举民主、法制、团结大旗,在加强民主政治建设上取得新成效;始终坚持以人民为中心理念,在实现、维护和发展人民根本利益上探索新途径。

李荐国指出,做好新时期人大、政协工作,是加强社会主义民主政治制度建设内在要求,是协调推进"四个全面"战略布局重要保证,是建设富饶美丽健康祥和新娄底现实需要。全市各级各部门要切实提高思想站位,增强做好新时期人大、政协工作责任感和使命感。

李荐国强调,人大工作要坚持党的领导,毫不动摇坚持和完善人民代表大会制度,使人大工作更加体现时代性、把握规律性、富于创造性。要稳步推进地方立法,认真履行监督职能,依法行使重大事项决定权和人事任免权,加强对代表培训、思想政治教育、联络服务、管理监督,重视代表建议意见办理,促进代表依法履职。政协工作要坚持党的领导,牢牢把握人民政协性质定位,始终坚持团结和民主两大主题,认真履行政治协商、民主监督、参政议政职能,更加充分地发挥人民政协作为协商民主重要渠道作用。要紧扣中心工作和发展大局献计出力,加强对政协委员教育和管理,认真办理政协委员提案,引导广大政协委员增强委员意识、珍惜委员荣誉、维护委员形象。

李荐国强调,人大工作和政协工作,都是党的工作重要组成部分,是必须管好"责任田"。全市各级党委要充分发挥好党总揽全局、协调各方领导核心作用,把人大、政协工作纳入党委工作全局,明确责任要求,落实工作举措,切实为人大、政协履行职能创造条件、提供保障。

杨懿文强调,一要进一步深化思想认识,主动顺应人民群众对人大、政协工作新期盼。二要认真履职尽责,充分发挥人大、政协职能作用。各县市区人大要始终坚持"围绕中心、服务大局"工作原则,依法行使好法律赋予各项职权,依法保障人民群众知情权、参与权、表达权、监督权,有效畅通不同阶层利益诉求渠道。各级政协要充分发挥自身特点和优势,积极建言献策,加大民情民意反映力度,进一步提高协商议政质量、民主监督实效和政协履职能力。三要加大支持力度,切实形成做好人大、政协工作强大合力。

会上,市政协主席姚兵,市人大常委会党组书记、常务副主任谢志雄分别安排部署下一阶段政协、人大工作;副市长陈旌、市中级人民法院院长高鑫、市人民检察院检察长李芳芳分别代表市政府、市中院、市检察院作表态发言;市发改委、双峰县委介绍支持或推进政协工作经验。

【娄底市召开推进"两学一做"学习教育暨责任心教育常态化制度化工作会议】6月5日,娄底市召开推进"两学一做"学习教育暨责任心教育常态化制度化工作会议,表彰娄底市首届最具责任心领导干部。市委书记、市人大常委会主任李荐国强调,全市各级领导干部要坚持把思想政治建设摆在首位,在真"学"实"做"上深化拓展,把"两学一做"学习教育融入日常、抓在经常、形成长效;要紧扣"履职尽责、攻坚克难、争先创优",推动责任心教育不断向纵深发展。市委副书记何文君主持会议。姚兵、徐勇、华学健、王雄、张希慧、吴建平、欧友生、陈蕾、尹华凯等在娄的市级领导出席会议。省委组织部党员管理处处长、全省“两学一做”学习教育协调小组综合组组长谢群到会指导。

会议表彰娄底市首届最具责任心领导干部，并现场为陈奉文等16名最具责任心领导干部颁奖；通报6起责任心缺失警示案例。

李荐国首先代表市委、市人大、市政府、市政协向获得最具责任心领导干部荣誉称号16名同志表示热烈祝贺，并向奋战在全市各条战线上有责任心领导干部表示崇高敬意。接着，他指出，推进“两学一做”学习教育暨责任心教育常态化制度化，是坚定维护以习近平为核心党中央权威、更好发挥我们党政治优势必然要求，是融入日常抓在经常、推动全面从严治党向纵深发展重要举措，是建设富饶美丽健康祥和新娄底有力保障。

李荐国指出，全市各级党组织要坚持把思想政治建设摆在首位，在真“学”实“做”上深化拓展，在问题整改和制度建设上精准发力，把“两学一做”学习教育融入日常、抓在经常、形成长效。要坚持真学、常学，把学党章党规、学系列讲话作为经常性教育基本内容，筑牢思想根基。要按照政治合格、执行纪律合格、品德合格、发挥作用合格基本要求，从具体事情做起，从具体问题改进，学做互进、知行合一。要聚焦突出问题，切实加强整改。要树立党的一切工作鲜明导向，抓实支部建设，巩固基层基础。

李荐国强调，要紧扣“履职尽责、攻坚克难、争先创优”，推动责任心教育不断向纵深发展。一、全市各级领导干部都要履职尽责，对党负责、对人民负责、对娄底负责。履职尽责，就是要明责、知责、尽责，主动想事，用心干事，努力成事。攻坚克难，就是要勇于迎难而上、善于解难“解套”，以大无畏精神啃下“硬骨头”拿下“拦路虎”，夺取新胜利。争先创优，就是要强化与全年目标任务比、与上年同期比、与兄弟市州比“三个对比”意识，在全省乃至全国系统内争创一流业绩，增强人民群众获得感，提高人民群众满意率。二、认真开展“扪心三问”，一问“我的职责是什么”，二问“我的差距在哪里”，三问“我怎样更好地履职尽责、攻坚克难、争先创优”，真正问出差距、问出责任、问出使命。三、以正反典型为镜，见贤思齐，见不贤而自省。要一手抓正向激励，一手抓追责问责，激励全市各级领导干部扑下身子、撸起袖子，一步一步改变娄底样子。四、建立健全责任心教育长效机制，让广大党员干部放心改革创新、放手干事创业。

李荐国说，“两学一做” 学习教育暨责任心教育常态化制度化，是加强党的建设的一项长期任务。要加强组织领导，层层压实责任，发挥“关键少数”“表率作用”，强化督查指导，确保“两学一做”学习教育暨责任心教育常态化制度化任务落实落地。

【中共娄底市委五届三次全体会议举行】7月13日，中共娄底市委五届三次全体会议在娄底华天湖南厅AB厅举行。市委书记、市人大常委会主任李荐国受市委常委会委托向全会作工作报告，并作总结讲话。市委副书记、市长杨懿文主持会议。会议审议并原则通过《中共娄底市委关于实施创新引领开放崛起战略奋力建设富饶美丽健康祥和新娄底的决定》《中共娄底市委关于推动责任心教育向纵深发展的决定》《中共娄底市委五届三次全体会议决议》，补选刘道阳、童成功为市委委员。市领导何文君、姚兵、谢志雄、徐勇、华学健、张希慧、吴建平、向世聪、尹华凯等出席会议。市委副书记何文君就有关《决定(草案)》作起草说明。43名市委委员、6名市委候补委员出席会议，符合规定人数。

不是市委委员和市委候补委员在职市级领导、市纪委委员、县市区党政正职，市委第一副秘书长、市人大常委会秘书长、市政府秘书长、市委和市政府副秘书长，市直有关单位党委(组)负责人列席会议。

会议指出，市第五次党代会以来，市委常委会高举中国特色社会主义伟大旗帜，深入学习贯彻习近平总书记系列重要讲话精神，全面落实省、市党代会精神，扎实开展“两学一做”学习教育和责任心教育，带领全市广大干部群众攻坚克难、奋发进取，经济建设、政治建设、文化建设、社会建设、生态文明建设和党的建设取得令人欣慰、令人振奋、令人瞩目新成效。特别是市委常委会成员坚持从我做起，亲力亲为，带头挑重担、解难题，带头修身正己、接受监督，始终把群众放在心上、把事业抓在手上、把责任扛在肩上，带领全市人民迎难而上、昂扬向上、奋发向上。娄底发展呈现出逆势而上、蓬勃向上、蒸蒸日上好势头，2016年向省委、省政府和全市人民交出合格答卷。2017年继续向好、越来越好。

一、坚持在困难中谋发展，促进经济逐步回升、总体趋稳向好。市委常委会深入实施创新引领开放崛起战略，坚持加速转型、奋力赶超，全面铺开脱贫攻坚、转型升级、生态环境治理“三大战役”，大力推进七个“三年行动计划”，强力推进“项目建设大比拼”，突出招大引强，注重运用创新思维、务实举措对重大问题集中会审、逐个解套，全市经济呈现逐步回升、趋稳向好、越来越好态势。

二、坚持创新引领，促进娄底产业转型升级。市委常委会创新思路方法，着力推进供给侧结构性改革，继续开展房地产业“解难题、促发展、保稳定”专项行动，商品房去化周期从原来23个月缩短至15个月左右；创新娄底转型升级路径，设立政府主导科技创新基金，启动建设娄底市新能源动力电池和储能产业园，培育发展一批新业态新动能。

三、大力推进全面深化改革，不断释放改革“红利”。市委常委会全面准确把握中央、省委改革要求，精心铺排供给侧结构性改革、司法责任制改革等九大类161项具体改革任务，增强谋划推进改革系统性、整体性和协同性。进一步理顺园区体制机制，简政放权，积极探索“一区多园”模式。强力推行“只跑一次”，坚决实施“限期办结、逾期问责”制度，加快推进“互联网＋政务”，努力打造“放管服”改革升级版。

四、坚持以人民为中心发展理念，切实保障和改善民生。市委常委会坚持以全面小康为统揽，不断加大民生投入，着力推进各项民生实事。坚持把脱贫攻坚作为第一民生工程，作为发展底线任务，作为“三大战役”之首，向全市发出“以对党绝对忠诚坚决打赢脱贫攻坚战”号召，认真开展精准识贫专项行动，取得阶段性成效。坚持将生态环境治理作为事关娄底当前和长远发展重大战略来抓，深入实施“天蓝水净地绿”三年行动计划，对中央第六环保督察组交办245件信访件全部办结。全面启动高速公路沿线特色小镇建设试点，行政区划调整取得实质性进展，中心城区“断头路”有望在年底全部打通，禁燃与殡改集中整治、城乡环境整治、美丽乡村建设成效明显，城乡面貌大为改观。

五、不断加强社会主义民主政治建设，凝聚风雨同舟、共谋发展强大合力。市委常委会切实加强和改进对市人大常委会、市政府、市政协党组和市中级人民法院、市人民检察院党组领导。高度重视人大代表、政协委员议案、提案办理工作。坚持巩固和发展最广泛爱国统一战线，积极为各民主党派、工商联、无党派人士发挥作用搭建平台。

六、认真做好宣传思想文化工作，努力提升娄底文化软实力和美誉度。市委常委会高度重视意识形态建设，精心组织“转型创新进行时”“脱贫攻坚在娄底”“项目建设大比拼”等主题宣传活动，撰写“楼迪新”重要评论，对外、对上宣传取得新成效，娄底好故事、娄底正能量被越来越多人知晓和称道。加强社会主义核心价值观宣传教育，统筹抓好创文管卫工作，通情达理、文明有礼风尚更加浓厚。

七、牢牢守住底线工作，全力维护社会大局和谐稳定。市委常委会着力抓好安全生产、信访维稳、社会治安综合治理、民间融资风险化解等工作，把防汛抗旱作为重要底线工作和民生工程，扎实做好基础完善、隐患排查、责任落实等工作，第一时间向全市发出“防汛保安紧急令”，筑牢防汛抗灾“安全堤坝”，没有因洪涝灾害死亡1人，没垮一库一堤一坝。

八、积极履行全面从严治党主体责任，构建风清气正政治生态。市委常委会坚持把思想政治建设摆在首位，突出抓好“两学一做”学习教育暨责任心教育常态化制度化，表彰16名“最具责任心的领导干部”，通报一批责任心缺失的典型案例。严格落实党风廉政建设“两个责任”，始终将纪律规矩挺在前面，推动全面从严治党向纵深发展。高度重视自身建设，研究出台加强自身建设“七带头”规定，给自己立下新规矩，戴上“紧箍咒”。

会议强调，全市上下要苦干实干，负重前行，扑下身子，撸起袖子，干出样子。一要以强烈的责任心推动“创新引领、开放崛起”战略落实落地。要强化创新、开放意识，抓好科技创新能力提升，敞开思想大门、利益大门、市域大门，招大引强，靠大扶强，做大做强做优娄底产业，推动“娄底制造”向“娄底创造”转变、“娄底产品”向“娄底品牌”转变。二要集中精力打好“三大战役”，力争节节胜利，捷报频传。脱贫攻坚、转型升级、生态环境治理“三大战役”是全市工作重点中的重点，也是难点中的难点，必须继续发扬攻坚克难、争先创优精神抓推进、抓突破。三要高高举起项目建设比拼指挥棒，推动项目快上快进快成。实施创新引领、开放崛起战略，必须具体化、精准化、项目化，落实到一个一个项目上来；全面建成小康社会，打赢“三大战役”，着力改善民生，都要靠项目来支撑。要围绕实现全年目标来抓牢抓实项目，围绕政策争取、落地来抓牢抓实项目，围绕园区经济来抓牢抓实项目。四要盯紧抓牢安全生产、民间融资风险处置、信访维稳、舆情引导等底线工作,营造安定祥和社会环境。五要坚持全面从严治党,锻造一支有责任担当干部队伍。要通过责任心教育这个抓手,抓班子、带队伍、促发展、正风气,让大家有知责明责、履职尽责高度自觉,有攻坚克难、争先创优使命担当,有严守规矩、清正廉洁本质本色。

会议号召,全市各级党组织和广大党员、干部要紧密团结在以习近平为核心的党中央周围,全面深入贯彻省、市党代会和本次全会精神,深入实施创新引领开放崛起战略,加快建设科技强市、开放强市,推动责任心教育向纵深发展,团结带领全市人民奋力建设富饶美丽健康祥和新娄底,以优异成绩迎接党的十九大胜利召开。

【中共娄底市委五届四次全体会议召开】12月26日,中国共产党娄底市第五届委员会第四次全体会议召开。全会高举习近平新时代中国特色社会主义思想伟大旗帜,深入学习贯彻党的十九大精神,认真贯彻落实中央、省委决策部署,听取和讨论市委常委会工作报告,审议通过《中共娄底市委关于深化“大学习大调研大提升”推动党的十九大精神在娄底落地见效的意见》(以下简称《意见》)。市委书记、市人大常委会主任李荐国受市委常委会委托向全会作工作报告。市委副书记、市长杨懿文就《意见》起草情况向全会作说明。会议由市委常委会主持。市委常委华学健、徐勇、王雄、张希慧、吴建平、陈蕾、向世聪、尹华凯、陈旌在主席台就座。出席全会市委委员应到49人,实到48人;市委候补委员应到5人,实到5人,符合规定人数。

全会充分肯定一年来市委常委会工作。全会认为,2017年以来,市委常委会在以习近平为核心党中央的坚强领导下,坚持以习近平新时代中国特色社会主义思想为指引,认真贯彻落实中央、省委省政府各项决策部署和市第五次党代会精神,大力实施创新引领开放崛起战略,坚持“加速转型、奋力赶超”,团结和带领全市人民“撸起袖子加油干”,推动各项事业持续向好、越来越好。当前,一种迎难而上、昂扬向上、蒸蒸日上“娄底新气象”正逐步形成。

全会认为,一年来,市委常委会不忘初心,牢记使命,在统揽全局工作同时,重点抓五件大事:一是迎接、学习、宣传、贯彻党的十九大。出台市委常委会学习宣传贯彻十九大精神“六带头”,部署开展为期两个月“抓重点、补短板、强弱项”集中调查研究,市委常委会成员带头推动十九大精神进企业、进农村、进机关、进校园、进社区、进军营、进网络,迅速掀起学习宣传贯彻党的十九大精神热潮。二是持续加强政治建设,深入推进“两学一做”学习教育和责任心教育常态化制度化,认真进行“扪心三问”,突出抓好党员干部学习教育,有的放矢地加强干部思想政治建设和能力建设。三是以对党绝对忠诚,认真整改脱贫攻坚突出问题和中央环保督察问题。坚持“不怕困难、不怕麻烦、不怕出丑”“三不”精神,设置举报热线,敞开大门抓整改,主动接受检验,坚决配合支持。四是部署实施创新引领开放崛起战略。制定落实创新驱动发展战略建设科技强市实施意见,出台推动省委“451行动计划”在娄底落地见效“十五条意见”。正式启动国家级高新区创建工作,设立政府主导科技创新基金,扶持企业创新发展。精心开展“娄底创新开放大家谈”活动,通过“大家谈”,激发“大家干”。研究出台关于坚持开放崛起战略建设开放强市实施办法。五是全力以赴打赢防汛避险救灾保卫战,取得“未垮一堤一坝,没有因灾死亡一人”的重大胜利。

全会认为,在抓好上述重大事项的同时,市委常委会总揽改革发展稳定全局,主要做以下九个方面工作:坚定不移用习近平新时代中国特色社会主义思想武装头脑、铸造灵魂、指导实践、推动工作;牢牢扭住供给侧结构性改革这根主线,扎实推进“三去一降一补”,全力提振工业经济,大力发展新兴产业,紧紧抓住项目建设,千方百计扩大有效投资,全力推动经济稳健上升、持续向好;着眼增强改革系统性、整体性、协同性,全力凝聚改革共识,认真落实改革责任,积极创新改革举措,蹄疾步稳推进全面深化改革,确保九大类161项重点改革任务按时序进度稳步推进;积极发展社会主义民主政治,调动和发挥方方面面积极性、主动性、创造性,共同推进改革 发展稳定各项事业;全面加强宣传思想文化工作,坚持党对意识形态工作的领导,加强对各类宣传文化阵地建设和管理。全方位、立体式传播娄底声音、讲述娄底故事、展现娄底形象;始终坚持以人民为中心发展思想,以脱贫攻坚为统揽加强和改善民生,从小事抓起,从急事办起,让人民群众有持续不断获得感;深入实施“天蓝水净地绿”三年行动计划和“湘江保护治理第二个五年行动计划”,突出大气、水、土壤污染防治,加强生态文明建设;着力抓源头、抓苗头、抓

"头头",千方百计守住安全稳定底线,全力维护社会安全稳定;认真贯彻新时代党的建设总要求,严格抓班子、强基层、聚人才、打基础,严格落实党风廉政建设"两个责任",坚持"零容忍"惩治腐败,坚定不移推动全面从严治党向纵深发展。

全会指出,一年来,市委常委会努力践行"七带头"规定,旗帜鲜明讲政治,自觉增强"四个意识",坚定"四个自信",坚决维护以习近平为核心党中央权威和集中统一领导。坚持党对一切工作领导,认真落实民主集中制,着力把方向、谋大局、定政策、促改革,充分发挥市委总揽全局、协调各方领导核心作用。市委常委会成员坚持从"我"做起,身体力行,严守党的组织原则、领导制度和议事规则,严肃党内政治生活,带头讲党课,按规定缴纳党费,参加组织生活会和主题党日活动,开展谈心谈话和"扪心三问",着力推动形成山清水秀、风清气正政治生态。不断强化责任担当,摸实情、出实招、求实效,在面对重大问题、风险挑战、敏感事项时始终高度警觉、果断出手,确保全市各项事业保持良好发展态势。

【娄底市委经济工作会议召开】12 月 27 日,市委经济工作会议召开。会议高举习近平新时代中国特色社会主义思想伟大旗帜,全面贯彻落实党的十九大和中央、省委经济工作会议精神,总结 2017 年经济工作,部署 2018 年经济工作。市委书记、市人大常委会主任李荐国,市委副书记、市长杨懿文出席会议并讲话。市委副书记华学健主持会议。市领导姚兵、谢志雄、徐勇、王雄、吴建平、陈蕾、向世聪、尹华凯、陈旌等出席会议。市委常委、常务副市长张希慧作总结讲话。会议学习中央、省委经济工作会议主要精神。

会议指出,中央、省委经济工作会议精神,是我们做好明年经济工作行动指南,我们要把思想和行动统一到党的十九大精神上来,统一到中央、省委决策部署上来,紧密结合娄底实际,不折不扣贯彻落实。今年以来,全市上下坚持以习近平新时代中国特色社会主义思想为指导,大力实施创新引领开放崛起战略,坚持加速转型、奋力赶超,全力打好防范化解重大风险、精准脱贫、污染防治"三大攻坚战",深入推进七个"三年行动计划"和项目建设大比拼,全力以赴打赢防汛避险救灾保卫战,推动经济社会继续向好、持续向好、越来越好,在上年交出"合格答卷"基础上,2017 年向省委、省政府和全市人民交出一份优异"娄底答卷"。特别是发展质量效益提升,GDP、工业、投资、消费等大部分指标增幅高于全省平均水平,增幅排位继续保持全省前列。当前,撸起袖子、扑下身子、干出样子"娄底新作为"正在彰显,迎难而上、昂扬向上、蒸蒸日上"娄底新气象"正在形成。今天娄底不再"垫底",而是在稳步"上楼"。

会议指出,2018 年是贯彻党的十九大精神开局之年,是改革开放 40 周年,是决胜全面建成小康社会、实施"十三五"规划承上启下关键一年,也是娄底七个"三年行动计划"收官之年。做好明年经济工作,要全面贯彻党的十九大精神,以习近平新时代中国特色社会主义思想为指导,加强党对经济工作领导,科学把握"稳中求进",坚持新发展理念,紧扣社会主要矛盾变化,按照高质量发展根本要求,以供给侧结构性改革为主线,加速转型、奋力赶超,深入实施创新引领开放崛起战略,大力培育和发展实体经济,坚决守底线、奋力争上游,统筹推进稳增长、促改革、调结构、惠民生、防风险各项工作。在打好防范化解重大风险、精准脱贫、污染防治攻坚战方面取得扎实进展,推动经济社会持续健康发展。做好明年经济工作,实现预期发展目标,必须坚持以习近平新时代中国特色社会主义经济思想为指导,必须科学把握"稳中求进",必须落实高质量发展根本要求,必须大力发展实体产业,必须突出抓重点、补短板、强弱项。

一要抓实脱贫攻坚,为娄底 2019 年全面摘帽奠定坚实基础。要一手抓脱贫,一手抓巩固,紧扣"两不愁三保障""四跟四走""五个一批""三率一度""三走访三签字"工作要求,瞄准特定贫困群众精准帮扶,向深度贫困地区聚焦发力。认真抓好产业扶贫、易地扶贫搬迁、教育扶贫、健康扶贫、就业扶贫等工作。继续在村支书中开展争当"脱贫致富带头人"活动,在贫困户中倡导开展"人穷志不穷、脱贫靠自身"自强自立行动,强力治惰、治懒、治脏、治赌、治愚,不断激发贫困群众内生动力,促进贫困群众收入稳定增长。强化扶贫督查考核和责任追究,严查扶贫领域侵害群众利益行为,做到真脱贫、脱真贫。

二要以"产业项目建设年"为抓手,瞄准短板弱项,全力推动产业转型升级。要高高举起项目建设大比拼指挥棒,推动项目快上、快进、快成。要重点围绕推进供给侧结构性改革,加快建设国家产业转型升级示范区,聚焦一、二、三产业,谋划推进一批又好又大产业项目。

三要深入实施“天蓝水净地绿三年行动计划”，打好污染防治攻坚战，创造良好生态环境。要结合创文管卫和城乡环境整建，抓好村庄环境、中心镇环境、乡镇机关环境、居民院落环境、背街小巷环境以及县城风貌整治。开展创建国家森林城市、节约型机关、绿色家庭、绿色学校、绿色社区和绿色出行等行动。

四要深化供给侧结构性改革，全面推进改革开放。要继续推进“三去一降一补”，着力在“破”“立”“降”上下功夫，把供给侧结构性改革推向深入，不断提高供给质量和效益。要全面提高对外开放水平，招“娄商”、引“外商”，瞄准世界和全国500强、央企，有的放矢、锲而不舍抓实招商引资工作，切实提高招商引资项目签约率、开工率、竣工率、达产率。

五要大力实施乡村振兴战略，坚持质量兴农、绿色兴农，加快构建现代农业产业体系、生产体系、经营体系。要大力移风易俗，积极开展“勤俭持家模范”“勤劳致富模范”“移风易俗模范”和“艰苦创业模范”评选表彰活动，用身边典型教育身边人，使“好山好水好人家”成为娄底乡村一道亮丽风景。

六要突出抓好急需基础设施建设。要坚持量力而行、尽力而为，突出实用管用，科学设定投资规模，不吊高胃口，不开空头支票，不贪大求洋，不好高骛远，不给后任留包袱。

七要全力防范化解重大风险，确保全市安全稳定祥和。全市各级各部门必须坚持问题导向、底线思维，抓源头、抓苗头、抓“头头”，努力把各种不稳定、不和谐因素控制在萌芽状态，化解在基层。要稳妥处置民间融资风险，牢牢守住不发生区域性金融风险底线。

八要坚持以人民为中心发展思想，不断改善民生，让群众有更多获得感。要抓住人民最关心最直接最现实利益问题，一件事情接着一件事情办，一年接着一年干，不断满足人民日益增长美好生活需要。要用心用情抓好群众家门口实事，解决群众身边小事，比如，公共厕所、公交站、垃圾堆放、老房子漏水、下水道堵塞、停水停电停气、街道井盖、群众文化广场等等，都要随时关注，一一为群众把这些事情办好。做好2018年经济工作，关键在各级党组织和党员干部。要推动责任心教育向纵深发展，狠抓落实力，把加强党的领导贯穿于经济建设各领域、全过程，为推动高质量发展提供坚强保证。新的一年，新的起点，要有新气象、新作为。各级领导干部在推动经济社会发展中，务必做到一身正气、一心为民、一专多能、一鼓作气、一抓到底、一往无前。

重要活动

【李荐国杨懿文率团赴“长三角”考察学习】3月10日至12日，市委书记、市人大常委会主任李荐国，市委副书记、市长杨懿文率团赴“长三角”地区考察交流，开拓视野、学习经验、推介娄底、洽谈合作。

市领导王雄、向世聪、甘跃华，市政府秘书长胡忠威，市政府顾问吴京生，市发改、经信、住建、规划、商粮等部门以及娄星区、娄底经开区、万宝新区、涟钢、VAMA等单位主要负责人参加考察。

3月10日上午，娄底市党政代表团考察第一站是位于上海嘉定区上汽大众汽车有限公司，因为能否加强与上汽大众合作，对于涟钢、VAMA等企业发展具有十分重要意义。上汽大众汽车有限公司党委书记张志勇，向代表团介绍企业发展历程、产品研发和生产情况。据了解，上汽大众是国内规模最大现代化轿车生产基地之一，目前已经形成以上海安亭为总部，安亭、南京、仪征、宁波、乌鲁木齐、湖南(长沙)六大生产基地。

在认真考察上汽大众生产车间和了解企业有关情况后，李荐国说，娄底地处湖南几何中心，是湖南省确定唯一汽车产业配套基地，区位优势明显，有很多优越条件，有比较雄厚工业基础，有良好发展环境。希望双方能进一步加强沟通合作，实现上汽大众汽车有娄底钢板，娄底有一家上汽大众企业。娄底将主动围绕上汽大众需求，竭尽全力，搞好对接，做好服务。杨懿文进一步表示，希望VAMA与上汽大众建立紧密合作关系，同时希望上汽大众到娄底投资，形成新产业。娄底经开区一定会提供最优投资环境。

3月10日下午，在被誉为“中国硅谷”和“中国药谷”上海自贸实验区张江高科技园内，李荐国一行就园区开发建设、组织架构搭建和社会管理等方面先进管理经验进行深入学习了解。张江高科技园区位于上海浦东新区中南部，是中国国家级高新技术园区，与陆家嘴、金桥和外高桥开发区同为上海浦东新区四个重点开发区域。截至2017年年底，已形成集成电路、生物医药、软件及文化创意和新能源、新材料等战略性新兴产业集群。

3月11日，星期六，当天下午，在上海松江区，李荐国、杨懿文率团重点考察泰晤士小镇，学习特色小镇建设经验，并与松江区委区政府领导进行座谈交流。

松江区委书记程向民，松江区人大常委会主任唐海东，松江区委常委、副区长于宁，松江区委常委、统战部长吴继华，松江区副区长陈小锋等陪同考察或参加座谈。

松江区是上海历史文化发祥地，自古经济发达，有着“上海之根”的称号，也是新时代经济重镇、大学之城、花园之都。在“G60上海松江科创走廊”规划展示馆，程向民向李荐国一行详细介绍以G60高速公路为中轴，以松江新城为核心“一廊九区”空间布局和“科创承载、总部研发、高端制造、服务集成、商业商务及现代物流相辅相成”功能布局。

在松江新城1平方千米泰晤士小镇，李荐国一行漫步多功能步行街和湖畔英式广场，切身体验英国泰晤士河边小镇风情，全面了解泰晤士小镇规划、建设特点。据了解，泰晤士小镇由连续多功能步行街以及湖畔英式广场为主轴线，集合商业配套、会所医院、超市教堂各类公建设施，容纳独栋别墅、联排别墅、多层公寓、商业中心，将自然流畅道路系统与优美河道有机地结合在一起，体现松江新城浓烈现代化、国际性、生态型以及旅游文化气息。

座谈会上，李荐国介绍全市经济社会发展情况。他说，娄底人杰地灵，人文荟萃，自然景观丰富，有秦人紫鹊界梯田、曾国藩故居、西游记拍摄地波月洞三张享誉世界名片。李荐国表示，娄底是一座年轻城市，充满活力，当前正在加速转型、奋力赶超，这次来到松江新城学习考察，收获满满，一定要把松江经验带回去，消化好、吸取好，指导推动娄底转型发展。

程向民对娄底党政代表团表示热烈欢迎，他希望增强两地交流合作，让娄底企业走进上海，让松江企业落户娄底，做到用心关注项目，务实推进项目。

在上海宝山区，市党政代表团还考察五矿物流上海有限公司，学习钢铁物流配送经验。

3月12日上午，市党政代表团又马不停蹄地赶往浙江，分别在绍兴诸暨市天洁磁性材料有限公司、金华永康市步阳门业集团考察薄板深加工产业。在位于金华永康市众泰控股集团有限公司，市党政代表团认真考察公司新能源汽车生产车间，并希望众泰汽车与娄底三迅、电将军等企业合作，推动娄底新能源产业发展。

【北京娄底企业商会成立大会在京举行】3月26日，北京娄底企业商会成立大会在北京举行。全国人大常务委员会原副委员长、中国关心下一代工作委员会主任顾秀莲出席揭牌仪式。中国人民解放军原总政治部纪检部原部长段达球少将，甘肃省军区原副司令员方吉祚少将，空军指挥学院原副政委邹志美少将，山西省军区原副政委谢玉久少将，著名法学专家李步云等出席。省政府驻北京办事处主任、党组书记、中共湖南省驻京单位党委书记王晓鸣，市政协主席、市娄商联合会会长姚兵出席并讲话。

市委常委、统战部部长王雄，市委常委、副市长陈蕾，市政协副主席、工商联主席李德仁，以及各县市区党委、政府有关负责人等参加大会，同在京与会代表近500人话乡音、谈合作。

市委、市政府高度重视异地娄底商会建设，在全省率先出台《加强异地商会建设支持娄商发展的意见》，成立娄商联合会，组建娄商联络服务中心，已成功举办四届娄商大会，指导成立13个异地娄底商会。北京娄底企业商会现有会员企业300多家，涉及金融投资、教育培训、建材建筑、数码快印等行业和领域，拥有中钰资本、定荣家等一大批品牌企业。禹勃当选为商会第一届会长。

王晓鸣代表省委、省政府对北京娄底企业商会成立表示祝贺。他要求商会和广大企业家积极响应省委、省政府部署实施“迎老乡、回故乡、建家乡”行动计划，发扬湖南人敢于“扎硬寨、打硬仗”精神，不忘初心、抱团发展，不忘宗旨、创新发展，不忘家乡、回馈发展，为建设富饶美丽幸福新湖南做贡献。

姚兵受市委书记、市人大常委会主任李荐国和市委副书记、市长杨懿文委托，代表市委、市人大、市政府、市政协、娄底军分区，对商会成立表示热烈祝贺，并向各位娄商、老乡表示亲切问候。他说，在北京创业的娄商，是一支“爱国爱乡、敢闯敢干、追求卓越、勇于致胜”，不断崛起、有益发展重要力量，全社会应倍加关注，用心培育，扶持壮大；北京娄底企业商会要提升服务意识，加强沟通联络，增强凝聚功能，为广大会员牵线搭桥，排忧解难。会员要真心爱“家”、经常回“家”、倾力护“家”，共同打造好“娄商”品牌；娄底已成功争取全国资源型城市转型发展等10多项国家和省级层面扶持政策，市委、市政府正在大力实施“娄商返娄”战略，部署推进七个“三年行动计划”，制定出台《鼓励投资创业的若干规定》，欢迎各位游子回乡投资置业，参与建设，共赢发展。

大会宣读市委、市政府贺电。北京娄底企业商会与华夏银行北京分行、北京定荣家科技有限公司等部分合作单位现场签订战略合作协议。启动北京娄底企业商会助学基金，为首批受捐助学子发放助学金。

【杜家毫来娄调研创新开放与转型升级】3月30日，省委书记、省人大常委会主任杜家毫来到娄底调研经济社会发展情况。在深入娄底经开区、万宝新区和娄星区了解部分重点企业生产经营情况和新农村建设情况后，杜家毫强调，要解放思想，改革创新，扩大开放，推动产业转型升级，确保经济社会持续健康发展。市委书记、市人大常委会主任李荐国，市委副书记、市长杨懿文陪同调研。

省委副秘书长、省委办公厅主任罗海艳，省委副秘书长、省委政研室主任陈质颖，省科技厅党组书记童旭东，省财政厅厅长郑建新，省委办公厅副主任赵懿，省委督查室主任陈澎，省委办公厅警卫局政委张益宾参加调研。市领导向世聪、王成良陪同。

新能源产业项目是全省“十三五”规划战略性新兴产业项目，也是全市花大力气引进和重点扶持项目。杜家毫一行首先到娄底经开区考察湖南三迅新能源科技有限公司和电将军智能储能电源产业化基地项目。在湖南三迅新能源科技有限公司厂区内，他分别听取三迅和电将军两家企业基本情况介绍，认真察看两家公司产品，了解产品性能、公司核心技术以及市场销售等情况，并指出，新能源产业特别是储能技术发展方兴未艾，竞争日趋激烈，机遇稍纵即逝。希望企业抓住有利时机，进一步加大科技创新力度，增强核心竞争力，力争赶超国内一流动力电池企业。当知道两家企业负责人都是在外打拼多年再回家乡投资兴业娄底本地人时，杜家毫立即对随行媒体记者说：“这是引老乡、回家乡、建故乡典型例子，要好好宣传。‘引’不是简单地把沿海产业搬回来，而是要推进结构调整、技术升级，从而推动转型发展。”

接着，杜家毫到三迅生产车间，一边走一边看一边与企业负责人探讨锂离子动力电池、电力储能等前沿技术发展趋势，并询问公司目前有哪些需要政府支持和解决困难。公司负责人希望政府在信贷融资、产业发展、人才引进等方面给予支持。杜家毫对随行有关部门负责人说，一定要想办法压缩政府性贷款，让银行资金池内资金流到企业去；要从增值税环节入手，出台有关政策，鼓励大家优先使用本土电动汽车；要降低企业成本，创造条件让企业能够吸引人才、引进人才、留住人才。

当中巴车从电将军项目工地经过时，杜家毫主动要求下车看一看。他冒着大雨，走到工地前面宣传展板前，一块一块地看过去，当看到企业人才团队展板时，杜家毫说：“企业要发展，人才是关键。”并拿出手机把资料拍下来。临走时，杜家毫鼓励企业快速发展、快速成长、做大做强。

华菱安赛乐米塔尔汽车板有限公司（VAMA）是省政府大力支持企业，也是全省最大中外合资企业之一，目前发展得怎样、汽车板销售市场打开没有？杜家毫心里一直牵挂着。他走进VAMA厂区，首先察看项目总规划图，考察VAMA和GONVVAMA两个企业生产车间，了解企业目前生产经营情况。他勉励企业抢抓湖南汽车制造业近年来蓬勃发展机遇，不断延伸上下游产业链，推动企业加快向产业链中高端迈进。同时他还叮嘱华菱钢铁集团负责人，要坚定不移深化国企改革，集中精力做强主业，依靠改革、创新，进一步理顺管理体制，搞活经营机制，激发内生动力，提升核心竞争力，着力振兴实体经济。

在娄底经开区，杜家毫还考察湖南创一电子科技有限公司和湖南健缘医疗科技有限公司两家高新技术企业。湖南创一电子科技有限公司负责人告诉杜家毫，公司专注于高性能软磁材料研发生产，是目前全球在SMD高性能软磁材料行业生产工艺最完整制造服务提供商，产品技术已成为行业标准。“小材料做出大市场，不简单！”杜家毫点点头说，“电子信息技术更新迭代很快，企业要始终突出创新引领，做好人才文章，进一步加强技术研发和技术改造，提升材料性能，提高自动化程度，增强核心竞争力，增加企业生产效益。”在湖南健缘医疗科技有限公司，杜家毫认真考察公司现代化生产车间，鼓励企业把传统中医药与现代科技更好地结合起来，实现特色化、差异化发展。

娄星区杉山镇万乐村属于采煤深陷区，地质沉降严重，以前村里交通、水利、民房等基础设施大面积损毁。近年来，村里通过生态修复和环境整治，面貌焕然一新，同时大力发展花卉苗木、林果经济、观光旅游等产业，村民生活品质有很大提升。杜家毫一边走一边观察村容村貌，一边与村支书交流。“村里目前还有哪些矛盾和困难？老百姓还有哪些方面需求？”“老百姓要求生活在乐园，居住在花园。”村支书回答。杜家毫笑着说：“居住在花园，我看已经做到，生活在乐园，还需要不断提升各方面条件。”走进村里便民服务站，正好碰到一位种植玉竹村民在反映情况，希望村里能组织玉竹种植户到外面去考察学习，杜家毫走上前亲切地拍着他肩膀说：“想开拓眼界、发展生产是好事，村里要大力支持。”

当天，杜家毫还前往万宝新区考察湖南味菇坊生物科技股份有限公司，了解公司生产技术与工艺流程，察看公司生产车间和舞茸、鲜银耳等产品，他勉励公司要进一步加大产品研发力度，在一、二、三产业融合发展中带动更多农户增收致富。

【李荐国率队赴浙江洽谈工业项目】4 月 14 日至 15 日，市委书记、市人大常委会主任李荐国率全市招商团队前往浙江省金华市永康市，与中国步阳集团对接项目、洽谈合作。座谈会上，步阳集团董事长徐步云表达在娄底经开区投资 5 亿元建设安全门生产基地意愿，并当场与市政府签订合作协议。李荐国表示，期待项目早日落地见效，双方实现合作共赢。

近年来，娄底市紧紧围绕钢元素做文章，重点开展产业链招商，致力于将薄板深加工产业做大做强。作为全球最大安全门生产企业，步阳集团 4 个生产基地原材料全部由涟钢供应，平均每年购买涟钢薄板达 15 万吨，为此全市将步阳集团作为产业链招商重点对象。

今年 3 月，市委副书记、市长杨懿文率招商小分队前往步阳集团考察，与企业进行对接。紧接着，步阳集团有关负责人又到娄底考察投资环境，在感受到全市招商诚意后，有到娄底投资意向。为夯实双方合作基础，推动项目早日签约、早日落地，14 日下午，李荐国又亲率招商团队赶往步阳集团总部进一步进行对接洽谈。

在步阳集团生产车间和产品展示厅，李荐国一边走一边看一边与企业有关负责人交谈，详细了解企业生产流程、生产技术以及各类中高端安全门特点。看到在现代化门业生产线上，摆放着一块块正在加工“涟钢造”薄板，李荐国心里非常高兴。接着，李荐国一行到步阳集团总部，看到大型原材料仓库内，一排排印着“华菱涟钢”薄板密密麻麻地叠放着，大家都受到强烈震撼，产生强烈自豪感。

座谈会上，徐步云对李荐国一行到来表示热烈欢迎。他详细介绍企业目前生产经营情况以及未来发展规划，并表示，步阳集团准备在娄底投资 5 亿元，建设高端安全门生产基地。

李荐国诚恳地说，很高兴到步阳集团考察学习、寻找合作、缔结友谊。我们不仅希望能把步阳集团大项目好项目引到娄底去，还希望能把企业成功管理经验引入到地方党委政府管理中去，从而进一步把娄底建设好、管理好、发展好。我们一定大力支持步阳集团在娄底乃至湖南产业发展，同时也祝愿步阳集团步入“阳光大道”，有更好发展“门路”。

接着，副市长甘跃华代表市政府与步阳集团当场签订合作协议。

15 日上午，甘跃华还率招商团队到浙江省绍兴市考察浙江绍弘环境科技有限公司，详细了解公司垃圾无害化低温无氧还原裂解转化技术。

【李荐国率团赴俄罗斯芬兰瑞典交流访问】6 月 8 日至 17 日，市委书记、市人大常委会主任李荐国率团前往“一带一路”北线国家俄罗斯、芬兰、瑞典进行交流访问。

代表团在俄罗斯圣彼得堡市拜访圣彼得堡市政府亚太交流合作中心。该中心主任、圣彼得堡政府对外关系委员会主席顾问热迈迪斯·弗拉基米尔希望与娄底在科学技术贸易等方面加深合作并建立广泛联系。他说，中国在俄罗斯最大非能源类投资项目—“波罗的海明珠”就是由圣彼得堡亚太合作中心牵线成功实施。随后代表团实地观摩“波罗的海明珠”项目。该项目从 2005 年开始由上海实业(集团)有限公司等 7 家中方企业在圣彼得堡西南部红村区开工建设，联合投资 13 亿美元，是一个集居住、商业、商务为一体多功能现代化综合性社区。李荐国表示，两国人民通过这个建设项目加深社会、科学、文化以及生活方式等各方面交流，两国人民深厚友谊也通过项目建设得到良好传承。

在芬兰赫尔辛基世贸大厦，芬兰中国发展与交流中心总裁迪莫博士向代表团详尽介绍芬兰清洁能源技术。据 2016 年欧盟统计发布能源数据，芬兰可再生能源在芬兰能源总消耗中占比达 32.2%，大大高于欧盟 27 国可再生能源占总能源消费平均比重(12.4%)。同时，迪莫先生表示，中国是芬兰推广清洁技术最重要市场，希望今后有机会与娄底在清洁能源方面进行交流与合作。李荐国表示,娄底在土壤重金属治理、固体废物处理等清洁能源技术上与芬兰有广阔合作前景。

在芬兰科沃拉市,代表团现场调研北欧湖南农业产业园进驻企业湖南味菇坊生物科技有限公司在建项目,该项目是味菇坊以出口贸易方式在欧盟进行三年市场探索之后才于2017年年初开始投建。李荐国风趣地对味菇坊负责人说,企业家重心就是要找市场而不是找"市长"。企业走出国门不容易,要乘着国家"一带一路"这股政策东风稳打稳扎,推动企业在北欧生根发芽。市委、市政府也要为走出去企业服好务。

代表团还考察俄罗斯莫斯科中国大市场,拜访瑞典斯德哥尔爱立信公司,观摩瑞典斯德哥尔摩市最大市政环保建设项目"哈马碧"滨水新城项目,特别就哈马碧城垃圾"就近楼宅、就近街区和就近地区"三级处理以及真空垃圾抽吸系统进行详细调研。李荐国指出,"一带一路"北线是经中亚、俄罗斯直到波罗海物流大通道和经济走廊,北欧国家在环保、通讯等领域具有创新能力和竞争优势,娄底要充分利用好自身条件,与俄罗斯、北欧在商贸出口、投资贸易、环保、通信技术等领域积极开展交流与合作,深度参与国家"一带一路"战略实施。

【李荐国率队赴京对接重点项目】8月3日至4日,市委书记、市人大常委会主任李荐国率小分队赴北京汇报环保工作、对接重点项目。环保部部长李干杰对娄底在生态环境治理和生态文明建设方面所作出努力给予充分肯定,并勉励娄底多出成果。

市环保局、市商务粮食局、万宝新区等单位主要负责人随同汇报工作或对接项目。8月3日下午,李荐国一行前往国家环保部汇报工作。

李干杰非常关心娄底经济社会发展尤其是生态文明建设。他强调,要牢固树立"四个意识",全力推进生态文明建设;要盯住突出问题,抓紧实施环境污染治理专项行动;要努力做到信息公开透明,让全社会支持参与环保工作;要落实各级各部门环保责任,严肃处理违法违纪、失职渎职行为。他希望娄底在生态文明建设方面多出实招、多出成果。

8月4日,李荐国一行先后考察北京陌陌科技有限公司和中国航天科工集团第三研究院。在北京陌陌科技有限公司,李荐国与公司董事长唐岩就合作项目进行深入洽谈。在中国航天科工集团第三研究院,李荐国一行参观军品部、军民融合部和通用无人机,并与徐涛副院长就钢骨架聚乙烯塑料复合管项目落户娄底有关事宜进行坦诚、深入交流。

【娄底市举行项目建设观摩讲评会】8月29日至30日,娄底市举行项目建设观摩讲评会,对各县市区、娄底经开区、万宝新区新班子上任以来新项目和老企业新扩改项目尤其是产业项目进行观摩讲评。市委书记、市人大常委会主任李荐国在讲评会上强调,观摩会、讲评会是项目建设大比拼擂台和舞台,看新班子所抓新项目,目的是让新项目检验新班子,推动新项目和新班子共成长、好项目和好干部共成长。市委副书记、市长杨懿文出席观摩讲评会并讲话。

何文君、姚兵、谢志雄、徐勇、华学健、张希慧、吴建平、陈蕾、向世聪、尹华凯等市"四大家"在家的领导,市委第一副秘书长,市人大、市政府、市政协秘书长,各县市区、娄底经开区、万宝新区党政主要负责人以及市直有关部门负责人参加观摩讲评会。

8月29日至30日上午,观摩团先后观摩新化县、冷水江市、涟源市、娄星区、双峰县、万宝新区、娄底经开区新项目和老企业新扩改项目。在新化县,观摩团观摩湖南兴龙玻璃门窗公司年产5万平方米彩釉玻璃及10万平方米高档铝合金门窗生产线项目,和同心商贸城建材大市场项目。据了解,"兴龙"品牌是中国驰名商标,彩釉玻璃获得国家发明专利,产品具有独特定制、永久寿命、绿色环保等特点。高档铝合金门窗生产线项目于2016年4月动工建设,2017年6月试投产。在公司生产车间,李荐国、杨懿文一行饶有兴致地观看公司高档门窗产品,详细了解产品特点、价格和市场等情况,并鼓励企业负责人加强技术研发,提升产品附加值和市场竞争力。在同心商贸城建材大市场项目热火朝天施工现场,李荐国叮嘱项目负责人要在保证安全和质量前提下加快工程进度。

在冷水江市禾青建材工业园内,鑫达耐火材料制造有限公司年产8万吨硅砖生产项目二期工程正在加紧推进场地平整工作。据介绍,该项目建成后,生产工艺可达到国内领先水平,产能和市场占有率可进入全国前三。公司负责人告诉李荐国,目前订单很多,产品供不应求,主要售往世界500强企业,其中出口占到销售量30%。李荐国听后很高兴,他说,企业有没有生命力主要看两点,一看销售市场,二看技术团队,希望企业不断扩大生产规模,不断加大研发投入,努力做大、做强、做美。

离开鑫达耐火材料制造有限公司后,李荐国、杨懿文一行在冷水江市还观摩益盛科技有限公司新材料产业项目和皮草服饰产业园项目。益盛科技有限公司是从事废弃废旧不锈钢回收再生利用企业,旧生产线因达不到环保要求被淘汰，目前正在加紧建设一条特种钢材生产线,预计年底可投产。李荐国详细了解项目达产后产能和产值等情况，并要求企业坚持创新引领,加强技术创新、产品创新,推动企业尽快“脱胎换骨”。

在涟源市，观摩团先后观摩涟水中学及河湖连通工程项目、回春堂中药现代产业园一期建设项目、科比特新能源项目。回春堂药业有限公司以生产中成药为主,是娄底市最大制药企业。目前,回春堂中药现代产业园一期项目已基本建成，有望在9月底试生产,在12月底前通过GMP认证并正式生产。李荐国在察看产业园基础设施建设后说，回春堂药业有非常好发展前景,打造好这个品牌,对于娄底健康产业发展具有重要意义。他指出,企业要创新思路,做好高仿药和食药同源等文章，同时要不断研发新产品,大干快上,努力打造一流制药企业。李荐国还当场给食药监、科技等部门以及涟源市负责人交办任务,要求他们主动做好服务工作,在对接、生产等方面给予帮助、指导,并出台奖励政策,扶持企业做大做强。

在娄星工业集中区，观摩团依次观摩益思迪科技高端防静电仪器及材料生产项目、格仑新材新型高效船舶(岛礁)尾气余热海水淡化与舰船尾气速冷设备生产项目、金刚玻璃低辐射镀膜玻璃项目、金鑫电子北斗卫星导航系列产品研发中心与应用平台等在建项目。李荐国指出,娄星工业集中区发展势头很好,所看项目都是科技含量高的好项目,园区干部要扑下身子加油干,推动项目快进快成。同时他一一记下项目竣工投产日期,要求相关企业加快进度,确保如期竣工投产见效,并表示,“投产时,我还要来看。”

在双峰县，观摩团先后观摩电子商务产业孵化园、佳合建科节能抗震建筑运营基地和农友集团南区扩产扩能项目。作为全国电子商务进农村综合示范县，双峰电子商务产业孵化园入驻电商企业及物流快递公司30多家,孵化企业网商320个,个人网商3000个,10多个优势农产品实现网上销售。杨懿文看后很高兴,他指出,发展农村电商,首先要把土特农产品转化成可以网上交易商品,工商、质监、食药监等部门要加强监管和服务，切实帮助农户推进农产品转化。同时他鼓励电商要通过个人勤奋创业,不断发展壮大产业,最后形成规模企业。

在万宝新区,观摩团观摩诚通物流园项目、碧桂园豪园城市综合体项目、万宝新区互联网+创新创业中心。

在娄底经开区，观摩团观摩三迅新能源、电将军、大北农、鸿瑞新材料等高新企业。

30日下午,在观摩完所有项目后,全市举行项目建设讲评会。会议通报1—7月全市项目建设情况和经济社会发展情况,根据观摩情况对各县市区、娄底经开区、万宝新区项目建设作测评。

李荐国指出,观摩会、讲评会是项目建设大比拼擂台和舞台,大家要相互学习、相互借鉴、共同提高。这次观摩不看老项目，只看新班子抓新项目或者老企业新扩改项目以及新业态,重点看新产业项目,目的是让新项目检验新班子，通过观摩项目来观摩干部精气神。我们要通过观摩讲评,把自己摆进去,发现问题,找准差距,认真学习,吸纳别人好经验好做法。要用欣赏眼光看他人,用严格要求对待自己,让自己有长进、有提高,来年再看时有新亮点。

李荐国指出,通过观摩讲评,我们看到项目建设取得成效,信心更足、底气更足。项目建设大比拼开展以来,娄底大地催生一批大项目、好项目、新项目。跟去年相比,大项目增多,产业项目增多,科技型项目增多,经济新形态和经济新业态项目增多,关联性项目增多。这份成绩单说明,我们开展“项目建设大比拼”、七个“三年行动计划”,决策是对的,思路是对的,路径是对的,完全符合娄底实际。这份成绩单也表明,只要我们一起努力,一切困难都可以克服,所有难题都可以解决。

李荐国强调,要用脑用心,精准施策,及时解决好项目建设中突出问题。要找准项目建设聚焦点、支撑点、着力点,聚焦抓产业项目,聚焦抓工业园区,围绕产业链抓招商,用创业手段、开放眼界来推动项目落地。要鼓足干劲,负重前进,推动项目建设和其他各项工作快上快进快成。县市区、娄底经开区、万宝新区是抓项目建设主战场，要把项目建设作为党委政府“主菜单”,始终抓在手上、放在心上;要针对短板去调度,在辖区内用好“项目建设大比拼”这个指挥棒,努力形成万马奔腾、奋勇争先良好局面;同时要兼顾抓好抓实脱贫攻坚、安全生产、维稳保安,推动“有事请找我”责任担当机制、在村党支部书记中开展“争当脱贫致富带头人”活动、在贫困群众中倡导开展“人穷志不穷、脱贫靠自身”自立自强行动落到实处。市直部门要把谋项目、推项目、扶项目作为分内事，各尽其责，各司其职，履职尽责。项目建设办要敢于牵头调度，大胆督查督办。市级领导尤其是市委市政府分管领导要率先垂范，除抓好自己所联系项目，还要大胆抓好自己所分管领域项目。要通过抓项目建设，让新班子与新项目共成长，让好干部和好项目共成长，使娄底项目建设不断取得丰硕成果，使娄底不断有好干部脱颖而出。

杨懿文对所观摩29个项目一一进行讲评，他指出，各县市区项目建设亮点纷呈、可圈可点，值得充分肯定。杨懿文强调，项目建设是经济建设总抓手，是解决一切问题“总钥匙”，稳定增长必须抓项目，促进转型必须抓项目，实现赶超必须抓项目。要进一步优化项目施工环境，加快征拆速度，确保项目早开工、早推进，尽快形成实物工作量；要抓实抓细项目前期，齐心协力包装、策划好项目，切实提高项目谋划精细度和成熟度；要进一步加大招商引资力度；要充分发挥园区在项目建设中主阵地作用；要加强项目建设过程中要素保障；要下定决心抓好环境优化，再造工作流程，力争做到让企业“只跑一次”；要加快构建容错机制，加快形成鼓励创新、宽容失败良好氛围。

【李荐国率队赴深圳考察企业对接项目】11月30日至12月1日，市委书记、市人大常委会主任李荐国率队前往深圳考察企业对接项目，他表示，娄底将高举开放大旗，坚定不移实施“创新引领，开放崛起”战略，坚定不移优化经济结构，坚定不移振兴实体经济，敞开大门欢迎企业家到娄底投资兴业，娄底各级党委政府和各个部门将尽心尽力为来娄创业者提供帮助、当好服务员。

省政府驻深圳办事处主任何文君，副市长甘跃华以及市商务粮食局、娄底经开区、冷水江市、市创投、娄底驻广州办事处等部门和单位负责人参加。

12月1日上午，李荐国一行考察广东天劲新能源科技股份有限公司。他首先深入天劲公司生产车间，认真考察动力电池生产线以及各种用途动力电池产品，详细了解公司生产经营情况，接着出席天劲公司与冷水江市举行签约仪式，见证双方签约，并希望签约项目能够早日落地见效。

据了解，天劲公司是一家专业提供绿色新能源汽车动力电池系统整体解决方案国家高新技术企业，2014年登陆新三板，目前正准备在主板上市。签约仪式上，天劲公司与冷水江市就动力电池回收项目签订具体合作协议，就动力电池生产基地建设项目签订战略合作协议。

12月1日下午，全市在深圳彭年大酒店举行招商引资项目对接会，邀请广东天劲新能源、深圳亚辉龙生物科技、深圳市证通电子、云传智联、云智高科、博盛新材、深圳荣力精密、广东华晶光电、深圳丁旺科技等已经与娄底签约或有到娄底投资意向的实体企业参会。重庆西演集团负责人也应邀率团队从重庆乘飞机到深圳参会，希望与冷水江市就波月洞景区开发项目进行深度对接。

对接会首先举行简单碰头会，各参会企业负责人一一介绍自己企业经营发展情况，并表达到娄底投资意愿。“很早时候就想回家乡干一番事业，不希望只是看到在娄底户籍中有一个自己名字，更希望在娄底大地上踩下一个自己足印。”云智高科总经理欧阳超群道出在座娄底籍企业家心声。

碰头会后，娄底经开区、冷水江市以及市创投采取实打实方式，与各自洽谈过的企业，就到娄底投资具体项目，分组进行深度对接。对接过程中，双方坦诚相见，就对接项目核心问题进行深入沟通，为项目正式签约夯实基础。

李荐国说，举办项目对接会，目的是为对接项目、交流情况、增进友谊，架起一座合作发展、共赢发展坚固桥梁。娄底交通便利，区位优势明显，资源丰富，人杰地灵。近两年来，娄底经济在经历“四期叠加”风险考验后，实现凤凰涅槃、浴火重生，很多经济指标在全省位居前列，加速转型、奋力赶超势头非常强劲，大家选择到娄底创业发展是非常明智。

李荐国表示，娄底各级党委政府和各个部门将责无旁贷地为大家干事创业提供帮助，能够做到马上做，暂时做不到努力创造条件做，确确实实没有办法做到坦诚相告。同时，他诚恳地说，凡是在投资创业发展中遇到困难，都可以找市委、市政府，也可以找我，我为大家当好服务员。

重要成果

2017年，娄底市坚持以习近平新时代中国特色社会主义思想为指导，实施创新引领开放崛起战略，坚持加速转型、奋力赶超，打好防范化解重大风险、精准脱贫、污染防治“三大攻坚战”，推进七个“三年行动计划”和项目建设大比拼，打赢防汛避险救灾保卫战，推动经济社会越来越好。全年地区生产总值增长8.5%，规模工业增加值增长8.6%，固定资产投资增长14.7%，全市社会消费品零售总额增长10.8%，一般公共预算收入增长9%以上，城乡居民人均可支配收入分别增长8.5%、11%。“撸起袖子、扑下身子、干出样子”“娄底新作为”得到彰显，迎难而上、昂扬向上、蒸蒸日上“娄底新气象”正在形成。经济工作呈现七大看点。

【看点1】项目建设有新突破。扎实开展“项目建设大比拼”活动，推进各类项目2800个，完成固定资产投资1370亿元，发挥稳增长决定性作用。其中，重点项目395个，完成投资850亿元，占总投资62%；重点产业项目210个，占重点项目总数53.1%；投资20亿元以上重大项目32个，比2016年增加11个。

【看点2】产业转型有新成效。三次产业结构进一步优化，调整为14：47.5：38.5。娄底经开区跻身全国百强，全市园区实现规模工业增加值323亿元，占规模工业比重由62%提高到66.2%。全力提升传统优势产业，着力打造“钢铁新城”。三迅、电将军等新技术新材料工业企业加快成长，陌陌在娄底设立独立公司。新增农业合作社983个，农产品加工产值增长20%，

【看点3】 脱贫攻坚有新作为。以“两个服气”为标准，排查出不符合贫困条件错评对象21.02万人、符合条件漏评对象11.14万人。出台“四个意见”“十条禁令”等系列文件，设置“三张联系卡”，扎实抓好产业、易地扶贫搬迁、危房改造等各项扶贫工作。全年9.98万建档立卡贫困人口实现脱贫，156个贫困村脱贫摘帽。

【看点4】生态环境有新改善。深入实施“天蓝水净地绿”三年行动计划，全面落实河长制，完成孙水河保护立法。强力推进中央环保督察反馈问题整改，245个信访件全部提前办结。率先在全国地级市中完成碳普查和碳规划。全市空气质量优良率达87.1%，地表水质、6个江河交界考核断面和3个“水十条”国家考核断面水质达标率均为100%。

【看点5】城乡面貌有新变化。集中开展交通秩序等专项整治，打通断头路、改造城中村，整体推进品质中心城区建设。全面启动高速公路沿线特色小镇建设试点，冷水江市禾青镇获批全国特色小镇。加快美丽乡村建设，14个省级示范村完成投资4200余万元，双峰县荷塘村获评第五届全国文明村镇。深入实施“综合交通提升三年行动计划”，益娄高速建成通车，完成干线公路改造106千米、农村公路提质改造680千米。

【看点6】改革开放有新进展。全面落实改革责任，九大类161项重点改革任务按时序进度稳步推进。淘汰落后产能988万吨，关闭煤矿23处，烟花爆竹行业全部退出。推行政务服务“只跑一次”改革，行政审批事项精简70%，办理时限缩短50%。市直1473项管理权限全部下放到娄底经开区。坚持招大引强，全年内联引资605.3亿元，增长17.5%。

【看点7】保障水平有新提升。全年民生支出占公共预算支出比重超过60%，重点民生实事完成或超额完成年度目标任务，全面小康实现程度达到83.4%。完成农村薄弱学校改造项目134个。建档立卡贫困户住院医疗费用医保报销比例提高10%。在全省率先对农村低保对象和社会兜底脱贫对象进行全面清理。全力打好安全生产“十大战役”，生产经营性安全事故起数和死亡人数分别下降61.45%和44.87%。

重要报道

打造“互联网＋政务服务”升级版

——娄星区高标准建设电子政务平台零距离服务群众记略

3月14日，从全省政府网站建设工作会议上传来喜讯，娄星区政府门户网站再次荣获“湖南省优秀政府网站”，并在会上作典型发言。近年来，娄星区认真落实上级关于推进“互联网＋政务服务”要求，把政府门户网站作为开明开放、互融互动惠民服务平台来打造，从无到有、从小到大，走出一条后发赶超、奋力争先发展新路。

创新机制，让电子政务更高效

娄星区委、区政府高度重视电子政务工作，从制度层面着手，从领导层面发力，让电子政务办有地位、有保障、有权威。一是建立高位推动机制。区电子政务办成立之初，专门召开区长办公会议，就支持网站升级、机房建设、办公场地等方面明确具体意见。区委常委会议、区政府常务会议每年定期研究电子政务工作，出台网站管理、微信推广、信息报送等规范性文件。区委、区政府主要领导积极参与网站在线访谈，多次组织召开网友线下交流会，实地调研指导工作。二是建立工作保障机制。明确区电子政务办为正科级全额拨款事业单位，配备主任一名、副主任两名，干部结构科学合理，平均年龄35岁，学历均在大学本科以上，其中还有1名硕士研究生；将网站建设和运维经费全部纳入财政预算，2014年一次性投入350万元，此后每年预算120万元，并根据实际需要足额追加，2016年达到167万元，确保电子政务有人干事、有钱办事。三是建立考核讲评机制。把电子政务工作列入全区绩效考核范围和“五项竞赛”“十项评比”内容，实行集中管理下部门分工负责制。电子政务办牵头对相关单位工作落实情况量化打分、排名站队，在每月乡镇街道讲评会上由区委常委集中点评，形成上下互动、各方联动工作常态。

拓展平台，让政务服务更顺畅

娄星区顺应发展趋势，贴近群众需求，在平台建设上重点做好升级和创新两篇文章。一是升级政府网站。在信息公开方面，突出阳光行政，各单位领导信息、班子分工、机构设置、三公经费等全部公开并及时更新；同步做好政策解读，积极推介民生热点，比如去年策划“被征地农民养老贷”专题，有效推动全国首个养老贷试点项目落地落实；完善后台功能，全区108家单位统一通过后台上传信息，提升网站运行水平。在办事服务方面，科学制作“办事指南”，为群众提供标准化、规范化、实用化服务，全区所有可以实地办理审批事项都能通过网上办事大厅办结。在外网服务方面，外网线路实现区、乡、村三级全部贯通，承载电视电话会议系统流畅清晰，网格化管理系统方便快捷。二是创建微信平台。2016年4月，该区在全市率先建立“娄星电子政务”微信平台，实现电子政务服务从桌面互联网向移动互联网平移。突出权威性和实用性，第一时间发布最新政策、公告公示等权威信息和招聘通知、交通管制等便民信息。突出便捷性和互动性，群众能够随时随地通过手机端，在“领导信箱”“求助投诉”栏目反映诉求，完成指尖上政民对话。突出开放性和参与性，推出“政府工作报告知多少”“住房公积金知识”等有奖答题活动吸引近5万人参与，推出“我为政府出点子”献计献策活动征集建议3000余条。截至2017年年底平台订阅用户超过2万人，日均阅读量达到2000次以上。

办好网信，让广大群众更满意

“书记区长信箱”来信办理是该区网站建设一个亮点，区委书记、区长对重要网信即阅即批，同时注重由点及面，推动网信办理从解决个体问题向解决共性问题延伸，办信经验在《湖南工作》推介。一是个体问题做到快办快结。对网民反映居民房屋漏水、小区噪音扰民、路边烧烤污染等个体问题，逐一直接交办，从来信浏览、甄别梳理、收阅呈送，到办理回复、跟踪问效、统计备查，全部实行一周办结制。近三年收到各类来信5851件，回复率、办结率均达到100%，满意率达到98.7%，赢得广大网民真心“点赞”。二是共性问题力求办好办实。对“出行难”“就学难”“看病难”等共性问题，一一梳理归纳，每月形成《网信分析报告》，为党委政府科学决策提供参考依据，推动从根源上解决群众难题。“书记区长信箱”开通不久，收到网民关于看病难、体检难来信26件，区政府主要领导阅批后，提交区委常委会议研究，促动“健康快车下基层”活动巡回开展，截至2017年年底为7.2万余名群众完成免费体检，并全部建立健康档案，深受群众欢迎。由于网上来信方便快捷、办理及时、效果明显，全区群众走访逐年减少，其中2016年群众走访下降23%，2017年以来实现进京非访零登记，真正做到“让数据多跑路，让群众少跑路”。

大潮奔涌逐浪高

——全市开展“项目建设大比拼”活动综述

2016年，是“十三五”开局之年，为贯彻落实“加速转型、奋力赶超”总基调，实现在全省赶超进位目标，市委、市政府高屋建瓴，决定在全市范围内开展“项目建设大比拼”活动。娄底全市上下思想统一，全力聚焦项目建设，扑下身子求实效，形成比数量、比质量、比进度、比效益，拼环境、拼干劲、拼能力浓厚氛围，掀起全市项目建设新高潮。

2016年，全市列入“项目建设大比拼”活动696个重大项目完成投资720亿元，超年度计划15%，新开工、竣工项目分别增长12%、16%。在“项目建设大比拼”活动强有力支撑下，全市全年固定资产投资达到1199亿元，年均增长14.4%，有力地促进全市经济社会发展。

项目谋划大比拼

离开项目，再好计划也是一纸空文，再美蓝图也是空中楼阁。去年，全市坚持把项目谋划储备摆在经济工作首位，深入研究国家产业政策、投资导向和市场环境，紧紧围绕国家“十三五”规划提出165项重大工程，国家专项建设资金明确35个专项，推行PPP7大传统基础设施领域，中央省预算内投资重点。围绕国家“一带一路”、长江经济带倡议，湖南省一带一部战略，对接大长沙、推进大发展战略等国家、省和市重大战略，积极谋划、论证、储备一批大项目、好项目。重点谋划“两河”流域治理、电将军新能源、VAMA高新汽车板再制造及配送等一批重大产业、基础设施、社会民生、生态环保等200多个项目，在数量上有新突破、质量上有新提高。

娄底经开区以国际视野、超前理念、超高标准来定位策划。全年谋划重大项目39个，超额完成市里下达30个前期项目目标任务；万宝新区以招商引资为第一抓手，以推动项目建设为第一要素，项目储备量增加至30多个；双峰县着力开发一批重大储备项目，建立重大储备项目库，年初向各乡镇、县直单位下达储备项目任务数146个，明确储备项目开发前期工作主要任务和节点计划，绝大部分单位高度重视，工作有序推进。2016年12月中旬，市“项目建设大比拼”办公室对双峰重大项目开发储备工作进行考核，双峰获得全市重大项目谋划工作先进单位第一名好成绩；新化县全年储备55个重点项目，还建立PPP项目库，并策划包装新化县中心城区提质扩容、资江一江两岸景观带等26个PPP项目；涟源市委、市政府围绕园区发展、城市建设、旅游产业、金融经济四大短板来谋划“四个一批”重点项目。在“四个一批”基础上，最终筛选出18个重大项目；娄星区围绕国家“十大工程包”，六大消费领域等宏观政策，谋划出投资5亿元以上项目18个，1亿元以上5亿元以下项目28个；冷水江市完成储备项目33个，总投资136亿元。

项目招商大比拼

招商引资是地方经济发展“一号工程”。为实施“加速转型奋力赶超”“开放强市”战略，招大引强，全面提升招商引资质效，全市各级党委、政府主要领导亲自挂帅，多次组织招商引资小分队赴“长三角”“珠三角”“京津翼”等地上门招商、敲门招商，有力地促进项目签约、落地。

为提升招商实效，全市还积极用改革办法来助推娄底转型发展，创新招商模式，创造性地在全省率先制定出台PPP项目商务条件、PPP项目工作流程和工作标准，建立PPP项目评估审查联席会议机制，为高效有序推进PPP项目提供具体操作规范。2016年上半年，全市策划包装总投资937亿元第一批41个PPP项目，并先后在北京、长沙进行项目推介和央企战略合作签约。与中建、中铁、中冶、中交、中铝等国内知名央企进行对接洽谈，全年有5个PPP项目开工建设。在产业链招商上，全市围绕住宅产业，与之配套相关原材料、辅料、零部件和包装件等产品，形成供需“上下游”产业链条关系，吸引卓达集团、远大集团、三一筑一等四大行业“巨头”来娄投资谋求共同发展，形成倍增效应。发展总部经济是城市实现可持续发展内在要求，能够为中心城市带来“税收贡献效应”“产业乘数效应”“消费带动效应”“劳动就业效应”“社会资本效应”。2016年，全市提出发展总部经济，推出财税补贴和直接经济奖励政策吸引企业总部汇聚，市经信委积极与湖南浙江商会多次对接，引入“总部经济”项目3个，为全市税源开辟做出新尝试。市创投还积极探索以股权投资为核心投融资模式改革新路，成功引进湖南华晶激光晶体、湖南精飞民用无人机。在短短一年时间内，市创投引进和投资工业项目 5 个，服务类产业项目 5 个，项目总投资近 60 亿元。通过强力推动，全市掀起一次又一次招商引资热潮，一批事关娄底发展重大项目落地生根。一批对经济有拉动、对产业有带动、对民生有改善大项目、好项目纷纷入驻娄底，为娄底转型发展注入强劲活力。

项目建设大比拼

为创造全市上下心无旁骛解难题，破瓶颈，推动项目建设，形成争先恐后上项目，谋发展大好局面。2016 年 2 月，全市开展“万名干部下基层、解难惠民促发展”进工地项目建设大比拼活动。根据市委、市政府统一安排，市发改委制定《娄底市“万名干部下基层、解难惠民促发展”进工地项目建设大比拼活动实施方案》。通过实行“一线工作法”，即挂点领导和责任单位深入工地或项目现场，与项目业主、施工单位进行直接交流和沟通，全面了解项目情况、存在困难和问题等，切实协调解决项目推进过程中的困难和问题。市委、市人大、市政府、市政协领导亲自带头，身先士卒深入项目工地、企业解难题。全年，全市各级领导和单位深入项目现场 1000 人次，协调处理矛盾和问题 200 余个。

2016 年，全市还先后两次开展“重大项目集中开竣工活动”。3—4 月，全市第一次开展“重大项目集中开竣工活动”。期间，全市集中开工项目 55 个，总投资约 126.58 亿元。康麓生物有限公司酸橙高值化深加工项目、娄星移动互联网、娄星区骡子坳中小企业创新创业基地、归古旅游、冷水江市人民公园、三板组城中村改造、娄底市国家综合档案馆、锡矿山地区环境综合治理—矿山复绿工程等一批重点项目开工建设。9 月 10—30 日，全市开展第二批项目集中“开工、竣工”活动。全市集中开工竣工项目 35 个，总投资 97.69 亿元，其中开工项目 17 个，总投资 54.76 亿元；竣工项目 18 个，总投资 44.33 亿元。湖南三迅新能源科技有限公司动力电池项目一期、娄底市华宏科技有限公司太阳能支架生产线、新化县鑫泰农贸综合大市场、涟源市泓泽新能源等一批重大项目相继竣工投产。湖南电将军新能源有限公司纳米陶瓷智能储能电源产业化基地建设、涟水河（神童湾段）PPP 项目、农友二期、新化天门健康养生基地等一批重点项目相继开工建设。

双峰县在“项目大比拼”中开展比一比，拼一拼，谁对全县投资贡献更大，项目推进速度更快，质量更好，后劲更足、机制更健全、环境更优活动。他们集中 100 天时间开展“征地拆迁清零清障活动”，县经开区、新区、永丰镇等主要责任单位千方百计破解征地拆迁难题，集中力量做好征地拆迁工作，确保一批重大项目按时开工建设，娄衡高速双峰段，比原计划提前一年通车。娄底大道双峰段全年完成投资 2.53 亿元，超额完成年度目标任务；娄星区引进投资过亿元项目 15 个，建成投产项目 13 个，建设标准厂房 25 万平方米，园区内企业达到 148 家。涟源市对列入大比拼 98 个重点建设项目，逐个敲定节点计划，逐月调度通报情况，逐季兑现考核奖惩；实行分类管理、分组负责、分季考核，倒排工期，扎实推进，努力营造“以项目看能力、以项目评业绩、以项目论英雄”大环境；冷水江市强力开展“建设环境大优化”活动，依法打击强行阻工、强装强卸、强揽工程等恶意阻挠项目建设和影响企业正常生产违法犯罪行为。全年立案查处扰乱单位秩序案件 32 起，查处阻碍执行职务案件 11 起，行政拘留 9 人，训诫 4 人；查处盗窃企业物资案件 21 起，维护企业正常生产秩序；娄底经开区对项目从前期工作、申报审批、征地拆迁、要素配置、开工建设、环境优化一直到竣工投产等一系列过程实行全程包干负责，推行“一名领导、一个部门、一套班子、一抓到底”“四个一”机制，强力推进项目建设。项目总投资 60 亿元湘中物流园，全年完成投资 18 亿元，完成全年目标任务 100%。三迅新能源汽车动力电池产业项目一期工程于 2016 年 9 月竣工投产；新化县在万名干部下基层活动中，从市级“四个一批”重大项目中选取部分在建重大建设项目和县级“标志性工程”“标志性产业”项目，选派 6000 多名干部进工地送服务，推进项目建设进度；万宝新区坚持以项目建设为抓手，积极采取有效措施，全力推进重点工作，新区纳入全市“四个一批”重点项目 67 个，完成重点项目投资 69.87 亿元，占全年任务 103%。计划新开工项目个数 36 个，实际已开工项目 30 个，开工率为 83.3%。

2016 年，在市委、市政府正确领导下，全市积极应对宏观经济下行压力持续加大不利形势，全市上下认真落实市委、市政府决策部署，以“加速转型，奋力赶超”为总揽，坚定不移地把项目建设作为总抓手，持续开展“项目建设大比拼”活动，在全市掀起项目建设比学赶超新热潮，有力地促进全市经济社会发展。2016年，全市实现地区生产总值1400亿元，增长7.6%，一般公共预算收入、地方收入分别达到104.59亿元、68.25亿元，增长9.7%、13.9%。

筑牢“安全墙”守护“生命线”

——娄底市地质灾害防治与地质环境修复工作纪实

4月22日，第48个世界地球日。娄星广场人声鼎沸，彩球飘扬。市国土资源局在这里组织主题宣传活动，宣讲国土资源政策法规，发放地质灾害防治知识手册。活动现场，市国土资源局主要负责人在接受采访时说，“我们要把防范地质灾害作为保障人民群众生命财产安全‘生命工程’，继续实施调查评价、监测预警、搬迁避让、灾害治理、能力建设五大工程，最大限度减少因地质灾害造成人员伤亡和财产损失，确保人民群众生命财产安全。”

娄底市属于典型山地丘陵地带，全年降水量较多，是全省地质灾害易发和高发区之一，地质灾害隐患点达1814处。

面对严峻防灾减灾形势，如何为人民生命财产构筑一道“安全墙”？市国土资源局主动作为，积极争取专项资金，加强地灾综合防治体系建设，落实责任、排查隐患、监测预警，做到综合防治，并结合精准扶贫、新农村建设，着力为百姓安全筑起一道坚实屏障。2016年全市成功预警预报地质灾害22起，紧急转移2万多人次，避免经济损失1593万元。

实施搬迁避让，助力精准扶贫

市国土资源局积极主动探索资源开发与脱贫攻坚相结合新路子，根据自然条件，安排农村土地综合整治、地质灾害防治等项目，全力为百姓建好民心工程，助力精准扶贫，确保村民如期脱贫。

2006年，新化县桑梓镇新冷界村被发现地质灾害隐患，整个山体成为一块巨大滑坡体，且极度不稳定，阳新华家房子刚好处于滑坡体上，从此只要下雨他就心惊胆战。如今，他成为政府实施滑坡治理搬迁避让工程直接受益者。

“我以前住在那边山底下，一下大雨就担心滑坡，晚上吓得睡不着觉，这下搭帮政府帮我们搬迁，晚上终于能睡个安稳觉！”阳新华说。近5年来，一下大雨，山体就会滑动，他夜里睡觉都担心。有一天晚上下暴雨，屋后山体倾泻而下，滑坡土把后墙窗户砸倒。

阳新华一家决定搬家另选地基重新建房，但村里人多地少，一来没有地基，二来建新房需50-60万元费用，这对他家来说无疑是笔巨款，就这样一直拖着没有搬迁到位。随着山体滑坡隐患加剧，越来越多村民家受到滑坡地质灾害威胁，先后倒3栋房屋，村、镇、县逐级向上汇报，得到省市国土部门支持，最终确定实施搬迁避让。2012年，新化县政府整合国土、移民资金360余万元实施搬迁工程。阳新华等32户村民被纳入第一批搬迁对象，每户分到宅基地140多平方米。阳新华算一笔账，政府投资300多万元搞好基础设施，他家建好2层楼将近300平方米，花20多万元，至少省20多万元。

搬迁避让实施过程中，新化县把村里扶贫对象纳入搬迁对象，通过精准扶贫使他们顺利脱贫，2015年新年，阳新华一家顺利搬入新房，并且娶儿媳，一家双喜临门，现在孙子都1岁多。

实际上，在自然灾害面前，国土资源部门一直尽其所能帮助广大群众得到安全保障。2015—2016年，全市有928户实现搬迁避让，脱离地质灾害威胁，国土部门投入资金4000多万元。

治理地质灾害，实现安居乐业

3月7日，全市地灾汛期排查全面铺开。首次调用无人机、单兵远程移动监测仪等先进设备，对娄底地域内29个省级地质灾害隐患点进行全面排查，督察各责任单位完善群测群防体系，在地灾隐患点周围设置好警示牌，及时为当地群众发放防灾避险明白卡，绷紧地灾防治这根弦。3月22日凌晨，新化县水车镇老庄村二组三堂印突发一起小型泥石流，由于预警及时，受威胁4户15人及时撤离而幸免于难。

市国土资源局党组书记、局长向乾勇认为，防御地灾，必须防治结合。预防固然很重要，但治理才是根本。这就好比跳起来摘桃子，如果脚下没有合适发力点，起跳的话肯定达不到。通过治理以后，有发力点，就有条件跳起来摘桃子，真正让群众安居乐业。

在双峰县甘棠镇嘉禾村，一排漂亮房子后面曾经隐藏着地质灾害隐患，整个竹山为一个巨大滑坡地带。据双峰县甘棠镇嘉禾村村主任朱军华介绍，滑坡体长100多米，威胁着下面20多户村民生命财产安全。2015年5月30日，突然爆发山体崩塌，大量泥土砸向村民房屋，其中1户村民防盗窗被砸得变形，万幸的是没有造成人员伤亡。险情发生后，引起镇村、县市各级高度重视，最终，省市国土资源部门投资300多万元对嘉禾村滑坡地质灾害进行治理，使滑坡体下面20户村民生命财产安全隐患得到消除。“整个治理工程建80多米挡土墙，19个抗滑桩，还修建200多米排水沟，工程到2016年年底已经基本完成。”市国土资源局地环科科长陈佳云介绍说。

据统计，近年来，全市筹集地灾防治和地质环境修复资金近1亿元，对近60处地灾点实施砌筑挡土墙、填埋裂缝、清理防渗、恢复植被、退耕还林等治理工程，消除一批地质灾害隐患。特别是2016年以来，对双峰县甘棠、冷水江三尖、涟源市六亩塘、新化县游家镇等10处重大地质灾害进行治理，投入资金2100多万元。

同时，国土资源部门把保护地质公园生态环境、守护青山绿水作为治理地质灾害重要一环。

2017年3月，乍暖还寒，连绵春雨使得大熊山国家森林公园内多处地质灾害隐患点爆发，发生多处滑坡，最严重滑坡造成一处农家乐山庄一楼墙体严重破损，大量泥土冲进房内，损失惨重，滑坡土石方还把春姬峡通往外界道路截断。“这个损失很大，上面挖好几万，加上房子补修，整个损失加起来起码20多万元。”新化大熊山国家森林公园逍遥山庄老板汪善教算起这个账，表情有几分沉重。

灾害发生后，大熊山国家森林公园管理处出动清理车日夜清理，国土部门也及时跟进。2016年，省国土资源厅决定对大熊山省级地质公园在开发过程中造成数百处地灾隐患点进行治理，重点治理开发过程中造成生态地质环境破坏。据统计，国土部门已投入1500万元对大熊山省级地质公园和奉家古桃花源景区地质灾害进行治理。治理资金交由大熊山国家森林公园管理处专项管理。新化县大熊山国家森林公园管理处副主任吴勇表示，“要绝对坚持专款专用，确保每一分钱都用在地质灾害治理项目上；同时严格规范设计施工，不偷工减料，确保施工质量，把大熊山青山绿水永远留在人们心中！”

目前，漫步在大熊山国家森林公园，以往随处可见坍塌现象已不复存在。而在公园另一边高峰湖，村民段思甫正在打理他的菜园，这个菜园以前是不存在的，因河道年久失修，每到雨水季节，他家菜园子必定是被淹对象，甚至暴雨时自家房子都进水。

据市国土资源局相关负责人介绍，为切实抓好地灾防治工作，市国土资源局每年年初即与各县市区局签订地质灾害防治工作责任书，将地质灾害防治工作纳入年度绩效考核内容。在资金安排上，侧重于地灾预防工程、监测预警及应急体系建设，以及重大地质灾害隐患治理，及时消除地灾隐患。各级国土资源管理部门严格地灾防治专项资金监管，严把地灾防治工程质量关，确保资金使用安全和工程建设质量。

修复地质环境，打造绿色矿山

在宝大兴俩塘安置小区，段绍军正忙着制作防盗窗。2015年他从锡矿山宝大兴采空区移民搬迁到俩塘社区后，凭借制作不锈钢防盗窗手艺，生意红红火火，生活大变样。回想以前，段绍军感慨人生印证一句话：树挪死人挪活。因为政府对锡矿山地质环境进行综合治理，他生活也因此改变。像段绍军这样的情况，在锡矿山宝大兴采空区移民搬迁工程中不断出现。

被誉为“世界锑都”冷水江市锡矿山地区锑储量、开采量和冶炼技术均居世界前列，但由于近一个多世纪开采，使锡矿山许多采空区成为一个个巨大“蛋壳”，大面积采空区、恶化地质环境，成为各级政府、国土资源部门“心病”。

2009年，冷水江市获批成为全国第二批资源枯竭型城市，国家投资5000万元对锡矿山地区进行综合治理，包括对锡矿山宝大兴采空区1300多住户移民搬迁俩塘社区。国家配套矿山地质环境治理资金3.1亿元，于2012年至2016年，同步实施种树复绿、搬迁避让、引水供水、河道清淤改造、塌陷区监测、8所学校改建等工程。全面整修绿化冷水江市良溪河道12千米，全面维修加固金竹山矿区采煤沉陷区危房，冷水江金莲村因此先后荣获国家宜居村庄，湖南省省级文明村、全面小康示范村、新农村建设试点示范村等称号。

为配合湘江流域重金属污染治理“一号重点工程”建设，从2014年开始，省国土资源厅投资1460万元，分四期对冷水江锡矿山地区实施“矿山复绿示范工程”建设项目，绿化锡矿山污染最严重地区1000多亩。2017年4月8日，国土资源部咨询研究中心评估组对锡矿山地质环境治理相关工作进行调研，矿山复绿工作受到国家土地督察局南京局原局长刘天增肯定。

娄底市主要工业品生产企业回暖趋稳

在国家对钢铁、煤炭等行业实施以限产为主要特征去产能政策深度发力下，自2016年三季度开始，国内主要工业品出厂价格扭转此前下行颓势，呈现出快速上涨趋稳态势。

娄底是湖南省传统工业基地和重要能源原材料基地，在国家去产能宏观调控下，全市主要工业品价格有何变化，对相关企业效益有何影响？近期，国家统计局娄底调查队深入全市钢铁、煤炭、水泥、有色金属行业中具有代表性6家重点企业进行调研。调研结果显示，受去产能政策及市场回暖等拉动，全市钢铁、煤炭、水泥、有色金属等行业产品价格均呈现快速反弹并逐渐趋稳态势。受此刺激，相关企业经营效益明显好转。

价格攀升钢铁居年度涨幅榜首

在去年三季度以来，国内主要工业品价格“涨”潮中，全市无烟煤、钢铁、水泥、三氧化二锑等工业品价格也是一改往日低位震荡之势，实现集体攀升。

以娄底某采煤企业为例，其主要产品———无烟煤平均价格自2012年高位持续下跌，2016年平均价格跌至330元/吨，2017年1月，无烟煤价格涨至484元/吨，接近2012年平均水平；娄底某钢铁企业生产螺纹钢价格于2015年跌至最低价，自2016年11月以来开始逐月快速上涨，2017年2月，螺纹钢价格涨至2951元/吨；以娄底某企业生产32.5水泥为例，2017年2月价格相比2016年同期上涨67元/吨；而全市某有色金属企业生产三氧化二锑价格一改2016年1—9月低位震荡，自2016年10月以来逐月增长，2017年2月其价格同比上涨1615元/吨。

资料显示，经历一轮上涨之后，全市上述主要工业品价格实现不同程度回暖：2017年2月，上述主要工业品价格相比2016年同期分别增长45.98%、81.82%、33.00%、4.32%。无烟煤、水泥价格涨幅虽没有居首，但其价格最为接近持续下跌前2011年年平均价格水平。截至3月下旬，上述4大主要工业品种，除钢铁开始下跌外，其余价格均保持稳定。

工业品价格上涨使企业效益明显好转。2016年，娄底规模以上工业企业利润增长77.4%，扭转前两年下降趋势。从被调查企业看，大多数企业经营状况明显好转，有的利润大幅增长，有的扭亏为盈，有的亏损减少。

探讨去产能政策成主推力

资料显示，上述主要工业品在2016年三季度开启上涨以来，其价格已历经长达4、5年深调，即便期间出现过阶段性反弹，但反弹势能始终较弱。

对于主要工业品价格在2016年三季度以来大幅度增长原因，有分析人士指出，主要在于去产能政策持续发力，使供给收缩。2016年，国家提出供给侧结构性改革，去产能、去杠杆、去库存成为政府部门和企业共识。实际上，近年来，在行政和市场双重因素共同作用下，工业品供给扭转过去盲目扩张态势，供给量增速放缓甚至萎缩。供给动力得以抑制，供需矛盾得到缓和，这在很大程度上促使工业品价格实现恢复性上涨。

守护一方蓝天净土绿水青山

——娄底市配合中央环保督察工作纪实

2017年4月，中央第六环境保护督察组进驻全省开展环保督察。对此，全市高度重视，认真研究，立即部署，制定工作方案，配强工作力量，逐级明确责任。按照“问题查清到位、群众合理诉求解决到位、环保整改措施落实到位、企业环境违法行为打击到位、工作责任追究到位、信息公开到位”六到位原则，解决突出问题，以严谨态度、严格纪律和高效机制配合中央环保督察各项工作。督察期间，全市收到中央环保督察组32批次交办信访件计245件，其中重点案件113件，截至6月3日，已办结244件，其中办结重点案件112件。在245件信访案件中，责令整改企业110家，立案处罚42家，拟罚款金额155.0114万元，责令停产27家，查封扣押2家，移送行政拘留6件10人，移送追究刑事责任7件10人，约谈44人，问责20人。

高位推动，全力配合中央环保督察工作

2017年2月以来，全市连续召开市委常委办公会议、全市环保工作会议、全市环保工作推进会议等多次高规格会议。市委、市政府主要领导就迎接中央环保督察工作进行动员、部署和调度。根据中央环境保护督查重点内容，市委办、市政府办联合下发《关于做好迎接中央环境保护督查组环境保护督察工作

的通知》,对31项自查自纠工作任务进行细化分解,明确迎督工作具体要求。

同时,全市对近几年来上级交办全市各类环境问题进行认真梳理。经统计,近3年来,国家和省先后8次将全市147个环境问题进行交办,全市将这些问题汇编成册,对已经整改到位问题,将相关资料建档建册,做到一个问题一份档案。对未完成整改任务问题,均逐一制定整改方案,明确整改要求,落实责任单位和责任人。全市还围绕督察内容开展认真自查,把问题找准、找齐,迅速补齐短板。坚持边检查、边移交、边整改、边督办原则,把发现问题与解决问题有机结合,对违法企业严格依法查处。

4月24日下午,中央第六环境保护督察组督察湖南省工作动员视频会后,全市紧接着召开配合环保督察专题会议,市委书记、市人大常委会主任李荐国,市委副书记、市长杨懿文就全市配合环保督察工作做指示和部署,市领导进行具体分工,由7位副市长带队,分7个组到各县市区、各管委会对配合准备情况进行督查督办。

同时,全市组建三个层次工作机构,分别是市委书记、市人大常委会主任李荐国任组长,市委副书记、市长杨懿文任副组长娄底市突出环境问题整改领导小组;市长任组长、分管环保副市长任副组长娄底市环境保护督察工作协调联络小组;市政府副秘书长、市直相关部门负责人任组长6个专项工作组。在此基础上,市环保局对应成立综合工作组和督导组,其中综合工作组下设6个专项小组,督导组下设8个工作小组,分别指导、督办7个县市区、管委会和市直部门开展工作。

娄底市出台《配合中央环保督察有关环保整改落实工作奖励与问责实施方案》和《娄底市公众举报环境违法行为奖励暂行办法》,对领导重视、敢于担当、主动作为、工作成效显著者给予奖励;对乱作为、不作为,失职渎职者严肃问责。畅通举报渠道,鼓励公众参与环保监督,举报属实者给予适当奖励。同时,建立案件交办制度、信息公开制度、资料材料上报移送制度、交办案件日调度制度等,配合中央环保督察工作高效运行。

立查立改,坚决抓实督察发现问题

坚持交办问题不过夜。督察期间,中央环保督察组在每天晚上交办一批信访件。一旦督察组将问题交办,全市环境保护督察工作协调联络小组办公室立即将问题进行分解,并下发到各责任单位,以便办案人员在第一时间依法依规组织查办。

实行重点问题市级领导挂点督办制。针对前期督察组交办问题,全市进行认真梳理,对其中涟钢环境问题及周边环境综合整治、冷钢环境问题及周边环境综合整治、锡矿山地区综合整治、全市煤矿废水污染问题、畜禽养殖污染问题、采石场和砖厂生态破坏问题6个较为突出区域性问题分别明确市级领导挂帅,由市委书记、市长进行交办,确保每个问题有责任主体、办结要求、完成时限。如全市煤矿废水污染问题,挂点副市长方建荣在5月10日主持召开专题会议,确定全市煤矿废水整治思路,在2018年底前彻底解决该问题。

加大现场督办力度。为保证办案质量,市环保局按照一个县市、一套督办人马要求,派出业务骨干组成督导组,赴县市区指导查办案件,全程跟踪督办信访问题,保证案件顺利查办。

注重办理情况调度。每天由市委书记、市长或分管副市长召开调度会议,对督察组交办问题盘点对账,对各地办结情况进行通报。督察期间,全市编辑22期督察专报。

及时准确做好宣传报道和信息公开。为保证新闻宣传和舆论引导及时到位,全市制定宣传报道和信息公开工作方案,切实将新闻宣传和舆论引导工作做实做细。按照中央环境保护督察组边督边改信息公开有关要求,娄底日报社开设“配合中央环保督察”专栏,娄底电视台综合频道每天安排3~5分钟专题报道,新新网、娄底新闻网、娄底市政府门户网分别在首页推出专题,报道全市边督边改工作情况、做法和成效。同时,在《娄底日报》等新闻媒体每天及时公布交办件查处情况、办理结果,回应群众关切,接受社会监督。

着眼长效,严防环境污染问题反弹

为全面巩固全市配合中央环境保护督察工作成果,进一步推动全市生态建设和环境保护向纵深推进,下阶段,全市将抓好以下工作:

继续坚持全市配合中央环保督察建立工作机制。进一步巩固和健全全市在配合中央环保督察期间构建环境保护工作机制,使其成为长期模式和长效机制,继续保持打击环境违法行为高压态势,全面扎实推进辖区突出环境问题整改,提高全市生态文明建设水平。

认真落实中央环保督察交办信访问题整改措施。坚持问题导向,对交办所有问题,坚决做到真认账、不推诿,真反思、不敷衍,真整改、不放过。坚持“线索公开、办理过程公开、结果公开”原则,立行立改、边查边改,查清一件、整改一件、上报一件。

严防环境污染问题反弹。对中央环境保护督察期间交办和已办结信访问题,按照“件件责任清,反弹必追责”原则,逐条逐项开展后督查,确保整改落实到位,严防问题反弹,一旦发现反弹依法予以严厉惩处。进一步畅通环境信访渠道,加大环境污染纠纷化解力度,全力维护人民群众环境权益。同时,对因环境问题停产整治企业,严把复产验收关,加强执法检查,从严做好复产核查工作,逐一核实整改内容和整治情况,对问题整改到位、环保手续齐全,符合复产条件,依法批准生产,并跟踪检查。对于问题整改不到位或尚未完成整改任务,加大监管力度,严防死守,杜绝死灰复燃。

加大监管执法力度。加大日常监管力度,采取日常巡查、突击检查、随机抽查、鼓励举报等措施,保持严管高压态势。加大惩处力度,综合运用按日计罚、限产限排、停产整治、停业关闭、查封扣押、行政拘留、信用惩戒等措施,依法严厉惩处偷排偷放等恶意违法行为。加大行政执法与司法联动力度,对涉嫌环境刑事犯罪案件,及时移交司法机关依法追究刑事责任。

严肃责任追究。对于在配合中央环保督察后续工作中交办问题整改落实不到位、出现污染问题反弹、停产整治企业未落实整改要求擅自恢复生产,依法严肃追究相关人员责任。同时,对工作不负责、监管不到位、企业不守法导致生态破坏、污染严重,公开曝光,严肃追责,确保全市环境质量持续改善。

娄底大堤是这样筑成的

历史将牢记娄底这个时候:2017年6月底7月初。特大暴雨袭击娄底,灾情之重超历史极值——6月22日至7月2日,全市迎来2017年持续时间最长强降水过程;创下几个历史极值:降雨总量创历史同期极值。全市累计降雨量普遍达到300~500毫米,22站次超过500毫米,最大为涟源市安平站达924毫米,其次为涟源市桥头河站903毫米、新化县科头站685毫米。

日降雨量创历史同期极值:局部24小时降雨超360毫米,达300年一遇以上;涟源市安平、新化县科头等地48小时总雨量达400毫米以上,均属历史罕见。

连续降雨历时超历史同期极值:整个降雨过程历时超过10天,历史罕见。

受特大暴雨影响,各类水利工程蓄水量剧增,从降雨前五成左右急增到超过九成,有8座中型水库、360余座小型水库调度泄洪。主要干流持续高水位运行。特别是资水、涟水在本次强降雨过程中经历多次洪峰,相互叠加影响,持续超警戒水位。涟水娄底站出现历史最高洪峰水位104.87米,超警戒水位4.37米,超保证水位0.87米,洪水频率超过百年一遇。

资水冷水江站出现最高洪峰水位178.36米,超警戒水位4.86米;资水新化站出现最高洪峰水位173.35米,超警戒水位5.35米,距保证水位仅0.15米。

持续强降雨,使秀美娄底大地连遭重创:江河暴涨,山体滑坡,桥断、路塌、房毁。全市21个乡镇办中心区域受淹,特别是娄底中心城区涟水两岸街道办事处、新化县城西区域、冷水江资水两岸街道办事处、双江乡、桥头河镇、杏子铺镇等地河水漫堤,暴雨成灾,受淹范围广,基础设施受损严重。

截至7月4日,全市6个县市区86个乡镇办受灾。农作物受灾面积89.1万亩,受灾人口88.5万人,转移人口16万人,倒塌房屋3316间,无因灾死亡人口,初步估计直接经济损失27.3亿元。

娄底水利设施基础薄弱,遇到困难比预计大得多——全市有5千米以上河流261条,总长3311千米,主要河流为资水和湘江一级支流涟水、二级支流孙水和测水等。但建成各类堤防只有206千米,还有3105千米河道基本“不设防”!有山洪灾害易发区小流域103个,涉及5个县市区225万人,其中重点防治区33个,涉及人口150万人。

娄底人民奋起抗洪救灾,阶段性成果比预期好得多——在市委、市政府坚强领导下,党政军民挺起不屈脊梁,众志成城抗击洪灾。救援、转移、抢修、重建,滔滔洪水中一面面党旗更加鲜艳,一个个党员冲锋在前;艰难险阻前干群风雨同舟,上下心手相连,凝心聚力筑起抗灾救灾钢铁长城,谱写感天动地湘中抗灾壮歌。

付出终于有回报:在这次特大洪灾中,没有垮一堤一坝,没有因灾死一人。

人们不禁要问:

"娄底大堤"为何坚如磐石?"娄底大堤"是怎样筑成的?把生命安全放在首——人命关天。

大灾面前,责任如山;群众生命,放在首位。

6月25日上午,灾情尚不明显,市委书记、市人大常委会主任李荐国见微知著,深入涟水河边察看汛情、灾情。在市防汛抗旱指挥部与市直相关部门会商当前雨情、水情,他强调,全市各级各部门要坚持安全至上、生命至上,严防死守、严格履责,确保人民群众生命安全。

7月1日下午,受洪峰影响,涟水河北岸部分河堤迅速被淹,娄星区黄泥塘街道办事处涟滨村60余位村民被洪水围困。得知信息后,李荐国第一时间赶到现场指挥救援。他叮嘱在场娄星区政府等单位负责人,必须把群众全部转移出来,救援时,要科学有序,先救老人、小孩、妇女。当他得知有一位老人不愿意出来时,李荐国立即对有关负责人说,要做好群众工作,不愿意出来都要背出来,一定要确保人民群众生命安全。

7月1日上午,市委副书记、市长杨懿文在市防指组织召开紧急会商会。他强调,要夯实责任,突出工作重点,千方百计保证不发生人员伤亡事故。紧急会商后,杨懿文正准备驱车赶往新化指挥防汛抢险工作时,他接到报告:涟钢境内跨涟水河燃气管道受洪水冲击,出现倒塌危险,会殃及涟钢安全、危及人民生命安全。杨懿文当机立断,赶往出险地点。他立即向涟水河上游各乡镇发出指令,严加管控船只,封闭险情地段,禁止人员车辆通行,劝离围观群众,确保人员安全。燃气管道最后虽然被冲垮,但经过有效预防和相关控制,没有对下游桥梁造成危险。

7月2日上午,杨懿文再次主持召开全市防汛抗洪抗灾救灾会商会,他重申,全市上下要全力以赴把防汛抗灾硬战打出水平,确保人民群众和救援人员安全,不发生因灾伤亡事件。

群众生命,放在首位,是这次抗洪抢险第一原则。

在洪水暴涨涟源市七星街镇檀山村蒋家桥附近,有村民被洪水围困,情况危急。该镇党政主要领导立即赶赴现场救援,镇党委书记阳克之猛然发现对岸有两个村民紧抱着一棵摇摇欲坠小树,在咆哮洪水中等待救援。他穿上救生衣,绑起救生绳索就淌进齐腰深洪流中,一路摸索前行,设法向被困群众靠近,最终在救援队伍协助下,成功将二人背离险区。截至当天下午4时,该镇成功解救被困群众1.5万人。

6月30日晚上,资江水位直线飙升至169.20高水位,新化县上渡办事处一层被淹房屋达30余栋,围困群众达100余人。党工委书记段智洪组织机关干部及村组干部90余人,调集民运船只和"蓝天救援队"展开紧急转移和救援被困群众100余人。次日,因资江水位持续上涨达171米以上,又有50余名群众被困。上渡办事处会同该县人武部组织大批民兵和精干力量,运载两艘冲锋舟,紧急营救被困50余名群众。

至于个人救人英雄就更多:

7月1日18时,在娄星区索桥社区转移被困群众时,钢城公安民警黄学知托举着一名被困婴儿在齐胸深洪水中小心翼翼地艰难前行,婴儿在大声啼哭着要找妈妈,而民警却紧紧地把他托住。这情景被人拍成视频,迅速被全国各大自媒体转载,民警也被网民誉为"最美托举哥"。

7月1日凌晨2时,冷水江市公安局民警袁国生带领冬泳协会其他两名人员,纵深跳入急流汹涌资江水中,在离岸数十米远洪水中成功救起一名溺水群众。接着,又组织冬泳协会27人组成义务救援队,在内涝严重冷水江建材市场救出被洪水围困群众11人。

7月2日,新化县上梅镇梅树村支书兼民兵营长傅晓光和县人武部执勤民兵班副班长儿子傅飞扬,在资江大堤上花山湖营救出20名被困群众,被人们亲切称为"抢险父子兵"。

7月3日,市质监局退休老党员肖润群,在娄底经开区涟滨东街将完全淹没在水中母子俩从洪水中拽出。

把抗洪工作做在细处

千里之堤,毁于蚁穴。

市委、市政府主要领导见微知著,随时绷紧抗洪抢险这根弦。

6月22日8时至23日8时，全市普降中到大雨,局部暴雨,全市189个测站有降水,其中107站中雨、40站大雨、9站暴雨（最大为新化县半山水库站65.6毫米),涟水、资水、孙水、测水稍有上涨,总体水情平稳。李荐国高度关注汛情发展趋势，明确要求:各县市区党政主要领导至少留一人值守,分管领导要全部到岗到位,各防汛责任人要加强巡查。杨懿文明确要求:“四零”(零人员死亡、零工程失事、零责任事故、零指挥失误)目标必须要确保,山洪地质灾害必须要严防,水库堤防必须要严守,值班值守必须要严格。市防指研究决定,自6月22日24时起,在全市范围内启动防汛Ⅳ级应急响应。

6月24日,全市普降暴雨到大暴雨,局部地区特大暴雨，最大为涟源市安平站达365.9毫米,1小时降雨量最大值出现在涟源市安平站达61.4毫米。全市5个县市区52个乡镇(办)受灾,出现农作物被淹、房屋倒塌现象。市防指及时在全市范围内启动防汛Ⅲ级应急响应。

6月30日8时到7月1日8时，全市北中部又普遍出现大暴雨，东南部为暴雨，局地出现特大暴雨。全市累积降雨量计107站达到100毫米,4站达到200毫米。全市已出现不同程度暴雨洪涝灾害,资水已经持续超警戒水位。全市全面启动防汛Ⅱ级应急响应。市防指研究决定,自7月1日12时起,对娄星区、娄底经开区启动防汛Ⅰ级应急响应。

由于科学应对，为全市赢得抗洪救灾胜利抢得时间,奠定基础。

特别值得一提的是对全市大中型水库先期调度。

以大江口水库为例：大江口水库位于涟水一级支流湄水河上游湄塘河河段，拦蓄面积91.8平方千米，占涟水河流域6.2%。水库防洪限制水位是429米,6月30日降水前已腾空到426.5米,也就是腾空500万立方米水。6月30日到7月1日,大江口区域降雨量237毫米,是50年一遇暴雨,大江口水位达到430米,相当于调蓄800万立方米水,使涟水流量从400立方米消减到150立方米流量，为减轻涟水流域灾情立下功勋。把科学应对作为指针。

李荐国在这次抗洪抢险中反复讲要科学应对:救援时,要科学有序,先救老人、小孩、妇女;安排力量时,要科学调度,统筹救援,坚决打胜仗,绝不打败仗,防止打乱仗。

这次,掌上“防汛指挥部”为科学决策也发挥很大作用。

6月22日以来,面对异常严峻防汛形势,全市先后启动防汛Ⅲ级、Ⅱ级应急响应,部分区县启动Ⅰ级响应,并及时组建娄底防汛抢险工作微信群,短短10天抗洪抢险期间,微信群里工作指示、汛情急报、信息反馈往来不绝。据初步统计,各级干部反馈工作信息近2000条,让市、县、乡三级防汛人员对全市防汛情况了如指掌。目前,这个微信群已成为娄底市防汛抢险有力作战指挥平台,通过以“互联网+”模式助力防汛,24小时“现场办公”。

“微信群成员有市、县领导及相关市直部门和乡镇负责人。通过微信第一时间把防汛指令发布到群里,及时通报水雨情信息和水文气象预测情况,播报全市防汛抗洪最新动态,弥补往年防汛时,防汛指令和信息传达滞后不足。”副市长梁立坚告诉记者。

防汛期间，全市各地干部每天将防汛抢险情况通过图片、文字、视频等方式,及时发布到微信群里,遇到防汛突发险情,若缺乏抢险人员、防汛物资和技术力量时,可迅速向娄底市防汛抗旱指挥部求援,通过微信群统一指挥调度,能快速有效地处置险情,促进全市科学防汛工作开展。

最能体现科学应对是新化防洪堤“长”高1米重大决策。

7月1日13时，历经近10天暴雨袭击新化,紧急启动防汛Ⅰ级应急响应。

截至7月1日11时45分，新化县城资江水位已达171.9米,超警戒水位3.99米。但位于资江上游邵阳等地于7月2日下午至晚上仍有大暴雨，当时由上游流入水量为15600立方米/秒,而下游泄洪量为7500立方米/秒,水位仍处于上升趋势,预计7月2日晚新化县城资江水位将超过173.5米。

县城城东防洪堤必须在现有基础上加高1米,才能确保城区内数十万人民群众生命安全和财产安全。

梅堤最高防洪高度为175米。1996年,一场水位高达177.17米百年不遇特大洪水曾经肆虐新化。滔滔资水以高出防洪堤2.17米高度从十里梅堤上漫过，迅猛冲向城内，加上防洪堤塌垮40米，城区沿河地段倾刻成为一片汪洋，损失惨重。

不能让历史重演。

经过近10个小时激战，一条坚固防洪堤矗立在堤坝之上。7月2日凌晨1时，洪水开始一点一点地往上漫。凌晨6时，洪峰像一匹驯服野马，悄然过境。东方晓白，城区居民还沉浸在安然睡梦中。

通过上千人加高加固大堤努力付出，洪峰于3日凌晨2时至4时悄然经过，大堤经历最高水位173.33米洗礼，安然无恙。

7月1日下午，李荐国紧急召集市直有关部门负责人，在市防汛抗旱指挥部会商雨情、汛情、险情、灾情，安排部署全市防汛保安工作，并现场拟定《娄底市防汛保安紧急令》(以下简称《紧急令》)。

《紧急令》七条，其中第二条是：

“全市各级各部门各单位及联系县市区和分管市级领导必须在岗在位，严阵以待，严格履职，严防死守，到险情最突出地方去，到困难最多地方去，到群众最需要地方去。”

这“三严三到”，是市委在7月1日这个特殊日子，向全市共产党员和领导干部发出号召，也是广大党员干部自觉共识。

第四条是：

“严格落实防汛责任制，对不在岗位、不在状态、不作为者，授权分管或联点市级领导口头宣布停职检查，再按程序进行调查处理。”

这体现市委坚决落实责任追究制决心。

同一天，市委组织部也向全市各级党组织、广大共产党员、驻村帮扶队员发出倡议书：灾情就是命令，要主动投入抗洪救灾；组织就是旗帜，要勇担抗洪救灾重任；党员就是标杆，要积极搞好灾后重建；信仰就是力量，要凝聚齐心协力、共同防汛正能量，共同打赢这场保卫美好家园抗洪救灾攻坚战。

在市委号召下，全党动员，全民参与，湘中大地，打响抗洪抢险攻坚战。

娄底军分区积极组织民兵舟桥营和民兵应急抢险队伍分赴一线抗洪救灾；

武警、公安及时出动，确保道路交通、人员疏散顺利进行；

市水利局督促全市水利工程管理单位坚持巡查值守，确保水利工程安全度汛；

市气象局密切监测天气变化，市水文局密切监测全市江河水文变化，市国土资源局严密监控地质灾害易发区，及时预报预警；

市住建局积极应对城市内涝，提前疏通低洼地带排水设施，减轻城区洪涝损失；

市财政局迅速积极安排防汛救灾专项补助资金，提供坚实保障。

7月1日，全市公安机关计出动警力800余人次，投入车辆130余车次，排查隐患70余处，转移群众1000余人次。成功处置娄底中心城区涟滨西街中石油加油站进水险情，配合相关部门做好一落水儿童善后工作。

消防部门7月1日出动警力273人次，出动车辆38台、舟艇15艘，营救受困群众688人，疏散群众1600余人。7月1日凌晨2时，新化上渡办事处铁牛中学旁一门面发生火灾，消防迅速出动，成功救出9名被困群众，避免一起重特大火灾事故发生。

市直新闻单位100多名记者，在市委宣传部统一指挥下，第一时间快速反应，奔赴抗洪抢险第一现场，全面深入快速生动地报道全市防汛救灾恢宏战况，唱响抗洪精神主旋律，弘扬抗洪精神正能量。

其他防指成员单位也迅速行动，全力以赴，组织各部门各行业参与防汛抢险救灾补损工作。

特别是为迎战资水流域超强洪峰，新化县防指发布紧急撤离令，组织新化城区所有居住在174.5米高程以下居民紧急撤离，撤离群众近7万人；冷水江市防指紧急转移沿岸受影响低洼地带群众近4万人。

7月2日早上7时，新化县因资江水位持续上涨，超警戒水位4.36米，水压过大，导致该县上梅镇花山村资江河道花山湖自流闸闸门顶部胸墙被击穿，引起河水倒灌，花山湖水位上涨，沿湖低洼地区被淹。新化县委、县政府当即调集武警、公安、民兵等应急防汛抢险队伍400余人，迅速赶赴现场开展紧急抢险。历经4个多小时奋战，终于成功封闸截流。此时抢险阵地上一片欢呼，洋溢着沸腾军歌。

各级党委政府成为人民主心骨，成为抗洪救灾中流砥柱。

“娄底大堤”筑在每一条河边，也筑在每一个人心里，是抗洪天险，更是思想防线。

青山碧水家园美
———娄底市加强生态文明建设纪实

自2012年以来，全市将联村建绿作为落实城乡一体化，工业反哺农业，城市支持乡村，让广大人民群众共享发展成果，投入18.92亿元用于城乡绿化。各级党政机关对口负责700多个重点村庄，开展“联村建绿”工作，并对未完成任务单位实行“一票否决”。5年来，娄底累计人工造林面积59.73万亩，义务植树4067.4万株；5个县（市、区）空气质量达标率均超过90%；全市9个地表水水质监控断面，全部达到三类水以上标准。2014年省“秀美村庄”建设启动仪式在娄星区万乐村举行，“娄底模式”全省推广。2017年8月2日晚中央电视台《新闻联播》以《联村建绿还绿于民》为题推介娄底联村建绿典型经验。

高位推进决策

为推进植树造绿、建设绿色娄底，市委常委会议、市政府常务会议每年至少研究一次绿化建设工作，为植树造绿制定扶持政策、化解各类难题、增添工作动力。根据市委常委会议、市政府常务会议研究意见，市委办公室、市政府办公室印发《绿化娄底四年（2012—2015年）行动计划》，每年度印发《联村建绿活动实施方案》，为绿化建设明确总体思路，为联村建绿提出阶段任务，分清工作责任，强化保障措施。每年以各级党政机关单位上年度在职人数为基础，按照每人3~5株树下达到各牵头部门，未完成任务将实行“一票否决”。市人大常委会作出《关于加快全市城乡绿化建设的决定》，号召全市人民人人动手、年年植树、绿化山河、美化娄底，大力推行“联村建绿”模式，让各级党政机关对口负责乡村绿化工作，推进绿色发展，提升生态水平。

部门联动参与

林业部门主动作为。面对植树造绿涉及范围较广、责任主体较多现实情况，各级林业部门制定详细整体规划和年度计划，每个联村建绿村都安排有一位林业部门联络人，专门负责造林技术指导。为保证植绿质量，提升绿化效益，每到造林季节，全市林业部门工作人员都奔赴各地、走村串户，指导种苗采购，传授种植要领，提供技术支持，评估植绿成效；对于工作进展不到位的，现场督察促进度；对于植绿质量不达标，补栽补种强效果，确保植树造绿植一片、活一片、绿一片。

党政机关、企事业单位积极响应。各系统牵头单位在方案发布后立即召开包村建绿联系会，与林业部门、村支两委商定规划，充分尊重村民自我选择和当地习俗，注重选用适合本地生长、群众喜爱乡土树种和珍稀树种，力争一村一景。同时，组织机关干部职工与村民同劳动，从打穴、施肥、植树、管护都做到全程参与，确保成活率，形成“党委领导、政府推动、部门联动、社会参与”城乡绿化工作格局。联村建绿第一年，娄底市在全市行政机关、事业单位进行试点，第二年全面铺开。学校、医院、厂矿和民营企业纷纷汇聚到联村建绿队伍中来。

部门积极履责。对于绿色街道建设，由城管、住建等部门负责，实行部门建绿；对于绿色矿山建设，由国土部门牵头，企业参与，对冷水江市良木冲煤矿、新化县罗家湾煤矿、双峰石湾煤矿等实施矿山复绿；对于绿色通道建设，由林业、交通、公路、水利等部门各负其责、各司其职，将娄新高速、潭邵高速、资水、涟水等打造成绿色走廊。

督查考核碰硬

全市建立健全政府主导、财政投入、部门支持、社会参与、市场运作多元化投入机制，多形式、多渠道筹措植树造绿建设资金。市、县两级财政每年安排3500万元，作为城乡绿化奖励经费和工作经费，市、县两级城乡绿化重点项目全部纳入本级财政预算。联村建绿第一年，各级党政机关投入资金3809万元，第二年投入资金3987万元，资金投入量逐年递增。在绿化四年行动计划中，全市各级党政机关投入资金达1.62亿元。

市委、市政府出台操作性强、涵盖面广考评办法，将联村建绿全面纳入各县市区、市直各责任单位绩效考核内容，奖惩结合，奖罚分明。每年3月、11月市绩效考评小组组织市委督查室、市政府督查室、市林业局共同组成督查小组开展专项督查，考核结果在全市公布，排名通报。对于优质高效完成植绿任务单位，由市政府给予表彰奖励；对于未完成年度植绿任务单位，取消该单位行政一把手及分管领导评先评优资格，并不得提拔重用，情节严重还要追究相应领导责任，从而让相关责任单位赶有目标、干有动力、拖有压力。每年造林季节，市委、市政府都要召开造林绿化现场会，通过看现场、树典型、谈做法、讲经验，对各县市区造林绿化情况进行逐一点评，指出优点与不足，进一步明确方向，加快进程，有力地促进联村建绿工作持续健康开展。

示范效应明显

联村建绿采用大苗造林，实施整村推进，当年造林当年出成效，农民得到实惠，尽责单位和个人有成就感。党政机关将树苗送到村庄和农户，群众赞不绝口，说联村建绿架起一座党员干部联系群众"连心桥"，搭起政府机关沟通乡村"直达车"。

在联村建绿引领下，娄底市"爱绿、建绿、护绿"蔚然成风。涌现村庄自发组织建绿、社团自筹资金建绿、企业捐资建绿等新景象。如冷水江市东风村由村民以现有林地和人均500元资金入股成立造林专业合作社，仅2014年完成造林2000亩。娄星区蛇形山镇秋湖村康雪林筹资1500多万元用于村组绿化；涟源市古塘乡个体老板自发筹资87万元，绿化乡村公路34千米。近年来全市村民自筹绿化资金达6.96亿元。涌现出一批房前有果、屋后有林、四季有景新农村，其中，娄星区杉山镇万乐村、冷水江市金竹山镇资江村荣获"全国生态文化村"称号。新化县奉家镇下团村、涟源市湄江镇蒿子村等30多个村获省级秀美村庄等称号，100个村获得全市绿色村庄称号。

娄底市通过联村建绿全面实施"村庄绿化、道路绿化、庭院绿化、公共绿化、村容美化""绿色村庄"工程，使山上绿起来，"村边、路边、水边"亮起来、生态环境美起来。许多村建立起生态文化广场，开发生态旅游景点，建起农家乐，绿色景观引来观光客，绿水青山成村民们摇钱树。

娄底市改革全面深化

党的十八大以来，市委、市政府严格按照中央、省委全面深化改革的要求和部署，聚焦制度创新，务实推进重点领域及各项关键环节的改革，五年时间，全市部署推进800余项重点改革事项。

改革，破解政府机关许多影响和制约发展的重大难题，简化手续，优化流程，让政府办事机构更加高效，群众办事更加快捷；

改革，强化党员干部全心全意为人民服务的公仆理念，放得下架子，沉得下身子，使机关的工作作风根本好转，百姓满意度明显提升；

改革，革除陋习，扫除障碍，转变观念，重塑形象，青春娄底更美丽。

下好"先手棋"：简化手续让群众办事更快捷。

有着"科学管理之父"之称的费雷德里克·泰勒说过："最科学有效的管理，就是去除一切的繁文缛节，使用最简便的方法，取得最佳最优的成效，这才是我们在管理中所要追求的。"为全面提升政府办事机构的效能，市委、政府推进"只跑一次"改革，在简化手续、优化流程上作开文章。

精简承接审批事项。2013年至2017年年底，全市对行政审批事项开展4次全面清理，先后6次发文对行政审批事项进行调整和精简。截至2017年年底，市本级行政审批事项取消575项、下放59项、保留174项，精简率达70%；各县市区行政审批事项平均精简29.4%；推进园区管理体制改革，授权娄底经开区行使1473项经济社会管理权限，助推园区第二次腾飞；全市非行政许可审批事项全部清理取消。

优化投资项目流程。对建设工程项目审批程序进行重新"洗牌"。由过去的"单一、串联式"审批，转变为"并联审批"。项目核准精简前置条件；项目审批、核准由法定时限15个工作日调整为7个工作日，提速50%以上；项目备案由法定时限15个工作日调整为5个工作日，提速2/3。

深化商事制度改革。进一步放宽准入条件，前置审批从231项精简到34项。实现"一张表格""一个窗口""一套材料""一张执照"的"四个一"服务。降低市场准入门槛和企业行政成本，企业登记时间缩短至3~5个工作日，实现"五证合一、一照一码"，推广"双随机、一公开"，2017年1—8月，全市新登记企业4828户，个体工商户18999户，新增注册资金322.79亿元，同比分别增长17.67%、58.68%、13.61%。

抓住"关键点"：供给侧改革让经济结构更科学。

娄底矿产资源丰富，素有"世界锑都""百里煤海"和"有色金属之乡"的美誉。这曾经是娄底的荣耀，但如今，这种"老""大""黑""粗"的经济结构显然适应不了时代发展的需要。

为彻底打破全市传统单一的经济结构形式，市委、市政府坚持以供给侧结构性改革为统揽，推进娄底加速转型。近年来，关闭整合煤矿425家，压减煤炭产能870余万吨。2017年上半年，继续削减落后产能，淘汰和升级改造钢铁、水泥生产线，整合关停中小煤矿、锑矿。全市原煤产量336.29万吨，同比下降

16.5%，全市锑品产量3.24万吨，同比下降7.2%。在去房产库存方面，继续开展房地产业“解难题、促发展、保稳定”专项行动，全市商品房待售面积同比下降21.7%。多措并举缓解企业资金难题，降低企业融资成本，7月末全市规模以上工业企业资产负债率同比降低3.82个百分点。

在推进农业供给侧结构性改革的过程中，娄底市出台《关于引导农村土地经营权有序流转发展农业适度规模经营的实施意见》，有序推进农村产权流转交易市场体系建设，探索开展农产品目标价格保险试点；全市推进农村土地承包经营权确权登记颁证，确权面积287.78万亩(国土“二调”耕地面积)，农户80.64万户。探索建立“工程产权所有者筹集为主，政府绩效考核进行奖补为辅”工程管护经费筹措长效机制。在这一过程中，双峰县涉农资金整合改革案例很有特色，中央电视台《焦点访谈》予以专题报道，并获省委省政府十大管理创新奖。涟源市一二三产业融合发展省级试点，走出“产园融合”新路子，在2016年全省考核评比中排名第一。

找准“着力点”：让各领域发展紧贴时代需要。

党的十八大报告提出，经济体制改革的核心问题是处理好政府和市场的关系。关键是寻求政府行为和市场功能的最佳结合点。

经济体制改革推陈出新。全市在全省率先出台PPP项目商务条件、工作流程和工作标准，建立PPP项目评估审查联席会议机制；推进国企国资改革，组建娄底市国有资本投资运营有限公司，推进项目6个，涉及项目资金16.6亿元；积极推进中央、省属驻娄国有企业家属区分离移交“三供一业”工作，帮助解决其他影响企业发展历史遗留问题，为涟钢、冷钢等大型国企成功实现扭亏为盈提供有力支持和坚定保障。制定《市级领导挂点联系重点建设项目推进报告书和督办函制度》等五项制度，推动重点建设项目加快落地达产见效。推进特色小镇建设，出台《娄底市人民政府关于开展高速公路沿线特色小镇建设试点的实施意见》，8个高速公路沿线特色小镇试点建设全面启动。

生态文明建设有序推进。成功获批湖南中部(株洲—湘潭—娄底)产业转型升级示范区，出台《关于加快推进娄底国家产业转型升级示范区建设若干意见》。全面推行河长制，全市明确市级河长6人，县级河长65人，乡级河长679人。“零碳市”发展模式试点有序推进。积极推进生态环境监测网络建设，初步建成大气、水、土壤、噪声等监测网络，已有自动空气监测点9个，地表水监测点20个，监测数据及时公布，全市空气质量优良率为87.7%，省控地表水水质达标率100%。娄底市领导干部自然资源资产离任审计试点经验获审计署充分肯定，2016年2月16日在《人民日报》头版推介。

文化改革发展亮点纷呈。全面推进文化行政管理体制简政放权工作，市本级下放行政审批权16项。推动实施《娄底市“十三五”文化产业发展规划》《娄底市文化旅游及健康养老产业三年行动计划》，青芒果亲子欢乐街、梅仑山文化产业园等一批重点文化产业园区加快建设，全市文化企业达到154家，增加值突破53亿元。全面加快基层综合性服务中心建设。已建成社区文化活动室106个、乡村文体小广场286处、农村广播“村村响”409个。启动新化、涟源45个贫困地区村级综合文化服务中心建设，全市艺术馆、美术馆等公共文化服务设施全部纳入免费开放范围。“非遗”保护工作蓬勃发展，全市有4个国家级非物质文化遗产保护项目，7个省级非物质文化遗产保护项目，数十个市级非物质文化遗产代表性项目。

司法体制改革初见成效。警务机制改革全速推进。市县两级指挥情报中心、侦查实战中心、治安防控中心、新闻舆情中心全部建成并实体化运行。检察院内设机构改革试点顺利实施，双峰检察院试点经验获上级充分肯定。司法责任制改革顺利推进，取得建立法官员额制、组建“1+2+4”新型审判团队、院领导和庭长带头办案、案件随机分配、实行司法文书签署制、设立专业法官会议等重大改革成果。娄星区法院在全省率先全面完成司法责任制改革，形成司法改革“娄星模式”，最高人民法院党组书记、院长周强，省委书记、省人大常委会主任杜家毫对娄星区法院改革工作作出重要批示，给予充分肯定。

社会民生领域改革增强群众获得感。出台《关于在全市建立“有事请找我”责任担当机制指导意见》《关于在全市村党支部书记中开展争当“脱贫致富带头人”活动的意见》《关于在全市贫困群众中倡导开展“人穷志不穷、脱贫靠自身”自强自立行动的意见》《关于动员全市机关和企事业单位帮助贫困群众增收致富的意见》等文件，打出强力推进脱贫攻坚“组合拳”。出台《娄底中心城区中小学校近期规划建设方案》,落实乡村教师支持计划,积极推进城乡教师交流轮岗机制;建立“三医联动”工作机制,全科医生制度、公立医院综合改革、分级诊疗试点、家庭医生签约服务、医联体建设、药品采购“两票制”改革、城乡居民基本医疗保险制度等改革顺利推进, 群众看病难、看病贵问题有效缓解;人口与户籍制度改革深入推进,全面两孩政策有效落实。

党的建设制度和纪律检查体制改革深入开展。专门研究出台《正向激励实施办法(试行)》《容错免责办法(试行)》《娄底市治理“为官不为”暂行办法》《娄底市畅通举报渠道严肃查处侮辱诽谤行为的办法(试行)的通知》《娄底市关于运用监督执纪“四种形态”的意见》等系列文件,把规范干部行为与激发干部改革主动性积极性结合起来, 把教育监督管理干部与信任保护激励干部结合起来, 进一步建立健全干事创业体制机制, 让广大党员干部没有后顾之忧,聚精会神谋发展,心无旁骛干事业。

娄底市深入推进依法行政加快建设法治政府

11 月 6 日召开市五届人大常委会第五次会议,对市政府法制等 6 项工作进行专项评议和满意度测评。经无记名投票,市政府法制工作测评结果为“满意”。市委副书记、市长杨懿文表示,要高度重视、虚心接受评议结果, 切实把人大评议作为改进政府工作一面镜子,结合学习宣传贯彻党的十九大精神,以评促干,进一步转变工作作风,切实提高政府效能,全力推进法治政府建设。

法治就像天平,一边是公共权力,一边是公民权利。在全面推进依法治国号角声中,依法行政正诠释着法治政府核心内涵,成为一道鲜明时代烙印。

近年来,全市以深入推进依法行政、加快建设法治政府为目标,以依法履职为重点,积极夯实地方立法基础,着力强化执法监督与行政复议诉讼工作,各项法制工作取得新成绩,连续五年被评为“全省依法行政先进单位”。市政府法制办先后荣获“全国行政复议工作先进单位”“全国三八红旗集体” 等荣誉称号。各行政执法部门执法能力与依法行政意识也明显提高。

加强制度设计,法治政府建设取得新进展。出台《娄底市法治政府建设(2016—2020 年)实施方案》,深化“放、管、服”改革,完成“三个清单”(权力清单、责任清单、负面清单),实行行政审批事项目录化管理,“两集中、两到位”(两集中:把具有行政审批职能部门或单位行政审批事项集中到一个科室, 该科室向政务服务中心集中;两到位:所有行政审批项目进驻政务服务中心到位, 行政审批职能授权窗口到位)。注重依法规范自身行为,建立健全社会公众参与、专家论证和政府决策相结合重大行政决策机制,组建市政府法律顾问队伍, 建立规范性文件管理人制度,加强行政决策合法性审查。

积极参与地方立法,政府立法工作取得新成效。市政府法制办增设立法科、选调立法工作人员,认真清理与地方立法三领域相关规范性文件, 积极配合市人大常委会搞好地方立法权筹备工作。完成全市首部地方性法规《娄底市孙水河保护条例》调研起草工作,并在市人大常委会审议期间,积极配合做好法规草案修改等相关工作。连续两年承担湄江风景名胜区保护条例、城市公园管理条例等 6 个立法项目调研论证工作。认真履行规范性文件报送审查职责,积极向市人大常委会报送规范性文件。

加强行政执法监督,行政执法水平上新台阶。在全省率先出台《娄底市行政执法监督办法》,聘请特邀行政执法监督员 25 名, 增强监督针对性和实效性。积极推动行政执法监督举措常态化,开展对食品药品、公共卫生、城乡建设等重点领域行政执法专项检查。积极受理群众举报和投诉, 现场纠正违法行为,当场解决执法中存在瑕疵。自觉接受人大法律监督与工作监督, 认真负责办理人大代表关于法制工作方面建议意见,做到办结率、面商率、满意率三个 100%。

以听证会为抓手,着力推进依法科学民主决策。为打造阳光政府、人民满意政府,全市把健全行政决策机制作为深入推进科学民主决策一件大事来抓。一是推动建立行政决策法律审核论证制度, 把合法性审查规定为行政决策一道前置且必须到位程序。二是在坚持公众参与、风险评估、合法性审查和集体讨论决定基础上,成立由 74 人组成市首届政府重大行政决策专家咨询论证委员会, 进一步完善决策程序。三是对行政决策实行计划管理。四是在全省首创听证主持人制度, 确定 64 个市直单位听证主持人。

通过组织听证会，广泛听取群众意见，真正做到听民意，集民智，重民生，确保市政府重大行政决策科学性、民主性和规范性。积极推进政府法律顾问制度建立，目前市本级 52 个市直机关，其中建立政府法律顾问制度、聘请法律顾问单位有 39 个，占市直机关总数 75%。

依法解决行政争议，复议应诉工作取得新突破。全面推行“案前听证、窗口前移”行政复议案件审理方式，高效化解行政争议。强化行政复议案件调解职能，坚持“每案必调”，提高行政争议化解有效性。完善行政复议、应诉机制。出台《娄底市行政机关及其负责人出庭应诉管理办法》《娄底市关于加强和改进行政应诉工作的实施意见》，督促行政机关负责人履行出庭应诉职责。2016 年，全市首开全国先河发布《行政复议、行政诉讼应诉白皮书》。

强化民商事调解，打造仲裁工作娄底模式。娄底仲裁委持续强化仲裁案件办理力度，高效解决民商事纠纷。积极开展仲裁“两化”试点工作，认真落实《全国仲裁工作案件受理多样化、纠纷处理多元化试点实施意见》中各项工作要求，形成《娄底仲裁委员会仲裁案件受理多样化纠纷处理多元化试点工作实施方案》。持续加强仲裁纵向联系，娄底仲裁委近年来受邀参加全国仲裁“两化”工作座谈会、全国仲裁会议、中南西北片区仲裁会议等全国性或区域性仲裁会议。加强与兄弟仲裁机构之间友好交流，学习全国先进仲裁单位成功经验，同时针对“两化”工作提出许多富有前瞻性、创新性好思路，受到国务院法制办高度评价。仲裁作为与司法救济平行一种机制，在娄底已经成为诉讼之外化解民商事纠纷和社会矛盾最有效途径之一，在服务市场经济和市委、市政府中心工作中，正发挥着越来越大作用，也必将随着仲裁特色发展模式日益完善，为娄底经济社会发展与社会稳定做出新的更大贡献。唯奉法者强，唯明法者进。

“全面依法治国是国家治理一场深刻革命，必须坚持厉行法治，推进科学立法、严格执法、公正司法、全民守法。”“到 2035 年，我国法治国家、法治政府、法治社会基本建成，各方面制度更加完善，国家治理体系和治理能力现代化基本实现。”“从 2035 年到本世纪中叶，在基本实现现代化基础上，再奋斗十五年，把我国建成富强民主文明和谐美丽社会主义现代化强国。”

组织机构及负责人名单

（以2017年12月31日在职为准）

中国共产党娄底市委员会

书　记　李荐国

副书记　杨懿文　华学健

常　委　徐　勇　王　雄　张希慧　吴建平　陈　蕾
　　　　向世聪　尹华凯　陈　旌　罗玉生

娄底市人大常委会

主　任　李荐国

党组书记、常务副主任　谢志雄

党组副书记、副主任　肖有胜

副主任　赵应良　陈明华　杨金含　钟楠修　彭增光

秘书长、办公室主任　邓光吕

党组成员　袁跃进

副秘书长　刘道荣　卢鸿福

内务司法委员会主任委员　李光中

副主任委员　吕许灵

财政经济委员会主任委员　谢业中

副主任委员　余建中(兼)　徐爱民

教科文卫华侨外事委员会

主任委员　李学刚

副主任委员　曾敏　聂志坚

农业和农村委员会主任委员　钱局新

副主任委员　吴宇锋

城乡建设环境与资源保护委员会主任委员　曾志祥

副主任委员　刘白桦

法制委员会(法制工作委员会)主任　陈建新　刘雄辉

副主任　周汉清

常委会办公室

秘书长、办公室主任　邓光吕

副主任　曹巍伟　陈跃辉　陈桂元

常委会选举任免联络工作委员会主任　曾志君

副主任　石建群　李卓楼

常委会研究室主任　李建军

常委会预算工作委员会主任　余建中

副主任　易志革

市纪委驻人大机关纪检组组长　陈应清

娄底市人民政府

市　长　杨懿文

副市长　张希慧　陈　蕾　甘跃华　陈　旌　方建荣
　　　　梁立坚　王成良　李有才　陈　澎

中国人民政治协商会议娄底市委员会

主　席　姚　兵

副主席　易南斌　刘继清　邵　瑛　李德仁　肖扬
　　　　席伏应　李赛斌　苏　旻　李利文

办公室主任　罗孝贵(兼)

研究室主任　周胜初

提案委主任　朱宏志

经科委主任　周晓毅

人资环委主任　刘国荣

文教卫体委主任　曾佳灿

社工委主任　刘　力

学习文史委主任　彭祖尧

娄底市中级人民法院

院　长　高　鑫

副院长　成　灿　刘一荣　梁飞跃　范　林　肖继强

政治部主任　夏自卫

纪检组组长　陈雪松

审判委员会专职委员　刘筱岚 程海辉

娄底市人民检察院

检 察 长　李芳芳

副检察长　黄 劲　张干军　邹图华　朱纪文　梁巨热　李旭娇

政治部主任　朱石牛

市纪委驻市人民检察院纪检组组长　钟立吾

检察委员会专职委员　刘新朝　张秀华

中共娄底市委办公室

秘 书 长　向世聪

第一副秘书长　吴德华

副秘书长　童成功　杨建春　周继业　刘福高　刘小辉　王小勇　刘 亮

纪检组组长　李孟桂

中共娄底市委督查室

主　　任　罗新吾

副 主 任　李分建

中共娄底市委组织部

部　　长　尹华凯

常务副部长　彭展发

副 部 长　欧文安　李劲松　谌铁辉

市纪委驻市委组织部纪检组组长　曾志彦

中共娄底市委宣传部

部　　长　吴建平

常务副部长　刘道阳

副 部 长　袁华荣　彭一伶

纪检组组长　邓 娟

中共娄底市纪律检查委员会

书 记　徐 勇

副书记　肖开斌 何一波　李建设

巡察办主任　邓开如

常 委　曾桂华　谢志明 曾晓燕　刘 辉　罗 灿

监察局副局长　朱鸿宾

市委直属机关工作委员会

第一书记　向世聪

书 记　江克美

副书记　朱彩凤　王光华

工委委员　程晓卫 向 波　黄 强　李 阳

中共娄底市委统一战线工作部

部　　长　王 雄

常务副部长　王美成

副 部 长　童辉光　刘海云　陈健庄　刘永中

派驻纪检组组长　王华光

市机构编制委员会办公室

主　　任　李正华

副 主 任　颜继红　谢龙辉

纪检组组长　彭劲翔

市政府台湾事务办公室

主 任　刘海云

副主任　毛健德　高 英

市委政研室(改革办)

主 任　张征澜

副主任　刘华东 刘朝阳　李鹤艳

改革办专职副主任　左学(正处级干部)

《娄底工作》编辑部主任　李群贤

市委老干部工作局

局 长　李劲松

副局长　曾常明　曾晓明

市军休所

所 长　朱代伟

市保密局

局 长　彭晓宏

副局长　阳一涛

市委党校(行政学院)

校(院)长　华学健

第一副校(院)长　聂斌全

副校(院)长　罗桂夫　袁其谦　肖群章

教育长　穰贻辉

市委党史办

主任　曾鹏程

副主任　江六阳

市委讲师团

主 任　李腾云

副主任　曾庆学

市委市政府接待处

处 长　吴小阶

副处长　龙国锋　苏文明

市工商业联合会

主　　席　李德仁

党组书记　童辉光

副 主 席　姜永泉　熊燕妮

党组成员　尹斌市

民盟娄底市委

主　委　邵瑛

副主委　肖扬(兼)　羊小庆　朱宏志(兼)
　　　　肖建泳(兼)

民建娄底市委

主　委　朱鸿宾

副主委　李湘辉(兼)　赵郁夫(兼)

农工党娄底市委

主　委　郭细军

副主委　陈跃进(兼)　戴治平(兼)　刘君怡(兼)

九三学社娄底市委

主　委　刘继清

副主委　梁卫平　彭淑媛(兼)　陈惠明(兼)
　　　　文　瑾(兼)

市社会主义学院

副院长　肖小红

市总工会

党组书记、常务副主席　邓焕章

副 主 席　刘涛波　谭红卫　曾小尚

党组成员　易定兵

党组成员、女职工委员会主任　谢晓明

党组成员、经费审查委员会主任　邓江华

共青团娄底市委

书　记　肖　春

副书记　伍鹤群　刘妍熙

市妇女联合会

主　席　李梯华

副主席　李　芸　徐宇红

市人民政府办公室

党组书记　胡忠威

副秘书长　罗光才　邓敏炉　杨建军　朱桂良　肖寒
　　　　　张宝忠　周向红

党组成员　罗志江

副 主 任　刘岚平　唐豪初

党组成员、市纪委驻市政府办纪检组组长　周泰安

党组成员、系统工会主席　杨　洁

市人民政府驻北京联络处

主　任　彭斌鹏

副主任　王永旭　张　平

市人民政府驻广州联络处

主　任　梁伍明

市人民政府驻长沙联络处

主　任　罗志江

副主任　阳　迪

市地方志办公室

主　任　聂建平

副主任　舒　展

市信访局

局　长　周继林

副局长　王永旭　欧阳灼亮　陈颂飞

市档案局

局　长　王　汪

副局长　毛春韶　刘凌志

纪检组组长　周志忠

市政府法制办、娄底仲裁委员会秘书处

党组书记　何党星

主任、娄底仲裁委员会秘书长　李利文

副主任　敖　晖　康燕青　张学锋

仲裁委员会副秘书长　陈　波

市电子政务管理办公室

主　任　刘绍业

副主任　廖坤鸿

市无线电管理办公室

主　任　张　健

市旅游外事侨务局

党组书记　吴润民

局　　长　廖志理

副 局 长　王旭哉　罗雨发　刘建华　邓辅平

市归国华侨侨眷联合会
主　席　范晓平
副主席　李迎春
市民政局
局　长　邓志洪
副局长　刘　琳　谢国光　刘建文　李红辉
党组成员　龚　颖
工会主任　龚存中
市红十字会
常务副会长　曾启明
副　会　长　徐和平
市人社局
局　长　刘小龙
副局长　邱胜平　曾跃良　梁子正　吴友元
纪检组组长　乔晓雄
市机关事务管理局
局　　长　贺若红
副 局 长　陈永清　肖志坤　唐娟娟
纪检组组长　吴龙清
市水库移民开发管理局
局　　长　陈劲松
副 局 长　苏文明
军分区
司令员　蔡德益
政　委　罗玉生
中国人民武装警察部队娄底市支队
支队长　邓云生
第一政治委员　王成良
政治委员　易献平
副支队长　庞新颜
副政治委员　谭元华
参 谋 长　郑强辉

市人防办
主　任　彭谊贵
副主任　李鸿明　肖光明
纪检组长 吴全昌
市委政法委
书　记　陈 旌
常务副书记　陈建新
副书记　向健勇　肖映华
政治部主任　罗松青
纪检组组长　肖本国

市综治办
主任 向健勇
副主任 吴新建 刘连生
市公安局
局　长　王成良
副局长　陈恩杰 王浩海 卢韶华 刘明清　王剑凌
党委委员　陈开军　朱青春
娄星分局局长　李　彦
纪检组组长　陈志
市公安局钢城分局
局　长　王升平
政　委　曹季和
市公安交警支队
支队长　梁长根
政　委　伍先庆
市公安娄底消防支队
书记、政委　王 飞
支队长　黄荣浪
副支队长　庄 平 邹 勇
司令部参谋长　唐 晓
娄底市司法局
局　长　周小平
副局长　杨时中 谭波 周纯清　赵晚村
政治部主任　彭艳辉
市强制隔离戒毒所
所　长　李志铀
政　委　张永红
湖南省娄底监狱
监 狱 长　刘冬生
政　　委　赵　智
纪委书记　黄荣虎
副监狱长　向南斌　易恒志　李汉胜

政治处主任　王　操

市国资委

主　任　朱贵阳

副主任　李来其　刘志贤

总经济师　李跃飞

工会主席　刘炳初

调研员　廖宜义　彭兆加

副处级干部　李　琨

监事会主席　虞　辉　李建生

市国土资源局

局　长　向乾勇

副局长　宗娟娟　谢爱群　谭军　颜利军

党组成员　成永胜

执法监察支队长　曾海波

总工程师　熊勇　柳咏良

市征地拆迁处主任　李建新

市土地开垦整理中心主任　杨建华

市土地矿产储备中心主任　吴伟庭

市国有土地上房屋征收中心

主　任　周益星

市不良资产处置公司

副总经理　熊　炬

市审计局

党组书记　王洪江

局　长　彭淑媛

副局长　曾志伟　周海良　王志彪　殷革华

总审计师　刘　峰

经责处主任　邹国民

市安监局

局　长　肖志成

副局长　陈跃进　刘正良　吴华容　毛煜春

总工程师　刘申平

市工商行政管理局

局　长　张喜群

副局长　康菊华　谭向东　曹辉平　赵东平

市质量技术监督局

局　长　邹定源

副局长　李赛鸿　刘　勇　何红梅

总工程师　李五兵

市食品药品监督管理局

局　长　侯迪凡

副局长　戴小勤　邹　润　曾永平　吴新建　易清贤

纪检组组长　肖星耀

市食药检所

所　长　陈喜生

市统计局

局　长　石　峰

副局长　柯初华　张正清　王计美

总统计师　秦金莲

国家统计局娄底调查队

队　　长　陶慧孜

副 队 长　谭建新　杨　剑

纪检组组长　黄小峰

市公共资源交易中心

主　任　秦建华

市农业委员会

主　任　袁若宁

副主任　黄建明　邹治初　刘明操　赵彩宏

总农艺师　唐正伟

市委农办副主任　刘石奇

党组成员　舒海燕

纪检组组长　邓德安

市扶贫办专职副主任　周云华

市畜牧水产局

局　长　禹云华

副局长　张德桂　周庶舟　朱子义

总畜牧师　熊玲玲

市农机局

局　长　付凯军

副局长　周明志　罗文海　肖志江

市林业局

局　长　邹　华

副局长　葛光建　邓建平

市水利局

局　长　刘新文

党组副书记　胡增明

副局长　刘诗育 范宜锋 钟江雄

纪检组组长　颜世雄

市水文水资源勘测局

局　长　喻小平

市气象局

局　长　肖清

副局长　曹正清　刘志雄　谢友文

纪检组组长　王广锋

市经信委

主　任　曹刚

副主任　刘克明　罗一鸥　胡铁轩　潘晓燕

党委委员　聂东平

总工程师　刘国墚

总经济师　郭志高

纪检组组长　彭伟才

湖南省地质矿产勘查开发局418队

队　长　李晴日

党委书记　许云舟

副队长　邵卫文　龙立民　彭坤玲　刘新建　陈仕龙

纪委书记　王粤湘

工会主席　黎海波

总会计师　蒋安元

市住建局

局　长　陈国光

副书记　李群欢　彭希勇

副局长　刘良明　杜清辉　李湘辉

工会主席　易荣成

总工程师　彭砥如

纪检组组长　王德文

市城投集团

董事长　梁巨伟

总经理　杨柏林

监事长　曹林平

总会计师　罗斌

纪委书记　刘伟群

副总经理　梁特强　陶小峰

总工程师　彭思平

市城投管理办公室

主　任　钟芝兰

副主任　龙志　张善平

党组成员　周孟冬　杨海波

市城管执法局

局　长　谢万春

副局长　张湘平　胡春庚　杨朝晖　刘海军

工会主席　安洪波

纪检组组长　龙江泓

市城管执法支队

支队长　朱文斌

市政维护管理处

主　任　周汉明

市环卫处

党委书记、主任　朱坤初

市风景园林管理处

主　任　陈辉

国网娄底供电公司

总经理、党委副书记　邓志勇

党委书记、副总经理　李军

纪委书记、工会主席、党委委员　易松华

副总经理、党委委员　刘金海　彭荣华　李湘华

总会计师　陈赛

三级职员　杨宁剑

市水业公司

董事长　朱满四

总经理　周军

市公交公司

董事长　王江平

总经理　李铁梅

娄底华润燃气有限公司

总经理　费阔

市规划局

党组书记　陈伟志

局　长　朱昌美

副局长　刘志新　黄晓华

工会主席　黄小平

市住房公积金管理中心

主　任　王良志

市房地产管理局

局　长　彭希勇

市房改办

负责人　肖志超

市环保局

党组书记　刘文波

局　长　陈惠明

副局长　袁卫国　刘建辉　崔新潮

总工程师　梁红日

党组成员 邓有武

纪检组组长　申忠凡

市交通运输局

局　长　李铁雄

副局长　吴亦雄　阳姣莲 刘继军　扶 林

党组成员　刘光芝

总工程师　孙泽仁

工会主席　李永辉

市交通工程质量安全监督管理处

党委书记　左许泉

处　　长　曾垂柳

市道路运输管理处

处　　长　毛建辉

市公路管理局

局　　长　刘文伟

副 局 长　吴术根　刘登章　李小文

纪委书记　周武星

市农村公路管理处

处　　长　袁特权

市地方海事局

总支书记　杨跃辉

中国电信股份有限公司娄底分公司

总 经 理　龙佩涛

副总经理　朱盛成　邹振武　李瑜

　　　　　刘效禹

中国移动通信集团湖南有限公司娄底分公司

总　经 理　　张 坤

副总经理　　张 锐　颜少雄 朱 翔

中国联合网络通信集团有限公司

总 经 理　　肖 双

副总经理　周胜文　袁泉　王新绩

中国铁塔股份有限公司娄底市分公司

总 经 理　朱志斌

副总经理　李志威

市邮政管理局

局　　长　尹宗秀

市商务粮食局

局　长　龚洵胜

副局长　覃章荣　张建中　刘飞跃　易加玉

党组成员　刘 瑛

口岸办主任　彭双宜

中石化娄底公司

经　　理　张海涛

党委书记　尹文明

副 经 理　黄文胜 毛朝辉

安全总监　王 炜

市供销合作联社

理事会主任　龚卫民

监事会主任　谭平贵

理事会副主任　张建军　阳文胜　左娅丽

市烟草专卖局(公司)

局　　长　何爱军

副 局 长　肖 曦　周汉凡

副 经 理　唐世明　梁旭光

纪检组组长　尹庆先

市盐业公司

总 经 理　龚 文

副总经理　杨登攀

总经理助理　赵中华

市投资促进事务局

局 长　邹有明

市贸促会

会　长　段大长

副会长　陈家杰

市财政局

局　长　曹育明

副局长　李春蕊　邓卫平　旷凌云　贺文胜

党组成员　赵爱群
纪检组组长　罗湘斌
总会计师　聂肖亚

市国税局

局　　长　张诗东
副局长　李意华　康立新　周才华　肖跃平
纪检组组长　罗少宇
总经济师　刘国贤
总会计师　阳吉国

市地税局

局　　长　陆文勇
副局长　王光明　王洪飞　单琳琳
总经济师　罗正晖
总会计师　周良初

市政府金融办

主　任　李文洪
副主任　董美春　陈文朴　龙新建　禹立东

人民银行娄底市中心支行

行　　长　李志扬
副行长　彭　青　谢志成　李泽军
纪委书记　戴桂勋
工会主任　彭冠军

市银监分局

局　　长　胡润生
副局长　石锻成
纪委书记　聂德华

中国银行娄底分行

行　　长　方　胜
副行长　杨旭夫　刘益之　梁　琰
纪委书记　张司林

建行娄底分行

行　　长　罗旭光
副行长　曾　琪　唐铁祥
纪委书记　康俊卿

工商银行娄底分行

行　　长　胡　浩
副行长　方　纲　宋建华　伍卫星　汤伟
纪委书记　胡达元

农业银行娄底分行

行　长　梁宏群
副行长　彭　勇　孙立鹏　吴文革　罗孟章

农业发展银行娄底分行

行　长　袁军民
副行长　谢中书　陈红梅　周文年

湖南省农村信用社联合社娄底办事处

主　任　朱韶光
副主任　唐耀国　陈国祥

市兴娄融资担保有限公司

董事长　肖旺立
总经理　蔡建雄

市保安公司

董事长　左　海
总经理　刘敏新

市交建投公司

董事长　阳文林
总经理　肖小波

市国投公司

董事长　谢　欣
总经理　谢　纬
监事会主席　钟　翔

市文旅投公司

董事长　伍　岳
总经理　谢宝国
监事会主席　刘　平

涟源钢铁集团有限公司

党委书记　成沛祥
总经理　肖尊湖
副总经理　汪庆祝　谢集祥　严立新(兼总工程师)
　　　　　周　鉴　李光辉

湖南省煤业集团涟邵实业有限公司

总经理　刘东红
副总经理　谢规伶　马孝富
纪委书记　黄海清

湖南省煤业集团金竹山矿业有限公司

总经理　苏七华
党委书记　康南松

大唐华银金竹山火力发电分公司

总经理　徐立新

党委书记　肖　军

副总经理　张正坤　万方　仇新利

总工程师　赵国光　谢小红

总会计师　张启葵

工会主席　李　翼

锡矿山闪星锑业公司

党委书记　张夫华

总 经 理　刘跃斌

副总经理　金贵忠　彭世金　李伟亮

纪委书记、工会主席　晏华忠

华达汽车空调(湖南)有限公司

董 事 长　曹志惠

副总经理　王奇桂

纪委书记　刘金锡

工会主席　周志进

党委委员　黄　斌

湖南兵器长城机械有限公司

总 经 理　王双云

党委书记　谭晓鸿

副总经理　李向才　肖群日　刘永革
邓定波

纪委书记、工会主席　贲广军

市科技局

局　长　胡绍华

副局长　孟原原　方向东　彭逢林

总工程师　李范军

知识产权局局长　陈平辉

地震局局长　龚茂松

市科学技术协会

党组书记、副主席　毛抚敏

副 主 席　陈亿春　王鹏文

党组成员　邓采艺

市社科联

主　席　吴建平(兼)

党组书记、副主席　张智倩

副主席　彭杰辉

市教育局

局　　长　李耀文

副 局 长　黎吾松　张怡南　高　静　姜永红

党组成员　肖志治

纪检组组长　彭书威

主任督学　王贵升

局长助理　曹关平

湖南人文科技学院

党委书记　郭　军

院　　长　刘和云

党委副书记　刘铁铭

副院长　蒋建初　石潇纯　周发明　陈志国　刘铁峰

纪委书记　杨鑫铨

组织部部长　金志方

娄底市第一中学

党委书记　曾佑平

校　　长　范彦江

娄底市第五中学

校　　长　肖细宏

党委书记　李兴江

娄底职业技术学院

党委书记　李文莲

院　　长　朱忠义

党委副书记　王健龙

副 院 长　颜彩飞　龙伟　周意坚　刘自斌　金建雄
周志和

纪委书记　邹松建

党委委员　梁凌洁

娄底广播电视大学

书　记　李国平

校　长　卢再新

副校长　杨遂生　刘希贤　戴晓晨

纪检书记　杨朝晖

娄底幼儿师范学校

党委书记　刘国良

校　长　李振兴

副校长　吴麟　游涛

纪委书记　李娟

工会主席　潘瑞祥

娄底技师学院

党委书记　黄迪军

院　长　周新辉

副院长　朱　宁　潘　忠　赵曼初
纪委书记　毛伟红

娄底市第一职业中学

党委书记　刘福其
校　　长　李世杰

冷水江工业中等专业学校

党委书记　游永斌
校　　长　谢龙华
党委副书记　方兴明
纪委书记　李铁光
副 校 长　段　炼　张建军 谢新祥

市文体广新局

局　　长　魏志军
副 局 长　任晓阳　卢华文　梁征强　戴固军
　　　　　杨九有
总工程师　胡贤文

市文联

主　席　王骥远
副主席　肖佳文 彭虎初

市文物管理处

主　任　贺国华
党支部书记　曾克勤

市新华书店

总经理　吴高强

市体育学校

校　长　邓俊良

市全民健身服务中心

主　任　刘涛

娄底日报社

社　长　谭清华
总编辑　肖　洲
副社长兼副总编辑　彭竹文 龙红年　李曙辉　金坤平
编　委　阳山龙　阳二荣

市广播电视台

台　长　谢福兴
副台长　彭永忠　曹红
副总编辑　金明正

市电视发射台

台　长　肖佳波

市卫生计生委

主　任　罗　琳
副主任　刘新平　郭细军 王健云 龙志和 谢雪英
　　　　赵芳萍 刘兆宏　何旭辉 刘时禄
纪检组组长　吴虹丽

市卫生计生综合监督执法局

局　长　陈强

市计生协

党组书记　张旺夫
副 会 长　李　军
秘 书 长　肖升红

市疾病预防控制中心

书　记　朱跃国
主　任　杨　纲

市中心医院

党委书记　倪志铭
院　　长　肖　扬
党委副书记　晏锦波
副 院 长　杜友红 谭华清 黄绍华 邓志刚
　　　　　刘宏军 龚铁逢
工会主席　戴芳英
总会计师　刘小明

市妇幼保健院

院　　长　方玉平
党总支书记　彭欣辉

市第一人民医院

院　　长　易军波
党委书记　左建辉

市第二医院

院　　长　朱华江
党委书记　罗建国

市中医医院

书　　记　王如意
院　　长　陈福如

市残疾人联合会

理　事长　曾晴川
副理事长　袁若冰　陈军生

市救助管理站

站　　长　刘雄军

娄星区

区委书记 彭健初
区委副书记、区长 黄大生
区委副书记 徐长青
区委常委 邓伟谋 刘 杰 颜新和 曾祥文
禹丽君 吴喜波
区人大常委会主任 李彦文
副主任 刘召书 戴建民 黄国平 龙晓涛 徐迪仁
副区长 邓伟谋 赵 焕 李彦文 曾海军 王 谦
杨铁贞 熊 鹏(挂职) 刘建斌
区政协主席 刘中生
副主席 李志鸿 周群义 王文成 聂永红 童松间
区人武部 吴正平 张玉伟 龙轶群
区人民法院 郭超群
区人民检察院 王理丽
娄星工业集中区书记 付朝晖

冷水江市

市委书记 李建华
市委副书记 、市长 曾伯怡
市委副书记 陈创业
市委常委 阳卫龙 康一 姜海燕 曾晚生
李建湘 段平屏 肖元意
市人大主任 易振
副主任 胡年玉 杨清 罗亚莉 肖新樵 段一飞
副市长 曾晚生 肖海文 金波 陈卫红 伍龙光 周建设 王建农 谢昆(挂职
市政协主席 罗中秋
副主席 朱卫平 陈庆元(兼) 曾广俭(兼)
胡启明 赵郁夫
市人民法院院长 龚新连
市人民检察院检察长 伍国军

涟源市

市委书记 谢学龙
市委副书记、市长 刘 杰
市委副书记 吕余庚 李 丽(挂职)
市委常委 肖更新 谢永东 梁小兵 段德学
梁育清 王 澍 孙纬辉 李南新
邓益平(挂职)
市十七届人大常委会
主 任 梅国华
副主任 童建华 傅德贤 童春秀 曾建功 罗康升
市 长 刘 杰
常务副市长 梁小兵
副市长 梁 毅 罗宜秋 邓文旦 陈庆云
李冰玉 刘志刚 易志亮(挂职)
市政协主 席 贺顺清
副主席 谭秋姣 邱超文 李海日 邱正松 谢湘和
市人民法院院长 曾文彬
市人民检察院检察长 胡志泽

双峰县

县委书记 禹 敏
县委副书记、县长 彭石清
县委副书记 杨萍
县委常委 龙燕青 彭云辉 曾春谷 陈群 陈家齐
屈伟洋 戴志雄 曹科识 赵小群(挂职)
县人大主任 朱常健
副主任 邹学耀 朱富田 李仲乔 李勤 赵准剑
副县长 刘 燕 黄祥光 李兴魁 尹超 杨斌 彭石平
县政协主席 阳雄绪
副主席 朱新桥 罗革文 朱尧丰 肖晓琳(兼)
刘君怡(兼)
县人民法院院长 谭志强
县人民检察院检察长 黄文辉

新化县

县委书记 朱前明
副书记、县长 左志锋
副书记 周海强
县委常委 王文红 曾小坤 朱国飞 曾令斌 邓 伟
刘迟辉 李 力 李笃成 杨 正
肖兵明(挂职) 刘劲彪
县人大主任 姜世星
副主任 李劲柳 段绍斌 曾欣华 张陆林 刘晓英
副县长 周 晋 徐静飞 邹红清 谢聪 赵谭华

李东林(挂职) 陈 进(挂职) 李典芝
县政协主席 杨韶红
副主席 李旭伟 彭盛 马世雄 陈永松 杨霞娟
县人民法院院长 彭志业
县人民检察院检察长 李加新

娄底经济技术开发区

党委书记 陈奉文
主 任 康艳华
党委副书记 李应泉
副主任 邱林海 王青峰 蔡斌
纪委书记 陈 敏
主任助理 彭艳辉(挂职)
经开区投资集团董事长 谢玉敏

娄底水府示范片万宝新区

党委书记 伍 鹄
主 任 肖雄杰
党委副书记兼园区企业党工委书记 刘松涛
副主任 梁养贤
主任助理 刘妍熙

党政群团

Party and government groups

◎中国共产党娄底市委员会
◎中共娄底市委办公室
◎督察工作
◎组织工作
◎宣传工作
◎中共娄底纪律检查委员会
◎娄底市委直属机关工作委员会
◎统一战线
◎机构编制工作
◎对台工作
◎政策研究工作
◎老干部工作
◎保密工作
◎市委党校(娄底行政学院)工作
◎娄底市人民代表大会
◎娄底市人民政府
◎娄底市人民政府办公室
◎中国人民政治协商会议娄底市委员会
◎民主党派与人民团体

中国共产党娄底市委员会

【概况】2017年，中共娄底市委坚持以习近平新时代中国特色社会主义思想为指导，坚持新发展理念，全面贯彻“五位一体”总体布局和“四个全面”战略布局，实施创新引领开放崛起战略，坚持加速转型、奋力赶超，打好防范化解重大风险、精准脱贫、污染防治三大攻坚战，推进7个“三年行动计划”和项目建设大比拼，践行“七带头”规定，坚持从“我”做起，身体力行，严守党组织原则、领导制度和议事规则，严肃党内政治生活，带头讲党课，按规定缴纳党费，参加组织生活会和主题党日活动，开展谈心谈话和“扪心三问”，着力推动形成山清水秀、风清气正政治生态；向省委、省政府和全市人民交出优异“娄底答卷”。组织开展迎接中共十九大系列主题活动，扎实做好中共十九大代表选举培训、会议期间安保维稳等各项工作。第一时间组织传达，第一时间作出部署安排，出台市委常委会学习宣传贯彻中共十九大精神“六带头”，第一时间购买相关学习资料，第一时间组织中心组集中学习，部署开展为期两个月“抓重点、补短板、强弱项”集中调查研究。市委常委会成员带头读原著、学原文、悟原理，带头推动中共十九大精神进企业、进农村、进机关、进校园、进社区、进军营、进网络，“讲大白话、聊新时代”，掀起学习宣传贯彻中共十九大精神热潮。把学习新时代中国特色社会主义思想作为全市各级领导干部培训重要内容，纳入市、县两级党校(行政学院)培训党员干部重要内容，分级分类抓好各级领导干部轮训工作。举办县处级领导干部集中轮训班5期，组织市委中心组集体学习15次，市委常委会专题学习研讨5次。市委五届四次全会审议通过《关于深化“大学习大调研大提升”推动党的十九大精神在娄底落地见效的意见》，切实以党的十九大精神武装头脑、铸造灵魂、指导实践、推动工作。

【紧抓发展第一要务】2017年，中共娄底市委贯彻中央和省委省政府关于经济工作重大决策，紧扣省、市党代会确定目标任务，把方向、观大势、谋全局，牢牢把握经济工作主动权。阳历新年、农历新春上班第一天，市委、市政府主要负责人都率领市直相关部门到园区企业调研指导，为企业排忧解难，督促复工复产。逐一对7个“三年行动计划”进行调度，对存在问题进行集中会审、逐个解套，确保各项经济任务按时序推进。召开经济形势分析会、调度会、务虚会，研究解决重大问题，做出重大部署，保持持续向好良好发展势头，使发展质量和效益提升，主要指标增幅全省排位继续前移。全年GDP增长8.5%，固定资产投资增长14.7%，规模工业增长8.6%，社会消费品零售总额增长10.8%，一般公共预算收入增长10.55%。着眼资源型城市实际，推进“三去一降一补”，提振工业经济，对接“中国制造2025”和“制造强省”五年行动计划，运用高新技术和先进适用技术改造提升传统优势产业，做好“补链”“延链”工作，让“老树发新芽”。关闭煤矿23家、石膏矿山5家，淘汰落后产能988万吨，商品房去化周期缩短为11个月。规模工业增速居全省前列，高加工度工业、高技术工业增速高于规模工业，新增规模以上工业企业113家。跻身全国产业转型示范区。支持投融资平台参与新兴产业发展，以更大力度引进、培育、发展新产业新业态新动能，三迅电子、电将军、上海星珂实业、三一中源等新技术新材料企业快速成长。出台加快发展新动能与先进储能产业“十六条”意见，设立娄底市新能源动力电池和储能产业园，打造电子陶

娄底城区全景图　（杨暴默 摄）

瓷、动力电池、储能电源3个核心产业集群。推动三次产业融合发展,农业产业化步伐加快,现代金融、商贸物流、文化旅游等现代服务业来势较好。

【项目建设大比拼】2017年,中共娄底市委推动项目快上、快进、快成。强化项目导向,围绕项目建设"比规模、比进度、比效益、比后劲、比机制、比资金争取",开展项目集中签约、集中开工竣工、集中调度、联合审批。召开项目建设观摩点评会,观摩只看新项目,不看老项目,重点看产业项目,看新班子抓新项目,用新项目检验新班子。通过大比拼催生一批大项目、好项目、新项目。全市完成固定资产投资1375亿元,推进各类项目2800个,超过20亿元项目有32个,比2016年增加11个,重点产业项目达210个,占重点项目总数53.1%。全省产业发展现场推进会在娄底举行首站观摩,并在会上作典型发言。

【促进经济集聚发展】2017年,中共娄底市委夯实园区承载平台,改革园区体制机制,极大地激发园区活力。授权娄底经开区行使1473项经济社会管理权限,探索"一区多园"模式,部署启动国家级高新区创建活动,娄底经济技术开发区和娄底高新区获批湖南省"双创示范基地"。新能源动力电池和储能产业园初具规模,水府新城水洋生态新区开发建设拉开序幕。推动产业向园区集中,全市园区实现规模工业增加值323亿元,占全市规模工业比重达到66.2%。

【全面深化改革开放】2017年,中共娄底市委扩大对外,增强改革系统性、整体性、协同性。凝聚改革共识,认真落实改革责任,创新改革举措,统筹推进经济、政治、文化、社会、生态文明建设和党的建设等各领域改革。市委深改组先后召开6次会议,确保九大类161项重点改革任务按时序进度稳步推进。围绕增添发展动力,协调推进经济体制改革、行政机构改革、农村改革等领域改革,为经济平稳健康发展注入强大动力。出台加快金融业发展改革、促进民间投资、补齐公共设施关键短板等系列政策文件;加快国企国资改革步伐,创新国有平台公司管理模式,设立专项财政引导基金,鼓励国有资本以多种方式入股非国有企业;提前两个月完成涟钢"三供一业"分离移交工作;加快放管服改革,推行"只跑一次",实施"多证合一",取消、降低或放开43项行政事业性收费和服务性收费,行政审批事项精简70%,办理时限缩短50%;稳步推进农村集体产权制度改革,涉农资金整合,双峰模式获湖南省首届"管理创新奖";深化商事制度改革,开展重大项目联合审批、公共资源交易领域专项整治,全市新登记市场主体、注册资本分别增长26%和30%;深入推进园区管理体制改革,市经开区经济社会管理更加灵活自主;优化行政区划调整,涟源水洞底镇、双峰蛇形山镇划入娄星区,中心城区承载力增强。

【创新引领开放开发】2017年,中共娄底市委贯彻省委、省政府创新引领开放崛起战略,市委五届三次全体会议审议通过关于实施创新引领开放崛起战略重大决定,制定落实创新驱动发展战略建设科技强市实施意见,出台推动省委"451行动计划"在娄底落地见效"十五条意见"。设立政府主导科技创新基金,扶持企业创新发展。参加全省"贯彻发展新理念、转型升级补短板"讨论活动,精心开展"娄底创新开放大家谈"活动,通过"大家谈",激发"大家干"。高举开放大旗,突出招大引强,研究出台关于坚持开放崛起战略建设开放强市实施办法,整合和完善招商引资政策、考核、机制、队伍,积极开展小分队招商,大力实施产业链招商,成功举办第八届湘博会,参加湘商大会,"迎老乡、回故乡、建家乡"。支持企业"走出去",华菱涟钢在马中关丹产业园投资建设精品钢,成为我国首个"一带一路"钢铁产能转移项目。全市内联引资、实际利用外资、进出口总额分别增长17.5%、17.8%、35.3%。

【宣传思想文化工作】2017年,中共娄底市委坚持党对意识形态工作领导,守好主阵地。出台《娄底市县处级党委(党组)意识形态工作责任制考核办法》。把握主动权,打好主动仗,加强对各类宣传文化阵地建设和管理,积极引导社会舆论,推进网络内容建设,稳妥处置突发敏感舆情,加强网络生态综合治理。建立县市区委书记意识形态工作述职考核制度,督促各级以强烈责任感和担当精神把党管宣传、党管意识形态要求落到实处。加强宣传舆论引导,增强全市人民归属感、自豪感。深入推进社会主义核心价值体系建设,开展文明评选活动,建设诚信娄底,倡导做"通情达理、文明有礼"娄底人,推出"中国好人"彭育晚、李明华等重大典型。统筹抓好创文管卫工作,顺利通过国家卫生城市复查评审,以全省第一名成绩保留全国文明城市提名资格。撰写"楼迪新"重要评论,开通"娄底发布"政务微信平台,全方位、立体式传播娄底声音、讲述娄底故事、展现娄底形象。

《人民日报》、新华社、中央电视台《新闻联播》等中央主流媒体多次报道全市脱贫攻坚、责任心教育、生态环境治理、全面深化改革做法,《湖南日报》专版推出《2017,娄底答卷》,娄底力量、娄底责任、娄底做法、娄底成效正在改善娄底形象与获得“娄底关注”。推进“文化旅游及健康养老产业三年行动计划”,推动文化与旅游、科技、金融等产业深度融合,全年接待游客3600万人次,旅游收入增长30%。深化文化体制改革,加强现代公共文化服务体系建设,公共图书馆、美术馆、乡镇文化站免费开放全覆盖。统筹推进基层综合性文化服务中心建设,全市53%的村完成文化服务中心建设。

【脱贫攻坚改善民生】2017年,中共娄底市委以对党的绝对忠诚抓实脱贫攻坚。坚持把脱贫攻坚作为第一民生工程,紧扣“两不愁、三保障”“六个精准”“五个一批”,深入推进“脱贫攻坚三年行动计划”,用心用情、精准精细抓好产业扶贫、教育扶贫、金融扶贫、健康扶贫、劳务扶贫、水利扶贫、易地扶贫搬迁和危房改造等工作。出台“脱贫攻坚十条禁令”,设置“三张联系卡”,以“不怕困难、不怕麻烦、不怕出丑”“三不”精神。清退,要让当事人服气;纳入,要让其他人服气“两个服气”标准,整改脱贫攻坚突出问题,排查出不符合贫困条件错评对象21.02万人、符合条件漏评对象11.14万人。中央和省交办290个问题、省市信访受理举报657个问题,都整改落实到位。建立“有事请找我”责任担当机制,在村支部书记中开展争当“脱贫致富带头人”活动,在贫困户中倡导“人穷志不穷、脱贫靠自身”自强自立行动,治惰、治懒、治脏、治赌、治愚,动员全市机关和企事业单位帮助贫困群众增收致富,调动各个方面扶贫积极性。全市减少建档立卡贫困人口9.98万人,超额完成省定任务,156个贫困村摘掉“贫困帽”。坚持以人民为中心发展思想,从小事抓起,从急事办起,努力在幼有所育、学有所教、劳有所得、病有所医、老有所养、住有所居、弱有所扶上不断取得新进展,让人民群众有持续不断获得感。民生领域支出占一般公共预算支出比重达到60%,10件重点民生实事基本完成,全面小康实现程度达到83.4%。加强卫生与健康工作,严管“舌尖上的安全”,首批668名全科医生正式驻村服务。完成农村薄弱学校改造项目134个,启动中心城区15所学校新建和改扩建项目,偏远山区中小学校师生用上Wi-Fi无线网络。大病救助、大病保险全面落实,社保覆盖面不断扩大。完成城市棚户区改造26603户、农村危房改造12030户。新增城镇就业3.75万人,新增农村劳动力转移就业3.7万人,新增创业主体1.12万户,城镇登记失业率稳控在4.5%以内较低水平。城乡居民人均可支配收入分别增长8.5%、11%。加强城乡基础设施建设。娄益高速、娄新高速金竹山互通、娄底大道涟源段建成通车,龙琅高速、米塔尔铁路专线进展顺利,改造干线公路106千米、农村公路680千米,群众出行更加便捷。统筹推进品质中心城区、秀美县城、特色小镇和美丽乡村建设。加快建设智慧娄底,中心城区着力打通“断头路”、改造城中村、修建小游园、整治背街小巷,9条“断头路”建成通车,10多条道路主车道完成白改黑,城乡水、电、路、气、运、通讯等实现新提升。

【民主政治与法治娄底建设】2017年,中共娄底市委坚定不移地把党的领导贯穿到民主政治建设全过程。坚持正确的政治方向,坚持党的领导、人民当家做主、依法治国有机统一,推进社会主义民主政治建设进程。加强和改进对市人大常委会党组、市政府党组、市政协党组和市中级人民法院党组、市人民检察院党组的领导,市委常委会专门听取市人大常委会、市政府、市政协党组以及市“两院”党组工作汇报。市“两会”闭幕当天,组织新当选市人大常委会、市政府、市政协领导班子成员和法检“两长”集中学习《准则》《条例》和“七带头”规定。专门召开市委人大政协工作会议,研究出台关于加强和改进人大工作、政协工作意见等规范性文件。坚持和完善人民代表大会制度、中国共产党领导多党合作和政治协商制度,支持市人大及其常委会、支持市政协履职尽责,形成心齐气顺、同心同向、和衷共济良好局面。高度重视人大代表、政协委员议案、提案办理工作,充分发挥人大代表、政协委员重要作用,人大、政协在经济社会发展中的作用越来越彰显。稳步推进地方立法工作,全市第一部地方性法规《娄底市孙水河保护条例》经省第十二届人大常委会审查批准,于2018年1月1日起实行。建设法治型、服务型政府,制定法治政府建设实施方案,发挥政府法律顾问作用,提高依法决策、依法行政水平。推进民主法制领域改革,顺利完成法、检人员分类管理改革、司法责任制改革。在全省率先实现公共法律服务站点全覆盖,为人民群众在家门口获取便捷法律服务开辟新途径。降低门槛,扩大民事、行政法律援助覆盖面,受理各类法律援助案件1800多件。以领导干部带头学法用法为推动,年度学法考试抽考合格率100%。开展送法下乡活动,赠送法律书籍12000多本(份),群众法治观念、法治水平实现新改观。积极为各民主党派、工商联、无党派人士发挥作用搭建平台,支持各民主党派市委开展民主监督,做好新社会阶层人士统战工作,扩大政治参与,增进政治共识。加强党管武装工作,推动军民融合深度发展,发挥驻娄部队、民兵预备役在经济社会发展中重要作用。加强和改进党对群团工作领导,为工会、共青团、妇联等群团组织发挥作用创造更好条件。做好港澳台和民族宗教工作,调动发挥方方面面积极性、主动性、创造性,共同推进改革发展稳定各项事业。

【建设山清水秀家园】2017年,中共娄底市委加强生态环境保护与建设。编制完成《娄底市生态保护红线划定方案》,实施"天蓝水净地绿三年行动计划""湘江保护治理第二个三年行动计划",突出大气、水、土壤污染防治,加强水府庙保护利用开发,深入推进锡矿山生态环境治理,加强环保突出问题整改,消除一批久治不愈环境问题。严把环境准入关口,节能减排完成省定任务。建立市县乡村四级河长制,促进"河常清""水长流"。加强农村环境治理,完成450个村农村环境综合整治任务,在全省率先完成农村墙体广告清零,抓好省级美丽乡村示范村建设工作。推进工程造林、联村建绿和退耕还林、退耕还湿等生态修复工作。积极发展低碳经济,探索区域碳排放零增长创建试点,率先在全国地级市中完成碳普查和碳规划。抓好中央环保督察反馈问题整改。中央环保督察组进驻湖南后,娄底迅速启动相关工作,建立协调保障、案件交办、联系督办、信息公开、资料移送和案件日报等制度,针对督察组反馈问题,制定具体整改方案,逐一明确责任领导、责任单位、整改措施和时限要求。督察组交办问题后,市委常委会成员分别牵头中央环保督察组反馈重大问题整改,主动解难解套,全市实行"一天一调度、一天一通报",逐项解套销号。截至2017年12月底,中央环保督察期间交办全市245件信访件已整改办结;督察反馈意见中交办娄底市9个整改问题完成年度整改任务,工作进展全省排第六位。

【全力维护社会稳定】2017年,中共娄底市委抓源头、抓苗头、抓"头头",千方百计守住安全稳定底线。吸取涟源祖保煤矿瓦斯爆炸事故教训,清理和归总全市各级、各部门、各企业安全生产责任清单,开展安全生产整治专项行动,打好安全生产"十大战役"。安全生产事故次数、死亡人数下降。加强和创新社会治理,部署"十大平安创建"活动,提高社会治安防控体系建设法治化、社会化、信息化水平,开展打击网络电信诈骗、"三打三整治"等专项行动。部署开展"无上访乡镇(街道)、无上访村(社区)"创建活动,实行领导定期接访制度和包案制度,重点化解信访积案和重大信访案件,尽心尽力解决好群众合法合理诉求。全年全市没有发生大集体上访和群体性事件,没有发生重大火灾交通等安全事故,没有发生重大负面舆情事件。按照"政府牵头、司法主导、依法处置"思路,综合运用经济、行政、法律等措施,深入推进打处非工作,民间融资问题得到稳妥处置,守住不发生区域性金融风险底线。

新化"12·22"涉枪案发生后,在省委、省政府坚强领导和公安部、省公安厅精心指导下,市县党委、政府和公安机关迅速启动重大案件侦办机制,科学指挥,周密部署,全警参与,全力追击,依靠广大人民群众,成功将犯罪嫌疑人抓捕归案。省委书记、省人大常委会主任杜家毫专门向专案指挥部致慰问信。目前,正依法推进案件后续工作。面对历时最长、范围最广、强度最大、雨量最多、水位最高特大洪水袭击,市委政府闻汛而动,市委主要领导在指挥抗洪途中拟定"防汛保安紧急令",第一时间向全市发布,号召全市动员,全民动员,干群连心,万众一心,打赢防汛避险救灾保卫战。全市党政主要负责同志靠前指挥,带领全市党政军民,昼夜奋战,全力抗灾,紧急转移群众16.37万人,解救受洪水围困群众4740人,取得"未垮一堤一坝,没有因灾死亡一人"重大胜利。灾后及时研究部署全市水利建设,扎实做好灾后重建工作,加快修复水毁工程,妥善安置受灾群众生活,发动全社会力量帮助灾区重建美丽家园。

【构建良好政治生态】2017年,中共娄底市委推进"两学一做"学习教育和责任心教育常态化制度化。市委班子成员推进"两学一做"学习教育和责任心教育常态化制度化,认真进行"扪心三问",问出责任、问出差距、问出努力方向。建立常态化学习机制,编发《娄底工作简报》13期、《娄底工作简报(学习版)》22期,把中央和省委领导重要文章发给处以上干部学习。书记杜家毫对此两次作出批示给予肯定鼓励,省委宣传部、讲师团专门到娄底市调研并向全省推介。举办市直部门党组(党委)书记、县市区党政班子成员、乡镇党政正职培训班,有的放矢地加强干部思想政治建设和能力建设。注重谈心谈话,市委主要负责人分别与市委、市政府班子成员、县市区党政正职集体谈心谈话,市委常委会成员分别与所联系分管单位主要负责人谈心谈话,及时咬耳朵、扯袖子、交任务。开展换届后县市区领导班子开局工作考察调研,加强各级领导班子建设。坚持好干部标准,研究出台加强年轻干部培养选拔工作意见,一批政治过硬、品行优良、能力突出、群众公认优秀干部得到提拔重用。全年研究调整交流配备干部9批566人次,其中提拔重用161人次。在全市择优比选2名正处职、6名副处职年轻干部,引起强烈反响。消化职数1548人。研究出台"正向激励""容错免责""治理为官不为"等"2+3"系列制度文件,把教育监督管理干部与信任保护激励干部结合起来。首次表彰16名"最具责任心的领导干部",通报6起责任心缺失典型案例。落实基层党建工作责任,以标准化建设为抓手,推进基层党支部"五化"建设,着力"党建促脱贫",建成769个村级服务平台,村级运转经费平均达15万元,村(社区)"两委"换届圆满完成。统筹抓好机关、学校、国有企业、"两新"组织党建工作,集中开展党员违纪违法处理、党组织按期换届、党费收缴等专项检查清理工作。落实党风廉政建设"两个责任",推动从严治党向纵深发展。加强党性党风党纪教育,抓好《廉洁自律准则》《纪律处分条例》和《问责条例》学习贯彻。运用好监督执纪"四种形态"特别是第一种形态,经常性开展廉政约谈提醒、新任领导干部任前谈话,培育党员干部健康从政心态。抓好纪检派驻机构改革工作,市县纪委派驻监督实现全覆盖、无盲区。稳步推进监察体制改革试点工作。发挥巡察利剑作用,推进巡察工作全覆盖,突出政治巡察,开展4轮对24家单位巡察工作。贯彻落实"八项规定"精神,紧盯重要时间节点,严查"四风"隐形变异问题,严格执行"禁赌限牌"规定,全市查处"四风"问题202起,给予党纪政纪处分141人。全面清理国家公职人员违规参与涉矿等经营性活动,构建"责任无盲区、清理无死角"整治格局。坚持"零容忍"惩治腐败,以扶贫领域为重点认真开展"雁过拔毛"式腐败问题专项整治,全市立案1619件,结案1465件,给予党纪政纪处分1435人,组织处理55人。

中共娄底市委办公室

【概况】2017年,娄底市委办结合工作实际,按照"四个带头""四个绝对"要求,推进忠诚机关、责任机关、效能机关、廉洁机关建设,补短板、改作风、立规矩、建制度、强队伍、树标杆、作表率,成为全市"机关之首"。全办上下精神面貌、工作标准、办事效率、责任担当、规矩纪律明显改观,"三服务"能力提升。市委书记、市人大常委会主任李荐国给予充分肯定,认为市委办"思考问题更全面、更系统、更有大局观,基础工作更规范、更牢固、更有创新性,内部规矩更严谨、更全面、更有执行力"。安全生产、综治、计划生育、创文管卫等14项工作被评为全市先进。党委信息工作获评全省先进。

【机关建设】2017年,娄底市委办把对党"绝对忠诚"作为市委办干部第一政治品质,贯穿参谋辅政方方面面,通过忠诚教育集中学习、重温入党誓词、开展"做让党放心的党办人"主题征文、"做忠诚担当高效廉洁的党办人"演讲比赛、"红心向党"清歌赛等多种形式,教育引导干部职工准确把握绝对忠诚精神实质,自觉忠于事业、忠于岗位、忠于职责,做到绝对纯洁、绝对可靠、绝对听话,全面提升忠诚度,以实际行动当好市委"忠诚前哨"。谋全局,坚持党办姓党,协助市委谋划全局,重点工作和重大决策部署总是做到第一时间思考、第一时间谋划、第一时间付诸行动,牢牢把握工作主动权。特别协助市委确立工作总基调,铺开"项目建设大比拼"和"精准脱贫、转型发展、生态环境治理"三大攻坚战,部署实施工业提振、文化旅游及健康养老产业发展、中心城区提质扩容、脱贫攻坚、财源培植、天蓝水净地绿、综合交通提升七个"三年行动计划",发挥市委办作为市委"参谋部"重要作用。围绕重点、热点、难点工作以及市委、市政府主要领导关注的事、操心的事、揪心的事,派出小分队,把"眼睛""耳朵"延伸到最基层第一线,了解群众所思所想、所愿所盼;了解企业、项目建设中的困难和问题,了解省委、市委决策部署和文件精神落地情况,准确反映,深入分析,及时提出措施建议。比如,聚焦全市重点工作中短板和弱项。从11月份开始,牵头组织开展"抓重点、补短板、强弱项"集中调研活动,一大批有分量、有价值调研成果,进入市委市政府决策和操作层面。出实招,紧扣市委、市政府中心工作,区分好战略、战役、战斗三个层面,发挥以文辅政作用,把上级精神、领导意图、娄底实际结合起来，既接天线，又接地气，不断增强文稿思想性、指导性、针对性，拿出不少推进工作落实好措施好办法。在市委主要领导亲自主导下，先后牵头研究出台"创新引领开放崛起""人穷志不穷脱贫靠自身""责任担当""正向激励""容错免责""只跑一次""村级微权力监管"等一系列务实管用文件。

【责任建设】2017年，娄底市委办围绕"抓落实"这一核心职责，把绝对负责作为市委办干部第一道德内化于心、外化于行，深入开展责任心教育，每个岗位，责任上肩，让责任心浸润每个干部心田，渗透到每个工作环节，推动市委办职能向抓落实聚焦、力量向抓落实倾斜、工作向抓落实发力，确保中央、省委和市委政令畅通，确保重大决策部署在娄底大地落地见效。全面梳理岗位责任、关联责任、边界责任，增加6个局科室，完善各局科室岗责体系，形成可执行、可操作岗位细则，对年初确定重点工作任务进行量化细化，做到事有人管、责有人担；推行首问责任制，所有干部亮牌上岗、职责明晰上墙、流程公布上网，主动接受外界监督；完善考评机制，每半年举行一次工作讲评会，各局科室负责人逐个汇报，秘书长一一点评，班子成员当场打分，结果纳入年度绩效考核；推进流程优化再造，对30多项办文、办会、办事业务流程进行全面梳理规范，对内减少中间环节，对外进行过程控制，确保各项工作有章可循、有规可依、有据可查，避免"部门来回跑、领导反复签、工作人员无所适从"情况，减少无效劳动。以责任心倒逼干部不断补齐短板、增强本领。组织业务知识、文字综合能力等练兵比武，现场出题、限时交卷、打分排名，营造"比、学、赶、超"工作氛围；多岗位历练干部，对在同一职位任职满5年6名干部轮岗交流，培养和锻炼"开口能讲、提笔能写、问策能对、遇事能办"多面手；挖掘身边先进典型，评选10名"爱岗敬业之星"，组织"我身边有责任心的好干部"主题演讲比赛，用身边人、身边事教育人、激励人、鼓舞人；树立正确用人导向，明确"凡进必考、小步快跑、压缩台阶、优秀优先"和"绝不让干事老实人在市委办吃亏"选人用人原则，面向全省公开遴选两批年轻干部，向市委推荐交流一批品性好、业务精、有培养前途年轻干部，全年提拔、重用、交流干部39人，占市委办干部总数72%，现平均年龄从年初的50.8岁下降到年末的40.2岁，干部队伍活力明显增强。对不想事、不愿做事、做不成事干部，及时批评教育，营造担当干事浓厚氛围。把督查督办作为推动工作落实抓手，重点解决抓落实不够坚决、不够有力、不够全面问题，全年组织开展决策督查和专项督查69次，督办领导交办件21项，推动中央、省委和市委重大决策部署落地见效。抓住脱贫攻坚、转型发展、生态环境治理、创文管卫、底线工作等重点任务，主动派出督察组开展盘底，根据任务进展、项目推进等情况及时分解立项，明确责任单位、目标要求和落实时限，严督严察、真督实察，层层传导压力，推动全市形成真抓实干、狠抓落实工作氛围；出台《市委主要领导批示督办落实管理办法》，对省、市主要领导批示交办事项跟踪督办规范，确保事事有回音、件件有结果；加强与政府、纪检监察等单位督查部门沟通合作，紧盯不落实事，问责不落实人，协调一致推进督察，形成抓落实"大督察"机制。

【效能建设】2017年，娄底市委办发挥党委办公室承上启下、沟通内外、协调左右"核心中枢"作用，减少中间环节，照应各方关切，凝聚各方力量，雷厉风行、立说立行、马上就办，带动全市各级机关高效运转，为市委集中力量谋大事、议大事、抓大事创造条件，牵头完成包括全省产业发展娄底现场会在内200多次重要会议活动组织协调工作。坚持把工作放在大局中去定位、去思考、去筹划、去处理，统筹方方面面资源、协调方方面面关系，急事先办、大事精办、要事稳办、特事特办，切实打好整体仗、协同仗，确保各项工作不断档、不掉链子。建立全市党办系统常态化工作通报机制，特别是市委活动安排，及时让县市区党办掌握，提高工作安排主动性，推动全市工作"一盘棋"；牢牢把握重点工作、重要事项、重大会议活动安排节奏，对需要以市委名义印发重要文件、召开重要会议和举办重要活动，实行清单式管理；每个月初召开四大家秘书长联席会议，沟通情况、协调矛盾、解决问题，做到会议活动"年计划、月统筹、周安排、市级领导都明了"，确保四大家协调有序、忙而不乱，确保市级领导班子之间包容和谐、心齐气顺。完善一系列办文办会办事规章制度，确保以路径最简、环节最少、时间最短、服务最优工作链条保持各项工作高效有序运转。出台《落实机要文件即收即办立即就办有关规定》《关于践行立即就办进一步提高办文效率的意见》等制度，加快文件流转，做到立即办、零停留、零差错；会议活动方面，立足早介入、早谋划、早准备，严把议题、材料、纪要、督办四道关口，建议市委开短会、开视频会、不层层开会；办事方面，健全快速响应机制，缩短办事时限，做到随到随办，协助市委妥善应对、高效处置“2·14”涟源祖保煤矿瓦斯爆炸案、古塘易地扶贫搬迁项目围标串标案、“12·22”新化枪击案等突发事件。实行大科室协同作战，构建起以牵头科室为核心、关联科室相互配合工作业务链条，把方方面面、上下左右思想和力量统一、凝聚和调动起来，齐心协力提高办事效率。马上就办提升运转效能。按照“响应最积极、行动最迅速、贯彻最彻底”要求，牢固树立“今天再晚也是早，明天再早也是晚”意识，做到立即办、马上办、办得快、办得好，确保案无积卷、事不过夜。学习河北省委办公厅“马上就办”，从工作实际出发，出台操作办法，组织各局科室和干部职工对工作中“慵、懒、散、浮、拖”问题进行全面查摆，就加强和改进市委办机关作风、提高办文办会办事效率，广泛征求市直单位和县市区意见，认真梳理，形成清单，逐项整改，力求各项工作做到细致、精致、极致。建立工作“数据库”“错误库”和“警示录”。对每个会议活动实行痕迹管理，对工作中出现差错，及时组织相关人员总结经验教训，提出改进办法，做到举一反三、触类旁通，杜绝类似错误发生，并建档进行警示。

【廉政建设】2017年，娄底市委办立足当好市委“巩固后院”，始终绷紧廉洁自律这根弦，要求每个干部谨言慎行，令行禁止，按规定办事，按程序运作，在服务保障过程中，力求权责清晰、公开透明，落实党风廉政建设主体责任考核全市第一，在全市创先争优所有单项评比表彰中均获得优秀先进单位称号。规范程序。按照“有制度按制度执行、没有制度建立制度执行”思路，坚持把规矩和纪律挺在前面，防微杜渐、筑牢防线。遵循机关事务、后勤保障、接待工作特点和规律，把重点保障与日常保障、政务保障与事务保障结合起来，先后规范走访慰问离退休人员标准和临聘人员考核细则，修订固定资产、财务管理、公车管理、办公用品采购制度，完善涉密计算机管理、印章管理、机关文印管理规定，恢复启动一些多年没有开展基础工作。严格机关大院管理，严格接待标准和流程，切实把制度建设、程序规范融入到每一个岗位、每一项工作、每一个环节，形成依制度办事、靠规章管人、按程序运作保障格局。严格遵守党风廉政建设各项规定，凡是要求他人做到的，市委秘书长首先做到，秘书长班子成员带头做到。秘书长向世聪还从模范带头、勤学多思、埋头苦干、马上就办、团结协作、简单清爽、知足感恩、忠诚老实、坚守底线等九个方面，与分管部门“一把手”和班子成员约定九条，年初签字领账，年终总结点评，共同营造清爽简单、舒心干净、奋发向上干事创业氛围。活动引导。深入推进“两学一做”学习教育暨责任心教育常态化制度化工作，围绕“我的职责是什么、我的差距在哪里、如何攻坚克难创先争优”扪心三问，问出差距、问出责任、问出压力；通过组织廉政宣誓、专题讲座、观看警示教育片、到娄底监狱听服刑人员现身说法等方式，层层传导规矩规则意识，引导干部职工筑牢思想防线，守住操守底线；开展各个层面谈话谈心活动，建立起“关爱＋教育＋警示＋提醒”常态化机制，及时了解干部职工思想动态，关心帮助他们解决工作、生活中困难。

【市委常委会议(含市委常委扩大会议)】2017年，中共娄底市委召开市委常委会议(含市委常委扩大会议)共53次。

1月3日，常委扩大会议，省督导组组长讲话；市“四大家”领导班子成员就市“两会”换届选举工作逐一表态。

1月9日，常委扩大会议，学习《中共娄底市委关于加强市委常委会自身建设的七条规定》，通报市委常委联系县市区分工情况；学习《关于新形势下党内政治生活的若干准则》等相关规定。

1月9日晚，审议《娄底市党政领导干部生态环境损害责任追究实施细则(试行)》。

1月17日，传达学习第十八届中央纪委第七次全会、省第十一届纪委第二次全会精神，研究召开娄底市第五届纪委第二次全会相关事项，听取关于推选娄底市出席党的十九大代表候选人推荐提名人员工作情况汇报。

2月3日，常委扩大会议，通报春节期间全市社会管理与民生情况，通报2017年市级领导联系重点项目和重点风险企业、市级扶贫工作队、工业提振工作等安排情况，要求全市各级各部门立即进入状态，投入工作，做到“四个务必”，撸起袖子加油干，干在实处，昂首挺胸快步走，走在前列，确保全年经济社会发展大丰收。

2月10日，传达贯彻省委副书记乌兰到娄底调研时讲话精神以及全省组织部部长会议、宣传部部长会议、统战部部长会议、政法工作会议精神。研究全市组织、老干部、宣传、统战、政法、信访等工作。

2月28日，传达学习省委农村工作会议、全省扶贫开发工作会议精神以及全省市厅级党员主要领导干部专题研讨班精神，研究国家卫生城市管理和迎接2017年复审，煤矿安全生产、关心下一代工作以及全市县处级单位党委（党组）书记专题研讨班实施方案，审定《中共娄底市委常委会2017年工作要点》。

3月17日，传达贯彻省委常委、省委组织部部长王少峰到娄底调研讲话精神，研究出台关于建立容错纠错机制、治理"为官不为"、查核处理党员和公职人员侮辱诽谤诬陷他人行为、运用监督执纪"四种形态"等四项制度。

4月1日，常委扩大会议，传达贯彻省委书记、省人大常委会主任杜家毫在娄底调研时讲话精神。要求把杜家毫讲话精神和省委省政府关心重视化作娄底"加速转型、奋力赶超"强大动力，苦干实干、攻坚克难，努力把娄底事情办好，向省委、省政府和全市人民交出一份优异答卷。4月7日，常委扩大会议，分析一季度经济形势和全面小康建设进展情况，研究部署二季度经济工作和全面小康工作。

4月17日，常委扩大会议，学习《关于深入学习贯彻习近平总书记在中央政治局第三十九次集体学习时的重要讲话精神更好推进精准扶贫精准脱贫的通知》；通报涟源市古塘乡易地扶贫搬迁集中安置工程案件处理情况；传达4月16日下午全省领导干部会议（脱贫攻坚）精神。

4月22日，研究脱贫攻坚、设立娄底市新能源动力电池和储能产业园有关工作，要求全市各级各部门高度重视产业发展，自我加压，负重奋进，进一步掀起实体经济发展新高潮。

5月2日，传达贯彻省长许达哲代表省委、省政府约谈娄底脱贫攻坚工作指示精神、全省高校思想政治工作会议精神、中央第六环境保护督察组督察湖南工作动员会议精神、全国文明城市经验交流会议精神，研究人大、政协和国安工作。

5月8日，研究市本级2017年度政府投资项目计划（草案）、七个"三年行动计划"和"项目建设大比拼"活动2017年度实施方案和考核办法、全市"两学一做"学习教育暨责任心教育常态化制度化工作。

5月19日，传达贯彻省党代会、市州委书记座谈会、省科技奖励暨创新奖励大会精神以及省委常委、省委宣传部部长蔡振红，省委常委、省国资委党委书记胡衡华分别在娄底调研时讲话精神，研究公共资源交易、"两无"创建、深化"放管服"改革等工作。

5月26日，传达学习省委副书记、省长许达哲率队赴贵州考察脱贫攻坚工作和全省市州长视频会议精神、全省宣传部部长座谈会暨理论工作"四大平台"建设推进会精神，研究开放强市等工作。

6月2日，常委扩大会议，传达贯彻省委副书记、省长许达哲在娄底调研时指示精神。

6月6日，传达贯彻全省环境治理战役"夏季攻势"动员大会、全省新社会阶层人士统战工作会议精神。

6月22日，传达贯彻全省国有企业党的建设工作会议、全省基层党建工作重点任务推进会精神，研究娄底经开区投资公司体制改革、全市全面小康建设等工作。

7月7日，学习贯彻省委书记、省人大常委会主任杜家毫，省政协主席李微微，省委常委、省国资委党委书记胡衡华有关讲话精神；研究全市防汛救灾工作，要求万众一心、携手并肩，重建美丽安宁幸福家园。

7月11日，学习贯彻省委书记、省人大常委会主任杜家毫在部分贫困县县委书记座谈会上讲话精神和省委常委、省委统战部部长黄兰香在双峰督查脱贫攻坚工作时讲话精神，审议《娄底市市属投融资公司重大事项报告暂行规定》，研究申创国家级高新技术产业开发区工作。

7月19日，传达贯彻省委十一届三次全体会议和省政府第八次全体会议精神，研究行业扶贫工作，要求纵深推进脱贫攻坚，在坚持继续打基础的情况下，更加务实、更加精准、更加有特色，确保出成效、出经验。

7月25日，传达贯彻全省脱贫攻坚巡查整改工作会议精神，研究纵深推进脱贫攻坚具体措施，要求用脑用心、尽职尽责、精准精细、较真较劲；听取党风廉政建设与纪检监察工作汇报，审议《娄底市运用监督执纪第一种形态开展党内谈话的实施办法（试行）》。

7月31日，常委扩大会议，传达学习贯彻习近平总书记在省部级主要领导干部"学习习近平总书记重要讲话精神，迎接党的十九大"专题研讨班上重要讲话精神。

8月8日，常委扩大会议，传达贯彻全省市州领导班子建设工作座谈会议精神。

8月11日，传达贯彻省委常委、省委政法委书记黄关春，省委常委、省委秘书长谢建辉在娄底调研时讲话精神以及全省党委秘书长会议精神，研究党史、保密工作，审议《中共娄底市人大常委会党组关于建立和完善审计查出问题整改情况向市人大常委会报告机制的意见》《关于在全市建立“有事请找我”责任担当机制的指导意见》。

8月25日，通报省委组织部对娄底市领导班子开局工作调研情况反馈意见，研究加强班子建设、“警务云”“雪亮工程”项目建设和产业转型升级示范区建设等工作。

9月8日，传达贯彻全省抗洪救灾总结大会、党委秘书长会议、市州纪委书记座谈会、城市基层党建工作经验交流座谈会、优秀年轻干部培养选拔工作推进会精神，研究水利、环境保护等工作。

9月12日，常委扩大会议，传达贯彻全省市州委书记视频会议精神，要求全力实施“创新引领、开放崛起”战略，坚定不移推进“三去一降一补”，加快推进项目建设，用脑用心抓好脱贫攻坚、环境保护与治理、安全维稳、责任心教育等工作，确保娄底经济有质量、有效益地稳步增长，确保娄底社会大局稳定。

9月17日，传达贯彻习近平总书记关于信访工作重要指示以及中央、省里有关会议、文件精神，研究巡察工作。

9月24日，常委扩大会议，传达学习贯彻全省产业发展现场推进会精神以及杜家毫书记在涟源调研时讲话精神，要求倍加珍惜娄底发展来之不易喜人局面，清醒看到自己的不足和短板，坚决把省委、省政府殷殷嘱托落实在娄底大地上。

10月9日，传达学习贯彻习近平总书记关于群团改革工作重要指示和刘云山在中央群团改革工作座谈会上讲话精神以及全省群团改革工作座谈会精神，研究群团改革和推进政务服务“只跑一次”改革。

10月30日，研究部署学习宣传贯彻党的十九大精神，要求全市上下要把思想高度统一到党的十九大精神上来，拥抱新时代，学习新思想，开启新征程，创造新业绩，彰显新作为，建设新娄底。

11月13日，传达学习贯彻全省市厅级领导干部学习贯彻党的十九大精神第一期集中轮训班会议精神以及《关于五年来中央政治局贯彻执行中央八项规定并以此带动全党加强作风建设情况的报告》《杜家毫在洞庭湖治理专题会议上的讲话》，审议《关于全市县处级干部学习贯彻党的十九大精神集中轮训方案》《关于在全市开展“抓重点、补短板、强弱项”集中调查研究的实施方案》。

11月26日，传达学习贯彻省委十一届四次全体会议精神和省委副书记乌兰到娄底调研时讲话精神，以及全国人大代表、政协委员推荐提名工作会议精神，审议《关于2016年度全市民间融资风险处置及打处非工作考核情况的通报》《娄底市深化国家监察体制改革试点工作方案》。

11月28日，常委扩大会议，传达学习贯彻省委副书记、省长许达哲到娄底调研时指示精神。

12月7日，常委扩大会议，传达学习贯彻省委书记杜家毫在市州委书记视频会议上讲话精神。

12月13日，传达学习贯彻中办、省办关于学习贯彻习近平总书记重要批示精神通知。传达学习贯彻全省市州委书记抓基层党建述职评议会议精神，听取市人大党组和市政协党组工作情况汇报，研究召开市五届人大二次会议、市政协五届二次会议有关事项以及法治政府建设等工作。

12月19日，常委扩大会议，分析2017年经济运行情况，谋划2018年经济工作。

12月20日，传达学习贯彻省委书记、省人大常委会主任杜家毫重要批示精神，省委常委、常务副省长陈向群在娄底调研时讲话精神，全省深化监察体制改革试点工作小组第三次会议精神和省纪委有关负责人在娄检查考核监督责任时讲话精神。

12月25日，传达学习贯彻省委经济工作会议精神，听取2018年娄底市经济社会发展主要指标安排情况汇报；传达学习贯彻中央、省委领导对“12·22”专案批示精神及省委书记、省人大常委会主任杜家毫关于“12·22”专案慰问信精神，研究加强政法系统队伍建设；传达贯彻全省社会治安综合治理工作会议精神。

12月29日，传达学习贯彻习近平总书记在中共中央政治局民主生活会上重要讲话精神和《中共湖南省委关于进一步贯彻落实中央八项规定精神的实施办法》《关于集中精力开好市州“两会”的通知》，审议《市政府工作报告(审议稿)》以及计划、财政等报

告，研究市本级城市棚户区改造项目纳入政府购买服务等事项。（罗雪娟）

表 5　2017 年娄底市委办公室先进集体和先进个人一览表

获奖单位、先进个人	奖励名称	颁奖单位	颁发时间
娄底市委办公室	全省党委信息工作先进单位	中共湖南省委办公厅	2018 年 3 月 14 日
李　禹	全省党政系统先进机要工作者	中共湖南省委办公厅	2018 年 1 月 15 日
刘　亮	全省党委信息工作先进个人	中共湖南省委办公厅	2018 年 3 月 14 日
王瑰琳	全省党内规范性文件备案工作优秀个人	中共湖南省委办公厅	2018 年 3 月 12 日

督察工作

【概况】2017 年，娄底市委督察室紧扣市委加速转型奋力赶超发展战略，围绕市委重要决策部署和重要专项查办事项落实，不断创新方法、强化担当，持续推进制度建设和能力建设，强化督查权威，提升工作水平。机构为副处级，主任高配正处职，副主任高配副处职，有 6 名工作人员，加挂市小康办牌子。主要职责为：市委重要决策部署和市委书记指示督查落实、市委重要会议文件精神督查落实、全市考核考评工作监督管理、全面建成小康社会组织协调工作。

【决策督察】2017 年，娄底市委督查室突出问题导向，整合督查资源，坚持“四不两直”，强化责任担当，紧盯事关娄底经济社会发展全局重点项目建设、脱贫攻坚、污染防治三大领域重点、难点问题，集中发力，督查督办。全年组织专项督查 16 次，下发督办函 29 个，下发市委《督办令》15 个，印发市委督查通报 7 个，有力推动龙琅高速建设、娄底大道建设、湘中国际物流园建设、城区棚户区改造、娄底中心城区提质扩容道路改扩建等一批重点项目建设；全面推动中央、省对娄底脱贫攻坚督察考核反馈 12 个重点问题、中央环保督察反馈娄底 15 大环保问题整改。

【专项查办】2017 年，娄底市委督察室着力提升专项查办工作质量与效率。出台《市委主要领导批示督查落实办法》，提升专项查办规范化水平；实行“一单四制”（任务清单、台账制、交办制、通报制、销号制），强化专项查办精细化管理；设立专门工作台账，对专项查办事项即时登记、动态反映、全程记录、量化考核、年底算账，传导工作压力。全年办理专项查办事项 78 件，其中上级交办事项 25 件，市委主要领导批办事项 53 件，均做到零差错、零延误。

【小康工作】2017 年，娄底市委督察室优化小康工作考核机制，建立小康工作 4 项基本制度，强化小康办班子责任分工，优化小康工作管理机制。组织责任单位业务培训，制定年度小康目标任务，出台年度小康指标监测办法、年度考核办法和小康联络员管理办法，加强分类指导和小康指标调度，工作水平显著提升，娄底市获全省 2017 年小康工作快进奖。

（罗新吾、刘才）

表 6 2017 年度市委督查室先进集体和先进个人一览表

获奖单位	奖励名称	颁奖单位	颁发时间
娄底市委市政府	全省 2017 年全面小康工作快进奖	湖南省委省政府	2018 年 7 月

组织工作

【概况】2017 年，全市组织部门以迎接、学习、宣传、贯彻党的十九大精神为主线，牵头组织开展“两学一做”暨责任心教育，统筹推进领导班子和干部队伍建设、基层党组织和党员队伍建设、人才队伍建设及组织部门自身建设，推进组织工作高质量发展和娄底加速转型、奋力赶超提供坚强组织保证。截至年底，部机关 60 个编，实有在职人员 52 名，退休人员 12 人，党员 64 人。设办公室、研究室、基层办、非公办、组织一科、组织二科、干部一科、干部二科、干部三科、干部四科、公务员管理办、人才科、干部教育科、考试与测评中心、任期审计办、干部监督科、举报中心、远程教育管理中心、干部信息中心、党代表联络办、绩效考核办等。

【“两学一做”】2017 年，娄底市委组织部分 6 批组织县处级领导干部开展党的十八届六中全会精神集中培训。党的十九大召开后，及时组织开展学习宣传工作，市委常委带头，进农村、进社区、进企业、进学校宣讲十九大精神，分 5 批对全市县处级干部开展学习贯彻十九大精神集中培训。带着问题、有针对性对换届后县市区党政领导班子、市直部门党组书记、乡镇党委书记乡镇长集中培训。紧扣主题纵深推进“两学一做”学习教育暨责任心教育常态化制度化，围绕“我的职责是什么，我的差距在哪里，我怎样更好地履职尽责、攻坚克难、争先创优”，开展“扪心三问”，推动问出差距、问出使命、问出责任。评选表彰 16 名最具责任心领导干部，通报 6 起履职不力典型案例。研究出台“2+3”系列文件。从正面激励着眼，出台正向激励和容错免责等 2 个实施办法；从负面约束入手，出台治理“为官不为”暂行办法、运用监督执纪“四种形态”意见、畅通举报渠道查处侮辱诽谤诬陷行为等 3 个文件，构建知责明责、担责负责、尽责免责、追责问责责任链条。省委办公厅《工作情况交流》和省委组织部《湘组信息》刊发娄底开展责任心教育做法。

【干部工作】2017 年，娄底市委组织部开展市管领导班子运行情况专项调研，分析和掌握班子整体功能及班子成员发挥作用等情况。做好市管班子日常调整配备工作，全年研究调整干部 8 批 469 人次，其中提拔重用 125 人次；在全市公开择优比选 2 名正处职、6 名副处职年轻干部；研究制定年轻干部、市管企业干部、市直机关处级非领导职务等有关任用、配备、交流原则意见；全年提醒 95 人次，函询 6 人次，诫勉 22 人次。清查因私出国境证件 6750 本，审批处级干部因私出国（境）96 人次，消化超配职数 1548 人；在市委党校举办主体班 11 期，调训学员 550 名，出台《娄底市干部异地培训管理办法》，选派 20 名中青年干部赴佛山、上海等沿海发达地区挂职锻炼。

【基层党建】2017 年，娄底市委组织部完成村（社区）“两委”换届工作，其中村（社区）党组织人选由县市区组织部门考察把关、县（市、区）委常委会集体研究做法在《湘组信息》刊发。出台“有事请找我”责任担当机制、争当“脱贫致富带头人”活动、倡导“人穷志不穷、脱贫靠自身”自强自立行动和动员机关企事业单位帮助贫困群众增收致富等“四个意见”，建立起覆盖市县乡村责任体系。推动人财物向基层倾斜，村级组织运转经费平均达到 15 万元，新建或改建 769 个村级综合服务平台；城市社区运转经费和惠民项目资金平均达到 23.4 万元和 14.2 万元。推进城市基层党建网格化管理、在职党员进社区报到服务；“两新”组织党建方面，注重增强内生动力，在工商、民政等 9 个单位设立行业党委，在 5 个省级以上园区设立综合党委，认真落实“登记申报、年检年报”制度；机关党建方面，以标准化建设为重点，规范日常管理工作；出台《关于加强全市国有企业党的建设工作的意见》，以对照 30 项重点任务推动工作落实。

【人才工作】2017 年，娄底市委组织部围绕创新引领、开放崛起战略，实施《娄底市引进高层次人才实施办法》，组织21家市直单位、医院、学校和15家高新技术企业，在东莞举行人才招聘会。围绕实施十大产业集群规划，引进一大批重点项目，吸引在外高层次专业人才180余人，其中外国专家近100人，高级工程师40多人。出台《院士工作站支持建设管理办法》，在双峰伍星生物科技有限公司建立首家县级院士专家工作站，在涟钢建立省级院士工作站。牵头组织市卫计委、市人社局、市中心医院等单位，为21名在娄外籍专家及16名享受市政府特殊津贴专家办理医疗保健服务绿卡并赠送中心医院体检卡。组织60名市内国有企业和私营企业管理者在成都举办经营管理人才高级研修班。

【自身建设】2017年，娄底市委组织部出台《进一步加强全市组织部门自身建设的实施意见》，在全市组织系统开展"干部成长感恩谁"大讨论、落实组工干部三年轮训计划、开展"红心向党+"系列主题党日等活动，建立部机关组工书苑和党建活动室，每月举行读书分享会，大力营造书香组工氛围。扎实做好组工调研、信息、宣传和网评工作，高质量完成中组部和省委组织部下达重点课题《深化党的建设制度改革问题研究》《加强换届后领导班子思想政治建设问题研究》。（李梦贞）

表7　　2017年度市委组织部先进集体和先进个人一览表

获奖单位、先进个人	奖励名称	颁奖单位	颁发时间
市委组织部	《深化党的建设制度改革研究》获2017年度重大调研成果奖	省委组织部、省党的建设研究会	2018年4月
市委组织部	《换届后加强领导班子思想政治建设研究》获2017年度优秀调研成果奖	省委组织部、省党的建设研究会	2018年4月
市委组织部、市公安局	《铁血警花李贝》被评为全省"两学一做"微视频、微动漫创作竞赛活动一等奖	省委组织部	2017年7月
市委组织部、市直机关工委	《同志你交党费了吗？》被评为全省"两学一做"微视频、微动漫创作竞赛活动中二等奖	省委组织部	2017年7月
市委组织部、涟源市委组织部、涟源市委宣传部	《坚定理想信念做合格共产党员》被评为全省"两学一做"微视频、微动漫创作竞赛活动中三等奖	省委组织部	2017年7月
市委组织部、冷水江市委组织部、冷水江市电视台	《坚守》被评为全省"两学一做"微视频、微动漫创作竞赛活动优秀奖	省委组织部	2017年7月

宣传工作

【概况】2017年，娄底市委宣传部坚持以习近平新时代中国特色社会主义思想为指导，贯彻落实中央、省委、市委决策部署，为娄底"加速转型、奋力赶超"提供思想保证、精神力量、道德滋养和文化条件。以理论中心组为龙头，推进学习教育，以《把学习当作一种政治生活方式》为题向全省推介；经验获省委书记杜家毫批示肯定，省委宣传部、省委讲师团牵头到娄底调研，全媒体开展"三新实践访谈"活动，多角度、全方位展示全市领导干部学习治国理政新理念、新思想、新战略做法、体会与实践。开展"讲话精神进基层""六中全会精神进基层"微宣讲活动，举行专题宣讲和形势报告会1500多场次，受众30余万人次。组织"好声音讲坛——讲话精神进基层"百姓微宣讲选拔赛，4人在全省复决赛中获奖。成立市委宣贯落实中共十九大精神领导小组，出台《市委常委会带头学习宣传贯彻党的十九大精神的六条要求》，编印中共十九大精神应知应会"口袋书"，组建市委常委宣讲团、市直领导宣讲团、专家学者宣讲团和百姓微宣讲队等"三团一对"，坚持市委常委"六个带头"，按照

“七进”要求开展宣传宣讲；市委讲师团成为全省理论创新研究中心基地之一。在《娄底日报》、电视台继续开设“理论专栏”“学习园地”，出版社科理论专刊5期；参加全省“社会主义有点潮”征文活动，一篇论文荣获二等奖。出台党委（党组）意识形态工作责任制考核办法，开展年中专项督查和年终考核，将县市区党委书记意识形态工作述职纳入考评。

【舆论引导】2017年，娄底市委宣传部聚力聚焦中心工作，围绕迎接学习宣传党的十九大、打好“三大攻坚战”、中央环保督察、“七个三年行动”计划、抗洪救灾等主题，组织新闻宣传，正面报道数质齐升，全年在省级以上主流媒体发表正面宣传稿件3000多篇（条），在《人民日报》、新华社等主要央媒刊播正面报道196篇。其中新华社发通稿3篇，《国内动态清样》3次分别宣传推介全市责任心教育、精准扶贫和司法改革做法；年内4次上中央电视台《新闻联播》，《新化油溪桥村脱贫纪事》《湖南娄底：联村建绿还绿于民》2次获单条播出。全年编辑《涉娄网络舆情》127期，有效处置新化“12·22”民警持枪杀人案等重大突发负面舆情34起。出台加强和改进新闻舆论工作“12条措施”。代拟《关于推进媒体融合打造新型主流媒体的实施方案》，以市委办、市政府办名义印发。《娄底日报》获全省唯一“中国城市党报最具发展活力媒体”称号，娄底新闻网获授“2017全国地市网络媒体最具影响力十强品牌”称号、“掌上娄底”获评“2017全国地市网络媒体微信公众号三十强品牌”称号。查处违法违规网站8个、关闭1个，约谈整改违规网站、微信公众号12家（次）。完成市广播电视台高清频道改造升级，实现《娄底日报》扩版增刊。组织开展“美丽娄底，爱在心底”微视频大赛，开通“娄底发布”政务微信平台，召开各类新闻发布会27次。

【文明创建】2017年，娄底市委宣传部开展“图说我们的价值观”“中国梦”等公益宣传，新建社会主义核心价值观主题公园3个。举办“学习宣传十九大 同心共筑中国梦”2017娄底中心城区文明之星颁奖典礼暨社区优秀文艺节目汇演。实施公民道德建设工程，大力宣传和礼遇先进典型，全年发布“娄底好人榜”2期26位，推荐入选湖南好人榜30位、中国好人2位，评选表彰市民文明之星100名、第四届娄底市道德模范13名。举办第一届市级文明校园和2017年度美德少年评选活动，评选表彰市级文明校园23所，表彰十佳美德少年10名、美德少年30名。承办全省未成年人“清明祭英烈”主题教育活动。年内新增全国文明单位4家、文明村镇3个、文明校园1所。首次表彰一批市级志愿服务先进典型，涌现一批全省“最美志愿服务社区”“最美志愿者”。全国文明城市创建工作通过2015—2017年度测评，被推荐为“第六届全国文明城市”提名城市。

【文化建设】2017年，娄底市委宣传部出台《娄底市推进基层综合性文化服务中心建设的实施方案》，第二批24个村级综合文化服务中心示范点全部建成。图书馆、文化馆等公共文化服务设施实现免费开放，推进精品文艺创作，设立文化艺术创作基金，评选表彰市级“五个一工作奖”和第二届“文学艺术奖”优秀作品，歌曲《你的手儿很温暖》获全省“五个一工程”奖，新化山歌表演唱《春糍粑》走进央视。丰富群众文化活动，组织“群星奖优秀群众文艺作品巡演”“第八届湘博会地域文化展演”专题活动和“送戏曲进万村，送书画进万家”等群众文化活动，在全省“欢乐潇湘”文艺会演决赛中获得“两金三银四铜”。推进文旅产业融合发展，承办全省大梅山地区文化旅游产业融合发展专题研讨会。成立市国有文化资产监督管理委员会，出台《娄底市文化产业发展专项资金管理办法》，文化产业引导资金规模扩充到每年300万元，全年新增规上入统企业44家，实现文化产业增加值67.78亿元，GDP占比4.39%。

【队伍建设】2017年，娄底市委宣传部强化宣传思想文化战线干部人才管理服务，提拔、交流一批领导干部，遴选调配一批工作人员。推进市直新闻单位人事薪酬改革，举办全市新闻舆论工作暨新闻通讯员培训班。强化系统党风廉政建设，建立全市宣传文化系统重大事项报告制度。市社科联由挂靠市委宣传部独立为正处级群团机构，召开第三次代表大会；市委网信办成立，列市委工作机构序列。（梁 鹰）

表8 2017年度中共娄底市委宣传部先进集体和先进个人一览表

获奖单位	奖励名称	颁奖单位	颁发时间
中共娄底市委宣传部	《新湘评论》发行工作先进集体	中共湖南省委宣传部	2017年12月

中共娄底市纪律检查委员会

【概况】2017年，娄底市纪委（监察局）机关内设机构20个，直属事业单位1个，行政编制93名，事业编制12名。内设机构主要负责人中，副处级职数20名。派驻机构22个（综合派驻19个，单独派驻3个），人员编制110名。全市各级纪检监察机关贯彻落实中共十八届六中全会精神，按照省纪委二次全会部署，忠诚履职、敢于担当，推进党风廉政建设和反腐败斗争向纵深发展。

【政治建设】2017年，娄底市纪委（监察局）按省纪委、市委要求，组织传达学习讨论。委局班子成员带头进企业、进社区、进学校、进贫困村面对面宣讲中共十九大精神，全市纪检监察系统营造起学习宣传贯彻中共十九大精神氛围。协助市委在全市建立正面激励和负面约束机制，推动形成全市干部放手干事、廉政勤政生动局面。加强对民主集中制、“三重一大”集体决策、“三会一课”、个人有关事项报告等制度执行情况监督检查，规范党内政治生活。以落实“两个责任”为抓手，以约谈、问责为主要手段，推动党风廉政建设责任制落实。对落实责任不力13名市管领导干部严肃问责。开展村（社区）“两委”换届风气监督，全市查处违反村（社区）“两委”换届纪律问题149起，给予党纪政纪处分65人，通报典型案例93起，以铁的纪律确保换届选举风清气正。

【正风肃纪】2017年，娄底市纪委（监察局）抓住春节、端午、中秋等重要时间节点，紧盯隐形吃喝、变相发福利、变相公款旅游、只收礼不设宴等“四风”变异问题，开展明察暗访。全市查处“四风”问题202起，给予党纪政纪处分141人，市本级对典型问题公开通报4期。全市查处公职人员打牌赌博问题73起，给予党纪政纪处分78人。查处冷水江市工业学校原党委书记李珊初（正处级）与冷水江市其他两名科级干部上班时间在公共场所打牌赌博问题，3人均受到党内严重警告处分并被免职。清理国家公职人员违规参与涉矿等经营性活动，全市清理单位1024家，清理国家公职人员93910人，覆盖率达99.99%，组织处理7人，给予党纪政纪处分12人，追缴违纪金额137.78万元。开展违规征订教辅材料问题专项整治，全市清退清缴征订教辅材料折（回）扣款9232.8万元。

【高压态势】2017年，全市各级纪检监察机关处置问题线索3220件，立案1683件，其中县处级52人，结案1671件，同比分别增长73.6%、48.3%、100%、43%。采取审查措施28人。给予党纪政纪处分1435人，组织处理55人。向市四大家领导和109个市直单位县处级干部全部发放谈心谈话记录本，初步统计开展谈心谈话11800人次。全市各级纪检监察机关收到公检法等单位移送问题线索583件，其中378件已给予相关人员党纪政纪处分。完善追逃防逃机制，全市11名外逃人员，成功追回7名，市本级2名全部追回。

【基层整治】2017年，娄底市县两级抽调会计、审计、工程专业人员764人，对全市663个重点村进行财务审计，各乡镇组织3000余人对2842个非重点村进行财务清理。开展项目资金清理“回头看”，发现问题线索5089条，处理4570人，追缴资金1983.7万元，清退群众资金362.396万元，给予党纪政纪处分221人。开展三轮扶贫领域专项监督检查，发现扶贫领域违纪违规问题1265个，立案443件，已给予党纪政纪处分452人，移送司法机关24人。对扶贫领域作风漂浮、为官不为、官僚主义等问题，进行重点整治，通报典型问题85起。扎实开展农村信访举报集中办理专项行动，向县市区交办信访件669件，对2016年以来农村信访举报存量进行“清零”式集中办理。围绕用钱、用权、监管、追责，出台《村财民理乡监管制度》《违反村级财务管理规定责任追究办法》、《惠民补助补贴资金管理办法》《涉农、扶贫、民生项目申报、安排管理办法》《涉农、扶贫、民生项目资金管理办法》等规章制度。

【预防腐败】2017年，娄底市纪委（监察局）组织全市1000余名机关干部赴娄底监狱开展警示教育。指导出版长篇反腐历史小说《“烧车御史” 谢振定传》；组织拍摄“中国传统中的家规”之曾国藩专题视频在中纪委网站和省纪委网站同步播出，当天点击量突破10万人次。9月28日首次举办“反腐同行·市纪委开放日”活动，获得广泛好评。全市采集各类信息260余万条，民生资金公开项目近700项，涉及民生资金60余亿元，2000余个村（居委会）微权力运行和村级财务实现网上全公开。开展违规招投标问题专项整治，对审计机关审计和有关部门督察发现违规招投标问题进行核查，查处31起未公开招投标典型案件。健全完善制度廉洁性评估和防止利益冲突工作机制，全年抽查各类规范性文件20份，防止以权谋私和“公章”腐败。

【体制改革】2017年，娄底市纪委（监察局）按上级要求，出台《关于加强市纪委派驻机构建设的实施意见》，设立22个市纪委派驻纪检组，对75个市级党和国家机关实行派驻监督全覆盖，9月底各县市区均完成派驻监督全覆盖改革工作。开展4轮常规巡察，涉及24个市直单位，发现问题279个，反馈整改问题270个，移交问题线索73条，已对15人进行立案审查。出台26项巡察工作规章制度，市县巡察“全覆盖”工作稳步推进，均成立巡察机构。制定《深化国家监察体制改革试点工作实施方案》《深化国家监察体制改革试点工作有关单位责任分工》等文件。成立市深化监察体制改革试点工作小组及办公室。出台市纪委、监委内设机构设置和人员编制方案，做好市监委班子成员选举和任命准备工作。出台《关于推进县乡纪检监察一体化建设的指导意见》，推动县乡纪检监察机关进一步深化“三转”，建立交叉检查、联合办信办案制度、定期例会交流制度等工作机制，实现信息互通、资料共享、力量整合、工作通促。10月，对各县市推进情况和乡镇纪委履职情况进行督查。

【队伍建设】2017年，娄底市纪委（监察局）坚持打铁必须自身硬理念，在全市纪检监察干部中起到良好示范引领作用。党性原则和规矩意识彰显，党内生活健全严肃，带头遵纪守法成为纪检监察干部行为自觉。敢于担当、争先创优工作氛围日趋浓厚，整体工作水平不断迈上新台阶，一批重点工作得到上级认可推介，被评为“省级文明单位”。（陈正杰）

娄底市委直属机关工作委员会

【概况】2017年，娄底市委直属机关工作委员会组织机关党员干部学习贯彻习近平新时代中国特色社会主义思想和党的十九大精神，坚定理想信念，强化理论认同，印发《关于认真学习宣传贯彻党的十九大精神的方案》，发放系列学习资料，组织开展专题考试，督促指导各基层组织进农村社区、进实体企业、进项目工地、进学校宣讲等途径，抓好学习贯彻。全年累计开展中共十九大精神专题宣讲400多场，发放相关学习资料2万多册，实现中共十九大精神学贯全覆盖。把党组（党委）中心组理论学习纳入年度党建工作考评重要内容，推动领导带学、讲学、述学。市直单位党组（党委）书记全年累计讲党课达300多场次。按照抓重点、补短板、强弱项要求，开展机关党建工作调研，《机关党建工作内生动力研究》被省直工委列为重点课题并授予一等奖，省委办公厅将其上报到中办。娄底机关党建网刊发原创稿件4000多篇，推出娄底机关党建微信公众号，拓展机关党建“互联网+”平台。在《中直党建》《紫光阁》等中央、省、市党建主流媒体发稿140余篇。在省检中得到肯定，在全市党建工作年度考评中市直行业系统序列排名第一，在省直工委年度综合考评中市州排名第二，获授全市计划生育先进单位、创文管卫先进单位、市级文明单位，继续保留市级平安单位称号。

【履职主责主业】2017年，娄底市委直属机关工作委员会强化基层党组织“五化”建设，实施“激励约束”并举机制。铺开市委办、市公安局、市中心医院、市农业委等20个基层党建示范点创建，集中约谈8个后进单位机关党组织书记。抓好“三会一课”、主题党日、党员积分制管理、支部书记“双述双评”、基层党组织换届等基础工作。累计举办主题党日活动4200多场次，市科技局、市档案局、市城投办等单位实施对支部“三会一课”全过程纪实、动态化问效，并把纪实管理纳入支部书记“双述双评”内容，作为基层党建述职考核重要项目。三是党员积分管理全面推开。坚持把党员积分制管理作为加强党员队伍建设基础工作来抓，特别对市发改委、国家统计局娄底调查队、市中心血站等单位精设考核指标，优化考核办法，强化结果运用。班子民主生活会和党支部组织生活会全覆盖；坚持严格把关，发展新党员135名；举办入党积极分子培训班，培训积极分子近400人；抓好党费收缴管理和使用，做到账户一致、账账一致、账款一致；认真做好党统工作，市直机关1.3万多名党员按要求完成基本信息采集；注重党内帮扶激励关怀，走访慰问380余名困难党员和9名因公牺牲党员家属。抓好新任机关党委专职副书记考察谈话和审批把关，督促各基层组织选准配强党务干部；加强党务干部教育培训，全年举办各类培训班5期，培训党务干部1200多人次。推介市公安局李贝、市中级人民法院陈友红、市城管局陈辉等一批国家、省、市级先进典型，并处置一批后进党员和不合格党员。出台《关于推进市直机关“两学一做”暨责任心教育常态化制度化指导意见》，全年开展4次集中督察并发出情况通报。相关经验做法在第28届全国城市机关党建工作会议上作经验交流。

【打造党建品牌】2017年，娄底市委直属机关工作委员会通过灌输鼓动、项目促动、示范牵动、激励拉动、活动带动，推动机关党建求创新增活力。修订完善《机关党建创新激励办法》，督促引导市环保局、市机关事务局、市财政局、市地税局、市民政局、市城管执法支队、市妇幼保健院等30多个单位42个党建创新项目和品牌得以立项。提升党建“四微”（微党课、微宣讲、微心得、微创新）品牌，市农业委、市卫计委、市教育局等50多个单位举办微党课、微宣讲130余场，累计听众达1.5万多人次，拍摄制作微党课视频获全省二等奖；从市国税局、市水利局、市公路局等多家单位中征集微心得350多篇。组织创新开放大讨论60多场，市直党员干部积极参与，征集创新建议1000多条。举办“红心向党”清歌赛、“我身边有责任心的好干部”主题演讲比赛和“好家风好家训”作品征集评选活动，展示机关党员奋发进取、昂扬向上精神风貌。

【党风廉政教育】2017年，娄底市委直属机关工作委员会通过专题宣讲、发放学习资料、在娄底机关党建网设置党风廉政建设专栏，着力提升机关党员干部廉洁意识。开展市直机关“纠四风、治陋习、树新风”和“违反工作纪律”专项整治，结合重点时节，开展作风建设明查暗访和办公场所禁赌限牌专项督察。对督查中发现27个违反工作纪律问题，采取当面提醒、通报批评、诫勉谈话、谈话函询、责令整改等方式，进行集中处理。协审市直机关违纪党员案4件，处理党员4人，立案1件。按照一案一卷、专人专柜要求规范案卷管理。

【服务中心工作】2017年，娄底市委直属机关工作委员会坚持围绕中心、服务大局，发挥基层党组织战斗堡垒作用和党员先锋模范作用，以服务“防范化解重大风险、精准脱贫、污染防治”三大战役等中心工作为重点，通过抓党建推动市委中心工作任务完成。按照市委部署，组织市直1.3万多名党员与贫困户结对帮扶，抓好“人穷志不穷，脱贫靠自身”自强自立示范点培育，这一做法在中央电视台新闻中予以报道。动员3000多名机关党员深入一线抗洪抢险，组织机关党员开展募捐救灾活动，筹集抗洪救灾善款300余万元。在市交通局、市人社局、市司法局、市国土资源局等19个市直单位先行推开“有事请找我”责任担当机制，党员干部深入一线，亮明身份，奋勇担当，排忧解难；组织团员青年积极开展征文比赛、读书交流、知识竞赛，结合“六一”“七一”等举办系列主题活动。加强基层团组织建设，涌现出一批省、市级“五四红旗团委”“五四红旗团支部”、优秀团干、优秀共青团员。（陈旭）

表9　2017年度娄底市直机关工委先进集体和先进个人一览表

获奖单位	奖励名称	颁奖单位	颁发时间
娄底市直机关工委	全省市州机关工委2017年度综合考核“第二名”	中共湖南省委直属机关工作委员会	2017年12月

统一战线工作

【概况】2017年，全市统一战线坚持以习近平新时代中国特色社会主义思想为指导，以迎接党的十九大召开、学习贯彻党的十九大精神为工作主线，紧紧把握“落实年”“创新年”这两个特点，各领域工作稳步推进。先后获全省统战信息工作先进单位、全省统战工作实践创新成果奖及全市创文管卫先进单位、综治工作先进单位、行业扶贫先进单位、驻村帮扶优秀单位等称号。

2017年9月3日，统战工作业务培训班举行

（刘新山　摄）

【紧扣主题主线，巩固共同思想政治基础】2017年，娄底市委统战部把增进政治共识作为贯穿全年、覆盖全域第一要务和工作主线。着力政治引领，抓实教育培训。发挥市社会主义学院作为全市统一战线人才教育培养主阵地作用，以党外代表人士共识教育和民主党派、工商联领导班子政治交接为培训重点，严格按照全年调训计划抓好教育培训。制定《娄底市第五届党外政协委员培训计划》，根据委员界别、行业圆满完成2期培训，取得显著效果。深化联谊交友。全市四大家19名党员市级领导与38名党外代表人士围绕“四个一”开展联谊活动，增进沟通和互信。开展主题活动。召开党外代表人士“创新开放大讨论”、网络代表人士“弘扬正能量·喜迎十九大”座谈会等主题活动，在各民主党派、无党派代表人士中组织开展以“同心合作·携手前行”为主题暑期谈心活动，帮助其廓清迷雾、站稳立场，为党的十九大胜利召开营造良好氛围。第一时间出台《关于全市统一战线认真学习宣传贯彻党的十九大精神的通知》，以“迈入新时代、学习新思想、凝聚新力量、彰显新作为”为学习主题，对全市统一战线学习宣传贯彻党的十九大精神进行全面部署。全市统一战线纷纷通过研读报告原文、聘请专家辅导、开展集中座谈等方式，掀起学习宣传贯彻党的十九大精神热潮。在“娄底统战”公众微信平台和娄底统一战线网站开设“同心铸梦”喜庆十九大专栏，多层次多维度报道统一战线学习贯彻情况，刊发专栏稿件50余篇，其中《学习新思想 争当统战工作“全能手”》《悟深悟透十九大 原汁原味到基层》等稿件点击超5000次。带头开展宣讲。按照市委统一部署，市县两级统战部长先后深入农村、社区、企业、学校宣讲党的十九大精神，印发应知应会知识小读本1000余份。

【抓好落实落地，推动解决重点难点问题】2017年，娄底市委统战部全年召开2次市委统战工作领导小组会议，市委常委会4次听取和研究有关统战工作，市委书记3次在有关请示报告上做出批示，市直统战系统和各民主党派市委机关有关机构、编制、经费及干部交流等问题逐一得到解决。督促指导各县市区党委书记落实“四个纳入”“四个带头”，做好“份内事”，管好“责任田”。市县两级党委统战部部长纷纷在同级党校主题班上开讲“统战课”。开展“抓重点、补短板、强弱项”集中调研，建立问题清单。召开组织部统战部联席会议，为解决党外干部培养使用、民宗部门执法主体资格等问题明确时间表、路线图。对县(市、区)贯彻落实系列重大决策部署开展专题督察，督察后县(市、区)新增政协党外领导班子成员1名，新增政府部门党外正职8名，新增人大、政协委室党外正职2名。选拔储备32名优秀党外处级后备干部，为加强党外领导干部力量涵养水源。做好省人大、省政协、省工商联、有关民主党派省委换届中党外人士推荐、提名、考察工作。

【突出汇智汇力，在服务发展中彰显作为】2017年，娄底市委统战部组织各民主党派、工商联和无党派人士开展参政议政建言，全年提交有关创新开放意见建议110余条，农工党市委多条参政议政建言得到农工党中央、省委肯定和好评。召开全市各民主党派、工商联和无党派人士参政议政调研成果汇报会，提交专题调研报告10篇，6篇得到市委荐国书记批示。市县两级统战部均成立统一战线聚力脱贫攻坚行动指挥部，召开全市统一战线聚力脱贫攻坚动员大会，深入实施“115”计划，做好娄星区石井镇松江村驻点帮扶工作。“民企联村·共同发展”结对帮扶行动全市组织157家民营企业与193个村实现帮扶结对，其中贫困村101个，投入资金总额2.43亿元，实施项目202个，受助贫困人口6400多人。“立珊光明行动”免费为贫困白内障患者实施手术1146例。“一家一”助学就业·同心温暖工程，支持423名贫困学子完成职业教育。全市3名党外代表人士被评为湖南省100名最美扶贫人(娄底4名)。在2016年6月超过历史极值汛情灾情中，全市统一战线闻“汛”而动，投入抗洪救灾2万余人次，出动救援直升机1台，救援船只2艘，抢险救援车75辆，成功转移群众4000多人。其中市工商联收到娄商捐款捐物2344.59万元，其中现金2039.55万元，物资305.04万元。组织召开发展开放型经济座谈会，鼓励支持有实力娄底民营企业家大胆走出去。引导娄商参与湘商大会，主动与东南亚湖南各商会组织联系，深化娄菲企业项目合作，推进“娄企出海”。深化“四同创建”活动，加大专项资金支持。新授牌11个市级同心工程示范点，侨爱心助学工程被授牌为省级“同心项目”、茅塘镇石门村被授牌为省级“同心乡村”。组织学习相关会议和文件精神，选送30余名非公企业家赴浙江大学参加培训，并与清华大学合作举办中小企业高级人才研修班。双峰出台《关于加强年轻一代非公有制经济人才培养实施方案》，开展座谈讨论、专题培训、

2017 年 11 月 12 日，市委统战部驻村帮扶工作专题会议召开　　（刘新山　摄）

异地锻炼等一系列活动。

【强化创新创优，拓展统战工作广度深度】2017 年，娄底市委统战部探索多党合作运行机制，助市委制定政党协商年度计划，支持党外人士参与协商活动，全年召开经济、人事等协商会议 4 次。会同有关部门积极推动对意见建议研究、采纳和落实。做好九三学社省委对口娄底开展脱贫攻坚民主监督协调服务，支持各民主党派市委对口有关县市开展脱贫攻坚民主监督。制定出台《娄底市政府工作部门及司法机关特约人员聘请及管理办法》，全市 12 家单位聘任 47 名党外代表人士作为特约监督人员。贯彻中央和省委民族工作会议精神，开展民族团结进步创建活动，加强城市少数民族流动人口服务管理，促进各民族交流交往交融。传达全国、全省宗教工作会议精神，贯彻省委《关于加强和改进新形势下宗教工作实施意见》，全年召开 2 次宗教工作领导小组会议，健全三级网络和两级责任制度，市、县两级均落实民宗部门执法主体资格，及时研究处理一批苗头性问题，维护民族宗教领域和谐稳定。成立香港湖南娄底联谊会，凝聚在港乡亲、促进两地发展搭建新平台。承办“国藩家风传两岸”娄台中学生夏令营和“月是故乡明”台湾籍后裔中秋返乡参访活动，促进两岸在国家、民族和文化上认同。加强娄底籍在外各界知名人士联络联谊，掌握娄底籍在外各领域具有相当影响力知名人士 200 多人。贯彻落实全国、全省一系列有关党外知识分子和新社会阶层人士统战工作会议精神，出台《娄底市新的社会阶层人士统战工作联席会议制度》，召开全市党外知识分子和新社会阶层人士统战工作会议，分级分类建立全市党外知识分子和新社会阶层代表人士数据库。

【夯实基层基础，自身建设得到全面加强】2017 年，娄底市委统战部成立书记任组长统战工作领导小组，在多个领域建立联席会议制度。两级统战部长全部实现由常委专职担任，乡镇一级设置统战委员，村、社区明确统战工作信息联络员。市、县两级统战部都增加人员编制，加强经费保障。娄星区委统战部推行大统战工作格局，取得实质性成果。扎实开展“两学一做”暨责任心教育，全面加强统战系统单位思想、作风、制度和领导班子建设，系统上下心齐气顺，活力增强。分批次选送统战干部到上级接受培训，举办为期一周全市统战干部培训班。加大年轻干部培养使用力度，有意识、有计划地进行传帮带，鼓励担当负责、鼓励干事创业，鼓励创先争优。加大统战理论调研力度，拓宽信息宣传渠道和方式，成功举办 2 期统战理论信息宣传培训班，超额完成省里下达调研信息宣传任务。3 篇建言类信息被中央统战部《零讯》采用，4 篇经验类文章在《中国统一战线》和中央统一战线网刊发，全市党管统战、党外代表人士队伍建设等 3 个工作经验在省委统战部《统战工作》简报上专版推广。各民主党派市委、市工商联在上级有关考核评比中均居于全省前列。　　（付嘉名）

表 10　　**2017 年度市委统战部先进集体和先进个人一览表**

获奖单位、先进个人	奖励名称	颁奖单位	颁发时间
娄底市委统战部	全省统战信息工作二等奖	省委统战部	2018 年 2 月
李　静	全省统战信息工作优秀信息员	省委统战部	2018 年 2 月
娄底市委统战部	全省统战工作实践创新成果奖	省委统战部	2018 年 2 月
娄底市委统战部	全省统战理论政策研究创新成果三等奖	省委统战部	2018 年 2 月
娄底市侨爱心助学工程	省级“同心项目”	省委统战部	2017 年 12 月
涟源市茅塘镇石门村	省级“同心乡村”	省委统战部	2017 年 12 月

机构编制工作

【概况】2017年，娄底市机构编制委员会办公室围绕中心、服务大局，深化体制机制改革，合理配置编制资源，提升保障服务水平，为全市经济社会发展提供体制机制保障。内设综合科、行政机构编制科、事业机构编制科、机构编制督查科和行政审批制度改革科等5个内设机构，有行政编制16名，后勤服务事业编制1名，实有在职人员16人。下设副处级事业单位登记管理局、正科级机构编制信息中心等2个二级机构。

【推进行政审批制度改革】2017年，娄底市机构编制委员会办公室出台《娄底市政府工作部门行政权力清单动态调整工作规范》，对所有权力事项实施常态管理，强化监督问责，及时做好权力事项调整更新，市本级权力事项由原有3141项减少到3051项，行政审批事项取消12项，合并6项，新增2项，保留175项，承接率达100%；取消64项“奇葩”证明，减少涉企证照30个，在2016年已清理公布第一批37项中介服务基础上，又清理公布第二批65项中介服务；制定《娄底市推进行政许可标准化实施方案》，消除行使自由裁量权过程中“灰色地带”，从源头上预防腐败，推进企业和群众到政府办事“只跑一次”改革，公布第一批389个“只跑一次”事项。

【推进事业单位分类改革】2017年，娄底市机构编制委员会办公室对未达成一致意见暂缓分类20多家事业单位与主管部门和单位衔接，将市直事业单位全部分类到位，为下一步改革奠定基础；推进生产经营类事业单位改革。对划入生产经营类事业单位调查摸底，按照分类分步、一事一策，成熟一个，改革一个原则，结合每个单位实际情况分别采取转企改制、与主管部门脱钩、撤销或整合等方式制定生产经营类事业单位改革路线图。娄底市工程咨询中心、娄底经济技术开发投资建设有限公司、市科技服务中心、市国有资产经营公司、市环境保护科学研究所等5家单位已完成转企改制；娄底宾馆、市城投集团等2家与单位主管部门脱钩；撤销市房地产开发公司、市物业总公司、市旅行社、中国旅行社娄底分社、市经济建设投资公司、娄底日报社新闻发展公司、娄底日报社印刷厂、市广播电视器材服务公司、市广播电视报社9家单位。

【完成娄底经开区体制机制改革】2017年，娄底市机构编制委员会办公室主动与经开区进行沟通衔接，对前期调研论证方案进行完善，出台《娄底市人民政府关于授权娄底经济技术开发区行使部分经济社会管理权限的通知》《娄底经济技术开发区体制机制改革方案》《关于娄底经济技术开发区党委、管委会主要职责、内设机构和人员编制规定》3个文件。从“改权限、改审批、改执法、改服务、改机构、改人事、改考核、改薪酬”8个方面着手，秉承“精简高效”原则。10月17日召开娄底经开区“体制机制改革”动员大会，进入实质操作阶段，并通过授权娄底经开区行使1473项经济社会管理权限，推动简政放权落地生效。

【有序推进各项重点领域改革】2017年，娄底市机构编制委员会办公室按照“确保派驻全覆盖、确保派驻机构编制、确保派驻人员力量”原则。市本级设立22个副处级派驻纪检组(其中综合派驻19个，单独派驻3个)，撤销涉改部门原设置纪检监察机构和领导职数，根据实际为派驻纪检组提供机构编制和人员力量保障。与市城管局等有关部门对接，先后派出调研组赴外地学习考察，借鉴外地市城管体制改革经验，拟定《娄底市关于深入推进城市执法体制改革改进城市管理工作的实施方案》，按省里要求完成阶段性工作，进而推进监察体制改革、盐务体制改革、司法体制改革等专项改革，对城区征地拆迁体制进行理顺。

【从严抓好机构编制管理】2017年，娄底市机构编制委员会办公室严格执行机构编制政策、纪律，严守底线，不越红线，不断加强和规范机构编制管理，全市机构编制调控有效，平稳有序。对全市用编实施年度计划管理，总量控制，下管一级，确保每年下达用编计划总数不超过当年自然减员数。新建机构均按“撤一建一”或通过挂牌方式解决，新增编制均在总量内调剂解决，新进人员均在编制限额内解决，守住机构编制总量和财政供养人员两个“只减不增”底线。根据新形势下工作要求，出台《关于进一步加强市直机关事业单位编制使用管理的意见》，强化用编管理程序，优化机构编制资源结构，提升机构编制管理水平。

【创新机构编制管理】2017年，娄底市机构编制委员会办公室抓住事业单位分类、综合执法、工商质监体制改革契机，盘活用好机构编制资源。对于职能弱化或消失机构，相应减少或取消编制，确需增加编制尽量采取在系统内部现有存量中调剂解决，使用新增编制补充人员时尽量由超编单位划转。以娄底广播电视大学为试点开展机构编制评估，对其编制配置和执行情况进行全面分析评定，在不刚性增编前提下提出解决该校部分专业教师力量不足科学合理办法，出台《娄底市市直机关事业单位机构编制评估办法（试行）》，对市直机关事业单位用编实行机构编制评估，开拓用好用活机构编制资源新途径。2017年，在全市打击处置非法集资工作中，打处非办案中心急需200余名司法辅助人员，考虑到这项工作具有阶段性和特殊性，工作完成后机构难撤销，人员难安排，采取从政策性待安置人员、市直职能弱化事业单位中抽调人员方式来补充，这一举措不仅确保工作正常开展，给职能弱化部门闲置或留守人才一个发挥作用平台。

【严肃机构编制纪律】2017年，娄底市机构编制委员会办公室发挥“12310”举报电话作用，畅通社会监督渠道。通过“12310”举报电话、信访系统举报、网络举报、专人接访4个渠道。对举报问题进行认真督查解决，快速进行反馈，切实维护机构编制管理严肃性，将各种不稳定因素消除在萌芽状态。市县两级分别对本地区机构编制违规违纪问题进行全面梳理，其中行政机关混用事业编制问题整改消化26个，因政策性人员安置造成超编问题已整改消化44个。对25个副处以上单位从单位履职、机构设置、编制使用、领导职数配备及有关规定执行情况开展重点审计，把审计出问题作为监督重点，督促责任单位落实，有效维护机构编制管理秩序；将机构编制执行情况纳入市委巡察内容，实现机构编制督查与巡察工作资源共享和联合监督。

【区划调整所涉机构编制工作】2017年，全市行政区划调整涉及娄星区、涟源市、双峰县3个县（市、区），为确保其涉及机构编制和人员平稳顺利移交，先后多次赴涟源市、双峰县实地调查摸底，专程赴长沙学习考察区划调整先进做法，积极与划转单位、接收单位对接沟通，出台《关于娄底市行政区划调整所涉机构编制和人员调整的意见》，制定机构编制和人员划转移交方案，于2017年5月25日召开行政区划调整机构编制和人员交接会议，全市行政区划调整机构编制和人员全部平稳交接到位并按新体制运行。

【事业单位登记管理】2017年，娄底市机构编制委员会办公室通过实施登记管理服务标准化，推进线上线下一体化服务，建平台、优流程、压时限、简要件，打造“审批不见面，一次都不跑”服务模式，在全国登记管理系统中首家实行全事项、全流程网上办理，为事业单位提供更便捷高效服务。全市全年事业单位法人新设立登记95个、变更登记561个、注销登记172个，其中市本级设立登记9个、变更登记75个、注销登记2个。按照“双随机、一公开”监管工作要求，建立健全事业单位法人登记信息和年度报告抽查事项清单、公示抽查对象名录库和执法人员名录库、公示信息抽查细则（一单两库一细则），开展事业单位法人信息抽查和实地核查。

【网上名称管理工作】2017年，娄底市机构编制委员会办公室强化举措、狠抓落实。一方面，将各单位中文域名注册信息逐一进行对照清理，提醒中文域名已过期或即将到期事业单位及时做好续费工作，督促没有注册中文域名行政单位完成申请注册，提高中文域名注册连续性。另一方面，开展全市党政机关网站确认和清理工作，按照上级要求进行清理规范，对不合要求网站取消挂标。全年全市机关事业单位中文域名注册率达100%，挂标率达98.9%。

【重点工作机构编制】2017年，娄底市机构编制委员会办公室完善全市扶贫机构设置，立足全市扶贫开发工作实际，为全市扶贫工作提供强有力机构编制保障，发挥现代信息技术推动作用，打破信息壁垒，推行互联网+政务服务，实现部门间数据共享，将大数据运用于管理决策中，成立娄底市大数据管理局，所需人员编制均从内部调剂。及时为市直各部门调整机构编制事项，如市委宣传部、市委统战部、市委老干局、市公安局等单位，确保各部门工作高效运转。推进全科医生制度落实。对全科医生所需编制来源进行讨论研究，明确各县市区在现有编制总量内，通过内部调剂，按照“分期分批，逐步到位”原则，确保全科医生政策落实。将市电子政务管理办公室与市政务服务中心整合，组建新的市政务服务中心，实现“线上线下，虚实一体”一站式审批。还根据湘编办发〔2017〕18号文件精神，结合社会事业发展及编制总量实际，对全市中小学校教职工编制进行重新核定。

（肖凯）

对台工作

【概况】2017年，娄底市人民政府台湾事务办公室贯彻中央对台大政方针，以争取台湾民心为主线，围绕市委中心工作，开展对台宣传、涉台教育、对台交流、招商引资、涉台维稳等各项工作。先后5次组织全市对台干部、市级涉台教育基地负责人、重点涉台接待酒店负责人等进行中共十九大精神专题学习，邀请有关专家、学者解读中共十九大报告中对台工作重要内容、重要思想与对台工作新思路、新政策、新方略。运用报纸、电视与现代媒体开展对台工作宣传。将习近平总书记在中共十九大报告10句经典语录制作成公益宣传牌，在全市重点对台宣传窗口单位、涉台教育基地、重点涉台接待酒店、重点涉台乡镇悬挂，得到娄底市民及台湾同胞好评。在国家级、省级和市级对台宣传媒体上刊登稿件200余篇。

【对台交流】2017年，娄底市人民政府台湾事务办公室接待来访台湾团组5个，接待台商、台胞达200人次，协助贸促会组织赴台经贸考察团组2个，协助5个其他非公团组赴台进行商务考察或交流。举办“国藩家风传两岸”娄台中学生夏令营活动。邀请台湾海星中学25名原住民高中生与娄底中学生做交流。整个活动，让台湾学子以观光学习竞技交流为纽带，以国藩家教家风为主题，共沐神奇山川与湖湘文化之熏陶，树正己修身治国平天下之宏愿，着力培养台湾青年一代家国情怀。活动期间，台湾海星中学与娄底二中及冷水江六中分别进行两场篮球友谊赛。组织“台湾娄籍后裔返乡参访”活动。以台北湘乡同乡会、台湾华夏创意文化交流协会、高雄新住民姐妹关爱协会60多人回乡开展观光旅游、祭祖访亲等活动，增强台胞情感认同与家国情怀，夯实推动祖国统一民意基础。协助湖南人文科技学院与台湾万能科技大学做好“交换生”工作和教师交流访问工作，协助部分宗教信众赴台考察活动等。

【招商引资】2017年，娄底市人民政府台湾事务办公室组织招商小分队赴港、澳、珠三角及长三角地区进行上门招商活动，学习台商聚集地区在对台招商引资、亲商安企方面经验，与台商、台协面对面推介娄底市产业发展规划，介绍招商引资政策，围绕汽车零配件、先进制造业对接一批项目；邀请台湾康宁大学教授郑伟强，在新化籍陆配、台湾高雄市新住民姐妹关爱协会理事长周满芝陪同下，对冷水江市开展教育产业合作考察，与冷水江市工业学校达成联合办学初步意向。8月14日，省县域经济研究中心执行主任曾鹏陪同台湾中华华夏企业联合发展协会理事长孙景生、执行长刘建兴及台湾部分企业家一行10人到娄底重点考察双峰县台资工业园、新化县旅游产业项目。11月12日，台湾长盛工程有限公司、福建省台谐创新科技有限公司董事长刘其丛先生、总经理刘其飞先生、台湾益成顾问有限公司协理吴启和先生一行3人到娄底考察，了解娄底投资兴业环境，与双峰县经济开发区达成总投资2亿元年产1万吨复合弹性料粒生产线合作意向，于11月17日在第十三届湘台经贸交流合作会上与双峰县经济开发区正式签署框架协议；安排专人负责台企服务工作，建立服务台账，多次赴现有台资企业走访调研，协调帮助台企解决问题。全年实现合同引进台资2亿元，台资企业完成产值22380万元，利税1501万元。

【涉台维稳】2017年，娄底市人民政府台湾事务办公室稳妥地处理涉台投诉，维护台胞合法权益，是争取台湾民心、维护全市社会稳定重中之重。5月，新化籍台胞罗艳反映，其兄罗妙奇与他人合作开一家液化气供应店，因产权分配问题发生纠纷，希望新化县台办能为其协调处理，经多次协调有关部门，依法依规做通双方当事人工作，维护台属合法权益。冬季，因冰灾，双峰台资工业园内兴昂、荣城两家鞋企被拉闸限电，造成重大损失，与有关部门协调，使鞋厂迅速恢复供电；全年受理涉台投诉信访案件10起。

政策研究工作

【概况】2017年，娄底市委政研室起草“有事请找我”“精准脱贫”等指导性文件，成为市委决策推动全市工作指南，得到省委书记杜家毫批示，引来新华社抵娄调研，并形成“动态清样”供省部级以上领导参阅；总结并推荐《双峰涉农资金整合》，获省委省政府“首届十大管理创新奖”；构建村级微权力清单体系，得省里唯一2017年中国改革年度案例，中国改革年会暨深改5周年高层研讨会表彰；省里对娄底全面深化改革考核在不再加分情况下得满分，进入并列第一行列；《娄底工作》获评“全国城市优秀党刊”；《娄底工作简报(学习版)》获授杜家毫书记批示：“娄底市始终重视干部学习，建议省委宣传部和讲师团推广娄底经验。”信访、计生、保密、非税执收等工作，均评全市先进单位，获授“全市文明单位”“全市平安单位”称号。

【参谋服务】2017年，娄底市委政研室完成市委经济工作会议、市委五届三次全会、市委五届四次全会、全市县处级单位党委（党组）书记专题研讨班、全市乡镇书记乡镇长培训班、县市区党政班子成员培训班、学习贯彻党的十九大精神第一期集中轮训班等重大会议材料204篇，200万字；完成包括向省领导杜家毫、许达哲、李微微、乌兰等12位到娄底考察调研综合汇报材料，娄底市委向家毫书记、达哲省长、乌兰副书记等领导所作专题汇报，以及向国家安监总局、环保部、湖南省委、湖南省人民政府及省直部门单位多个专项汇报材料62篇；完成市委主要领导重要署名文章及心得体会文章13篇。其中，《做一名有党悟的领导干部》《领导干部要讲党悟有党悟》《精准扶贫要做到“两个服气”》《协商就要真协商》《与青年干部说说心里话》等5篇署名文章，分别在《人民日报》《中国纪检监察报》《湖南日报》等主流媒体刊发。起草承担和协助完成市委重要政策文件14项，包括正向激励实施办法、责任担当机制、村党支部书记争当“脱贫致富带头人”活动、贫困群众“人穷志不穷、脱贫靠自身”自强自立行动、开展“抓重点、补短板、强弱项”集中调查研究、深化“大学习大调研大提升”推动党的十九大精神在娄底落地见效意见等9项，修改完善有5项。精心撰写楼迪新评论员文章6期，计120余万字，总计320万字。

【深化改革】2017年，娄底市委政研室协调推进九大类161项具体改革任务。市本级和县市区有13项工作，创造可借鉴可复制可推广典型经验，在全省推介；授权娄底经开区行使1473项经济社会管理权限，探索“一区多园”模式，实施政务服务“只跑一次”改革，持续推进生态文明体制改革，市县乡村四级河长制组织体系，生态红线划定和全市土壤污染综合治理实施方案编制全面完成；市文资委、市网信办等机构相继成立，文化产业进一步发展；稳妥推进法治与社会体制改革，人民群众感受到更多公平正义。推进干部人事制度改革，研究出台“2+3”系列制度。创新项目管理机制，用抓项目建设办法抓改革落地。推行痕迹管理机制，强化跟踪落实。完善改革纠缠机制，强化改革办、专项小组、牵头部门、县市区等优势互补督察主体作用，形成大督察格局。深化考核评比机制，建立改革激励机制，推动评选若干优秀改革项目和改革工作先进个人。

【娄底工作】2017年，娄底市委政研室出版发行《娄底工作》12期、4万多份，完成非税创收任务。刊发原创文章400篇，原创图片400帧。每期杂志都坚持“把握政治导向，维护核心；突出经济建设，紧靠中心；贴近基层群众，凝聚人心”，彰显党刊地位作用；每期杂志，都精心设计，严格选稿，仔细校对，将差错率控制在万分之一标准；每期杂志，都围绕市委战略部署和中心工作开辟栏目。每期都根据实际变化，按时邮寄分发，向各层面展示娄底党刊形象。编发《娄底工作简报》15期、《（学习版）》23期，及时刊载中央、省委领导重要讲话、重要文章，发至处级以上干部学习。先后有6期《娄底工作简报（学习版）》获杜家毫书记专门批示。

【党建工作】2017年，娄底市委政研室落实室主任履行党建工作第一责任人责任，做到党建工作与中心工作两手抓、两促进，开展形式多样党组织和党员主题教育活动，落实“三会一课”制度，推动“两学一做”暨责任心教育向纵深发展。按照组织程序，向组织推荐提拔副处级领导干部2名，由组织交流重用副主任（改革办专职副主任）2名，选拔任用副科长1名。按照纪检派驻机构改革要求，支持配合纪检组开展监督工作，完善规章制度，领导干部带头廉洁自律，没有发生任何违规违纪行为。

【事务管理】2017年，娄底市委政研室着力抓协调、保运转、建制度、强管理，办文办会、上传下达、机关党建、人事政工、财务管理、后勤保障、保密、档案、工青妇老等各项工作有条不紊。做好文件收发、登记、归档，通知转达、送阅，办会、办文等大量事务性工作，没有出现差错。履行保密职责，保管好国家秘密文件。加强与组织、编办、人社等部门工作对接，办好新进人员调动及新提拔干部手续，办结干部职工工资、医保、社保等手续。规范财务管理，加大内部报账支付改革力度，确保单位经费正常运转和全室人员及时报账。争取追加年度财政拨款20万元。（康跃辉）

表11　2017年市委政研室先进集体和先进个人一览表

获奖单位、先进个人	奖励名称	颁奖单位	颁发时间
市委政研室（改革办）	全国优秀党刊	全国城市党刊研究会	2017年6月

老干部工作

【概况】2017年，娄底市委老干部工作局秉承“贴心服务，传递温暖”工作旨归，全市各地各单位老干部工作者共同努力，相继获得“湖南省2017年老干部宣传工作先进单位”“娄底市2017年度计划生育工作先进单位”“娄底市2017年度综治工作先进单位、平安单位”“娄底市2017年度文明单位”等称号，市关工委亦获“第三届关爱明天、普法先行——青少年普法教育活动先进单位”称号；受到各界肯定。

【老干部工作实现“三个纳入”】2017年，市委常委会议先后3次研究部署老干部工作、市老年大学项目建设和关心下一代工作，市长办公会议专题研究市老年大学项目建设有关事宜，印发《关于进一步加强离退休干部经常性学习教育工作的实施意见》等规范性文件，为开展老干部工作提供遵循。定期组织召开座谈会议，听取离退休干部意见和建议。年初市委组织召开高规格老干部迎春茶话会，市委副书记、市长杨懿文向地市级离退休干部通报2016年全市经济、社会发展情况，市委、人大、政府、政协、军分区主要领导出席会议并认真听取老同志意见和建议。市委常委、组织部部长尹华凯主持召开市委常委班子2017年度民主生活会会前征求地市级离退休干部意见座谈会，市委副书记华学健出席并讲话。会上，老同志围绕市委常委班子建设、干部队伍建设、项目建设、创文工作等各抒己见，畅所欲言。市委书记、市人大常委会主任李荐国高度重视老干部意见建议，及时回应老同志关切，及时交办落实老干部所提相关建议。

【共享改革发展成果】2017年，市、县两级完善和落实老干部阅读文件、参加重要会议和重大活动、走访慰问和参观考察等制度。元旦春节等重要节日，市县两级党委、人大、政府、政协领导采取上门走访、召开座谈会或茶话会等形式，对离退休干部进行走访慰问。11月，市委组织50多名厅级老干部赴娄底经开区考察健缘医药、三迅新能源等实体企业，实地参观娄底城区打通断头路等重点项目建设。完善老干部服务管理机制，巩固离休干部“三个机制”，按时足额发放离退休干部基本养老金和政策性补贴。完善离休干部医药费保障机制，做好离退休干部健康体检、整生祝寿、生病住院探望、去世吊唁等日常工作。完善市、县两级特困离退休干部及遗孀帮扶机制，全年市本级和县市区财政帮扶资金达130万元，帮扶特困离退休干部300多人。市老年大学2017年开设舞蹈、声乐、诗词、花鸟、山水、二胡、太极、摄影、书法9个专业16个班，全年招收学员1500多人。

【夯实离退休干部党建工作】2017年，市、县两级分别成立离退休干部工委，配齐离退休干部工委成员。市本级增设离退休干部工委办公室，作为市委老干部局内设机构，增加1名行政编制。各县(市、区)委老干部局增加副局长职数1名，用于配备离退休干部工委专职副书记。在离退休干部党员中推进“两学一做”学习教育暨责任心教育常态化制度化，全面推行支部主题党日、老干支部书记“双述双评”“三会一课”纪实管理和党员学习教育等制度。市委组织部、老干部局、离退休干部工委联合开展全市“五好”离退休干部党支部和离退休干部党员评选表彰活动，评选表彰“五好”离退休干部党支部30个，“五好”离退休干部党员58人，市司法局、市国税局老干党支部被评为全省示范老干党支部。

【开展正能量活动】2017年，娄底市委老干部工作局围绕“点赞新变化、助力新娄底、喜迎十九大”主题，结合老干部兴趣爱好和特长，先后组织离退休干部开展“点赞十八大、建言十九大”座谈活动、庆“七一”“尚德家风”书画作品展和“为党讴歌、为娄底点赞”诗词征文、摄影竞赛以及“喜迎十九大、永远跟党走”文艺会演、门球赛等系列活动。推进学习宣传贯彻党的十九大精神“八个一”活动，即邀请专家学者开展一次集中辅导；开展一次支部主题党日活动；开展一次上门宣讲交流活动；开展一次专题讨论；开展一次知识竞赛；开展一次心得体会交流；开展一次调研督导。在《娄底老干工作简报》开辟一个宣传专栏。引导全市各级关工组织、各级老科协、老促会深入革命老区、贫困村开展精准帮扶工作，涌现出肖光盛、刘国政等离退休干部扶贫助学先进典型。创建“娄底老干工作”微信公众号，创办“娄底老干部工作”简报，及时报道活动开展情况，扩大活动效果。（周红）

表 12　　**2017 年市委老干部局先进集体和先进个人一览表**

获奖单位、先进个人	奖励名称	颁奖单位	颁发时间
中共娄底市委老干部局	2017 年度全市离退休干部宣传工作通报表扬单位	中共湖南省委老干部局	2017 年 8 月
娄底市关心下一代工作委员会	第三届关爱明天、普法先行——青少年普法教育活动先进单位	全国青少年普法教育活动办公室	2017 年 8 月

军休所

【概况】2017 年，娄底市军休所围绕军休人员最关心、最直接、最现实利益问题开展工作，深化服务意识，改善服务方法，提高军休服务水平，落实军休干部政治待遇和生活待遇。采取多种形式开展文体活动，丰富老干部精神生活，被省民政厅评为“五星级军休所”，获评为“文明卫生单位”“无烟单位”“综治治理合格单位”。为娄底市民政局二级机构，编制工作人员 17 人，现有工作人员 15 人。接收安置军队离退休干部 85 人(其中离休干部 24 人，退休干部 48 人，军休职工 13 人)，现有离退休人员 47 人(其中离休干部 4 人、退休干部 35 人、军休职工 8 人)。

【提高素质】2017 年，娄底市军休所推进“两学一做”暨责任心教育常态化、制度化、规范化，开展“微课堂、微互评、微考核”活动，营造人人参与、尚学尚进氛围。创建娄底军休微信公众号，设置党建工作专栏，将有关党建活动、会议、通知、新闻信息、照片等内容及时更新上传，拓宽学习渠道，让军休干部时刻了解所内党建工作开展情况。利用院内橱窗、宣传栏和老干活动中心开展党建工作宣传。全年开展谈心谈话 160 次，其中工作人员 43 次，离退休老干部及家属 82 次，到老干部家中走访 22 次，电话访谈 13 人。制定党员分类积分管理考核实施办法，制定党员积分量化管理考核评定表和在职党员（干部）积分卡，围绕党员干部“四个合格”标准进行分类细化量化，坚持“一季一计、一季一公示、每季度汇总公示、每半年汇总分析”。推进党支部工作纪实管理。制定“三会一课”全程纪实管理实施办法，对全所党员大会、总支委员会、党小组会和党课开展情况实行全过程纪实、动态化问效。完善党支部和党员基础数据和信息采集。设立专人负责党支部和党员基本信息采集，对党员基本信息，采取翻阅档案，认真核对办法；对于老干部党员采取上门收集信息办法，确保信息不出错。制定“有事请找我”责任担当机制实施方案，强化全所系统党员干部责任担当，履行“创老干部满意的好所，做老干部满意的好人”服务理念。

【落实待遇】2017 年，娄底市军休所为老干部落实两项待遇，不管经费如何紧张，保障军休干部退休生活费按时、按标准发放；每月组织军休干部开展一些有益于健康又力所能及活动，充实他们休养生活。定期组织老干部学习文件，传达各级各部门相关文件精神，让老干部真正“老有所学”。免费为每名军休干部征订《文萃报》，对参加老年大学休干报销一门课程学费。全年开展军休老干活动 25 次，其中组织 4 次门球赛，8 次钓鱼活动，元旦趣味运动会 1 次，春游 1 次，包饺子比赛 1 次，健康知识讲座 2 次，征文比赛 1 次，书法绘画摄影作品展 1 次，“七一”红色革命教育活动 1 次，配乐诗朗诵 1 次，消防知识讲座 1 次，棋牌赛 1 次，“八一”工休同乐联欢会 1 次，参观炭河青铜博物馆 1 次。组织军休干部及家属到水府庙踏青游玩，乘船游湖、登岛爬山、户外拓展运动，既锻炼老干部身体，又融洽工休关系。承办 5 月份全省军休人员运动会门球赛和全省军休工作会议，邀请娄底市中心医院体检中心心内科专家李秋娥主任给老干部上健康养生知识讲座；邀请娄底市中心医院 120 急救站站长贺华经给全体工休人员讲解有关家庭急救知识。组织党员干部职工及家属 30 余人前往红色革命摇篮——井冈山，开展重温历史、净化心灵学习教育活动。

【完善设施】2017 年，娄底市军休所为给军休干部提供更好休养环境，花费 5 万余元在一栋终点围墙处建设摩托车棚，对摩托车停放统一规范管理，改变以前摩托车乱停乱放现象。投入 5 万元，在办公楼四楼新设置老干荣誉室和所荣誉室，让大家更好了解所里历史和荣誉，提升工休人员自身精神及荣誉感。投入 4000 元对老干活动中心外墙上 6 个字和大门进行提质改造。投入1万余元对门球场宣传栏进行提质改造，由以前6块宣传栏增加到10块宣传栏，新增板块和内容，增强全所文化军休氛围。请专人对地面及下水道进行清理清洗，对4栋外墙和雨棚进行去污去尘清洗，物业及工作人员对花坛、办公室环境进行整理，让整个院内环境干净整洁；更换院落健身器材。启动康复理疗中心装修建设并正式营业，为工休人员休养生息和身心健康提供安全便捷舒心医治养护环境。

（戴修齐 江映贵）

表13　　2017年度娄底市军休所（单位）先进集体和先进个人一览表

获奖单位、先进个人	奖励名称	颁奖单位	颁发时间
娄底市军休所	五星级军休所	湖南省民政厅	2017年5月

保密工作

【概况】2017年，全市保密系统按照中央和省委保密委部署要求，结合"两学一做"学习教育和"四型机关"建设，履职尽责、开拓创新，学习保密法规，听取保密汇报，筑牢信息化条件下国家秘密安全防线。市委常委、市委秘书长、市保密委主任向世聪重视保密工作，5月专程赴浙江大学参加"增强'四个意识'严守保密纪律"高级研修班，多次在秘书长班子会议和干部职工大会上结合研修学习强调保密工作，要求增强紧迫紧，聚焦重点工作，构建"大保密"工作格局。9月组织全市厅级干部集中观看《警钟长鸣——失泄密案例警示录》。

【保密宣传】2017年，娄底市国家保密局发挥党校保密教育主阵地作用，分类举办保密专题培训班，让全市3000多名党校学员接受保密教育；还针对涉密服务行业从业人员、专业技术人员、政府门户网站管理人员等分别举办专题保密培训班8场次，参训人员2100余人；连续12年被国家保密局金城出版社评为学刊用刊先进单位。全年累计发放《机关单位保密自查自评工作指导手册》《机关单位保密管理实务手册》等工具书籍7000多本、保密教育影像资料120多套。组织观看《苦难辉煌、胜利之盾》等保密警示教育片40多场次，市直单位集中学习全国、全省失泄密案件查处通报。

【保密教育】2017年，娄底市国家保密局依托保密教育平台开展轮训，先后组织2批120多名重要涉密人员赴省培训；推广"保密观"微信公众号，创建保密工作微信群，让保密教育随手可有，不定期推送简短、实用保密常识；既安排交流工作，又联络感情；结合机关单位保密自查自评工作和全市保密大检查，对保密要害部位和涉密设备在醒目位置粘贴保密提醒即时贴，让保密常识入脑入心；涟源市在《今日涟源》开设"保密讲堂"、娄星区举办保密知识竞赛。

【保密管理】2017年，娄底市国家保密局按照上级文件要求，开展涉密人员分类确定和上岗审查备案工作，做到台账清晰明确，督促机关单位开展保密自查自评。全市机关单位保密自查自评工作覆盖面达70%，检查督查面达50%，双峰县超80%；指导扶持市属6家科技公司获得涉密信息系统集成资质、1家公司获得国家秘密载体印制资质。建设市级保密自查自评管理平台，对原建包括3个监管平台市保密监管中心进行升级改造，于30个重要涉密单位试点配备"湖南省保密检查管理应用系统"，强化技术监管手段，提升保密管理能力。全年销毁硬盘200多片，内部资料和涉密文件10余吨。多次对市、县两级领导办公室、要害部位等场所开展保密技术检测，排除窃照、窃听等失泄密隐患。

【依法行政】2017年，娄底市国家保密局对近300家重要机关和企事业单位进行保密检查，展开门户网站"清池子"行动，对160多家机关单位门户网站进行保密检查；加强军工生产企业保密日常管理，指导南方洪源公司、旭升科技公司顺利通过省军工保密资格复查认证，抓好高考、研究生考试、公务员考试、司法考试等国考试卷押运、考点监管、考务巡查等各环节保密监管工作，对全市近400家机关单位网站进行检查，有效消除失泄密隐患。针对部分市直单位存在保密意识不强、保密常识缺乏、执行保密制度不严、保密防范措施不到位等失泄密隐患，发出保密检查查处整改通知书24份，限期整改，并定期复查。其中，检查查处通知书3份，1人受到党内警告处分。

【队伍建设】2017年，娄底市国家保密局贯彻落实中央《意见》和省委《实施办法》，增设保密技术科、增编1人，提拔1名副局长，调进一名副处级干部；娄星区配齐局长、技术专干；涟源市也配强人员；出台《娄底市保密工作目标管理考核评分细则》，规范保密日常管理、技术防护、检查及评比考核等工作，把保密工作目标管理考核和全市社会管理综合治理考评、绩效考核相结合，引导各单位着力落实保密工作责任；构建保密工作激励机制，以市委办公室名义表彰全市保密工作先进集体和先进个人，冷水江市评选出“十佳保密员”。（阳一涛）

市委党校（娄底行政学院）工作

【概况】2017年，娄底市委党校举办主体班17期，培训各级各类干部1135人，到训率96.5%，完成干教领导小组下达培训任务；举办计外培训班12期，培训学员929人；省委党校在职研究生班3个，学员131人。组织教师外出宣讲150余场次，受众20000余人次，充分发挥党校理论阵地作用，提升党校影响力和辐射力。汇总科研成果85项，申报立项课题4个，湖南省教育科学“十二五”规划一般资助课题1个，省委党校课题1个，市级课题2个；出版专著1部。公开发表学术论文29篇。其中重点大学学报1篇，一般本科院校学报、省级党校行政学院学报24篇，其他被《中国知网》全文收录刊发13篇，入选全国第四届行政文化论坛论文1篇。参与市级以上学会和全省党校系统学术研讨会优秀论文评奖42人次，参与市社科成果获奖17项。开工建设、维修项目10个，新教学楼完成外墙装修，现正在进行内部装修询价；完成校门重建方案审定；启动学员活动中心方案设计；完成综合楼外墙和会议室粉刷；完成学员食堂、老干部活动中心和办公楼卫生间维修改造；对校园部分道路进行白改黑；对健身园进行改造；对校园道路重新划定标线；严格控制公务接待，大幅度降低公务接待费用。累计上报通讯稿300余篇；广播稿80余篇，墙报4期，播放广播60余次。在《学习时报》、人民网、《湖南党校报》、娄底工作、《娄底日报》、娄底新闻网、娄底廉政网、娄底机关党建网等主流媒体发布信息40余条，娄底电视台综合频道共报道35次，及时、准确、全面宣传校（院）工作。参加文明劝导、志愿者服务和“慈善一日捐”“慈善天天捐”“抗洪救灾”等活动，推进“文明创建”工程，获评市级“无烟单位”“文明院落”；在黄泥塘街道办事处市场社区组织召开两次创文帮扶共建会议，为社区筹集帮扶资金40余万元。

【从严治校】2017年，娄底市委党校坚持“党校姓党”原则，树立“四个意识”，带头学习十九大精神、党章党规党纪，坚持和贯彻民主集中制，坚持科学、民主决策，高度重视作风建设，以身作则，率先垂范，认真履行党建和党风廉政建设“一岗双责”，校（院）委班子凝聚力和向心力增强，领导核心作用得到发挥。出台从严治校工程实施方案，坚持正确选人用人导向，教职工政治站位提高；出台《关于强化执纪问责，推进全面从严治校暂行规定》，通过在主体班推行《关于落实从严治校要求全面加强学员管理的暂行规定》，学员学风明显好转，学习自觉性增强，学员到课率提高；制定学校内部绩效考核管理办法，对全体人员实行定岗、定责，把个人履职情况与所在处室及个人年度绩效考核和评先评优挂钩，已形成事事有人做、人人受监督局面。

【培训效果提高】2017年，娄底市委党校有针对性地安排相应课程，编制主体班教学计划并提交校委审议，确保教学计划科学性和实效性。对主体班教学专题进行梳理，召开教学课程设置研讨会，出台《2017年主体班教学专题选题指南》，组织教师在规定教学专题范围内进行选题开发，实现从“有什么讲什么”到“需要什么讲什么”转变。构建以“入学教育+理论武装+党性体验+警示教育+日常养成+党性分析+民主生活会”为主要内容“七个一”党性教育模式。组织主体班赴西柏坡、遵义、韶山等地开展党性教育现场教学，开展“静下心来读好书——读《习近平七年知青岁月》有感”活动、“扪心三问”“红心向党、有事请找我”“不忘初心、牢记使命”等主题党性教育活动，通过理论授课、专业辅导、撰写党性分析材料、开展班级党性分析活动、全校经验交流5个环节，强化党性教育效果。开展研讨式教学、体验式教学、讨论式教学、培训式教学、案例式教学；邀请主体班学员走上党校讲台，变“教学员”为“学员教”，促进教学相长、学学相长。学员对党校教学工作满意率达到93.44%，比2016年提升23个百分点，在全省党校行政学院系统教学比赛中，娄底市委党校获市级组三等奖。

【科研水平提升】2017年，娄底市委党校建立科研选题发布机制，围绕党委政府重大决策部署，社会难点热点问题精选课题，发布10多个批次科研课题信息。建立科研约束机制，把科研工作任务纳入教师和各教研室目标管理考核内容，将任务完成情况与其绩效考核奖励挂钩，实施科研激励机制，全年科研资助近6万元。建立校(院)委领导联系教研室制度和课题招标制度，组织教研室人员开展科研攻关，提高教研人员开展科研积极性。深入了解科研人员需求，积极为科研人员开展调查研究创造条件；针对课题申报、提交论文、调研报告评比等重点科研工作，组织开展科研点评研讨活动；为提高教学质量服务，按照“教学出课题、科研出成果、成果进课堂”要求，鼓励教师将科研成果写入讲义、带进课堂，真正形成教学与科研相辅相承、互相转换新格局，组织全校教职工向“娄底创新开放大讨论”活动领导小组报送征文稿件18篇；完成决策咨询报告7个；提交“抓重点、补短板、强弱项”调研报告2篇。组织4名教师参加全省党校行政学院科研工作会议，选派1名教师参加第八届湖南省社会科学界学术年会学术报告会；组织对全市党校系统理论征文进行评比，开阔教研人员视野，加强各校之间交流；选派教师参加市委宣讲团，全年对外宣讲150余场次，听众2万余人。获评全省2017年党校行政学院系统科研工作先进单位。

【强化队伍建设】2017年，娄底市委党校在内部提拔正处级领导干部1名、副处级干部4名、正科级干部8名、副科级干部10名；交流重用市管干部1名；聘任正高职称1名、副高职称2名、职称岗位异动25人。招考4名高学历专职教师和2名公务员，从外单位调入2名高素质年轻干部；全年选派2名校级领导和1名教师到中央党校进修，推荐1名校级领导和2名教师到省委党校进修，选派1名教师到浙江大学进修；举办全市党校系统教师专题培训班，邀请省委党校知名教授讲课；推进“两学一做”暨责任心教育常态化制度化和“我为党校增添光彩”活动，推进支部建设标准化、组织生活正常化、工作制度体系化阵地建设。会同市委组织部、市委督查室对各县市委贯彻落实全国、全省、全市党校工作会议精神情况进行督查，组织参加全省党校行政学院系统教学比赛、召开全市党校系统学习宣传党的十九大精神暨教学工作恳谈会、举办全市党校系统教师培训班、选派多名资深教师对县市委党校课题研究进行指导、组织全市党校系统“四优”(优秀教师、优秀教育工作者、优秀科研工作者、优秀班主任)评选活动。

【精准扶贫】2017年，娄底市委党校重新选拔工作认真负责、能力水平突出骨干力量担任工作队员；组织副科以上干部结对帮扶，先后4次170余人次进村入户，全校(院)帮扶涟源市六亩塘镇利民村脱贫26户101人；拨付扶贫资金4万元到村，还帮助协调资金239万元，同时，组织主体班前往扶贫村帮扶，计捐助、协调经费7.8万元。（王旭光）

表14　2017年度市委党校(市行政学院)先进集体和先进个人一览表

获奖单位、先进个人	奖励名称	颁奖单位	颁发时间
中共娄底市委党校	科研工作先进单位	中共湖南省委党校	2017年12月
中共娄底市委党校	在职研究生教育管理先进学区	中共湖南省委党校	2017年12月
阳春喜	在职研究生教育管理先进个人	中共湖南省委党校	2017年12月

党史工作

【概况】2017年，娄底市委党史资料征集办公室以习近平新时代中国特色社会主义思想为指导，贯彻党的十九大精神，先后3次组织党员干部聆听宣讲报告和“十九大精神学习贯彻辅导”报告，组织开展主题讨论3次。到各县市区宣讲十九大精神，进行“抓重点、补短板、强弱项”调研，落实市委市政府各项决策部署和市第五次党代会精神，结合“两学一做”暨责任心教育常态化制度化，认真履行党建工作职责，将“两学一做”融入日常、抓在经常、形成长效。进一步推行支部主题党日活动，推行“三会一课”全程纪实管理，认真开展“扪心三问”，组织专题讨论查找突出问题，支部全年开展党建活动39次。开展党史编撰与宣传教育工作，发挥党史资政作用，获评全省党史工作先进单位、全市党建工作先进单位、全市综治工作先进单位及市级“文明单位”称号。

【党史征编】2017年，娄底市委党史资料征集办公室加大党史征编力度，完成《中国共产党娄底历史》（第二卷）讨论稿。编辑出版《娄底党委工作纪事》2016年卷和《峥嵘岁月》（回忆录）第9辑，组织编辑《娄底党委工作纪事》2017年卷。完成《湖南党委工作纪事》《湖南改革开放实录》（2017年卷）和省编《回忆录》等书籍娄底部分的资料上报和编撰工作。开展“娄底市党史人物优良家风家训”研究，出版《国之贤母——开国将军姜齐贤母亲刘太夫人传略》。与双峰党史办合作编写改革开放实录课题《确“水利产权”引“源头活水”》，完成《市委重要文献汇编（1977—1987）》编辑。

【党史宣传】2017年，娄底市委党史资料征集办公室开展建军90周年主题宣讲8次，习近平总书记“7·26讲话”主题宣讲8次，党的十九大精神主题宣讲7次，与娄底电视台联合录制9集电视专题片《将星闪耀》，于“八一”前后在娄底电视台播出。在珠山公园、孙水公园、娄星广场开展“贤母文化”主题展览3次。回应社会关切，市、县党史宣讲团继续走进中小学校、乡镇、党校等单位，进行地方党史和革命传统教育，发挥党史育人作用。

【资政调研】2017年，娄底市委党史资料征集办公室参与扶贫攻坚和“创文管卫”工作，撰写《打造红色基地，带动一方旅游》《红色旅游与乡村旅游整合开发刍议》等调研报告，为市委市政府决策作参考。开展革命遗址保护、开发、利用工作。参与新化楚怡工业学校展览馆布馆、史料审查等工作，以打造娄底“爱国、求知、创业、兴工”教育基地，助力姜母刘太夫人墓地所在珠山公园提质改造。参与全市爱国主义和党史教育基地命名和保护利用工作，协助有关部门开展市级爱国主义教育基地评审。出台《市委党史办室务会议事规则》，规范机关行政行为，强化工作调度，用责任传导压力，提升队伍整体素质。（梁雪梅）

表15　2017年市委党史办先进集体和先进个人一览表

获奖单位、先进个人	奖励名称	颁奖单位	颁发时间
中共娄底市委党史办	全省党史工作先进单位	中共湖南省委党史研究室	2018年2月

讲师团工作

【概况】2017年，娄底市委讲师团坚持“讲好政治、师承经典、团结民众，以文化人”原则，抓住“一个中心（市委理论学习中心组学习服务工作），两个着力点（理论宣讲和课题调研）”。全年组织市委理论学习中心组集中学习15次，省委宣传部、省委讲师团联合调查组专门推荐娄底理论学习中心组学习经验，形成8000多字调研报告，在《湖南日报》《新湘评论》《省委中心组学习导读》上接连发表；做宣讲报告180余场次，超额完成本年度宣讲任务数200%；工作受到省委书记杜家豪“1+5”次批示，娄底经验向全省推介，获年度全省第三名，连续七年荣获全省先进单位。申报湖南省党的理论创新娄底研究基地，成为全省讲师团系统中申报成功两个市州讲师团之一；编印《党的十九大精神应知应会100问》《市委中心组“扪心三问”专辑》，完成学习辅导资料编发任务；理出中心组学习规范化流程，草拟自身建设和管理规章制度16项，整理汇编成《市委讲师团工作手册》。在省级以上刊物发表6篇理论文章，全省“学而习”微宣讲比赛获一等奖，全省“学贯十九大精神“理论研讨征文获得二等奖2名，《领导干部决策实战法：快精韧乐》宣讲课件获省委宣传部奖励。

【中心组学习服务】2017年，娄底市委讲师团把市委理论学习中心组学习服务作为业务工作重中之重来抓，组织市委常委中心组学习15次，时间28天，超任务150%。明确全年市委中心组6个重点和3个专题讲座。根据年度理论学习进度，按时向中心组负责人提出每个专题学习具体安排意见，做到精心谋划，合理安排，及时报送；并注重将理论与娄底实际、与基层实际、与中心工作结合；为每个中心组成员订购《学习活页文选》《学习导刊》《新湘评论》《新思想.新实践.新湖南》丛书、“党的十九大精神”单行本及系列辅导读本、《习近平谈治国理政》《习近平讲故事》《习近平的七年知青岁月》等各重点专题学习书籍资料10余套；邀请国内、省内知名专家学者到娄底作专题辅导和知识讲座。

【激发理论宣讲活力】2017年，娄底市委讲师团按照市委和市委宣传部及省团有关要求，抓好宣讲备课，专门研讨课件，进行备课宣讲，邀请专家学者点评优化；配合市委宣传部搞好理论宣讲辅导工作。在全市范围内重点突出宣讲“两学一做”暨责任心教育制度化常态化、“十八届六中全会精神”“责任心教育”“砥砺奋进的五年”“党的十九大精神”等专题，采取多种途径开展理论宣讲。全年团内主要教学人员在涟源市、冷水江市、新化县、娄星区、双峰县等5个县市区、市属以上厂矿企业及市直60多个单位作理论宣讲辅导180余场次。开展送理论下乡和微宣讲活动，送理论下乡12次，开展微宣讲活动20余次。组织2名人员参加省委讲师团组织的“中国共产党的自信从哪里来？”微宣讲比赛，其中1人获一等奖；组织3名人员参加省委讲师团组织“学习贯彻十九大精神”。领导干部决策实战法：快精韧乐宣讲课件获省委宣传部奖励；参加市委党校组织科级干部培训班、处级干部轮训班和市委组织部、市人社局联合组织公务员在职培训班以及省委讲师团组织全省讲师团主任会议及县以上单位党委(党组)中心组学习秘书培训班。

【推出高质量社科成果】2017年，娄底市委讲师团先后选派多名领导干部职工参加国家、省、市级各类培训工作。围绕市委市政府中心工作就如何脱贫攻坚、领导干部决策、“扪心三问”、中心组学习开展4项专题调研，有8篇文章在省级以上刊物发表。

【自身建设内务管理】2017年，娄底市委讲师团按市委开展“两学一做”学习教育暨责任心教育制度化常态化要求，专门成立以主要负责人为组长的学习教育领导小组，召开学习教育制度化常态化动员大会，全年组织集体学习23次，团领导带头讲党课和专题辅导课7次，组织支部全体党员开展专题讨论9次。完善相关规章制度，包括财务制度、请销假制度、车辆管理制度，以及中心组流程。

【脱贫攻坚工作】2017年，娄底市委讲师团落实市委精准扶贫要求，成立专门扶贫工作队赴新化县琅塘镇龙凤村开展攻坚扶贫工作。主要负责人亲自带队到扶贫点深入调研、访贫问苦、现场指导，制定“一户一策”扶贫规划，实行个性产业服务，采取实打实“书面记录、工作落实、年度验收”流程精准扶贫，安排3万元专项扶贫资金；帮助贫困户购买家禽牲畜等，并安排一名扶贫工作队员专职扶贫。 (袁旸)

表16 **2017年度中共娄底市委讲师团先进集体和先进个人一览表**

获奖单位、先进个人	奖励名称	颁奖单位	颁发时间
中共娄底市委讲师团	2017年度全省讲师团工作先进单位	湖南省委讲师团	2018年1月
李腾云	优秀理论宣讲报告	湖南省委宣传部	2017年11月
邹岳文	湖南省讲师团系统学习贯彻党的十九大精神理论研讨征文活动二等奖	湖南省委讲师团	2017年10月
杨　金	湖南省“学而习讲坛：中国共产党的自信从哪里来”微宣讲比赛一等奖	湖南省委讲师团	2017年6月

接待工作

【概况】2017年，娄底市委、市政府接待处学习贯彻习近平新时代中国特色社会主义思想，执行中央“八项规定”，围绕中心，服务大局，全年接待各级来宾187批次，其中接待副省级32批次。承办全省产业发展现场推进会一次，以“零差错”完成接待省部级领导10余人、14个市州党政一把手和省直厅局级单位负责人等100余人任务，得到市委、市政府领导肯定。

【思想政治】2017年，娄底市委、市人民政府接待处通过学习，引导党员干部树立正确世界观、人生观、价值观，强化“四种意识”，把认同核心、拥戴核心、维护核心、忠诚核心作为最大政治，化为坚定信仰、信念和自觉行动。开展“两学一做”学习教育及责任心教育，推进两项教育常态化制度化。制定《2017年市委市政府接待处推进“两学一做”学习教育暨责任心教育常态化制度化实施方案》，召开全体党员干部大会，对“两学一做”学习教育暨责任心教育常态化制度化工作进行安排部署，对照上级要求，抓好各项工作落实，在科以上干部中开展“扪心三问”（“我的职责是什么？我的差距在哪来？我怎样更好履职尽职、攻坚克难、争先创优？”）。每位领导干部针对自身情况列出问题清单，撰写心得体会，使党员干部在认真剖析反思中问出差距、问出责任、问出使命，更好地推动做合格党员、合格领导干部，达到自我革新、自我教育、自我完善目的。推进脱贫攻坚工作。组织单位党员和干部到扶贫村开展结对帮扶活动，投入6余万元，5次到新化县水车镇正龙村开展扶贫帮困，坚决按市委要求完成联系贫困户按时脱贫任务；到社区开展文明创建活动，投身创文管卫工作，投入帮扶资金3万元，支持市老科协科普宣传经费1万元。

【八项规定】2017年，娄底市委、市政府接待处按照中央“八项规定”、省委“九项规定”和市委有关规定要求，执行有关规定和文件是接待处政治责任，结合本地实际切实规范公务接待行为。抓好“对标、优化、立规、导压”。坚持“三化”标准，精细服务抓接待；坚持精细化、特色化、规范化，做细每一个接待环节，做精每一个接待项目，提升接待整体水平。加强对上对下工作协调配合，加强与同级职能部门工作衔接配合，加强与宾馆酒店等接待单位协作配合；当好优势资源宣传员、当好特色产品推介员、当好招商引资服务员；优化接待流程管理，做到遵规守纪，不踩底线，不碰红线；从“控”字入手，控制接待标准，反对奢侈浪费；以“节”字为本，实行定点接待，厉行勤俭节约。

【党建工作】2017年，娄底市委、市政府接待处按组织程序向市委办机关党委上报换届请示，组织换届选举工作；督促党支部开展好组织生活会和民主生活会，要求党员领导干部在严肃、民主、活泼气氛中进行批评与自我批评，深刻地剖析自己的思想；开展民主评议，对个人在思想、学习、生活、工作等方面情况进行自查自评，进行民意测评。根据民主评议和组织审定，评选出优秀党员、优秀党务工作者；按照党费收缴管理制度有关规定，及时收缴党费上交市直机关工委；确定每月第一周星期五作为党建活动日，集中学习、谈心谈话，支委会、支部党员大会均按要求及时召开，提高组织生活质量；党支部以“三会一课”为载体，组织党员认真学习习近平总书记系列重要讲话精神，学习廖俊波、黄大年、李大元等先进事迹，观看《辉煌中国》等专题教育片，推进“两学一做”学习教育常态化制度化。围绕“我为十九大召开做什么”进行座谈讨论，提高思想认识和政治站位，对照“四个合格”要求，结合学习先进事迹，联系自身查不足、摆问题、求改进，做到见人见事见思想。

【廉政建设】2017年，娄底市委、市政府接待处严守廉政底线和纪律红线，增强党员干部思想“免疫力”。全年组织全处党员干部集中开展党性党风党纪和廉洁从政教育4次。组织全处党员参与市纪委举办“反腐同行”开放日活动，观看全市反腐倡廉工作成就图片展览。7月20日，市委常委、市委秘书长向世聪带队，包括全处全体干部职工在内市委办系统干部职工到娄底监狱参观，开展警示教育。通过教育，增强自觉遵守反腐倡廉各项规定意识，组织干部职工观看《决不饶恕》《辉煌中国》《十八洞村》等电影，让全处党员不忘初心，砥砺前进，牢记党的宗旨，坚定理想信念。在制度研究上求突破，在执行力度上下功夫，在制度制定上力求完善。对照中央、省、市相关要求，完善内部制度，整治“慵、懒、散”等不良风气，有效提升全处干部队伍“精、气、神”，规范工作行为。通过微信群，及时通报违纪违规案例，在重要时间节点进行廉政提醒，把廉政警示教育延伸到“八小时”以外，延伸到干部生活全过程。（周成喜）

娄底市人民代表大会

【概况】2017年，娄底市第五届人民代表大会一次会议选举市人大常务委员会主任、副主任、秘书长和委员，选举娄底市人民政府市长、副市长，选举市中级人民法院院长，选举市人民检察院检察长，通过娄底市第五届人民代表大会各专门委员会主任委员、副主任委员、委员名单。市人大常委会组织召开人民代表大会1次，人大常委会议7次，市人大常委会党组会议19次，市人大常委会主任会议24次，听取和审议"一府两院"专项工作报告21项，作出决议决定3个。科学编制《立法项目库》，完善立法联系点和立法咨询专家库，建立立法选项、起草、论证、协调、审议、表决科学机制。出台娄底市第一部地方法规《娄底市孙水河保护条例》，为依法保护好饮用水源注入法治力量。审议通过第五届人大常委会评议工作计划（2017—2020年），2017年组织对规划、农业及扶贫、文化体育广播新闻出版、审计、法制、质量技术监督6个专项工作进行评议，促进政府及其职能部门依法行政、勤政廉政。

【监督工作】2017年，娄底市人民代表大会常务委员会履职法律赋予监督职能，把监督重心放在推动中央、省委和市委重大决策贯彻落实上，放在推动地方经济社会发展和维护群众合法权益上。审查《关于2017年市本级政府投资计划（草案）》，提出坚持量力而行、统筹平衡，科学铺排年度开工项目，严格规范项目审批程序，建立政府投资责任追究制和重点建设项目质量终身责任制等建议意见。加强对审计整改问题监督力度；首次对市本级2015年度财政预算执行和其他财政收支审计查出问题整改情况报告，分责任单位进行满意度测评，督促一些老大难问题得到有效解决。推动水污染防治法贯彻实施，对2015年开展水污染防治法执法检查中发现30个污染点源问题清单揪住不放、跟踪督办，有效解决水府庙水库网箱养鱼、狮子山矿业公司和沙坪煤矿废水直排、新化县龙虎山区域非法冶炼、娄星区黄泥塘办事处和大科办事处猪场养殖污染等20多个群众反映强烈难点、热点问题。

【议决大事】2017年，娄底市人民代表大会常务委员会审查批准市人民政府关于将部分城市建设项目纳入政府购买服务计划议案，形成决议批准将老城区污水及黑臭水体综合治理项目、城北工业污染综合治理项目等6个项目纳入政府购买服务计划，为提高城市品位、优化人居环境、破解资金瓶颈提供支撑。组织部分人大代表对中心城区落实《关于娄底中心城区义务教育阶段最大班额控制目标的决议》情况进行检查督促，根据客观实际和上级文件精神，提出2017—2021年城区义务教育阶段学校班额控制目标，作出调整决定，稳步推进中心城区大班额化解。

【代表工作】2017年，娄底市人民代表大会常务委员会加强代表履职培训，建立初任培训、履职培训、专题培训相结合代表培训机制，组织各代表小组组长赴深圳全国人大培训基地进行集中培训。坚持把小组活动作为代表闭会期间主要活动形式，按照"便于组织和开展活动"原则，将402名代表分成35个代表小组，指导各小组开展丰富多彩活动，支持代表开展约见、持证视察，在全市各级人大代表中开展"脱贫攻坚，人大代表在行动"活动。进一步完善常委会组成人员联系代表、代表联系群众"双联"工作制度，夯实"代表联系群众工作站"建设，不断拓宽和畅通民情民意表达渠道。着力提高建议办理质量，修改和完善《代表建议、批评和意见工作办法》，首次将代表重点处理建议由"件"改为"类"，把内容相近或相关一类建议归纳为重点处理建议。主任会议确定9类12件重点处理建议均得到办理。

【履职能力】2017年，娄底市人民代表大会常务委员会着力打造政治合格、素质过硬人大代表和人大干部队伍，出台《关于进一步严肃市人大常委会会议、主任会议纪律的规定》、常委会党组《关于加强自身建设的规定》，严格执行党风廉洁建设责任制，全面落实从严治党各项要求。深入开展"两学一做"常态化制度化暨责任心教育和"扪心三问"大讨论活动，凝聚责任共识，强化责任担当。建立健全常委会党组议事规则、机关党组议事规则、秘书长联席会议制度、涉法涉诉信访事项处理办法、新闻宣传奖励办法等规章和制度，有效提升人大工作制度化、规范化水平。大兴学习调研之风，组织常委会组成人员和机关干部到全国人大会议中心进行业务培训，主任会议成员、党组成员率先垂范，深入基层、深入群众，围绕现代农业建设、锡矿山环境整治、民族村发展、脱贫攻坚、垃圾无害化处理等课题开展调查研究，并就有关问题向市、县两级人民政府进行交办。

【市五届人大常委会议】7月20日，市第五届人民代表大会常务委员会第三次会议召开。市委书记、市人大常委会主任李荐国主持会议。会议表决通过有关人事任免事项，听取和审议市人民政府关于贯彻实施《娄底中心城区中小学布点专项规划(2012—2020)》情况报告；表决通过《娄底市人民代表大会常务委员会关于娄底中心城区义务教育阶段学校最大班额控制目标(2017—2022)的决议》《娄底市人民代表大会常务委员会关于娄底市中级人民法院、娄底市人民检察院首批入额法官检察官职务报备和任命问题的决定》；听取《娄底市孙水河保护条例(草案)》一审修改情况说明，分组审议《娄底市孙水河保护条例(草案·二次审议稿)》。

9月7日至8日，市第五届人民代表大会常务委员会第四次会议召开。市委书记、市人大常委会主任李荐国出席会议。市人大常委会党组书记、常务副主任谢志雄主持会议，会议听取市人民政府上半年工作情况通报，审议《娄底市孙水河保护条例(三次审议稿)》和《娄底市孙水河保护条例(表决稿)》：听取和审议市人民政府关于2017年上半年国民经济和社会发展计划执行情况报告等事项；听取和审议市人民政府及被审计单位关于2015年度预算执行和其他财政收支审计工作报告指出问题整改情况报告，并进行满意度测评；听取和审议市人民政府关于2016年市级财政决算草案和2017年上半年财政预算执行情况报告，批准2016年市级财政决算；听取和审议市人民政府关于2016年度预算执行情况和其他财政收支情况审计工作报告；听取和审议市人民政府关于全市村（居）民委员会换届工作情况报告；听取和审议市人民政府关于饮用水源保护区划定工作情况报告；审议《娄底市人民检察院关于提请免去彭力职务的议案》；听取代表资格审查委员会关于代表异动情况报告；审议《关于进一步严肃人大常委会会议、主任会议纪律的规定》；听取和审议《娄底市公安局关于提请许可对娄底市第五届人大代表吴朝明采取刑事强制措施的报告》。会议表决通过《娄底市孙水河保护条例》，并要求迅速做好法规报请省人大常委会审查批准相关工作，确保条例早日实施。

11月6日，市第五届人民代表大会常务委员会第五次会议召开。市委书记、市人大常委会主任李荐国，市人大常委会党组书记、常务副主任谢志雄分别主持会议，会议听取市五届人大常委会代表资格审查委员会关于市五届人大代表异动情况报告；对市人民政府规划、农业及扶贫、文化体育广播新闻出版、审计、法制、质量技术监督6项工作进行专项评议，采取无记名投票方式进行满意度测评，表决通过《娄底市人民代表大会常务委员会关于政府六项工作的评议意见》。

12月15日，市第五届人民代表大会常务委员会第六次会议召开。市委书记、市人大常委会主任李荐国，市人大常委会党组书记、常务副主任谢志雄分别主持会议。会议审议有关人事任免事项。决定免去陈旌娄底市人民政府副市长职务，决定任命陈澎为娄底市人民政府副市长。会议听取和审议市人民政府、市中级人民法院关于市五届人大一次会议以来代表议案、建议办理情况报告，市五届人大常委会代表资格审查委员会关于市五届人大代表异动情况报告；审议《关于召开娄底市第五届人民代表大会第二次会议决定(草案)》；审议《娄底市人大常委会工作报告》；审议《娄底市第五届人民代表大会第二次会议主席团和秘书长名单(草案)》；审议决定《娄底市第五届人民代表大会第二次会议列席人员名单（草案)》。

12月29日，市第五届人民代表大会常务委员会第七次会议召开。市人大常委会党组书记、常务副主任谢志雄主持会议，会议听取市五届人大常委会代表资格审查委员会关于市五届人大代表异动情况报告，表决通过人事任免事项，听取和审议关于增加市五届人大二次会议建议议程报告、关于市五届人大二次会议主席团个别成员调整情况报告。

【市五届人大常委会主任会议】6月28日，市五届人大常委会第十次主任会议召开。市人大常委会党组书记、常务副主任谢志雄主持会议，会议听取和审议市人民政府关于贯彻实施《娄底中心城区中小学布点专项规划(2012—2020)》情况报告；听取和审议《娄底市人民代表大会常务委员会关于娄底中心城区义务教育阶段学校最大班额控制目标(2017—2021)的决议(草案)》；听取市人大教科文卫委关于特殊教育工作调研情况报告；听取市中级人民法院、市人民检察院关于首批入额法官检察官职务报备问题情况汇报；听取和审议《娄底市孙水河保护条例(草案·二次审议稿)》;审定2017年专项工作评议方案;审定《娄底市人大常委会主任会议组织宪法宣誓仪式工作细则(草案)》;研究编辑国、省、市人大代表风采录。

7月12日，市五届人大常委会第十一次主任会议召开。市人大常委会党组书记、常务副主任谢志雄主持会议，会议听取市人大常委会党组有关人事任免事项提请说明；听取和审议娄底市第五届人大常委会评议工作计划和2017年评议工作方案个别调整情况说明；研究市五届人大常委会第三次会议建议议程和召开时间。

8月18日，市五届人大常委会第十三次主任会议召开。市人大常委会党组书记、常务副主任谢志雄主持会议，会议听取市人大城环委关于全市城市生活垃圾处置现状调研报告;听取市人民政府《[关于贯彻实施〈中华人民共和国水污染防治法〉情况的报告]审议意见》及30个问题清单后续整改落实情况报告；听取市人民政府关于饮用水源保护区划定工作情况报告；听取市人大城环委关于建立健全市人民政府向人大报告环境状况和环境保护目标完成情况制度报告;会议还研究其他事项。

8月24日，市五届人大常委会第十四次主任会议召开。市人大常委会党组书记、常务副主任谢志雄主持会议，会议听取和审议市人民政府关于全市村(居)民委员会换届工作情况报告;听取市人民政府关于2017年上半年国民经济和社会发展计划执行情况报告；听取市人民政府及被审计单位关于2015年度预算执行和其他财政收支审计工作报告指出问题整改情况报告;听取市人民政府关于2016年市级财政决算草案和2017年上半年财政预算执行情况报告;听取市人民政府关于2016年度预算执行情况和其他财政收支情况审计工作报告。研究《关于进一步提高人大常委会会议、主任会议质量的规定》;研究《关于开展“脱贫攻坚人大代表行动计划”三年活动方案》;确定市五届人大常委会第四次会议建议时间、议程。

9月4日,市五届人大常委会第十五次主任会议召开。市人大常委会党组书记、常务副主任谢志雄主持会议，会议听取和审议《娄底市孙水河保护条例(草案·二审修改稿)》;审议《娄底市人民检察院关于提请免去彭力职务的议案》;审议《娄底市五届人大常委会代表资格审查委员会关于代表异动情况的报告》,会议还研究其他事项。

9月7日下午,市五届人大常委会第十六次主任会议召开。市人大常委会党组书记、常务副主任谢志雄主持会议,会议讨论《娄底市孙水河保护条例(草案·建议表决稿)》;听取和审议《娄底市公安局关于提请许可对娄底市第五届人大代表吴朝明采取刑事强制措施的报告》。

10月17日上午,市五届人大常委会第十七次主任会议召开。市人大常委会党组书记、常务副主任谢志雄主持，会议研究市人大常委会关于全市市直单位行业扶贫工作监督检查方案，决定由市人大常委会组织成立6个监督检查小组，对市直单位行业扶贫工作进行监督检查。会议听取市人大法制委关于省人大常委会审查批准《娄底市孙水河保护条例》有关情况汇报，研究市五届人大常委会第五次会议建议议程、时间及其他事项。

10月23日,市五届人大常委会第十八次主任会议召开。市人大常委会党组书记、常务副主任谢志雄主持，会议听取市中级人民法院和市人民检察院关于深化司法体制改革进展情况报告、市人民政府关于村卫生室标准化建设及落实全科医生全覆盖情况报告、市人民政府关于贯通中心城区“断头路”缓解南北面交通压力工作情况报告。研究市五届人大二次会议筹备工作方案(草案),听取专项评议工作情况汇报。

10月24日,市五届人大常委会第十九次主任会议召开。市人大常委会党组书记、常务副主任谢志雄主持，会议听取市人民政府重点处理建议办理情况汇报。2017年,娄底市人民政府承办市五届人大一次会议交办议案1件、建议187件,所有议案和建议全部办复到位,代表满意或基本满意率达到100%。

11月1日，市五届人大常委会第二十次主任会议召开。市人大常委会党组书记、常务副主任谢志雄主持,会议听取和审议市人民政府关于2017年市本级财政预算调整方案报告；听取联工委关于市五届人大代表部分异动及需辞补等情况报告；听取代表资格审查委员会关于市五届人大代表个别异动情况报告。

11 月 6 日，市五届人大常委会第二十一次主任会议召开。市人大常委会党组书记、常务副主任谢志雄主持会议，会议听取专项工作评议分组审议情况，讨论专项工作评议意见。

12 月 7 日，市五届人大常委会第二十二次主任会议召开。市人大常委会党组书记、常务副主任谢志雄主持会议。会议听取市中级人民法院关于代表建议办理情况汇报；听取市人大城环委关于中心城区市政维护管理工作调研报告；听取关于市直单位行业扶贫监督检查情况汇报；听取关于市五届人大常委会第六次会议召开日期和建议议程汇报；审议关于召开娄底市第五届人民代表大会第二次会议决定（草案）；审议娄底市第五届人民代表大会第二次会议工作日程；审议娄底市人大常委会工作报告；研究大会主席团和秘书长、列席人员等系列名单安排原则；会议还研究其他事项。

12 月 26 日，市五届人大常委会第二十四次主任会议召开。市人大常委会党组书记、常务副主任谢志雄主持会议，会议听取和审议市人民政府关于 2017 年国民经济和社会发展计划执行情况与 2018 年国民经济和社会发展和社会发展计划草案报告；听取和审议市人民政府关于 2017 年市本级政府投资计划执行情况与 2018 年市本级政府投资计划报告；听取和审议市人民政府关于 2017 年全市及市级财政预算执行情况与 2018 年全市及市级财政预算草案报告；听取和审议市中级人民法院人事任免事项。会议还研究其他事项。

表 17　　**2017 年度娄底市人大常委会先进集体和先进个人一览表**

获奖单位、先进个人	奖励名称	颁奖单位	颁发时间
袁跃进	湖南省人大工作先进工作者	省人大常委会	2017 年 8 月

2017 年 2 月 6 日，人大办公室工作暨办公室系统“双创”活动总结动员会议召开　　（刘新山　摄）

娄底市人民政府

【概况】2017年，娄底市人民政府贯彻落实党中央、国务院和省委、省政府决策部署，围绕建设富饶美丽健康祥和新娄底目标，实施创新引领开放崛起战略，坚持加速转型、奋力赶超，推进七个"三年行动计划"，打好"三大攻坚战"，纳入省政府绩效考核13项主要经济指标，全市第一、二产业、规模以上工业、建筑业等4项指标，增速排全省第一位；固定资产投资增速排全省第二位；地区生产总值增速排全省第三位；其中11项指标，增速高于全省平均水平。全市实现地区生产总值1544.98亿元，同比增长8.5%。其中，第一产业增加值215.96亿元，同比增长4.1%；第二产业增加值724.72亿元，同比增长7.1%；第三产业增加值604.29亿元，同比增长12.0%。按常住人口计算，全市人均GDP 39555元，增长7.8%。在推进脱贫攻坚、生态环境治理、安全生产等重点工作中，坚持不怕困难、不怕麻烦、不怕出丑的"三不"精神，发动群众广泛参与，敞开大门抓整改，打赢年度攻坚战。面对历史罕见洪涝灾害，全民动员，科学应对，众志成城，紧急转移群众16.37万人，解救受困群众4740人。推进中心城区道路提质改造、路网完善及风貌整治，吉星路、娄星南路、甘桂路等9条"断头路"建成通车，湘阳街、乐坪西街、扶青路等10条道路完成"白改黑"，通过国家卫生城市复查评审，以全省第一名成绩保留全国文明城市提名资格。涟源市水洞底镇、双峰县蛇形山镇划入娄星区管辖，新化县撤销上梅镇和上渡办事处，改设3个街道。在全省率先完成农村墙体广告清零、率先实现市县乡村四级公共法律服务全覆盖。跻身全国产业转型升级示范区，启动国家级高新区创建，全省产业发展现场推进会首站观摩放在娄底，娄底市作典型发言。

【项目建设】2017年，娄底市人民政府开展"项目建设大比拼"活动，推进各类项目2800个，完成固定资产投资1375亿元，发挥稳增长决定性作用。其中，重点项目395个，完成投资850亿元，占总投资62%；重点产业项目210个，占重点项目总数53.1%；投资20亿元以上重大项目32个，比2016年增加11个，项目结构明显优化，规模和质量都有较大提升。

【产业转型】2017年，娄底市人民政府以供给侧结构性改革为主线，扎实推进"三去一降一补"，关闭煤矿23对、石膏矿山5家，黏土砖厂全部取缔，烟花爆竹生产企业全部退出。钢铁、水泥等产业"老树发新芽"，质量效益提升。高新技术产业增加值增长17%。六大高耗能行业占规模工业比重，从41.5%下降到36.9%。万元GDP能耗下降5.3%。园区规模工业增加值占全市规模工业比重，由62%提高到66.2%。三迅电子、电将军、上海星珂实业、三一中源等新技术新材料工业企业加快成长。现代金融、商贸物流、文化旅游等产业快速发展。湘中国际物流园、诚通物流园、五江·碧桂园等项目主体功能区建成使用。全年接待游客3600万人次，旅游收入增长30%。互联网经济、总部经济、赛事经济、智能制造等新兴产业有新作为，陌陌、葛洲坝集团、中钰基金等在娄底设立独立公司。农业现代化、产业化、机械化进程加快，新增农业合作社983个、市级以上龙头企业30家，农产品加工产值增长20%。新增规模以上企业280家，净增125家，其中高新技术企业总数达到85家，新增27家。三次产业结构调整为14：47.5：38.5。

【脱贫攻坚】2017年，娄底市人民政府坚持"四出""五进""八不退"标准，按照"两个服气"要求，开展精准识贫专项行动，排查出不符合贫困条件错评对象21.02万人、符合条件漏评对象11.14万人。制定脱贫攻坚"四个意见""十条禁令"，建立"有事请找我"责任担当机制，在"三走访三签字"基础上，设置"三张联系卡"，突出产业、教育、金融、健康、劳务、水利、异地扶贫搬迁和贫困户危房改造等各项扶贫工作。全市减少贫困人口9.98万人，156个贫困村实现脱贫摘帽，在全国全省督查评比中取得优异成绩，涌现出新化县油溪桥村、娄星区湘村万乐电商平台等典型。

【城乡环境】2017年，娄底市人民政府以"天蓝水净地绿三年行动计划"、湘江流域污染防治"一号工程"为总揽，推行河长制，推进孙水河保护立法，划定生态保护红线。抓好中央环保督察问题整改，交办9个问题已解决7个，2个完成年度任务，245个信访问题提前办结。启动砷固废资源化无害化工程技术中心建设。超额完成黑臭水体治理年度任务，完成450个村环境综合整治，完成6个工业园区废水处理设施建设，淘汰黄标车7525辆。推进区域碳排放零增长创建活动，率先在全国地级市中完成碳普查和碳规划。中心城区空气质量优良率达87.1%，地表水质、6个江河交界考核断面水质，以及3个“水十条”国家考核断面水质，达标率为100%。智慧娄底建设加快推进，交通秩序、超限超载、农贸市场等专项整治成效明显。实施“综合交通提升三年行动计划”，益娄高速、娄新高速金竹山互通建成通车，完成干线公路改造106千米、农村公路提质改造680千米。启动高速公路沿线8个特色小镇试点建设，冷水江市禾青镇获批全国特色小镇。双峰县荷塘村等3个村获评第五届全国文明村镇。

【改革开放】2017年，娄底市人民政府九大类161项重点改革进展顺利。出台加快金融产业发展、促进民间投资、补齐公共设施关键短板等政策文件。加快“放管服”改革，实施“多证合一”，行政审批事项精简70%，办理时限缩短50%。取消、降低或放开43项行政事业性和服务性收费。推进园区管理体制改革，市直1473项管理权限全部下放到娄底经开区。不动产登记制度、农村土地确权登记颁证等改革进展顺利。市本级公车改革全面完成。娄星区被征地农民“养老贷”、冷水江市社区警务网格化与社区矫正、涟源市刑释人员安置帮教、新化县先富村并贫困村共同致富、涟钢“三供一业”分离移交等改革，被国家和省里宣传推介，双峰县涉农资金整合改革被评为全省首届“管理创新奖”。坚持创新引领，高举开放大旗，突出招大引强，出台坚持开放崛起战略建设开放强市实施办法，制定落实创新驱动发展战略建设科技强市实施意见。成功举办第八届湘博会。全年内联引资605.3亿元，增长17.5%；实际利用外资4.69亿美元，增长17.8%；实现进出口总额80.4亿元，增长35.3%。

【民生事业】2017年，娄底市人民政府所定12个重点民生实事项目完成。小康实现程度达83.4%。完成农村薄弱学校改造项目134个。娄星区获评全国义务教育发展基本均衡县(市、区)和全省教育强县(市、区)。全市53%村完成文化服务中心建设，人均体育场地达1.39平方米。完成城市棚户区改造26603户、农村危房改造12030户。租赁补贴、灵活就业人员缴存住房公积金等政策有效落实。大病保险、大病救助落实，公立医院取消药品加成，建档立卡贫困户住院医疗费用医保报销比例提高10%。新增养老床位3216张。在全省率先对农村低保对象和社会兜底脱贫对象进行核查，农村低保标准提高至每人每月268元。

【社会治理】2017年，娄底市人民政府加强安全生产源头治理，开展重点行业领域“十大战役”专项整治，生产经营性安全事故起数和死亡人数，分别下降60%和46%。坚持“政府牵头、司法主导、依法处置”思路，成立民间金融纠纷调解中心和中心城区打处非集中办案中心，稳妥化解民间融资风险。加强食品、药品、农产品安全监管，全年没有发生一般以上食品安全事件，全省民调群众满意度提高4.5个百分点。开展“十大平安创建”活动，刑事、治安发案下降，命案全部告破。开展“无上访乡镇(街道)、无上访村(社区)”创建活动，完成1837个村、258个社区换届选举。推进“两学一做”暨责任心教育常态化制度化，出台“十条规定”，加强政府自身建设。制定法治政府建设实施方案，发挥政府法律顾问作用，提高依法决策水平。坚持“零容忍”惩治腐败，开展“雁过拔毛”式腐败问题和“纠‘四风’治陋习”专项整治，立案1619件，给予党纪政纪处分1435人，组织处理55人。加强审计监督，经审计上缴财政2.16亿元。

【民生实事】2017年，娄底市人民政府主动接受人大常委会法律监督和工作监督，自觉接受政协民主监督和社会舆论监督，尊重人大代表、政协委员建议意见。全年办结人大代表议案1件、建议189件，政协委员提案166件。所提问题得到解决或基本解决。145件纳入计划正在解决，194件一时难以解决做出解释说明17件。老百姓特别关注城区生活垃圾无害化处置正在按计划推进，学校大班额等问题有效化解。总体完成年初确定10件民生实事。提前完成偏远山区中小学校Wi-Fi无线网络全覆盖；长沙—娄底—新化低空旅游观光航线等2件；城市棚户区改造、新增城镇就业和农村劳动力转移就业、打通中心城区“断头路”等3件圆满完成；农村全科医生或助理全科医生驻村全覆盖、易地扶贫搬迁、湘江资江娄底流域截污和水体治理等3件，完成年度任务；中心城区城乡公交一体化项目列入全国公交都市建设，购置新能源纯电动汽车50辆，开通2条线路；娄底大道娄双段主体工程完成，推进沿线慢行系统自行车道及中心城区国际马拉松赛道建设。娄底大道冷新段一标段(4.26千米)没有完成建设任务。国防动员和后备力量建设加强，军民融合深度发展，全民国防教育普及深化，驻娄解放军、武警、消防、公安和民兵预备役遂行任务能力提升。统计、人防、地震、气象、移民、供销社、公共资源交易、档案、机要、保密、地方志、对台、贸促、外事侨务、港澳、民族宗教、工商联、工会、共青团、妇女儿童、老龄、关工委、文联、科协、红十字会、慈善、残联、计生协、机关事务等各项工作，均取得进步。

【市政府常务会议】2017年，娄底市人民政府共召开21次市政府常务会议。1月10日，研究招商引资、安全生产、脱贫攻坚等工作，审议《娄底市人民政府工作规则》。2月16日，审议2016年度七个三年行动计划推进工作和项目建设大比拼活动开展情况考核结果、《娄底市政府和社会资本合作(PPP)项目监督管理办法(试行)(讨论稿)》《娄底市政府和社会资本合作(PPP)项目操作细则(讨论稿)》《关于贯彻落实创新驱动发展战略建设科技强市实施意见（草案)》，研究2017年重点PPP项目、财源培植三年行动计划、涟水南岸（江龙滩大桥至东二段+白鹭村段)综合治理PPP项目、市政府工作部门主要负责人提名人选、政务服务中心机构整合等工作。3月7日，会议审议《娄底市妇女发展规划（2016—2020年)》《娄底市儿童发展规划（2016—2020年)》《关于加快金融业改革发展的实施办法》，研究全面实施农村建制村全科医生或助理全科医生驻村全覆盖行动计划、中心城区土地利用规划调整、全市开放型经济、中心城区部分区域管道燃气特许经营权等工作，通报有关人事任免。3月27日，会议研究民政项目建设，审定《娄底市“十三五”普通公路国家开发银行贷款资金管理办法》，审议《关于全面推行河长制的实施方案》。4月10日，会议研究高速公路沿线特色小镇建设、安全生产、中心城区中小学校近期规划建设方案、娄底幼儿师范学校升格创办幼儿师范高等专科学校、辅助诊疗人工智能系统项目建设、2016年全市主要经济指标完成情况考核奖惩、审计、长沙市娄底中心建设、引领型服务业项目享受奖励政策调整完善、市城投集团近期需要纳入政府购买服务项目等工作。5月3日，研究易地扶贫搬迁、2017年市本级政府投资计划、七个“三年行动计划”和“项目建设大比拼活动”实施方案及考核办法等工作，审议《娄底市公众举报环境违法行为奖励暂行办法》。5月9日，传达全省安全生产工作紧急电视电话会议精神，研究娄底经开区需要纳入政府购买服务项目、2017年一季度全市主要经济指标目标任务完成情况及奖惩方案，审议《关于支持电子商务和“创客经济”发展的意见》《娄底市招商引资若干政策规定》《关于加快发展动力电池和储能电池产业的若干意见》《娄底市公共资源交易平台管理和交易监督暂行办法》《娄底市公共资源招标采购领域专项行动整治方案》。5月25日，传达贯彻省委副书记、省长许达哲率队赴贵州考察脱贫攻坚工作重要讲话、全省深化“放管服”改革电视电话会议、全省防震减灾工作领导小组联络员会议精神，研究建立“一单四制”督查制度、全市突发事件预警信息发布系统建设、水府新城水洋生态新区乐坪大道东延线及华星路(地下管廊)综合开发建设PPP项目合同、华天城二期用地上建设装配式周转房项目，审议《娄底市2017年度优化经济发展环境工作综合考核评价方案》《关于加快开放崛起建设开放强市的实施办法》。6月7日，学习传达省委副书记、省长许达哲在娄底调研时讲话精神，省委、省政府督察组到娄底督察脱贫攻坚工作见面会精神、全省环境治理战役“夏季攻势”动员会议精神和第25次市委常委会精神，研究去煤炭落后产能、第八届“湘博会”、娄底经济技术开发投资建设有限公司体制改革、中心城区城乡公交一体化PPP项目等工作。审议《关于支持戏曲传承发展的实施意见》《娄底市市属投融资公司重大事项报告暂行规定》。7月11日，学习传达省委副书记、省长许达哲在省政府常务会议上研究部署防汛抗灾工作讲话精神和副省长张剑飞在华菱涟钢调研时讲话精神，研究抗洪救灾、应急救灾事项、申报创建国家级高新技术产业开发区、计划生育、市金融投公司规范化运作等工作。审议2016年全市绩效评估结果和《2017年娄底市绩效评估实施方案》《关于加快培育和发展住房租赁市场的暂行办法》。7月28日，学习传达省委副书记、省长许达哲关于全省脱贫攻坚巡查整改工作会议和《中共湖南省委办公厅湖南省人民政府办公厅关于印发〈市县党政正职脱贫攻坚工作问责规定(试行)〉的通知》精神，审议《娄底市2017年上半年国民经济和社会发展计划执行情况的报告》《娄底市2016年市本级财政决算(草案)和2017年上半年预算执行情况的报告》，研究全市社会治安防控体系建设、市强制隔离戒毒所就地新建项目等工作。8月4日，传达贯彻省政府安全生产工作督查组指示精神，审议《关于建立和完善项目推进五项机制方案》《关于加快建设产业转型升级示范区的若干意见》《娄底市简化项目审批环节优化项目审批流程试行办法》《娄底市市本级政府投资项目审批及管理办法》《关于娄底市本级

2016年度财政预算执行和其他财政收支的审计结果报告》《关于娄底市本级2015年度财政预算执行和其他财政收支审计查出问题整改情况的报告》,研究娄星工业集中区建设钢铁配套产业园、中心城区房地产业"解难题、促发展、保稳定"专项行动有关问题等工作。8月30日,学习传达副省长隋忠诚在娄底督察环保工作时指示精神和全省抗洪救灾总结大会精神,审议《新化县部分行政区划调整方案》《娄底市生态保护红线划定方案》,研究2017年上半年全市主要经济指标任务完成情况及奖惩工作,听取2017年市本级人大代表议案建议政协提案办理进度情况报告。10月11日,学习传达省长许达哲在2017年全省第一次总河长会议上讲话精神,传达介绍懿文9月份在中央党校参加地方党政主要领导任职培训班有关会议精神、率队出国访问和招商引资成果,研究人大议案办理。在广州市区购买房产作为市政府驻广州办事处常驻基地、食品药品监管、市属企业负责人2016年度经营业绩考核结果及薪酬确定、国省干线美丽公路建设项目等工作,审议《关于加快质量发展建设质量强市的实施意见》。10月20日,传达党的十九大开幕会议精神,研究市级农村土地承包经营权信息应用平台建设、2016年度全市民间融资风险处置及打处非工作考核情况、增资华菱集团、2017年市级预算调整等工作,审议《关于加快社会信用体系建设的意见》《关于进一步加快发展资本市场的若干意见》《关于加快养殖业转型升级的实施意见》《关于促进外贸外经口岸发展的若干政策》。11月3日,研究地方志、"12345"市长热线和市本级规划区控违拆违等工作。12月1日,学习传达省委十一届四次全会、全省中央环保督察整改工作推进会、全省县域义务教育一体化改革发展现场推进会、第八届湘商大会等会议精神和省长许达哲、省委副书记乌兰在娄底调研时指示精神,研究消防、法治政府建设、禁毒等工作。12月7日,审议《娄底市对接"北上广"优化大环境行动实施意见》,研究大埠桥石花棚户区改造项目(二期)、全域旅游自驾车房车运营及营地体系(一期)建设项目、调整"化解大班额"学校项目建设内容、2017年政府工作完成情况及2018年工作思路、绩效评估奖金发放有关具体问题。12月11日,传达全省市州委书记视频会议和12月7日市委常委扩大会议精神,研究部署2018年项目谋划、化解市城投集团担保风险和支持安石集团发展有关工作。12月14日,研究市本级城市规划区建设工程竣工联合验收、部分行政区划调整后相关县市区财政划转、铁路安置基地建设、市本级城市棚户区改造项目纳入政府购买服务等内容,审议《关于深入推进城市执法体制改革改进城市管理工作的实施方案(试行)》《关于推进政务服务"只跑一次"改革的实施意见》。12月24日,传达贯彻中央经济工作会议和省委经济工作会议精神,审议《政府工作报告(审议稿)》《关于娄底市2017年国民经济和社会发展计划执行情况与2018年国民经济和社会发展计划(草案)的报告》《娄底市2017年市本级政府投资计划执行情况与2018年市本级政府投资计划(草案)》《关于2017年全市及市本级财政预算执行情况与2018年全市及市本级财政预算草案的报告》《娄底市2018年市级财政收支预算(草案)》及2017年度全市社会管理综合治理、计划生育、安全生产等三项工作考核考评结果。

【市长办公会议】2017年,娄底市人民政府全年召开54次市长办公会议。1月3日,专题研究湘江、资江娄底流域截污和水体治理工作。1月24日,专题研究教育有关工作。2月6日,专题研究部分行政区划调整工作推进。2月6日,专题研究民间融资风险处置及打处非工作。2月15日,专题研究中心城区公交一体化民生实事工作。2月16日,专题研究市城市建设投资管理办公室与市城投集团分设后职责与发展有关问题。2月28日,专题调度中心城区路网完善、道路提质改造两个PPP项目与大科城中村改造项目。3月15日,专题研究住宅装配式建筑项目建设。3月15日,专题研究全市足球场规划及足球城建设有关工作。3月16日,专题研究部署落后小煤矿关闭退出有关工作。3月16日,专题研究新化县荣华乡龙湾新农村规划建设有关工作。3月24日,专题研究招大引强工作。4月6日,专题研究全市综合交通运输发展规划(2016—2030年)及交通重点项目。4月18日,市长杨懿文到市政府驻北京联络处专题调研,专题研究市驻京工作。5月1日,专题研究治超工作。5月4日,专题研究全市企业债券相关工作。5月8日,专题研究中心城区项目建设有关工作。5月10日,专题研究娄底市福中医养中心项目建设有关问题。5月17日,专题研究九龙集团民间融资风险化解有关工作。5月18日,专题研究加强财政支出管理有关工作。6月2日,专题研究创建国家级高新技术产业开发区申报工作。6月12日,专题研究光伏扶贫工作。6月13日，专题研究百雄堂集团民间融资风险化解工作。6月14日，专题研究市委党校（市行政学院）建设和发展有关问题。6月14日，专题研究全市工业园区污水集中处理设施建设工作。6月16日，专题调度PPP项目推进情况。6月27日，专题研究湖南华润煤业集团利民煤矿停止排水引发相关问题，贯彻落实省政府主要领导批示意见，约谈湖南华润煤业集团、冷水江市政府。6月29日，专题研究娄底广播电视大学建设与发展有关问题。7月4日，专题研究驻娄军队全面停止有偿服务工作。7月19日，专题研究湖南省新天地集团下属企业神斧民爆一六九化工有限公司棚户区改造项目有关问题。8月9日，专题研究娄底民用机场、娄底通用机场前期工作有关问题。8月9日，专题研究"零碳城市"创建工作有关问题。8月15日，专题研究深化医改、健康扶贫和中医药有关工作。8月22日，专题研究华菱安赛乐米塔尔汽车板铁路专用线项目有关工作。10月16日，专题研究湖南九龙集团民间融资风险化解有关问题。10月16日，专题研究打造娄底国家级区块链研究和应用试验区有关问题。10月17日，专题研究全市境内铁路安置基地建设工作。10月25日，专题研究公安警务保障工作。10月26日，专题研究娄底技师学院设立有关问题。10月26日，专题研究国土资源管理工作。10月30日，专题研究安石集团出现流动性风险、企业经营困难等问题及支持帮助安石集团走出困境工作措施。11月1日，专题研究人防工作。11月14日，专题研究中心城区背街小巷提质改造与微更新工作。11月16日，专题研究调度全市打处非工作。11月16日，专题研究运动城市建设有关工作。11月22日，专题研究推进落实中央环保督察整改工作。11月22日，专题研究娄底中心城区城乡公交一体化有关工作。11月27日，专题研究九龙集团民间融资风险化解有关问题。11月30日，专题研究湖南新天地投资控股集团下属二级子公司湖南神斧集团一六九化工有限责任公司棚户区改造项目推进复工问题。12月13日，专题研究房屋登记资料移交工作。12月13日，专题研究市老年大学项目建设有关问题。12月17日，专题研究中心城区城乡公交一体化和城际公交有关问题。12月18日，专题研究组建娄底市平安发展基金有关事项。12月29日，专题研究冷水江市铎山镇地面塌陷地质灾害防治有关问题。

娄底市人民政府办公室

【概况】2017年，娄底市人民政府办公室贯彻落实党的十八届五中、六中全会精神，紧紧围绕全市中心工作，着力提升"三个服务"水平，全年承办市政府全体会议2次，市政府党组扩大会议2次，市政府常务会议21次，市长办公会议98次，起草、审核、印发市政府常务会议纪要21个、市长办公会议纪要54个、专题会议纪要151个。拟写领导讲话、工作汇报、典型发言、领导署名文章、综合调研报告等各类综合材料297篇119万余字。组织专项调研52次，综合调研12次，配合国务院发展研究中心开展资源型城市转型升级、供给侧结构性改革2个调研课题，撰写调研论文6篇。完成中央环保督察、国务院脱贫攻坚巡查、国务院第四次大督察和省政府综合督察等上级各项重点督察任务。跟踪督办省政府领导批转事项3件、市政府领导重要批示事项12件，办复率为100%。组织开展各类督察活动90余次，对政府常务会议118项议题、市长办公会议398项议定事项进行持续跟踪督办。市本级受理群众各类社会求助服务和投诉举报电话353561件，其中咨询类、投诉类、救助类、建议类、其他类分别占比58.51%、3.16%、31.56%、0.79%、5.98%，所有群众来电均办理及时、答复准确，办结率99.82%。机关党委获评全市先进基层党组织，连续8年被省政府评为全省政务信息工作先进单位。

【优化决策服务】2017年，娄底市人民政府办公室围绕重点工作和省委"项目年"工作部署，针对省委、省政府供给侧改革相关政策，开展调研和分析论证，制定《娄底市促进经济稳定增长和提质增效推进供给侧结构性改革的政策措施》，从融资扶持、去产能、去库存等方面，提出50条改革措施，全年整理区县和部门调研报告7篇。完成省委政府经济工作专项督察汇报、市政府工作报告和经济形势分析会议讲话等材料起草，全年撰写审核市政府领导讲话、市政府汇报材料等各类文稿数十篇。完成《2018年政府工作报告》起草工作。采取跟踪督察、立项督办和专项督察等多种形式，对政府重点工作、民生实事任务台账、大气污染防治等推进情况进行督察、问效、问责。全年组织现场督察180余次，形成《工作报告》《督察通知》《督察通报》《督察专报》等80余期，提出合理化建议200余条。制定《娄底市政府系统公文审核规定》，修改《娄底市人民政府常务会议工作规则》，办文4000多件，发文800多件，制发公文400多件，7个工作日办结率达92%，提出拟办意见领导采纳率达96%，未发生政策性失误和重大文字差错，公文质量稳步提升。娄底市在全省14个市州中排名第二。围绕政府中心工作，强化与市级部门、县市区人民政府横向合作和联系，发挥牵头作用，整合部门工作力量，全年组织召开协调会60多次，完成重大项目开工、省政府领导莅市调研等重大活动协调保障工作。建立重点信息书面约稿制度，不断完善政务信息绩效考评办法，每月通报进度情况，进一步完善特聘信息员制度。全年印发政务信息季度通报4期，省政府刊发信息60条、转报国办5条。编辑政务信息2600余条、舆情信息20余条，编发《今日要情》246期、《娄底经济》12期。

【统筹服务发展】2017年，娄底市人民政府办公室建成包括应急指挥中心、应急决策中心和应急值班室市政府综合应急指挥平台，把全市32个政府工作部门纳入平台常态化运行管理单位。新编《地质灾害防灾预案》，修编备案预案1000余个。投资30余万元升级改造市政府值班室，完善24小时值守和领导带班制度。全年协调处置各类突发事件498起，统筹开展市级应急演练36次。指导企业建设完成智慧娄底大数据中心，开通运行。落实电子政务建设项目联审制，认真审核电子政务建设项目，制定电子政务外网运维规范，市级机关OA协同办公系统、市政府高清视频会议系统运转有序。全面实施全市政府网站集约化建设，建成市级主站1个、县市区子站6个、部门政务频道48个。成立市机关事务服务中心，开展党政机关办公用房清理整改、公务用车改革等专项治理工作。清理、核查办公用房148万平米。完成公车改革编制核定和取消车辆封存停驶、公开处置，核减公务用车321辆，率先以网络竞价方式公开拍卖300辆取消车辆，成交总价达969.19万元，单车最高溢价率400%。做好宗教活动场所合理布局规划工作，依法批准设立活动场所。开展民族团结进步“进社区”示范点和民族文化活动之家创建，持续推进和谐寺观教堂创建。开展宗教活动场所“两证”和房屋安全隐患排查，加大对宗教活动场所安全工作监督检查力度。开展少数民族精准扶贫工作，动员宗教界人士积极参与精准扶贫。拍摄制作全市发展民品企业、促进民族团结进步经验做法汇报宣传片，在全省城市民族工作大会上展播。完善政府信息公开方式，全面推进财政预决算、公共资源配置、政务服务等领域信息公开，创新建立政务公开“责任双推”工作机制和牵头单位季报制度，在全省率先实施政府网站集约化建设。全年向省政府网站推送重要信息1700余条，通过市政府门户网站等平台公开政府信息8000余条。做好人大议案、代表建议和政协提案办理工作。全年办理人大议案1件、代表建议189件、政协提案307件，满意和基本满意率达100%。其中，A类件占承办总数89.49%，办理质量和效率明显提升。并向社会公开79件人大代表建议、306件政协提案办理结果。

【强化自身建设】2017年，娄底市人民政府办公室贯彻落实党的路线方针政策和省、市委重大决策部署。扎实开展“两学一做”教育，坚持以党支部为基本单位、以组织生活为基本形式、以落实党员日常教育管理制度为基本依托，强化宣传引导，注重统筹兼顾，促进学习教育与做好当前工作两手抓、两促进、两不误。围绕“两个责任”落实，抓廉政谈话、述责述廉、正风肃纪、廉政教育、廉政文化建设等各项工作，引导党员干部牢固树立政治意识、大局意识、核心意识和看齐意识。联系服务群众，推动联系帮扶贫困村新化县吉庆镇老塘冲村脱贫攻坚，累计为该村协调争取产业发展、基础设施建设等项目资金1063万元，全年开展走访慰问98人次。安排学习教育活动，完善会前学法、学习考勤、外派培训等规章制度，规范干部职工学习教育工作。坚持请进来与送出去相结合，邀请有关专家、领导开展重要会议精神、重大决策部署等专题讲座，办好办公室讲坛。支持干部职工参加提高学历教育和各级各类教育培训活动，举办全员参与公务员提升素质综合培训，党员干部全年参加市级以上学习培训近120人次。鼓励干部职工读书学习，丰富职工书屋藏书，购买和订阅政治理论、业务知识、社会文化等方面书籍和报刊，坚持每月编好一期《学习与工作》。弘扬“激情团队、快乐工作”精神，把“高效、活力、担当、有为”作为团队共同追求价值目标，突出文化修身作用，积极开展形式灵活多样、内容丰富多彩文体活动,不断丰富机关精神文化生活,增强团队活力和凝聚力。机关党委与机关工会协同配合,组织开展大量有益于干部职工身心健康和团队建设文体活动。充分发挥工会小组和工会兴趣小组作用,坚持每月开展不少于1次文体活动。先后举办第13届职工书画摄影艺术作品展、庆"七一"知识竞赛、"三人制"篮球赛等近20次文体活动。加强机关标准化建设,规范工作流程,做好文件制发,文电、文书档案、印章管理等文书工作。遵守党政机关经费、资产管理有关规定,高要求抓好财务运行、公务用车管理、物业管理、机关食堂管理,以及安全保卫和综治维稳等后勤保障服务工作,促进后勤保障服务更加规范、高效。关心老同志健康和生活,细致、周到地为退休职工服好务,坚持每月组织老同志过一次组织生活,先后组织退休职工开展学习培训、趣味活动、参观考察等10余项活动。

驻北京办事处工作

【概况】2017年,娄底市人民政府驻北京联络处按照市委政府履职尽责要求和工作部署,强化制度建设,抓好招商引资和维稳劝返2个重点,协调推进各项工作取得进展。动员北京娄底企业商会和天津娄底商会会员向娄底贫困学子献爱心,已有4批60余名贫困学子受益,把2017年考入北京高等院校建档立卡贫困学生全部纳入资助对象。在夏季全市遭受百年不遇特大洪灾之际,发动北京、天津两地各界人士募款救灾,筹得善款170余万元(其中北京方面150余万元),有力地支援家乡灾后重建。

【招商引资】2017年,娄底市人民政府驻北京联络处利用首都经济资源、技术信息富集优势,广泛开展招商引资活动,助力娄底经济社会发展。梳理数百家因疏解非首都功能待迁企业信息,拜访一大批娄底籍在北京工作、创业成功人士,走访多家优秀企业,为在北京各界人士与家乡架好连心桥。推动北京娄底商会组建,于3月26日在北京宣告成立;双峰、涟源、冷水江、新化商会分会亦相继组建,凝聚起娄商力量。促成中钰资产管理有限公司从外地迁址娄底经开区,成为娄底市总部经济发展战略实施以来引进第一单,已纳税4039万元。为陌陌科技把新增业务落户万宝新区进行对接和牵线搭桥,通过市领导出面和市主管部门及万宝新区努力,项目也如期落户,完成税收700万元。

【维稳劝返】2017年,市政府驻北京联络处实行京娄联动,依靠各县(市、区)强化源头稳控,依法接访劝返,有效遏制进北京上访量大、非访多势头。未出现一例滋事、倒流、群访现象。被市委领导评价为"扭转形势,开拓局面"。特别是党的十九大召开期间,落实省、市部署要求,强化工作措施,围绕"六个确保"目标,全力以赴做好驻京维稳劝返工作,实现"零登记、零滋事、零违规"和"六个确保"工作目标,获评全省、全市先进集体。

【化解难题】2017年,市政府驻北京联络处把综合楼维权工作当作大事和急事来办,经市政府批准,先期进行3个多月协调,在无果情况下,启动诉讼程序,迈开解决这一遗留问题实质步伐。北京娄底宾馆是由市财政投资创办国有独资公司,在办理工商注册手续时,过去采取登记在个人名下权宜之计,使生产经营存在制度漏洞和法律风险,在市政府正确决策和市国资委支持下,已完成工商登记变更,确保平稳过渡,按照《中华人民共和国公司法》和公司章程规定,完善法人治理机构,加强内部管理。完成在京人士新通讯录编印,且将编制电子版,做到一年一更新,为联络联谊构建好信息平台。(成翥)

驻广州办事处工作

【概况】2017年,娄底市人民政府驻广州办事处遵循推动招商引资、沟通联络老乡、服务各级领导工作理念,以"广交会""港洽周""文博会"为平台,宣传娄底,寻求合作,以联络联谊方式凝聚乡情、亲情、友情,增进老乡间交流,激发老乡热爱家乡,关心家乡建设。与娄底经济建设促促进会广东分会及下属娄粤医药卫行业协会、涟源老乡会、双峰籍老乡联谊,利用协会年会、节日聚会、文娱交流等机会,加强老乡间联系。3月,组织团队赴娄底驻京联络处学习交流。

10月,选定购买中石化大厦45楼物业作为驻广办常驻办公场所和城投南拓基地;年底完成房产过户与入驻办公,实现娄底市驻广办与几十万在粤老乡建设"娄底之家"夙愿。

【配合招商】2017年，娄底市人民政府驻广州办事处联系珠三角地区客商、娄商，搜集商务信息，拜访企业，引导客商回娄考察、投资兴业。参加惠州湖南商会、东莞娄底商会、中山湖南商会、深圳娄底商会、珠海娄底商会等老乡商会组织活动，为招商引资积累人脉。在深圳贝恩母婴产业园、深圳投资控股、广建集团、华浩环保科技、东华工程科技、中铁十九局等具体企业和项目对接活动中，跟进意向项目，挖掘潜在项目。配合市城投在广州开展资产配置，搜集物业信息，甄选出12处物业作备选标的，并形成文字报告呈送市政府主管部门。

【接待服务】2017年，娄底市人民政府驻广州办事处以接待程序化、服务规范化、操作标准化为目标，接待水平提升，安排依规有序，服务到位温馨。先后接待从娄底到广东学习、考察、参会及招商各类人员超1000人次。完成市领导、市直有关部门和各县市区主要领导来粤50余次接待任务，得到好评。获授年度“先进单位”称号。（赵炜）

驻长沙办事处工作

【概况】2017年，娄底市人民政府驻长沙办事处以政务联络、收集、研究、传递驻地经济发展政策、经验为己任，做好信访维稳、调解纠纷、化解矛盾，协助处置突发事件，加强与省直及驻地有关职能部门沟通协调，负责做好娄底在长商会指导和招商引资、引智工作，为各县市区和娄底企业在驻地开展有关活动提供服务。加强对信访责任主体绩效考核。全年维稳劝返办公室工作人员接访劝返赴省上访群众1809批2146人次，其中重大集体访69批968人次，涉及群体有退伍老兵（包含企业安置、伤残军人）、涉核部队、民间非法融资企业受损户、民办幼师等。做好省信访局接访一处、二处引导分流，维护好省委南门、省政府南门等敏感地点信访秩序，把控好特护期、各个重大会议会场周边维稳工作；建立好市驻长办与市联席办、市维稳办、市信访局调度联络机制。

【信访维稳】2017年，娄底市人民政府驻长沙办事处制定值班考勤制度，规范值班工作要求，对接访不及时，方式方法不到位而受到省里通报或造成不良影响，严格按照信访工作责任追究办法追责。做到来访情况明、接访情况清，排查摸底工作到位，及时向省信访局接访领导汇报信访人真实情况和反馈跟进处理情况，省局接访领导交办事项跟踪督查，引导上访群众依法上访、逐级走访。并要求各县市区明确值班负责人，接到通知能第一时间派人到达现场，引导上访群众合理合法反映诉求，防止发生过激行为，造成不良影响。通过努力，今年全市老户赴省缠访闹访现象较往年减少明显。每个市驻长维稳劝返办公室班子成员对接一个到两个县（市、区）接劝返工作，负责调度衔接区域维稳劝返工作和对群体访、交办访情进行指导督促；要求市驻长接访干部一方面坚持做好疏导分流，另一方面落实信访工作重心下压，督促县乡村各级政府和相关主管部门做好矛盾化解、源头控制工作。

【乡亲联络】2017年，娄底市人民政府驻长沙办事处走访在长娄底藉老乡，联络各县（市、区）驻长商会人士，传递亲情、乡情、团结、互助人文关怀。让娄底市经促会驻长沙分会发展壮大，成员超2600人，其中在职厅级以上领导80多人，离退休厅以上领导200多人，在长企业家2100多人，学术文化艺术界人士200多人。在长沙发展成立涟水文化研究会，长沙市新化经促会，长沙市冷水江经促会，长沙市双峰经促会，长沙市娄底商会，发展会员200多人；长沙市涟源商会，发展会员400多人；长沙市新化商会，发展会员300多人。编撰新版娄底藉老乡通讯录，审核收录名册达3000余条，包含娄底藉党政界在长各部门负责人、国企中层以上管理层、大型民营企业家及行业精英人士。分别建立联络微信群数个，加强老乡之间情感联络和资源共享成效。牵头组织成立娄底驻长经促分会篮球队、羽毛球队、乒乓球队，累计发展队员和参与人数达500人，许多老乡踊跃报名加入各类活动，与省政府办公厅、省发改委、省法制办、省信访局、武警边防总队等多个单位进行篮球联谊活动，每周定期组织羽毛球、乒乓球活动，进行趣味年龄分组赛。

【招商引资】2017年，娄底市人民政府驻长沙办事处走访在长各省局重要职能部门、市区各级政府、各大经济园区。每个月不定期组织和参与各个分会、商会之间开展联谊活动和项目推广，牵头策划公益、慈善、学习、项目推介等。在娄底市不幸遭遇洪灾后，联络驻长各商会组织、各界爱心人士，筹集善款、物资达50万元。对接长沙市天心区人民政府、天心区经济园、暮云经开区，多次实地调查走访园区企业(顶立科技、湘江电缆、恒飞电缆、长沙伟力汽车零部件有限公司、长沙正大有限公司)，交谈了解企业整体发展计划，带娄星工业集中园、娄底经济技术开区相关招商引资领导到企业考察座谈，沟通合作意向。协调组织娄底市人民政府、长沙市天心区人民政府、长沙暮云经开区，娄底经济技术开发区、娄底市投资促进事务局、天心区各大企业负责人举行大规模见面座谈会，已有几家大型企业与娄底经济技术开区达成初步合作意向。　（胡军）

地方志工作

【概况】2017年，娄底市地方志办公室紧扣“两全目标”任务，贯彻《地方志工作条例》《全国地方志事业发展规划纲要(2015—2020)》《湖南省实施〈地方志工作条例〉办法》，强化责任担当，续编中断8年的《娄底年鉴》，务实推进娄底第二轮修志，开创全市方志工作新局面。

【方志机构】2017年，市政府第16次常务会议同意市地方志办为单列正处级事业单位，归口市政府办管理，按“老人老办法、新人新办法”原则增加编制，充实修志所需专业人员和临聘人员；各县(市、区)地方志办为正科级事业单位，保持专职人员5名以上；市志办以市政府办名义申请在2018年招考4名事业编制人员，但受机构改革期间停办机构人事变动影响而未能实施，现有正式在编在岗人员3名，临聘4人。

【续志工作】2017年3月，市政府任命聂建平为市志办专职主任。自上任以来，在自查与调研基础上，针对自2006年第二轮修志启动后进展缓慢与逐渐停滞状况，主动作为，向市政府主要领导和市政府办公室汇报争取重视方志工作。11月15日市委办、政府办联合下发《关于调整娄底市地方志编纂委员会成员的通知》(娄办〔2017〕90号)，调整市地方志编纂委员会，由杨懿文任主任，张希慧任常务副主任，市委宣传部部长、四大家秘书长任副主任，下设办公室，由胡忠威任办公室主任，聂建平任常务副主任，负责具体落实、督察与督办等工作。11月3日，市政府第16次常务会议同意批拨2018年度市本级地方志工作经费200万元，且以政府购买服务方式引进专业人士参与修志工作。

【志鉴编纂】2017年10月，《涟源市志(1987—2007)》由方志出版社出版发行，为全国第二轮修志启动以来，娄底市第一部县(市、区)级志书。《冷水江市志》《新化县志》《双峰县志》《娄星区志》正在推进；7月5日，市政府办以娄政办函〔2017〕48号下发《关于做好〈娄底年鉴(2017)〉编纂工作的通知》，12月5日，市方志办举办年鉴编写人员培训班，至年底《娄底年鉴(2017)》187个编承单位，近100万字文稿已收审成书待印；完成《湖南年鉴(2017)》与省地方志编纂委会主编《文献与人物》娄底专栏组、撰稿任务；涟源市、新化县实现一年一鉴；双峰县、娄星区、冷水江市启动年鉴编修工作，全年撰、阅、审、改、校超600万字。

【学习与考察】2017年，娄底市地方志办公室参加全省地方志办主任培训班及省地方志编委会组织相关活动，应邀参加《湖南乡镇简志·衡阳卷》《湖南乡镇简志·湘潭卷》《邵东县志》等评稿会，提出修改意见和建议。到县(市、区)基层单位调研，推动方志机构与人才队伍建设，指导编鉴修志；开展有200余人参加的“全市年鉴主笔人员培训班”，授课2个场次。先后组织人员到怀化市、湘西州、株洲市天元区、贵州省铜仁市、丹寨县学习考察。

民族宗教工作

【概况】2017年，全市宗教工作贯彻《宗教事务条例》《湖南省宗教事务条例》，围绕对宗教事务依法管理，及时处理热点难点问题。按照省民宗委要求，在全市范围内对宗教活动场所隐患进行全面排查、认真梳理、建立合账；针对问题和隐患，由政府牵头，组织消防、安监、民宗部门开展消防安全培训，加强对宗教场所内公共设施、建筑消防设施管理和保养技能，从而全面提高宗教场所自救能力。一方面要求D级危房立即停止活动，确定临时地点，确保宗教活动安全有序；另一方面加大财政支持力度，把全市宗教场所维修经费列入财政预算安排，市级财政每年安排100万元维修补助资金。全市18处D级危房，按照属地原则进行分类处理。省、市级重点宗教场所内危房已启动原址重建，其他场所重建也按计划稳步实施。县两级宗教工作部门，密切关注宗教场所情况，做到一有情况立即处置，确保全市宗教领域和谐稳定。按照“属地管理，分级负责，上下联动，整体推进”三级网络两级责任制要求，已把宗教工作管理触角延伸到最基层。为落实各级各部门宗教工作责任。市政府向各县（市、区）人民政府交办宗教活动场所存在问题函，要求限期整改。将宗教工作纳入全市社会管理综合治理工作考评，各县市区落实“宗教工作三级网络两级责任制”，强化对宗教活动场所依法管理。市县两级宗教工作部门对5起较大宗教法会活动进行现场指导和监控，督促21家宗教场所购买灭火器等消防器材。加大宗教场所重要节日管控力度，在春节、观音菩萨诞辰日、“五一”、端午节等重大节假日前夕，对全市30处省、市重点宗教活动场所进行安全抽检，确保人员聚集节点宗教活动场所安全。截至12月底，全市依法登记宗教活动场所没有发生一起安全事故。为加强宗教活动场所管理标准化、规范化，全局对全市290处宗教活动场所采取分类管理，逐步推进管理办法。7月开展市重点宗教活动场所评选活动，经各县市区推荐市局考察、公示，全市评选出26处市级重点宗教场所，在12月举办的市级重点场所教职人员学习修订后《宗教事务条例》培训班上统一授牌，接受社会监督，在宗教界起到以点带面的示范性作用。

【宗教活动管理】2017年，娄底市民族宗教管理局坚持行政审批“阳光化”。按照市委政府要求，推行“两集中、两到位”改革和实行首席代表制，进驻市政务中心窗口。全市宗教活动行政审批在窗口统一受理，依法审批，全程监控，阳光操作。娄星区、双峰县两个协会换届已按程序经政务中心窗口进行审批。落实“风险评估”责任制。各县（市、区）对大型宗教活动、宗教外事活动严格按照省民宗委要求进行风险评估，对举办主体进行审查，按照“三个确保原则”采取分级负责，确保不发生群体事件，确保不发生安全事件，确保不发生境外渗透事。同时，发挥“三级网络两级责任制”中村级维稳信息员作用，对本辖区中非法宗教活动进行密切关注，发现问题及时上报快速处置。在全市范围内对“乱建乱塑”、违规设置功德箱、违规卖高香、假冒僧道招摇撞骗、借教敛财等非法宗教活动情况进行摸排、汇总。针对乱塑宗教露天佛像问题，向市政府和省民宗委及时汇报。市政府高度重视，要求对违规乱塑宗教露天佛像行为采取零容忍态度，以雷霆手段整治违规露天佛像。下发《关于制止乱建寺观滥塑露天佛像等借教敛财行为的通知》，要求按设定时间处理到位。7月中旬，会同统战、公安民宗部门对各县市区露天佛像处置情况进行一次专项督查同时通报进展情况，对场所内两尊佛像进行规范。对室外露天佛像进行依法依规集中整治和处置。

【强化宗教管理】2017年，娄底市民族宗教管理局为解决全市民宗部门执法主体资格问题，5月份市委常委会研究，决定市政府副秘书长兼任市民宗局局长。7月，市政府任命罗光才为局长，改变市民宗局法人代表缺位状况，各县市也遵照执行。为解决执法经费不足和执法力量不足问题，7月市长办公会研究追加市民宗局30万元执法经费，政府常务会研究决定增备执法力量，各县（市、区）也增加经费和人员。全市未发生一起信徒私自请外来人员传教事件。假冒僧道招摇撞骗、违规设置功德箱和违规卖高香现象得到有效遏制。部门联动，多措并举，筑牢宗教防渗抵渗“防洪堤”。按照“保护合法、制止非法、抵御渗透、打击犯罪”基本原则，协同公安、国安等部门对宗教活动加强管理。先后两次会同国安、国保、旅游等部门对非法宗教场所和非法宗教聚会点、非法传教人员传教诈骗行为进行处理、打击，对境外“净宗学会”渗透活动、基督教“全球福音遍传日”非法传教活动进行排查、防范和处置，全年没有发生一例违规到娄底传教。

【依法排查宗教场所】2017年，娄底市民族宗教管理局通过加强宗教队伍教育管理、严格宗教活动审批制度、依法打击非法宗教活动维护社会稳定从源头上提高宗教领域稳定系数。做好天主教信徒佘山朝圣摸底排查工作，中共十九大安保期间，由于各县市民宗部门积极主动，及时做好相关人员工作，全市无一信徒上访。坚持节假日期间每日报告制度，对排查出来问题和隐患，做到专人负责包案处理、妥善化解。面对2017年7月初发生罕见暴雨洪灾，全市民族宗教部门及时启动应急预案，组织宗教部门、宗教团体、宗教场所人员全部坚守在抗洪一线，市民宗局和娄星区民宗局协调市防指用冲锋舟撤离娄星区城区教堂被洪水围困5名老人和儿童，及时疏散古天王寺内所有人员。

针对宗教团体存在困难进行专题调研，形成高质量调查报告提交市长杨懿文，安排市政府常务会专题研究解决宗教团体困难，将各市级宗教团体年度工作经费预算标准从5万元增加到8万元；将困难教职人员困难补助按省里标准列入市级财政预算，年度市级财政安排6.66万元。

【调处宗教团体宗教场所内部矛盾】2017年，娄底市民族宗教管理局采用多种手段妥善化解场所内部矛盾。宗教团体在维护稳定方面发挥着不可替代作用，他们既能说一些党和政府部门想说又不好说的话，又能做一些管理部门想做又做不好的事。具体工作中，发挥宗教团体在宗教场所矛盾调处积极作用，促进宗教领域和谐稳定。针对场所教职人员与信徒关系难以协调，出现互不服气、相互拆台等情形。提高宗教代表人士影响力和利用师徒关系化解矛盾。在换证赋码工作中，要求各县市民宗部门以此契机深入宗教场所宣传宗教政策法规，宗教内部不能自行消化，由分管领导亲自包干调处。冷水江市委常委、市统战部长亲自包干道教教职人员邓某某等人上访案件，先后三次找主要人员谈话调处有关矛盾，将矛盾消化、息访，由于工作措施到位，全市宗教领域信访总体可控，全年全市接待信访问题题46起，办结45起，稳控1起，制止非法筹建寺庙3处。

【宣传引导宗教界传递社会正能量】2017年，娄底市民族宗教管理局组织学习、宣贯，通过发放资料，现场条文解释、赠送专刊等形式，大力宣传；开展娄底市首届“宗教印象”摄影大赛活动，加大娄底宗教工作对外宣传力度；引导宗教界传递正能量。倡导各宗教团体、场所发扬爱国爱教、助人为乐、乐于奉献优良传统，在修路、助学赈灾、扶贫等方面捐资出力。11月21日，市政府副秘书长、市民宗局局长罗光才组织全市各宗教团体、重点宗教场所负责人和宗教界代表人士，到新化县吉庆镇老塘冲村扶贫济困献爱心，与30多户贫困户亲切交流，了解他们生产生活状况，并捐赠善款4万余元。据不完全统计，2017年全市宗教界募集约64.18万元钱物用于社会公益慈善事业，全市参与公益活动达5100人次。（曾海军）

信访工作

【概况】2017年，娄底市信访局接待群众到市上访1194批7571人次，受理群众来信1480件次；办理网上信访3160件，办理省“积案清零”专项行动交办信访积案74件，办理中央、省、市通过来信和网上信访途径交办信访案件631件；处置进京涉访人员达1793人次，较2016年2237人下降19.8%，全市信访工作呈现“两下降两好转一上升”态势；目标管理考核排全省第三位，被省委政府评为“信访工作”先进单位；“三无”县市区创建工作获评全省先进单位。市信访局党组书记、局长周继林获授“娄底市最具责任心领导干部”称号。

【特护期工作】2017年，娄底市信访局把迎接服务中共十九大作为全年信访工作头等大事来抓，明确工作目标。市委书记、市长先后多次调研、指导信访工作，协调处置重大信访问题，带动17位市级领导到信访部门接访48次，接待来访群众117批次，批示事项81件，到期办理61件。市、县、乡、村四级党组织积极履责担当，把问题解决在萌芽、人员稳定在当地，全市上下形成奋力抓信访、保平安良好氛围，中共十九大期间信访维稳工作受到省委政法委通报表彰。

【两无创建】2017年，娄底市信访局坚持以“信访问题源头治理”为抓手，聚焦基层基础，在全市深入开展“无上访乡镇（街道）”和“无上访村（社区）”创建活动，强化基层信访工作责任，提高基层解决信访问题、化解社会矛盾能力和水平，有效遏制信访问题上行。全市创建一批“无上访乡镇（街道）”和“无上访村（社区）”，娄底经开区获评年度全省信访工作“三无”县市区，夯实信访工作基础。

【化解积案】2017年，娄底市信访局开展“信访积案攻坚”专项行动，针对疑难信访问题，明确市四大家领导及法、检两长等37名市级领导带头包案，牵头化解。全年办理省信访联席办交办积案119件，经甄别、剔除、合并后，明确领导包案积案74件，全部办结；办理省信访局标识交办积案631件；市级交办157件信访事项办结133件，办结率在85%以上；各县市区化解信访事项420余件。

【网上信访】2017年，娄底市信访局推进“网上信访”工作，加大信访信息系统建设力度，市、县陆续开通信访网站、微信和“今日头条”公众号；市、县两级视频信访系统全面建设，信访基础业务与网络数据应用不断融合，信访工作规范化水平提升。

【法治信访】2017 年，娄底市信访局落实访诉分离、依法逐级走访和依法分类处理信访诉求工作，依法逐级走访率逐年提升至 65%；全市 38 家职能部门出台责任清单，厘清信访与其他法定途径界限。全市依法处置违法涉访人员 243 人，其中警告 60 人，治安拘留 142 人，刑事拘留 25 人，批准逮捕 16 人，树立依法上访正确导向。

【信访责任制】2017 年，娄底市信访局落实“有事请找我”责任担当机制，出台《娄底市信访工作责任制实施细则》《关于全面落实信访工作责任迎接党的十九大胜利召开的通知》，自 7 月 1 日开始，全市信访工作实行“一月一综合”“一月一通报”“一月一约谈”。市、县两级对 22 个单位进行通报；黄牌警告、挂牌整治 4 个乡镇；对 89 名干部进行问责追责，其中落实行政警告等党纪政纪处分 35 人次，通报批评、约谈、诫勉谈话 54 人次。（杜东义）

政府法制工作

【概况】2017，娄底市政府法制办贯彻落实市委政府《关于娄底市法治政府建设（2016—2020 年）实施方案》，按照《党政主要负责人履行推进法治建设第一责任人职责规定》要求，对法治政府建设工作全面部署，重大问题及时过问、协调。年底组织对各县市区、市政府相关部门法治政府建设工作进行绩效考评，确保法治政府建设取得实效。邀请省法制办领导对市直 272 名副处级以上领导干部进行法治专题培训，选派法制骨干参加省法制办在中国政法大学组织“新时期政府法制领导干部综合能力提升培训班”，对市直部门 622 名执法人员进行培训考试，持证上岗，提升领导干部法治意识。

【法制工作】2017 年，娄底市政府法制办与市人大常委会各专委建立沟通联络机制，建立完善政府立法工作机制，出台《关于规范政府立法计划项目立项工作的规定》《关于规范政府立法草案审查工作的规定》《关于规范政府立法协调工作的规定》《关于规范政府立法论证工作的规定》4 个立法机制方面规范性文件。娄底市取得立法权后，《娄底市孙水河保护条例》已经省第十二届人大常委会第三十二次会议审查批准，于 2018 年 1 月 1 日起实施。完成《娄底市人民政府制定地方性法规草案和规章办法》前期准备工作，着力健全立法体制机制。全年审查市委文件 45 件，市政府文件 136 件，“三统一”市直部门规范性文件 58 件；公布市政府规范性文件 76 件与直部门规范性文件 58 件，公布率 100%。向省政府报备市政府规范性文件 76 件，报备率 100%，备案率 100%。备案县市区政府规范性文件 178 件。组织对全市 7 月 31 日前发布有效规范性文件进行全面清理，废止市本级政府规范性文件 4 件，宣布失效 4 件，确认继续有效 381 件，重新公布 16 件；市直部门废止规范性文件 8 件，确认继续有效 320 件，重新公布 3 件；把市直部门 349 件规范性文件全部纳入政府门户网站文件管理系统实行统一管理；举办一期全市 200 多人参加规范性文件管理培训。

【民主决策】2017 年，娄底市政府法制办落实《娄底市人民政府重大行政决策程序规则（试行）》各项规定，修订完善《娄底市人民政府重大行政决策事项目录》，并通过政府门户网站向社会予以公布。市本级 52 个市直执法单位，其中建立政府法律顾问制度、聘请法律顾问单位有 39 个，占市直机关总数 75%。除审查涉及重大行政决策规范性文件外，还审查市政府各类会议纪要、市政府批复件、市领导批示件 165 件，审查政府合同 34 个。对列入听证目录、关系群众切身利益公用事业、公益性服务和垄断经营商品，在制定或调整价格时，严格执行价格听证会制度。主持召开娄底市城区居民用水阶梯水价和城区巡游出租车油运价格联动机制听证会。

【规范执法】2017 年，娄底市政府法制办落实《娄底市行政执法监督办法》，推进行政执法监督工作制度化建设。通过加强监督，及时纠正不作为、乱作为等行为。先后开展招投标活动专项清查、涉企收费专项检查、教育收费专项检查、医疗收费专项检查等，案卷评查工作常态化，以常态化工作机制助推行政执法规范化。组织对 5 个县（市、区）政府和 18 个市直行政执法部门 69 份行政执法案卷进行评查，通过案卷评查，规范执法行为；印发《娄底市推进行政许可标准化实施方案》，召开全市行政许可标准化动员大会，市县两级同步启动，组织市直部门和各县市区开展6批业务培训。执行行政执法人员执法资格考试制度，对全市行政执法人员、行政执法监督人信息全部录入湖南两证管理系统，实行动态管理。从市人大、政协、党群机关、新闻单位、社会群体和企业界人士中聘请特邀行政执法监督员25名。对25名特邀监督员进行法律知识专题培训，自觉接受人大、民主、司法监督，全面接受市人大常委会对政府法制工作专项评议。

【规范复议】2017年，娄底市政府法制办收到行政复议案件337件，受理317件。已审结295件，其中维持218件，经调解后申请人撤回行政复议申请63件，变更原行政行为3件，撤销原行政行为8件，驳回3件，还有22件尚在审理当中。行政诉讼出庭应诉393件，没有一起引发国家赔偿案，通过行政复议和应诉，为政府挽回经济损失5亿余元。推行"案前听证、窗口前移"审理方式，实行"三审制"办案，高效化解行政争议。为落实《娄底市行政机关及其负责人出庭参加行政诉讼活动管理办法》，出台《关于加强和改进行政应诉工作的实施意见》，首次牵头组织政府行政执法部门45个单位73名主要负责人、分管负责人参加法院一起行政诉讼案件庭审观摩活动，由市、县两级环保局长亲自出庭应诉，邀请市人大、市政协相关领导现场指导。这次高规格大规模庭审旁听观摩活动，在全省尚属首次，终结市直部门机关无"一把手"出庭应诉历史，给参加活动领导上一堂生动法制课。

【仲裁工作】2017年，娄底市政府法制办强化民商事调解，打造仲裁工作娄底模式。根据《仲裁法》《娄底仲裁委员会章程》要求，完成换届工作，产生第四届娄底仲裁委员会，聘任196名仲裁员，修订完善《娄底仲裁委员会章程》《娄底仲裁委员会仲裁规则》。全年仲裁庭受理民商事案件759件，涉案标的26.8亿余元。受理759件，结案539件，结案率为71%；所结案件中，调解、和解、撤回结案529件，调解、和解、撤回率为98.1%。

表18　2017年度娄底市政府法制办公室先进集体和先进个人一览表

获奖单位、先进个人	奖励名称	颁奖单位	颁发时间
市法制办	2017年度全市食品安全工作优秀单位	食品安全委员会	2017年5月

电子政务工作

【概况】2017年，市政府门户网站群发布各类政务信息91142条，向省政府门户网站报送信息556条，转载国家、省政府各类重要政务信息5000余条；邀请县市区主要领导及市直部门主要负责人就当前社会民生热点开展在线访谈8期，开展网上民意调查22次；书记市长信箱收到来信1960封，整理出有效来信1269封，收到回复1238件，回复率达97%，将503件来信回复及时在市政府门户网站上公布；红网"问政湖南"频道"市长留言"栏目受理留言577条，单位受理率达100%，回复889次，及时回复率达98%；市本级网上政务服务系统受理办结市直60家单位474项政务服务事项25218件，办结率为99.7%；各县市区受理办结41393件政务服务事项，办结率为99.98%。

【集约型政府网站群】2017年，娄底市电子政务中心按照"四个统一"（统一平台、统一互联网出口、统一公共软硬件系统和统一安全防护措施）和"一级政府一个门户，一个部门一个子站"要求，着力整合现有各级各部门政府网站资源，进行全面改版升级和安全加固，建立统一运维政府网站群，健全网站建设和运维管理机制；完成以市政府门户网站为主站，47家局、办、委网站为子站娄底市政府门户网站群；各县市区整合政府网站136家，建设完成包括县市区直属部门、乡镇政府网站在内5个县市区政府网站群。

【门户网站】2017年，娄底市电子政务中心按照国务院办公厅关于加强政府网站常态化监管的要求，对全市政府网站采取季度抽查制度，加大抽查比例；对全市政府网站进行5次检查，印发政府网站检查通报5期。

【网络问政】2017 年，市政府门户网站书记市长信箱收到来信 1960 封，整理出有效来信 1269 封，收到回复 1238 件，回复率达 97%，并且将 503 件来信回复及时在市政府门户网站上公布。红网“问政湖南”频道“市长留言”栏目受理留言 577 条，单位受理率达 100%，回复 889 次，及时回复率达 98%。

【政务服务】2017 年，娄底市电子政务中心通过加载、维护、修正服务事项，优化政府审批流程，实现市、县两级行政审批系统实现 100%部门、事项、流程全覆盖，大部分县市实现审批系统向乡镇（街道）延伸。市本级网上政务服务系统受理办结市直 60 家单位 474 项政务服务事项 25218 件，办结率为 99.7%；各县市区受理办结 41393 件政务服务事项，办结率为 99.98%。

【外网平台】2017 年，娄底市电子政务中心本级外网平台机房和 5 个县市区节点机房已建设完成，升级扩容达国家二级机房标准。市本级外网平台采用是电信、移动主、备双线路接入，已联通包括市、县部门和乡镇（街道）530 多家单位。市直 90 家单位的外网线路联网、迁移和调试工作全部完成，县市区部门和乡镇、街道办事处便民服务中心接通率均为 100%。平台上承载着中央和省统一部署网上政务服务和电子监察系统、应急指挥视频系统、安监视频会议及数据报送系统、审计厅纵向业务系统、卫生应急指挥和医疗救治系统、商务厅视频会议系统、交通系统纵向应用、质监视频系统及 12315 数据报送系统、媒监视频会议及数据报送系统、物价部门“12358”全国价格举报管理信息系统、综治信息系统和网上信访等系统，以及市本级综合治税、卫生信息和市国土地理信息数据交换平台等应用。（曹晓晓）

无线电管理

【概况】2017 年，娄底市无线电管理处（全称：湖南省无线电管理委员会办公室娄底市管理处）遵照《中华人民共和国无线电管理条例》依法行使无线电管理工作的政府职能，履行频率台站管理、无线电安全保障等各项职责。对 5 县、市 26 个无线电台站进行现场核查，完成 715 个新建台站数据的录入工作，对执照过期、数据变更的 423 个台站进行清理和执照换发。历时 20 天，行程 800 余公里，完成频谱使用评估工作，测试数据量 40G，收回 12 家用频单位长期占而不用频点 128 个，掌握辖区内各县城和主干道 30~3000MHz 频段内广播电视频率使用情况。

【干扰查处】2017 年，娄底市无线电管理处全年查处卫星电视干扰 3 起，查处发射设备 1 套，收集《无线电干扰回访调查表》6 份，排查率和满意率均为 100%，履行“电波卫士”维护空中电波秩序职责。

【安全保障】2017 年，娄底市无线电管理处开展考试无线电安全保障 15 次，出动监测设备 102 台次，出动人员 165 人次，阻隔作弊信号 28 起，营造公平考试环境；完成全国“两会”省“两会”、“一带一路”国际合作高峰论坛“7·1 抗洪抢险”、国庆、党的十九大期间的无线电安全保障工作，保障辖区内重要时期、重要活动、重要频率的无线电安全。

【监测检测】2017 年，娄底市无线电管理处全年开展日常监测 5900 小时，专项监测 2100 小时。其中开展打击治理“伪基站”“黑广播”专项监测 1800 小时，专项督查 8 次，环城巡查 19 次，查获黑广播 2 套，鉴定伪基站 2 套，娄底辖区内“黑广播”、“伪基站”违法犯罪势头得以遏制。

表 19　**2017 年度娄底市无线电管理处先进集体和先进个人一览表**

获奖单位、先进个人	奖励名称	颁奖单位	颁发时间
娄底市无线电管理处	湖南省无线电管理工作先进单位	湖南省经济和信息化委员会	2018 年 4 月
张　健	湖南省无线电管理工作先进个人	湖南省经济和信息化委员会	2018 年 4 月
孟陈健	湖南省无线电管理工作先进个人	湖南省经济和信息化委员会	2018 年 4 月

港澳事务和外事侨务

【概况】2017年,全市外事工作按照“高举旗帜、围绕大局、服务人民、改革创新”总要求,深化全市对外交往合作,构建对外工作新格局。致力服务“三侨”,做好“一带一路”出访服务工作。6月,市委李荐国书记率团赴俄罗斯、芬兰、瑞典开展“一带一路”北线区域经贸科技交流访问;9月市委副书记、市长杨懿文率团就钢铁深加工产业国际合作、共建运动(足球)城市、缔结友好城市等事项,对西班牙、卢森堡、巴西进行访问考察。以打造谢冰莹文化遗产国际侨务品牌为抓手,与海外华侨合作推进PPP项目建设,就华侨国际健康城、“一带一路”大学生国际双创基地,冷水江市新城区冰莹国际华侨城项目达成合作意向。全年办理因公出国手续26批71人次,助推实施“走出去”战略,推广APEC商务旅行卡,办理4批14人次;启动舆情应急预案,与国安等部门共同协调处置2月26日英国BBC记者在娄底新化采访未果并与当地村民发生纠纷相关涉外事件。

【外事接待】2017年,娄底市旅游外事侨务局完成法国中央大区蒙达尔纪市森林中学师生一行40人于4月到双峰县进行友好交流访问;德国梅克伦堡—前波莫瑞州经济大使一行到娄底考察交流;9月在娄底举办湖南省第八届湘博会100多个国家、100多位部长级贵宾、27000多名中外客商参会参展服务工作。

【服务“三侨”】2017年,娄底市旅游外事侨务局开展“侨法宣传月”活动,向归侨侨眷和司法部门下发500份《涉侨法规政策选编》等。成立为侨法律服务工作站,依法开展各类维权活动。开展送温暖慰问活动,春节对44名困难归侨侨眷进行走访慰问,发放慰问金17600元;在传统节假日给海外华人华侨发慰问电、寄送贺卡等形式,加强同海外华人华侨联系。帮助各县市区调研外向型企业,了解外向型企业在经营中遇到问题,为企业“走出去”提出中肯建议。

【港澳资源】2017年,娄底市旅游外事侨务局主动服务,发挥好省“港洽周”活动平台作用。通过4月份市长杨懿文率娄底市代表团参加2017年湖南(香港)投资贸易洽谈周活动和在港率先成立香港娄底联谊会,拓宽香港资源渠道。引进香港各基金会及爱心人士捐赠资金再创新高,先后与数10所学校、卫生院签订捐赠协议,捐赠资金超过750万元。与澳门国际绿色环保产业联盟举办项目对接座谈会,在文化创意、绿色农产品方面达成意向。

港澳工作及归国华侨侨眷联合会

【概况】2017年,娄底市归国华侨侨眷联合会围绕湖南省委“创新引领、开放崛起”战略,“走出去”招商,全年实地考察广州、深圳、珠海等地娄底籍侨商企业10余家,促成新化县建设城市综合体投资等回娄投资兴业合作意向4个;接待“引进来”访娄侨商20余批次,达成冷水江市互联网经济发展项目和新化县人民医院扩容提质项目2个,引进资金超亿元;开展“进侨企、知侨情、促发展”调研活动,深入基层实地考察侨资企业8家,支持天柱山禽业公司以“公司+基地+农户”方式助力脱贫,帮助申报省、市“同心工程”,其所联系3000余贫困户稳定脱贫,实现人均年增收1500元。6月全市遭受严重洪涝灾害,市县两级侨联向海内外侨界发出抗洪救灾爱心募捐倡议,通过不同渠道募集善款100多万元,且按要求下拨到位。全年争取各类公益捐助折合人民币400余万元。开展“千侨帮千户”精准扶贫,全市侨联系统对口帮扶6个贫困村36户贫困家庭,投入帮扶资金50多万元。走访慰问侨界群众家庭80余户,送去慰问金9万余元;向海内外侨胞发出慰问信、电子贺信等3000余封,接待海内外客人20批130余人次;在省级刊物上稿80篇,市级刊物上稿102篇,党委综合部门上稿80多篇。县、市侨联开通工作微信公众号,“互联网+侨联”模式成为宣联窗口。 (赵检群)

机关事务管理

【概况】2017年,娄底市机关事务管理局强化人防、物防、技防,安装智能门禁系统,对出入车辆、行人实行智能信息化管理;组织消防安全检查,重点抓好重要节日、重大活动期间安全维稳工作,做好群众上访疏导和现场管控;全年协同市信访局、政法部门处置5人以上群访事件200余次,疏导、接待上访人员1万余人,实现大院安全责任“零事故”。在市委市政府和市人大市政协机关大院摆放便民伞,张贴创文宣传牌,在电子显示屏滚动播放宣传标语,营造浓厚氛围;完成市十单位家属院南门违建建筑物拆除及围墙修建、后门开设等工作,建设文化墙;强化对物业服务、食堂餐饮监管,做好周转房日常管理工作。经市机构编制委员会批准,单独设立人事科,负责全局人事、党建相关工作；设立市公务用车服务中心，为市直机关公务出行提供用车保障；设立周转房管理科，为易地交流任职厅级领导住房和生活提供管理、服务、保障。现有在职人员65人，退休人员62人，党员84人。内设科室（中心）13个，下辖1个事业单位。

先后获授市“文明单位”“法治政府建设优秀单位”“驻村帮扶优秀单位”“公共机构节能优秀单位”“节水型单位”“工会工作先进单位”“环保工作先进单位”“信访工作先进单位”“平安单位”“文明院落”等称号。

【公车改革】2017年，娄底市机关事务管理局车改工作完成，有144家参改单位，5324名参改人员公车补贴发放到位；集中开展公车专项督查，先后查处10起涉嫌违规使用公务用车行为，公务用车服务中心投入运行，全年服务71家单位，提供公务出行出车次数1600余次，安全行车310000千米，切实保障防汛抢险、脱贫攻坚、湘博会、全省产业观摩会等大型活动工作用车。

【用房管理】2017年，娄底市机关事务管理局强化日常督查，每月督查2家单位，先后完成对市水利局、市畜牧水产局、市卫计委等20多家单位办公用房督查，发现问题及时整改并跟踪落实；对巡察组交办市人大、市政协厅级领导干部办公用房进行规范整改；加强资源整合，完成市统计局民调队、市委政法委、市委巡察办等30余家单位办公用房调整。

【公共节能】2017年，娄底市机关事务管理局严格水、电、气等能耗管理，强化能耗统计分析；推广新能源和节能新技术、新产品应用，抓好空调、采暖、照明、路灯等耗能设施设备节能改造；推进节水型单位和节能示范单位创建；组织节能宣传周系列活动，通过报纸、电视、网络、短信、节能展板等，开展节能宣传，倡导低碳办公和出行。

【旧车淘汰】2017年，娄底市机关事务管理局牵头负责全市黄标车及老旧车淘汰治理工作，协调市公安、环保、交通、财政等部门，淘汰治理黄标车及老旧车7433台，完成省里下达娄底市年度目标任务。

【大院提质】2017年，娄底市机关事务管理局修复国旗旗杆等升旗仪式所需设施设备和喷泉系统；加强绿化、美化、亮化，重新规划、布局花木品种，补种花木，绿化覆盖率达70%以上；规范院内秩序，重新划定停车位，新增车位625个；地下停车场全面更换照明灯，配备信息化管理系统；院内道路纳入城市道路改造PPP项目，改造主路2公里、新增步道1.8公里、翻新路沿石4165米，围栏除锈刷新2200米、刷新罗马杆400根，更换电缆750米。（陈恩来）

移民工作

【概况】2017年，全市纳入后期扶持大中型水库移民人口319636人，其中新化县231047人、冷水江市14972人，涟源市32357人、双峰县23564人、娄星区5932人、市经济开发区11764人，涉及全市6个县(市、区)83个乡（镇、办事处）1608个村。库区移民年人均纯收入达8102元，比上年增长15%。全市接访移民信访88批次311人次，处理来信7件，妥善处理信访遗留问题，保持库区及移民安置区社会大局基本稳定。娄底市移民局调整后期扶持工作思路向“突出重点、精准扶持、整村推进”转变，全市落实后扶直补资金和项目扶持资金4.7亿元，完成年度移民扶持人口自然减员核减1833人。全年实施整村推进重点移民村54个，其中打造省级试点示范移民村6个，新开和提质改造油茶21处5230亩、水果43处9080亩、茶叶5处1100亩，新开蔬菜基地11处1510亩，形成“一村一品”支柱产业移民村72个，库区产业年产值超过12亿元。举办各类培训班54期，培训移民5173人次。完成在冷水江市、双峰县和新化县开展第3批大中型水库移民避险解困试点任务，累计投资5756万元，惠及移民2878人。实施各类项目2648个，推进库区和移民安置区公路、渠道、山塘整治等基础设施建设，实现贫困移民村脱贫出列179个、建档立卡贫困移民脱贫6519人。

【移民划转】根据省民政厅批复同意，将涟源市水洞底镇和双峰县蛇形山镇调整至娄星区管辖。市移民局党组书记、局长陈劲松主持召开专题会议，就涟源市、双峰县、娄星区行政区划调整后移民工作划转有关问题进行专题研究，形成会议纪要（娄移纪〔2017〕1号）。各相关县市区切实按照理顺关系、依法有序、实事求是、稳步推进原则处理好移民工作划转有关问题。把水洞底镇和蛇形山镇及所辖村2006年移民后扶政策实施后实际核定登记到人和核定到镇、村大中型水库移民后期扶持人口指标816人全部划转给娄星区，其中从双峰县划转643人(其中核定到人542人、核定到村101人)、从涟源市划转173人(其中核定到人173人)。

12 月 27 日，市移民局在双峰县验收码头工程
（刘豪杰 摄）

【项目监管】2017 年，娄底市移民局加强信息化手段应用，参与湖南移民信息系统管理软件开发与试点。开展存量资金清理，消化存量资金 4800 余万元。将移民资金内审、稽察、监测评估和绩效评价“四位一体”监管机制与纪检监察工作有机结合，开展对娄星区、冷水江市、双峰县移民资金内审工作及对全市 6 个县市区 2016 年度移民资金绩效评价工作；开展“雁过拔毛”式腐败问题专项整治活动，聘请第三方机构对县（市、区）移民资金开展专项清理“回头看”。全市排查出涉及移民资金问题线索 4 件、涉及资金 63 万元，查处违纪违法案件 4 起 4 人，其中移送司法 1 人。

【避险解困】2017 年，全市纳入湖南省第三批大中型水库特困移民避险解困试点工作，省级补助资金 5756 万元，对冷水江市、双峰县和新化县 2878 名特困移民进行避险解困搬迁，解决其安全居住和长远发展问题。其中冷水江市 167 人，省级补助 334 万元；双峰县 1218 人，省级补助 2436 万元；新化县 1493 人，省级补助 2986 万元。

【整村推进】2017 年，娄底市移民局按照统筹兼顾、突出重点、精准扶持原则，对各重点移民村实施分类指导，重点投入，整村推进，以点带面，以确保水库移民如期全面小康，达到当地农村平均水平。全市全年实施整村推进重点移民村 54 个；其中新化县月弓桥村、青荆村、晚坪村，涟源市建新村、双峰县双源村、经开区华胜村 6 村纳入省移民局试点示范村范围。新化经验做法在全省整村推进水库移民美丽家园建设试点工作会议上作经验推介。（钟青锋）

表 20　2017 年度娄底市水库移民开发管理局先进集体和先进个人一览表

获奖单位、先进个人	奖励名称	颁奖单位	颁发时间
娄底市水库移民开发管理局	全省移民资金内部审计工作先进单位	湖南省水库移民开发管理局	2018 年 2 月
周友仁	全省移民工作先进个人	湖南省水库移民开发管理局	2017 年 12 月

中国人民政治协商会议娄底市委员会

【概况】2017 年，政协娄底市委员会坚持以习近平新时代中国特色社会主义思想和中共十九大精神为指导，召开五届一次全会换届，设界别 21 个，有委员 331 名，常委会组成人员为 68 名（其中主席 1 名，副主席 9 名，秘书长 1 名）。围绕全市中心工作与发展大局，精准建言，真抓实干，为建设富饶美丽健康祥和新娄底展示政协作为，贡献政协力量。7 月 21 日，市委书记、市人大常委会主任李荐国对政协工作作出批示：“市政协党组工作抓得主动、实在、有效。”

强化思想引领，夯实履职基础。采取集中宣讲、集中培训、专题辅导、个人自学、讨论交流、“三会一课”、界别委员小组学习活动等多种形式，学习宣贯习近平新时代中国特色社会主义思想和中共十九大精神；组织开展“扪心三问”“以案说纪”“两学一做”知识竞赛、《习近平的七年知青岁月》学习分享会等活动，开展“真学实做，创先争优”活动，推进“两学一

2017年1月7日，娄底市政协五届一次会议举行选举大会，姚兵当选为政协娄底市第五届委员会主席。左起依次为五届市政协主席会议成员罗孝贵、苏旻、席伏应、李德仁、刘继清、姚兵、易南斌、邵瑛、肖扬、李赛斌、李利文　（刘新山　摄）

做”学习教育暨责任心教育常态化制度化。通过学习教育，使广大政协干部和委员进一步坚定理想信念，树牢“四个意识”，提升“四个自信”，使各党派、各界别、各方面夯实共同奋斗思想政治基础，自觉地维护党中央权威和集中统一领导。发挥市政协党组在全局工作中把方向、管大局、保落实重要作用，制定出台市政协党组自身建设8条规定，增强管党治党意识，落实从严治党政治责任。规范市、县两级政协机构设置，为市政协机关增加3名编制，设立市政协机关党组，充实市政协机关党委班子力量，组织机关党支部和工会完成换届，为加强党对政协工作领导提供有力组织保障。建立健全委员学习教育、履职管理、年度述职、宣传工作等20多项规章制度；组织开展创建先进基层党组织和争当优秀共产党员、创建市级文明标兵单位活动；强化目标管理和绩效考核，激发各级政协组织和广大政协委员责任意识、大局意识、创新意识。推广使用政协云，有效整合“网、报、端、微、视、屏”立体式宣传平台，全年在《中国政协》《人民政协报》《湖南日报》《湘声报》等中央、省级媒体刊发宣传稿件80余篇，推介委员履职动态与协商成果。

聚焦脱贫攻坚，积极献计出力。举办“聚焦脱贫攻坚——知情明政大讲堂”6次讲座；在7个调研小组反复研究基础上，召开“落实精准扶贫政策，坚决打赢脱贫攻坚战”专题协商会议，向市委、市政府提交调研报告7份、建议案与民主监督报告各1份，提出民主监督意见30多条。市委书记、市人大常委会主任李荐国出席专题协商会议，对市政协调研、协商、监督活动给予肯定，要求市政府相关部门吸纳政协意见，抓好整改落实。市政协主席会议成员联系指导扶贫重点乡镇10个，分别带头结对帮扶1个建档立卡贫困户。安排3名机关干部驻村专职扶贫，38名机关干部结对帮扶贫困户72户，发动政协委员和镇村干部结对帮扶87户。全年投入资金340万元，用于改善扶贫村基础设施、扶持发展村级集体经济，实现50个贫困户年度如期脱贫。五届一次全会期间发出“助力脱贫攻坚倡议书”，动员、组织广大政协委员，参与助力脱贫攻坚“三个一”行动（每一名政协委员结对帮扶一个贫困家庭增加收入，资助一个贫困家庭在校学生完成学业，有条件的委员帮助贫困家庭一名成员解决就业）。18名驻娄省政协委员和1570多名市、县两级政协委员，结对帮扶贫困户1894户，资助贫困学生840名，帮助转移就业1884个。

拓宽建言渠道，推动协商民主。学习贯彻省委政协工作会议精神，配合召开市委人大政协工作会议，提请市委出台《关于进一步加强人民政协工作的意见》，明确新形势下人民政协工作总体要求，对人民政协开展协商议政、推进民主监督内容、形式、程序等提出具体意见。8月11日，省政协主席李微微对《中共娄底市委关于进一步加强人民政协工作的意见》作出批示：“很好。贯彻落实省委政协工作会议精神有实招，政协党组要认真学习，主动作为。请办公厅推介全省借鉴。”按照市委、市政府、市政协共同制定年度协商计划，组织开展“1+5+5+10”系列协商活动。围绕“落实精准扶贫政策，坚决打赢脱贫攻坚战”主题，开展1次专题协商；围绕娄底高速公路现状，发展多种金融产品、补齐金融短板，改善中心城区空气环境质量，中心城区教育资源合理分配，社区禁毒工作等主题，组织开展5次对口协商会议；围绕矿山生态修复，促进精细（电子）陶瓷产业精准化发展，发挥融资担保平台作用、促进地方经济发展，发展全市景观体育产业，实施科技强企战略、促进非公有制经济健康发展等主题，召开5次界别协商会议；选取10件重点提案，开展重点提案办理协商。有8个调研报告获市委、市政府主要领导批示。召开全市政情通报会，市委副书记、市长杨懿文向市政协常委通报全市经济与社会发展情况，与委员面对面沟通协商、互动讨论交流。委派7个民主监督小组，进驻相关市直单位，分别就精准扶贫7个方面政策落实情况开展委派监督；组织市政协主席会议成员，对新能源动力电池和储能产业园、中心城区路网和基础设施建设进行专项视察；坚持问题导向，反映社情民意信息，全年被省政协采用篇数及获市委、市政府主要领导批示篇数，均创历史新高，连续3年获评全省政协系统社情民意信息工作先进单位。全年收到提案197件，审查立案180件，交相关单位全部办结；选取10组15件重点提案，由市政协主席会议成员分头进行督办，全年召开11次重点提案办理协商会，政府与政协领导共同出席，一起协商座谈，推动提案所提问题解决落实。市委、市政府对提案办理采取"集中交办、市长领办、部门承办、督查催办、考核促办"等方式，提升提案工作水平。

围绕发展大局，主动担当作为。制定出台《政协娄底市委员会关于开展"助推新发展，建设新娄底"的实施意见》，倡导全市各级政协组织、各民主党派工商联及广大政协委员，开展以"提出一条可行建议，抓实一次民主监督，帮扶一个贫困农户，联系一个企业(项目)，开展一次走访活动，创造一份崭新业绩"为主要内容"六个一"活动。服务"娄商返娄"战略，注重走访联络在外创业娄商。主动参与"项目建设大比拼"，市政协机关设立招商引资小分队，引进项目2个，其中1个项目投资2亿元，已开工建设。市政协主席会议成员包案化解信访积案10件，挂点联系企业(项目)14个，民间融资风险化解企业9个，联系帮扶社区10个，帮助挂点联系单位协调解决一批困难与问题。应对特大洪灾，动员全市政协组织、广大政协委员，及各民主党派和工商联，积极投身抗洪救灾。市政协机关干部职工踊跃为抗洪救灾捐款并赴灾区慰问，工商联界别为抗洪救灾捐款捐物40余万元，各异地娄底商会和娄商为家乡捐募救灾资金1400多万元。收集、整理、创作71首富有娄底特色、展示娄底风情歌曲，出版发行《娄底歌曲精选》，唱响娄底，宣传娄底，提升娄底美誉度。完成《湖南省政协志》续编(1993—2012年)中《娄底市政协》一章编写任务。

【政协娄底市第五届委员会第一次会议】2017年1月4日上午，政协娄底市第五届委员会第一次会议开幕，市委书记李荐国出席开幕大会并作重要讲话；姚兵代表政协娄底市第四届委员会常务委员会作工作报告；刘继清代表政协娄底市第四届委员会常务委员会作提案工作情况报告；张希慧通报政协娄底市第四届委员会第四次会议委员大会发言办理情况；8位委员作大会口头或书面发言。1月7日上午娄底市政协召开五届一次会议选举大会，选举政协娄底市第五届委员会主席、副主席、秘书长、常务委员。姚兵当选为主席，易南斌、刘继清、邵瑛、李德仁、肖扬、席伏应、李赛斌、苏旻、李利文当选为副主席，罗孝贵当选为秘书长，于晶等57人当选为常务委员会委员。审议通过《中国人民政治协商会议娄底市第四届委员会常务委员会工作报告的决议》《中国人民政治协商会议娄底市第四届委员会常务委员会提案工作情况报告的决议》《中国人民政治协商会议娄底市第五届委员会第一次会议政治决议》，发出《助力脱贫攻坚倡议书》。

【政协娄底市第五届委员会常委会议】7月20日上午，姚兵主持召开五届二次常委会议，市委副书记、市长杨懿文在会上通报2017年上半年全市经济工作和社会发展情况；协商决定增补曹苍灵(女)为市政协委员。易南斌、刘继清、邵瑛、李德仁、肖扬、席伏应、李赛斌、苏旻、李利文、吴合群、曾福泽、罗孝贵出席。

9月28日，姚兵主持召开五届三次常委会议暨"落实精准扶贫政策，坚决打赢脱贫攻坚战"专题协商会议，审议通过《政协娄底市委员会常务委员会关于"落实精准扶贫政策 坚决打赢脱贫攻坚战"的建议案》。市委书记、市人大常委会主任李荐国，市委副书记华学健，市委常委、秘书长向世聪，市政府副市长梁立坚，易南斌、刘继清、邵瑛、李德仁、肖扬、席伏应、李赛斌、苏旻、李利文、吴合群、曾福泽、罗孝贵出席。

12月26日，姚兵主持召开五届四次常委会议，审议通过关于召开政协娄底市第五届委员会第二次会议决定；审议通过政协娄底市第五届委员会第二次会议议程、日程；审议通过政协娄底市第五届委员会第二次会议大会秘书长、副秘书长和各组召集人名单；审议政协娄底市第五届委员会常务委员会工作报告(草案)；审议市政协五届一次会议以来提案工作情况的报告（草案）；协商决定增补刘朝阳等7人为市政协委员，辞免王学东等13人市政协委员职务，撤销卢小刚、吴景祥2人市政协委员资格。易南斌、刘继清、邵瑛、李德仁、肖扬、席伏应、李赛斌、苏旻、李利文、罗孝贵出席。

【政协娄底市第五届委员会主席会议】2月15日，姚兵主持召开市政协五届二次主席会议，研究市政协2017年工作要点，市政协专委会组成原则及各专委会组成方案、划分委员学习活动小组，审议专委会联系界别、部门、委员学习活动小组方案，研究联系走访委员活动安排方案、应邀列席政府常务会议意见。易南斌、刘继清、邵瑛、李德仁、肖扬、席伏应、李赛斌、苏旻、李利文、吴合群、曾福泽、罗孝贵出席。

4月10日，姚兵主持召开市政协五届三次主席会议，传达十一届省政协第二十三次常委会议精神，审议通过市政协五届一次常委会议议程、市政协五届一次全会提案审查情况报告、市政协委员参加政协会议和活动请假规定、增补委员建议名单，审议市政协工作机构、各专门委员会设置和人事安排事项，审议通过市政协各专委会委员名单，审议《市政协主席会议成员联系常委、常委联系委员办法》，审议通过市政协五届委员会界别委员学习活动组划分安排、委室联系界别、委室联系界别委员学习活动组、委室对口联系单位等。易南斌、刘继清、邵瑛、李德仁、肖扬、席伏应、李赛斌、苏旻、李利文、吴合群、曾福泽、罗孝贵出席。

9月26日，姚兵主持召开五届七次主席会议，传达十一届省政协第二十五次常委会议精神，审议《关于娄底市“落实精准扶贫政策，坚决打赢脱贫攻坚战”的调研报告》《关于全市“落实精准扶贫政策，坚决打赢脱贫攻坚战”的民主监督报告》《政协娄底市委员会常务委员会关于“落实精准扶贫政策，坚决打赢脱贫攻坚战”的建议案》。易南斌、刘继清、邵瑛、席伏应、李赛斌、苏旻、李利文出席。

表21　　2017年市政协先进集体和先进个人一览表

获奖单位、先进个人	奖励名称	颁奖单位	颁发时间
娄底市政协	2017年度全省政协系统优秀调研报告《娄底市“落实精准扶贫政策，坚决打赢脱贫攻坚战”》获一等奖	政协湖南省委员会办公厅	2018年1月
娄底市政协	2017年度全省政协系统优秀调研报告《娄星区以“养老贷”破解被征地农民“养老难的探索与实践”》获二等奖	政协湖南省委员会办公厅	2018年1月
娄底市政协	2017年度湖南省政协反映社情民意信息工作先进单位(优秀奖)	政协湖南省委员会办公厅	2018年1月
姚　兵	2017年度湖南省人民政协理论研究优秀论文评选《人民政协推进协商民主建设的探索与实践——十九大报告协商民主建设重要论述学习感悟》获二等奖	政协湖南省委员会办公厅	2018年2月
刘卫华	2017年度湖南省政协反映社情民意信息工作先进个人	政协湖南省委员会办公厅	2018年1月

民主党派·人民团体

中国民主同盟娄底市委员会

【概况】2017年,民盟娄底市委围绕市委政府工作大局,建言履职,凝聚共识。“明眸工程”获省级“同心项目”;“烛光行动”获市级“同心项目”。获民盟中央先进表彰1项、民盟省委“2017年全省盟务工作考核先进集体”表彰8项以及娄底市委政府、市政协及市委统战部等先进表彰10多项。下辖民盟娄星区委、涟源市委;全市有25个支部,其中15个支部为民盟娄底市委直属支部,全市有盟员517人。全年编印《娄底盟讯》2期,娄底民盟网站刊发稿件300多篇,浏览近4万人次。在盟中央、盟省委网站、省、市政协网站、三湘统战网、娄底机关党建网、娄底新闻网、《娄底日报》等媒体,报道娄底民盟工作500多篇(次)。

【参政议政】2017年,民盟娄底市委参加市委、市政府、市政协及有关部门召开座谈会、协商会、情况通报会,就全市项目建设、脱贫攻坚、特色小镇建设、农机产业发展、智慧医疗等经济社会发展问题以及人事安排和有关工作提出建议意见,受到高度重视;相关盟员参加全市“创新开放大讨论”党外代表人士座谈会,分别就职业教育供给侧结构性改革、提升城市竞争力、解决产业升级问题、促进实体经济发展等方面提出建设性建议;全年组织盟员人大代表、政协委员向省两会提交建议、提案5篇,省政协大会书面发言1篇;提交市两会建议、提案30件,集体提案4件;提交市政协大会口头发言和书面发言各1篇,2篇发言都得到市委书记李荐国阅批,被列入市政协主席督办重点提案;完成民盟湖南省委《湖南省农机产业转型升级发展》《推进湖南高等职业教育供给侧结构性改革的对策建议》两调研课题,向民盟省委报送2篇调研报告,相关调研报告分别作为盟省委提交省政协十二届一次会议集体提案或社情民意信息;完成娄底市政协《矿山生态修复》界别协商课题、市委统战部部署娄底市农机转型升级发展、特色小镇建设等4个重点课题调研,报送4篇调研报告。全年报送社情民意信息76篇;其中,民盟中央采纳2篇,省政协采纳3篇,湖南省委办公厅采纳2篇,民盟省委采纳42篇,市政协社情民意信息专报10篇,有2篇得到中共娄底市委、政府主要领导批示。成立以盟市委主要领导任组长民主监督工作组,积极开展河长制落实情况民主监督活动,向民盟省委和市直有关部门提交《关于娄底市河长制落实情况的民主监督报告》,所提建议意见得到民盟省委肯定和相关部门采纳落实;对涟源市和双峰县花门镇脱贫攻坚工作进行民主监督与指导督查。

【组织建设】2017年,民盟娄底市委开展班子成员、市委委员集体谈心谈话、个别谈心交流等活动60多人次,到民盟基层组织和盟员所在单位走访调研40多次,全市发展新盟员29人,其中硕士研究生8人,正高职称1人。新建民盟娄底一中附属实验学校支部,完成民盟娄底一中支部、综合二支部换届。举办新盟员和骨干盟员培训班,各级领导班子成员分别参加中共省、市委和省、市社院培训班学习,做好盟员实职安排和政治安排推荐工作,盟市委副主委肖扬当选娄底市科协主席,副主委羊小庆交流到娄底广播电视台任副总编辑。8名盟员当选省盟十四大代表;其中,邵瑛连任民盟省委第十四届委员、常委,肖扬连任民盟省委第十四届委员;副主委朱宏志当选民盟第十二届全国代表大会代表。召开2017年全市民盟基层组织工作会议,出台《民盟娄底市委盟务工作考核办法(试行)》。

【社会服务】2017年,民盟娄底市委为惠民学校办学与建设筹措资金2万元,组织市中心医院盟员为惠民学校全体师生进行免费体检;联合长沙矿冶研究院党盟代表团,对口支助10个贫困学生每人1000元学杂费和生活费;惠民学校“烛光行动”获娄底市“同心项目”。民盟娄底市综合三支部到涟源市渡头塘镇中学送教下乡;盟员彭有如等定期为留守儿童进行心理辅导。“明眸工程”承担单位—娄底眼科医院,开展“光明行”社会公益活动,全年完成免费白内障手术3800多例,手术成功率达99.8%,为贫困患者减免医疗费用100多万元,并在全市农村中小学开展青少年近视眼防控知识讲座,在社区为糖尿病视网膜病变患者开展免费门诊和防控知识讲座8场;“明眸工程”获省级“同心项目”。与市总工会、市台办3家单位,对口帮扶新化县白溪镇毛坪村,先后8次到毛坪村看望慰问贫困户,指导产业发展,为毛坪村基础设施建设筹集资金70多万元,其中民盟市委机关支持45000元，民盟市委机关干部支持结对贫困户资金6000元。组织市中医医院盟员到毛坪村，开展医疗义诊活动，向贫困群众免费发放药品4000多元；组织盟员购买贫困户自产牛、羊等农产品，帮助贫困家庭增加收入近2万元。对口帮扶4户建档立卡贫困户中，有2户申报脱贫；并开展全市建档立卡贫困户就医“先诊疗、后付费”活动；号召全市盟员参加抗洪抢险和灾后重建，易俊、曾彪等盟员奋斗在抗洪抢险第一线。通过各种渠道捐款30多万元支持灾后重建，其中中纵联总裁、盟员朱伟捐款8万元；开展急救知识宣传普及活动，全年到学校、社区、运动场等地开展急救知识讲座等16次，惠及听众上万人次。（吴志奇）

中国民主建国会娄底市委员会

【概况】2017年，民建娄底市委发挥界别特色优势，履行参政职能，投身社会服务。全年获民建省委管理信息系统建设一等奖、反映社情民意二等奖、新闻宣传二等奖、社会服务二等奖、零讯工作二等奖、参政议政二等奖、“不忘合作初心，继续携手前进”主题征文二等奖等。先后参加“全国政协108期基层委员培训班”和市委统战部组织暑期谈心活动与在贵州举办“民建省委十九大精神研讨班”；机关干部参加在延安干部学院举办“湖南民建2017年机关干部培训班”，组织20余名骨干会员前往重庆参加“不忘初心、牢记使命”主题培训。下设民建市直支部、娄星支部、企业支部、中心医院支部和冷水江总支（总支设有一、二、三支部），全市有会员190人。

【组织建设】2017年，民建娄底市委发展新会员11人。其中，3名经济界人士，4名具备中级及以上职称，9名大学本科以上学历。6月24—25日，民建湖南省第九届代表大会召开，朱鸿宾当选民建省委常委、民建第十一届全国代表大会代表，冷江总支主委赵郁夫当选省委委员。推荐20余名骨干会员参加省市各类学习培训；发动企业家会员参加建华课堂；在重庆举办骨干会员培训班；组织开展多次专题学习活动；向市委统战部推荐3名县处级后备干部；市委会机关提拔一名干部，优化机关结构。经民建娄底市一届三次会议决定，设立参政议政工作专门委员会，发挥参政党整体功能，充分履行参政党政治职能。定期走访会员企业、会员单位20余次，为会员出主意，为会员鼓与呼。

【参政议政】2017年，民建娄底市委完成2个集体调研课题：《加强职业教育人才培养 助推娄底产业转型升级》《关于加快娄底市全域旅游发展的调查与建议》；通过实地调研、座谈、走访、问卷等方式，完成界别协商课题《发挥融资担保平台作用促进地方经济发展》；提交《优化娄底经济环境的建议》《加快城市公共交通建设的建议》《从“心”出发 关爱少年儿童健康成长》等多篇集体提案；撰写《关于加强我市乡村公路安全管理工作的建议》《关于将冷水江市铎山镇增补纳入娄底市高速公路沿线特色小镇建设试点范围的建议》《关于大力发展实体经济，加快产业转型升级的建议》等20余篇个人建议；上报《进一步发挥政府性融资担保机构作用，支持实体经济健康发展的建议》《高校在地方民营企业人才帮扶中的机制创新研究》《提升市级民主党派民主监督实效对策》等论文；《关注农村留守儿童安全的对策建议》《中学生无证驾驶摩托车必须叫停》等20余篇社情民意信息被民建省委和市政协采用，其中《关于尽快出台女性科级干部延长至60周岁弹性退休新政的建议》被民建中央采用。全年发布宣传信息40篇，被民建中央刊用5篇、省政协刊用1篇、民建省委刊用20篇，市委统战部刊用20篇。

【民主监督】2017年，民建娄底市委对新化县开展脱贫攻坚民主监督。多次到新化县开展脱贫攻坚民主监督专项调研，与中共新化县委、县政府主要领导面商、召开座谈会，听取相关职能部门情况汇报，协商脱贫攻坚民主监督具体监督措施、地点、部门，并深入村户了解情况，发放调查问卷；入驻市发改委重点监督易地扶贫搬迁工作，选取易地扶贫搬迁任务比较重双峰、涟源、新化三个县市作为民主监督调研重点单位，对推进易地扶贫搬迁工作做法、普遍问题、工作责任、群众满意度等进行交流；对集中安置项目点建设进行实地调研，对项目建设选址、配套生产、生活设施建设情况、工程进度、工程质量、项目资金等情况进行了解调研。对三尖镇六二村和光明村，禾青镇苗田村、铜钟村，布溪办事处潘桥村，沙塘湾街道办事处清塘村，金竹山镇当正村等，先后多次进行走访调研，形成高质量调研报告。

【社会服务】2017年，民建娄底市委开展“同心社区”创建，安排同心创建活动经费3万元，在街心社区开展多形式创建工作，助力社区建设；开展同心温暖工程“一家一”助学就业活动，25名民建会员一对一结对帮扶冷江工业学校25名贫困学生；助学就业同心温暖工程“民建·东灏班”50名贫困学子，完成两年专业技能学习，全年有50名学生走进社会参加实习，企业家会员姜东兵再次资助建档立卡贫困学生40人；拨付3万元给娄星区石井镇松江村，支付创文管卫帮扶经费1万元，结对帮扶贫困户50个贫困户，参加娄底市“大手拉小手·同圆中国梦—关爱留守儿童”爱心公益活动，捐赠书包50套。抗洪救灾，捐款12余万元，为135名贫困大学生提供价值13.5万元用品和服务；民建会员、湖南大乘医药化工有限公司董事长陈伯适参与一对一捐赠资助贫困大学生刘敏政3000元。

中国农工民主党娄底市委员会

【概况】2017年，农工党娄底市委围绕娄底发展建言献策，立足社会和谐献计出力，着眼加强自身建设。全市150余名党员努力工作，凝聚思想共识，坚定政治信念。发挥网站、微信等传播速度快、范围广特点，宣传全市各级组织履职活动以及党员立足本职建功立业先进事迹，在市级以上媒体刊登稿件60余篇。推荐选送骨干参加各类培训班；全年发展党员9名，湖南人文科技学院支部、娄底职业技术学院支部成立，现辖1个县委会、5个市直支部，有党员178人)。获农工党湖南省委先进市级组织、机关工作先进单位，市政协社情民意工作先进单位等多个奖项。

【参政议政】2017年，农工党娄底市委在市政协五届一次会议发言《大力发展娄底市景观体育产业》，受到市长杨懿文批阅。党员中人大代表、政协委员向县市区“两会”提交集体提案7件，个人建议、提案30余件，从不同角度对全市经济社会发展提出意见和建议；其中《完善农机公共服务体系 推动我娄底农业机械化发展》《积极推进娄底生态休闲养生农业发展 打造大长沙休闲基地》获市政协优秀提案。全年完成5个调研课题，《加快推进地下综合管廊建设的建议》被选为市政协五届二次会议大会发言材料，《加强地下管线建设 构建宜居幸福娄底》《发展大健康产业 促进娄底市经济转型升级》被选为全市各民主党派和工商联调研成果汇报会材料；《探索和发展我市湘军文化产业》《加快推进健康扶贫 破解因病致贫返贫》等作为2017年度集体提案提交。全年报送社情民意信息23篇，2篇被农工党中央采用，1篇被省政协采用，7篇被市政协采用。郭细军主委《调整脊髓灰质炎疫苗接种政策引发思考》《国家严重精神障碍信息管理系统已成为制约精神卫生工作发展瓶颈》被农工党中央采用并上报全国政协；《母婴哺乳室建设亟待加强》《关于做好人群密集场所应急抢救建议》等建议获市级主要领导批示。

【民主监督】2017年，农工党娄底市委承担界别协商课题《大力发展娄底市景观体育产业》，调研成果得到市政协、市政府办高度肯定，市文体广新局、市旅游外事侨务局联合出台《娄底市加快发展景观体育产业实施方案》；入驻市人社局开展医疗保险和精准扶贫农村转移就业培训工作民主监督；先后深入各县市区开展调研，向市人社局提交整改意见函，获市政协年度优秀民主监督小组。对口双峰县开展脱贫攻坚民主监督，通过实地走访对农户进行调查，摸清脱贫攻坚相关政策落实情况，提出意见建议，助力双峰打赢脱贫攻坚战。部分党员被聘请为市发改委、市监察局等单位特约人员，参与相关单位各项重大活动。

【社会服务】2017年，农工党娄底市委围绕定点帮扶、同心义诊、同心助学、科技下乡开展社会服务，筹集资金及药品、生活物资计8万余元。帮扶贫困松江村解决资金3万元，要求机关干部不定期深入结对帮扶家庭慰问；组织党员医疗专家赴贫困村开展同心义诊，接受问诊300余人，发出药品1万余元。联合农工党省委开展“因病致贫，因病返贫”摸底调研，为受访家庭送去1万元慰问金和价值8000元生活物资。全市30余人次党员参与抗洪救灾与重建，累计捐款捐物4.9万元，郭细军主委被评为“2017年度全市抗洪救灾先进个人”。

表 22　　2017 年度农工党娄底市委先进集体和先进个人一览表

获奖单位、先进个人	奖励名称	颁奖单位	颁发时间
农工党娄底市委	2017 年度先进先进市级组织	中国农工民主党湖南省委员会	2017 年 12 月
农工党娄底市委	2017 年度机关工作先进单位	中国农工民主党湖南省委员会	2017 年 12 月

九三学社娄底市委员会

【概况】2017 年，九三学社娄底市委按照“注重政治素质，发展与巩固相结合，有计划稳步发展”方针，全年发展新社员 18 名，平均年龄 42.6 岁。其中男社员 8 人，女社员 10 人；具高级职称 7 人、中级职称 9 人；全市有社员 483 人。社市委被社省委评为全省年度“社会服务工作先进集体”。辖娄星区、冷水江市 2 个社基层委员会和湖南人文科技学院、娄底职业技术学院、娄底市中心医院、涟钢、新星、友谊、同兴 7 个市直支社。

【政治学习】2017 年，九三学社娄底市委通过组织观看十九大会议开幕会直播，阅读学习十九大报告；制定学习计划清单，参加集中大轮训和专题辅导报告会，开展主题日活动等。通过入户走访、座谈交流、专题讨论、送学共学等方式，到扶贫点新化县天门乡金石村向广大群众开展宣传教育，把十九大精神传达贯彻到位。社员钱局新分别获得湖南省 2017 年“百名最美扶贫人物”和娄底市最具责任心领导干部荣誉，社市委以此为契机，先后通过党派、政协、统战部等平台推介正面典型，传播向上精神。学习贯彻社中央十一大会议精神，围绕坚持和发展中国特色社会主义学习实践活动主题开展“两学一做”专题活动。

【制度建设】2017 年，九三学社娄底市委出台《九三学社娄底市委参政议政管理(试行)办法》《九三学社娄底市委社情民意信息工作管理(试行)办法》，完成政协界别协商、政协大会发言、政协民主监督、民主党派工商联调研、社省委招标课题等专题。7 人被评为全市优秀政协委员，九三学社组被评为优秀界别委员学习活动小组，驻市住建局民主监督小组(九三界别小组为主体)被评为优秀小组。2 篇文章分别获优秀理论文章一、二等奖，1 篇提案获优秀集体提案，4 篇获个人优秀提案。撰写《试行金融分类扶持政策 支持精细陶瓷产业发展》《整合上级专项支持资

5 月 3 日，九三学社湖南省委对口娄底市脱贫攻坚民主监督座谈会召开　　（刘新山　摄）

金，打造精瓷产业公共制造平台》等调研报告，分别作为政协大会发言和政协九三界别协商会议专题。《振兴山区乡村 共享美丽娄底》《建设生态综合体，突破农业产业发展困局》等系列调研报告，从产业规划、科技创新、机制优化等方面对娄底乡村建设提出意见和建议，得到杨文懿市长肯定，被纳入政府工作进行专题研究。《打造良好人才生态，筑梦幸福富饶娄底》调研报告，为娄底人才新政出台与实施提供参考。《娄底农村危房改造调研报告》被市政协采纳作为脱贫攻坚专题调研报告。多篇社情民意被全国政协、省政协、市政协采纳，实现三级政协“全覆盖”。《弘扬民主科学精神，促进九三学社健康发展》一文入选社中央“五四运动与九三学社缘起”主题研讨会征文集，是湖南省唯一作为大会交流材料全文印发作品。

【组织建设】2017 年，九三学社娄底市委以指导支社换届为抓手，推动支社活力与凝聚力提升，完成职业技术学院支社和卫校支社合并换届工作、指导湖南人文科技学院支社如期完成换届，推动“人才强社”战略在基层落实。全年先后选送 30 余人次赴复旦大学、中央社会主义学院、湖南省社会主义学院、

娄底市党校、市社会主义学院等高校及佛山经济开发区参加培训与学习。有11名社员经过层层考核被聘为市中级人民法院等市直单位新一轮特约人员，履行民主监督职能，按照规定选举并组织社员参加社湖南省第八次代表大会。

【社会服务】2017年，九三学社娄底市委坚持把搞好社会服务当做党派服务发展重要工作内容，把“做好事、做实事”作为参政党履行职能重要方式。在第一期成果基础上，探索“九娄合作”发力点，专程赴四川广元学习九地合作经验，与旺苍县政协、九三学社县委开展深入、细致工作交流。帮扶村协调项目、帮扶资金10余万元；对高山寒茶、中药材种植、稻田养鱼等种养产业进行考察论证，提出“旅游＋产业”发展模式。配合社省委采取走访、座谈、发放调查问卷、电话联系、明查暗访等方式，多次对涟源、新化、双峰等地脱贫攻坚工作进行实地查访。前后走访娄底3县市12个乡镇，6所学校、2所乡镇卫生院，抽样调查6个贫困村，走访近50户贫困家庭160多人，召开多次市县及相关部门、调研单位、乡镇、村组调研座谈会，发放调查问卷300余份；提出意见、建议100余条；向九三学社中央、省政协、省委统战部等单位或部门提交相关社情民意信息10多条。作为全省仅有2名代表之一，社市委获邀参加九三学社中央在北京召开扶贫攻坚民主监督调研座谈会并作专题汇报。

表23　　2017年度九三学社娄底市委先进集体和先进个人一览表

获奖单位、先进个人	奖励名称	颁奖单位	颁发时间
九三学社娄底市委	2017年度社会服务工作先进单位	九三学社湖南省委员会	2017年12月

娄底市工商业联合会

【概况】2017年，娄底市工商业联合会围绕市委市政府中心工作，突出服务主题，紧扣工作实际，组织非公经济参与精准扶贫行动，着力打造娄商品牌，力促非公经济健康发展与非公经济人士健康成长。在非公经济人士中开展以“守法诚信、坚定信心”为重点理想信念教育实践活动和“两学一助”学习教育，不断增强非公经济人士发展信心、改革决心、奋斗恒心。邀请了浙江大学应云进教授来娄为非公经济人士授课，安排了32位非公经济代表人士参加省联培训活动，承办第十三期“湘商大讲堂”培训讲座，组织34名非公企业家赴浙江大学参加娄底市第一期党外政协委员培训班，与北京大学、清华大学合作举办中小企业高级人才研修班。全年全市非公有制经济实现增加值697.13亿元，同比增长7.8%，占全市GDP 45.1%。实缴税金56.2亿元，同比增长27.6%，占全市财政总收入64.5%。企业数量1.1万多户（不含个体工商户），其中规模以上中小工业企业795户。吸纳就业人数近100万人，占全市城镇就业人员78%。获评省工商联绩效考核优秀单位和计生综治工作优秀单位，全省统战系统脱贫攻坚先进单位，市综治工作先进单位、文明单位、优秀班子、打非先进单位等称号。

娄底市工商业联合会(民间总商会)第四届二次执委会召开　（吴实清　摄）

【参政议政】2017年，娄底市工商业联合会撰写《娄底市非公经发展报告》《非公企业参与精准扶贫调研》《关于我市产业扶贫的调研报告》等系列调研报告，其中《加强诚信体系建设，促进娄底加速赶超》《加强科技创新，推动新产业新业态蓬勃发展》分别作为政协发言与政协界别协商课题，得到市主要领导批示。组织非公经济人士积极参与“创新引领、开放崛起”大家谈活动，征集各类建议性稿件58篇，在娄底日报刊登26篇。发挥人大、政协组织平台作用，引导非公经济人士中人大代表、政协委员积极建言献策，组织市工商联界别政协委员提交提案 38 件。

【经济服务】2017 年，娄底市工商业联合会成立防范风险工作组，指派专人参与两家企业民间融资风险处置及打非工作，组织对 3 个困难企业进行重点帮扶，走访企业 63 次，现场办公 3 次，帮助相关企业解决转型发展中面临困难与矛盾 22 起。推动《关于进一步加强娄底异地商会建设支持娄商发展意见》贯彻落实，化解娄商回乡创业所面临体制性障碍。协助天津娄底商会回乡拍摄《湘见》纪录片，帮助深圳娄底商会会员企业在娄底拓展业务，与娄底市建行合作在娄商中发行湘商结算卡，帮助协调处理个别老会员涉法事件，参与化解会员企业合同纠纷。

【娄商返娄】2017 年，娄底市工商业联合会组织召开"迎老乡、回故乡、建家乡"共建幸福娄底推进会暨异地商会会长轮值会议、娄商园区行、清明节娄商餐叙交流等活动，组织娄底代表团参加在郴州举行第八届湘商大会。主动与东南亚湖南各商会组织联系，与越南中国湖南企业联合会、欧盟湖南商会建立友好商会，深化娄非企业项目合作，推进"娄企出海"。邀请 68 名娄商返乡考察，努力争取一批项目落户娄底。安排 114 名会员先后赴岳阳、长沙、深圳、杭州、六盘水、昆明等地考察学习。支持市委市政府评选表彰一批优秀民营企业、民营企业家、纳税大户和娄商代表，收集《娄商史话》资料，向三湘统战网、湘商蓝页、工商大观、娄底日报和娄底统战网投稿，宣传娄商返娄兴业典型。

【组织建设】2017 年，娄底市工商业联合会全年发展会员 832 个，年增长 9.09%，发展企业会员 699 个，年增长 21.16%，团体会员 16 个，年增长 13.56%，全市五个县市区都被评为全国和全省"五好"县级工商联。成立商会协会党委，指导成立北京市娄底企业商会、娄底市衡阳商会、陕西省娄底商会 3 个异地商会，引导上海、浙江、佛山、郴州等地积极筹备成立娄底商会。会机关切实找准自身工作定位与契入点，以绩效目标管理考核为导向，以创建文明单位为载体，以认真履行党建工作主体责任为抓手，深入开展"扪心三问"责任心教育。

【扶贫济困】2017 年，娄底市工商业联合会组织 43 名非公企业代表赴岳阳、长沙等地考察学习民企联村典型经验，在执委会上举行民企联村示范项目签约仪式并现场捐款，召开民企联村工作推进会，引导 156 家民营企业与 229 个村结对共建，项目总数 374 个，项目总投资超过 30 亿元，为贫困人口提供就业岗位 5160 个，企业直接投入资金 3.06 亿元。特别是在全市遭遇特大洪灾之时，第一时间发出倡议，号召全市非公经济人士与海内外娄商积极捐款捐物，帮助灾区困难群众重建家园，组织会员企业、行业商协会、异地商会开展慰问活动 50 余起，慰问人数 4000 余人，捐赠钱物 2344.59 万元。（吴实清）

表 24　**2017 年度市工商联(单位)先进集体和先进个人一览表**

获奖单位、先进个人	奖励名称	颁奖单位	颁发时间
市工商联	全省统一战线脱贫攻坚先进单位	省委统战部	2018 年 2 月
市工商联	全省市州工商联绩效评估优秀单位	省工商联	2018 年 1 月
市工商联	计划生育优秀单位	省工商联	2017 年 12 月

娄底市社会主义学院

【概况】2017，娄底市社会主义学院立足于人才培训基地、理论研究基地、方针政策宣传基地办学旨归。贯彻十八届六中全会和十九大精神及习近平总书记系列讲话精神，抓好基层党建工作；着力培训教育主业，全年举办党外代表人士培训班 3 期，培训学员 180 多人次；完成省级优秀课题 1 项，开发课程 2 门，完成市委统战部下达年度工作任务。

【党建工作】2017，娄底市社会主义学院落实《市直机关基层党组织标准化建设考评细则》，组织全体干部职工全程观看十九大开、闭幕式，先后召开院务会和干部职工大会，专题学习和传达党的十九大精神。按照市委统一部署深入联系点和相关单位开展学习十九大精神宣讲活动。结合脱贫攻坚行动，将十九大精神送入对口帮扶村特别是贫困户，帮扶金石村召开党员大会，结合报告中关于实施乡村振兴战略、坚决打赢脱贫攻坚战等内容深入学习宣传十九大精神；抓实党员干部学习教育、党员基本信息采集工作、党员组织关系集中排查、党代表和党员违纪违法未给予相应处理情况排查清理、党费收缴等各项工作。完成《党员基本信息采集表》6份，确保信息无遗漏、全真实、不外泄，做到底子清、情况明，推动组织工作信息化、规范化。每月开展一次支部主题党日活动，全程落实党支部主体责任和党支部工作、“三会一课”、党员分类积分纪实管理；按期进行党支部书记“双述双评”、谈心谈话和思想动态分析报告，落实党组织生活制度。针对两名非党员实际，党支部积极做好教育引导工作，为发展壮大组织夯实基础；紧扣创建国家文明城市，组织机关干部职工开展党员干部开展交通文明劝导；组织全员干部职工举办《习近平七年知青岁月》读书会，分享学习心得；积极参与新建社区建设帮扶，组织机关全体干部职工开展义务卫生清理行动；开展党支部活动，要求非党员参加。

【教育培训】2017，娄底市社会主义学院全年举办培训班三期，即全市统战干部培训班、新任市政协委员工商界代表人士培训班、民主党派班子成员暨政治交接培训班，培训学员180人次。市委常委、统战部部长王雄为每期培训班作动员讲话，省委统战部常务副部长谭平、省委统战部副部长胡东风、汤新华、省社院院长雷鸣强、副院长周述杰、黄自荣、市政协副主席刘继清等领导和专家亲自作专题讲座；市委统战部常务副部长王美成多次为办班进行指导和做有关协调工作。培训班中国特色社会主义理论课开课比例在50%以上，重点突出习近平系列重要讲话精神、中国统一战线新发展新变化、民主党派优良传统等方面理论课程。在培训过程中开展异地教学、现场教学、研讨室教学。全年分别在浙江大学、省社会主义学院、湘潭开展异地教学，也在湘潭九华工业园、娄底经开区开展现场教学。

【理论研究】2017，娄底市社会主义学院出台《娄底市社会主义学院科研奖励制度》，以制度形式明确干部职工职责和奖励；关注统战工作新形势新变化，加强对新社会阶层代表人士、新形势下民族宗教工作等调研，确保理论与实践更融合；抓好以研促教，确立以科研带动教学目标，全年为干部职工开发课程提供资金保障和技术支持，全院开发《着力构建大统战格局》《继承多党合作的优良传统》等课程；全年完成省级课题一项，被评委优秀课题。在省社院学院学报上发表论文2篇，报送市委统战部年度调研论文多篇。

【政策宣传】2017，娄底市社会主义学院主要领导亲自负责调度，副院长具体抓信息工作；将全年工作任务分解到每个季度和每个干部职工，领导干部带头撰写，带头落实；加强业务培训，全院2次派人参加市委统战部组织宣传信息培训，提升干部职工写作水平；加强同市委统战部、省委统战部、中央统战部对接力度，在《中国统一战线杂志》发表文章一篇，在中国统一战线网、省统一战线网、省社院网站刊发宣传信息多条，有力宣传全市统一战线工作；强化激励机制，从工作经费中安排专项资金用于奖励宣传信息工作。

【扶贫工作】2017，娄底市社会主义学院召开多次座谈会、现场办公会，商讨并制定村级发展规划，已争取高标准农田建设、稻田养鱼、产业扶持等项目60余万元，明确“旅游+产业”“公司+农户”产业扶贫思路。多次召开专题学习会议，学习精准扶贫体制机制、贫困退出和脱贫攻坚“七大行动”等内容。选树农村青年致富带头人。开展希望工程扶贫助困，开展希望工程“一元捐”、芙蓉学子、茅台学子、华融湘江银行绿色助学等活动，全年资助365名贫困家庭子女，资助资金近120万元。组织娄底市中医院青年医疗骨干2次进村医疗扶贫，为村民量血压、测血糖、问诊、把脉、开处方，做B超和心电图，义诊送药，提供健康咨询，为5户特困家庭开展免费医疗救助。邀请湖南中医药大学刘湘丹教授、市农业委康文靖教授、土肥站罗剑锋站长组成专家组对金石村现有野生中草药摸底，对土壤取样检测，为村里筹备中药材产业发展指明方向。（刘雄业）

娄底市总工会

【概况】2017年，娄底市总工会贯彻中央、省委和市委党群工作会议精神，围绕强“三性”、去“四化”要求，服务娄底工作大局，履职尽责，维权帮扶，服务改革。举办“中国梦·劳动美”娄底市第二届职工电视演唱大赛，与市委宣传部、市文体广新局联合组织“欢乐潇湘”文化娄底大型群众文艺汇演活动。召开2017年娄底市先模表彰暨劳动竞赛动员大会，表彰市“五一劳动奖章”获得者63名，“五一劳动奖状”单位21个。以“工人阶级宣传月”活动为契机，集中宣传先模人物和娄底工匠先进事迹，宣讲20多场次，营造“撸起袖子加油干，建功立业勇争先”社会氛围。紧扣“项目建设大比拼”中心工作，在全市400余个重点工程项目建设中，广泛开展“喜迎十九大、建功新娄底”主题劳动竞赛。开展茶叶制作、卫生应急、电力调控、环境保护、动物疫情检验等行业技能比武，组队参加全省“五湘”技能大赛，培育评选“娄底工匠”72人，让“千名工匠培养工程”品牌效应得以放大。

【职工维权】2017年，娄底市总工会以“新时期产业工人队伍建设状况” 和园区工会建设等专题调研为抓手，抓实工资集体协商、厂务公开民主管理，推动企业普遍建立健全职工工资分配共决机制、正常调整机制和支付保障机制。推荐国网湖南省电力公司新化县供电公司获评全国厂务公开民主管理先进单位，培育湖南海螺水泥有限公司、涟源钢铁集团有限公司等工资集体协商示范企业，娄底市建筑行业、新化县温塘镇煤炭行业工资集体协商示范点。全市已建工会组织工资集体协商建制率达91%。贯彻《娄底市工会劳动法律监督办法》，建立重大典型劳动违法案件公开曝光制度。安排专项工作经费，聘请湖南晨晖律师事务所10名资深律师组成“娄底工会法律援助律师团”。推进“安康杯”竞赛活动，开展安全生产群众监督和“安全宣传咨询日”主题教育活动，全年参与安全事故调查10余次。获全省“安全生产月”活动先进单位，连续第7年被市委市政府评为安全生产目标管理先进单位。

【帮扶解困】2017年，娄底市总工会“四季送”雷打不动——“春送岗位”，组织专场招聘会12场次，提供免费就业服务15824人次，为1382人达成就业意向；“夏送清凉”，深入企业、工地、车间，为高温作业职工送去防暑药品和物资57.48万元；“秋送助学”，筹集助学资金363万元，资助困难职工和困难农民工子女1407人；“冬送温暖”，走访慰问贫困职工1220人，为职工送去物资和慰问金361.43万元。第四期职工医疗互助参加人数达122173人，参加女职工特殊保障人数达54647人，给5991人发放住院补助费795.91万元和48名女职工支付特殊保障补助金48万元，为1345名身患重病困难职工申报大病救助资金240万元。开展职工心理关爱行动，培训心理咨询师60余人，建立职工心理咨询室15个，提供心理关爱服务300余人次；组织300余名单身青年“鹊桥情缘”联谊交友活动；开展各类知识讲座、流动课堂80余场，近5000名女职工受益；把“母婴关爱室”建设纳入“职工之家”创建整体规划，全市已建“母婴关爱室”10家。

【素质提升】2017年，娄底市总工会以“一户一产业工人”培养工程为抓手，做实困难职工和农民工技能培训。建立娄底湘运职业技术培训学校和双峰县创客职业培训学校2个示范培训基地。举办茶艺师、育婴师、家政服务等20多个专业技术培训班50多期，免费培训3000余人。开展“送法进社区、进基层、进企业”、“12·4”国家宪法日暨全国法制宣传日主题活动，结合“七五”普法工作，组织法律知识讲座4期，组织开展普法宣传活动，发放宣传资料15000余份。举办全市职业风采大赛暨“精彩女校”成果展示赛，开展全市职工篮球、羽毛球、气排球、足球赛等文体活动，充分展现新时代广大职工崭新精神风貌和良好职业素养。

【激发活力】2017年，娄底市总工会围绕“五型”工会创建目标，深化“党工共建”，推进乡镇(街道)工会、园区工会、行业性工会和规模以上企业工会等基层工会“规范创优”建设，实现工会组织有形覆盖和工会工作有效覆盖。开展建会建家行动，培育命名十佳非公企业模范职工之家，不断夯实工会工作基础，全年累计净增工会组织615家，增加会员32570人，其中农民工会员18158人。加强工会干部队伍建设，组织近100名工会干部参加全总、省总举办业务调训，联合高校举办工会干部能力提升培训班。

【优化管理】2017年，娄底市总工会以增“三性”、去“四化”为目标，稳妥推进工会改革，报请市委全面深化改革领导小组审议批准，出台《娄底市总工会改革实施方案》。推行社会化工会干部、内设部室调整和正科实职干部轮岗交流等改革举措受到省总工会肯定。抓实工会经费收管用，加大经审监督力度，严控财务风险，严肃工作纪律。工会信息调研、资产管理、驻村帮扶、统计、保密、文书档案、禁毒教育、创文管卫等工作取得进展。

中国共产主义青年团娄底市委员会

【概况】2017年，共青团娄底市委定编13人，在职在岗12个。内设办公室、组织部、宣传部、学校部、娄底市希望工程领导小组办公室，辖娄星区、冷水江市、涟源市、双峰县、新化县、市经济技术开发区、万宝新区等7个县级团委、1个市直团工委和4个驻外团工委，直管企业团委10个，学校团委、少先队组织18个；有71个乡镇团委和13个街道办事处团委，1181个行政村、社区团支部，2008个乡镇直属团组织。全市专兼职团干3244人；其中县市区机关团干部编制数34个，实有干部31人，有团员近14万人，7~35岁青少年约160万人。全年选树和表彰35个基层团组织、20名“优秀团干”、30名“优秀团员”、30名“优秀少先队员”、18名“优秀少先队辅导员”、20个少先队集体。推出青年典型舍己救人英雄李明华。推报国家级优秀个人12人，优秀集体8个，省级优秀集体14个，优秀个人25人。

【宣贯精神】2017年，共青团娄底市委开展“高举团旗跟党走，奋力实现中国梦”“喜迎十九大——我向习爷爷说句心里话”“与人生对话——我的中国梦”“彩虹人生——我的中国梦”“创业——我的中国梦”主题团日活动460余场，参与青少年50万人次；9月4日，组织全市各级团举办《习近平七年知青岁月》专题读书会、开展“娄底青年学青年习近平”活动。组织基层团员青年学总书记十九大报告、学新党章。团市委门户网站、微信公众号开辟学习十九大专栏，到天门乡金石村向党员、贫困户宣讲十九大精神，邀请十九大代表李贝到娄底市青年联合会第三次全会上宣讲十九大精神。

【网上共青团】2017年，共青团娄底市委以“创青春”创新创业大赛、“湖南好人”等大型活动为契机推广微信公众。全年市本级官方微博转载发布博文3073篇，粉丝40820人，官方微信发布图文信息1071条，粉丝99530人。推进“青年之声”建设“四个融合”，引导青年发声，强化线上工作发布与线下青年参与对接，全市青年之声平台有673名专家，点赞数6474，回答数8826个，问题总数14025个，累计浏览16654318。利用“五四”等重要节日时点，开展“青年悦读”“砥砺奋进的五年”等网络主题活动。开展青年网络文明志愿者行动，引导团员青年在网络空间传播正能量，弘扬主旋律。推进“青年之声”建设，加大线上线下融合力度。完善“1+100”团干部直接联系青年制度，融合“青年之声”，全市100%团干部已绑定手机“青年之友”。在工作QQ群上传了简易操作指南，建立QQ、微信群，每个星期周一上午定期在工作群对团干部直接联系青年工作进行通报，全市257名团干部，联系23683名青年，开展线下活动2444次，线上活动3001次，分享2223篇，发表基层感悟450篇，发表组织生活会1973个，回复青年之声933个，完成微心愿回复1022个，回复英雄帖3181篇，有12555名青年参与点赞。“智慧团建”完成五级录入，构建起全市团组织、团干部团员、管理智能信息系统。

【志愿服务】2017年，共青团娄底市委紧扣市委工作需求，开展春运暖冬行动、保护母亲河行动、雷锋志愿服务月、阳光助残行动等各项志愿服务行动；紧扣“创建全国文明城市”，成立文明劝导志愿者服务队，长期坚守在创文一线，组织“创文有奖知识竞答”“一张纸，一件衣献爱心”“棒棒糖换烟”和“七彩井盖”等文明创建公益活动。

【扶持就业创业】2017年，共青团娄底市委成立娄底青年创客空间，聘请各专业领域精英、学者30人作为公益创业导师，开展财务类、法务类活动4场，创业导师专场座谈会10余场，金融资本论坛暨项目投资对接会2场，举办大型公益活动8场，进驻空间小微企业达30家。

【脱贫攻坚】2017年，共青团娄底市委召开全市共青团助力脱贫攻坚工作推进会，邀请扶贫业务专家进行辅导，学习精准扶贫体制机制、贫困退出和脱贫攻坚“七大行动”等内容。利用微信、微博平台定期发布脱贫攻坚政策精神、活动通知、动员倡议等，发布信息100余期，覆盖青年15万余人。发放扶贫挂历10000份，发放精准扶贫《口袋书》《政策告知书》，组织市县乡三级团干部走村入户，宣讲政策，摸底留守儿童和特困学生情况。湖南卫视深入团市委驻村帮扶点新化县天门乡，为奋斗在扶贫一线“85后”年轻党员、团干拍摄公益宣传片《年轻党员的朋友圈》。选树农村青年致富带头人，带动贫困户就业300余人，资助365名贫困家庭子女资金120万元。帮扶新化县天门乡金石村，发动干部结对帮扶108户建档立卡贫困户，做实一户一策，结穷亲、解难题。目前已争取高标准农田建设、稻田养鱼、产业扶持等项目60余万元，明确“旅游+产业”“公司+农户”产业扶贫思路。

【权益维护】2017年，共青团娄底市委开展“青少年维权岗”创建，成立由40余名专家学者组成青少年维权服务专家团队。开展2017年“青春自护·平安春节”青少年自护教育活动；开展“6·26”禁毒宣传和禁毒宣传“进校园”活动，发放《禁毒倡议书》等宣传资料1000余份。组织留守儿童“五防”教育，有1600余名留守儿童参加。

【希望工程】2017年，共青团娄底市委募集资金60余万元，帮助特困青少年4000余人；开展“一元捐”活动，募集资金51.8万元。援建希望小学2所。开展“茅台学子”“华融学子”“芙蓉学子”“嘉多宝学子”资助行动，资助考上大学贫困生120人50余万元；建好青少年爱国主义教育基地、社会主义核心价值观展览墙、留守儿童活动屋、青少年周末免费影院。

【深化改革】2017年，共青团娄底市委根据团中央、团省委改革方案精神，结合娄底市实际，通过改革座谈会、专题调研、借鉴学习兄弟市州做法等，并与相关职能部门多次协调沟通，数易其稿，经过市深改领导小组会议和市委常委会研究，出台《共青团娄底市委改革实施方案》；并推动各学校落实《中学共青团改革方案》《高校共青团改革方案》《少先队改革方案》。

【教育实践】2017年，共青团娄底市委抓团干部队伍建设，落实“1+100”等团干部直接联系青年制度，组织调研、督导4次。抓团员先进性建设与入团标准和程序，控制数量和增量，突出先进性。落实“三会两制一课”制度，团市委机关经常性组织机关干部集中学习，班子成员和中层干部到基层讲党课5次。推进基层服务型团组织建设，省、市、县三级“青年之家”累计开展活动878场次。开展“学习总书记讲话，做合格共青团员”教育实践，开展学习党章、团章、团务知识以及习总书记重要讲话精神5次，主题活动征文248篇。

表25　　2017年度团市委先进集体和先进个人一览表

获奖单位、先进个人	奖励名称	颁奖单位	颁发时间
团市委	湖南省共青团工作红旗单位	共青团湖南省委	2017年12月

娄底市妇女联合会

【概况】2017年，娄底市妇女联合会强化政治引领，服务中心，注重维权，改革创新。辖5个县级妇女组织及娄底经济技术开发区、万宝新区2个妇联；全市74个乡镇（林场、高新区、经开区）、15个街道完成妇联组织换届，选举产生专职乡镇（街道）妇联主席89人、副主席273人、妇联执委2227人；1837个村、258个社区完成“会改联”，选举产生村级妇联主席2095人、副主席4360人、妇联执委31428人。全市现有正处级女干部32名，副处级女干部169名，新一届市党代会女代表、市人大女代表、市政协女委员分别占比23.4%、29.2%、24.3%，同比分别提高5.37%、4.2%、4.3%。市委书记、市人大常委会主任李荐国率四大家领导出席全市巾帼风采报告会；市政府常务会议听取妇女儿童工作汇报；省妇联主席姜欣来娄调研；《今日女报》整版推介娄底妇女工作；获授“湖南省巾帼建功先进集体”“湖南省妇女宣传工作先进集体”“娄底市社会维权工作先进集体”“继续保持平安单位”“娄底市创文管卫工作优秀单位”“娄底市文明单位”称号。

【助力经济发展】2017年，娄底市妇女联合会组织开展“城乡妇女岗位建功”活动，探索构建“巾帼创业孵化基地”，实施“巾帼创业创新示范典型基地”创建工程；举办创业就业技能培训、育婴师、新型职业女农民、女大学生创业培训、电商培训等21期，助推5000余名女性创业就业；小额担保贷款助力妇女创业，年内争取妇女小额担保贷款2643万元；开展首届“巾帼创业之星”评选活动，为22家巾帼创业基地争取奖补资金186万元，激发妇女创业热情；争取财政支持投资5000万，致力打造全国家政服务基地；牵头结对帮扶新化县曹家镇玉溪村，年内推动落实帮扶资金30余万元，发放产业奖补资金近13万元，为贫困户代售生猪、鸡、鸭、大米近2万元。

【关爱妇女儿童】2017年，娄底市妇女联合会开展巾帼脱贫行动，制定《娄底市巾帼脱贫行动实施方案》。在贫困村举办娄底市庆"六一"暨脱贫攻坚关爱儿童行动与儿童安全健康知识讲座、开展妇女儿童健康免费检查、贫困儿童慰问活动。为当地学校捐赠儿童读物价值1万元和100名贫困留守儿童捐赠爱心邮包，对6个特困儿童家庭进行慰问；推进农村适龄妇女"两癌"免费检查工作，全市累计检查人数83296人，完成全年总任务112.25%；争取联合国"特色儿童早教资源中心"项目落户双峰县。规划调研"公共场所设立母婴哺乳室"项目，赴江苏实地调研考察，争取全国儿基会90万元物质和图书以及救助资金30万元。

【精神文明建设】2017年，娄底市妇女联合会履行市文明委成员单位职责，印发《娄底市妇联落实党委意识形态工作责任制实施方案》，在市中心城区58个社区开展文明礼仪进社区百场巡讲，以文明新风引领社会新风；举办娄底市庆"三八"巾帼风采报告会，表彰"最美系列"和"五好文明家庭"，发挥典型示范带动作用，开展"童心向党""我爱我家""同悦书香""经典朗诵"等主题教育实践活动100余场，加强未成年人思想道德建设；开展家庭教育公益巡讲"六进"活动；开展最美家庭、书香家庭等系列文明家庭创建活动，推选省"最美家庭"3户、全国"最美家庭"2户、省级书香家庭14户、全国书香家庭3户；开展好家风、好家训征集活动，引导妇女和家庭弘扬好家风、传承好家风；组织"最美系列"和"十佳美德少年"评选；在扶贫村开展"红心向党、移风易俗、树文明乡风"专项活动，倡导文明乡风。

【妇女儿童维权】2017年，娄底市妇女联合会出台《2016—2020年娄底市妇女儿童发展规划》《留守儿童、困境儿童保障实施方案》等文件，从制度层面保障妇女儿童合法权益；全市妇联接待妇女信访案件600多起，办结率92%。办结省妇联交办维权案件1件，向省里申报优秀维权案例9个、办理法律援助和社工服务案例700余件；与市检察院联合推动涟源市弱智刘某性侵等一批大案解决；制定《娄底市完善婚姻家庭纠纷多元化解机制建设实施意见》，全市接受婚调问题咨询1200人次，开展婚调460对，调解和好207对，调解成功率45%；编印《法治娄底 平安家庭》宣传手册，开展"建设法治中国巾帼在行动""家庭律师社区行"等活动。开展普法讲座50场次，面对面咨询宣传活动100余场，发放宣传资料10多万份；将吸毒尿检纳入年度干部职工体检项目；推动"12338"妇女维权热线与市长热线融合。

【妇联组织建设】2017年，娄底市妇女联合会把女干部培训常态化纳入市委党校主体培训班，年内举行一期2个月妇女干部培训班；创建省级示范妇女之家2个、市级示范妇女之家6个；依托妇女之家探索妇联组织区域化建设，创建省级区域化妇建示范点5个，争取示范点项目奖励经费50万元。娄底经济技术开发区被省妇联确定为全省首个"两新"组织基层妇联组织改革试点单位；打造"一呼百应"网上妇联工作新格局，建立市、县、乡、村四级联动妇联工作网，促进妇联工作线上线下深度融合。

（何晓琳）

表26　　2017年度娄底市妇联(单位)先进集体和先进个人一览表

获奖单位、先进个人	奖励名称	颁奖单位	颁发时间
娄底市妇联	2017年度湖南省妇联系统宣传工作先进集体	湖南省妇联	2017年9月
娄底市妇联	2017年度湖南省城乡妇女岗位建功先进集体	湖南省妇联	2018年2月
兰娥嵋	全国巾帼建功标兵	全国妇联	2017年4月

法　治

Loudi Municipal Law Commission

◎市政法委
◎社会治安综合治理
◎公安
◎检察
◎法院
◎司法行政

政法委工作

【概况】2017年，全市政法工作按照"落实三大任务，强化三大举措"精神，坚持"守底线、强基础、补短板、创品牌"四大工作理念，落实确保国家政治安全、维护社会大局稳定、服务经济社会发展"三大任务"，推进保安全、护稳定、促发展、重法治、强队伍措施落地见效，将确保政治安全、政权安全作为首要责任。严厉打击与防范敌对势力、敌对分子捣乱破坏。强化反恐处突，固化"日研判周会商月通报"情报信息综合研判机制，建设国保四级情报侦察体系。全年全市没有发生大集体上访和群体性事件，没有发生个人极端事件，没有发生重大火灾交通等安全事故，没有发生重大负面舆情事件。全国"两会"期间，书记、市长组织部分军队退役人员代表座谈，面对面做工作，收到良好效果；全市建立信访事项办理联合审查机制，有效化解群体性事件和集访事件，确保全国、全省"两会""一带一路"高峰论坛、香港回归20周年等敏感节点万无一失；企业军转干部、下岗转业志愿兵"5·9""5·11""7·7"无人进京上访；书记、市长专题调度全市防范和化解重大风险工作，成立13个专项工作组，有效化解重大风险。开展"无上访乡镇、无上访村"创建工作，从7月1日开始至十九大结束，启动十九大期间信访维稳工作机制。实现十九大期间"六个确保"工作目标。开展大比拼、打击网络电信诈骗、"三打三整治"专项行动。全市治安呈现良好态势，全年破刑事案件4937起，破案率51.42%，同比提高24个百分点，快速抓获省督"8·19"专案犯罪嫌疑人文某宏、部省督办涉枪涉爆逃犯邹某凡。其中破现行案件3600起，破案率38%，同比提高16个百分点，两项指标进入全省第一方阵；破命案19起，实现现行命案全破；抓获犯罪嫌疑人4510名，同比上升38.42%；打击新型网络违法犯罪决定起诉387人，绝对数、人均打击处理数均排名全省第一；刑事立案数同比下降28%；命案立案数同比下降14%；侵财案件同比下降20.73%；破案率28.93%，同比提高8.1个百分点。

【护航经济社会发展】2017年，全市政法系统在全市开展为期一年集中整治"村霸"和宗族恶势力专项行动，保持对黑恶势力高压态势。涉黑涉恶案件法院一审判决并报省认定211人，百名民警人均打击处理数排名全省第一，新化县打击农村黑恶势力团伙犯罪工作经验在全省推广。组织市直政法各部门对电信网络新型违法犯罪过程中出现新情况、新手段及时研究达成共识，对双峰县永丰镇、娄星区蛇形山镇等15个重点乡镇进行挂牌整治。打击新型网络违法犯罪百名民警人均起诉数名列全省第一。对上述两类犯罪嫌疑人，政法机关依法快捕快诉、快审严判，实行"法律条文顶格、量刑规范顶格"，除不适宜羁押外，一律不得取保，一律不得判处缓刑，坚决杜绝以罚代刑。法院系统强化审判职能，加大执行力度，服务投资和项目建设，依法平等保护市场主体合法权益；检察机关以"五项活动、十项措施"为依托，构建起服务、预防、打击、保护"四位一体"服务和保障非公有制经济健康发展格局；公安出台《全市公安机关优化经济发展环境八条规定》，对以暴力、威胁手段严重阻碍工程建设，危害施工秩序，强装强卸、强揽工程、强行阻工街霸、村霸、市霸、路霸和社会黑恶势力等违法犯罪行为重拳出击，全市出动警力5089人次，整治重点场所208处，教育、训诫992人。办理行政案件129起，行政拘留183人，办理刑事案件81起，刑事拘留140人。司法行政机关开展"万名律师乡村（社区）行"等专项法律服务活动，推进公共法律服务体系建设。制定《2017年娄底市依法办理非法集资案件工作方案》《娄底市中心城区打处非办案中心方案》，在娄底中心城区，实行市、区两级政法机关办案一体化，成立娄底市中心城区打处非集中办案中心，两级政法机关抽调100名民警集中办案，提出"有案必查、案不漏罪、罪不漏人"。侦办非法集资案件47件，抓获犯罪嫌疑人135人，批捕45案58人，审查起诉30案102人，依法审结54件77人。

【强化平安娄底建设】2017年，全市政法系统到县、市、乡镇调研，对网格化和综治中心建设、矛盾纠纷排查化解、治安问题治理等重点工作抓调度抓落实。健全落实社会治安综合治理领导责任制，加强综治组织和队伍建设，完善综治考评办法，调整综治奖惩政策，加大责任督导力度。组织外出杭州、南昌、株洲、永州等地学习考察，厘清网格化服务管理工作思路，出台《关于推进社会治理网格化服务管理工作的实施意见》，全市综治信息化、网格化、实名制以及各级综治中心、"雪亮工程"建设等基础工作整体推进。以创建"全国社会管理综合治理优秀市"为抓手，开展平安县(市区)、平安乡镇(街道)、平安社区(村)及平安单位、平安校园、平安医院、平安企业、平安景区(点)、平安交通、军地平安等"十大平安创建"活动。结合全国文明城市创建、见义勇为表彰奖励等活动，广大人民群众参与平安创建、共建共治共享平安娄底热情高涨。推进行业性专业性人民调解组织建设，制定《关于建立行业性专业性调解组织推进矛盾纠纷多元化解机制建设的实施意见》，加强对全市行业性专业性调解组织建设的指导；全市在医疗纠纷、交通事故、劳动争议、民间融资、房地产等领域成立行业性专业性人民调解组织140个。扎实开展"三调联动解纠纷，防控风险促发展"专项调解活动。全市没有发生一起因调处不当或不及时而引发矛盾激化事件。以实现社区矫正监管安全稳定为目标，推动社区矫正"三个规范建设""三项重点工作"落实，提升全市社区矫正工作"规范化、信息化、社会化"水平。全年累计接收社区服刑人员10213人，解除矫正7938人，在册2275人，无一脱管漏管和重新违法犯罪。

【推进法治娄底建设】2017年，全市政法系统加大对疑难复杂案件督办和协调。全年督办处理市级以上政法部门和领导批办件64件，通过调卷审查、实地指导、开会协调等方式协调处理各类重大疑难复杂案件86件。开展对"三打击三整治"、"追逃"、打击"盗抢骗"、"黑枪拐"及网络传销、网络电信诈骗等各项专项行动督查督办；开展联合接访模式，把领导定期接访、重点约访、带案下访等方式有机结合起来，面对面地了解群众诉求，听取群众意见，解决群众困难。全年接访群众982件1580人次，处级以上领导参与接访364人次，厅级以上领导参与接访124人次，接待处理信访问题266个；先后两次集中交办79起涉法涉诉信访积案，落实包案责任、细化工作措施，限期要求办结，定期开展督查督办，下发工作通报。完善律师参与涉法涉诉信访各项工作机制；对部分疑难复杂案件探索律师代理申诉、包案化解、参与案件评析等活动；全年为困难群众解决救助资金189万余元，救助案件62件，惠及群众168人；在全市法院开展集中清理积案专项实施行动，定目标、定任务、定责任人、定期限结案，一大批社会关注度高、久执未结案件得到有效执结；推进普法责任制落实，出台《关于在全市各级国家机关中实行"谁执法谁普法"责任制的实施意见》，推动"党政统一领导、人大加强监督、司法行政部门组织、部门分工负责"法治宣传教育体系建设。

【纵深推进改革】2017年，娄底市政法委加强对各改革牵头单位、参与单位组织调度协调，传达市委改革办会议文件通知精神，调度改革进度、资料报送情况，协调改革过程中出现问题；加强与市委改革办、省司改专项小组对接，了解掌握改革信息，加强请示汇报，并与县(市、区)专项小组加强沟通；做好4月省委司改专项小组对全市司改工作调研和6月省委改革办对娄底市开展司法体制4项改革中期督察。针对全市社会治理中薄弱环节，探索社会治理"娄底模式"，推行网格化服务管理，破解社会治理难题，维护社会大局稳定。6月16日，组织召开全市社会治理网格化服务管理工作动员大会，印发《关于推进社会治理网格化服务管理的实施意见》，部署安排网格化服务管理建设时间节点、五大建设任务。加大社会治理网格化服务管理信息平台建设。将网格化管理指挥平台、综治信息化建设、"雪亮工程"纳入"智慧娄底"PPP项目，市县乡村(社区)统一设计方案，统一建设标准，分步分类实施。纵向与中央、省综治信息系统无缝对接，横向与娄底智慧城市其他应用平台衔接。

【提升队伍履职能力】2017年，娄底市政法委完善与高校联合办学培训教育机制，在浙江大学举办全市政法系统中青年干部培训班，从全市政法系统、信访系统选派99名优秀干部参加专题培训研修，提升政法干警综合素能。开展政法大讲堂活动，邀请法学泰斗李步云到娄底授课，提升全市政法干部综合素质，加快推进平安娄底、法治娄底建设进程。重视新媒体时代政法宣传和舆论引导工作，办好全市政法综治新闻写作及舆情应对专题培训班，统筹运用政法资源和社会资源，加强政法宣传工作阵地、机制、队伍建设，主动宣传、立体宣传，讲好娄底政法故事，传递政法舆论"正能量"。按照"三同步"工作原则妥善处理和应对涉法涉稳网络舆情。根据《关于新形势下党内政治生活的若干准则》《中共娄底市委关于加强市委常委会自身建设的七条规定》，出台《关于加强市委政法委自身建设的七条规定》，要求带头严守党政治纪律、政治规矩，做对党绝对忠诚表率；带头严守党组织原则，做民主团结表率；带头践行党的群众路线，做务实为民表率；带头履职担当，做勤勉敬业表率；带头选贤任能，做营造良好政治生态表率；带头开拓创新，做创先争优表率；带头加强党风廉政建设，做清正廉洁表率。

社会治安综合治理

【概况】2017年，娄底市社会治安综合治理办公室贯彻中央和省委决策部署，围绕市委政府工作大局，把握“守底线、强基础、补短板、创品牌”工作重点，以健全落实综治领导责任制为抓手，一手抓重点问题治理，一手抓基层基础工作，推动全市社会治安综合治理工作创新发展。各级各部门建立社会治安综合治理目标管理责任制，逐级签订综治工作责任书。按照《娄底市正向激励实施办法》（娄办发〔2017〕21号）对年度综治考评为先进、合格等单位发放“社会治安综合治理奖”。对3个乡镇予以“黄牌警告”，对1个乡镇予以“一票否决”，分别对2个市直单位予以“黄牌警告”“一票否决”；结合专项工作督导，市综治委（办）对存在突出问题16个乡镇（街道）党委书记及相关责任人进行约谈，对网格化管理和综治中心建设进展滞后3个县（市、区）进行通报。实行“一综五专”工作机制，整合各部门资源，按月召开工作例会，直接调度、交办、督办重大疑难复杂纠纷。加强行业性、专业性调解组织建设，在民间融资、劳资纠纷、房地产、征地拆迁、交通事故、婚姻家庭等矛盾突出重点领域建立调解平台，健全矛盾纠纷多元化解体系，一些重点领域风险防控工作走在全省前列，并形成“娄底模式”。

【重点治理】2017年，娄底市社会治安综合治理办公室推进电信网络新型违法犯罪专项治理，党政牵头、公安主导、部门联动、社会参与，高发态势得到遏制。开展铁路和高速公路隐患排查化解大攻坚专项行动，高标准推进高铁沿线电子监控建设，在娄底高铁南站派出所万宝警务室建立全省首家路地护路联防指挥平台。运用综治手段，推动金融、电信、交通、旅店、寄递物流等重点领域落实实名制。打击黑恶势力、涉爆涉枪、盗抢骗、黄赌毒、拐卖妇女儿童、危害食品药品公共安全等违法犯罪专项行动成效明显，公众安全感增强。

【治理模式】2017年，娄底市社会治安综合治理办公室出台《关于推进社会治理网格化服务管理的实施意见》，召开动员大会，明确全市网格化服务管理工作建设任务和时间节点。按照科学务实管用原则，统筹推进综治中心建设与网格化建设、“雪亮工程”，与“智慧娄底”深度融合，由市级统一标准设计、分步分级建设到位，全年新增1500多个视频监控摄像头任务，市、县两级公安机关与同级综治中心公共安全视频监控资源实现联通共享。全市“三实”信息采集及时率、录入率、准确率在全省领先，娄星区深入推进社会治安防控社会化、市场化、专业化模式；冷水江市深化社区网格化警务改革；双峰县实施“一村一协警”，新招163名驻村辅警。

【共治共享】2017年，娄底市社会治安综合治理办公室出台《娄底市深入开展“十大平安”创建活动实施方案》，拓宽创建领域，创建标准和措施，推动基层、行业、系统平安创建纵深发展。冷水江市创建省级“平安县市区”，52个市直单位、29个乡镇（街道）获市级“平安单位”“平安乡镇”表彰，全市涌现出一批平安社区（村）、平安学校、平安医院、平安旅游景点、平安交通、军地平安创建等示范创建单位。

【机构队伍】2017年，娄底市社会治安综合治理办公室出台《关于进一步加强公安派出所工作的意见》，加强各级综治办、公安派出所、司法所、人民法庭建设，充实一线力量，确保编制、人员、基础设施、经费保障落实到位。配齐配强村（社区）专抓社会治安领导成员，实现一村一综治专干。从政策导向、警力配置、警务保障等方面大幅向基层派出所倾斜，推行“一村一治安队”建设等，基层综治工作见实效。

（彭晗 谢新庆）

公安工作

【概况】2017年，娄底市公安局实施“五个公安”发展战略，深化“四项改革”，推进“三大战役”，实现刑事案件、命案、侵财案件、交通事故、火灾事故同比实现“五下降”，刑事破案数、抓获犯罪嫌疑人数、全市治安案件查处数同比“三上升”。追逃、打黑、除恶、侦破命案工作获评省公安厅先进单位，抗洪抢险获通报嘉奖，“综治”“信访维稳”“安全生产”等被评为全市先进单位。快速侦破“12.22”案件被市委、市政府记集体二等功；涟源市公安局被评为全国优秀公安局，钢城公安分局被评为全省优秀公安局。

【社会维稳】2017年，娄底市公安局固化“日研判周会商月通报”情报信息综合研判机制，加强“风控”系统和重点人员一体化管控系统应用工作，重点人员在控率达98.44%。省厅11次推介全市公安机关十九大安保维稳经验做法，大管控、重点群体赴省进京管控、人境系统重点人员落地核查进度、“风控系统”百名民警核查重点人员数等工作位居全省第一。“清仓见底”信访积案化解在规定期限内100%完成，十九大安保维稳，进京非访实现“零登记、零滋事、零通报”。“5·6”“5·11”“9·12”专案得到部省公安机关表扬。出台《娄底市反恐怖主义工作责任制实施办法》，常态化开展反恐宣传、检查、演练，开展涉恐隐患排查整治专项行动，对反恐防范措施落实不力企事业单位处罚力度，提升社会面反恐防范能力。在全省十九大安保工作誓师暨“三湘铁拳·2017”反恐怖跨区域演练中，娄底特警得到副省长、公安厅长许显辉点赞。

【犯罪打防】2017年，娄底市公安局开展“两保一促”“三打三整治”、集打斗争“冬春攻势”等专项行动。全年破刑事案件5180起，破案率44.36%。23起现行命案全破，新化县公安局被评为全省公安机关侦破命案工作成绩突出单位。打黑除恶、盗抢骗犯罪破案数名列全省第一，历年命案逃犯到案率名列全省第二，旅业追逃和网上追逃进入全省第一方阵，食药环犯罪破案数名列全省第二。侦破部督“1·6”“5·16”“10·3”等一批大要案件，快速抓获省督“8·19”专案犯罪嫌疑人文烈宏、部省督办涉枪涉爆逃犯邹某凡。监所深挖犯罪成绩突出，协助破案685起。金融、交通、电信、旅业、网吧、长途客运等领域实名制工作进展顺利，完成党的十九大、“两节”“两会”、“一带一路”高峰论坛、全省项目首站观摩、湘博会、中韩足球预选赛、杜家毫书记到娄底调研等重大安保任务100余起。

【护航发展】2017年，娄底市公安局抽调100名警力，成立中心城区打处非集中办案中心，10起重点案件全部侦破。全市侦破非法集资案件25起，抓获非法集资犯罪嫌疑人139人，查封、扣押、冻结资金1.5亿余元，在全省做好涉众型经济案件维稳工作座谈会作典型发言。破获电信网络诈骗案693起，抓获犯罪嫌疑人702名，追回逃犯202人，完成全省下达目标任务410%，打击处理绝对数、人均打击处理数排名全省第一。办理破坏经济发展环境刑事案件480余起，采取刑事强制措施303人，行政拘留654人。查处新化胜利煤矿破坏环境案，得到中央环保督察组肯定。稳妥处置涟源市祖保煤矿安全事故，得到省市领导赞誉。

【公安改革】2017年，娄底市公安局以“四大改革”为引领，统筹推进改革创新，2017年8月，省委常委、省委政法委书记黄关春来娄调研时，高度评价娄底公安工作变化快、亮点多、来势好。警务机制改革顺利完成，市县两级四大中心全部建成并实体化运行。机构编制改革全面落实，氐星分局、科信支队、反恐支队、反电诈中心、禁毒办等机构获批，刑侦、经侦、治安支队内设机构全部升格为正科级。科信投入改革加速推进，建成4G视频联网平台，网技三级互联网监控中心，新建市本级、县(市)级刑科所实验室4个。投入经费3000余万元，启动“警务云”“雪亮工程”建设。警务保障改革蹄疾步稳，筹集5亿元成立“平安娄底发展基金”，投资3.2亿元建设智能安防项目。全市城区所、农村所人均工作经费分别提高到每年6.5万元、6万元。实现群众评价99.99%黄金满意率。人境支队出国境大队被评为全国优秀公安基层单位。冷水江市公安局社区网格化警务室建设经验做法被省委改革办推介。4个微改革微创新项目通过省厅集中评审，2个在全省公安机关第二届“微改革微创新”大赛中获得表彰。2016年3月29日，娄底市公安局经侦支队破获公安部督办特大销售假冒注册商标商品案(督办号〔2016〕22号)。该系列案件捣毁假酒制售窝点4个和销售窝点9个，抓获犯罪嫌疑人17人，缴获大量假冒茅台、五粮液、湘窖、国窖1573等注册商标高档品牌白酒，扣押制假设备一批，假酒市值2000余万元。

摧毁“4·11”特大电信诈骗犯罪团伙。2016年6月18日，市局刑侦支队、网技支队经过近两个多月缜密侦查和连续作战，成功摧毁代号为“4·11”特大电信诈骗犯罪团伙，抓获犯罪嫌疑人杨某华、秦某日等14人(均为双峰籍人)，其中银行工作人员3人，当场缴获假身份证400余张、银行卡700余张，涉案资金500余万元，破获涉及诈骗、盗窃、伪造、变造居民身份证，非法获取公民个人信息，妨害信用卡管理，抢夺，寻衅滋事等6个罪名80余起案件。

娄底、涟源两级公安机关成功侦破“7·11”特大电信诈骗案。2016年8月22日，在省公安厅直接组织指挥下，在贵州贵阳和广东深圳两地警方全力支持配合下，娄底、涟源两级公安机关侦办公安部督办“7·11”特大电信诈骗案点成功收网，抓获以张某超(男，27岁，湖南永州市宁远县人)、张某浩(男，汉族，31岁，湖南永州宁远县人)、张某浪(男，汉族，24岁，湖南永州宁远县人）等违法犯罪嫌疑人151人，缴获电脑210余台，手机3000余部，银行卡20余张，以及涉案车辆3辆等大批作案工具，扣押、冻结资金140余万元破获涉及全国多地电信网络诈骗案件上千起。

双峰县公安局侦破“2016.3.6”特大电信诈骗案。2016年9月13日，双峰县公安局破获部督“2016.3.6”特大电信诈骗案，抓获王弼琴(男，31岁，双峰县走马街镇同裕村十字村民组人）团伙犯罪嫌疑人32人，摧毁犯罪团伙6个，抓获端掉窝点15个，缴获电脑26台、手机232部、手机卡313张、银行卡456张等大量作案工具和账本。

侦破地下加工烟草制品网络案。11月3日，市公安局抓获张某忠等地下加工烟草制品网络案（即“10·13”专案)9名主要犯罪嫌疑人。现场查获现金28.485万元，烟叶16267.5千克，烟丝18924千克，烟梗16549千克，烟沫1300千克，发电机组1台，卧式锅炉(2吨)1台，土制八刀切丝机1台，打叶机3台，带电机振槽4段，带蒸汽管大型滚筒1台，炒锅1台。查扣账本2个、报账单据38张、涉案车辆6台、手机19台。

新化县公安局成功侦破“5·16”特大电信诈骗案。11月3日，新化县检察院决定对部督“5·16”特大电信诈骗案刘某勇等21名犯罪嫌疑人批准逮捕，2名犯罪嫌疑人取保候审。该特大电信诈骗案破案208起，涉案经额达218万元，受害人涉及全省14个市州和四川、江西、重庆等10余个省(直辖市)。

11月14日，系列流窜盗窃移动基站设备案成功告破，破获系列移动基站设备盗窃案14起，涉案金额上百万元。重大作案嫌疑人张某、廖某被抓获。经审讯，犯罪嫌疑人张某和廖某均为某智能工程公司技术安装人员，利用工作便利，两人先后在娄底境内盗窃移动基站设备，作案14起，所盗赃物均以极低价格通过物流中心销往外地。（廖建梅）

表27　**2017年度娄底市公安局(单位)先进集体和先进个人一览表**

获奖单位、先进个人	奖励名称	颁奖单位	颁发时间
曾育城	三等功	湖南省公安厅	2017年1月
童　晓	嘉　奖	湖南省公安厅	2017年1月
陈　轩	嘉　奖	湖南省公安厅	2017年1月
彭快建	二等功	湖南省公安厅	2017年4月

续表 27

获奖单位、先进个人	奖励名称	颁奖单位	颁发时间
刘　峰	一等功	湖南省公安厅	2017 年 5 月 27 日
周立新	二等功	湖南省公安厅	2017 年 5 月 27 日
田　军	二等功	湖南省公安厅	2017 年 9 月 20 日
胡文彪	二等功	湖南省公安厅	2017 年 9 月 20 日
金瑞文	二等功	湖南省公安厅	2017 年 9 月 20 日
傅　钢	二等功	湖南省公安厅	2017 年 9 月 20 日
李革新	二等功	湖南省公安厅	2017 年 9 月 20 日
戴署逵	三等功	湖南省公安厅	2017 年 9 月 20 日
罗光旺	三等功	湖南省公安厅	2017 年 9 月 20 日
龚　亮	三等功	湖南省公安厅	2017 年 9 月 20 日
伍大勇	二等功	湖南省公安厅	2017 年 11 月 10 日
吴正平	三等功	湖南省公安厅	2017 年 11 月 10 日
秦毅武	三等功	湖南省公安厅	2017 年 11 月 10 日
刘建雄	三等功	湖南省公安厅	2017 年 11 月 10 日
张建良	三等功	湖南省公安厅	2017 年 11 月 10 日
尹庆涛	嘉　奖	湖南省公安厅	2017 年 11 月 10 日
李东平	嘉　奖	湖南省公安厅	2017 年 11 月 10 日
廖正华	嘉　奖	湖南省公安厅	2017 年 11 月 10 日
曹友云	嘉　奖	湖南省公安厅	2017 年 11 月 10 日
刘百星	嘉　奖	湖南省公安厅	2017 年 11 月 10 日
刘仁龙	嘉　奖	湖南省公安厅	2017 年 11 月 10 日
李典芝	嘉　奖	湖南省公安厅	2017 年 11 月 10 日
罗光旺	嘉　奖	湖南省公安厅	2017 年 11 月 10 日
李桂阳	三等功	湖南省公安厅	2017 年 12 月 6 日

续表 27

获奖单位、先进个人	奖励名称	颁奖单位	颁发时间
鄢汉周	三等功	湖南省公安厅	2017 年 12 月 6 日
胡中贤	三等功	湖南省公安厅	2017 年 12 月 6 日
戴峰	三等功	湖南省公安厅	2017 年 12 月 6 日
王向红	三等功	湖南省公安厅	2017 年 12 月 6 日
黄学知	二等功	湖南省公安厅	2017 年 12 月 25 日
娄底市公安局经侦支队“8·26”专案组	集体二等功	湖南省公安厅	2017 年 9 月 20 日
双峰县公安局“3·6”部督特大电信诈骗案专案组	集体二等功	湖南省公安厅	2017 年 9 月 20 日
娄底市公安局	嘉奖	湖南省公安厅	2017 年 11 月 10 日
娄底市公安局治安支队	最佳团队奖	湖南省公安厅	2017 年 9 月 25 日
娄底市公安局巡特警支队巡特警支队	全国青年文明号先进单位	公安部	2017 年

公安钢城分局

【概况】2017 年，娄底市公安钢城分局围绕“平安钢城”建设工作目标，实施“五个公安”战略，在维护稳定、打击整治、治安防控、服务群众、规范执法、信息化建设、队伍建设等方面取得成绩。全年破获刑事案件 221 起，刑事案件破案率达 47.53%，在全市排名居前，查处行政案件 551 起，行政处罚 204 人。成功破获“12·12”特大贩毒案、涉案金额 200 余万元系列盗窃涟钢通信模板案等一大批有影响力疑难案件。全年抓获上网逃犯 59 人，历年库存逃犯下降率 75.64%，在全市排名第一。推行“三零”工作机制，现场解决各类矛盾纠纷 125 起，在 2017 年娄星区人大常委会组织保护发展环境专项工作评议中被评为“满意单位”；辖区刑事发案率连续 6 年大幅下降，整体降幅达 58.6%，防控工作做法在全省公安机关社会治安防控体系建设现场推进会上作经验推介。获授“全省优秀公安局”“全市县级公安机关绩效评估先进单位”等称号，青山派出所获评“全省优秀公安基层单位”。

【法制建设规范】2017 年，娄底市公安钢城分局对全局办理 654 起案件全部进行审核考评，在市局、省厅案件质量考评中均达标。全年 11 起行政诉讼中未出现一例败诉；改造升级执法办案区域，民警执法行为监管到位。

【信息化建设趋好】2017 年，娄底市公安钢城分局结合自身实际，抢抓机遇，提升基础设施建设水平，建成指挥情报、侦查实战、治安防控、新闻舆情、执法监管等 5 个业务中心。开展派出所综合警务指挥室建设，其中青山派出所综合警务指挥室已建成为娄底城区办公环境、硬件设施最好综合警务室，被确定为省公安厅治安总队联系点。

【管理严优并举】2017 年，娄底市公安钢城分局坚持政治建警、素质强警、从严治警、从优待警。创新构建“3 机制 +1 工程”动态管理模式，出台队伍管理、暖心惠警“双十条”举措，连续多年实现“零违纪”“零曝光”；定期组织民警进行健康体检，落实看望慰问及奖励资助制度，加大警务保障、装备保障力度，开展“五小工程”建设，创建设备齐全、舒适贴心警务办公环境。（邓冶）

表 28　　2017 年度娄底市公安局钢城分局先进集体和先进个人一览表

获奖单位、先进个人	奖励名称	颁奖单位	颁发时间
娄底市公安局钢城分局	全省优秀公安局	省人力资源与社会保障厅、省公安厅	2017 年 12 月
娄底市公安局钢城分局青山派出所	全省优秀公安基层单位	省人力资源与社会保障厅、省公安厅	2017 年 12 月
刘雄波	2017 年湖南省抗洪救灾先进个人	中共湖南省委 湖南省人民政府	2017 年 8 月
黄学知	省公安厅二等功	省公安厅	2017 年 12 月
肖新标	全省公安纪检监察工作成绩突出个人	省公安厅	2017 年 12 月
胡中贤	全省社区(农村)警务工作先进个人	省公安厅	2017 年 12 月

交警支队

【概况】2017 年，娄底市公安交警支队围绕交通安保工作主线，开展“百日会战”“四大攻坚战”、全市城市道路交通秩序、预防重特大道路交通事故、摩托车电动车、中南片区及“三个不发生”等多个专项整治行动，查处交通违法行为 770642 起，同比增长 40.12%。其中，查处酒驾、超员、闯红灯、涉牌涉证等严重交通违法 432201 起，同比增长 722.9%，民警重点违法人均纠违数达 1399 起 / 人，月均 127 起 / 人，在全市形成违法“零容忍”高压态势。完成各类交通警保卫活动 27 次，确保万无一失。以市交安委名义组织公安、安监、交通、教育、公路等部门开展交通安全隐患排查治理行动。排查 36 处道路隐患，重点隐患 4 处，按“一单四制”要求落实交通安全隐患整改。开展重点车辆及重点驾驶人隐患“清零”工作，督促 3354 台逾期未报废重点车辆，1238 台逾期未检验重点车辆，3110 名逾期未审验重点驾驶人办理相关手续，6 类重点车辆检验率、报废率均达到 100%，重点驾驶人审验率达 99.32%。督促 2993 台存在 3 次以上违法行为重点车辆消除违法行为；实行警校联动，加强学校、幼儿园周边交通安全整治，强化校车监管与宣传教育，推进校园交通安全管理；不定期组织企业负责人及重点车辆驾驶人上安全教育课，落实客运企业每月安全信誉等级评定制度，强化对客、货、危运企业源头监管。发挥农村“两站两员”作用，开展道路交通安全劝导工作，抄告各类道路交通安全隐患 20 次，印发通报 10 期，交通事故四项指数下降。

娄底市公安交警支队指挥大楼　　(邓冶 摄)

【执法管控能力建设】2017 年，娄底市公安交警支队坚持问题导向，突出实战应用，检训结合，主导开展各类业务培训 25 期，培训 1500 余人次。创新培训模式，开展培训工作，采取邀请专家上门或委托办学等方式，立足实战需要，解决实际问题。双峰、冷江等大队邀请检察院、法院、刑警、情报等单位专家授课，通过培训，拓宽民警视野，增强民警证据意识和法律意识，提升民警执法素养；利用交警系统执法记录仪使用管理系统，规范执法记录仪使用管理工作，印发《湖南省公安交警部门执法记录仪使用监督管理办法》，明确执法记录仪具体使用、考核及监督规则。支队委托专业人员组织对全警进行规范使用执法记录仪培训，提升全警使用意识和使用水平。全年开展12次全面检查，下发10期通报，印发实施《2017年度全市公安交警执法规范化建设评估办法》，支队配合省局制定《关于办理吊销机动车驾驶证业务若干问题的意见》《校车违法行为查处指导意见》《关于进一步规范适用行政强制措施的通知》；对《关于整治娄底中心城区道路交通秩序的通告》《关于在娄底中心城区部分区域禁行禁停货运车辆的通告》《公安交警部门行政执法裁量权基准》等规范性文件全部进行清理。组织工作组赴基层交警部门调研超员类危险驾驶案件办理情况，指导各地办理超员类危险驾驶案件办理。采取“检训结合”方式开展执法评估和送训下基层工作，在全市各大队抽检约300余份行政处罚案卷和100余份道路交通事故案卷进行现场评阅，将案卷评阅情况制作成图文并茂PPT课件，以现场反馈方式对受检单位在执法办案中亮点和存在不足进行评析。先后4次组织非现场违法录入信息抽查，对680台次车辆计720余条非现场交通违法信息记录进行逐条核查，从证据图片、数据以及所涉及具体违法行为定性等各方面进行评估，对发现问题逐一点评并通报。

【交通实战能力建设】2017年，娄底市公安交警支队加大科技投入，强化信息、数据深度应用，深化勤务机制改革，推进城市交通管理信息化、智能化、精细化，提高交通安全管理精准度，以提升公路交通管控、城市交通指挥能力和执法水平为重点，改造整合交通监控系统及设备，建设集交通运行监测、安全风险研判、重点车辆管控、应急指挥调度、勤务监督考核等功能为一体集成指挥平台。建立互联网交通安全综合服务平台，在车管所、交警大队、考场等设立互联网业务受理窗口，统一设置“互联网业务受理窗口”标识，配备高拍仪、二代居民身份证阅读器等硬件设备，开通互联网业务办理，扩大机动车、驾驶证网上办理范围。推广应用“交管12123”手机APP，开通手机APP各项交通管理业务服务功能，定期推送道路交通安全警示信息。建设公路视频监控系统，完善机动车缉查布控平台建设，依托综合应用平台和缉查布控系统开展布控、查缉工作，建立新型勤务指挥体系和勤务运行机制，提高执法工作针对性和有效性。结合各地路网、交通流、执法服务站建设等情况，加大卡口设备密度，最大限度扩大监控范围，形成覆盖全市缉查布控圈。完善交通违法处理监管系统，加大对交通违法处理监管力度。归集客运站场班次信息、停车场停车登记信息，推进信息共建共享深度应用。

【管理创新能力建设】2017年，娄底市公安交警支队坚持精细管理、服务至上理念，改进强化车驾管理，提升工作效率和服务水平。按照车管工作监管规定，加强县级车管所、分所、服务站等安检机构监管，推广使用PDA智能查验系统和外廓尺寸测量仪、称重仪，实现远程比对“公告”数据，提高检验效率。加强重点车辆和重点驾驶人管理，建立重点车辆和重点驾驶人电子档案，按辖区分类管理。按照驾考考场有关管理规定，实施考试与培训分离制度。下放和分流车管业务，将二手车业务全面下放至4个县级车管所和2家分所，把重中型货车注册业务下放至城中分所、双峰大队车管所，对辖区内五类重点车辆及重点车辆驾驶人逾期未检验、未报废、未审验、未换证开展大清查。截至12月底，重点车辆检验率、报废率均达到100%，全省排名靠前。加强驾考考场监控系统建设，实现考场监控全覆盖，确保驾考公开透明。推进车管业务互联网服务平台建设工作，设立互联网业务办理中心，完成驾驶人及机动车所有人面签工作达5万余笔，推动服务管理由“粗放型”向“精细化”转型，全面提升管理服务效能。启用车管自助服务终端设备，方便群众查询和办理简单业务。各驾考考场增设收费窗口，方便考生就近缴纳注册费和考试费。推进互联网驾考预约和车管微信工作，让数据多跑路，让群众少跑腿，享受“指尖上服务”。

【队伍履职能力建设】2017年，娄底市公安交警支队发挥政治引领、推动和促进作用，以凝心聚力、强基固本、暖心惠警“三大工程”为载体，以“建一流队伍、创一流业绩、树一流形象”为目标，提升队伍履职尽责、攻坚克难、创先争优能力。坚持民主集中制原则，落实“三重一大”议事规则，自觉维护党委班子团结和权威。坚持“一岗双责”和述职述廉制度，聚焦问题导向，带头开展“扪心三问”，带头加强作风建设，指导支队10个党支部建好党员活动室，结合“两学一做”和责任心教育，部署开展全市公安部门“迎接十九大忠诚保平安”主题教育实践活动，推动党建工作具体化、精准化、常态化。建立岗位责任清单，实施精细化管理，按月综合评定党员民警等级。建立火线记功、火线入党、火线提拔等战时奖励机制，调动党员民警积极性、主动性和创造性。组织开展丰富多彩业余文体活动，舒缓民警紧张工作压力。以文哺警、以文铸警，营造“激情工作、快乐工作”警营文化氛围；举行“创建优秀团队 争当优秀青年”活动表彰大会，对18名“优秀共青团团员”、“优秀共青团干部”进行表彰。“七一”给35名已从警30年的民警授予勋章，给7名退休民警授予纪念章，提升广大民警职业自豪感。全年有6个集体、86名个人立功受奖，获创建全国文明城市成绩突出先进集体，支队工会被授予湖南省“模范职工小家”称号，直属一大队刘健康被推荐参加“湘中警星”评选，支队民警李红艳被授予市“五一劳动奖章”，陈玲被授予“娄底市优秀共青团干部”。发挥党报、党刊和“双微平台等新媒体“喉舌”作用，讲好交警故事、传好交警声音。《车路人》杂志用12个版面专题宣传报道娄底交管工作和队伍建设新发展。携手《法制周报》《娄底日报》、娄底电视台、《广播电视报》等10家新闻媒体召开党建工作研讨会。建立党建活动宣传专栏和党建活动微信工作群，开展创建优秀团队巡回宣讲活动。

（李隽武）

表29 **2017年度交警支队先进集体和先进个人一览表**

奖励名称	获奖单位、先进个人	颁奖单位	颁发时间
2017年全省公安交警系统兵乓球混合团体比赛第四名	交警支队	交警总队	2017年4月
2016—2018年全省依法办事示范窗口单位	直属一大队	中共湖南省委法治湖南建设领导小组办公室	2016年12月
党的十九大交通安保维稳工作成绩突出集体和个人	冷水江市公安局交警大队、娄底市公安局交警支队直属二大队	湖南省公安厅交通警察总队	2017年10月
党的十九大交通安保维稳工作成绩突出集体和个人	杜辅中、唐群义、刘建红、伍侣伦、黄华锋、毛来方、赵云、段卓君、肖恒、邱建民、吴志伟、陈建祥、肖辉、朱国亮	湖南省公安厅交通警察总队	2017年10月
2017年全省集中打击重点交通违法行为“百日会战”行动成绩突出集体	冷水江市公安局交警大队	省总队	2017年6月
2017年全省集中打击重点交通违法行为“百日会战”行动成绩突出民警、辅警	王 云、张阔如、罗立文、朱耀祥、毛来方；李国安、颜巍威、吴 鹏、陈建祥、吴志伟、邓科理、易 妙	省总队	2017年6月

消防支队

【概况】2017年，娄底市公安消防支队按照“夯实基础、抓实党建、精研业务、确保稳定、争创一流”工作主线，重点抓好党的十九大消防安保工作，内外环境呈进取局面。市委、市政府把消防工作纳入娄底加速转型、奋力赶超中心城区提质扩容3年行动计划统筹；全市消防基础设施建设、业务经费保障等难题得到解决；支队完成消防指挥、情报处理、消防研判、社会监管与预警社会化消防大数据平台整体框架搭建，市本级消防远程监控系统实现联通。消防工作被纳入领导干部绩效考评、安全生产考评、社会综合治理、文明城市创建范畴。全年全市各级消防部队检查社会单位11982家，督改火灾隐患23796处，临时查封302家（处），责令“三停”164家（处），罚款613.8万元，拘留36人。全年全市发生火灾469起，死亡5人，受伤5人，直接经济损失986.6万余元，火灾起数同比去年下降16%。

【军事业务】2017年，娄底支队坚持“重软件、兼顾硬件，重细节、狠抓经常”原则，提升部队正规化水平。投入450余万元同步推进全市6个基层单位正规化改造，基层营区面貌焕然一新。不断固化条令条例学习月、纪律作风整训、安全大检查成效，创新开展队伍管理亮窗行动，制定《关于进一步明确全市消防官兵岗位职责的通知》，明晰7个层级34个类别56个岗位任务分工，实现以制度管人、以制度管事、以制度管物。做实“竞技性训练、应用性训练、适应性训练、指挥能力训练”施训，部署“大练兵、大挑战、大比武”活动。在总队首届消防运动会上获得建筑内攻操团体第三名、3000米长跑个人第三名成绩。探索组建6个类型攻坚专业化队伍，聘请22名灭火救援专家组成员，建成176个社区微型消防站，组织10场大型综合实战演练活动。在全省专职消防队比武竞赛中，娄底涟钢消防队获团体总分第4名。全年接警出动1527次，抢救疏散被困人员4341人，成功处置“5·11”全国首例超长隧道内天然气槽罐车侧翻事故，特别在娄星区“7·1”百年不遇抗洪救灾工作中，广大官兵恪职尽责，奋勇排险，营救被困人员688人，疏散被困群众3500余人；支队被市委政府表彰为“2017年度抗洪救援先进集体”，2名官兵荣获抗洪救援先进个人，娄星中队被总队记集体三等功，中队政治指导员荣立个人二等功。

【防火监督】2017年，娄底支队按照火灾精准防控目标，提请县市两级政府开展城市消防安全风险评估，有针对性开展冬春火灾防控、夏季消防检查、电气火灾综合治理、高层建筑消防安全专项治理等10余个专项整治行动。提请省、市、县三级政府实行“一单四制”挂牌整改重大火灾隐患单位22家。党的十九大消防安全保卫期间，支队制定排查整治、蹲点管控、安保演练、宣传教育等8个工作方案，先后组织605家消防安全重点单位负责人、120余家物业服务企业负责人约谈，摸排527栋高层建筑、67家大型商市场，实现“四个不发生”目标，被省消防总队评为“全省党的十九大消防安保先进支队”。响应全市“放管服”改革要求，出台上门、限时服务等利民便民举措，推行窗口服务实时评价、监督执法公开述廉、廉洁执法民意调查等惠民机制，群众满意度提高。支队连续3年被市政府评为“依法行政先进单位”，消防政务窗口连续7年获授“优秀窗口”称号。

【政治建警】2017年，娄底支队把握政治工作时代主题，开展“两项重大教育”“改革强警”“十九大精神”等学习教育活动，联合娄底市纪委、市检察院完善廉政风险防范机制，实行“数据分析、评估、预警、教育、监督、问责、制度”闭环管理，建立廉政建设“大数据库”。并通过“政知APP”研发、精品课堂评比、“红门风采”主题微电影与队史纪录片拍摄，举办建军90周年暨建队40周年主题文艺晚会等形式，增强部队政治工作感染力和号召力，筑牢官兵警魂。主动做好先进典型培树和战时遂行思想工作，全年支队有19人次荣立个人三等功。

【后勤保障】2017年，全年投入2594万元采购4台消防车辆、8194件（套）装备器材和28台水罐消防车，新建28支乡镇专职消防队。万宝新区芭蕉消防站已主体完工，训练基地“三合一”项目已完成土地征迁，各县市区消防二站建设全面启动。

【消防宣传】2017年，娄底支队推进消防宣传“七进”活动，全市全年投入165.8万元，启动政府购买消防宣传服务。通过情景体验、送戏下乡、露天观影、集中培训等消防“外包”形式，开展消防安全知识培训1600余场次，培训人员超过20万人。娄底支队“双微平台”关注用户超过24万人，多次位列全国消防政务微博月度排名前五位、湖南省消防系统微博第一位。

（黄修斌）

表 30　　2017 年各县市区火灾发生起数一览表

县市区	火灾数(起)	死亡人数(人)	受伤人数(人)	直接损失(万元)	过火(平方米)	受灾户
娄星	163	2	1	458.56	1687.0	233
双峰	111	1	0	69.07	2230.0	0
新化	90	1	4	285.48	1904.2	62
冷水江	33	1	0	93.19	707.0	44
涟源	72	0	0	80.30	982.5	60

表 31　　2017 年度娄底市公安消防支队先进集体和先进个人一览表

获奖单位、先进个人	奖励名称	颁奖单位	颁发时间
娄底市消防支队 娄星区公安消防大队	在“7·1”抗洪抢险中，支队被总队记集体嘉奖 1 次，娄星区中队被总队记集体三等功 1 次。	省消防总队	2017 年 8 月
娄底市消防支队	党的十九大消防安保工作先进支队	省消防总队	2017 年 12 月
娄底市消防支队	娄底消防微博被评为全省“十大政务机构微博”“十大公安系统微博”		2018 年 1 月
娄底市消防支队	全省安全工作先进支队	省消防总队	2018 年 3 月
娄底市消防支队 政治处	政治工作先进单位	省消防总队	2018 年 3 月

检察工作

【概况】2017 年，娄底市人民检察院围绕娄底“加速转型、奋力赶超”总基调，精诚团结，履职尽责，攻坚克难，各项检察工作平稳健康发展。先后获授湖南省人民满意公务员集体、湖南省巾帼建功先进集体、市“书香机关”、市“平安单位”、全市维稳、打黑除恶、禁毒、安全生产、计划生育工作先进单位等称号。两次全省综治民调满意率均居全市政法机关第一位。在全省检察机关年度条线工作考核中，已有办公室、侦监、宣传、反贪、反渎、申诉、网络信息、检察技术、行装、检察联络等条线工作进入全省先进行列。基层检察院建设分别获得全国文明单位、全国检察机关文明接待室等称号。现有政法专项编制 137 人，实有在职干警 135 人，其中检察官 43 人、助理检察官 42 人、书记员 6 人、司法警察 9 人、检察技术人员 1 人、司法行政人员 22 人。

【保障经济健康发展】2017 年，娄底市人民检察院出台服务非公有制经济发展措施。构建亲清新型检商关系，联合工商联开展“送法进企”活动，落实“除虫护花”机制，推行经济影响评估制度，审慎适用拘留、逮捕等强制措施，审慎查封扣押冻结涉案企业财物，参与打击涉众型经济犯罪专项工作，批准逮捕集资诈骗、非法吸收公众存款犯罪嫌疑人 47 人，涉案金额 120 余亿元。起诉涉案金额 11.7 亿元湖南鸿冠集团有限公司石某等人集资诈骗、非法吸收公众存款案。批准逮捕聚众扰乱企业秩序、强揽工程、强行阻工、强装强卸等侵害企业合法权益犯罪嫌疑人22人,审查起诉侵害非公企业合法权益职务侵占、挪用资金犯罪嫌疑人13人;批准逮捕生产销售有毒有害食品、假药劣药、伪劣商品犯罪嫌疑人21人。办理肖某等19人生产销售注水牛肉案、曾某等7人生产销售假药案等一批案件。办理司法救助案件3件,为特别困难刑事被害人发放救助金9万元。开展惩治和预防扶贫开发领域职务犯罪专项行动,立案查办支农惠农、扶贫开发等领域职务犯罪19人。

【履行检察职能】2017年,娄底市人民检察院批准逮捕各类刑事犯罪嫌疑人1998人,起诉2598人。突出打击暴力犯罪、多发性侵财犯罪、危害公共安全犯罪等,批准逮捕故意杀人、绑架、爆炸等严重暴力犯罪106人、"两抢一盗"550人、毒品犯罪557人。起诉胡某等9人恶势力团伙案、金某等13人寻衅滋事案、聂某等35人非法拘禁案等一批案件。依法打击电信网络新型犯罪,批准逮捕电信网络诈骗犯罪嫌疑人40人。落实宽严相济刑事政策,对初犯、偶犯、过失犯和老年人犯罪等社会危害性较轻案件,决定不批捕293人,不起诉410人。保障未成年人权益,对涉罪未成年人不批捕45人,不起诉26人;多层次关爱留守儿童和帮教未成年人,在中小学校派驻法治副校长,开展法治进校园巡讲活动。建立执法办案风险评估、领导包案、联合接访、以案释法等立体化涉检信访处理机制,妥善处理举报、控告等来信来访556件。立案查处贪污贿赂犯罪85人、渎职侵权犯罪16人。严肃查处民生领域及"雁过拔毛"式职务犯罪案件,决定逮捕社保、教育、就业、医疗、征地拆迁等民生领域职务犯罪嫌疑人23人。查办市中心医院卢某等人贿赂系列案、祖保煤矿"2·14"重大责任事故背后所涉玩忽职守案。办理一批省检察院交办大要案件,立案查办湖南现代投资股份有限公司原董事长宋伟杰等13人贪贿系列案、怀化市原政法委书记易贵长等10人贪贿系列案,起诉衡阳市委原书记李亿龙受贿、贪污、滥用职权、巨额财产来源不明案,株洲市政协原副主席王建平受贿案,常宁市原市委书记曾义国受贿案等5件省管干部职务犯罪案件。深入开展职务犯罪预防工作,组织开展警示教育54次,受理行贿犯罪档案查询2851次。

【诉讼法律监督】2017年,娄底市人民检察院监督公安机关立案50件99人、监督撤案43件44人,纠正侦查活动违法64件次,不批捕889人,不起诉637人,追捕45人,追诉46人。办理刑事抗诉案件21人,抗诉意见采纳率83%。追捕追诉贩卖运输毒品唐某被判处死缓;办理各类民事行政监督案件225件。审查减刑、假释、暂予监外执行案件814件,监督纠正提请"减假暂"不当案件153件。开展社区矫正监督,对监外执行不当提出书面纠正13件次。办理羁押必要性审查案件71人,书面提出释放或变更强制措施建议66人,采纳率92%。根据省检察院部署,在食品药品监督管理部门、环境保护部门设立检察联络室,搭建长效监督平台,实现检察监督重心向前推移。持续推进行政执法与刑事司法衔接机制,建议行政机关移送案件线索24件76人,公安机关已立案18件69人,有效促进依法行政。如市检察院、市公安局和市食品药品监督管理局,以检察联络室为平台,联合查处娄底中心城区付某等7人以母种猪肉冒充正常生猪肉销售案。

【推进公益诉讼】2017年,娄底市人民检察院以生态环境保护、国有资产保护等领域为重点,摸排公益诉讼线索18件,立案6件,提出诉前建议5件。双峰县检察院办理国有土地使用权出让领域公益诉讼案件,督促追缴土地出让金1660万元,是全省首例取得实效行政公益诉讼案件。督促行政机关依法履职94件,通过检察建议督促职能部门关停5家环保不达标公司厂矿、查处5家不符合饮用水标准小水厂,收回国有资产价值4268万元。

【司法体制改革】2017年,娄底市人民检察院遴选首批员额检察官224名,268名未入额人员转任为检察辅助人员和司法行政人员,85%以上干警配置到办案一线。对检察官、检察辅助人员实行单独职务序列管理,落实检察人员职业保障,制定绩效考评办法。落实"谁办案谁负责、谁决定谁负责"要求,赋予检察官案件决定权,并对案件质量终身负责;组建独任检察官办案组35个,主任检察官办案组154个,办案组织结构明显优化。建立院领导办案情况季度通报制度,督促入额院领导回归办案一线,新办案模式运行以来,院领导直接办理案件1096件,占员额检察官办案数16.5%。

【监察体制改革】2017年,娄底市人民检察院立足全面从严治党和反腐败工作大局,支持配合监察体制改革试点,做好职务犯罪侦查预防部门转隶人员思想政治工作,强化政策解读,澄清模糊认识,坚定改革定力，做到思想不乱、队伍不散。认真做好改革过渡期执法办案、监察司法衔接和线索移交等工作，做到工作不断。做好机构组织设立、人员调配等联动协作工作，以实际行动诠释对党绝对忠诚。强化党风廉政建设主体责任，支持派驻纪检组改革。整治“四风”和司法作风突出问题。推行精细化管理，完善谈话提醒机制、领导带班巡查机制，抽查干警操办婚丧喜庆事宜10人次，函询检察人员1人，核查违纪违规线索3人。坚持专业化、职业化方向，开展专题培训、听庭评议、业务竞赛等岗位练兵活动15次，培训检察人员600余人次。在全省检察机关业务竞赛中，有11人获得省级“业务标兵”“优秀办案能手”等称号。推进检察文化建设，弘扬法治正能量，成立检察官文联，开展检察官宣誓、检察文化讲坛等活动。坚持问题导向，梳理制约基层院发展重难点问题，落实院领导对口帮扶制度，逐一整改落实。优化基层院班子结构，协助地方党委调整班子成员23名，基层院班子平均年龄从50.1岁下降到48.7岁。。

【接受内外监督】2017年，娄底市人民检察院配合人大开展专题调研、报告工作、听取意见，向市人大常委会专题报告司法体制改革工作。加强与人大代表、政协委员、人民监督员和民主监督员联系，走访800余人次，邀请参加公开听证、检察开放日等活动182人次。依托业务应用系统，实现办案信息网上录入、办案流程网上管控，受理、审查、分流案件5926件，预警纠错550次。开展个案督察14件、专项督察3次、评查案件2030件。向社会公开法律文书1755件、程序性信息5335件、重要案件信息75件。树立检察官与律师同属法律职业共同体意识，在检察环节接待律师阅卷711人次。两级检察院实现微博、微信、门户网站全覆盖，联动发布检察动态信息2000余条，先后获评全国检察新媒体作品20强、第四届检法系统新媒体案例十佳等称号。

（陶元军 谭华伟）

表32　**2017年度娄底市人民检察院先进集体和先进个人一览表**

获奖单位、先进个人	奖励名称	颁奖单位	颁发时间
娄底市人民检察院	2017年度优秀微课程	湖南省人民检察院	2017年12月
娄底市人民检察院谭慧	“全省刑事申诉检察业务竞赛标兵”称号	湖南省人民检察院	2017年8月
娄底市人民检察院办公室	2017年全省检察机关办公室工作考核第二名	湖南省人民检察院	2017年2月
娄底市人民检察院	湖南省人民满意公务员集体	湖南省人民检察院	2017年1月
娄底市人民检察院	湘检杯亚军	湖南省人民检察院	2017年11月
娄底市人民检察院	全国新媒体作品二十强	检察日报社会网络信息中心	2017年12月
娄底市人民检察院	检察机关文明创建单位“文明标兵”	湖南省人民检察院	2017年9月
娄底市人民检察院	宣传科全省宣传工作先进单位	湖南省人民检察院	2017年12月
娄底市人民检察院	技术处被全省检察信息化工作评为第一名	湖南省人民检察院	2018年1月
娄底市人民检察院	全省检察机关反渎职侵权工作考核第三名	湖南省人民检察院	2017年12月
娄底市人民检察院	全省检察机关行政装备工作考核第一名	湖南省人民检察院	2017年12月
娄底市人民检察院	巾帼建功先进集体	湖南省妇女联合会	2017年12月

续表 32

获奖单位、先进个人	奖励名称	颁奖单位	颁发时间
娄底市检察院(李芳芳)	省院二等功	湖南省人民检察院	2017 年 8 月
娄底市检察院(孙青青)	省院二等功	湖南省人民检察院	2017 年 8 月
娄底市检察院(谢特波)	省院二等功	湖南省人民检察院	2017 年 12 月
娄底市检察院(贺伟)	省院三等功	湖南省人民检察院	2017 年 12 月

强制隔离戒毒所

【概况】2017 年,娄底市强制隔离戒毒所围绕以场所建设为中心,抓住队伍建设关键点,推动工作协同发展,落实该所《2017 年党风廉政建设和反腐败工作任务责任分工表》《运用监督执纪第一种形态开展党内谈话的实施办法》《落实两个责任的实施意见》,将党风廉政建设纳入领导班子、领导干部目标管理,压紧压实党风廉政建设主体责任。开展《关于新形势下党内政治生活的若干准则》《中国共产党党内监督条例》专题教育,坚持每月一次党纪条规教育。全年没有发生违规违纪人和事。经市委政府批准建设收治规模 1550 人项目,系国家"十三五"政法基础设施投资项目和娄底市重点工程项目, 总建筑 41232 平方米,投资估算 20987.16 万元。现 9 栋楼主体工程有 5 栋楼封顶。

【戒毒工作】2017 年,娄底市强制隔离戒毒所克服异地工作困难,舍小家为大家,认真履职,缓解接受单位警力紧张情况, 为维护全省司法行政戒毒系统安全稳定作出贡献。民警刘志雄在湖南省麓山强制隔离戒毒所工作期间, 兢兢业业, 被麓山所评为"麓山楷模";9 月选派 5 名民警到娄星区帮助社区矫正工作。11 月,选派 1 名民警参加由湖南省司法厅部署援助新疆吐鲁番监狱工作;推进社区戒毒(康复)示范站点建设,驻乐坪街道办事处社区戒毒(康复)指导站被国家禁毒委获评"全国示范站"。

【党建脱贫】2017 年,娄底市强制隔离戒毒所以基层组织标准化建设为抓手,打造坚强战斗堡垒。3 月,完成 3 个党支部和团支部换届改选工作。5 月组织全体党员赴韶山锤炼党性;9 月组织退休党员参观蔡和森纪念馆,发挥党员干部先锋模范作用;19 名领导干部结对帮扶 26 户贫困户, 开展抗灾救灾募捐,筹款 8000 余元。开展在职党员进社区活动,60 名在职党员到市区 15 个社区报到,捐款 7000 元,为困难群众实现 7 个微心愿。 (张滔)

法 院

【概况】2017 年,娄底市中级人民法院围绕"在全市党政机关争创一流,在全省法院系统争创一流"目标,打造"为民法院""阳光法院""智慧法院""书香法院"。全市法院坚持多办案、快办案,力求办铁案、办精品案。全年受理案件 6734 件,审执结 6151 件,比 2016 年分别上升 44.56%、51.65%, 增幅位列全省中级法院第一,结案率提高 3 个百分点;法官人均办案数同比上升 17%。全市法院受理案件 54029 件,审执结 46816 件,同比分别上升 11.22%、17.27%。获"全国法院刑事审判工作先进集体""全国法院司法宣传工作先进单位"等称号,市中院李红菱获评"全国维护妇女儿童权益先进个人",双峰县法院胡咏梅被最高法院评为"全国法院先进个人",娄星区法院颜莉芬获"青少年普法教育全国先进个人"。

【刑事审判】2017 年,娄底市中级人民法院审结刑事诉讼案件 530 件,判处罪犯 637 人;全市法院审结刑事诉讼案件 2765 件,判处罪犯 3173 人。全市法院审结黑恶势力、杀人、抢劫、抢夺、绑架等犯罪案 388 件。审理衡阳市委原书记李亿龙受贿、贪污、滥用职权、巨额财产来源不明案,株洲市政协原副主席王建平受贿案,沅江市原市长肖胜利受贿、滥用职权、行贿案等省管干部职务犯罪案件 5 件，全年审结职务犯罪案件 32 件 59 人。全市法院审结危害食品药品安全、电信网络诈骗案 78 件。对特大毒品案首要分子方某某、何某某等被告人判处死刑，对十余起重大毒品犯罪案件进行公开宣判；审结毒品犯罪案件 649 件 735 人；坚持罪刑法定、疑罪从无，全市法院对 16 名被告人依法宣告无罪。

【民商审判】2017 年，娄底市中级人民法院审结民商事案件 2664 件，全市法院审结民商事案件 22415 件；全市法院审结金融借款、民间借贷等案件 7706 件。依法审结建设工程合同、土地承包经营权、房地产、租赁纠纷等案件 457 件，审结相关民事案 120 件；受理一审行政诉讼案件 1157 件，同比增长 44%。依法行使监督职责，对合法行政行为依法予以支持，对违法行政行为依法予以纠正，一审判决行政机关败诉案件 76 件；全市法院行政机关负责人参加诉讼 35 人次；一审行政诉讼案件通过协调、和解方式结案 120 件，如苏某某等 35 人诉娄底市人民政府信息公开案以和解撤诉结；全市法院审结国家赔偿案件 29 件，市中院审结行政诉讼案 773 件，全市法院审结行政诉讼案 3315 件。

【推进打处非】2017 年，娄底市中级人民法院以对人民群众利益高度负责态度，坚决扛起“打处非”工作任务，专门明确刑二庭、民二庭和执行局等 3 个部门全力攻坚“打处非”工作，重拳打击一批社会危害大、群众深恶痛绝非法集资犯罪分子，审结吴文初集资诈骗、合同诈骗案（涉案金额 2 亿余元），金海公司吴雄华等 10 人集资诈骗、非法吸收公众存款案（涉案金额 2 亿余元）等 21 件大案要案。全市法院受理非法集资犯罪案件 58 件，审结 44 件。坚持和解重整与破产清算并重，全市法院受理破产案件 50 件，审结 27 件，受理资产处置兑现案 39 件。

【破解执行难题】2017 年，娄底市中级人民法院向执行难宣战，执结各类案件 15146 件，同比上升 21%，执行标的到位额 3.2 亿余元，同比上升 18%。开展“集中清理积案”专项行动，清理执行积案 11483 件，执行标的到位 2.9 亿余元。全市法院判处拒不执行生效判决、裁定罪 5 人，司法拘留 783 人。纳入失信被执行人名单 4614 例，限制高消费 2367 人，限制出境 852 人，予以罚款 69 人，扣押被执行人车辆 67 台。市中院与检察机关、公安局、银行、通信运营商、新闻媒体等机构和部门构建联合打击失信行为联动机制，建立“审执联动、上下联动、执警联动”机制，推动形成综合治理“执行难”工作格局；建成全省法院一流水平诉讼服务中心，设置安检区、信访服务区、便民服务区、自助服务区等 6 个功能区，设立 13 个接待窗口，院领导接访 70 次；全市法院领导包案办结涉诉信访案 360 件；发放司法救助金 22.9 万元，全市法院依法处置闹访、缠访人员 10 人。

【加强队伍建设】2017 年，娄底市中级人民法院坚持事业为上、公道正派选人用人。提拔副处级、中层正职、中层副职干部 34 名。组织干警参加刑事审判、民商事审判、执行、司法技能等政治业务培训 26 期、1120 人次，促进职业能力、职业素养、职业精神培育。推进“书香法院”建设，邀请著名法学家张新宝等专家学者授课，推行每月读经典活动，鼓励干警多读经典法律书籍、多思考业务问题；出台《从严治院六项规定》《关于加强党组自身建设的规定》等制度，对纪律作风问题作出刚性规定，无论谁违反一律依纪依法处理；建立三级谈话机制，对不良表现、苗头倾向进行经常性提醒；对举报和问题不回避、不遮掩，市中院核查问题线索 51 起，全年查处违纪违法干警 6 人。

【司法体制改革】2017 年，娄底市中级人民法院出台 9 个司法改革文件，初步完成司法人员分类管理改革、司法责任制改革和司法人员职业保障改革。全市基层法院积极跟进，其中娄星区法院坚持先行先试，其“娄星模式”得到最高人民法院周强院长肯定批示，这是新中国成立以来，娄底法院系统工作首次得到最高肯定。坚持严控比例和好中选优，圆满完成首批员额法官遴选，全市法院遴选产生员额法官 301 名，将办案骨干配置到审判一线。实行人员分类定岗，将法院工作人员分为法官、司法辅助人员、司法行政人员三类，确保干警各司其职、各尽其责。建立院庭长带头办理重大复杂疑难案件制度，全市法院 54 名入额院领导承办案件 2150 件，担任审判长参审案件 11670 件，实现资深法官角色回归，院庭长示范表率作用得到发挥。建立由“员额法官、法官助理、书记员”组成新型审判团队。确定员额法官年度办案任务，推行在专业化基础上均衡分案。改革裁判文书签署制度，除法律另有规定外，院庭长不再签发本人未参加审理案件文书，成立专业法官会议和部门法官会议，为法官正确裁判提供咨询意见。落实工资制度改革，完成全市员额法官工资套改工作，从 6

月开始，全市法院员额法官已按新标准发放工资，制定《法官业绩评价办法》，建立以工作业绩为导向绩效考核及奖金分配机制，保障法官依法、独立、公正履行审判职责。

【自觉接受监督】2017 年，娄底市中级人民法院坚持重要工作、重大事项向市人大及其常委会报告制度，向市人大常委会专题报告深化司法体制改革进展情况。办理和落实代表建议、委员提案，在加大法院执行力度等方面充分采纳代表意见。全市法院直播庭审 26 次，公开裁判文书 24326 份，公开执行信息 12116 条，邀请代表、委员评议、旁听庭审 619 人次，向代表、委员推送法院工作信息 686 条。

（梁成文）

表 33　　**2016 年娄底市中级人民法院先进集体和先进个人一览表**

获奖单位、先进个人	奖励名称	颁奖单位	颁发时间
娄底市中级人民法院	全省法院第十四届理论研讨会组织奖	湖南省高级人民法院	2017 年1 月
娄底市中级人民法院	2017 年度司法宣传工作先进单位	最高人民法院政治部、人民法院新闻传媒总社	2017 年 8 月
娄底市中级人民法院刑一庭	全国法院刑事审判工作先进集体	最高人民法院	2017 年 4 月
娄底市中级人民法院刑二庭	全省法院先进集体	全省各级法院院长会议	2017 年 2 月
娄底市中级人民法院司法警察支队	2017 年度全省中级人民法院、铁路运输法院司法警务工作考评先进单位	湖南省高级人民法院	2017 年 12 月
陈友红	2016 年“全国法院办案标兵”荣誉称号	最高人民法院	2017 年 1 月
童赞辉、彭祁琏	全省法院第十四届理论研讨会获二等奖	湖南省高级人民法院	2017 年 1 月
梁成文	全省法院第十四届理论研讨会获二等奖	湖南省高级人民法院	2017 年 1 月
梁成文	全省法院第十四届理论研讨会获二等奖	湖南省高级人民法院	2017 年 1 月
刘立贤	全省法院第十四届理论研讨会获三等奖	湖南省高级人民法院	2017 年 1 月
李　琛	全省法院第十四届理论研讨会获三等奖	湖南省高级人民法院	2017 年 1 月
魏学锋	全省法院第十四届理论研讨会获优秀奖	湖南省高级人民法院	2017 年 1 月
李红菱	全国维护妇女儿童权益先进个人	全国妇联	2017 年 3 月

司法行政

【概况】2017年，娄底市司法局推进"三调联动解纠纷、防控风险促发展"专项调解活动，在矛盾纠纷多发领域建设行业性专业性调解中心，聘请3名以上专职调解员，将其调解案件纳入"以奖代补"。全市排查纠纷37173起，成功化解36927起，调解成功率达到99%以上。推动社区矫正"三个规范建设""三项重点工作"落实，提升社区矫正工作"规范化、信息化、社会化"水平。全市累计接收社区服刑人员10488人，解除矫正8176人，在册2312人，无一脱管漏管和重新违法犯罪。深入开展安帮"五个一"专项活动和"情暖高墙·关爱孩子"联合帮扶活动，全年累计接收重点帮教对象106人。市强戒所扩容建设是娄底市"十三五"时期本级重点项目，总投资2.1亿元，收治规模由600人增加到1550人；推进法律援助政府购买服务，受理各类法律援助案件1922件，已结案511件，做到100%回访、满意度100%。向所有村(社区)派遣结对律师421名。律师事务所对接中小企业319家，开展体检活动153次。全市鉴定机构完成各类司法鉴定案件4900余件，采信率达98%；办理各类公证4600余件，公证案卷合格率98%以上。

【推进专项调解】2017年，娄底市司法局按照稳增长、调结构、促发展、防风险总要求，针对全市深化改革中出现社会热点难点、矛盾纠纷以及可能引发风险，加大矛盾纠纷排查调处力度，化解影响社会稳定重大复杂矛盾纠纷。全年防止因民间纠纷转为自杀案件113起、民转刑案件192起，集体上访案件418起、群体性械斗案件287起。开展安帮"五个一"专项活动和"情暖高墙·关爱孩子"联合帮扶活动，以专项活动为抓手，建立健全服刑人员未成年子女、重点安置帮教对象等相关信息台账，做到底数清，情况明。每月"三率"均超过97%，全市累计接收重点帮教对象106人。

【公共法律服务】2017年，娄底市司法局出台《关于加快推进覆盖城乡居民的公共法律服务体系建设的实施意见》。全市乡镇(街道)工作站、村级法律服务工作点已全部建成，在全省率先实现公共法律服务站点全覆盖。创新公共法律服务供给模式和服务模式，拓展法律服务领域，优化公共法律服务产品，推进"村(社区)法律顾问"制度，加强"法润三湘"公共法律服务志愿者队伍建设，以满足人民群众法律服务需求。降低法律援助门槛，使法律援助覆盖人群逐步拓展至低收入群体。全市法律援助对象经济困难标准调整为本地最低生活保障标准2倍（农村为440元/月，城市为840元/月)或者按照低收入家庭标准执行(1030×0.6=618元/人)。

【服务中心工作】2017年，娄底市司法局主动联系园区、厂区开展义务法律体检，审查经营模式和融资情况合法合规性，为挂点帮扶市级领导和政府部门做好化解矛盾纠纷和维护社会稳定工作。在推进PPP、化解非法融资等重点工程、重大事项上提供优质高效法律服务。在涉法涉诉中心、公共法律服务中心及站点等派驻律师，在机关、企业、学校、医院、社区开展律师法律服务"五进"活动。推进公职律师、公司律师制度落地。在征地拆迁过程中通过公证，维护被拆迁人合法权益，保障拆迁安置公开公平公正，提高拆迁安置工作公信力。市国税局配备2名公职律师，市地税局配备1名公职律师，还在涟钢成立涟钢公司律师事务部。

【司法考试考务】2017年，全市国家司法考试于9月16—17日在娄底三中举行，报名考生746人，设25个考场。实行"净考"政策，统一为考生配备考试文具用品和饮用水，考生除本人身份证、准考证外，不得携带任何物品进入考场。并使用由电脑、摄像头等设备组成国家司法考试考务安全系统进行人像识别，确保司法考试平稳、安全、顺利、有效，实现试卷保密零事故，卷卡回收零差错，服务考生零投诉目标。形成"党政统一领导、人大加强监督、司法行政部门组织、部门分工负责"法治宣传教育体系。全年举办普法讲座、面对面现场咨询、模拟法庭等活动近100场，还评选出10堂普法精品课程和10个优秀维权案件。

【公职人员学法用法】2017年，娄底市司法局推进"七五"普法工作。召开第八次法治宣传教育工作暨司法行政工作会议，对全市"七五"普法任务进行部署。9月23日省委法治办组织对娄底市政府组成部门班子成员进行年度学法考试抽考，参加闭卷考试201名市政府组成部门班子成员考试成绩全部合格，参考率达95.71%，得到省委法治办通报表扬。在娄底各大媒体开办专栏，开通“娄底司法行政”微信公众号，开展送法下乡活动，赠送《法律明白人》等法律书籍及2017年法治挂历、法治宣传购物袋、法治挂图、法治雨伞等法治实物产品计12000余本(份)书籍等。

（丁杏芬）

表34　**2017年度市司法局先进集体和先进个人一览表**

获奖单位、先进个人	奖励名称	颁奖单位	颁发时间
市司法局	2017年市州司法行政工作考评获优秀等次	湖南省司法厅	2017年12月
市司法局	全省“军地平安”创建示范单位	省委综治委	2017年12月
市司法局机关老干支部	全省示范离退休干部党支部	省委老干局	2017年10月

湖南省娄底监狱

【概况】2017年，湖南省娄底监狱树立治本安全观，着力管控风险、补齐短板。开展“无违禁品监区”创建活动，明确科室领导连带责任，推进标准化建设，成立组织机构，抽调专门人员，细化领导和部门责任，监管安全标准化、安全生产标准化、企业工作标准化3项试点任务稳步推进。实现“十个不发生”，连续14年安全生产“零事故”工作目标，通过安全生产标准化外部三级达标认证，监管秩序良好，警察队伍稳定。

【政治站位】2017年，湖南省娄底监狱先后3次组织十九大精神学习讨论，邀请十九大代表、娄底市治安支队政委李贝对全体警察进行专题辅导；开展年度人民警察荣誉典礼，增强警察归属感、荣誉感。组织为期6个月纪律作风整顿。全年下发考核通报41期，扣分182人次。开展2次大规模调研，印发问卷调查表2639份，对全狱13个押犯单位全体警察执法执纪情况向服刑人员做问卷调查，对在问卷调查中反映问题较多单位领导班子，做单独约谈或集体约谈。投入40余万元创建7个综合支部活动室，建立党建工作台账制度。开展“一人一书一试，一支部一专栏一主题”活动，每名党员有套学习书，一次党员应知应会考试;每个支部有一个学习专栏，每月一个学习主题。学习党章党纪党规，邀请教授、专家讲授全面从严治党有关知识，编印《罪犯脱逃及自杀案例选编》，组织观看《作风建设永远在路上》《迷失》等教育片。

【社会责任】2017年，湖南省娄底监狱携手娄底市文体广新局开展“文化进高墙·知识促改造”文化志愿服务活动，会同新化县司法局等部门和团体组织对劳教人员进行帮教，联系娄底市红十字会为监狱捐赠药品。组织心理健康运动会和心理咨询师团体心理辅导现场交流会，先后做个案心理咨询32人，团体辅导300余人次。按季度召集结对帮扶责任人到定点帮扶村双峰县青树坪镇光辉村，实行跟踪帮困。响应省直工委、湖南日报社等联合举办“我想有个家”募捐，所募6万余元全部用于光辉村扶贫。通过自筹与协调有关部门解决资金90余万元;受到娄底市委、市政府通报表扬。

【防范体系】2017年，湖南省娄底监狱围绕“AB门管控”和“降低服刑人员病亡率”两个“一把手”工程，下大力气落实徒手进监制度；完善分级诊疗体系，定期派出医生到各押犯单位进行巡诊，增强诊疗针对性和及时性，病亡率大幅降低。加强对危险分子实行全天候夹控管理，每月摸排、每季督查，严厉打击反改造行为。全年刑事立案2起，已移送起诉2起，结案加刑1起，打击反改行径60余人次。

【专项整治】2017年，湖南省娄底监狱在全狱开展“严肃法纪规定 整顿监管秩序”专项活动“回头看”，从转变观念、排查问题、整改效果、责任落实，到整章建制5个方面进行“回头看”，排查出9类安全隐患绝大部分整改完成。全年下发安全隐患整改通知书6份，维修消防设施400余台次，整改隐患和问题80余个。

【公正执法】2017年，湖南省娄底监狱坚持阳光执法，全年办理罪犯减刑案件867个，减刑率27.54%，在全省25个监狱中排名第二位；办理罪犯假释案件27件，假释率0.86%，在全省排名第11位；办理罪犯暂予监外执行10件，在全省排名第五位，减刑假释案件办理合格率100%，申诉、控告、检举受转率100%。全面推行网上办案平台，与娄底市中级人民法院、娄底市人民检察院联合下发《关于规范减刑假释工作的会议纪要》，统一办案标准，提高监狱执法公信力。

军　事

Military

◎中国人民解放军娄底军分区
◎中国人民武装警察部队娄底市支队
◎娄底市人民防空办公室

中国人民解放军娄底军分区

【概况】2017 年，娄底军分区党委以习近平强军思想为引领，贯彻省军区党委和娄底市委决策部署，围绕改革强军这条主线，保持定力、主动作为、攻坚克难，建设保持稳步发展态势，被省军区评定为“安全稳定工作先进单位”。

【政治建军】2017 年，娄底军分区党委着眼维护核心、听党指挥原则，抓好思想武装头脑。以习近平强军思想为指引，采取分专题、设课题、搞调研方式，跟进落实习近平主席“7·26”、沙场阅兵、庆祝建军 90 周年大会重要讲话精神，开展“维护核心、听从指挥”主题教育和“坚决贯彻主席训令、忠实履行神圣使命”学习教育活动，引导官兵强化“四个意识”，自觉在思想上行动上看齐追随。以推进“两学一做”学习教育常态化制度化为抓手，突出思想引领、支部落实和结合融合，扎实抓好学习讨论、组织生活、承诺践诺等各个环节，推动深学实做见行动出成效。以贯彻“常德会议”精神为契机，注重区分层次、统筹内容、把握时机、创新方法，采取集中教育和分散教育、课堂教育与社会教育、实地教育与网络教育相结合方式，推进民兵学习宣讲系列讲话活动实起来深下去。以学习宣贯十九大精神为头等大事，组织常委会专题议教和专题动员部署，健全落实学习考勤考试、补学补课、体会交流等制度，营造浓厚氛围，深入民兵、专武干部、贫困村宣讲，形成大事大抓、真学深学良好态势。

【班子建设】2017 年，娄底军分区党委坚持以审计发现问题整改为抓手，以正风气、严规矩、树形象为重点，抓好党委班子和干部队伍建设。把贯彻民主集中制作为强班子核心，师团党委自觉强化主动团结意识、提高科学决策能力、养成按规矩办事习惯，严肃党内生活，发扬党内民主，工作上互相支持，生活上互相关心，较快度过磨合期。坚持把履职尽责作为强队伍标尺，注重在完成重大任务中练组织、练指挥，着力提高主业主为能力素质。坚持把建制度、定规矩作为基础工程，师团党委带头树新风扬正气，切实端正“用心、用人、用钱、用时”导向，在提拔使用干部、重大经费开支、兵员征集等热点敏感问题上，坚持原则标准，按制度按程序办事。制定《军分区财务管理办法》，坚决封闭公寓房超面积部分，落实上级规定伙食费补助标准，稳妥推进经济适用住房专项清理整治，军地协力关停 96%对外有偿服务项目。坚持把配合两级纪委调查作为健康诊治、压力传导、作风帮带，重视两级纪检工作组对审计发现问题线索调查。

【军队调整】2017 年，娄底军分区党委坚持把军队调整改革作为党委年度工作重中之重，确保思想稳定、人员定位、运行顺畅，跟进思想教育。开展“三新”大讨论，组织“改革怎么看、强军怎么干”大家谈，广泛开展谈心交心活动，帮助解答政策规定、解开思想扣子、解决现实困难，引导官兵切实做到思想进入新体制、心思进入新岗位、精力投入新职能。7 月 1 日，军分区由 3 大部调整为 4 个处，分别为战备建设处、动员处、政治工作处、保障处，顺利完成官兵、职工落编定位工作，确保落编尽职尽责，超编稳心稳神，编余服气服从。研究军分区部队“5+2”职能使命，细化机关运行办法和工作流程，保持部队规范有序。

【党管武装】2017 年，娄底军分区党委赓续党管武装传统，军地党委按照省委、省军区部署要求，落实《关于支持国防和军队改革的意见》。李荐国书记到军分区专题宣讲十九大精神，提出贯彻习近平强军思想 6 项具体举措，发挥应急维稳“拳头”作用，出动官兵、民兵 5000 余人次，出色完成娄星区老街内涝抢险、冷水江和新化段资江防洪、涟源市伏口镇新园村山体坍塌和双峰县溪口水库险情处置等任务，协助地方完成双峰“10·3”案和新化“12·22”案围控搜捕，配合地方化解 3 起涉军维稳事件。冷水江市、新化县人武部被省军区、新化县民兵舟桥分队被娄底市评为抗洪救灾先进单位。9 人被省军区或娄底市评为抗洪救灾先进个人。

【国防动员】2017 年，娄底军分区党委适应新体制新编制改革要求，围绕“六部”职能和六项使命任务抓工作促落实。先后 4 次召开常委会，专题议战议训议管，分析形势，查找短板，研究措施，部署任务。组织 4 期首长机关在职训练和 1 期专武干部集训。择优选派 12 名专武干部参加省军区集训，2 名被评为“优秀学员”。编印下发《民兵军事训练指南》《“四会"教练员教学指南》等教材，坚持训前严把关、训中严督查、训后严验收，确保民兵军事训练"四落实"，误工补贴足额发放到人，完成年度训练任务。双峰县人武部被省军区评为军事训练先进单位。

【兵役征集】2017 年，市县两级征兵办贯彻习主席关于加强和改进兵役工作重要指示，围绕强军目标，始终坚持问题导向，务实开展征兵工作调研，科学筹划，强化责任，制定廉洁征兵措施，对照"五率考核指标"精准发力，突出大学生征集这个硬指标，筑牢廉洁征兵这条高压线，坚持市、县、乡三级联动，持续发动、精准发力，压实责任、严格督导，圆满完成年度征兵任务，大学生征集比例超过省定比例近 5 个百分点，没有发现违规违纪问题。

【国防教育】2017 年，娄底军分区党委指导成立市国防教育协会，依托娄底日报、娄底新闻网等媒体和"娄底国防"微信公众号，宣传普及国防知识，组织领导干部到党政机关、学校和企业宣讲国防形势，军地联合举办纪念建军 90 周年文艺晚会，结合第 17 个全民国防教育日印制发放 1000 余份国防教育知识图册，完成 4 万多名学生军训任务。

【安全工作】2017 年，娄底军分区党委坚持把安全稳定作为保底工程，确保部队有效管控、零事故。结合宣布命令、检查调研等时机，对各人武部党委班子实行面对面帮带，分析形势，找准短板，理清思路，增强"一线指挥部"抓建能力。涟源市人武部被省军区评为全面建设先进单位。加强"微腐败"6 个方面70 个问题表现宣传和震慑，形成严打声势。落实省军区"五种管理方式"，开展"百日安全"活动，突出人车枪弹密网营 7 个重点要害，压紧压实各级责任，持续传导压力压势，常态化制度化严管严控严防。组织 2轮安全隐患"拉网式"大排查，妥善处置老旧废武器弹药，强力整改 11 个方面 37 个具体问题。制定完善人员、车辆、营院、执勤等方面 5 项管理规定，毫不含糊地落实军委《关于严禁违规宴请喝酒问题的规定》。投入 180 余万元完善营院、车辆和"三室一库"安防设施设备，建立健全军警民协作联防机制，经常性组织警戒勤务、防暴恐袭击演训，提高安全防范能力。

【脱贫攻坚】2017 年，娄底军分区党委坚持把脱贫攻坚作为特殊政治任务和严肃刚性要求来抓。自 4 月以来，由军分区牵头，娄底市武警支队、娄底市公安消防支队帮扶由原胜农村、碧溪村与厚溪村合并成新厚溪村，分区每名干部帮扶五户贫困家庭，扶贫任务十分重大。分区官兵提领思想，克服调整改革、人少事多困难，积极主动作为，扎实开展扶贫工作，对贫困家庭重新进行认定。司令员、政委多次到帮扶贫困村指导调研、问计于民、现场办公，多方协调争取扶贫资金和脱贫项目，帮助解决道路硬化、光伏发电、危房改造等实际问题。

中国人民武装警察部队娄底市支队

【概况】2017 年，中国人民武装警察部队娄底市支队坚持以强军目标为统领，围绕"五场大考"特殊形势和政治要求，学习贯彻党的十九大工作主线，把握稳中求进总基调，以举旗铸魂引领看齐，以维稳备战牵引建设，以纠风除弊催生动力，以强基固本积蓄底蕴，团结带领广大官兵真抓实干、担当作为，完成各项任务，部队建设取得进步和发展。

【铸魂工程】2017 年，中国人民武装警察部队娄底市支队学习习主席系列重要讲话精神，落实党委中心组"两带"学习制度，开展党委常委上党课和心得体会交流，印编《学习习主席系列讲话》《湘中武警》《优秀军人党员的人生格言》，组织观看《强军》《将改革进行到底》《不忘初心、继续前进》等大型纪录片。学习宣传贯彻党的十九大精神，全程收看大会盛况，专题授课解读习近平新时代中国特色社会主义思想，3 次召开党小组会议学习讨论，开通网上专栏，打造宣传主阵地，下发《党的十九大精神和党章学习要点》口袋书，将官兵思想凝聚到十九大精神上来。落实总队《关于推进"两学一做"学习教育常态化制度化措施》，严密组织"不忘初心、铸就忠诚"主题系列党日活动，分两批组织党员赴韶山重温入党誓词。推进"维护核心，听从指挥"主题教育，强化政治教员队伍建设，罗希获武警部队十佳"四会"政治教员。落实总队规模结构和力量编程改革任务部署会精神，召开专题常委会动员部署，制定调整改革实施方案，分 3 个阶段推进实施，围绕调整改革为部队专题授课，讲清政策法规要求，引导全体官兵坚决拥护支持改革。抓好以“四心”工程为主一人一事思想工作，拿出6万多元专项资金对16名特困官兵和困难党员进行救助，协调地方政府完成3名干部随军家属安置，专题研究特困转业干部章志林医疗补助，竣工公寓楼。推进精准扶贫工作，研究制定《精准扶贫实施方案》，派出干部进驻新化县厚溪村开展扶贫工作，开展入户调查、精准识别，清退不符合条件99户226人，新纳入符合条件35户117人，结对帮扶44户贫困户。

【聚焦使命】2017年，中国人民武装警察部队娄底市支队贯彻执勤“十六字”方针，稳步推动“一室两站”和战备库室建设，完成以新化中队为试点执勤模式优化改革。扎实开展“学规范、查隐患、找问题、补漏洞”执勤安全教育整顿，排查整治2处硬隐患，16处软隐患，对2个执勤工作督导不力基层党支部进行问责，惩处3名执勤违纪战士和2名违反值班规定机关干部。9月，武警部队副参谋长张锁明率领国家反恐督导组莅临支队检查指导反恐力量建设。贯彻武警部队、总队《军事训练工作指示》，从难从严落实“六种组训模式”和“八落实”标准。紧盯两个短板，两官训练倒挂短板和教练员队伍紧缺短板，抓基础体能、教学组训能力训练，坚持把首长机关指挥技能训练作为重点，开展为期一个月参谋业务学习；抓实预提指挥士官集训，以“五个优先”“五个不选”原则选取初级士官；开展3期400人次勤训轮换集训；筹办湘南片区“魔鬼周”极限训练，组织应急班集训。互通情报信息52期179条，收集上报涉疆人员动态数据、社会面动态议论情报45条。修订完善五大类战备方案，精细规范编携配装，补充各类物资器材43万元。处置群体性事件、暴恐事件等课题研练，强化分队实兵对抗训练、实案化演练，严格全要素联合值班和AB队备勤等制度，常态组织战备拉动。全年出动兵力3358人次，完成春运执勤、常态化联勤武装巡逻、十九大安保、武装押解、“2·14”涟源祖保煤矿爆炸现场救援、“10·3”双峰在逃杀人犯封控堵截等急难险重任务300余起。7月出动120名士兵，转战娄底城区和新化县城，加固防洪大堤1800余米，封堵大堤缺口30余米，解救疏散被困群众10万余人，完成抗洪抢险任务；10月出动兵力1107人次、车辆297台次，对娄底城区及各县市区社会面进行全时巡逻防控，打赢十九大维稳攻坚战。

【基层建设】2017年，中国人民武装警察部队娄底市支队贯彻武警党委1号文件精神和“三十条”，把抓基层、厚底蕴从工作全局中突出出来。贯彻总队“六个大抓”决策部署，坚持人往基层走、力往基层使、物往基层投、经费向基层倾斜。坚持每月开展经常性基础性抓基检查，抓八项经常性基础性工作和年度工作、重点任务推进落实。在营区安装高清云台，接入作战勤务值班室，基层一日生活制度规范落实。推进怀化试点精神成果转化，召开专题常委会，制定具体落实方案。开展支队“三学”活动，抓好二中队正规化建设先行试点，分两批次组织全体干部和优秀士官骨干赴湘潭支队一中队参观见学。坚持在带兵育人、提振士气、激励斗志上下硬功夫，以“五个三”工作思路培塑官兵，每季度评选践行强军目标“双十佳官兵”，使官兵可鉴可学。重新修订《蹲点帮建计划》，实行党委常委包片、机关股室包点责任落实，组织首长机关8批次到基层帮建指导。扭住“三个一线”“三支队伍”建设，用好当兵蹲连和“三帮一带”，结合每周大交班讲评基层建设状况，帮助基层理清思路、确定目标、解决问题，有效增强“造血功能”和抓建水平。

【从严治军】2017年，中国人民武装警察部队娄底市支队贯彻“稳中求进”总基调，坚持全面从严，确保部队高度集中统一和安全稳定。坚持把落实安全工作“八个规范”作为根本依据，对照总队安全工作“十一防”，结合节假日和特殊敏感时期，开展安全大检查。贯彻《正规化管理规定》，以落实怀化试点精神为抓手，制定内务设置和登记统计规范细则，开展军容风纪专项整治，抓作风纪律和日常养成，规范部队“五个秩序”。研究细化“七图叠一人”考核实施细则，大力惩处在岗不作为、慢作为干部，向“懒政”干部亮剑。开展百日安全竞赛活动，确立安全工作“四抓”“四个任何”工作思路，每日呼喊安全口号，签订安全工作责任书，举办“安全在心中，喜迎十九大”演讲比赛，强化“六个做到”。组织“学条令、严管理、促正规、保安全”活动，开展条令条例知识竞赛和专题辅导授课，组织队列会操，夯实官兵遵章守纪思想基础。着眼“一征两选两退”新特点，深入新兵连开展“三查”及退兵工作。紧盯枪弹专项清查整治，加强对动静态枪弹管理规范统一，组织军械员培训，调换部分不合格军械员，4 次对基层指纹门禁系统、联管联控系统和三级网监控系统测试检查。开展“军车交通安全月”活动，抓好部队人员驾驶地方车辆整顿规范，审查 39 名干部、12 名士官驾驶资格。组织车辆管理秩序整顿，开展车辆暨驾驶员年审，保证行车绝对安全。

【综合保障】2017 年，中国人民武装警察部队娄底市支队探索“后勤变前勤”方法路子，提升保障水平。规范细化 9 类 11 种后勤保障方案，组织后勤机关带“一组五队”实兵演练和后勤专业兵训练，1 名战士取得军械修理高级技工证书，并被选派参加以色列反恐专家来华授课军械保障任务。党委理财，科学制定年度财务预算，坚持每月司务长集体办公，规范经费使用程序。做好南部战区长沙审计中心审计，推进财务工作大检查回头看，规范生活费、运输油料和粮秣等开支，集中组织装备大点验和资产清查活动。严格“四类经费”管理，开展保障领域行业风气清理整治活动，后勤工作规范明显提升。与地方军供站、加油站、医院等签订代储代供协议，建立警地医疗协作机制，开展“健康警营行”活动，畅通警地联合保障渠道。执行“1126”“6211”饮食保障模式，落实机关工作餐标准，开展军粮采购、伙食费开支检查审计，防止违规开支、跑冒滴漏。组织干部和部分士官健康体检，每季度开展医疗巡诊，为基层配发药品 3 万余元。投入 50 余万元完善基础设施和训练场地建设，完成涟源市中队新营房主体工程建设，完成新建教导队建设 116 亩土地规划审批。发展农副业生产，种植蔬菜 20 多个品种，产菜 2000 多千克，养殖生猪 50 头，收益近 11 万元。

【整风整改】2017 年，中国人民武装警察部队娄底市支队组织学习加强党风廉政建设系列规定要求，观看《浴火强军》《打铁还需自身硬》等警示录像片，班子成员时刻受警醒、知敬畏、作表率。汲取戴肃军和杨、苏案件教训，开展肃清郭徐流毒工作。加强对财务、军需、运输等敏感岗位人员教育管理，开展“真情助廉寄语”活动，通过设立意见箱、开通廉政举报电话、建设廉政文化墙，推动管党治党从宽松软走向严紧硬。组织部队观看《蝇贪》《永远在路上》等警示教育片。推进依法从严治军，落实军委“十一条”和武警部队八条禁令，狠刹宴请饮酒歪风，2 次召开专题正风肃纪大会，对 3 名进出不健康场所士官和 1 名违规饮酒干部进行处理。开展官兵身边“微腐败”和不正之风问题专项整治活动，逐级签订公开承诺书，人人进行剖析发言，促进风气建设提质托底。配合总队党委巡察组来支队巡察，以巡察反馈问题线索为重点，追回公用物资和 20 吨油料款，追缴机关干部房租水电费，严肃惩处 3 名违规领取岗位津贴财务人员。

（陈水扬）

娄底市人民防空办公室

【概况】2017 年，娄底市人防办完成全市人防工程控制性详细规划编制，实现与城市控制性详细规划同步编制。城市基础设施建设和地下空间开发项目按规定落实人防要求。组织参加“湘防 2017”湘潭片区机动指挥系统训练演练；11 月 1 日，市长杨懿文亲自组织全市第十七次警报试鸣，视察人防指挥所建设；组织市本级带县市区跨区（江西、福建）机动指挥通信系统拉练。并完成市级加密防护系统、第二视频会议系统和人防军用电话网建设；双峰县、涟源市人民政府出台《人防工程实行前置审批和联审联批的文件》，加大稽查督查力度，全年全市追缴易地建设费 3200 多万元。依法审批健全，减、免、缓、降的现象杜绝。投入 140 万元，在办公楼五楼，高标准建成人防宣传教育中心。启动珠山公园“开放式”宣传教育基地建设；利用娄底日报阅报栏在全市人口集中的车站、广场、公园等地建立普及人防知识宣传教育点。向全市中小学配发 10000 册《现代防空防灾》《人防小博士》知识读本。开通“娄底人防”微信公众号宣传新平台。组织干部职工积极向各级媒体投稿，在各级媒体上稿 508 篇（国家级 9 篇、省级 186 篇）。助力扶贫村 30 户 91 人实现脱贫致富。为涟源七星街镇甘溪村解决扶贫专项资金 40 多万元，协调扶贫及村级建设资金 140 多万元，组织全体党员干部及 120 名志愿者到娄底经开区茅塘社区开展灾后重建，捐献救灾款物 6 万余元。

（杨笃璋）

表 35　　2017 年市人防办先进集体和先进个人一览表

获奖单位、先进个人	奖励名称	颁奖单位	颁发时间
市人防办	湖南省卫生文明单位	湖南省爱卫委	2017 年 12 月
市人防办	湖南省人防行政执法工作先进单位	湖南省人防办	2017 年 12 月
杨笃璋	《中国人民防空》通讯报道先进个人	中国人民防空杂志社	2017 年 12 月
谢伟红	湖南省人防质量监督工作先进个人	湖南省人防工程质量监督站	2017 年 12 月

4 月 28 日，娄底市人防办开展“强化责任心 提高落实力”专题大讨论　（刘新山　摄）

经济综合监督管理

Comprehensive economic supervision and management

◎发改委
◎国有资产管理
◎国土资源
◎国有土地上房屋征收中心
◎不良资产处置
◎审计
◎安全生产监督管理
◎工商行政管理
◎质量技术监督管理
◎食品药品监督管理
◎统计
◎农村经营管理
◎公共资源交易

发改委

【概况】2017年，娄底市发展和改革委员会落实发展新理念，贯彻中央、省各项决策部署，坚持“稳中求进”总基调，以供给侧结构性改革为主线，以“项目建设大比拼”、七个“三年行动计划”为抓手，大力实施创新引领开放崛起战略，打好“三大攻坚战”，向全市人民交出令人满意“娄底答卷”。其作为市政府组成部门，具统筹协调全市国民经济和社会发展职能，拟定并组织实施全市经济和社会发展政策、规划，进行宏观调控、总量平衡和结构调整，指导推进和综合协调经济体制改革综合经济管理部门。内设办公室、发展规划科、经济体制改革科、国民经济综合和运行调节科等20个科室，另有市国民经济动员（装备动员）办公室、市重大项目稽查特派员办公室、娄底市物价局娄星分局3个机构；辖有市重点建设项目办公室、市“两型社会”建设工作办公室、市经济建设投资公司、市价格监督检查局、市娄星价格监督检查局、市价格成本调查队、市价格调节基金办公室、市价格认证中心、市节能监察中心、市政府投资评审中心等二级机构。

【项目建设】2017年，娄底市级领导和责任单位到项目现场660余人次，协调处理矛盾、问题180余起。组织两次72个总投资242亿元项目集中开、竣工活动。全市395个重点建设项目完成投资850亿元，超年计划15%。其中，投资20亿元以上重点项目32个，比上年增加11个；重点产业项目达210个，占总数53.1%，累计完成投资415亿元，完成年计划任务120%，比全市重点项目投资完成比例高5个百分点。9月，全省产业发展现场推进会在娄底首站观摩。五江碧桂园商业广场、双峰财智时代广场等一批城市综合体先后竣工开业，完成社会消费品零售总额501亿元，增长10.8%；服务业对经济增长贡献率达49%，拉动GDP4.2个百分点。

【七个“三年行动计划”】2017年，娄底市发展和改革委员会推进武陵山片区扶贫开发，建成191个村级光伏扶贫电站，全年减少贫困人口9.98万人，实现156个贫困村摘帽。出台全市第一部地方性法规——《娄底市孙水河保护条例》，推进湘江流域污染防治“一号工程”，推行“河长制”，推进锡矿山等重点区域综合治理，争取新化县列入国家畜禽粪污资源化利用整县推进试点。中央环保督察交办9个整改问题解决7个，另外2个完成年度任务，245个信访件全部提前办结；推进益娄高速、娄底大道涟源段建成通车，干线公路改造、农村公路建设；新增规模以上工业企业113家，规模工业主营业务收入增长25.1%；利润增长73.7%，同比提高43个百分点；亏损企业占规模工业企业比重由上年同期7.1%下降到5.1%；企业亏损额同比下降46%。地方税收占比59.41%，比上年同期提高4.73个百分点。全年新增规模文化旅游健康养老企业35家，实现产值70亿元，接待游客超3600万人次，旅游收入增长30%。

【产业转型】2017年，娄底市发展和改革委员会制定《娄底市关于加快建设国家产业转型升级示范区的若干意见》《新材料新能源基地建设实施方案》等专项政策，突出以供给侧结构性改革为主线，出台《娄底市推进供给侧结构性改革补齐公共设施关键短板实施方案（2017—2020年）》《娄底市降低实体经济企业成本实施细则》《娄底市金融支持企业去杠杆工作实施方案》等政策性文件。落实“三去一降一补”重点任务，关闭煤矿23对、石膏矿山5家，累计淘汰落后产能988万吨，煤炭、生铁产量分别同比下降15%和4%；商品房去化周期从最初23个月缩短至11个月左右；基础设施、民生、高技术等补短板投资分别增长22%、53%和32%。补齐新能源短板，建成装机8万千瓦地面光伏电站，实现全市大型地面光伏电站“零”突破。争取中央、省政府预算内资金18.3亿元，增长6.8%，超过全省平均水平。娄底经开区和娄底高新区获批湖南省“双创示范基地”，娄底经开区跻身全国国家级经开区100强。水府新城水洋生态新区开发建设拉开序幕，钢铁新城启动新一轮规划建设；三次产业结构由上年同期14.7∶47.8∶37.5调整为14∶47.5∶38.5。全市高技术、高加工度工业增加值占全市规模工业比重达到33%左右，同比提高1.6个百分点；6大高耗能产业占规模工业比重由上年41.5%下降到36.9%左右，下降4.6个百分点。

【“放管服”改革】2017年，娄底市发展和改革委员会推行政务服务“只跑一次”，取消、降低或放开43项行政事业性收费和服务性收费，市直1473项管理权全部下放到娄底经开区。中心城区已落地实施PPP项目7个。183户工商用电企业参与电力市场直接交易，完成第二批行业协会商会与行政机关脱钩改革试点，市本级59家、县市区30家行业协会商会全部完成与主管单位脱钩。涟源杨市镇零碳示范基地建设推进。全市新登记市场主体、注册资本分别增长26%和30%以上。出台《关于贯彻落实创新驱动发展战略建设科技强市的实施意见》，推进国家电子陶瓷质量检测中心、娄底经开区薄板剪切等公共服务平台建设。认定科技企业孵化器1家、众创空间4家、高新技术企业22家、省级工程技术研究中心1家。支持涟钢、三泰新材、三迅新能源、电将军等企业与中南大学、湖南大学等科研院所开展产学研项目对接。规模工业中新产品产值增长119%，高新技术产业增加值增长17%，分别同比提高77个和3.7个百分点。水洞底镇、蛇形山镇移交娄星区管辖，新化县部分行政区划调整稳步实施。

【对外开放合作】2017年，娄底市发展和改革委员会在全省市州中率先出台《娄底市关于实施开放崛起战略建设开放强市的意见》《娄底市招商引资若干政策规定（试行）》《娄底市发展外贸外经口岸若干政策规定(试行)》等政策文件，推动省"451"行动在娄底落地见效；引进贵谷科技、陌陌、"顺德造"等"互联网+总部"企业30余家，与鑫奇、卓达等企业集团签署战略合作协议。举办第八届"湘博会"，签约65个项目，总投资480亿元。实现内联引资605.3亿元，增长17.5%。企业"走出去"步伐加快。华菱涟钢在马中关丹产业园投资建设精品钢，成为中国首个"一带一路"钢铁产能转移项目。全市40余家企业实现外贸"破零"，入境旅游人数达到2.1万人，增长19%。完成进出口总额80.4亿元，增长35.3%，其中，出口由年初的–22.2%回升到15%左右。

【社会民生事业】2017年，娄底市发展和改革委员会确定10件民生实事和省12项重点民生实事项目，除"娄底大道冷新段一标段"未按时完成建设任务外，其他均完成或超额完成全年目标任务，占一般公共预算支出比重达60%以上。中心城区新建和改扩建15所学校启动，全市中小学Wi-Fi信号实现全覆盖，薄弱学校基本达到省"二十条底线"标准。实现药品"零差价"销售和106个按病种收费。全市新增城镇就业3.75万人，新增农村劳动力转移就业3.7万人，新增创业主体1.12万户，城镇登记失业率稳控在4.5%以内较低水平。开展涉企、银行、药品及医疗服务价格、电力价格、商品房销售价格等专项检查，打击、查处各类价费违法行为，加强价格监测、预测、预警和民生价格信息发布，全市居民消费价格指数为1.4%。保障体系持续完善，全市农村低保保障标准提高至每人每月268元，高于省标准16元，较上年提高21.8%。

【经济发展环境】2017年，娄底市发展和改革委员会印发《关于进一步加强优化经济发展环境投诉举报工作的通知》(娄优办〔2017〕17号)，建立市、县、镇三级联动优化大环境投诉举报机制；全市优化部门通过自办、交办、督办等方式处理投诉举报566件，办结564件。市本级接受优化环境投诉举报30件，交办转办110件，办结110件，做到件件有着落，事事有结果。全市30余个窗口单位进行5000余次政务服务回访，抽查回访300余次。全市网上政务服务办件98724件，办结98349件。核查整改黄牌38张、红牌10张，对产生红、黄牌均问责到人。规范涉企检查，印发《关于开展2017年度涉企常规检查备案工作的通知》(娄优办〔2017〕3号)。市优化办督促20家市直职能部门按时报送涉企常规检查年度计划，对233次涉企检查进行登记备案。（邓荣华 刘春波）

国有资产管理

【概况】2017年，娄底市国资委以国资改革带动国企改革，各项工作取得明显成效：国有经济运行稳中向好，国企改革有序推进。先后获授省国资委财务快报工作先进单位、全市综治工作优秀单位等省市称号18项。

【国资监管】2017年，全市11户国有企业累计实现营收7.8亿元，同比增长19.34%；累计实现利润9295万元，同比增长30.68%；实际缴纳税费1.4亿元，同比增长45.59%。监管企业资产总额48亿元，同比增长47.98%；净资产30.5亿元，同比增长20.63%。市创投集团在初创期第二年实现资产总额翻番，非流动资产相比2016年同期增加11.36亿元。对企业往来款、大额物资采购和工程招投标进行2个专项检查。组织市属国有企业上缴国有资本收益1953万元；完善监管企业负责人经营业绩考核体系，起草《娄底市市属国有企业负责人经营业绩考核及薪酬管理办法》，完成市公交公司等6家企业2016年度经营业绩考核和负责人薪酬兑现工作，与市水业有限公司等8户企业签订年度(任期)经营业绩责任书。

【国企改革】2017年，娄底市国资委完成市水业有限公司、市公交公司2家公司公司制改制，建立起由董事会、监事会和经理层组成法人治理结构。从6月20日—9月30日，开展涟钢供水（电）转供改造移交"百日大会战"。10月25日，提前完成省委省政府下达娄底市"三供一业"全部工作任务，得到省委、省政府及省国资委肯定。

【项目建设】2017年，娄底市国资委精心筛选24个项目作为全市央企对接项目，其中在建项目20个，拟对接项目4个，项目总投资486亿元。20个在建项目全年累计完成投资11亿元。推进华达汽车空调公司异地搬迁、市水业有限责任公司三水厂建设、市公交公司枢纽站建设3个市重点项目。华达汽车空调公司异地搬迁如期完成，三水厂项目建设完成投资3756万元，公交枢纽站项目完成土方回填12万方。

（朱吾建）

表36　2017年度市国资委先进集体一览表

获奖单位、先进个人	奖励名称	颁奖单位	颁发时间
娄底市国资委	财务快报工作先进单位	省国资委	2017年10月

国土资源

【概况】2017年，娄底市国土资源局贯彻落实省、市国土资源工作会议精神，严格规范管理，为全市经济社会发展提供国土资源要素保障。完成局机关空缺正科级干部竞聘上岗和科室轮岗及、市局直属事业单位空缺副处级领导岗位民主推荐考察工作，以及双峰县国土资源局局长、党组书记王中林任前考察和任职发文和涟源市国土资源局局长、党组书记人选谭文学民主考察等系列工作。目前县（市）国土资源局消超工作已到位。公务接待节俭规范，政务信息报送精准，档案管理实现档案存储数字化、档案管理信息化和档案提供便捷化目标。"三公"经费定期向社会公布，定期与市财政、省厅对账，做到账目清楚、信息详实。加强预算管理、专项资金监管、内部控制管理、局属单位财务管理等工作，完成非税收入1839.45万元。土地出让金已入库9亿7403万元，全年完成土地出让金入库11亿余元，为去年300%以上。清理涉及耕保、用地、不动产、测绘等部门出具或收到证明材料事项39项，公开群众和企业到政府办事"只跑一次"事项清单36项。贯彻落实各项土地管理法律法规和行政机关负责人出庭应诉制度，办理行政诉讼、复议案件47宗。全年接待处理群众来信、来访及网上信访359起，按要求转办、办理322起，其中处理进京到部上访事项36起。对口帮扶新化县孟公镇瑞阳村，将该村116户贫困户精准扶贫工作作为政治任务，组织70多名党员干部开展"二帮一"精准帮扶，全年组织11批次党员干部入村帮扶。投入扶贫资金700多万元，重点实施投资90多万元饮水安全工程、投资58万元白洋水库堤坝50千伏光伏电站工程、投资200万元村内水渠整治工程、投资300万元道路建设工程、投资200万元异地扶贫搬迁工程等项目，组织以贫困户为主水果种植专业合作社，投入10多万元，发动贫困户种植黄桃100多亩，全村可望2018年年底实现整体脱贫。

【土地管理】2017年，娄底市国土资源局全部完成市本级及各县市区土地利用总体规划调整完善方案（2006—2020年），获省厅及省府批复；完成76个乡镇级土地利用规划调整完善方案，取得市政府批复；第三轮矿产资源规划已全部编制完成，通过省厅批复并全部汇交资料。全年全市完成建设项目用地预审158个，总用地面积577.5816公顷；其中市本级15个，总用地面积131.5908公顷。全市完成土地报批项目81宗，总面积551.2948公顷，其中市本级8宗56.2747公顷；冷水江市8宗125.067公顷；涟源市21宗166.0893公顷；双峰县9宗29.1571公顷；新化县35宗173.7067公顷。完成土地审批项目88宗1016.1455公顷，其中市本级14宗86.2304公顷；冷水江市8宗125.067公顷；涟源市19宗160.6774公顷；双峰县13宗62.1897公顷；新化县34宗581.981公顷。全市出让宗地819宗（冷水江市出让

721宗，以协议出让小幅地块为主），成交188.8492公顷、价款22.7559亿元，其中市本级全年出让宗地34宗，成交81.3934公顷，价款11亿余元；完成所有417宗空闲土地外业核查，内业调查也在最后整理确认阶段。全年收回土地17宗35.364公顷；新征储备土地24宗314.99公顷，全年新增储备土地41宗350.354公顷。全市耕地保有量为192703.19公顷，基本农田保有量为147470.78公顷，超额完成省政府下达考核目标。全市完成耕地补充旱地2500亩、水田1000亩；并有旱地3000亩、水田800亩正在省厅指标确认；另有旱地2500亩、水田400亩完成验收。市本级经省厅批回建设占用耕地项目13个，占用耕地37.1882公顷，全面实现"先补后占、占优补优、占水田补水田"耕地占补平衡任务。开展年度土地变更调查与遥感监测、城镇地籍变更调查试点、城乡一体化土地调查数据整合及数据库建设示范工作，完成农村集体土地所有权确权工作。全年完成不动产权籍调查260余宗；与广铁（集团）公司协调处理21宗铁路用地变更登记发证等相关事宜，调处各类土地权属纠纷；准确及时完整上报各类数据统计报表；办理新增建设用地等权属地类审核确认，出具书面权属调查意见近30宗。全年所有征地项目履行"两告一登记"征地程序，把维护被征地农民知情权、参与权落到实处。监督用地单位征地拆迁补偿安置资金支付情况，全年支付征地补偿安置资金5.1亿元，确保被征地农民"生活水平不下降""长远生计有保障"。全年全市完成征收土地26719余亩，拆迁房屋1088栋；其中市本级实施53个征迁项目，完成31个项目征地拆迁工作任务，征收土地3200多亩，拆迁房屋240多栋4.28万平方米。全市立案查处违法案件354宗，办结230宗，收缴罚没款1167.5万元，移送公安机关8宗；其中市本级直接立案查处违法案件39宗，办结30宗，收缴罚没款120.5万余元，移送公安机关1宗。土地卫片执法检查立案查处违法用地84宗，涉及土地面积773.9亩，结案68宗，收缴罚没款333.3万元；矿产卫片执法检查26个图斑全部立案查处，结案7宗，收缴罚没款35.2万元。全市停产整顿砖厂456家，立案查处砖厂385家，收缴罚没款66万余元，刑拘7人。

【地矿管理】2017年，娄底市国土资源局按照部省文件要求，及时完成采矿权注销、吊销清理工作和采矿权信息登记清理工作。全年办理各类采矿登记手续102宗，收取采矿权价款252.7万元。全市计关闭石膏矿山5家，关闭落后小煤矿22家。第五届中国（湖南）国际矿物宝石博览会"娄底自然资源推介展"得到关注。完成各类探矿权初审登记工作9个，配合地勘单位申报国家出资项目3个。地质找矿取得重要成果：新增煤炭储量4000万吨，方解石矿731.5万吨，锑金属量0.53万吨，在新化境内发现具极大开发利用价值地下热水井1处。对46家正常生产矿山开展矿产资源储量评审送审，完成矿产资源储量年报12份，对第五批106家政策性关闭煤矿进行应退市级价款退付核算。全市发生各类地质灾害611处，其中滑坡528、崩塌43处、泥石流13处、地面塌陷22处、地裂缝2处、地面沉降39处，直接经济损失11105.6万元、失踪1人。全市避让各类地质灾害6起，转移1000余人，避免人员伤亡200人，其中新化温塘镇焕新村滑坡倒塌房屋6栋，避免人员伤亡19人应急处置案例，被省国土资源厅认定为成功避险案例。

【测绘信息】2017年，娄底市国土资源局按照《娄底市测绘地理信息"十三五"规划》《娄底市基础测绘总体规划(2006—2020)》及年度基础测绘计划，市财政下拨基础测绘经费370万元，对市中心建成区开展1∶500全数字化地形图新测35.2平方千米，对蛇形山镇开展1∶1000全数字化地形图新测57.68平方千米，使市本级基础地理信息数据库得以充实。双峰县完成数字双峰地理信息基础工程建设项目政府采购招标工作，投入资金500多万元，进入实施阶段；新化县完成数字新化地理信息基础工程建设项目立项申请，并专题向省厅申报推荐立项。冷水江市启动数字县域建设申报立项工作，由省第三测绘院编制项目设计书；开展全覆盖排查整治"问题地图"专项行动，同兄弟单位一道组织27家测绘资质单位和5个县市区对"问题地图"进行全面检查，清查出各方面问题均已整治整改到位。成立市级巡检组，对14家测绘资质单位开展抽检。

【管理改革】2017年，娄底市国土资源局根据全市改革要求，深化不动产统一登记制度改革。10月9日，不动产登记中心办公新址面积3500平方米正式启用，设窗口43个，物业服务标准规范，配套设备设施完善；坚持"内转外不转、一站式服务"，不动产登记业务办结时限在法定30个工作日基础上提速75%以上；抵押登记业务提速到6个工作日，比国务院要求10个工作日还缩短4个工作日。全年全市发放不动产登记证书38076本,不动产登记证明41947本,其中市本级发放证书22541本、证明19880本,双峰县发放证书2557本、证明2549本,新化县发放证书7249本、证明13377本,冷水江市发放证书3423本、证明4381本,涟源市发放证书2306本、证明1760本,办理查解封业务2012宗;为行动不便特殊群众提供无偿上门服务15起;配合历史遗留问题领导小组解决去库存和办证难问题,市本级7个项目进入办证程序,发放相关不动产权证1561本。

（肖敏）

表37　　**2017年度娄底市国土资源局先进集体和先进个人一览表**

获奖单位、先进个人	奖励名称	颁奖单位	颁发时间
娄底市国土资源局	2016—2018年全省依法办事示范窗口单位	中共湖南省委法治湖南建设领导小组办公室	2016年9月
娄底经济技术开发区	2016年度开发区节约集约用地表彰奖励名单	湖南省国土资源厅	2016年12月
娄底市代表队	“南方测绘杯”第五届湖南省测绘地理信息行业职业技能竞赛地图制图精神文明奖	“南方测绘杯”第五届湖南省测绘地理信息行业职业技能竞赛组委会	2017年3月
娄底市代表队	“南方测绘杯”第五届湖南省测绘地理信息行业职业技能竞赛地图制图团体三等奖	“南方测绘杯”第五届湖南省测绘地理信息行业职业技能竞赛组委会	2017年8月
娄底市代表队	“南方测绘杯”第五届湖南省测绘地理信息行业职业技能竞赛工程测量团体三等奖	“南方测绘杯”第五届湖南省测绘地理信息行业职业技能竞赛组委会	2016年9月
娄底市代表队	“南方测绘杯”第五届湖南省测绘地理信息行业职业技能竞赛	“南方测绘杯”第五届湖南省测绘地理信息行业职业技能竞赛组委会	2016年7月
梁　科	湖南省测绘地理信息技术能手	湖南省国土资源厅	2016年12月

国有土地上房屋征收中心

【概况】2017年,娄底市国有土地上房屋征收中心聚力主责主业、聚焦重点、聚合力量、履职尽责,铺开国有土地房屋征收规范战、安置小区建设攻坚战、干部队伍建设持久战三大战役,各项工作朝着稳中向好态势发展。全年启动房屋征收项目15个,拟征收户数422户,征收房屋建筑面积6.72万平方米;做出房屋征收决定5份,拟征收户数226户,征收房屋建筑面积3.35万平方米;已完成征收户数166户,征收房屋建筑面积2.87万平方米,分别占总征收户数和总征收面积39%和43%。16个安置小区建设管理工作铺开,完成工程总投资约930万元,签订施工合同18份。完成秀石安置小区省级报批工作,投入报批资金1200万元,批回土地8.4638公顷;南垅、大石山安置小区完成另行选址工作;拆除丽春、南垅、檀山湾和泉水等安置小区房屋13栋;江溪安置小区360套安置房已分配入住217套,占总套数60%。

【房屋征收】2017年,娄底市国有土地上房屋征收中心启动征收项目7个,提请市人民政府作出征收决定3份,征收房屋建筑面积7519.86平方米,签订房屋征收补偿协议85份,补偿金额1.6亿元。完成娄星南路、娄星工业集中区污水处理厂建设、丰荷公路扩建项目分户评估工作,完成春檀路4户、湘中国际物流园奥特莱斯小镇25户和娄底六中扩建项目54户征收工作。涟源市启动征收项目5个,提请市人民政府作出征收决定1份,征收房屋建筑面积1.6万平方米,签订房屋征收补偿协议31户7个单位。完成红旗廉租房建设项目、中山街旧城棚户区改造项目评估工作,完成双江城市棚户区项目、安坝至大江口公路改线工程项目入户调查工作,完成国师路改造和一中广场建设项目31户7家单位协议签订工作。新化县启动梅山古镇保护与建设一期1个项目,征收房屋建筑面积4720平方米,签订房屋征收补偿协议51户。

【安置小区建设】2017年,娄底市国有土地上房屋征收中心提请市人民政府召开专题会议3次,重点解决南垅、大石山安置基地另行选址问题。配合“市解难办”完成被拆迁人自行选购新建商品房作为安置房扫尾工作,6398个被拆迁人已安置到位4331.5人,占总安置人数68%。市本级在安置小区建设管理资金非常紧缺情况下,按照先急后缓、分期分批原则,先后启动秀石、双科、龙井、丰泽、甘桂(二期)5个安置小区报批工作,完成秀石安置小区省级报批工作,投入报批资金1200万元,批回土地8.4638公顷126.957亩。以丽春安置小区为突破口,完成丽春、南垅、檀山湾和泉水等4个安置小区13栋房屋拆除工作,解决多年想解决而未解决难点问题。双峰县抢抓时间,完成犁头、井湾2个安置基地征地拆迁工作。冷水江市强力推进,采取包干方式,完成城东生态城第三安置点房屋拆迁和迁坟工作。全市安置小区完成工程建设总投资约8930万元。其中市本级明确责任,倒排工期,签订施工合同18份,完成甘桂小区北侧挡土墙人工挖孔桩工程、泉水小区地质勘探、户型配对及施工图设计工作;丽春小区土石方回填、临时下水道设计、预算和挡土墙设计工作。冷水江市强化监管,加快推进,城东生态城第一、第二安置点完成安置房建设48栋,入住36栋,入住率达到75%。双峰县加大投入,完善配套,完成工程建设总投资6100万元。金谷大市场管理处抓管理创新,推行“竞聘上岗、双向选择”,市场管理上台阶,完成国家卫生城市省级、国家级复检和全国文明城市测评工作;江溪安置小区抓资产盘活,360套安置房已分配入住217套,占总套数60%;钢城小区电力改造、罗家小区整体移交和安置小区产权手续办理等各项工作均有序推进。双峰县抓服务创新,率先在全市完善安置区档案现代化管理工作,完成茶场安置区、宾园路安置区安置户档案资料搜集及建档工作。

【信访维稳】2017年,娄底市国有土地上房屋征收中心面对严峻信访维稳形势,抓住全国社会主要矛盾转化这一历史性结论,以问题为导向化解矛盾,维护稳定。成立娄底市国有土地上房屋征收与安置房建设管理矛盾纠纷人民调解委员会,出台《关于进一步规范信访工作流程的通知》,把矛盾化解在基层,把问题解决在当地,全面排查,逐案研究,包案稳控,严防死守。全年接待来访群众88批1000余人次,排查重大风险事项及矛盾纠纷问题15件,出具信访处理答复意见书5份,网上办信6件,转批信访件5件,息诉息访1件,信访答复率达100%。

(向　建)

不良资产处置

【概况】2017年,娄底市不良资产处置公司按照市商务粮食局党组会议安排,承担起市中小商贸流通企业服务中心工作,在市不良资产处置公司设立“市中小商贸流通企业服务管理办公室”,对外以“市中小商贸流通企业服务中心(平台)”名义开展工作,获被评全市先进单位。不良资产处置工作“娄底模式”得到时任湖南省副省长徐宪平肯定。已累计从省长城、信达、东方、华融4家资产管理公司中接管处置260家企业12.7亿元不良金融资产,为娄底财政和企业减少损失4亿多元,有效防范和化解金融风险,优化经济结构。市级公共服务平台和6个县市区(包括市经开区)服务工作站已建立,市级服务中心、公共服务运营中心建成并对外开展工作。已在行业协会、商圈、商业聚集区建立60个市级服务联系点和30个县级服务联系点(包括在建);建立市级平台服务机构联盟,已入驻各类服务机构330家;加强全市中小商贸流通企业信息数据库建设,入库企业3065家,在平台网站上发布各类服务产品775条,完成线上服务对接113次。各项工作指标均排在全省前列。

【体系建设】2017年,娄底市不良资产处置公司开展大小专项活动20余次。其中4月7日,在娄底鹏泰大酒店由省商务厅主办;市商粮局、市平台承办“娄底市中小商贸流通企业舆情管控及低成本品牌传播公益帮扶巡讲活动”;11月29日,在娄底金香大酒店举办“全市中小商贸流通企业税务风险排查暨财税新政巡回培训活动”;12月8日,在太阳升酒店举办“全市商贸流通企业安全生产培训活动”；邀请各级领导、专业授课老师对企业进行专业指导，惠及全市400余家企业。通过一系列专业活动开展，不仅活跃全市商贸流通企业间氛围，也拓展平台业务空间，更锻炼队伍与积累经验。

(殷钰)

审 计

【概况】2017年，娄底市审计局完成审计项目185个，其中组织实施审计项目179个，参与实施审计项目6个，查出主要问题金额2004560万元，其中违规金额283713万、损失浪费金额423万元、管理不规范金额1720423万元；审计发现非金额计量问题587个；损益（收支）不实214547万元；审计发现侵害人民群众利益2388万元；出具审计报告和专项审计调查报告318篇，被批示、采用2篇；审计处理处罚金额191418万元，其中应上缴财政74132万元、应减少财政拨款或补贴36417万元、应归还原渠道资金35020万元、应调账处理金额33183万元；移送司法机关、纪检监察机关和有关部门处理事项57件，移送处理人员92人，移送处理金额13137万元。审计促进整改落实有关问题资金38012万元，其中增收节支30272万元、已调账处理金额7188万元、审计促进拨付资金到位9990万元、审计后挽回（避免）损失37172万元。提出审计建议497条，被采纳483条；提交审计信息588篇，被批示、采用497篇。向社会公告审计结果8篇。

【国家跟踪审计】2017年，娄底市审计局改革项目“娄底市自然资源资产审计模式探索”被评为湖南省生态文明改革创新案例示范类；每季度选择一个县市区，采取“上审下”审计模式，先后对娄星区存量资金统筹使用情况、双峰县放管服政策落实情况、冷水江市金融支持实体经济情况、涟源市扶贫资金分配管理使用情况进行跟踪审计，推动政策措施落地生根。

【重点财政审计】2017年，娄底市审计局关注财政资金绩效、资产管理、财税政策执行、财政预算体系完善以及中央“八项规定”精神贯彻落实等情况，揭露“放管服”改革过程中存在机构设置、人员编制、财政预算改革不能及时跟进矛盾，促成建筑行业劳保基金账户余额1.34亿元移交市财政国库管理。

【经济责任审计】2017年，娄底市审计局完成116个单位166名领导干部经济责任审计，其中任中审计37名，离任审计129名。创新性开展经济园区行业主要领导干部经济责任审计；高质量完成武冈市委书记、市长任期经济责任异地交叉审计，查出问题金额71370万元，移送案件8起，问责5起。

【固定资产投资审计】2017年，娄底市审计局市局完成固定资产投资项目结算审计129个，送审金额10.67亿元，审定金额9.53亿元，累计核减金额1.14亿元，重点开展沪昆、娄邵铁路安置基地专项审计；并开展保障性安居工程审计、村级财务审计等民生审计（调查）项目，配合市纪委对663个重点村进行财务审计，按监督执纪“四种形态”处理4373人，移送司法机关处理36人，清退资金1786.3万元。

(曹阿乔)

表38　2017年度娄底市审计局先进集体和先进个人一览表

获奖单位、先进个人	奖励名称	颁奖单位	颁发时间
娄底市审计局	通过全国文明单位复查	中央文明委	2017年11月
娄底市审计局	湖南省生态文明改革创新案例示范类	湖南省两型办	2017年3月
娄底市审计局	2017年度市州审计机关工作目标管理考核优秀等次	湖南省审计厅	2018年1月

安全生产监督管理

【概况】2017年，全市安监系统树立红线意识，坚持问题导向，强化源头管控，突出风险防范，创新监管举措，以“群众过节、安监过关”作风，推进重点工作落实。全年全市发生各类生产经营性事故32起，死亡43人，同比分别下降60%、46%。面对涟源市祖保煤矿“2·14”重大煤尘爆炸事故对全市安全生产造成影响安监人以守土负责、守土尽责态度，开展安全生产治本攻坚，实现全年安全生产总体稳定。连续2个多月奋战在“抗洪保安”和灾后重建一线，化解资江矿业“6·27”矿井老窿水透水险情，126人平安升井。整个汛期未发生一起伤亡事故。为全力搜救涟源市祖保煤矿“2·14”重大煤尘爆炸事故4名失踪人员，救援工作耗时两个月，时间之久、难度之大、投入设备和救援人员之多，均创湖南矿难救援抢险之最，获国家总局和省安委办肯定。推动《关于推进安全生产领域改革发展的意见》各项要求落地生根。年内100%煤矿生产企业、60%非煤矿山和危化品生产经营企业、30%规模以上工贸企业完成安全生产三级标准化达标任务。落实重大安全隐患“一单四制”（全市重大事故隐患清单和交办制、台账制、销号制、通报制），形成重大隐患排查治理闭环管理，市安委办挂牌督办48处，整改完成40处。出台《娄底市安全生产“十大战役”专项整治工作方案》，围绕矿山、危险化学品、烟花爆竹、工贸行业等重点行业领域，开展大检查大管控大整治大督查，彻查安全隐患，堵塞管理漏洞，有效防范和遏制安全事故发生。全年拟关闭落后小煤矿23处与县市区人民政府签订关闭协议，超年度省下达关退指标10处，累计关闭煤矿172处，去产能988万吨/年；关闭或退出生产许可范围危化物品企业8家、非煤矿山一家。聘请湖南煤科院20位专家，组成9个煤矿安全生产“打非治违”执法检查组，对全市煤矿进行督查暗访，累计开展4轮执法检查，出动检查人员865人次，排查隐患2971条，取缔关闭煤矿23家，责令停产整顿或限期整改74次。在娄底电视台、《娄底日报》、娄底市政府及安监局门户网站、娄底安监微信平台等媒体设置“安全生产专栏”，定期报道安全生产新闻，宣传安全生产法律法规知识。6月16日在娄星广场举行大规模宣传教育活动，制作各类宣传图板236块，发放《安全生产知识读本》《习近平总书记关于安全生产重要论述摘编》《生产经营单位主要负责人安全生产手册》2万多册，宣传资料8万份，播放警示教育片220场次。有计划、分类别、分层次培训各级安监干部，加大企业主要负责人、安全管理人员、特种作业人员等“三项岗位人员”培训力度，打好安全基础。全年培训“三项岗位”人员6870人次，各类监管人员、法治业务培训班15期，培训安全监管人员1500余人次。

【国家安监总局约谈会推动湖南省煤矿安全整治】2017年2月24日，国家安全监管总局、国家煤矿安监局在京召开湖南省煤矿安全生产工作约谈会议，警示推动湖南省认真汲取娄底市祖保煤矿“2·14”重大煤尘爆炸事故教训，采取果断措施，防范遏制煤矿重特大事故。国家煤矿安监局副局长桂来保主持会议并讲话。约谈强调，湖南省要深刻汲取事故教训，加强对煤矿安全生产工作领导和安全监管监察执法，开展煤矿安全“体检”工作，加快推进小煤矿关闭退出，严打超层越界开采、非正规回采等违法违规行为，依法依规严查事故，严厉追责问责。约谈会上，湖南省安全监管局、煤炭管理局、能源局和湖南煤矿安监局主要负责人，娄底市委、市政府主要负责人分别作表态发言。

表39　**2017年度娄底市安监局先进集体和先进个人一览表**

获奖单位、先进个人	奖励名称	颁奖单位	颁发时间
刘晓林	安全生产监管监察先进个人	国家安全生产监督管理局 国家煤矿安全监察局	2018年1月

工商行政管理

【概况】2017年,娄底市工商行政管理局强化监管服务,深化商事制度改革,推行“多证合一”、全程电子化登记、颁发电子营业执照、企业名称自主申报登记管理和便利化登记等改革,加大消费维权力度,举办“网络诚信,消费无忧”大型宣传咨询活动,建立“诉转案”工作机制。全年新登记企业7300户、个体工商户2.6万户,同比分别增长18.82%、54.59%。指导企业办理商标注册200余件,续展著名商标30余件。先后4次组织机关干部走访贫困家庭,结对帮扶63对,调拨帮扶款13.6万元,协调经费40多万元,项目资金80多万元。帮助贫困村建立红薯粉厂,开发100亩稻田养鱼基地。

【监管执法】2017年,娄底市工商行政管理局完善市场监管制度,联合九个部门编制《娄底市“十三五”市场监管规划》,制定《公平竞争审查工作实施方案》;实施“双随机、一公开”监管,建立“两库一清单一细则”,完成2471户市场主体抽查工作;全市工商部门实现应当公示信息归集率和行政处罚信息公示率100%。全市企业、农民专业合作社、个体工商户年报率分别达86.44%、90.14%、91.15%。实现100%工商信息推送和一定比例其他部门推送行政许可信息,依法将3395家企业、380家农民专业合作社、7092户个体工商户列入经营异常名录,依法吊销1268家企业;开展网络市场、虚假违法广告、红盾质量维权、打击传销、红盾护农、打击商标侵权、合同市场、无照经营等8个专项整治行动,全市系统办案995起,市本级立案36起。

【商制改革】2017年,娄底市工商行政管理局围绕“放、管、服”改革,简政放权、放管结合,服务经济社会发展,完成注册资本登记和“先照后证”改革、市场主体年检改年报、“三证合一、一照一码”、个体工商户“两证”整合等12项重大商事制度改革。召开全市深化商事制度改革工作会议,将20个部门30个证照统一整合到营业执照上,实施企业"多证合一、一照一码"登记制度,在全省率先启用部门协同监管平台·湖南,推进国家企业信用信息公示系统(湖南)运用和涉企信息归集公示,落实“双告知”,实施企业简易注销登记和全程电子化登记、颁发电子营业执照,推行让办事群众“只跑一次”等举措。全市新设市场主体102413户,其中新设企业22253户,个体户79990户,分别比改革前期末市场主体总数分别增长76.7%、35.2%、77.1%。日均新设市场主体从改革前72户增加到是年150户,日均新设企业从改革前10户提高到是年34户。办事窗口先后被评为全市和全省服务优胜单位,改革信息两度被国务院办公厅采用,得到社会各界认可,《湖南日报》头版头条给予报道,获评全市优秀改革项目。

【双随机一公开】2017年,娄底市工商行政管理局推行“双随机、一公开”工作机制,建立完善“一单两库一细则”,行政执法检查“双随机、一公开”,推行“双随机、一公开”跨部门联合检查和监管全覆盖,建立政府部门“随机联查”制度。下发《娄底市人民政府办公室关于推广随机抽查规范事中事后监管的通知》,全市各行政执法部门制定随机抽查事项清单、建立“双随机”抽查机制,建立市场主体名录库和执法检查人员名录库。9月,该项工作改由市商事登记制度改革办公室(设市工商局)牵头落实,市直34家行政执法单位都制定和上报抽查工作实施方案,根据自身职能职责都建立随机抽查事项清单,市直32家单位报送市场主体名录库台账,各级行政执法单位都建立市场主体名录库。

【商标品牌】2017年,娄底市工商管理局致力于商标品牌培育和保护,推进地方经济发展,指导企业续展、转让商标2472件,马德里商标国际注册5件,推进新化红茶、涟源茶油等10件地理标志证明商标申报,推荐农友、中南神箭申报驰名商标,成功培育涟源富田桥游浆豆腐、枫木贡茶为地理标志商标,“农友”驰名商标。截至2017年年底,全市有效注册商标达1.46万件,湖南省著名商标88件,中国驰名商标12件,地理标志证明商标3件。平均每100户生产经营者拥有5.5件注册商标,是“十二五”以前4倍多。全市拥有2个以上商标企业达2000多家。比如闪星锑业公司拥有20余个锑产品,7个商标,锑品占全国市场30%、全球25%。

【消费者权益保护】2017年,娄底市工商管理局把维护消费者合法权益作为一件事关工商品牌形象大事来抓,推进“12315”进商场、进社区等“五进”,开辟互联网受理投诉举报渠道,把维权网络延伸到消费纠纷最前沿，方便消费者投诉、快捷调处消费纠纷。搞好消费宣传和教育引导，每年“3·15”期间举办大型宣传咨询活动，发布维权典型案例，编辑出版《工商民生》专栏，建立“诉转案”工作机制，消费维权成效逐年提升。全年全市工商和消委全年接待、受理投诉10000余件，为消费者挽回经济损失1400余万元。（罗达意）

质量技术监督管理

【概况】2017年，娄底市质量技术监督局围绕市委政府“加速转型、奋力赶超”战略部署，实施质量强市战略。印发《加快质量发展建设质量强市实施意见》（娄政发〔2017〕28号），成立市长任组长、分管副市长任常务副组长、27个市直部门主要负责人为成员质量强市领导小组，建立联席会议制度，全市形成党委重视、人大支持、政府主导、部门联动、企业主体、社会参与“大质量”工作格局。开展第二届市长质量奖评选，举办企业《卓越绩效》和首席质量奖两期免费主体业务培训班，培训企业质量高管170多人，11个组织、2名个人提交申报市长质量奖材料。对县（市、区）政府和娄底经开区管委会进行年度质量工作考核。市政府2次常务会议研究质量工作，8次召开工作联席调度会。综合协调近30个市直部门和涟源市政府相继迎接12月8日国务院、12月28日省政府对全市质量工作考核实地核查，获国务院和省政府考核组肯定。连续2年获市综治工作先进单位与全省质监系统“特种设备安全工作先进单位”，连续4年获湖南省“文明单位”，连续9年获市安全生产先进单位，获2017年天蓝水净地绿3年行动计划优秀单位，法治政府建设优秀单位，市人大专项工作评议“满意单位”。获授市委政府“综治工作先进单位”“法治政府建设先进单位”“市直机关创文优秀单位”称号。

【品牌建设】2017年，娄底市质量技术监督局组织7家企业申报湖南名牌产品，指导7家企业申报A级以上质量信用等级评定并已取证。全市有湖南省名牌产品44个、“湖南老字号”品牌3个，华菱涟钢获冶金产品实物质量“金杯奖”和中国钢铁工业协会“特优质量奖”“永丰辣酱”获评国家地理标志保护产品，农友集团获国家品牌建设示范企业，渠江薄片获第五届中国国际茶业博览会金奖。

【标准化建设】2017年，娄底市质量技术监督局指导企业主持或参与制修订1项国家标准、2项行业标准、2项地方标准；大力推进工业、农业、服务业标准化，打造三大产业质量标杆。1月，高分通过国家循环经济综合标准化试点考核验收，娄底成为湖南唯一、全国7个循环经济综合标准化试点城市之一，获省“两型办”奖励工作经费20万元，并在省两型社会推进会上作典型发言。完成2家国家级、9家省级农业标准化示范区评审验收。指导新化大熊山、涟源湄江景区开展省级旅游服务标准化示范点建设。配合市编办、政务中心实施全市行政许可、政务服务两项省级公共服务标准化试点。

【转型发展】2017年，娄底市质量技术监督局办理市政协五届一次会议128号《打造娄底品牌 让娄底走向世界》和137号《挖掘娄底特色产品 促进地理标志产品保护工作》提案。涟钢、冷钢、双峰海螺、锡矿山闪星锑业、娄底安地亚斯等12家企业获首批“产品质量监督（国家和省级）抽查连续5年合格企业”称号。对18家钢铁、水泥、危化品生产企业进行2次重点监督检查，涟钢等150家企业提交质量安全信用承诺书。

【特种设备监管】2017年，娄底市质量技术监督局根据市人大、市政府安排部署，在全省首创并连续2年开展“特种设备安全保障行”活动，建立“人大牵头、政府主导、部门联动、企业主体”特种设备安全机制。报请市政府成立市特种设备安全领导小组，统筹协调全市特种设备安全工作；开展“安全生产大排查大管控大整治大督查”、特种设备安全战役和“落实企业安全生产主体责任年”等活动；与市房产局联合检查46家物业公司管理电梯3100余台，处理上级批转函件和群众举报投诉电梯案件28起，发现安全隐患526处，现场整改安全隐患509处，封停电梯27台，解决金益紫檀、香山红叶、湾田家园小区等物业电梯重大安全隐患。

【计量服务】2017年，娄底市质量技术监督局加强对血压计、压力表、电能表、燃气表、天平、砝码、出租车计价器、瓦斯计、衡器、电子秤10个项目专项检查，对用于贸易结算、医疗卫生、安全防护、环境监测方面20460台强制检定计量器具进行强检，强检率达 100%。

【监督抽查】2017 年，娄底市质量技术监督局安排市级监督抽查 531 批次，实际抽查 534 批次，合格 517 批次，不合格 17 批次，抽查合格率 98.0%。省级监督抽查抽取样品 292 批次，合格 284 批次，不合格 8 批次，抽查合格率 97.3%。综合省、市两级监督抽查情况，合格率为 97.7%。对“地条钢”行业进行拉网式检查，出动执法人员 867 人次，检查生产企业(门店)866 家。开展纤维制品、婴幼儿服装及布料、学生服和工作服质量监督抽查和纤维制品、学生服质量安全隐患风险检查专项行动，抽查 20 批次，合格 20 批次，合格率 100%。对辖区内食品相关产品获证企业进行一次专项整治，落实食品安全“护老行动”，抽查 10 个食品相关产品生产企业生产 26 批次产品，合格 25 批次，不合格 1 批次，合格率为 96.2%。

【执法打假】2017 年，“12365”举报投诉中心受理举报投诉 162 件，处理率达 100%，为消费者挽回经济损失 200 余万元。围绕“质监利剑”开展专项执法检查行动，出动行政执法人员 2588 人次，检查企业 814 家，立案查处案件 70 起，涉案货值 97.5 万余元(不含计量案件)，办理大案要案 5 件，移送司法机关 1 件。加油机专项计量执法检查行动出动执法人员 246 人次，出动执法、检定车辆 57 台次，检查加油站 22 家，检查在用加油机 132 台，发现计量不合格 6 家，合格率 73%，对其中 5 家有明显违法行为加油站进行立案查处，其中新化某加油站计量作弊案没收违法所得 35 万余元。加油机作弊案、出租车计价器作弊案被省局列为典型案件，张克家获全国质检系统“全国办案能手”称号。

【服务企业】2017 年，娄底市质量技术监督局印发《娄底市质量技术监督局服务企业若干意见》《2017 年企业帮扶行动计划》，落实“有事请找我”责任担当机制和“只跑一次”便民服务机制，由市局 8 名局领导各带一个服务工作队深入企业开展全方位、零距离、零收费服务。在娄底经开区设立市质监局“一站式”质量服务窗口，为所有入园企业开展质量工作一站式服务。电子陶瓷国检中心与娄底经开区、市国投公司共建精细陶瓷研发及检测公共技术平台，与新化县签订共同建设“新化精细(电子)陶瓷技术研发及检测中心”合作协议，精准帮扶众一精细陶瓷、创一电子科技新材料技术分别获“第四届湖南省创新创业大赛”优秀奖，代表湖南参加国家行业赛。

【精准扶贫】2017 年，娄底市质量技术监督局组织 50 多名党员干部先后分 5 次深入新化县白溪镇新俄岭村与 67 户贫困户开展结对帮扶。组织全局干部职工 2 年内捐款 9.3 万元、多方筹资 302 万元，水泥 600 吨，修建村组公路、光伏发电站、整修水库和电排，培育猕猴桃、黄豆、油茶林等示范基地 783 亩，通过国家、省、市多次现场督查，群众满意 100%；市扶贫办检查考核奖励局扶贫点 5 万元。在“党员进社区·情暖微心愿”主题服务活动中，所有在职党员为南垅社区困难群众募捐 6100 余元慰问金和价值 2100 余元物资。

(胡林卫)

表 40　**2017 年度市质量技术监督局先进集体和先进个人一览表**

获奖单位、先进个人	奖励名称	颁奖单位	颁发时间
娄底市质量技术监督局	特种设备安全工作先进单位	湖南省质量技术监督局	2018 年 4 月
娄底市质量技术监督局	湖南省文明单位	湖南省精神文明建设指导委员会	2014 年 12 月连续 4 年
张克家	全国办案能手	国家质检总局	2018 年 2 月
肖润群	湖南好人	湖南省文明办	2018 年 4 月

食品药品监督管理

【概况】2017年，娄底市食品药品监督管理局清理食品药品生产经营单位31780家，规范办证7214家，整改到位6925家，全市持证率上升到90%以上，娄底中心城区持证率达99.5%。开展各类食品药品专项整治20余项。检查药品和医疗器械生产经营企业129家，责令停业整顿10家、约谈药品经营企业6家、撤销药品GSP认证证书7张、立案查处16起。完成风险等级评定食品生产企业238家、食品流通单位10921家、餐饮单位5266家。全市初评市级食品安全示范学校12家，推选经开区宝高幼儿园、双峰县一中参选省级食品安全示范学校创建评选。城区15家农贸市场完成标准化建设，申报放心肉菜示范超市19家，其中全市第一家放心肉菜示范超市“步步高碧桂园店”通过省局验收。处置疑似食品安全事件14起、各类突发网络舆情22起，保持群体性较大食品药品安全事故“零记录”。涟源市举办全省Ⅳ级食品安全事故示范性应急演练活动。开展各类科普、普法宣传活动30余次，完成餐饮保障活动157起，举行新闻发布会5次。首次推出微信举报平台，实现24小时即时动态投诉举报。受理各类咨询投诉举报1691起，受理、回复和满意率100%。健全市、县、乡、点四级药品不良反应监测网络直报体系，基层网络直报单位增加到1989户，覆盖面100%。

【稽查执法】2017年，娄底市食品药品监督管理局办结案件971起，同比上升142.79%，移送涉刑案件(线索)21起，抓获犯罪嫌疑人54人，查办大案要案19起，其中娄星“4·6”特大屠宰窝点注水牛肉案、双峰青树米粉店非法添加非食用物质案、新化生产销售毒狗肉案和冷水江食品中非法添加罂粟壳系列案、江中猴姑虚假标签标识案、销售假冒食品“每日坚果”案均被省局挂牌督办。“4·11”特大生产销售有毒有害食品案涉及4省5地，抓获犯罪嫌疑人5人。“11·12”违法销售母种猪肉案抓获犯罪嫌疑人3人。

【检验检测】2017年，娄底市食品药品监督管理局完成覆盖全市所有县市区、乡镇粮油、畜禽肉制品、食用农产品、速冻食品、水产制品、饮料等19个大类食品抽检2310批次，合格率96.97%；完成药品检验463批，合格率93.33%。市食品药品检验实验室年内通过尼美舒利、六味安消胶囊、苯甲醇、乳粉中沙门氏菌、明胶中铬含量测定5项能力验证，变更确认食品、药品、化妆品检验资质参数334项。

表41　　2017年度娄底市食品药品监督管理局先进集体及先进个人一览表

获奖单位、先进个人	奖励名称	颁奖单位	颁发时间
稽查支队	全省食品药品监督管理系统先进集体	湖南省人社厅	2018年2月
娄星分局	省食品安全工作先进单位	湖南省食品安全委员会	2018年2月
花山监管所	全省食药监系统先进集体	湖南省食品药监局	2018年2月
申珅洁	2017年全省食药监管系统政务信息工作目标管理优秀个人	湖南省食品药监局	2018年1月

食品药品检验

【概况】2017年，娄底市食品药品检验检测所检验能力和科研能力得以增强。全年完成药品监督抽验426批，药品委托检验65批。其中完成省级药品监督抽验264批、市级药品监督抽验162批；完成食品监督抽验485批，食品委托检验178批。其中省级工业加工食品监督抽验完成364批，市级工业加工食品监督抽验完成121批。参加国家认可委员会（CNAS）和中检院组织实验室能力验证工作，包括尼美舒利含量测定、六味安消胶囊含量测定、苯甲醇含量测定、乳粉中沙门氏菌检验、明胶中铬测定等；完成《糕点中金黄色葡萄球菌生长预测模型研究》省局科研立项，获得相关科研经费支持。全年发表论文4篇，包括《食品微生物学检验结果研究》《包装饮用水行业现状与风险分析》《金纳米粒子修饰丝网印刷电极测定化妆品中的汞含量》《沙门菌属stn基因LAMP在食品检验中的有效利用》。（黄漓滨）

统　计

【概况】2017年，娄底统计局学习贯彻中央《关于深化统计管理体制改革提高统计数据真实性意见》（以下简称《意见》）精神，当作全市统计系统重要政治任务和中心工作来抓。成立贯彻实施《意见》工作领导小组，明确指导思想、组织领导、工作要求，列出详细责任单、时间表和路线图。主动向市委、市政府主要领导专题汇报，协助市委政府承担好统筹推进全市统计管理体制改革领导责任，推动改革事项落实。为提高统计干部职工业务水平，着力打造“学习型”机关，制定全面学习计划，有重点有针对性开展各类业务培训。邀请省统计局专家到娄底授课，对本局、县市区统计局专业人员及相关市直单位统计人员进行业务培训和工作指导；组织本局骨干力量加强对基层统计人员培训。全年组织开展针对基层业务培训50余场。优化调整局领导班子，提拔多名处级干部、科级干部，公开遴选2名公务员，对重要岗位进行轮岗，提升干部队伍整体活力和战斗力。健全全市部门统计联席会议制度，建立健全30多个经济社会发展部门定期交流、研判和调度主要经济指标和经济社会发展形势工作机制，成立以市委常委、常务副市长为组长，相关部门负责人为成员娄底市达标企业纳入统计联网直报工作领导小组。在高质量完成常规统计业务、自然资源资产负债表编制试点、各种专项调查和三大普查等工作任务之外，还逐步理顺开展全市绩效考核、为民办实事考核、项目建设年考核等工作数据采集和监测工作。在不断拓展内部业务同时，主动履行和强化统计对外功能，全力参与到经济社会建设各项相关工作之中，开创民意调查工作新局面。参与全市深化体制改革、脱贫攻坚、质量强市、环境治理、联村建绿、实体企业帮扶、安全生产等相关工作。

【统计服务】2017年，娄底市统计局从服务机制、服务内容、服务方式等多方面进行探索。挖掘现行常规调查数据潜力，为党委政府，为社会各界提供直观易懂、深入浅出分析服务。针对各阶段出现热点、难点问题，由局领导带队开展专题调查，寻找问题形成原因，探索解决问题方法，为市委政府提供决策依据，也为社会各界排忧解惑。以市委“抓重点、补短板、强弱项”集中调查研究活动为契机，强化调查研究工作，为市委政府提供一批高质量调研报告。并及时召开经济形势分析会以外，还建立一套包括《娄底统计月报》《统计年鉴》《统计快讯》《统计手册》《决策参阅》《娄底统计信息网》等多种纸质和网络服务载体，为党委政府和社会各界提供统计服务。全年撰写统计调研分析资料200余篇，被各级政府、新闻单位采用评奖超100篇次。

【信息化建设】2017年，娄底市统计局实施信息系统改造升级，推动统计信息化水平上新台阶。全年累计投入200余万元，建成功能先进、集视频会议、指挥调度、数据集中处理、业务培训、发布展示、政务会议于一体联网直报指挥中心。投入80余万元搬迁、改造和升级民意调查系统，建成拥有30座智能化电话辅助设备调查中心。

【专项普查】2017年，娄底市统计局完成第三次全国农业普查工作各项任务。执行日审核、周调度、周通报和重大问题情况反馈及报告制度，按照普查要求和程序规范逐村、逐户、逐单位采集基础数据，确保全市按时保质完成入户登记和数据上报工作。采用集中办公、程序审核等多种方式审核验收各类上报数据，扎实开展事后质量抽查，自下而上，上下联动层层对数据进行审核把关，同时对国家、省反馈问题及时予以核查，以提高普查数据真实性、准确性。

【数据质量】2017 年，娄底市统计局落实各项统计制度，严格数据生产程序，严把质量审核关，使统计数据真实反映娄底经济社会发展实际，向各级政府及社会各界准确反映全市经济“稳定向好，稳中有进”总体发展局面。全市各项主要经济指标完成情况较好，GDP、工业、投资、消费、财政等 11 项指标增幅高于全省平均水平，高于怀化、益阳等同方阵市州，增幅排位居全省前列。

【统计行风建设】2017 年，娄底市统计局按照省局部署，组织“一套表”大清查活动，对全市在库 1833 家单位开展县级全面自查和市级抽查工作，配合省局圆满完成全市 85 家单位集中审核工作和娄星区、双峰县 92 家单位抽查，摸清全市“一套表”调查单位真实生产经营情况，“一套表”调查单位库得到净化。联合市经信委组成工业统计数据质量联合检查组，对抽中 38 户规模工业企业进行实地核查，联合市发改委对全市 1–5 月在库投资项目、房地产开发项目进行数据质量专项检查，全年退出存在不达规模等问题企业 124 家，纯化统计行风。

【统计执法】2017 年，娄底市统计局下发《2017 年全市统计法治工作要点》《关于开展 2017 年度统计执法检查工作的通知》，召开全市统计法治工作会议，明确市本级和各县(市、区)工作任务和要求。建立统计行政执法责任制，执行重大统计违法案件报告制度；出台《2017 年全市统计法治宣传教育工作计划》，把统计法律法规搬到市委党校学习课堂。结合娄底市委宣传部科普宣传周巡展活动，开展《中华人民共和国统计法》《中华人民共和国统计法实施条例》上街宣传活动。成立巡查工作领导小组，按照《2017 年全市统计工作巡查方案》《2017 年全市统计巡查评比办法》要求，对全市 6 个县(市、区)、6 个与之同级别政府部门、12 个乡镇和 12 家企事业单位进行巡查，对基层基础工作薄弱地区进行重点巡查，对发现问题认真梳理，及时通报，限期整改。

(谢正华)

表 42　**2017 年度娄底市统计局先进集体和先进个人一览表**

获奖单位、先进个人	奖励名称	颁奖单位	颁发时间
娄底市统计局	2017 年度全省统计信息安全工作优秀单位	湖南省统计局	2018 年 1 月
娄底市统计局	2017 年度全省统计统计基层基础工作良好单位	湖南省统计局	2018 年 1 月
娄底市统计局	2017 年度全省统计办公室工作良好单位	湖南省统计局	2018 年 1 月
娄底市统计局	2017 年度全省统计国民经济核算工作良好单位	湖南省统计局	2018 年 1 月
娄底市统计局	2017 年度全省统计建设领域统计工作良好单位	湖南省统计局	2018 年 1 月
娄底市统计局	2017 年度全省统计人口和就业统计工作良好单位	湖南省统计局	2018 年 1 月
娄底市统计局	2017 年度全省统计社会科技和文化产业统计工作良好单位	湖南省统计局	2018 年 1 月
娄底市统计局	2017 年度全省统计农村统计调查工作良好单位	湖南省统计局	2018 年 1 月
娄底市统计局	2017 年度全省统计统计宣传工作良好单位	湖南省统计局	2018 年 1 月
娄底市统计局	2017 年度全省统计普查中心工作良好单位	湖南省统计局	2018 年 1 月
娄底市统计局	2017 年度全省统计民意调查工作良好单位	湖南省统计局	2018 年 1 月

国家统计调查队

【概况】2017年，娄底国调队立足服务中央、服务地方、服务社会公众宗旨，以打造现代统计服务体系和创建省级文明单位为目标，以“提能力、强保障、促规范、重质量”为主线，强化“三大能力”，深化“三大建设”，精塑“三大品牌”，统计调查事业展现新面貌。在年度国家统计局湖南调查队系统综合考核中获良好等次，在17个专业考核评比中，娄底调查队有7个专业获优秀等次，5个专业获良好等次。获全省劳动力调查模拟比赛第一名。

【能力建设】2017年，娄底国调队执行国家统计制度与统计方法，建立健全各专业操作规程，完成《数据质量控制办法》等5项制度，坚持“统计数据由专业人员初审，科室负责人复审，分管领导指导把关，重大数据队长审定”制度，确保数据质量。全年组织大型培训会5次，经验交流会3次，点对点培训500余次。组织实地核查住户调查记账户440人次，核查工业生产者价格调查企业16家，规下工业非目录企业10家，畜禽监测6个散养小区和30个规模户，CPI网点自查计97个。完成住户大样本轮换工作，娄底是全省唯一一个“零差错”市州。落实队内各项日常管理规定，严格请销假报告制度，将移动考勤与人员动向指示牌考勤有机结合起来，实行动态化管理，实时掌握人员动态，力促工作纪律落到实处。文明创建富有成效。获评“娄底市文明单位”。建立目标管理责任制和年度、月度工作计划目标管理推动机制，每月3日前拟制月度工作计划；次月6日前对工作完成情况进行小结，由纪检监督，办公室核查、通报各项任务落实情况，对工作任务完成不力个人进行处罚。

【法制建设】2017年，娄底国调队组织11人参加考试，9人合格，合格率达82%，高于全省调查队系统56%平均水平；建立法制、纪检和业务部门联合开展统计执法检查联动机制，对1家企业进行统计执法检查，责任其改正，并对其作出警告行政处罚，实现统计执法“零”突破。开展住户调查电子试记账工作，完善价格调查、规模以下服务业调查、小微企业及个体经营户跟踪调查工作联网直报体系，推进劳动力调查、农民工市民化进程动态监测PDA现场直报技术和产粮大县抽样调查遥感技术。投资30多万元，建成使用面积约30平方米和拥有8门程控电话电话调查中心。

【品牌建设】2017年，娄底国调队围绕各级党政领导和社会公众关心热点、难点和焦点问题，加大调研力度。全年撰写分析报告和重要信息120篇，被总队网站全文刊登或采纳108篇次。其中《娄底中小企业申请优惠政策审核中的“少多短长”》《停车难问题及对策研究——以娄底为例》《砥砺奋进铸就民生改善新篇章——数说党的十八大以来娄底民生发展综述》等9篇被国家统计局内网全文刊登；12篇被总队合编后上报获中央领导批示，1篇被总队合编后获副省长批示，1篇被娄底市人民政府市长杨懿文批示。在湖南国家调查队系统招标课题和优秀分析报告评比中，招标课题获二等奖、1篇分析报告获一等奖、1篇分析报告获三等奖；完成娄底市年度县市区领导班子绩效考核社会评价调查、娄底市创建全国文明城市模拟测评和娄底市国家卫生城市群众满意度调查，形成高质量调查报告，得到市委政府相关领导肯定评价。选送14人次积参加国家统计局湖南调查总队开展全省绩效评估民意调查、省级、国家级文明城市指数测评工作，为全省绩效评估民意调查、全国文明城市创建测评和省级城市文明程度指数测评娄底工作组提供优质后勤保障；编制《娄底统计调查快报》《娄底国调咨询报告》《娄底国调重要信息》《娄底国调统计分析》等刊物，并利用《娄底日报》、网站、微信公众号等新闻媒介，发布、解读城乡居民收入、价格指数等民生统计调查数据和调查资料。（邓要东）

表 43　　**2017 年娄底市及各县市区城乡居民收入情况一览表**

地区	全体居民人均可支配收入		城镇居民人均可支配收入		农村居民人均可支配收入		城乡居民收入比（以农村为 1）
	绝对值	增速	绝对值	增速	绝对值	增速	
	元	%	元	%	元	%	
娄底市	16813	9.8	25634	8.3	10530	10.5	2.43
娄星区	27831	8.4	29459	8.2	16603	10.8	1.77
双峰县	13199	10.5	19472	8.4	10808	11.4	1.80
新化县	11179	10.0	19266	8.0	7920	10.4	2.43
冷水江市	29292	7.8	31729	7.7	21184	8.0	1.50
涟源市	12746	11.0	20322	8.7	9096	11.2	2.23

表 44　　**2017 年娄底市居民消费价格和商品零售价格指数一览表**

指标名称	上年 = 100
居民消费价格指数	101.5
一、食品烟酒	97.4
二、衣着	101.3
三、居住	104.0
四、生活用品及服务	102.0
五、交通和通信	102.0
六、教育文化和娱乐	100.6
七、医疗保健	114.0
八、其他用品和服务	101.9
商品零售价格指数	100.9

农村经营管理

【概况】2017 年,全市农村经营管理部门履职尽责,集中力量,突出重点,突出抓好农村土地承包经营权确权登记颁证工作,完成统筹兼顾惠农减负政策落实、农村集体“三资”与财务管理、新型农业经营主体培育发展。

【经营管理】2017 年,全市 1906 个行政村(居)已完成确权任务,实测 222.15 万亩,占二轮承包 116.46%;42 个乡镇完成数据汇交,签订土地承包合同 11044 户,颁发土地承包经营权证 1618 户;市本级和 5 个县(市、区)均已制定信息应用平台建设方案;全市流转耕地面积 89.48 万亩,占全市确权耕地面积 39.15%。土地流转呈现进程趋于加快、主体趋于多元、形式趋于多样、模式不断创新 4 个特点,双峰、涟源列入省级土地流转引导奖励项目范围,争取资金 100 万元;截至 2017 年年底,5 个县市区、86 个乡镇(办),分别成立农村土地承包经营纠纷仲裁委员会和调解委员会,1900 个村(居)配备兼职调解员。全市发生土地承包经营纠纷 505 起,调处 498 起,其中乡村两级调解 463 起,县市区仲裁委调解 31 起、裁决 4 起;按照省农委《关于落实省委省政府扶贫工作责任分工的通知》要求,11 月中旬,全市 448 个贫困村,成立农民合作社 845 家;按照《湖南省农民合作社省级示范社标准》,对 2009 年以来授予 63 家国家级示范社开展清理认定,认定 46 家,清理 17 家。全市家庭农场发展到 2068 家,农民专业合作社 4146 家,其中国家级示范社 16 家、省级示范社 46 家(2017 年新增省级示范 5 家),入社成员 162404 户,带动农户 260358 户;争取中央财政支持农民合作社项目 4 个、资金 80 万元;争取中央财政支持家庭农场示范县 1 个、资金 170 万元;争取省级示范家庭农场 2 家、资金 20 万元;市经管站专项扶持市级示范合作社 12 家,资金 19 万元。双峰县申报为省级农业生产社会化服务试点,获得资金 1000 万元。

【集体财务与资产管理】2017 年,市县乡三级农经部门开展历史上规模最大、要求最严村级财务清理审计。各县市区抽调会计等专业技术人员 764 人,抓好全市 663 个贫困村和财务信访重点村财务审计;乡镇(办)组织 3000 余人对 2842 个非重点村进行财务清理审计。全市 3505 个村(社区)均在 5 月底完成清理审计,发现问题线索 4847 条,处理 4044 人,其中立案 165 件,给予党纪政纪处分 89 人,移送司法机关处理 21 人;取消村(社区)“两委”候选人提名资格 215 人;清查审计出违纪违规资金 5750.6116 万元,追缴违纪违规资金 1983.7 万元,清退违纪违规资金 1786.3 万元;出台《娄底市村财民理乡镇监管办法》,各县(市、区)制定下发《村财民理乡镇监管实施细则》,县(市、区)和乡镇下发《村级工程建设项目管理办法》等一批单项管理制度,部分乡镇成立村级工程建设项目管理领导小组办公室。申报省级“村级集体经济发展示范村”4 个,资金 120 万元;“村级集体经济发展进步村”24 个村,资金 240 万元。

【权益维护】2017 年,市农村经营管理服务站继续层层签订惠农减负政策责任状,累计收缴违规发放补贴资金 671590.86 元,造表分发到户补贴资金 131613.45 元,补发乡村医生补助 18 万元,清退邮政储蓄银行违规收取“短信服务费”6600 元,党纪政纪处分 6 人,诫勉谈话 60 人,通报批评 6 人。抽派人员参加市纪委对全市民政系统涉农、扶贫、民生项目资金清理“回头看”检查验收。检查特困人员救助供养资金 27137.09 万元,发现问题及问题线索 54 条,涉及违纪违规资金 5689353.62 元;其中虚报套取 2319693.68 元、截留 341292.79 元、滞留 698217.08 元、挤占特困人员基本生活费 1666241.07 元、因标准不足少发 477670 元、违规兼职取酬 97322 元、敬老院工作人员违规领取特困供养人员零用钱和慰问金 54510 元、敬老院违规列支烟酒 34407 元。这些问题全部交市纪委依规处理。开展春秋两季教育收费检查,抽查中小学校(含幼儿园)65 所,发现问题线索 60 余个;通过整改,全市各学校清退违规收费 1849451 元,追回乱发教师补助 139100 元,通报批评学校 2 所,约谈学校负责人 3 人。7 月 3 日下发《关于开展涉农乱收费乱摊派专项治理的实施意见》,全市清退教育乱收费 2294322 元,追回乱发教职工补助 177518 元,给予党纪政纪处分 8 人,诫勉 7 人、约谈人 15,通报批评单位 2 个;取消违规收取项目 9 个,减轻农民负担 400 万元。

(刘鹏)

公共资源交易

【概况】2017年，娄底市公共资源交易中心贯彻落实国家、省、市公共资源交易相关政策，坚持以服务娄底经济建设为总揽，着力配合建立健全全市惩治和预防腐败体系，加强和推进公共资源交易平台规范化建设。全年全市完成交易项目1554个，交易总额184.485亿元，节约总额2.0829亿元。其中工程建设交易项目383个，交易额50.2622亿元；政府采购交易项目1113个，交易额122.9884亿元（其中PPP项目10个，交易额82.68亿元）；国有产权交易项目27个，交易额0.1098亿元；土地矿产资源交易项目31个，交易额11.1246亿元。内设办公室、财务科、工程建设科、政府采购科、产权交易科、土地矿产交易一科、土地矿产交易二科、信息技术科8个职能科室和一个二级正科级单位娄底市政府采购中心。现有在岗职工35人，拥有2000余平方米办公场地，按功能划分为服务大厅、开标区、封闭评标区、独立监标区、行政办公区。

【推进平台标准化建设】2017年，娄底市公共资源交易中心在现有开标、评标、监控三大功能区基础上，整合改造增加3间开标室，6间评标室，1间封标室，8间监控室，1间专家休息室，满足全市公共资源交易项目入场业务需要，实现流程监督与操作分离。评标室、开标室及公共区域增加摄像头35个，拾音器12个，增加网络信息发布机11套，原10平方电子显示屏增加3×4拼接屏，两个评标区大门加装金属感应门，实现全方面无死角监控，并将监控内容按项目予以收集、整理、存档，为质疑及投诉处理提供音像资料。大厅视频展台也从原来8个32寸独立屏增加为12个47寸拼接屏，已达到功能完善、设施配套、设备齐全标准化建设目标。

【推进平台规范化建设】2017年，娄底市公共资源交易中心按照《娄底市公共资源交易平台管理和交易监督暂行办法》相关规定，健全和完善制度建设，制定完善《市公共资源交易中心内部制度》，明确职能职责、办事依据、办事时限、收费标准、工作程序等要求。全体工作人员统一着装挂工作牌，落实“社会服务承诺制”“首问负责制”“限时办结制”“责任追究制”，坚决杜绝工作人员不作为、乱作为、消极作为现象。将重点项目入场实施、招标文件变更、公开招标项目报名和资格审查、非公开招标项目实施、评审抽取法以及交易活动监管、专家抽取、流标后续交易活动处理、评标专家培训、交易活动投诉问题处理等程序、规定修订完善，查找薄弱环节、堵塞工作漏洞，提高自我修复和主动纠错能力。此外，还重点推进信息化建设，在保证金自动缴退、网上竞价正反拍、网上批量采购商城、国土资源网上交易系统、水利项目电子招标、工程建设项目保证金电子化管理系统等软件系统基础上，利用现有电子监控、电子屏蔽、电子信息设备等现代科技手段形成一套较完备电子监控系统，切实加强交易活动场内监管。

【助推七个三年行动计划】2017年，娄底市公共资源交易中心按照《湖南省降低实体经济企业成本工作方案》（湘政办发〔2016〕29号）和《关于进一步降低实体经济企业综合成本实施方案》（湘政办发〔2016〕62号）要求降低交易服务费核收标准。在现有收费项目中招标、拍卖、挂牌出让土地矿产交易服务费降低收费标准10%，工程、产权类降低收费标准20%。推行“规范化、标准化服务”，特别是对娄底市招商引资所涉产业项目供地、政府PPP项目、国有占股外商投资项目建设等更是实施全程“保姆式”服务，主动帮助解决涉及项目供地、项目招投标等过程中实际问题，为项目实现“早开工、早投产”创造有利条件。解决因县市上收业务量骤增而造成项目入场拥堵问题，着手建设项目入场登记网络预约系统；落实“放管服”精神，授权招标代理公司发布项目招投标信息。开通网上答疑绿色通道，为采购人（投标人、竞买人）解决各类难题超50次，为其减轻经济负担约10万元。目前娄底市政府采购项目网上竞价平台成为全省实现“互联网+招标采购”行动计划“排头兵”，娄底市将作为2个试点市之一，在省里市州中率先实行房建项目全程电子招投标。

【推进创文管卫扶贫攻坚】2017年，娄底市公共资源交易中心在巩固去年创文管卫帮扶成效基础上，帮助协调解决社区发展困难。参与社区各项文明劝导、志愿服务、环境卫生整治等活动。多次到新化老塘冲村贫困户家中，详细了解他们生产生活情况，捐助扶贫款12万元，赠送农业资料1000册（价值2万元），勉励其克服困难、重振信心。（曾冠兰）

园区经济

Park economy

◎娄底经济技术开发区

◎万宝新区

娄底经济技术开发区

【概况】2017年，娄底经济技术开发区贯彻落实省、市委决策部署，坚持新发展理念，履职尽责，确定推进生产生活生态“三生融合”、建设宜业宜居宜游经济强区和滨水新城发展战略，明确薄板深加工、新材料新能源、先进装备制造三大主导产业和电力科技为特色产业；推进“综治国优”创建，开展专项打击和重点整治行动，营造平安祥和社会环境。实现进京非访“零登记”，获全省“三无”县（市、区）称号。开展“企业安全生产主体责任年”活动，推进“质量强区”和食品药品专项整治，打非治违，全年未发生较大及以上安全生产责任事故，被评为全市安全生产先进县（市、区）。

【综合实力】2017年，娄底经济技术开发区完成工业总产值626.21亿元，同比增长45.02%；实现规模工业增加值117.36亿元，同比增长15.0%，增速排名全省园区前列；固定资产投资213.53亿元，同比增长23%；实现财政总收入19.6亿元，同比增长38.2%，税收占比93.4%；新增高新技术企业16家，高新技术产业产值196.94亿元，同比增长30.97%，实现增加值76.68亿元，占规模工业增加值65.3%。截至2017年年底稳步推进102个在建项，全省产业发展现场推进会首站观摩在区举行。其中薄板深加工产业园、新能源动力电池和储能产业园铺开，湘中物流园、电将军等47个项目取得进展，上海西武、世纪远达等12个项目集中开工，大北农、华达汽车空调、久能电力等10个项目竣工投产。

【招商引资】2017年，娄底经济技术开发区合同引资273亿元，到位内联引资98.3亿元，到位外资1.22亿美元，进出口总额45.39亿元。签约落地工业项目32个，其中投资10亿元以上项目6个、5亿~10亿元项目8个、1亿~5亿元项目13个。6月27日，深圳博盛新材料有限公司董事长顾军一行到娄底经开区，就企业落户于投资协议签订工作与娄底经开区、市国有资本投资运营有限公司进行会商。市人民银行与12家银行及创投公司齐聚娄底经开区，举行娄底市货币信贷季度联席会暨金融支持实体经济座谈会。11月15日，湘中国际物流园多式联运中心(C区)开业暨工业原料及产品交易中心(D区)开工仪式举行。12月1日，湖南创一电子科技有限公司与中国科学院微电子研究所联合创办“中科创一芯磁联合实验室”落户娄底经济技术开发区。12月12日，美国舒马赫公司总裁沃特金斯一行到娄底经开区湘中国际物流园、电将军、汽车板等企业参观考察。12月28日，湖南湘中输变电公司与娄底经开区签约。红星美凯龙娄底新合作商场于12月29日上午正式开业。

【机构改革】2017年，娄底经济技术开发区围绕改权限、改审批、改执法、改服务、改机构、改人事、改考核、改薪酬等8个方面，推进园区管理企业化、投资公司市场化、经济发展产业化、城市建设生态化以及身份档案制、岗位聘任制、人才雇员制、薪酬绩效制，破除阻碍发展难点、痛点。改革后，内设机构精简63%，经济发展机构占比57%，公平公正公开推行竞聘上岗和双向选择，打破“大锅饭”。9月26日，娄底经济技术开发区企业联合会成立。

【民生福祉】2017年，娄底经济技术开发区着力实施棚户区改造、环境优化、生产生活配套设施和美丽

娄底经济技术开发区第一工业园

2017年3月13日，杜家毫到娄底经济技术开发区园区调研(左三湖南省委书记杜家毫，左四娄底市委书记李荐国)　　（刘新山 摄）

乡村建设等一批看得见、摸得着的民生项目；清退和标识脱贫不享受政策人口1100余人，新识别贫困人口285人，建档立卡贫困人口为373户803人，全年脱贫266人，贫困发生率降至1%以下，农村居民人均可支配收入达到20660元。“输变电安装”品牌成为市场“硬通货”；重视灾后重建与创文管卫，提升园区品质，落实河长制，取缔挖沙船，禁养区内规模畜禽、网箱养殖退养到位，美丽乡村建设得以推进。举办2017年春季书画展，70多名书画名家100余幅书画作品参展。由中国钓鱼运动协会(CAA)和CAA湖南省会员服务中心联合主办湖南省首届“美丽乡村杯”全国钓鱼邀请赛在娄底经开区大埠桥街道办事处南阳村闺女山庄举行，来自全国各地240名选手参赛。省移民局副局长童康宁到涟滨办事处茅塘社区考察灾情。12月31日，益娄高速公路主线娄底段和娄底东互通连接线正式通车运行。

【主要活动】2017年，娄底经济技术开发区先后有省委书记、省人大常委会主任杜家毫，省委副书记、省长许达哲，省委副书记乌兰，省委常委、省委组织部部长王少峰，副省长向力力，省政协副主席、省科技厅厅长赖明勇等省领导先后前来调研指导科技创新、教育、卫生等工作。省质量技术监督局党组书记，局长欧阳彪带队来区调研企业质量安全工作。市委书记、市人大常委会主任李荐国，市委副书记、市长杨懿文、市政协主席姚兵多次到区走访调研VAMA、三一中兴液压、创一电子等工业企业调研。　　（王景林）

表45　　2017年娄底经开区先进集体和先进个人一览表

获奖单位、先进个人	奖励名称	颁奖单位	颁发时间
娄底经济技术开发区管委会	信访工作“三无”	湖南省信访工作联席会议办公室	2017年12月
娄底经济技术开发区管委会	第二批大众创业万众创新示范基地	湖南省发展和改革委员会	2017年12月
娄底经济技术开发区管委会国家税务局地方税务局	“一窗一人”联合办税	湖南省国家税务局 湖南省地方税务局	2017年12月
娄底经济技术开发区国税信息中心	A类信息中心	湖南省国家税务局信息中心	2017年12月

万宝新区

【概况】2017年,娄底水府示范片万宝新区践行“两型三区五大产业”(建设资源节约型社会、环境友好型社会,建成“品质城区示范区、新型产业聚集区、两型建设先行区”,做大做强“移动互联网、高新技术、现代物流、文化旅游、健康养老五大产业)定位”,全年完成固定资产投资93.72亿元,同比增长15.8%;实现财政总收入30638万元,同期增长30.66%;地方财政收入完成20465万元,同期增长15.3%;完成技工贸收入47亿元,同比增长15%;内联引资70.98亿元,完成任务101.85%,直接利用外资6090万美元,完成任务107%;社会消费品零售总额13.42亿元,同比增长20.8%;完成高新技术产品产值0.574亿元,完成全年任务115%;完成出口创汇662万美元;筹措各类资金25.44亿元。

内设有综合管理部、党群工作部、财政金融部、国土规划部、建设工程部、招商发展部、公共事务管理部、园区企业党工委8个部门,为正科级。投融资管理办公室为万宝新区下属正科级全额拨款事业单位,行使市级经济管理权限,享受与市经济技术开发区同等优惠政策。受市委、市政府委托,对万宝新区经济建设实行统一领导、规划、建设和管理。征地拆迁、环境优化、综治维稳和控违拆违工作由当地政府负责,实行包征迁、包安置、包稳定,征迁及安置经费由万宝新区管委会按有关标准支付,并实行“直通车”制度;由市直各职能部门一把手负责万宝新区审批事项。

【招商引资】2017年,娄底水府示范片万宝新区引进陌陌科技、谷歌大数据展示中心及中南地区大数据中心(IDC)、颐高梦想小镇、“顺德造”、碧桂园城市综合体等11个项目,合同引资91.8亿元,其中移动互联网产业项目6个,PPP项目2个,旅游开发项目1个,工业项目1个,房地产项目1个;投资在20亿元以上项目2个,投资10亿元以上项目2个,投资5亿元以上项目5个。引进2家世界500强企业。

【项目建设】2017年,娄底水府示范片万宝新区32个市级重点建设项目完成投资68亿元,占总投资71.13%。高铁南站综合体、文昌科技、瑞奇电器、味菇坊等项目竣工投产;诚通物流园、娄双大道、早元西街、波月街等项目持续推进;碧桂园豪园、保障性住房安置基地及配套路网建设PPP项目、华宁科技轻钢别墅生产基地、颐高梦想小镇、谷歌大数据展示中心及中南地区大数据中心、“顺德造”家居连锁直销平台等项目开工建设或开园,陌陌娄底项目于12月正式开业经营,当月实现业务1亿元以上。联联共享单车总部项目在娄底城区已投放2000辆单车。

【生产要素】2017年,娄底水府示范片万宝新区多途径筹措到位资金25.44亿元,审批资金额度29亿元。完成土地丈量1155.8亩,签订土地协议608.7亩,处理遗留问题257个。完成808亩土地报批工作,挂牌出让用地136.7亩。协助企业申请新型外观和新型实用专利12件、授权发明专利6件;帮助湘煤机申请为高新技术企业,文昌科技轨道交通制动盘生产线项目成功申报制造强省建设第三批重点项目;协助陌陌、谷歌、颐高集团、顺德造、北京金股链科技在新区注册公司。

【大局稳定】2017年,娄底水府示范片万宝新区

万宝新区一角

累计投入经费1000多万元用于创文基础工作和高铁南站广场管理，制作大型立柱广告30多版次，工地围挡广告300多处，宣传栏10多期，发放宣传资料800多份；按照精准识贫、精准扶贫、精准脱贫要求，3个对口扶贫村实现脱贫11户40人，对52户119人发放产业奖补资金86620元，投入98.5万元用于对口扶贫村基础设施建设。做好环境保护、安全生产、环境优化工作，推进中央环保督查问题整改，完成2个安全隐患问题整改任务，督查工程质量安全生产工作554人次，下达质量安全隐患整改79份，停工整改通知书9份。处理项目建设中遇到环境优化问题200余个。

12月17日，重点项目集中竣工开工仪式在万宝新区举行　　（刘新山　摄）

农业

Agriculture

◎农业委员会
◎畜牧业
◎农业机械
◎林业
◎水利
◎水文
◎气象预报

农业委员会

【概况】2017年，娄底市农业委员会着力推进农业产权制度改革，推进农业生产、经营、流通、保障、服务等全链条体系建设，推进农村治理、发展机制创新等体制改革和机制创新。完成贫困村提升工程，涉农资金整合，一、二、三产业融合试点等三大类13项农业农村改革，农村土地确权登记颁证工作完成。全年实现第一产业增加值215.96亿元，同比增长4.1%，增幅排名全省第一；农村居民人均可支配收入10530元，同比增长10.5%，增幅排名全省第5。14个创建村完成建设项目77个，全年累计投资4532.5万元。天门乡土坪村等4个村获得2017年“湖南省美丽乡村示范村”授牌。高速公路沿线特色小镇建设试点工作开局好，生态环境持续改善。应对6月22日至7月1日特大洪灾和涝旱急转极端灾害天气影响，全市未垮一堤一库。全市未发生重大动物疫病。完成省级、市级、县级例行监测13080批次，监督抽查12855批次，大米、蔬菜、水果、茶叶等主要农产品生产环节合格率达到100%。从市本级选定33名技术人员服务基层单位，派驻农业科技特派员23名；县(市、区)选派200名农业科技特派员，一对一指导有关贫困村、农业龙头企业、专业合作社种、养、加技术。

【农畜产品生产】2017年，全市全年粮食播种418.01万亩，总产超165万吨，同比分别增长0.3%、2.5%；经济作物种植115.1万亩，实现产值30.76亿元，主要蔬菜自给率50%以上。全年出栏生猪573.6万头，同比增长1.8%；出栏肉牛20.23万头，同比增长2.3%；出栏肉羊34.08万只，同比增长4.53%；出笼家禽2296.8万羽，同比增长9.06%；肉类总产量50.6万吨，同比增长5.98%；水产品总量9.25万吨，同比增长3.1%。全市“三品一标”有效认证产品总数累计105个，年实物总量6.11万吨，创建全省绿色食品示范基地2个。

【脱贫攻坚】2017年，娄底市农业委员会按照强化整改、夯实基础、提质进位整体思路，开展贫困人口精准核实专项行动，按照“四出”“五进”“八不退”标准，做到“两个服气”，排查出错评对象21.2万人，漏评对象11,14万人。新增19支市派工作队和226支县派工作队，全市派出59590名党员干部同贫困群众开展结对帮扶，实现结对帮扶全覆盖。下发“四个意见”“十条禁令”等系列文件，出台《娄底市脱贫攻坚责任制实施办法》《娄底市脱贫攻坚十条禁令》《关于在全市贫困人口精准核实专项行动中做到“两个服气”的通知》《关于全市党政主要领导干部带头开展脱贫攻坚“三走访三签字三联系”工作的通知》《关于在全市建立“有事请找我”责任担当机制的指导意见》《关于在全市村党支部书记中开展争当“致富带头人”活动的意见》《关于在全市贫困群众中开展“人穷志不穷、脱贫靠自身”自强自立行动的意见》《关于动员全市机关和企事业单位帮助贫困群众增收致富的意见》等文件，对履职不力定期通报、即时问责，明确各级党政主要负责人为脱贫攻坚第一责任人，层层签订减贫责任书，立下军令状。全市减少贫困人口359713人，减贫率66.23%，贫困发生率从15.36%降到6.08%；设置“三张联系卡”，市本级、各县(市、区)量化指标任务完成；贫困地区农民人均可支配收入达10530元，156个贫困村实现退出。贫困村水、电、路、房等基础设施逐步完善，“上学难，出行难，饮水难，就医难，用电难”等五难问题得到改进，脱贫攻坚工作在2017年全省年度考核中，综合评价为“好”，被评为脱贫攻坚先进市。《湖南新化油溪桥村脱贫纪事》《娄星区健康快车走村入户，筑牢因病致贫防护网》等经验被中央电视台《新闻联播》专题推介，《扶贫先扶志、扶志有妙招》刊发新华社《国内动态清样》，获省委书记、省人大常委会主任杜家毫批示。

【美丽乡村与特色小镇建设】2017年，全市美丽乡村建设示范片和高速公路沿线经济发展带水、电、路、电视、通信、网络等基础设施统一布局和统一建设，各示范片有线电视、网络、电话、安全饮水入户率96%。双峰县锁石镇大溢塘等14个省定美丽乡村示范创建村，基础设施类开工项目47个，投入建设资金3200余万元。坚持“‘三创’同行、城乡同治”和“四清三基两统一化”城乡环境整建工作目标，开展身边增绿、村边、院边、路边、水边、房边造林美化乡村环境。全市高速公路沿线经济发展带传统优势产业基础地位凸显，新型特色产业种植与高速公路沿线经济带特色农业形成。

【蔬菜产业】2017年，全市贯彻落实国务院、省、市有关文件精神，强化“菜篮子”工程市长负责制，巩固发展城镇专业蔬菜基地和名优特色蔬菜、反季蔬菜基地,推进蔬菜产品深加工进程,完善市场体系建设,强化质量安全监管,实现蔬菜生产稳步发展。蔬菜播种84.4万亩,总产量158.6万吨,超计划数8.6万吨,增5.7%,实现产值达30.76亿元。蔬菜已成为全市仅次于粮食第二大种植业和农民增收重要支柱产业。

【农产品质量】2017年,全市农产品质量合格率达到省定指标要求。全市省级例行监测农产品农残总合格率:蔬菜为98.1%,水果为96%,茶叶为100%;其中生产环节蔬菜、水果合格率均为100%。全市省级监督抽查农产品农残总合格率,蔬菜、茶叶、大米为100%,水果为96.6%,其中生产环节蔬菜、水果、茶叶均为100%。全市农药经营(生产)、农产品生产环节均未发现有经营和使用五种高毒禁用农药行为,实现农业部提出“杜绝在水果、茶叶、蔬菜生产过程中使用甲胺磷、对硫磷等五种禁用高毒农药行为”目标。全市连年无农业投入品使用事故、无农产品质量安全事故(事件)。

【农产品加工业】2017年,全市农产品加工企业总家数达1269家,比上年增加46家;加工业销售收入达381.8亿元,比上年增长27.6%。粮油、果蔬茶、竹木、畜禽、中药材等主导产业和“三黑一菌”(黑猪、黑牛、黑茶、食用菌)等特色产业培育势头良好,龙头企业不断壮大、效益提升。全市现有国家级龙头企业1家、省级龙头企业31家、市级龙头企业173家。32家国家级、省级龙头企业,实现销售收入达115.7亿元,同比增长19.5%。全市有过亿元以上企业45家,比上年增加13家,其中过5亿元9家。全市利润总额18.5亿元,比上年增长21.8%;上缴税金6.1亿元,增长37.6%,安排从业人员5.9万人,比上年增长0.9万人;发放工资14.7亿元,增长13.5%。建立或联系基地236.5万亩,带动农户42.38万户。32家国家级、省级龙头企业领办各类农民专业合作社达71个,入社农户达47369户,入社农民达151681人,建立订单基地54.66万亩,订单农户达181803户,入社农户比未入社农户户均增收近3000元。

【经济作物】2017年,全市全年经济作物种植120万亩,比上年同期增加13万亩,增长10%。茶叶种植12万亩,较上年增加0.5万亩,生产干毛茶7000吨,增长4%。水果种植面积65万亩,其中柑橘种植面积20.5万亩,同比增加1.5万亩,时鲜水果种植33万亩,同比增加0.1万亩;其他水果2.34万亩,增长近70%。中药材种植面积31万亩,金银花生产有所恢复并小幅增长,黄栀子、青蒿、艾蒿、黄精等发展较快。花卉种植1.9万亩,增加0.1万亩。其他经济作物,如蚕桑、草莓、甘蔗、烟叶、苎麻等,种植达4.2万亩。

【粮油作物】2017年,全市全年水稻播种303.84万亩,总产134.61万吨,同比分别增长0.1%、2.2%。旱粮播面114.17万亩,总产30.54万吨,同比分别增长1.0%、4.1%;其中玉米播种67.86万亩,总产23.10万吨,同比分别减少0.1%、增长3.0%。油料种植60.89万亩,总产5.32万吨,同比分别增长2.5%、4.1%;其中油菜50.24万亩,总产3.49万吨,同比分别增长1.7%、3.2%。双峰县、新化县参评年度获全省粮食生产先进县。高档优质稻全市播种43.80万亩,同比增加14.80万亩,占水稻总播面比重14.42%,同比上升4.9个百分点。双峰、涟源、新化三县市推进“湘米工程”建设,合计高档优质稻播面37.07万亩。双峰、涟源、新化三县市合计发展专业化集中育秧主体401户,完成早稻专业化集中育秧大田面积16.96万亩。“双低”油菜实现全覆盖。杂粮杂豆兴办一批甜糯玉米、彩米、高粱、薏米、穇子、大豆等特色粮食生产基地。新化县王爷山食品、白水磨、前进食品等3家企业入选《湖南省特色粮油科企名录》。全市流转耕地30亩以上大户达3313户,合计流转耕地38.82万亩,其中流转耕地1000亩以上大户44户、3000亩以上2户。

【光伏扶贫】2017年,光伏扶贫牵头单位由市发改委移交到市农委(扶贫办)。全市全年光伏扶贫项目实施完成主体工程建设191处,完成率100%。其中娄星区建设完成10处,涟源市完成57处,冷水江市完成6处,双峰县建设完成45处,新化县建设完成73处。全市实际开工建设229处,建设规模14500千瓦,总投资10141万元,实现全部完成并网发电建设目标。

【农经管理】2017年,全市农村经营管理部门按照各级党委政府和上级主管部门部署安排及年初工作计划,集中人员、精力重点抓好村级财务清理审计、农村土地承包经营权确权登记颁证、惠农减负政策落实监督检查、新型农业经营主体培育发展等工作。全市1900个行政村(居)中,有1899个村(居)完成权属调查摸底与外业指界任务,1870个村(居)完成第一轮公示,1789个村(居)完成第二轮公示任务;实测面积 228.54 万亩，占国土“二调”面积 79.41%，占二轮承包面积 116.46%。全市农村承包耕地流转 609457 亩，占农户家庭承包耕地 26.95%；山地流转达 173738 亩。流转土地 30 亩以上规模经营户 1796 家，经营耕地 315913 亩、山地 128311 亩。5 个县市区均设立农村土地承包经营纠纷仲裁委员会，86 个乡镇（办）成立农村土地承包经营纠纷调解委员会，1900 个村（居）配备兼职调解员，农村土地承包经营纠纷调解仲裁体系健全。全市发生土地承包经营纠纷 505 起，调处 498 起，其中乡村两级调解 463 起，县市区仲裁委调解 31 起、裁决 4 起。全市 663 个建档立卡贫困村和财务信访重点村财务审计，对 2842 个非重点村进行财务清理，发现问题线索 4847 条，处理 4044 人，其中立案 165 件；清查审计出违纪违规资金 5750.6116 万元，追缴违纪违规资金 1983.7 万元，清退违纪违规资金 1786.3 万元。向省申报村级集体经济发展示范村 4 个，资金 120 万元；申报村集体经济发展进步村 27 个村，获资金 270 万元。层层签订减负责任状，将减负惠农政策落实工作责任分解到具体部门，明确到具体人，建立“横向到边、纵向到底”责任体系。向全市各农户免费发放《农民负担与补贴监督卡》93 万份，入户率达 90%。市减负办对双峰县杏子铺镇等 8 个乡镇 2015—2016 年耕地地力保护补贴等主要惠农补贴资金发放情况进行检查，收缴违规发放补贴资金 671590.86 元，党纪政纪处分 6 人，诫勉谈话 60 人，通报批评 6 人。重点治理涉农行政事业性收费和经营服务性收费、向村级组织乱收费乱摊派、向新型农业经营主体乱收费乱摊派、贫困县（市）农民负担问题，清退教育乱收费 2294322 元，给予党纪政纪处分 8 人；取消违规收取项目 9 个，减轻农民负担 400 万元。全市经工商注册登记农民专业合作社达 5100 家，其中国家级示范社 16 家、省级示范社 46 家、市级示范社 71 家、县级示范社 135 家，入社成员 17.86 万户，占全市农户总数 19.24%。全市农民专业合作社总产值达 367936 万元，实现盈余 54706.2 万元，向成员分配盈余 42666.1 万元。

【农民教育】2017 年，娄底市农业委员会开展科技下乡，助推精准扶贫，组织农技专家到双峰县锁石镇群山村为 63 名村民开展杂交水稻制种和油菜栽培种植技术培训。联合湖南人文科技学院农业与生物技术学院（市农科所）到新化县水车镇直乐村开展“科技培训，精准扶贫”科技下乡培训活动，确定由省新型职业农民培育专家库专家康林峰、罗育才等不定期下乡指导农民，帮助农民尽快解决相关技术问题。开展手机应用技能培训，邀请移动通信方面专业人员到娄星区万宝镇新辉村为近百名农民朋友举办一期手机应用技能培训班。依托各级农民（素质）教育（培训）办、农广校（农科教中心）认定农民田间学校、实训基地和创业孵化基地，开展农民田间学校示范县创建工作，双峰县成为全省首批农民田间学校示范县（区），湖南忠食农业生物科技有限公司也被确定为新型职业农民培育省级示范基地（农民田间学校）。

【休闲农业】2017 年，有 1238 家休闲农业企业经营收入 21.5 亿元，有休闲农庄 268 个，其中国家星级休闲农庄 14 家（国家五星级休闲农庄 3 家、国家四星级休闲农庄 7 家、国家三星级休闲农庄 4 家），湖南省星级休闲农庄 85 家（省五星级休闲农庄 18 家，省四星级休闲农庄 28 家，省三星级休闲农庄 39 家），新增国家星级休闲农业星级农庄 5 家，其国家五星级休闲农庄 1 家，国家四星级休闲农庄 4 家，创建省休闲农业示范点 2 个、省特色休闲农业示范园 1 个。全年接待接待游客 700 万人次，营业收入 86480 万元。涟源市“全国现代农业示范区”建设和“全省农村一、二、三产业融合发展试点”，新化、双峰、涟源全省特色县域经济重点县建设扎实推进。

【行政执法】2017 年，娄底市农业委员会检查肥料市场 141 个次，检查肥料销售单位 145 个次，查获产品成分或含量与登记不相符及标签标识不规范肥料 108 吨，对 43 个厂家 61 个肥料品种进行取样抽检，全部合格。一批种子案件，全市查处 76 个种子市场，195 个单位（门店），抽检 304 个种子样品，查获假劣及标签标识不规范种子 5 吨，种子行政执法立案 5 起；检查农药市场 133 个次，检查农药销售单位 141 个次，抽样送检 112 个农药样品，查获假农药 23 件，行政执法立案 29 起，其中擅自修改标签内容案 5 起，假农药案 26 起；并对新化、涟源开展农产品质量安全“清源”行动执法检查。

【农作物病虫防治】2017 年，全市农作物病虫以“三虫两病”为主，水稻稻飞虱偏重发生，纵卷叶螟早稻中等发生，中晚稻偏重发生，二化螟偏重发生，双峰大发生，纹枯病偏重发生，稻瘟病早中稻偏重发生，晚稻偏轻发生，稻水象甲在双峰部分乡镇轻度发生。病虫发生 861 万亩，防治 970.8 万亩次，挽回损失 305058 吨，实际损失 19839.4 吨，水稻重大病虫防治处置率98%,专业化防治78.75万亩,绿色防控技术应用60万亩,防治效果87.5%,总体病虫为害损失率控制在5%以内,单个病虫损失率2%以内,化学农药使用1369.2吨,比2016年减少6个百分点,未出现稻谷农残超标事件。

表46　　2017年度市农委先进集体和先进个人一览表

获奖单位、先进个人	奖励名称	颁奖单位	颁发时间
黄建明	全国农业先进个人	人社部、农业部	2017年12月

畜牧水产业

【概况】2017年,娄底市畜牧水产局贯彻落实"生态养殖、绿色发展"新发展观念,推进养殖业供给侧结构性改革,紧抓"产业提质增效,污染综合整治"两个重点,严守"产品质量安全、动物防疫安全、生态环保安全、干部职工履职行为安全"四个底线。全市出栏生猪、肉牛、肉羊分别为573.6万头、20.23万头、34.08万只,同比增长1.8%、2.3%、4.53%,出笼家禽2296.8万羽,同比增长9.06%。肉类、水产品总产量分别达到50.6万吨、9.25万吨,同比增长5.98%、3.1%。养殖业产值占据农业生产总值55.4%,湘村黑猪、湘中黑牛等特色产业持续向好。通过"一对一"重点帮扶,快速推进湘村黑猪在上交所上市准备工作,"湘村鲜到"电商平台正式启动,全市出栏黑猪近30万头。具典型地方特色"湘中黑牛"大群体,被中国牛业协会专家组认定为全国最大安格斯杂交牛群体,成为南方养牛成功典范。已建成覆盖全市肉牛冷配系统,完成黄牛冷配1.61万胎次,自然交配0.52万头,牛良种及杂交改良达49.8%。已登记备案"湘中黑牛"肉牛规模养殖场(户)发展到312家(存栏20头以上),存栏湘中黑牛15万余头,出栏黑牛5.6万头。天华牧业育种场被农业部评为全国安格斯牛一级核心育种场。重大动物疫病防控工作连续7年获全省优胜(红旗)单位;人事统计工作获全省一等奖。

【养殖污染防治】2017年,全市全面完成禁养区畜禽规模养殖场(小区)和畜禽养殖专业户关闭或搬迁任务。禁养区应退规模养殖场(户)892家,100%退养到位,完成畜禽养殖粪污处理设施配套年度任务。全市需改造整治畜禽规模养殖场1487家,已完成1080家,配套率72.7%,达到配套率70%以上年度目标。配合中央环保督察工作,督察组交办涉及养殖业污染信访25件(占全市10%)全部办结。

【产品质量安全】2017年,娄底市畜牧水产局以优质、安全、绿色为导向,坚持"产出来",实现源头控制。全市建成省级标准化示范场18个、国家级标准化示范场8个、水产健康养殖场32家,通过无公害认证畜禽水产品14个、绿色食品1个。新化县列入国家级农产品质量安全示范县创建,涟源市、双峰县通过省级畜禽水产品质量安全示范县。市畜禽水产品质量安全检测中心通过"双认证",成为全市唯一农产品和畜禽水产品"双认证"检测机构。建成涟源金石、冷水江铎山、新化吉庆3个乡镇快速检测项目,为实现产地准出与市场准入有效对接迈出实际性步伐。全年完成畜禽产品抽样160个、水产品抽样42个、"瘦肉精"尿样19000个,检测合格率均达100%。联合食药、公安等部门开展"瘦肉精"等禁用化合物、兽用抗生素、生猪屠宰"扫雷"、水产品禁用药物和有毒有害物质以及养殖业农资打假等专项整治行动,查处兽药案件68起、饲料案件4起、屠宰案件29起、动物卫生监督案件68起,1人被刑拘,1人被判刑。

【动物疫病防控】2017年,娄底市畜牧水产局贯彻落实"政府保密度、部门保质量"免疫方针,禽流感、口蹄疫、小反刍兽疫等重大动物疫病免疫密度均达100%,群体抗体水平合格率达70%以上。年初采取综合防控措施有效扑灭动物H7N9流感疫情,8月顺利完成中心城区家禽批发市场关闭搬迁工作,拔除一大痼疾隐患。全市范围实现小反刍疫免疫无疫,天华牧业牛口蹄疫、布病、结核病等疫病净化工作取得阶段性成果。全市产地检疫生猪354.94万头、牛14.8万头、羊14.3万头、家禽1890万羽;屠宰检疫生猪34.3万头。动物检疫申报点、兽医社会化服务体系建设走在全省乃至全国前列,先后在全国、全省有关会议上作典型发言，介绍推广经验。全年新建检疫申报点8个，兽医社会化服务实体30余个。

【屠宰监管严格有序】2017年，娄底市畜牧水产局打造质量安全远程监控平台，市级总监控室已装修完毕，系统建成后，将定点屠宰厂、规模养殖场、检疫申报点、无害化处理中心和家禽批发市场等关键环节及市、县畜牧部门联网，可实现监管节约增效。全市畜禽屠宰执法立案29起，其中移送公安部门1起，没收生猪产品1700余千克，罚没收入68100元。对中心城区庆阳牧业、东明肉联两家屠宰场下发限期搬迁通知，就新屠宰场选址等工作开展前期调研论证。争取实施牛羊定点屠宰，向市政府专题汇报，取得政府领导关注和支持。

【渔业资源保护】2017年，娄底市畜牧水产局全年组织各类水生生物人工增殖放流活动3次，投放各类经济鱼种2200万尾、银鱼卵1亿粒。联合市公安局出台《严厉打击非法捕捞行为专项行动实施方案》，通过在车站码头、交通要道、集市等地，利用广播、电视、网络等多种媒介营造渔业资源保护氛围。组织“打非治违”专项行动45次，立案查处非法捕捞案件45起，行政处罚33人，刑事处罚12人，没收非法渔具192套，没收电鱼船13艘。首次在资江新化段、冷水江段启动禁渔期、禁渔区制度，两地联合昼夜巡河，非法捕捞现象得到遏制。

【项目建设】2017年，双峰县被列为全国首批51个畜禽粪污资源化利用试点县，新化县被列为全国首批82个畜禽粪污资源化利用整体推进县，获得国家、省级近亿资金支持。创建国家级标准化示范场2个，省级标准化示范场5个；农业部水产健康养殖示范场4个。 （潘文武）

表47 **2017年度娄底市畜牧水产局先进集体和先进个人一览表**

获奖单位、先进个人	奖励名称	颁奖单位	颁发时间
娄底市畜牧水产局	全省水产技能比武第三名	省农业委、省人社厅、省总工会	2017年11月
娄底市畜牧水产局	农博会组织奖(先进单位)	湖南省农业委员会	2017年11月
娄底市畜牧水产局	全省重大动物疫病防控工作优胜单位	湖南省防治重大动物疫病指挥部	2017年12月
娄底市畜牧水产局	农业人事统计工作一等奖	湖南省农业委员会	2018年3月

农业机械

【概况】2017年，全市农业机械装备总量稳步增长，拥有农业机械56万台套，农机总动力380万千瓦，同比增长7%，年度各项指标任务圆满完成。经工商注册登记农机合作社191家，102家现代农机合作社进入湖南省“千社”工程，6家合作社被评为省级示范社。全年完成机耕245万亩，机收218.2万亩，机插93万亩。使用国家农机购置补贴项目资金3200万元，推广新机具1.2万台(套)，直接受益农户近1.5万户，带动农民投入1.1亿元。水稻生产综合机械化水平达到68.5%；建立水稻生产核心示范点32个，新增插秧机65台(其中高速插秧机59台)，新增粮食烘干机91台，日烘干能力达3082吨，水稻生产综合机械化水平达到66.5%；建立油菜生全程机械化示范区近2万亩。全市农机产业产值达102亿元，同比增长34%。完成固定资产投资1.6亿元，农机产品累计出口2000多万美元；举办各类培训班35期，培训农机各类管理、技术人员3200余人。拖拉机、联合收割机上牌率分别达90.5%、80.46%，检验率分别达66.5%、41.3%，持证率分别达86.6%、71.8%。全年未发生一起致人死亡或重伤农机安全生产责任事故，农机安全态势平稳。参与第八届“湘博会”农机产品产销对接会，有10家企业、10家经销商代表现场签订28项意向合同，金额2.46亿元。涟源农富农机合作社获评2017年全国农机合作社示范社；娄星区南阳、新化兴隆、双峰时和年丰、涟源敬农、硕泰、农富6家合作社被评为湖南省2017年现代农机合作社示范社。

【举办插秧机械化技术培训班】2017年，各县(市、区)从事机水稻插秧技术推广技术人员、重点乡镇农机技术指导员、现代农机合作社理事长等110余人参加培训，开展印刷育秧技术、“叠盘暗出苗”技术、新型圆盘犁、化肥同步深施机、轻型开沟器、无人植保机等新技术新机具现场演示。

【对外交流】2017年，娄底市农业机械管理局与省贸促会、省商务厅组团赴泰国、越南、老挝开展经贸交流活动，为娄底农机企业“走出去”搭建境外平台，推动娄底市农机产品走向国际市场。娄底农机企业与东盟三国达成产品销售合作意向5亿多元。

表48　　**2017年度娄底市农机局先进集体和先进个人一览表**

获奖单位、先进个人	奖励名称	颁奖单位	颁发时间
娄底市农机局	全省农机化工作先进单位	湖南省农机局	2017年11月
娄底市农机局	全省水稻育插秧机械化技术推广先进单位	湖南省农机局	2017年11月
娄底市农机局	全省农机购置补贴工作先进单位	湖南省农机局	2017年9月
娄底市农机局	全省农机安全生产目标管理先进单位	湖南省农机局	2017年12月
娄底市农机局	全省农机“三减量行动”先进单位	湖南省农机局	2017年12月
娄底市农机局	全省农机项目管理工作先进单位	湖南省农机局	2017年12月
娄底市农机局	全省农机综合信息工作先进单位	湖南省农机局	2017年12月

林 业

【概况】2017年，娄底林业局围绕“健康森林、美丽湿地、生态城乡、绿色产业”四大主题建设，以提升林业现代化水平为总任务，统筹推进城乡绿化，完成湘林杯考核各项指标任务。全市造林绿化总投资3.49亿元，完成人工造林15万亩。全市223.11万人参加义务植树，完成义务植树1022.6万株，尽责率96.6%。815个单位在211个村开展联村建绿，植树99万株，投入资金3530万元。全市森林覆盖率50.25%，活立木蓄积量1571.23万立方米，林地面积保持在618.26万亩，湿地保护率79.64%，林业总产值257亿元。省长一号工程湘江流域杨市镇退耕还林还湿试点项目年度建设任务完成，涟源市杨市镇东园村获“全国生态文化村”称号。开展“2017利剑行动”、春季森林火灾案件查处、候鸟保护等专项行动，全市受理各类涉林案件217起，依法打击处理各类违法对象210人。《法制日报》报道新化森林公安打击非法捕猎候鸟做法。在全省率先出台《娄底市森林防火约谈办法》，全年市域未发生较大以上森林火灾和人员伤亡事故，森林火灾受害率远低于省控指标，被市森防指评为先进单位。推行“龙头企业+专业合作社+基地+农户”林下经济运作模式，全市林下经济发展172.95万亩，林下经济产值48亿元。中南神箭竹木有限公司获批国家林业重点龙头企业。新化大熊山国家森林公园入选湖南省第一批森林康养试点示范基地。全市森林旅游人数达到146万人次，森林旅游收入达43.8亿元，较上年同期分别增长46%和40%。出台《关于支持和规范工商资本转型投资林业建设的实施意见》，鼓励工商资本参与林业建设。全市兑现生态公益林补偿资金5791.8万元，兑现退耕还林资金5986.52万元，全市314.93万亩公益林、15.34万亩商品林纳入森林保险，保费528.43万元，保险金额13.21亿元，惠及林农52.4万人。涟源市、新化县完成天然林保护工程区划界定及数据库建库工作。全市完成退耕还林0.95万亩，聘请建档立卡贫困人口856名担任生态护林员，发放工资856万元。

（李丽文）

【退耕还林还湿】2017年，全省在8个市州开展湘江流域退耕还林还湿试点工作。娄底市在涟源杨市镇金盆村孙水河段进行试点，试点区501亩，治理长度1.2千米，退耕307.01亩，占61.3%。其中退耕还林186.96亩，退耕还湿120.04亩，人工湿地1.5亩，水域湿地恢复183.1亩，还湿占60.8%。试点区生态环境得到明显改善，主体水质从实施前Ⅳ类提升到Ⅲ类水平，野生动植物及其他湿地资源得到有效保护，被省厅评为优秀。

（曾庆凯）

【市域森林防火】2017年，全市发生森林火灾8起，受害森林面积258亩，无较大以上森林火灾和人员伤亡事故，森林火灾发生率、受害率低于省控指标。在全省率先出台《娄底市森林防火约谈办法》，使森林防火责任从刚性化向量化、细化转变。建立市、县、乡三级森林防火指挥员、防火值班员、基层林业站工作人员参加娄底市森林防火工作微信群，对基层森林防火工作进行网上实时调度督查。严格管控野外火源，组织开展“全方位火灾隐患大排查行动、火灾隐患大整改行动、重点部位可燃物大清理行动”，最大限度消除火灾隐患。依法严查严处涉火案件，全市森林公安查处涉火毁林案件13起。完成《湖南省娄底市森林火灾高风险区综合治理项目作业设计》，编制《娄底市森林防火规划（2016—2025年）》。

（曹传亮）

【松毛虫防治】2017年，双峰荷叶、井字镇是全市马尾松毛虫常发区，自2006年实施飞防后，近10年来没有大面积发生马尾松毛虫危害。7月，马尾松毛虫在双峰县荷叶、井字镇大面积发生，近12万亩松林遭受其危害，其虫口基数高、密度大，除大量密布于松林山头外，房前屋后、公路两边也密密麻麻布满松毛虫幼虫。市、县林业部门紧急筹措180余万元经费，租用飞机喷洒阿维菌甲等生物农药，通过连续5天近85个架次飞机作业，完成11.9万亩松林防治。

（蔡振华）

【双峰县松材线虫病疫情】2017年，双峰永丰镇、荷叶镇、梓门桥镇、石牛乡、沙塘乡等地发生松材线虫病疫情，发生面积7760亩，枯死松木1.4万株。国家林业局疫区公告（2018年第1号）确定双峰县为2017年松材线虫病新发生区。疫情发生后，双峰县及时启动林业有害生物灾害防治预案Ⅳ应急响应机制，成立除治指挥部，制定松材线虫病除治工作方案，组建培训除治专业队，召开疫情乡镇有关人员参加除治工作启动会议，将除治任务分解下达到各乡镇，在规定时间内完成枯死松木清理任务，确保疫情

不扩散。（蔡振华）

【联村建绿】2017年，娄底市林业局联村建绿，采用行政条块管理方式将任务分解到单位和个人。制定联村建绿规划和年度计划，以联村建绿参与单位上年度在职人数为基础，按照每人3~5株树下达任务，把数量任务全部落实到联系村绿化设计中，实行包栽包活包成林。每个联村建绿村都安排有一位林业部门联络人，专门负责造林技术指导。市、县林业局将每年建绿任务分解到各系统，再由各系统牵头单位包村建绿，从资金筹措、施工组织、后期管护等方面，全方位负责，并接受市、县林业部门考核验收。8月2日中央电视台《新闻联播》以《湖南娄底：联村建绿还绿于民》为题，报道全市通过联村建绿大力改善城乡生态环境典型经验。

（成华光）

水　利

【概况】2017年，娄底市水利局实行水资源管理制度，推进湘江保护与治理向纵深发展，完成环保督查反馈问题和信访交办件整改落实，加强饮用水源地保护和入河排污口管理，基本实现市内重要水功能区和重点排污口监管全覆盖。完成市级15家单位节水单位创建工作，开展河道采砂专项整治，取缔和关停59艘无证采沙船和55处无证采沙场，清除采砂尾堆1.3万立方米。启动全市“四水”330千米生态廊道建设，配合做好碳普查和碳规划。先期完成试点区域杨市镇可研设计和孙水河流域总体规划，完成杨市段试点工作，湘江、资江截污与水体治理年度任务完成。获评全省抗洪救灾先进集体、年度“芙蓉杯”水利建设先进单位、全省“芙蓉杯”水利建设管理先进单位，推进河长制工作列全省前三。

【防汛抗旱】2017年，全市遭受5次强降雨袭击，其中6月22日至7月2日遭受特大暴雨洪水灾害，尤其新化县7月上旬遭受特大山洪灾害，柘溪水库出现建库以来最大入库洪峰。因强降雨致使全市6个县市区88个乡镇办受灾，部分地区重复受灾，农作物受灾面积68.5万亩，受灾人口79.1万人次，转移人口4.52万人次，倒塌房屋3189间，因灾死亡7人，累计直接经济损失21.36亿元，其中水利设施损失4.64亿元。先后启动防汛应急响应6次（4次Ⅳ响应，2次Ⅲ响应），确保险情第一时间发现，第一时间处置，应对17次大范围暴雨或大暴雨天气过程，最大限度减轻洪旱灾害损失。

【水利建设】2017年，全市累计争取中央及省级资金5.35亿元，超额完成年初4个亿目标，同比增长35%；完成年度水利建设投资9.88亿元，同比增长12%。率先安排新化县曲尺岭水库新建水源工程、涟源市河湖连通二期工程等重点项目。推动县（市、区）积极申报水利建设引入社会资金试点项目，争取PPP模式、金融贷款等方式增加社会资本投入。新化县争取安全饮水及水源工程建设贷款资金0.9亿元，双峰县、冷水江市农村安全饮水巩固PPP项目成功列入省财政厅示范项目库；完成全市灾后重建企业债券发行资产整合工作，整合市县两级水利水电资产近90亿元。灾后水利水毁修复、农村安全饮水巩固提升、主要支流治理、中小河流治理和小农水项目县等补短板、惠民生项目正在推进。全年新增农村自来水人口24.09万人，全市农村自来水普及率从2016年年底72.9%提高至82.3%，完成全面建成小康社会自来水普及率及解决7.67万建档立卡贫困人口饮水问题重点民生实事考核指标任务。小型农田水利项目县和高效节水灌溉项目稳步推进，建设完成高效节水灌溉1.914万亩，超额完成年度1.5万亩高效节水灌溉目标任务。完成综合治理河长55千米。继2016年新化县芭蕉园电站之后，新化县桐子滩电站获年度小水电扶贫试点项目中央资金1840万元。

【河长制工作】2017年，娄底市河长制工作走在全省前列，市级河长制委员会由市委书记任政委，明确河长办为常设机构、在政府办设立总河长办，由副市长担任总河长办主任以及设立河长制考核保证金制度等创新做法被省河长办作为典型示范在全省推广。全省年度河长办工作会议在娄底召开；建立市、县、乡、村四级河长组织与责任体系，完成工作方案、“一河一档”“一河一策”编制；省市河长交办90个问题正在抓紧整改落实；市级联合执法中心、常态化巡查工作组、河道警长和民间河长正在着手组建；出台河长制会议、信息、督察、巡查、考核、验收等八项工作制度，建立严格考核问责机制。

【水利改革】2017年，涟源、双峰两县市水行政执法责任制通过省水利厅验收，冷水江、娄星区水行政执法责任制建设进入第三批试点；水利投融资体制改革得以推进，市水务投整合市县两级水利水电资产90亿元。落实"两集中、两到位"要求，下放行政许可事项16项。起草并推动娄底第一部地方性法规《娄底市孙水河保护条例》出台，18项行政许可权下放6项，实行一站式服务，市本级承担行政审批事项承诺"只跑一次"。构建公开、公正、公平招投标平台，建立与推行水利工程质量终身制，实行红黑名单管理，加强标后监管体系。（刘新文 赵婷）

表49　**2017年度市水利局先进集体和先进个人一览表**

获奖单位、先进个人	奖励名称	颁奖单位	颁发时间
市水利局	2017年全省抗洪救灾先进集体	中共湖南省委、湖南省人民政府	2017年8月
市水利局	2017年度"芙蓉杯"水利建设考核先进单位	湖南省水利厅	2017年12月
市水利局	2017年度真抓实干成效明显地区予以表扬激励的通报（全面推进河长制工作成效突出的市，娄底市）	湖南省人民政府办公厅	2017年12月
市水利局	全省"芙蓉杯"水利建设管理先进单位	湖南省人力资源和社会保障厅、湖南省水利厅	2017年12月
梁相林	2017年全省抗洪救灾先进个人	中共湖南省委、湖南省人民政府	2017年8月

水　文

【概况】2017年，娄底市水文局承担娄底市境内10个重要市级水功能区水质监测取样和分析工作，每月编制《娄底市水资源质量监测状况简报》，为领导和有关部门提供决策依据。通过上级多部门能力验证和盲样考核。对全市一期国控系统运行情况进行维护，对二期国控系统安装进行查勘。做好农村饮水安全工程水质检测工作。对市中心城区62处，日供水规模20吨以上农村集中供水工程水质进行检测，对全市日供水规模1000吨以上26处农村集中供水工程水质进行抽检，编制《娄底市农村饮水安全工程水质状况通报》报送有关部门及领导。配合省水文局编制《2016年湖南省水资源公报》，编制《2016年娄底市水资源公报》。完成产汇流分析和计量认证换证复审材料申报及档案整理等工作。对新增资产进行登记，对局属公有用房进行统计上报。完成3个地下水监测站点建设和统软件培训，完成机房服务器部署和整编软件安装调试，完成全市10~50平方千米河流普查扫尾工作；开展冷水江（二）站测验方式改革分析，其分析方案得到省水利厅科技项目立项。开展涟源水文（二）站坝上水位与基本水尺断面流量关系分析工作，探求新测验方式。

【水文监测】2017年，娄底市水文局稳妥应对超历史洪水。6月22日至7月2日，娄底市全境连续普降大到暴雨，累计平均降水量340.1毫米，涟源湄江站最大累积达548.5毫米。7月1日18:00，涟水娄底段发生有实测记录以来历史最大洪水，娄底站测到最高洪峰水位104.87米，相应洪峰流量3240立方米每秒，超警戒水位4.37米，比历史实测最高洪水位102.26米还高2.61米。7月2日22:00，资水冷水江站测到最高洪峰水位178.36米，相应洪峰流量8070立方米每秒，超警戒水位4.86米洪水，7月3日1:51，资水新化站出现最高洪峰水位173.35米，超警戒水位5.35米洪水，两站均为历史实测第二大洪水。出动水文应急监测60余人次，各基本站点圆满地监测到整个暴雨洪水过程，发布洪水蓝色预警2次、洪水黄色预警3次、洪水橙色预警1次、洪水红色预警1次，发布预报单13期19站次，编发手机短信十多批次1000余条，编写防汛会商雨水情分析报告9期，为各级领导科学决策，提前转移人民生命财产赢得时间，确保在超历史洪水中“不垮一堤一坝，不死一人”。冒着高温酷暑对标志性地段进行洪水痕迹测量及标记，完成暴雨洪水调查分析报告。

【水情服务】2017年，娄底市水文局筹措资金近15万元，添置仪器设备等度汛物资，完成外业测量和设备检查维护，完善高洪水测报方案，开展浮标测验和手持式电波流速仪测流演习，加强督查力度，确保安全度汛。开展水文应急监测实地联合演练，充分发挥应急监测作用。落实安全生产责任，每位职工、每个岗位签订责任状，并把安全生产隐患点责任人进行公示，汇编《安全生产手册》，规范操作规程，隐患排查，建立台账，水文站重点部位设立醒目安全标识或警示牌。完善技术方案和仪器设备操作规程，编制流量测验方案和雷达波在线测流系统比测方案，实现网络资料传输与审查。规范水情值班工作流程，完善全市水文要素多年均值统计分析计算、山洪站点改造方案、新建中小河流水位流量关系曲线测验定线及应用，加强市县级业务平台应用，完成全市汛期雨水情长期预测分析、会商及编制工作，对中小河流预警预报及预报方案进行修改分析。全市全年平均降水总量，接近多年均值，但时空分布不均，前涝后旱，汛期偏多，发生12场大暴雨洪水过程。向省水文局发报1000余份，正确率达100%，10分钟到报率为99.8%。每月定期进行雨水情分析，向省、市各部门发布雨水情分析9期；及时向防汛部门提供雨水情会商分析材料18期。发布预报单13期19站次。发送实时、预测预警信息十多批次。为全市各级防洪指挥部门提供有力科学依据。

【设备维护】2017年，娄底市水文局站点维护253站次，保持基本站点正常率在95%以上，山洪预警站点正常率80%以上。完成涟源站更换循环索、冷水江站更换滑轮和娄底站缆道拆除，完成35个自动测报站点和30个山洪预警站点改造。做好水毁工程建设，娄底站缆道等测验设施重建完成，娄底与洋溪站测验码头修复完工，桥头山水文站重建方案已上报省局，新化水位站改造升级建设项目投资近400万元，完成土地审批、报建、规划设计，10月动工建设。

【管理工作】2017年，娄底市水文局完善绩效考核制度，对省水文局考核指标进行责任分解，加大跟踪考核力度，保证绩效考核工作良性运行，开展对基层水文单位职工个人绩效考核，并与奖励性绩效工资挂钩，激发职工干事创业热情。开展ADCP、手持式电波流速仪、测深仪、走航式变频智能ADCP遥测船使用培训。邀请专业老师或省局领导、专家，开展《新闻写作》《新闻摄影》《公文写作》《水情预警预报》，以及党建、办公、财会等知识集中学习与培训，同时，以全省水文勘测技能大赛为契机，选拔人员进行学习培训，形成学技能长才干良好氛围。召开水文预报与水情服务经验交流会，对洪水预报过程进行学术探讨，总结经验与不足，提出对策与建议。学习省水文局《水情预警预报工作细则(试行)》，讨论制定娄底实施方案。以开展文明创建为载体，抓平安水文，和谐水文建设，确保社会管理综合治理达标，巩固文明创建成果。完善修订《宣传管理办法》，以娄底水文网为依托，刊登文章300余篇，配发照片100余幅，向省水文局投稿，在湖南水文网刊登文章80余篇，配发照片30余幅，传播正能量。以多媒体多视角，促进行业宣传上档次。在中国水文网、湖南水利网、红网、新湖南网、娄底党建网和《中国水利报》《娄底日报》《娄底广播电视报》《娄底晚报》刊登文章；娄底电视台多次对全局应急监测演练、农村安全饮水检测、水环境监测、抗击洪水等，开展全方位报道。 (刘宇飞)

表50 **2017年度娄底市水文局先进集体和先进个人一览表**

获奖单位、先进个人	奖励名称	颁奖单位	颁发时间
湖南省娄底水文水资源勘测局	2017年度绩效考核先进单位	湖南省水文水资源勘测局	2018年1月
陈 逸	嘉奖	湖南省水文水资源勘测局	2018年1月
肖 鹏	嘉奖	湖南省水文水资源勘测局	2018年1月

续表 50

获奖单位、先进个人	奖励名称	颁奖单位	颁发时间
邓　鹏	嘉奖	湖南省水文水资源勘测局	2018 年 4 月
蒋玉珍	嘉奖	湖南省水文水资源勘测局	2018 年 4 月
曾　文	优秀	湖南省水文水资源勘测局	2018 年 4 月
李新宜	优秀	湖南省水文水资源勘测局	2017 年 1 月
刘　敏	优秀	湖南省水文水资源勘测局	2018 年 4 月
唐潇宇	优秀	湖南省水文水资源勘测局	2018 年 4 月

气象预报

【概况】2017 年，娄底市气象局践行“五大发展”理念，融入娄底经济社会发展大局，围绕气象综合防灾减灾救灾、气象保增效等方面落实部署。获森林防火先进单位、娄底市文明卫生单位、娄底市无烟单位，并继续保留“平安单位”称号。在全市抗洪救灾表彰会上获 3 个集体奖，3 人获全市抗洪救灾先进个人。获授全市春运优质服务先进单位称号，1 人获全市春运优质服务先进个人，1 人获年度安全生产工作优秀个人，娄底市气象学会被评为市示范学会。在全省气象预报竞赛中，获团体第五名，1 人获个人全能奖第二名、2 个单项第二名；4 人得年度湖南省气象业务工作年度优秀表彰。双峰、冷水江、新化、涟源 4 个县(市)气象局均被评为娄底市文明单位；2 人获湖南省气象科技服务年度优秀嘉奖。双峰县气象局 1 人受到湖南省气象局重大气象服务先进个人表彰。

【基础业务】2017 年，全市地面测报错情率为零，自动站数据传输及时率 99.97%，数据可用率 99.99%，市域站数据传输及时率 99.54%，全省排名第二；数据可用率 98.01%，全省排名第三，农气测报错情率为零。24 小时天气预报准确率保持在 90%以上，48 小时天气预报准确率保持在 85%以上；晴雨预报(PC)85.53 分，高温预报（PC)71.43 分，低温预报(PC)87.59 分，风向风速(PC)97.53 分；准确及时发布暴雨、高温、雷电、冰雹等灾害性天气预报预警。

【气象服务】2017 年，娄底市平均气温偏高，降水量偏少，汛期前涝后旱，气象灾害相对集中，经历低温雨雪冰冻、暴雨、高温干旱等 35 次灾害性天气过程。秉持“一年四季不放松，每个过程不放过”理念，每次天气过程做到密切监测、准确预报、及时预警、主动服务、广泛宣传，为全市防灾减灾提供有力保障。6 月 22 日至 7 月 2 日娄底市遭受历史罕见暴雨袭击，全市气象部门精准及时预报预警充分发挥“消息树”与“发令枪”作用。在“6·26”新化焕新村安全撤离 128 名群众和“6·27”湖南资江煤业集团透水事件中，准确及时预报预警，最大限度地避免生命财产损失。自 7 月上旬开始夏秋连旱，抢抓时机实施人工增雨作业。全年累积发布各类气象灾害预警信号 157 期，“96121”预警外呼平台发布预警信息 10 次，服务 266 万人次；制作发布《一周预报》67 期，《专题天气预报》68 期，《重大气象信息专报》5 期，发布决策服务短信 130 次，达 5.8 万余人次。入村调查 30 余次，完成冷水江、涟源“三农”服务专项年度任务，发布气象为农服务信息 79 期。娄底市气象局与环保局联合开展雾霾监测预警、空气污染气象条件预报，配合完成中央第六环境保护督察组环保督察。纳入市生态文明建设领导小组成员单位，制定《生态文明气象保障服务年度重点任务》并实施。完善与国土部门合作机制，实现全市乡镇气象灾害预警预报全覆盖。开展娄底通用机场、民用机场建设前期基础性工作，有针对性开展气候可行性论证服务。

【气象建设】2017 年，娄底市气象局启动“道安监管云”气象监测设施建设，娄星区与双峰县分别落实建设资金 40 万元和 60 万元，双峰县气象局建成 1 个 8 要素站。加快重点项目建设进程，市级突发事件预警信息发布系统经市政府常务会议专题研究，总投资 1720 万元，一期建设 300 万元到账，顺利完成专家评审、财政评审，目前进入软件测试阶段。新化县气象局突发事件预警信息发布系统落实人员编制、前期建设启动资金，完成招投标工作。完成 6 个区域站骨干站升级改造任务，全市 5 个台站安装降水天气现象仪并投入业务运行。完成闪电定位仪安装并投入业务运行。新一代多普勒天气雷达站建设已获国家发改委立项批复。完成珠山公园雷达塔楼维修项目，按要求完成 MICAPS4.0、现代天气业务综合平台本地化应用。

【依法行政】2017 年，娄底市气象局优化行政审批程序和规范气象行政许可流程，实行“只跑一次”审批制度。加快推进地方立法工作，将气象灾害防御工作纳入市人大立法项目。层层落实将防雷安全生产纳入市县乡三级政府安全生产目标管理考核。开展全市气象行业安全生产大检查大管控大整治大督查行动，对重大事故隐患治理全面实行“一单四制”制度，覆盖全市危化场所防雷安全检测。全年开展防雷安全督查 58 次，局领导带队检查安全生产 42 次，施放气球执法巡查 65 次，下达限期整改通知单位 7 家，立案处罚 2 起。完善《娄底市气象局合同管理制度》《娄底市气象局建设项目管理控制制度》《娄底市气象局资产管理制度》等制度。协同住建、安监等部门商议建设工程防雷许可移交及监管工作，抓好《关于整合优化建设工程防雷许可的实施意见》（湘政发〔2017〕6 号）贯彻落实。

【气象宣传】2017 年，娄底市气象局以市委宣传部组织“五下乡”活动为契机，立足农业气象，根据农业生产需求开展气象科普宣讲。丰富“3·23”世界气象日宣传形式，在定点宣传基础上增加气象台站开放日、气象科普进校园进社区下乡村等多种形式。开展“5·12”防灾减灾日、安全生产月宣传、科技活动周等宣传活动。参与撰写《安全生产知识》读本自然灾害篇，切实增强公众防灾减灾意识。通过各类气象宣传活动，发放气象防灾减灾宣传单 8500 余份，防雷知识手册 6000 余本，强化公众对气象灾害认识，提高人民群众避灾自救、互救技能。

（李志斌 翟婧媛）

5 月 12 日，娄底市委书记、市人大常委会主任李荐国（右三）观看气象科普知识展板　（刘新山 摄）

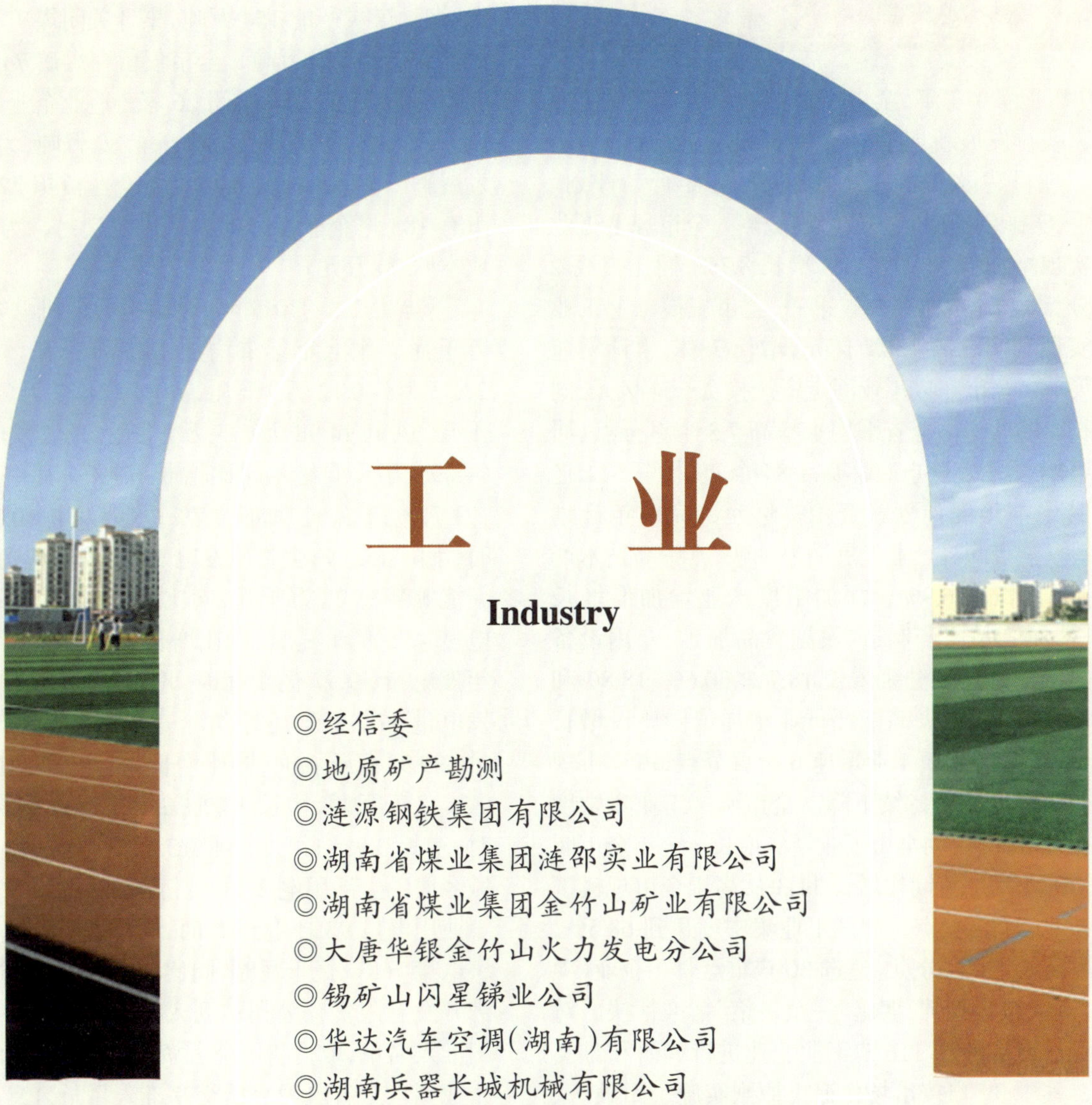

工　业

Industry

◎经信委
◎地质矿产勘测
◎涟源钢铁集团有限公司
◎湖南省煤业集团涟邵实业有限公司
◎湖南省煤业集团金竹山矿业有限公司
◎大唐华银金竹山火力发电分公司
◎锡矿山闪星锑业公司
◎华达汽车空调(湖南)有限公司
◎湖南兵器长城机械有限公司
◎湖南神斧集团一六九化工有限责任公司

经信委

【概况】2017年，全市工业战线科学研判，精准施策，践行发展新理念，以供给侧结构性改革为主线，以“项目建设大比拼”“工业提振3年行动计划”为抓手，实施创新引领开放崛起战略。全市规上工业企业实现增加值511.3亿元，增长8.7%，同比提高2个百分点，累计增速居全省第一；全市规模以上工业企业实现利润总额128.7亿元，增长73%，累计增速全省第一。全市完成工业固定资产投资564亿元，同比增长14.7%，比全省平均水平高7.3个百分点，居全省第四。跟踪服务工业项目84个，总投资511亿元，其中本年度计划投资104亿元，完成年计划124.7%。全市两高产业发展明显加快，其中高技术产业增加值增长16.9%，深加工度产业增加值增长12.17%，尤其是医药制造、农副食品加工、专用设备制造、汽车制造业分别增长18.7%、30.6%、18.8%和40.1%，而同期六大高能耗行业增加值同比仅增长2.7%，低于全市规模工业增速6个百分点，占全市规模工业增加值比重持续下降。全市园区工业集中度继续提升，持续拉动全市工业经济增长。全年全市园区规模工业增加值同比增长11.3%，高于全市规模工业增长2.6个百分点，园区工业集中度达到68.5%，同比提高5.7个百分点。遴选30户重点骨干企业（项目）由市级领导挂帅，实施“一企一策”精准帮扶。对全市停产或半停产116户工业企业进行调研和分类帮扶，其中39户按市场化退出原则实施关闭破产、51户实施转产重组，对26户有潜力困难企业，集中会审，逐个解套。全年新增规上工业企业122户，净增74户。全市工业实缴税金35.33亿元，同比增长28.7%，增速居全省第二；全市工业用电量93.15亿千瓦时，同比增长4%；全市公路货运周转量增长20.7%，增速居全省第一位。对接“中国制造2025”和湖南制造强省行动计划，聚焦省委、省政府提出20个工业新兴优势产业链，对全市精品钢材及薄板深加工、汽车零部件及配套产业、农业机械、先进陶瓷五大支柱制造业发展，已出台或准备出台扶持政策。全市9个制造强省建设重点项目完成投资8.9亿元，完成年度投资计划148.4%。与国防科技大学、中南大学、上海交通大学等院校在装备制造、电子信息和新材料领域开展系列产业合作，已转化成果8项、产品20项、产能20亿元、产值10亿元。全市关退煤矿29对，淘汰煤炭产能154万吨，累计关闭煤矿176处，淘汰落后产能910万吨，全市仅留存煤矿74处，产能660万吨左右；淘汰关闭26家铸造业企业38台3吨以下冲天炉，淘汰“地条钢”产能30万吨，为新兴产业发展腾出空间；减轻实体经济企业负担22.87亿；全市有183户企业参与电力直供电交易，为企业节约成本6200万元。

【电力工业】2017年，全市电力装机总容量376.2万千瓦，比上年年末增加14.5万千瓦。其中水电27.43万（-0.12万）千瓦，火电324.77万（+0.66万）千瓦，风电14.98万（+5万）千瓦，光伏发电9.02万（+8.95万）千瓦，同比增长6.7%。其中火力发电121.77亿千瓦时，增长7.7%；水力发电10.39亿千瓦时，下降13.5%；生物质发电、风力发电和光伏发电等新能源装机27万千瓦，同比增加14万千瓦；全年发电量4.75亿千瓦时，同比增长58.86%。涟源电厂全年发电量19.97亿千瓦时，增长12.9%；金竹山电厂发电量57.7亿千瓦时，增长7.3%。全市全社会用电量129.93亿千瓦时，同比增长4.5%。其中第一产业0.51亿千瓦时，增长13.2%；第二产业93.96亿千瓦时，增长3.9%；第三产业13.56亿千瓦时，增长8%；城乡居民生活用电21.89亿千瓦时，增长5.1%。全市工业用电量93.15亿千瓦时，同比增长4%。省网统调售电量76.67亿千瓦时，同比增长5.3%。娄底湘中电力开发有限责任公司被列入省能源局第一批售电公司准入名单，取得售电业务资质。全市有184户工商企业列入全省电力直接交易准入目录，128户企业实质参与直接交易(10—12月)，交易电量近10.1亿千瓦时，企业享受电费优惠6302万元。其中：涟钢交易电量2.84亿千瓦时，享受电费优惠约2800万元；冷钢交易电量1.71亿千瓦时，享受电费优惠395万元；双峰海螺水泥交易电量6386万千瓦时，享受电费优惠532万元。

【原材料工业】2017年，全市原材料工业运行平稳，稳中有进，整体效益良好。冶金行业完成总产值668.3亿元，同比增长40.54%；实现增加值90.99亿元，同比增长15.7%；实现利润31亿元，同比增长395%；上缴税收17.4亿元，同比增长85.7%。其中年产生铁950.2万吨、粗钢1053.8万吨，钢材1245.5万吨，钢铁铸件38.1万吨。生产有色金属6.5万吨，完成产值 56.5 亿元，同比下降 11.3%；实现增加值 8.7 亿元，同比下降 21.4%。精锑每吨（不含税）上涨至 46837 元，较 2016 年同期增长 13.7%，氧化锑每吨（不含税）42194 元，同期增长 12.6%，实现利润 1.57 亿元，同比增长 319.4%。石化工业完成工业产值为 142 亿元，同比增长 10.4%，其中焦碳产值 89.57 亿元，同比增长 24.1%；建材行业完成工业产值 156.6 亿元，同比增长 8.3%，实现利润 9.7 亿元，同比增长 3.5%；年产水泥熟料和水泥分别为 1027.4 万吨和 1015.6 万吨。新材料产业完成产值 305 亿元，同比增长 23%。华菱 VAMA、华安钢宝利、天宝紧固件、文昌、天益等一批新材料企业发展势头良好。特别是文昌科技轨道交通用铝基复合材料制动盘通过铁科院合格供应商评审，已小批量给北京纵横机电供货。取缔“地条钢”专项工作取得进展，建立常态化工作机制，确保全市无“地条钢”企业。推动泰和金属进行产能置换，技改升级等工作，根据《湖南省经济和信息化委员会关于同意冷水江市泰和金属有限公司完成产能置换开展后续工作的意见》（湘经信产业〔2017〕724 号）意见，经省人民政府批准，同意冷水江市泰和金属有限公司受让湖南株洲钢铁有限公司 30 万吨电弧炉炼钢产能指标。

【装备工业】2017 年，全市有规上装备制造工业企业 146 家，增加 10 家；完成工业总产值 402.5 亿元，同比增长 24.8%。其中矿山机械企业 20 家，完成产值 44.3 亿元，同比增长 17.6%；农机企业 52 家，完成 104.8 亿元，同比增长 22.3%；其他装备工业企业 74 家，完成产值 253.4 亿元，同比增长 26.1%。107 户增长，29 户负增长，3 户停产，负增长和停产企业户数同比明显减少。装备制造业增长速度高于上年 16.9%，且在全部规模工业中处于领先地位。智能制造发展理念已为工业企业所接受，在农机、精细陶瓷、矿山机械、汽车零部件等产业中，智能制造五种模式均有展现。农友集团和新化福晶电子分获省级智能制造示范企业和示范车间称号，农友集团申报工信部智能制造综合标准化与新模式应用项目。

【医药食品工业】2017 年，全市医药工业完成工业总产值 25 亿元，同比增长 34.3 %，增加值完成 6.3 亿元，同比增长 29.1%；食品工业完成工业总产值 193.5 亿元，同比增长 32.7%，完成增加值 37.3 亿元，同比增长 43.4%。通过国家食品工业诚信体系建设评价企业有 4 家，新化渠江薄片茶业有限公司开展食品工业诚信体系建设评价，做好迎接国家认证资料准备。组织举办“食品工业诚信管理体系”（国标）培训班，邀请有关专家对 30 家重点企业代表进行宣贯。组织和实施生物医药、保健食品及医疗器械制造业 3 年行动计划。组织推荐湖南省健缘医疗科技有限公司申报示范企业，推荐青树坪镇申报示范乡镇，经国家三部委组织专家评议，均经国家三部委认定；湖南省 4 家应用试点示范单位，娄底市占两家，为全市智慧健康养老产业发展打下基础。组织开展与各大专院所、有关企业对接与联合，在湖南省中药材对接会上新化县政府与湖南农业大学、新化县田坪镇与河北省安国市卫康中药材有限公司签约。

【移动互联网及电子信息产业】2017 年，移动互联网产业和软件服务业形成规模。万宝新区移动互联网孵化园引进香飘天下、蓝宇科技、庆辉文化传媒、智能美汇网络科技等 10 余家互联网企业入驻，实现营收 4000 万元。先后在杭州和娄底召开宏大招商引资推介会，与浙江颐高集团签订颐高互联网 + 梦想小镇项目；与香港鑫奇投资集团签订 F2C 品牌制造厂家联盟“顺德造”项目；与北京陌陌科技签订娄底视频直播基地项目；与深圳幸融投资签订娄底绿色出行联联共享单车项目；并与全世界最大互联网公司—谷歌签订战略合作协议；娄星区移动互联网产业园已完成建设装修场地 5000 余平方米，先后有 71 家“互联网 +”企业入驻产业园，其中“互联网 +”金融企业 14 家，“互联网 +”信息企业 14 家，特别是引进浪潮集团湖南分公司、腾讯大湘网等龙头企业，将引领移动互联网产业迅速发展。金融行业上线系列金融业务信息系统，有效提升行业信息化水平。以娄底域名付费注册知名电商平台企业达 3000 家，在淘宝网上注册经营网店超 2 万家。在娄商网注册本土企业达 1600 家。智慧娄底建设项目中标社会资本方浪潮软件集团出资 80%、市创投集团出资 20%于 10 月合资组建娄底市浪潮云创信息科技有限公司（以下简称“浪潮云创”），浪潮云创注册资本 2 亿元，作为智慧娄底 PPP 项目总承建商，初步计划投入 7 亿元。其中，市信访局牵头建设《视频信访系统》已上线使用并完成初验；市发改委牵头建设《智慧娄底信用信息共享与交换平台》、市政法委和市综治办牵头建设《社会治理网格化管理服务平台》、市城管局牵头建设《智慧城管信息系统》、市住建局牵头建设《娄底市地下管线综合信息管理平台》、市气象局牵头建设《全市突发事件预警信息发布系统》等5个项目已出台技术方案并通过专家技术评审，市水利局牵头建设《智慧水利平台》、市规划局牵头建设《智慧规划系统》2个项目已完成调研并形成初步建设方案。

【节能环保产业】2017年，全市通过狠抓工业节能、节水、淘汰落后产能及工业污染防治工作，推进工业节能降耗、资源综合利用和清洁生产，培植推广两型工业企业及绿色制造体系创建等系列工作。全年全市规模工业增加值能耗同比下降9.41%；工业能耗总量1048.11万吨，同比下降1.53%；全市万元工业增加值用水量为86.5立方米，同比下降15.20%，工业固体废物综合利用率达到86%，有15家工业企业开展清洁生产自愿审核工作。全市19家工业企业加大燃煤锅炉(窑炉)、电机系统变频节能、工业余热余压利用、能量系统优化工业节能技术改造，项目总投资约3.1亿元，节标准煤约5.27万吨，节电约4.29亿千瓦时，减少废水约200万吨。全年工业固体废弃物利用量439.85万吨，综合利用率达到86%，煤矸石综合利用率达到81%；并对华菱涟钢、冷钢、双峰海螺等企业余热发电项目开展标准化试点，有余热余压机组58.1万千瓦，年发电量约42.4亿千瓦时。

表51　2017年度市经信委先进集体和先进个人一览表

获奖单位、先进个人	奖励名称	颁奖单位	颁发时间
市经信委	全省工业经济运行监测协调先进单位	湖南省经信委	2017年12月
市经信委	湖南省领军企业培育计划优秀单位	湖南省经信委	2017年12月
市经信委	全省电力依法行政工作优秀单位	湖南省经信委	2017年12月

地质矿产勘测

【概况】2017年，湖南省地质矿产勘查开发局418队坚持“保持定力、知机识变、立足自身、励精图治”工作基调，实现经营总量4.77亿元,其中预算内拨款9867.41万元，预算外实现营收3.78亿元。在对外经营中，地质勘查业全年承担各类国家地质项目6个，金额1891.19万元，签订各类商业地质合同350个，合同金额4544.51万元。实现结算收入5786.97万元；勘测施工业全年新签各类经济合同437个，合同金额2.66亿元，实现结算收入2.01亿元；多种经营全年实现营收1.20亿元。“湖南省安化县渣滓溪锑(钨)矿接替资源勘查”获国土资源部年度国土资源科学技术二等奖 。

【地质找矿】2017年，湖南省地质矿产勘查开发局418队在安化渣滓溪锑(钨)矿边深部详查，控制7条矿脉，初步估算锑资源量4.7万吨；在武冈市云峰水泥沙岩详查，控制矿层走向长度大于30米，倾斜宽度500米左右，提交硅质原料矿332+333资源量519万吨；在隆回县枫木岭矿区方解石矿详查，控制矿脉4条，矿床规模达中型以上；在常宁市狮形岭矿区锡矿详查，完工10个钻孔均见工业矿体，发现多条新矿脉。

【灾害防治】2017年，湖南省地质矿产勘查开发局418队派出7个巡查小组100余人分赴涟源、冷水江、双峰、新化、娄星区、武岗、隆回等县市区协助地方政府开展地质灾害巡查、应急调查、排危除险、抢险救灾等技术工作，累计完成500余处灾点巡查，提交应急调查简报200余份，保护民居900余户，计4000余人，挽回经济损失8000余万元。

【勘察施工】2017年，湖南省地质矿产勘查开发局418队全年完成各类勘察施工项目300余项，完成长沙地铁6号线初勘详勘、湛江国际机场初勘与测量、郑州至万州高速铁路勘察、娄底基础测绘、数字双峰测量、禾青1：5万岩溶塌陷调查等项目。

【多种经营】2017年，湖南省地质矿产勘查开发局418队建材市场加强对一线品牌招商力度，418华天大酒店保持良好发展势头，营业收入和GOP值稳居娄底地区酒店行业和华天集团全省托管酒店第一，获湖南省酒店行业最具含金量“湖南省饭店金星奖”。

（李广明）

涟源钢铁集团有限公司

【概况】2017，涟源钢铁集团有限公司具年产钢800万吨以上综合规模，现总资产323.7亿元，在岗职工11700余人。全年生产焦炭147.7万吨、烧结矿968.2万吨、生铁659.3万吨、钢745.5万吨、材727.4万吨，其中热轧产品336.4万吨、冷轧产品175.4万吨，棒材产品215.6万吨。实现工业总产值286亿元、工业增加值69亿元；全年营收386.8亿元，缴纳税费24.1亿元。产品结构以热轧、冷轧卷板为主，棒材为辅，重点产品进入中联重科、三一重工、东风汽车、北汽股份、中集集团、格兰仕、四川长虹、格力电器、美的集团、新宏昌等国内一线品牌供应链，出口东南亚和欧美等40多个国家和地区，为拥有第三代高端汽车板生产技术华菱安赛乐米塔尔汽车板公司提供基板。

【科技创新】2017年，涟源钢铁集团有限公司实施质量效益型战略。全年开发1300兆帕级超高强工程机械用钢、高强冷弯型钢、桥壳钢、搪瓷钢、中高碳钢等新产品28个，一大批战略产品实现替代进口。成为中国首家具备1100兆帕级高强钢量产能力企业，550~750兆帕极限薄规格高强钢达到国内最高水平。研发1500兆帕级冷轧汽车用钢，进入第三代先进高强钢生产阵营。开发2.2毫米极限规格耐磨钢和基于TiC析出超级耐磨钢，研发与生产水平持续国内领先。Q420D、Q450NQR1、09CrCuSb、DC05(06)等6个产品分别获得“冶金行业品质卓越产品”、实物质量“金杯奖”。Q345NQR2和Q450EWR1通过CRCC认证，获得湖南省质量信誉最高等级AAA证书。企业荣获“中国钢铁工业‘十二五’科技工作先进单位”称号，科研成果“热轧板带钢新一代控轧控冷技术及应用”荣获国家科技进步奖二等奖，加入“十三五”国家重点研发计划——煤炭采运用高耐磨性钢板及应用项目研发团队。

【节能减排】2017年，涟源钢铁集团有限公司构建起清洁低碳、安全高效能源体系，形成资源减量化、排放无害化、能源清洁化、环境生态化工作格局。全年投入环保治理专项资金1.6亿元，实施冶金煤气、饱和蒸汽回收利用发电改造等重点节能减排项目，日均自发电量814.5千瓦时，最高时达到939千瓦时。在各个废水、废气排放口安装“环保电子警察”，实行在线监测实时监控，与政府主管部门联网，各项环保指标均达到国家标准，环境污染事故为零。其中SO_2排放浓度平均在100毫克/立方米以下，远低于国家标准，达标率100%，外排废水合格率达到100%。

5月10日上午，湖南省委常委、省国资委党委书记胡衡华（左三）到涟钢调研，认为涟钢各级党组织紧扣企业生产经营，基层党建工作有创新，在企业改革发展中发挥重要作用。省国资委副主任杨晓喻，娄底市委副书记、市长杨懿文，华菱集团党委书记、董事长曹慧泉等陪同调研 (廖敏 摄)

【企业管理】2017年，涟源钢铁集团有限公司从严治企，实施6项特别规定、中管人员中晚班跟班制度，推动日事日毕、日清日结，对各类事故做到“零容忍”。主业劳动生产率提高至830吨钢/人·年。财务费用较上年降低23元/吨钢。推进“三供”分离改造移交，全年完成直供和转供水、电、气分离移交22100余户、25000余户、16300余户，完成省、市确定计划目标。推进薄板深加工产业园项目进度，融入娄底“钢铁新城”建设。工程技术板块拓展对外自主总承包业务，后勤板块实施线上交易和走进社区相结合创新营销思路，建设公司对外创收实现翻番式增长。实业实现销售收入69.4亿元，同比增长20.6%。 (廖敏)

表 71　　2017 年度涟源钢铁集团有限公司先进集体和先进个人一览表

获奖单位、先进个人	奖励名称	颁奖单位	颁发时间
湖南华菱涟源钢铁有限公司	冶金行业品质卓越产品证书(超高强低合金钢 Q960E)	冶金工业质量经营联盟	2017 年 10 月
湖南华菱涟源钢铁有限公司	冶金行业品质卓越产品证书(铁道车辆用耐大气腐蚀钢 Q450NQR1)	冶金工业质量经营联盟	2017 年 10 月
湖南华菱涟源钢铁有限公司	冶金行业品质卓越产品证书(耐硫酸低温露点腐蚀用钢 09CrCuSb)	冶金工业质量经营联盟	2017 年 10 月
湖南华菱涟源钢铁有限公司	冶金行业品质卓越产品证书(低合金高强度结构钢 Q420B)	冶金工业质量经营联盟	2017 年 10 月
湖南华菱涟源钢铁有限公司	中国钢铁工业“十二五”科技工作先进单位	中国钢铁工业协会、中国金属协会	2017 年 10 月
湖南华菱涟源钢铁有限公司	冶金行业卓越产品(耐硫酸低温露点腐蚀用钢)	冶金工业质量经营联盟	2017 年 11 月
涟源钢铁集团有限公司	冶金行业卓越产品(超高强度低合金钢)	冶金工业质量经营联盟	2017 年 11 月
湖南华菱涟源钢铁有限公司	冶金行业卓越产品(低合金高强度结构钢)	冶金工业质量经营联盟	2017 年 11 月
湖南华菱涟源钢铁有限公司	冶金行业卓越产品(铁道车辆用耐大气腐蚀钢)	冶金工业质量经营联盟	2017 年 11 月
湖南华菱涟源钢铁有限公司	第二届全国企业创新方法大赛湖南赛区决赛优秀组织奖	湖南省科学技术协会	2017 年 11 月
湖南华菱涟源钢铁有限公司	践行社会责任优秀企业	环境保护主管《环境保护》杂志社	2017 年 12 月
湖南华菱涟钢薄板有限公司	冶金产品实物质量认定证书金杯奖(冷轧低合金高强钢带 HSLA340-B)	中国钢铁工业协会	2017 年 12 月
湖南华菱涟源钢铁有限公司	冶金产品实物质量认定证书金杯奖(冷轧低碳钢板及钢带 DC05、DC06)	中国钢铁工业协会	2017 年 12 月
湖南华菱涟源钢铁有限公司	冶金产品实物质量认定证书金杯奖(高强度结构用调质钢板 Q960E/LG960QT)	中国钢铁工业协会	2017 年 12 月
湖南华菱涟源钢铁有限公司	2017 年度湖南省综治工作先进单位	中共湖南省委、湖南省人民政府	2017 年 12 月
湖南华菱涟源钢铁有限公司	湖南省质量信用 AAA 级企业	湖南省质量技术评审中心	2018 年 1 月
谢　强	湖南省“五一劳动奖章”	湖南省总工会	2017 年 4 月
谢　强	湖南省 2016 年“十行状元、百优工匠”竞赛活动“百优工匠”(维修电工)	湖南省 2016 年“十行状元、百优工匠”竞赛活动组委会	2017 年 4 月

湖南省煤业集团涟邵实业有限公司

【概况】2017年，湖南省煤业集团涟邵实业有限公司立足房地产发展，平稳推进项目建设，在长沙开发"枫华府第""华泰尚都"(湖南律政大楼)等房地产项目，同时在娄底市以万富东街拉通为契机，着力打造娄底火车站至洞新市场商业街，开发"华泰广厦"商住楼项目。为改善民生福祉，建设完成原洪山殿煤矿蛇形山一期、二期棚改项目，娄底洪山小区棚改项目正在全面建设。注册资本1.1亿元，在职员工200余人。主要经营范围为建筑工程施工、房地产开发，矿井建设、建筑工程设计；机械设备制造与修、建筑材料，矿山机械，电气设备，办公用品销售，电子通讯，矿山技术开发与服务等。

湖南省煤业集团金竹山矿业有限公司

【概况】2017年，金竹山矿业有限公司围绕"安全、改革、效益"三大主题，充分发挥"文化自信、资源自信"优势，继续深入推行"三个湘煤"(和谐湘煤、高效湘煤、廉洁湘煤)建设，积极打造"三个共同体"(责任共同体、感情共同体、利益共同体)，奋力攻坚克难，调整三矿井采掘部署，精心组织原煤生产，优化生产环境，促产保产稳产。全年计划60万吨，实际完成53.0769万吨，为计划88%；开拓准备进尺计划3660米，实际完成3850米，完成计划105%；商品煤销售计划60万吨，实际销售53.11万吨，销大于产0.03万吨；平均售价(不含税)489.82元/吨，同比增加159.43元/吨。完成成本465.41元/吨，同比增加73.32元/吨。全年账面利润1215.48万元，同比减亏增利3888.01万元。在岗职工月平均工资3129元，全年人均工资收入37550元。发放劳动竞赛奖金96万元，人均增收300元/月，员工分享到管理出效益红利。实现企业扭亏增盈1215万元，一举甩掉亏损"帽子"。在册职工3255人、离退休职工6000余人，公司职工、家属总计3万余人。落实"两供一业"改造移交，水改移交3479户，电改移交3079户。

【安全生产】2017年，金竹山矿业有限公司坚持安全第一、预防为主、综合治理方针，落实"党政同责、一岗双责、失职追责"要求，树立安全生产"红线"意识，加强瓦斯防治、顶板管理、机运管理、质量标准化建设、班组建设、隐患排查治理和防治水管理。完善现场监管工作制度，矿井专职安监员实行"考聘制度"，强化驻矿住矿制度、安全巡查、联责帮扶和下井带班制度，继续推行违章电子台账管理，改进连队安全学习会制度，建立公司、矿井两级微信管理平台。安排专项资金2000万元，对矿井开拓延深、瓦斯防治、安全生产系统和重点安全技术改造工程进行改造；以煤矿体检为契机，开展自查自纠，强化安全责任落实，以周重点监管头面(区域)为重点，深入开展"狠反三违、根除隐患、确保安全""大排查、大整治、大管控"和机运专项整治等活动。对未造成人员伤害事故，按"四不放过"原则召开大型分析会，扩大警醒效果。一平硐连续实现第6个安全年；塘冲矿连续实现第4个安全年；土朱煤矿连续实现第3个安全年。

【精抓细管】2017年，金竹山矿业有限公司注重过程管理，强化效果考核。根据经营形势发展变化，建立健全《对生产矿井的管理考核办法》《资金管理办法》《费用管理考核办法》《对销售部的管理考核办法》《按质论价市场煤销售管理办法》等经营管理制度。非预算计划开支，一律不予报销，对外接待一律在内部招待所安排，取消出差补助，想方设法节支降耗。想方设法优化劳动力结构，积极清理无效劳动力。抓住市场利好机会，对原煤实施中、优、精分装分运分储，以质定价、优质优价销售，实现以质促销、以质促产、以质提效；继续实行销售部、矿井、客户三方化验、热值比对制度，质监机构从采、制、化、销对煤炭销售全程跟踪监管，提高产品质量，实现利益最大化。制定矿井水电费管理考核办法，完善计量管理，提高生活水费、电费回收率，扼制生活水费、电费摊入生产成本习惯做法，减少浪费，降低生产成本，管理程序进一步优化、管理成本进一步控制。落实"三重一大"管理制度，坚持民主决策，实现以制度保过程、以过程保结果、以结果保目标管理体系。

表 72　　2017 年度金竹山矿业公司先进集体和先进个人一览表

获奖单位、先进个人	奖励名称	颁奖单位	颁发时间
赵练平	2017 度享受湖南省政府特殊津贴人员	湖南省人社厅	2017 年 12 月
金竹山公司	安全生产红旗单位	湘煤集团	2017 年 12 月

大唐华银金竹山火力发电分公司

【概况】2017 年，大唐华银金竹山火力发电分公司落实安全生产责任制，针对生产中存在重点、难点问题进行科技攻关，发挥员工智慧，注重理论与实践相结合，自主研发科技成果《一种改进石灰石 / 石灰—石膏湿法烟气脱硫工艺》获国家发明专利，工作成果应用于公司设备改造，取得显著节能与经济效益。完成 1 号、2 号机组超低排放改造，烟尘、二氧化硫、氮氧化物排放浓度分别低于 10 毫克 / 立方米、35 毫克 / 立方米、50 毫克 / 立方米，满足超低排放限值要求。全年累计完成发电量 57.7 亿千瓦时，超额完成年度发电目标。开展春秋季安全大检查、重大危险源评估，加强外包工程专项治理和安全生产“四不两直”督察；全年未发生人身、设备、火灾事故和误操作事故；开展法治宣传教育，规章制度、经济合同法律审核率 100%，推进涉法涉诉事项管理，办结历史遗留涉法涉诉事项 3 起；全年修订标准、制度 94 个；获“集团年度安全生产先进单位”及中国大唐集团“基建工程样板工地”“配煤掺烧先进企业”“两型企业”“文明单位”，湖南省“发电企业环保专业先进单位”等称号。

（黄彬）

表 73　　2017 年度大唐华银金竹山火力发电分公司先进集体和先进个人一览表

获奖单位、先进个人	奖励名称	颁奖单位	颁发时间
大唐华银金竹山火力发电分公司团委	2017 年度全国电力行业团青工作优秀单位	中国电力思想政治工作研究会	2018 年 1 月
大唐华银金竹山火力发电分公司	2016 年度湖南省劳动竞赛先进单位	湖南省劳动竞赛委员会办公室	2017 年 6 月
大唐华银金竹山火力发电分公司 600 兆瓦机组冷却塔优化研究项目	湖南省 2016 年度劳动竞赛创新奖	湖南省劳动竞赛委员会办公室	2017 年 6 月
大唐华银金竹山火力发电分公司	中国电力报 2016—2017 年优秀通讯站	中国电力传媒集团有限公司	2017 年 9 月
大唐华银金竹山火力发电分公司创新项目《发电厂厂用电监控系统通信网络优化研究》	2017 年度中国电力创新奖信息类三等奖	中国电力企业联合会	2017 年 12 月
谢麟角	摄影作品《元素世界芙蓉花》荣获“最美芙蓉花”全省女职工微摄影大赛三等奖	湖南省总工会	2018 年 3 月
何　亮	中央企业技术能手	国务院国有资产监督管理委员会	2018 年 4 月
虞　明	湖南省“五一劳动奖章”、湖南省 2016 年百优工匠（焊工）、“湖南省技术能手”	湖南省总工会	2018 年 4 月
李　利	“嘉克杯”国际焊接大赛手工电弧焊项目第九名	国际焊接技能大赛组委会	2018 年 6 月

锡矿山闪星锑业公司

【概况】2017年,锡矿山闪星锑业有限责任公司落实集团"回归经营本质、提质增效、深化改革"精神,围绕"改革突围、扭亏增效"开展工作。从严从细从实强化管理,生产经营工作稳步推进,安全环保平稳运行;按照聚焦主业、分离辅业改革思路,积极推进公司分立重整,争取国家、集团改革政策支持,实现集团对公司注资,企业资产负债率大幅优化;妥善安置分流富余人员,推进"三供一业"和社会职能移交,减轻企业负担;完成"新职位体系方案"制定;推进重点项目建设,增强企业后劲,重塑公司形象。全年自产锑精矿含量10119吨,精锑产量16454吨,氧化锑产量23710吨,锑品销售量22176吨,实现营收118439万元(含资产公司),其中闪星锑业实现利润5084万元。

【安全环保】2017年,锡矿山闪星锑业有限责任公司把安全环保和职业健康工作摆在首位,坚持"先安全后生产,不安全不生产"和"百年锑都,绿色发展"理念,落实安全主体责任,提高安全意识,全年杜绝生产性工亡事故、重伤事故,千人负伤率2‰,实现平安年目标。完成矿山安全标准化二级创建,通过HSE体系复评审;南矿通过有色控股安全精细化管理标杆企业验收。对锑冶炼厂二氧化硫烟气处理系统进行综合改造,实现锑冶炼二氧化硫达标排放;完成锑冶炼厂砷碱渣二期处理系统工艺改造;对锑冶炼厂部分低空无组织排放进行改造;采选厂建成采选尾砂废水零排放系统;两个矿山废石堆场开工建设;老江冲废渣综合治理工程获得省环保厅立项,列入中央项目库;通过中央环保督察组督查。组织对接触毒物作业人员240余人进行职业健康体检。

【深化改革】2017年,锡矿山闪星锑业有限责任公司按照"聚焦主业,分离辅业,盘活资产,创新机制,激发活力、分块突围"整体思路,推进改革工作。完成公司分立重整,以派生方式新设冷水江锡矿山飞水资产管理有限公司,将低效、无效资产纳入飞水公司独立管理;有色控股对公司进行8.01亿元注资,资产负债率降至70%以下。注销三家子公司;理顺闪星、飞水、资产公司人员管理隶属关系;根据用工情况,妥善安置待岗员工40余人;按国家政策为156名员工办理提前退休手续;全年分流安置费用到位7097万;完善薪酬考核办法,实现员工收入与效益指标挂钩考核;完成新职位体系套改方案整体框架制定;健全管理人员综合考核评价体系和退出机制。按照移交、混改、出售等改革思路,积极稳妥推进三医院和其他辅业单位分离移交改革工作。推进"三供一业"、离退管中心和企业办市政职能分离移交等工作,移交资金到位3516万元。

【创新升级】2017年,锡矿山闪星锑业有限责任公司加强专业技术管理,完成十大专业学组组建;国家级企业技术中心创新能力建设项目和省科技重大专项通过结题验收;完成富氧侧吹熔池熔炼技术13次中试试验;与恩菲公司合作进行电热炼锑新工艺研究,以锡矿山炼锑法(XKS法)联合申请专利;具EVA、PE、PP、PBT、AS五种氧化锑母粒料生产技术,年产能2000吨;全年获专利7项,其中发明专利6项;全年回收残矿重量22万吨,金属量5500吨,完成内部地质找矿41万吨,外围探矿新增锑金属量1.284万吨。（廖朝勇）

表74　**2017年度锡矿山闪星锑业公司先进集体和先进个人一览表**

获奖单位、先进个人	奖励名称	颁奖单位	颁发时间
锡矿山闪星锑业公司	先进集体	五矿有色	2018年2月
锡矿山闪星锑业公司	宣传思想工作先进单位	五矿有色	2018年5月
南矿深部23中段F2飞上盘盲区找矿项目	双创成果	五矿有色	2018年2月
锑冶炼厂粗炼车间	先进工区(段、队、车间)	五矿有色	2018年2月

续表 74

获奖单位、先进个人	奖励名称	颁奖单位	颁发时间
采选厂残采队	先进工区(段、队、车间)	五矿有色	2018 年 2 月
采选厂机运工区综合班	优秀班组	五矿有色	2018 年 2 月
南矿手选破碎二班	优秀班组	五矿有色	2018 年 2 月
锑冶炼厂精炼车间 5 号反射炉	优秀班组	五矿有色	2018 年 2 月
南矿浮选工段三班	安全管理先进班组	五矿有色	2018 年 2 月
贺 巍	中央企业优秀共青团员	中央企业团工委	2017 年 7 月
姜德枚	先进生产工作者	五矿集团	2018 年 3 月
段 欣	优秀党员	五矿集团	2018 年 2 月

华达汽车空调(湖南)有限公司

【概况】2017 年,华达汽车空调(湖南)有限公司按照“提升品质扩产能,降低成本增效益”经营方针,制定安全生产应急预案 7 项,组织安全生产教育培训 8 次,查处并整改安全隐患 25 起,推进新版 I-ATF16949 质量体系建设,促进企业生产经营各项工作上台阶。开发北汽福田 M4、一汽锡柴 CA6DL3、东风裕隆 LCH、华菱 H7、丹东黄海皮卡 5 个项目。销售汽车空调压缩机 511814 台,同比增长 12.4%;实现营收 2.65 亿元,同比增长 11.5%;利税 7033 万元,同比增长 11.3%。

湖南兵器长城机械有限公司

【概况】2017 年,湖南兵器长城机械有限公司围绕年初生产经营目标,拓市场、争任务,攻难关,实现小口径榴弹年生产能力,产值、收入、利润均达到历史最高水平;全面推行精益管理,办公区域和机加车间等试点单位“8S”管理取得成效;严格执行国军标、体系文件规定标准,通过第三方组织第三次质量体系监督审核和第二方监督检查;开展 12 项 QC 小组活动,其中“改进破片整形模具,提高破片整形质量 QC 小组”获授湖南省优秀质量管理小组称号,机加数控班获“湖南省优秀质量信得过班组”“湖南省安全文化建设示范企业”称号,创建工作以第一名成绩通过省评审组现场验收,安全生产标准化体系建设通过二级达标复评;通过开展各类培训和技术比武,提高人才技能业务水平;被确定为集团公司人才培训示范岗;调整军品车间辅助班组包干系数,加大对民品车间扶持力度;做好公司资金管理、成本管理和税费减免、保密管理与社会管理综合治理工作,获年度娄底市内保先进单位。全年未发生质量问题,未发生重特大火灾、燃烧爆炸事故,无涉枪涉爆案件,因工死亡率、因工重伤率为零,事故隐患整改处置率达 100%,一般事故频率为 4.6‰。

表 75　　**2017 年度湖南兵器长城机械有限公司先进集体和先进个人一览表**

获奖单位、先进个人	奖励名称	颁奖单位	颁发时间
湖南兵器长城机械有限公司	安全生产文化建设示范企业	湖南省人民政府	2018 年 1 月
湖南兵器长城机械有限公司	2017 年度湖南省国防科技工业工会工作绩效考核优秀单位	湖南省国防工业工会	2018 年 3 月
湖南兵器长城机械有限公司	2017 年度湖南省国防科技工业女工工作先进集体	湖南省国防工业工会	2018 年 3 月
湖南兵器长城机械有限公司技术开发中心	全国“工人先锋号”	中华全国总工会	2018 年 4 月
湖南兵器长城机械有限公司工具机修车间检验班	湖南省国防科技工业芙蓉标兵岗	湖南省国防工业工会	2018 年 3 月
王双云	湖南省国资委系统安全生产工作先进个人	湖南省国资委	2017 年 12 月
刘建伟	2017 年湖南省“五一劳动奖章”	湖南省总工会	2017 年 4 月

湖南神斧集团一六九化工有限责任公司

【概况】2017 年湖南神斧集团一六九化工有限责任公司坚持“以人为本，科学发展”理念，重视产品质量，连续 9 年实现安全生产无轻伤及以上事故，确保产品合格率 99.9%，经受住民爆行业“市场放开”“价格放开”和公司棚户区改造引发矛盾剧烈冲击，外拓市场、内抓管理，改进生产技术，提升服务质量。完成全年各项生产任务，实现销售 3.27 亿元，比年计划增加 10.5%；利润总额 2258 万元，比年度预算增加 43.82%；总生产成本比年度预算减少 611 万元，单位成本下降 4.2%。按照省委、省政府总体要求，“三供一业”分离移交完成。结合娄底市政府要求，完成供电分离改造 747 户，供水分离改造 671 户，将原公司职工医院移交涟源市第二人民医院并在原址设立医疗点。

城乡建设·房地产·环境保护

Urban and Rural Construction, Real Estate and Environmental Protection

◎城市建设管理
◎娄底市城市建设投资集团有限公司
◎娄底市城市建设投资管理办公室
◎城市管理行政执法
◎城管行政执法支队
◎市政维护
◎环境卫生
◎风景园林管理
◎城市供电
◎城市供水
◎公共交通
◎燃气供应
◎城乡规划
◎住房公积金
◎房地产监管
◎房地产开发
◎环境保护

城市建设管理

【概况】2017年，全市住建系统围绕发展大局和住建工作目标，实施创新引领开放崛起战略，坚持加速转型。报请市政府出台《加快培育和发展住房租赁市场暂行办法》《易地扶贫搬迁安置与商品房去库存工作相结合实施意见》等文件，并全力推动政策落地，各县市在促进房地产业持续健康发展方面也采取许多有效措施，全市房地产市场发展形势好转。截至2017年年底，中心城区居民申请购房奖励13205户，已发放8641户，市财政发放奖补金额7640.5万元。全市完成商品房销售面积292.4万平方米，同比增长20.8%。全市商品房库存342万平方米，去化周期缩减为11个月。获授全省住建系统安全生产先进单位、全省工程造价先进单位，全市安全生产先进单位、联村建绿先进单位、建议提案办理工作先进单位、政务公开政务服务工作优秀单位、政务信息工作优秀单位、公共机构节能工作优秀单位、计划生育工作先进单位、非税收入执收工作优秀单位等多项省市称号。全年完成建筑业总产值296亿元，同比增长17.3%，实现建筑业增加值86.47亿元，同比增长5.9%，全省第一。全市小城镇基础设施建设项目开工171个，完成投资9.5亿元；启动高速公路沿线8个特色小镇试点建设，部分试点镇已完成规划编制；推进重点流域重点镇污水处理设施建设，全市累计完成乡镇污水管网建设22公里；冷水江市禾青镇入围第二批中国特色小镇，新化县奉家镇列入第三批省级美丽乡村。

【民生实事】2017年，娄底市住房和城乡建设局坚持用心用情做好民生实事。完成省里下达娄底市26603套保障性安居工程建设任务，实际开工26603套，开工率为100%。安置房建设完成房屋征收7519.86平方米，檀山湾小区、甘桂小区、泉水小区、丽春小区等安置小区建设推进。省里下达农村危房改造绩效目标考核任务为12030户，实际竣工12144户，竣工率101%，入住9406户，入住率78%。全市全年实现安全供水10935万吨。中心城区全年累计供应管道天然气3600万立方米，液化石油气7600吨，CNG汽车加气360万立方米；完成经开区区域管道燃气特许经营确权，涟钢区域燃气管网改造基本完成。全市生活污水集中处理9297万吨，市本级城市生活污水处理率达到96.3%，完成7处黑臭水体整治，消除比例达到87.5%，超额完成年度目标任务，全省排名第三。城市垃圾卫生填埋率100%。投入农村垃圾治理资金6000万元，714个行政村完成垃圾治理任务，全省排名第二，农村人居环境得到进一步改善。

【城建项目】2017年，全市开工建设城市基础设施项目197个，完成投资159.66亿元，其中中心城区完成91.77亿元；中心城区提质扩容三年行动计划推进顺利，甘桂路上跨沪昆铁路立交桥主体合拢，新星中路下穿沪昆铁路框架涵改造、早元西街等项目基本完工，吉星路、娄星南路、甘桂路等9条断头路建成通车，湘阳街、乐坪西街、扶青路等10条道路完成“白改黑”，水府新城水洋生态新区乐坪大道东延线及华星路综合开发建设项目快速推进；完成中心城区2700公里地下管线普查；冷水江市推进涟溪河截污管网、青园东路、江南局二期等26个基础设施项目建设，完成投资13.01亿元；涟源市全力推进娄底大道、涟水公园、红旗路提质改造等19个重点项目建设，完成投资33.8亿元；新化县实施华夏和美国际广场、江湾国际、资江两岸景观等标志性重大项目20个，完成投资17.71亿元；双峰县开展八本街安置小区、曾国藩广场、龙廷学府等35个项目建设，完成投资18.5亿元；中心城区和县市城区道路、桥梁、涵洞等市政设施运行保障有力，经受罕见洪水和冰雪灾害巨大考验。

【专项行动】2017年，娄底市住房和城乡建设局牵头开展房地产业“解难题、促发展、保稳定”专项行动，全年接待房地产来访群众3100人次，化解群体性上访32起。组织开展“百日攻坚行动”，推进烂尾项目处理和房屋办证等工作。有孙水明珠、龙一星城、湘驰园等11个项目通过组织业主自救正式复工，孙水明珠自救经验作为典型推广；清缴房地产税费3.61亿元，为7898户业主办好不动产权证，房地产“竣工扫尾难、库存消化难、交房办证难、税费清缴难”等突出问题正在解决。

【行业监管】2017年，娄底市住房和城乡建设局开展工程质量安全提升行动和安全生产“十大战役”专项整治，坚持监管与改进服务相结合，落实“一单四制”，打击“三包一挂”。全年工程质量一次验收合格率达100%，创建省建筑工程质量标准化示范工地35项，质量常见问题专项治理示范工地2项，省优质工程7项，为全市通过国务院质量工作考核交出一份满意答卷。全年未发生重大及以上建筑质量安全事故；全年行政处罚违法项目52个，下发行政处罚决定书102份，上报建筑市场责任主体不良行为记录公示18起。推进绿色建筑行动，设计阶段和施工阶段建筑节能标准执行率为100%，落实绿色建筑项目8个，绿色建筑星级标识项目1个。

【PPP项目】2017年，娄底市乐坪大道东延线暨华星路建设PPP项目开工，标志着水府新城水洋生态新区开发建设拉开序幕。乐坪大道东延线和华星路，是娄底市区连接东部新区2条主干道，系娄底市区向东发展关键工程。其东延线及华星路（地下管廊）综合开发建设PPP项目列入市“项目建设大比拼”活动重点项目。对加强城市基础设施建设，增强城市承载能力，建设山水相融、宜居宜业、众人向往现代化城市具有重要意义。项目建设采用PPP模式，由娄底市政府授权娄底市住房和城乡建设局为实施机构，指定娄底市创业投资集团有限公司全资子公司源创开发建设有限责任公司作为政府方出资代表，与社会资本方中铝国际工程股份有限公司和中国有色金属工业第六冶金建设有限公司联合成立SPV公司，负责项目投资、建设、运营和维护，建设期3年，运营期15年，总投资约15亿元；项目选址位娄底市大科街道办事处和大埠桥街道办事处，分为乐坪大道东延线（市检察院—东二环）、孙水河大桥、华星路（涟水南岸—乐坪大道南700米）3个子项目（地下管廊包含于上述子项中）。

【脱贫攻坚】2017年，娄底市住房和城乡建设局开展精准扶贫，牵头帮扶省级贫困村——娄星区杉山镇高坪村。帮助村里筹集资金500多万元，拓宽进村公路2.5千米，硬化进组公路4条，安装路灯1.6千米（计29盏），加固河道2.8千米，新建供水系统4处，解决200多户680人饮水问题，修建景区游道2.7千米。新建村级服务中心和村级卫生室，建设文化健身广场2个，帮助引进种植、养殖、光伏发电等产业。结合住建工作职能，落实行业扶贫政策，支持村里实施农村危房改造，参与易地扶贫搬迁质量安全管理，帮助李玉梅、黄雄军等12户特困户建好新居。高坪村贫困人口发生率降至2%以下，村集体经济收入在5万元以上，基础设施和公共服务基本完善，实现脱贫摘帽。

（曾忠林　李敏）

表52　**2017年度市住建局先进集体和先进个人一览表**

获奖单位、先进个人	奖励名称	颁奖单位	颁发时间
市住建局	建筑业增加值全省排名第一	省统计局	2017年12月
市住建局	全市常驻人口城镇化率2017年度增长2.03个百分点增长幅度全省排名第三	省统计局	2017年12月
市住建局	城市黑臭水体整治全省排名第三	省住建厅	2018年2月
市住建局	农村生活垃圾治理全省排名第二	省住建厅	2018年2月
市住建局	棚户区改造全省排名第一	省住建厅	2018年2月
市住建局	城市住房保障、建筑管理、城建档案管理单项工作成效明显单位	省住建厅	2018年1月

娄底市城市建设投资集团有限公司

【概况】2017年，娄底市城市建设投资集团有限公司承建城市基础设施项目总计58余个，完成投资超32亿元；注册资本为6亿元，信用等级为AA级，企业信用等级AA级，总资产417.93亿元，负债199.39亿元，负债率47.71%，是娄底市目前资产规模最大、信用等级最高政府投融资平台。先后获授“全市安全生产工作优秀单位”“市直招商引资先进单位”“创建全国文明城市优秀单位”“2015—2017年驻村帮扶优秀单位”等称号。

【建设市强制隔离戒毒所】2017年，娄底市城市建设投资集团有限公司启动娄底市强制隔离戒毒所建设。该项目位于娄底市扶青南路，总建筑面积48081平方米，概算总投资20987万元，计划2018年7月初建成，年底已完成大部分征地拆迁及房屋基础工程，项目建成后可收治人数1500人。

【建设华达学校】2017年，娄底市城市建设投资集团有限公司启动娄底市华达学校建设。该项目位于娄底市位于甘桂路与小科街交叉处西南角，占地50亩，总建筑面积19100平方米，总投资9000万元，建设内容包括教学楼3栋、艺体楼1栋、综合楼1栋和运动场1个，计划2018年8月初建成。至年底已完成综合楼、艺体楼基础工程和3栋教学楼大部分主体工程，系市委、市政府化解中心城区大班额学校建设惠民工程，项目建成后将新增2400个学位。

【中心城区小游园项目建设】2017年，娄底市城市建设投资集团有限公司承揽古井园、扶芳园、山塘园、兰园、湘文园、国土鑫园和铁西园，投资2670万元，占总投资80%多，小游园建设按照“海绵城市”理念进行设计，以绿化花化为主，尽量减少硬质铺装，适当设置文化、休闲和健身设施，与周边景观相协调，为周边群众提供良好休闲环境。

【新星路下穿沪昆铁路段改扩建工程项目完工】2017年，娄底市城市建设投资集团有限公司市城投集团启动新星路下穿沪昆铁路段改扩建工程项目，新星路规划宽度为60米，原下穿泸昆路段仅以单孔8米宽两孔桥贯通，本次改造分别对新星路下穿既有机务线、沪昆铁路（洛湛铁路）沪昆铁路货联线段拓宽至40.4米和36.4米，具体为两侧各增建一孔8米净宽框架桥，拆除中间下穿沪昆铁路框架桥（二号桥），新建4~8米框架桥，在1号桥与3号桥两侧各扩建一孔框架桥，拆除原有2号桥扩建为4孔（宽38米）框架桥，框架桥间道路扩建至40米宽，项目总投资约1.2亿元，至2017年年底已基本建成通车。

【中心城区道路提质改造PPP项目】2017年，娄底市中心城区道路提质改造工程包括新星路等24条道路提质改造、新星路全线及南北两入口整治、乐坪西街与甘桂路马路停车场综合整治、旅游城市信号优化与城市美化工程，总投资22.5亿元。项目采取PPP模式中ROT(改建—运营维护—移交)运作方式。项目合作期限为20年，其中建设期为3年，运营期17年。至年底已完成投资6.44亿元，其中湘阳街、东贸街、贤童街、乐平西街和市府大院道路提质改造已基本完工；新星路（湘中大道—涟滨街）、白塘路、扶青路、氐星路已完成中面层沥青砼施工、大部分排水改造、电力电讯管沟施工、路缘石安装和人行道铺装；桃圃街、月塘街、丹阳路正在进行电力电讯管线及排水系统施工。该项目推进对提升城市品位、改善城市景观、完善城市功能具有重要意义。

【中心城区路网完善工程PPP项目】2017年，娄底市中心城区路网完善工程包括娄星南路等23条新建城市道路及配套设施，总投资25.9亿元。项目采取PPP模式中BOT(建设—运营维护—移交)运作方式。项目合作期限为20年，其中建设期为5年，运营期15年，至年底累计完成投资5.7亿元，其中吉星路、娄星南路、甘桂路、春檀路、贤童东段、小科街、丽春路、仙桥西街、碧溪路9条“断头路”相继建成通车，娄星广场黑臭水治理工程已整改到位；桃圃街、双科街已完成部分路基及土石方施工；东贸街、罗家路、早元街、华星路已完成施工图设计。

【中心城区社区足球场项目建设】2017年，娄底市城市建设投资集团有限公司承建孙水公园、氐星广场、甘桂路东侧（黄泥塘）、文化广场、珠山公园北门、丹阳路神童湾社区、新科街与春檀路交叉口东北角（大科社区）等8个5人制和7人制足球场，总投资2000万元。至年底，黄泥塘社区、孙水公园、氐星公园3个足球场工程项目已完成水稳层铺筑。中心城区社区足球场是建设足球城重要内容，是绿色发展理念具体体现，是运动城市重要组成部分。

【中心城区黑臭水体整治】2017年，娄底市城市建设投资集团有限公司完成长青片区（花山）排水涵、观化井排水改造工程、洛湛铁路以南孙水北路以北盖板涵、大科路以南氐星路以西黑臭水体治理工程、湾田家园至大兴村截污干管工程5处中心城区黑臭水体整治，总投资5624万元。建成区实现河面无大面积漂浮物，河岸无垃圾，无违法排污口，水体水质明显好转。

【城投·文庭项目】城投·文庭项目属娄底城投房地产开发有限公司（城投子公司）首个自主开发项目，位于春檀路与新科街交叉口西北角；占地面积约15.68亩，总建筑面积64087.45平方米，总投资约2.1亿元。其中：商业面积5614.02平方米、住宅面积41077.02平方米、地下室不计容积率面积16047.58平方米。总体规划为3栋31层高层住宅、2层地下停车场、3层沿街商业。容积率为4.496，建筑密度32.25%，绿地率25%。2017年，全面启动城投·文庭开发建设，至年底已完成项目土地摘牌、可行性研究、立项、临时用水用电、初步勘察等前期工作。

【收购社会资产】2017年，娄底市城市建设投资集团有限公司为落实市委、市政府部署开展中心城区房地产业“解难题、促发展、保稳定”专项行动精神，支持房地产业脱困、盘活中心城区闲置资产。从初开始面向全市启动娄底中心城区社会资产（房产）收购征集工作，对全市金融机构及企业不良贷款中优质资产及法院诉讼资产进行调研摸底及部分资产收购，通过对全市范围内40余宗资产摸底调查，至年底已完成7宗资产收购，收购总价格1.34亿元，收购总建筑面积22794平方米，7宗资产中除铂金玫瑰园以外目前均已出租，合同租赁总收入624.31万元。

【土地出让工作】2017年，娄底市城市建设投资集团有限公司推进土地出让经营工作。全年完成春檀路与新科街交汇处西北角15.81亩土地、高铁南站西北角25亩土地、珠山公园东门吉星路东侧324.6亩土地等6宗土地出让，出让总面积近400亩，成交总价约5亿元。

【融资工作多管齐下】2017年，娄底市城市建设投资集团有限公司通过流贷、项目贷、非公开定向发行债务融资工具（PPN）、债权融资计划、融资租赁、信托基金、棚改专项建设基金等多渠道融资，筹措建设资金，确保项目建设资金需求。全年累计获批各类授信247亿元，签订各项合同金额计191亿元，实际到位资金101亿元，是2016年同期到位42亿元资金的240%，是全年90亿元工作计划任务的112.22%。（邓磊　陈婷婷）

娄底市城市建设投资管理办公室

【概况】2017年，娄底市城市建设投资管理办公室根据市政府授权，负责中心城区提质扩容市政基础设施建设开展协调和管理，作为市政PPP项目实施机构，负责组织相关单位开展市本级代建项目前期工作，提出意见后报市发改委审核交由相关单位组织实施；协助市发改委抓好中心城区市政工程基础设施项目代建制推进与管理；组织对城市建设投融资进行调查研究，为市委、市政府推进城市建设投融资工作提供建议意见。通过借鉴外地共享单车成功管理经验，提出“引入共享单车项目”初步方案，拟定《娄底市规范共享单车发展实施意见》《娄底市共享单车准入公告》等规范性管理文件，与城管等管理部门配合交接，确保娄底中心城区共享单车健康引入与落地。牵头组织娄星区及市直相关部门对市中心城区背街小巷进行实地现场察看与调查摸底，在361条背街小巷中筛选出必须进行改造116条背街小巷。投资总额4.5亿元，制定分步实施改造方案，提出背街小巷改造内容、标准和原则。11月14日市长办公会议批准项目组织实施，明确市城投管理办与娄星区工作责任。

【涟水河综合治理】2017年，娄底市城市建设投资管理办公室组织实施涟水河综合治理工程PPP项目。该项目为“天蓝”“水净”“地绿”三年行动计划重点项目之一，为“四合一”工程，总投资额为10亿元；完成征拆土地100余亩，完成神童湾大桥桩基工程90%，完成投资1.83亿元；对照国家六部委50号文件和财政部87号文件，对项目合同中不符合规定条款进行梳理，组织项目公司主动自查整改。项目建设经受住6月底与7月初特大洪灾考验，防洪管理到位、调度有方，未发生人员伤亡事故，通过生产自救，在很短时间内就恢复施工。（贺建良）

城市管理行政执法

【概况】2017年，娄底市城市管理行政执法局以“创新发展，全面提升”为引领，以打造品质城区为目标，以城市管理“标准化、精细化、智慧化、社会化”为着力点，建设“活力城管、法治城管、和谐城管”，致力构筑“大城管”格局。成功创建省级文明标兵单位；获评综治维稳、建议提案办理、计划生育、安全生产、无偿献血等工作先进单位。

【城市管理】2017 年，娄底市城市管理行政执法局开展生活垃圾、违章占道等专项整治。全年取缔跨店经营 18479 处，取缔流动摊担 8402 处，拆除破旧及违规广告招牌 5939 块，拆除临街违章棚点 185 处，清除占道废弃物 360 车，清除违规种植蔬菜 11248 平方米，清除破旧横条幅 2854 条，清除“牛皮癣”154007 余平方米，规范庆典促销 504 余处。开展城市立面专项整治，拆除遮阳(雨)棚 182 处，清洗临街立面油污、渍垢 7 万余平方米，规范广告招牌 978 块。春节期间，精心组织，严密部署，节前召开工作部署会议，明确要求，细化责任，强化举措，扎实工作，坚持值守，中心城区禁燃工作引向深入；实施定人、定时、定岗、定责、定标准、定奖惩。抓住重点时段、重点路段、重点区域，实行增人延时快速保洁。建立快速保洁机制和突发污染处置机制，开展大清理大清洗大清扫大提质活动。做到生活垃圾及时清运，确保城区每天 500 余吨生活垃圾日产日清；完成长青东街、文艺路等街道增花和品种改造；完成主要街道节点、交通岛、花坛、桥梁栽(摆)时令花卉工作；全年栽植乔灌木 61.6 万株，栽(摆)花卉 120 万株。4 月，在石马公园举办“杜鹃市花文化节·牡丹花展”；11 月，分别在孙水公园和石马公园局办主题为“富饶美丽健康祥和新娄底”菊花展；抓源头管控、抓巡查监管、抓线路保洁、抓带泥上路、抓超装超载、抓渣土偷运、抓规范管理、抓安全教育；围绕“安全、高效、低耗”目标，实施绿色照明和节能改造，开展各项路灯安装、维护管理工作，全年完成城区 216 条道路路灯设施设备管理工作，加强设备维护、更换与调试，亮灯率、设备完好率达 98%以上；受理户外广告(招牌)审批事项 799 件，拆除违规破旧广告招牌 8500 余块。

【行政执法】2017 年，娄底市城市管理行政执法局坚持“以人为本、执法为民”宗旨，强化执法手段，规范执法程序，执法能力与水平不断提高。全年办理一般程序案件 1980 起，结案 1980 起，结案率为 98%；办理简易程序案件 8121 起，扣押违章占道经营工具 423 起，登记保存 276 起，全年无行政诉讼和行政复议案件。行政审批推行无差别“一站式”服务，审批行政许可 2000 余件，办结率、满意率 100%，被评为全市先进政务窗口。

【创文管卫】2017 年，娄底市城市管理行政执法局发扬“特别能战斗、特别能吃苦、特别能奉献”城管精神，以“白加黑、五加二”工作状态确保国家卫生城市复查和暗访一次性通过，展示良好城市形象。以创建全国文明城市为契机，开展城市管理宣传活动，向全市广大学生发放《告别陋习，走向文明》公开信十万余份，让告别陋习、倡导文明成为一种自觉和风尚；在娄底中心城区 2 万多个门店张贴《城管温馨提示》，倡导广大市民参与到文明创建中来。参加市直机关组织“文明劝导”“书香机关”“文明院落”创建活动，开展全方位、整体性文明创建。根据市创办要求，加大户外公益宣传力度，在城区立柱、屋顶、公交站台、电子显示屏、高速出入口等发布迎新春、“最严城管执法”“创文管卫”等各类公益广告 7617.6 平方米。全年办理市长信箱、媒体监督、市长热线、网上举报等各类信访 112 件，城管 110 接处市民投诉 2929 起，处理率达 100%，满意率达 98.48%。开展“城管进学校”宣讲活动获得社会广泛好评，在市级以上媒体发稿 1000 多篇次。局系统 74 名科级实职干部和 29 个党支部结对帮扶娄星区蛇形山镇扶洲村 37 户。投入扶贫资金近 200 万元，完成 1.8 千米通组公路铺设工程，2 条水渠、2 口山塘清淤整修工程，卢泉老井改造工程及主要路段 40 杆路灯安装工程。20 多家贫困户已实现脱贫摘帽。

【工作亮点】2017 年，娄底市城市管理行政执法局按照“功能完善、环境优美、贴近生活、服务群众”公园建设要求，发掘利用城区现有空闲地和已有绿化资源，因地制宜建设扶芳园等 11 处小游园，集中开工 8 个小游园建设项目；通过招商和竞争性谈判引进永安行和联联单车两家共享单车运营商，作为共享单车主管部门，出台《娄底中心城区共享单车管理暂行规定》，确保用户骑行安全、舒适和便捷。先后组织多次实地考察、外出学习垃圾焚烧发电，完成项目建设规划选址、环境影响评价与可研两报告一方案等十三项前期工作。启动城市执法体制改革工作，形成《城市执法体制改革考察学习报告》，出台《关于深入推进城市执法体制改革改进城市管理工作的实施意见(试行)》。7 月抗洪救灾，针对生活垃圾填埋场山洪暴发，组建抢险突击队，完成临时性雨污分流面积 6 万余平方米，加固沙袋 2000 余个，重要地段加砌挡水墙 1000 多米，确保垃圾填埋场库区安全。洪水过后，面对城区“一片狼藉”惨状，市城管系统成立9个突击队，将城区分成9个片区清理淤泥垃圾，局班子带队，每天出动1000多人，清理淤泥垃圾10000余吨。

【县市区城管】2017年，各县市区城管部门以各项创建为抓手，打赢禁燃整治攻坚战，实现禁燃区内全域“零燃放”，营造优美舒适、安静祥和氛围，得到市民群众点赞。冷水江市加大公园建设力度，完善城市基础设施，大力开展扬尘整治，创新城市管理机制，城市综合管理水平全面提高。涟源市完成涟水风光带南岸、涟水公园、梅亭东路等绿化工程，推进中心城区提质改造，城市品质和市民幸福指数双提升。新化县实施城区绿化美化、景观亮化工程，参与抗洪抢险、抗冰斗雪等急难险重工作，赢得“防汛抗灾先进集体”“冰天雪地最美城管人”等称号。双峰县实施渣土管理改革，推行渣土运输公司化模式，推广智能渣土运输车，强化源头管控，加强市场监管，城区市容环境卫生得到提升。娄星区开展城中村及城乡结合部旱厕整治，实施社区路网提质三年行动计划，开展市容环境卫生专项整治，确保全市顺利通过“国卫”复审和创文年度测评。娄底经开区、万宝新区城管办与市城管执法支队派驻执法大队合署办公、联合执法，推动市容秩序和城市管理水平提升。

表53　　2017年度娄底市城管执法局 先进集体和先进个人一览表

获奖单位、先进个人	奖励名称	颁奖单位	颁发时间
市城市管理行政执法局	湖南省文明标兵单位	湖南省精神文明建设指导委员会	2017年3月
娄底市风景园林管理处工会委员会	湖南省模范职工之家	湖南省总工会	2016年12月
马润珍	湖南省雷锋式人民公仆	湖南省精神文明建设指导委员会、湖南省学雷锋志愿服务工作委员会	2016年12月
刘　方	湖南省“六五”普法先进工作者	中国湖南省委法治湖南建设领导小组办公室、中国湖南省委宣传部、湖南省司法厅	2016年9月

城管行政执法支队

【概况】2017年，娄底市城管执法支队以建设品质城区为目标，以“创文管卫”为中心，以实施最严城管为重点，以队伍建设为根本，抓管理、严执法，解难题、破困局，提素质、树形象，重服务、赢口碑。全年办理一般程序案件1835起，办理简易程序案件6066起，扣押违章占道经营工具423起，登记保存303起，整治跨店经营18479起，劝导规范流动摊担18402起，拆除破旧及违规广告招牌5939块、临街违章棚点185处，清理占道废弃物360车、违规种植蔬菜11248平方米，清除横条幅2854条，“牛皮癣”154007平方米，规范违规庆典促销504处。

【垃圾专项整治】2017年，娄底市城管执法支队针对乱倒、乱丢、乱扔、乱堆垃圾行为进行铁腕整治，用好用活“宣教劝导、严管重罚、行为惩戒、媒体曝光”组合拳，娄底城区门店垃圾、随手乱扔垃圾、车辆向车外乱抛垃圾现象大幅减少。全年查处门店垃圾案件323起，车窗垃圾案件36起，行人垃圾案件271起。

【占道经营整治】2017年，娄底市城管执法支队在全面摸底调查基础上，总结过往经验，向市领导、市创管办汇报，形成《娄底中心城区整治占道经营方案》并以市创管办发文，推进全市取缔占道经营行动。在整占行动中，支队积极发挥主力军作用，由支队班子分别挂帅片区常务副组长分片包干，联合商务、工商、食药监等部门，整治马路市场、流动摊担、跨店经营等占道经营行为，坚持疏堵结合，倡导推行恢复农贸市场自产自销区、设立流动摊担疏导点、规划设置夜市一条街等举措积极疏导。

【城市立面整治】2017年，娄底市城管执法支队对照国家卫生城市标准进行分析研究，从5月中旬起启动临街立面专项整治行动，统一对娄底中心城区主街道临街立面油污、锈斑进行重点清洗，恢复墙面本色，清洗7万余平方米；对临街建筑物一楼固定(雨)棚和破损陈旧影响观瞻遮阳(雨)棚统一拆除，拆除旁冲路等重点路段遮阳(雨)棚182处；统一治理立面广告招牌，对临街建筑物一店多牌、未经审批、破旧广告牌予以拆除，基本达到“上下一致、格调统一”标准，拆除违章广告招牌5939块、规范978块。

【禁燃工作】2017年，娄底市城管执法支队建立日常巡查与群众举报、重点时段重点管控相结合常态监管模式，持续推进禁燃宣传，元旦、春节重点隐患时段实行全员上阵，定人、定岗、定责进行值守，全天候不间断巡查，确保禁燃保持常态效果，全年发现制止和教育劝导12起，训诫处罚3起。

【素质提升年】2017年，娄底市城管执法支队按照《“素质提升年”活动实施方案》，实施“素质提升”工程、“执法强化”工程、“管理创新”工程，打造“书香城管、智慧城管、和谐城管”。完善培训体系，开展执法学习培训活动。采取领导干部带头自学、邀请检察院等部门专家开展专题讲座、抓好“关键少数”和业务骨干重点培训、各大队组织集中学习等多种学习教育方法，每月培训学习不少于2次，做到一线执法人员必培、执法骨干必培、执法岗位领导必培，将学习培训形成常态，所有执法人员以100%合格率通过“七五”普法考试，全年办理行政执法案件中，无一例出现差错案件。

【最严城管执法年】2017年，娄底市城管执法支队结合自身实情，借鉴长沙、株洲等城市好做法，将2017年列为“最严城管执法年”，实施“最严城管令”，突出执法办案，严格处罚标准，规范自由裁量，实行刚性处罚，严格治理“十乱”行为，狠抓重案要案，办理一批有代表性、有影响力典型案件，如黄泥塘大队对仙桥西街德邦物流损坏人行道案件顶格处罚1.5万元、机动一大队对东方医院违规设置广告招牌案件处以1万元重罚、机动二大队对万引酒吧噪音案件处以1万元重罚。

【机制创新】2017年，娄底市城管执法支队创新机制，强化机制落地生根，用机制激发工作动力、催发工作动能。领导带班跟班机制形成常态，支队班子分片包干负责带班跟班，节假日实行两名支队领导分主班副班督查、检查，各级领导干部以上率下带动支队上下一心全面开展工作；完善考评讲评机制，制定《“素质提升年”娄底市规范化绩效考核实施方案》，考评严格对照工作标准和指数，强调问题为导向，采取全面普查和重点交办相结合，一日一督一反馈，十天一周期，一月一通报讲评，奖惩与绩效挂钩兑现，发挥考评杠杆促进作用；建立“有事请找我”责任担当机制，支队党委和各党支部制作公示栏、便民服务卡，配备“有事请找我”工作情况纪实本，密切与群众联系，切实为民解难解忧，及时回应群众关切。还在特殊重点阶段实施“三集中、三取消”机制、“六个强化”机制等。

【投诉处理】2017年，娄底市城管执法支队关注民生民意，秉着“及时、准确、高效”服务宗旨，以“有事请找我”担当和姿态，及时反馈跟踪，确保问题妥善解决。全年接访、处访70余起，处理率回复率达100%，满意率达98.7%，城管110接处市民投诉2636起，处理率回复率达100%，满意率达98.45%。

【精准扶贫】2017年，娄底市城管执法支队按照“十三五”规划，打赢扶贫攻坚战和中共十九大有关要求，各党支部和党员干部个人针对实际推进精准扶贫步伐，对扶洲村对口帮扶对象实施就业帮扶、参与局项目帮扶、资金帮扶、协调医疗保险等方面举措，“输血”“造血”两手抓，入户帮扶90余次，支队帮扶资金13万余元，党员个人捐助帮扶资金5万余元，对口扶贫户精准脱贫。

市政维护

【概况】2017年，娄底市市政维护管理处组织对湘中大道、吉星路、内环线、涟滨街、秀石街、氐星路、长青街、乐坪街、丽春路等路面、人行道和路缘石、下水道等进行维护，完成市政设施日常维护工作任务3100万元，其中维修沥青路面36240.96平方米，维修透水砖26100平方米，彩板人行道30167平方米，花岗岩板27832平方米，广场砖459平方米，维修更换路缘石36823米，清理疏通雨水口9098座，更换检查井3419座，新建检查井22座，软基处理3429平方米，注浆38737平方米，管道清淤1400米，下水道疏通作业21万米。按照市委政府“中心城区提质扩容‘三年行动计划’”部署，先后完成对扶青南路、石马路、清潭路、栗山路4条道路行车道及人行道提质改造任务，完成产值3000万元；完善对突发事件应急处置能力，健全一套行之有效应急管理体系，年初参与抗冰除雪，特别在遭遇百年不遇洪灾时，在获取天气信息第一时间率先启动应急预案，出动800余人次，运输车辆56台次，装载机15台次，挖掘机10台次，疏通车19台次投入抗洪抢险工作中，疏浚下水道3000余米，设置安全防护警示带3000余米，临时处置边坡塌方23处。灾后发动160余人次，车辆20余台次，抽水泵20余台次参与灾后抢修恢复工作，保证全市中心城区路平水畅，获评娄底市人民政府评为“抗洪先进单位”。（曾舜）

环境卫生

【概况】2017年，娄底市环境卫生管理处以“创文管卫”为目标，以“市容环卫转型提质”为第一要务，精细管理，严格考核，突出重点，攻克难点，抓出亮点，以市容环境整治为抓手，稳步提升城区环境卫生水平，打造品质城区，完成国卫复审与创文实地测评等重大活动环境卫生保障任务。6月底至7月1日娄底城区遭遇百年不遇洪灾。响应市委、市政府、市城管局防汛救灾“五个确保”要求，启动以一把手负总责灾后“清淤保畅”工作应急预案，全处动员，全员上阵，全力以赴。机关全体党员、工作人员率先垂范，连续7天，每天出动300多环卫工人，不分日夜，放弃双休日，清理清运灾区垃圾、淤泥7000多吨，恢复道路本色，还道路通畅，保市民健康；受到领导和社会各界好评，获评娄底市年度抗洪救灾先进集体。

【完善设施】2017年，娄底市环境卫生管理处落实中央环保督查对娄底市生活垃圾填埋场要求，对照问题清单，按照“分块负责、对照标准、确保达标”原则制定实施方案，抓好整改落实，科学管理，规范作业，确保生活垃圾无害化处理。采取外运达标处理，实行覆膜雨污分流，租赁车载式移动设备进行现场应急处理，确保渗沥液达标排放；启动娄底市生活垃圾填埋场堆存污泥固化处理项目建设。有序推进娄底市生活垃圾填埋场附近村民房屋拆迁安置工程，达到中央环保督查要求。与社会资本方到市城投进行对接，由市城投代表政府在项目公司中占股20%，实行同股同权，行使对项目运行监管权力。开展涟钢生活区16座公厕提质改造，完成设计、预算评审等前期准备工作，夯实“巩卫创文”基础。

【扶贫攻坚】2017年，娄底市环境卫生管理处建立完善党员访谈制度，倾听党员群众意见，组织党员到所在社区报到，开展帮扶工作，给予人力物力支持。端午节慰问困难农民工40人，“七一”前夕慰问困难党员干部6人。开展扶贫工作，精准帮扶娄星区蛇形山镇扶洲村7名贫困户，送去帮扶资金2800元；开展对双峰县三塘铺镇大马冲村帮扶脱贫，因地制宜，制定扶贫工作计划与实施方案，全年脱贫24户89人。

风景园林管理

【概况】2017年，娄底市风景园林管理处以提升园林绿化品位，打造和谐舒适人居生态环境为己任，着力园林绿化建管工作。全年栽植乔灌木79.96万株，草皮3.33万平方米，地被植物6000千克，摆（栽）花卉120万株。有人员编制346人，在编人员325人；退休147人，专业技术人员81名。内设8个科室，下辖8个二级机构。承担街道绿化养护面积186万平方米、街道行道树7万株，管理石马公园、春园公园和早元公园3个公园，绿地25.24万平方米。

【绿化建设】2017年，娄底市风景园林管理处完成文艺路、长青东街、湘中大道、娄星北路、长宁街、月塘东街、乐坪东街、S209等街道增绿提质；对中心城区街道绿化带中裸露地、践踏道开展补栽补植，对病残行道树进行全面清理；开展行道树树池提质改造；完成国土鑫园、回龙湾、乐坪东街“公园一号”临街、体育公园临街、华天宾馆等闲置地绿化及扶青南路、文艺路等边坡绿化；完成市政府前广场、娄底技校、珠山公园、孙水公园等庭院及公园增绿提质绿化工程；完成主要街道节点、交通岛、花坛、桥梁栽（摆）时令花卉工作。对所属石马公园、春园公园、早元公园开展“花海景观”建设，在各公园栽植杜鹃、樱花、孔雀草、太阳花等观花乔灌木和时令草花，优化植物配置，提升景观品位。

【绿化管养】2017年，娄底市风景园林管理处对城区绿地开展中耕除草、病虫防治、施肥浇水、修剪造型等日常养护工作，全年浇水7645车次，施肥31.5吨，喷洒农药700车次；完成约7万株乔木、亚乔木及绿化带内灌木修剪，对娄北连接线紫薇开展品种嫁接，加强道路桩景及造型树修剪造型；开展苗木清洗，确保降积尘，保持本色。处属公园按照公园一级养护标准开展绿化管养；卫生区域承包、网格管理，实行目标考核；完善基础设施建设，及时维修和维护公共设施；加强公园安全生产监管和安全保卫、禁燃工作，杜绝事故发生。

【花木生产】2017 年，娄底市风景园林管理处围绕“科研服务生产、生产促进科研”主题，完善科研生产基本建设，开展月季、杜鹃项目品种优选工作，坚持品种抗性、适应性研究，开展扦插繁殖、苗木嫁接等工作。建成菊花母本园，对品种菊花进行更新、繁殖。开展花木生产、出圃和新品种引进工作，引进红王子锦带、常绿矮蒲苇、肾蕨、绣球花、大花马齿苋等新品种，应用于苗圃、公园和街道，丰富娄底市园林绿化景观效果。全年生产苗木 80 万株，扦插小苗 50 万株，出圃乔灌木 33 万株。出圃草花 132 万盆、荫生花卉 1.57 万盆，生产菊花 3.3 万株，花卉上盆 63.3 万盆，引进花苗 49 万株，引进草花 77 万盆。

【园林执法】2017 年，娄底市风景园林管理处加大绿化执法力度，对绿地内乱堆乱扔、乱挂乱晒、践踏道等开展整治，对占绿、侵绿、毁绿违法案件进行查处。完成园林绿化一般程序案件 57 起，简易程序案件 899 起，收缴罚款 8.25 万元；处理交通事故损绿事件 45 起，配合办理行政许可 16 份，收回交通事故绿化赔偿费 12.3 万元、以绿还绿苗木费 48.2 万元；处置园林“110”来电 32 起，处理率 100%。开展中心城区绿地巡查，对绿化建设、养护不到位及边坡、闲置地绿化情况进行督查督办，提升中心城区绿地率；对城区 PPP 项目施工实行跟踪监管，及时配合移植绿化苗木；对全市绿化施工项目进行质量监督及后期养护管理监督。

【园林建设】2017 年，娄底市风景园林管理处开展中心城区增绿提质增花添彩设计工作，加强学习、反复修改，完善设计理念和技法手段，提高设计水平。完成文艺路、乐坪西街、湘阳街等道路提质改造设计；完成三元小区 5 条道路、万宝新区波月街、万宝隧道边坡等道路绿化设计；完成城区节点景观提质改造设计方案；完成新建 11 个小游园、石马公园应急避险指挥中心建设工程、中医院前坪广场等公园广场设计；完成 27 块中心城区闲置地临时绿化设计；完成国土鑫园和回龙湾闲置地、财政局新家属区等小区庭院设计。完成石马公园亮化安装、春园公园和早元公园路灯改造等工程，完成湘中大道、文艺路麻石树池及人行道板修复工程，完成孙水河大桥、二大桥及新星南路铁路桥、青山湾大桥塑木花箱安装工程等。

【特色花展】2017 年 4 月，在石马公园举办以“共享市花，美丽娄底”为主题“杜鹃市花文化节·牡丹花展”，推介和宣传市花杜鹃，普及花卉知识；11 月，在孙水公园和石马公园举办以“富饶美丽健康祥和新娄底”为主题菊花展，弘扬民间文化，丰富市民精神文化生活，助推娄底花园城市建设。

【增绿提质】2017 年，娄底市风景园林管理处拟草《关于做好 2018 年度娄底市中心城区增绿提质工作的通知》。组织专人分 3 个组，对娄底中心城区、万宝新区、经开区街道、闲置地、拟建小游园地块等增绿提质项目进行摸底，对 64 处闲置地和 11 处拟建小游园地块进行调查统计。为更新观念，打造园林新景观，邀请上海同济大学园林设计院、湖南林学院、湖南农大、知名景观专家多次来娄指导，赴长沙、郴州、常德等地学习先进街道绿化设计和建设理念。对 11 处小游园、27 块闲置地临时绿化和部分绿化提质道路进行园林绿化景观设计。按设计方案完成文艺路施工任务，栽植乔灌木 20.45 万株，铺草皮 1.37 万平方米。12 月 29 日，举行娄底中心城区小游园集中开工仪式，小游园建设列入民心工程。

城市供电

【概况】2017 年，国网娄底供电公司落实市委政府和省公司党委各项决策部署，服务地方经济发展，服务用电客户。全年完成售电 76.67 亿千瓦时，同比增长 5.29%；综合线损率 4.40%，同比下降 1.06 个百分点，全省排名第一；公司同业对标综合排名全省第四，同比提升 5 个名次。

【安全生产】2017 年，国网娄底供电公司始终坚持安全第一，连续安全生产 3785 天；开展安全生产问题清单专项梳理、安全大检查和现场反违章专项行动，排查治理隐患 569 项，查处严重违章 13 起。做好迎峰度夏、防冻融冰和防雷防汛防山火工作，完成春节、中共十九大等重大保电任务；完成冷江变改造和园株岭变、印塘变等集中停电综合治理。开展频繁跳闸线路专项治理，线路平均故障率下降 68%。220 千伏吉星变在全省红旗站评比中排名第一。获华中电网调控系统劳动竞赛金奖和省公司技术监督优胜单位。

【改革创新】2017 年，国网娄底供电公司推动电力市场化交易，成交电量 10.1 亿千瓦时，向用户和售电公司释放改革红利 6261 万元。成立驻园区办事处，开辟园区服务“绿色通道”。全省第一家挂牌成立“娄底市能源（电力）规划研究中心”。完成公司制改革更名登记手续，原全民所有制企业全部按期注销。深入推进集体企业改革改制，建立“三会一层”集体企业法人治理结构，压减集体企业 3 户，关联民营企业“五分开”、县级企业“子改分”工作圆满完成。完成国有企业“三供一业”供电分离改造 3.4 万户，公司供水和物业分离移交协议全部签订完毕。坚持创新引领，25 个“总经理创新基金”项目全部按期完成并进行发布。公司获专利 1 项、QC 优秀成果 6 项，合理化建议获得省公司二等奖 1 个、三等奖 1 个，两项成果分获省公司群众性科技创新一、二等奖。新化“志民工作室”被评为娄底市首批“工匠创新工作室示范点”。

【电网建设】2017 年，国网娄底供电公司完成电网投资 4.33 亿元，年度电网建设任务全面完成，困扰公司多年中连变配套 35 千伏线路工程投产送电。高质量完成娄底电网“十三五”滚动规划修编。多个规划、设计项目获省公司及以上奖项，其中“娄底市增量配电网精益发展规划”获国网经研体系技术进步三等奖，电力市场分析预测报告质量连续 4 年全省领先；完成改造资金 3.9 亿元，改造村网 388 个；完成“7·30”重过载专项整治、“9·30”两年攻坚战中心村和 50 个省政府“重点民生实事”项目配电网改造任务；完成光伏扶贫接网工程 215 个。新装智能电能表 33.5 万只，配电网标准化创建以省公司第一名成绩顺利通过国网公司验收。

【经营管理】2017 年，国网娄底供电公司主动挖掘增量市场，业扩新增客户 13.7 万户，增加容量 166 万千伏安。大力开展不停电作业，减少停电 12 万时·户。电能替代电量 3.65 亿千瓦时，完成年度目标 117%，高铁南站首末站充电桩投运，新化县电子陶瓷制造业和公交车实现全替代。整改问题用户 1144 户，取消定比定量用户 1004 户，改造综合电价台区 349 个。推广低压远程费控和高压客户购电制，电费智能结算成功上线。台区线损率同比降低 1.08 个百分点，实现利库 305 万元、营业外收入 339 万元。

【精益管理】2017 年，国网娄底供电公司完善体制机制，加强精益人才培养，制定《精益人才管理工作方案》《精益项目评审方案》等系列配套制度。分专业建立精益管理专家库，培养精益专家 178 名，推选精益明星 22 名。全年立项完成 284 个精益项目，其中公司级项目 4 个，部门项目 45 个，微精益项目 235 个，评选优秀项目 157 个。形成管理创新成果 7 项，其中《供电企业基于客户需求的精益运营体系构建》获中国电力企业联合会管理创新成果三等奖、《供电企业基于客户需求的精益运营体系推广应用》获得国网公司管理创新推广成果二等奖、《地市供电企业精益管理探索与实践》获得 2017 年度全国电力企业管理创新论文大赛一等奖、《供电企业基于大数据分析推进配网精益管理》获湖南省企业管理现代化创新成果二等奖，获省公司管理创新成果一等奖 2 项、创新成果推广一等奖 1 项。形成卓越案例 31 项，其中获省公司奖项 6 篇、国网公司奖项 2 篇。管理创新成效指数、卓越绩效体系应用指数全省第一。

【供电服务】2017 年，国网娄底供电公司组建全省首家供电服务指挥中心，通过省公司验收，推行高压业扩“五个一”和低压业扩“快装服务”，高压业扩平均接电时长同比减少 0.42 个工作日。推广电 e 宝、掌上电力 APP、微信、支付宝等线上缴费渠道，线上缴费率达 57.1%。娄底中心营业厅获评省公司五星级供电营业厅。营配调基础数据基本实现全采录、全移交目标。完成“多表合一”接入 5582 户，实现专变智能核算与小水电集中核算。深化“全能型”供电所建设，推行“台区经理制”“综合柜员制”，实现“低压网格化”管理。公司新晋省公司“四星级供电所”5 个，冷水江城东供电所被推荐为国网公司“五星级供电所”。持续加大人为责任投诉管控和考核，投诉数量同比下降 12.4%，投诉管控偏差率排名全省第二，服务专业获评省公司标杆专业。

（刘双喜 肖晶 张帅涛）

表 54　　2017 年度国网娄底供电公司先进集体、先进个人一览表

获奖单位、先进个人	奖励名称	颁奖单位	颁发时间
国网娄底供电公司	全国文明单位	中央精神文明建设指导委员会	2017 年 11 月
国网新化县供电公司	国家电网公司文明单位	中共国家电网公司党组	2017 年 11 月
国网冷水江市供电公司	国家电网公司文明单位	中共国家电网公司党组	2017 年 11 月
检修公司变电运维党支部	国家电网公司“电网先锋党支部”	中共国家电网公司党组	2017 年 6 月
国网湖南省电力有限公司新化县供电分公司	湖南省文明标兵单位	湖南省文明办	2016 年 12 月
黄剑波	湖南省“五一劳动奖章”、湖南省技术能手	湖南省总工会湖南省人力资源和社会保障厅	2018 年 3 月

城市供水

【概况】2017 年，娄底市水业有限责任公司以《城镇供水厂运行、维护安全技术规程》为抓手，确保供水设施、设备维护到位，水压控制到位，水质严格执行生活饮用水卫生标准，全年水质综合合格率为 100%，日供水能力 20 万立方米，日污水处理能力 5 万立方米；全年营收 24858.37 万元，利润 2117.88 万元。总资产 4.32 亿元，有职工 463 人。下辖“娄底市利源物业服务有限责任公司”“娄底市佳源工程建设有限责任公司”2 个全资子公司。水费收缴从公司营业大厅缴费、邮政代收、银行三方代扣代缴向 ATM 收费、微信缴费、手机银行缴费、网上银行、电信翼支付等方式扩展；接管 70 个小区计水表达 50000 块；发挥自身优势,确保二污规范营运，全年计处理污水 1471 万吨，污水排放达标率 100%。

【项目建设】2017 年，娄底市水业有限责任公司落实市国资委交办涟钢“三供一业”供水移交分离改造任务，累计完成投资 3756 万元。于 10 月底完成涟钢生活区直供户及转供户和周边农村散户供水。全年完成 DN200~DN600 主管铺设 4000 米，吉星路、甘桂路、丽春路断头路供水管全线贯通；配合市 PPP 项目道路提质改造管线迁移和消火栓建设工作，完成万宝镇江溪村等 12 个村组主管铺设，启动杉山镇泉福村等五个村组主管铺设工作，安装供水管 14500 米，供水范围已覆盖百亩、万宝、杉山、大埠桥、大科等乡镇、办事处。

【公司改革】2017 年，娄底市水业有限责任公司按照市委政府对娄底国企改革部署，在市国资委指导下，完成公司制改革工作任务。于 12 月 22 日召开中国共产党娄底市水业有限责任公司第一次代表大会，选举产生第一届党委委员会和纪律检查委员会。建立董事会、党委会、监事会与经理层。

公共交通

【概况】2017 年，娄底市公共交通总公司经第十二届职工代表大会暨工会会员代表大会讨论通过公司制改革方案。改制后，“娄底市公共交通总公司”变更为“娄底市公共交通有限公司”。遵循公司法，设立董事会、监事会、经理层，建立健全产权清晰、权责明确、政企分开、管理科学现代企业制度，依法规范权责，构建公司各司其职、各负其责、协调运转、有效制衡国有企业法人治理结构。4 月，调整 9 路、16 路、22 路走向；5 月，调整 8 路、9 路走向。8 月，以政府公务用车改革为契机，新成立汽车租赁公司，成为政府公务用车定点租赁单位。12 月，公司购置 50 辆纯电动公交车，且修建相关配套设施。全年营运里程 1325 万千米，营收 3956 万元，趟数率 98.6%，正点率达 98.5%，乘客满意率 98%，完成年初目标任务；8 月接连发生

两起交通事故，造成2人死亡。

燃气供应

【概况】2017年，娄底华润燃气有限公司营业额11915万元，销气量2015万立方米，新增居民用户22927户；通气户数11.5万户，开通使用燃气商业及公建用户600余家；中低压燃气管网600余千米，次高压管网9.2千米，区域调压站7个，区域调压柜、调压箱229个。已形成特许经营权维护与拓展、气源保障、气源结构改善、天然气置换以及客户服务体系。在确保用气安全、供好燃气、供足燃气基础上，搭建多种服务平台，简化办事程序，开通网上缴费、拓宽收缴渠道，关心弱势群体，为城市低保户年均减免燃气费20余万元。11月24日，与娄底市住房和城乡建设局签订《娄底城区部分区域管道天然气特许经营权协议》。

城乡规划

【概况】2017年，娄底市规划局坚持“创新、协调、绿色、开放、共享”发展理念，在提升城市品质、优化城乡环境、服务城乡发展等方面努力工作。相继完成娄底市中心城区海绵城市规划、近期建设规划、娄底市中心城区综合管廊规划、娄底市综合交通规划等重大规划编制；推进30条中心城区道路提质改造和路网完善工程，启动村庄规划编制“全覆盖”工作；控违拆违立足违法建设“三年清零”目标，开展“拆违四大攻坚行动”，完成市委政府预定任务；精准扶贫、创文管卫、综治维稳、建议提案办理等工作取得进展。

【规划编制】2017年，娄底市规划局围绕建设富饶美丽健康祥和新娄底发展目标，坚持以国内同类型一流城市标准，优化完善城市规划体系，完成娄底城镇带规划报审报批工作。针对城市短板和生态破坏，开展中心城区“生态修复城市修补”专项规划编制工作；推进中心城区各类规划编制任务完成。贯彻落实市委政府七个“三年行动计划”，以改善环境、打造精品、优化形象为目标，组织编制孙水河涟水河综合治理工程方案设计、娄邵停运铁路利用工程方案设计，以及新星路景观形象提升工程方案设计；完成月塘街、乐坪西街、娄星北路、新星路、湘阳街、氐星路、扶青路、东贸街、娄星南路、孙水南路、早元街、桃圃路、丽春街、道塘街等近30条主次干道施工图设计。以“乡村振兴”战略实施为契机，制定《娄底市村镇规划导则》，规范村镇规划编制。督促指导娄星区杉（杉山镇）双（双江乡）城镇带；冷水江市禾青镇，涟源市杨市镇、桥头河镇，双峰县青（青树坪镇）三（三塘铺镇）甘（甘棠镇）城镇带、锁石镇，新化县琅塘镇、温塘镇等8个特色小镇开展村镇规划编制工作，举办全市首届“特色小镇·美丽乡村”规划编制管理培训班，特邀台湾知名专家洪达仁到娄底讲授特色小镇规划建设理论知识，介绍国内外经验。

【规划管理】2017年，娄底市规划局完善规划决策和实施模式，改革市规划委员会工作规则，实行“票决制”，采取无记名投票方式进行决策。全年组织召开规委会专题会议4次，审议26个重要规划编制事项。调整发展理念和思维，城市开发模式由点状向片区转变，土地出让由小地块向大地块转变，拆迁安置由宅基地向货币化安置转变；改革规划审批机制，推进内设机构改革，将分段条条式审批调整为分块式审批管理，对规划行政审批流程进行优化改革，实施科审、局审、市审三级审查，取消建设工程规划许可证“正副本”制度，合并总平图、规划方案审查和正本核发、规划条件核实，审批办理总时限由法定时限150个工作日提速到不超过50个工作日。全年审批建筑方案41个，用地选址32宗，核发建设用地规划许可证36个、建设工程规划许可证29个、建设工程竣工规划条件核实证明16个，完成民房审批962户，审批速度和质量稳步提升。

【规划执法】2017年，娄底市规划局起草《娄底市建成区违法建设“清零”行动方案》《娄底市违法建设专项治理工作考核办法》《娄底市违法建设专项治理工作联席会议和执法联动机制》《娄底市违法建设专项治理工作责任追究办法》及“零违建”报告制度等工作制度，对控违拆违责任、目标、工作方式、拆后管理、责任追究等方面，对控违拆违体制机制进行梳理，健全控违拆违长效机制。组织娄星区、经开区对娄底中心城区存量违法建设进行清查摸底，排查中心城区违法建设6269处、228万平方米，其中国有土地违法建设1920

处、110万平方米，娄星区集体土地违法建设1725处、51万平方米，经开区违法建设2624处、67万平方米；开展网格化巡查监管，强化在建项目事先防范、事中监管、事后核查力度，突出抓早、抓小，严密防范违法建设。娄星区出台史上最严考评办法，经开区细化考核奖惩措施，将责任下沉到街道（乡镇），推进属地管理责任全面落地。三个责任主体基本实现控违拆违工作全覆盖、违法建设“零新增”。针对重点区域一些影响城市形象、社会反响强烈历史“顽症”，推进吉星路、湘阳街、檀香路、清泉预留地、早元市场、富冲村以南违法建设、过期项目施工用房、公园广场违法建设、历史积案等违建拆除“四大攻坚战”，拆除新星北路、吉星路、甘桂路、高丰路、檀香路两侧、王家小区、氐星广场、八一橡胶厂等地一批违法建设，对影响创文管卫工作违法建设一律拆除到位。全年三个责任主体控制和拆除违法建设1000余处、40余万平方米，处置违法建设30余万平方米，控违拆违工作不断向前推进，成效提升明显，形势持续好转。

【规划服务】2017年，娄底市规划局推进测绘管理工作规范化、制度化建设，全年完成各类测绘项目195宗，技术实力和服务能力不断增强。市规划设计研究院完成甲级资质设计院年审工作，承办全省第五届城乡规划院院长论坛，规划编制能力得到业界认可。网络、数据、应用系统等基础信息资源得以整合，“智慧规划”建设工作基础夯实。帮扶对口扶贫村新修村级公路1.7千米，垃圾池15座，水塘10余口，新装路灯55盏，发展果林、龙虾养殖、稻田养鱼等特色农业1480亩；妥善处理群众来信来访1400余人次，受理信访事项142件，办结138件；完成人大代表建议和政协委员提案48件。（张承程）

住房公积金

【概况】2017年，娄底市住房公积金管理中心严格依法依规管理资金，严格执行服务工作规范。签订《文明服务责任状》，推行规范文明服务。完善住房公积金电子政务建设，基础数据和银行结算系统实现住建部贯标，开展网上政策咨询、个人查询、网上缴存和投诉举报等业务，开通住房公积金“12329”服务热线、短信平台、手机APP，公布各管理部业务电话，为缴存职工提供数据查询、业务咨询、政策建议等服务。缴存人员足不出户即可以随时了解住房公积金发展情况和自己账户信息。基础数据和银行结算系统实现住建部双贯标，提取实现“秒到账”，推行预约服务、延时服务、上门服务等举措，服务效率和服务质量提高，开展缴存职工“只跑一次，有事请找我”活动，新化县、冷水江市、涟源市银行、不动产部门已进驻服务大厅。垂直管理5个县（市、区）住房公积金管理工作，设有市直单位、钢城、娄星区、涟源市、冷水江市、双峰县、新化县7个管理部，综合科、计划财务科、归集提取科、信贷科、稽核监察科、法制科6个机关科室。有干部职工134人在职128人，退休6人，现有合同制大学本科毕业生45人。有合同制员工54名。

【归集资金突破20亿元】2017年，全市有17.31万人缴存住房公积金，正常缴存单位1768个。新增开户单位203个，新增缴存职工13457人。市直单位管理部新增5844人，娄星区管理部新增1078人，双峰县管理部新增1470人，涟源市管理部新增1995人，冷水江市管理部新增860人，新化县管理部新增1737人，钢城管理部新增473人。全市归集住房公积金200485.90万元，完成年计划111.38%，同比增加23792.11万元，增长13.47%。其中：市直单位管理部完成51546.28万元，为年计划100.87%，同比增加78.77万元，增长0.15%；娄星区管理部完成17307.47万元，为年计划116.16%，同比增加2852.63万元，增长19.73%；双峰县管理部完成23152.49万元，为年计划109.72%，同比增加3621.64万元，增长18.54%；涟源市管理部完成22749.85万元，为年计划107.82%，同比增加2605.41万元，增长12.93%；冷水江市管理部完成29909.47万元，为年计划114.60%，同比增加4066.53万元，增长15.74%；新化县管理部完成29947.07万元，为年划122.73%，同比增加7363.33万元，增长32.60%；钢城管理部完成25873.27万元，为年计划121.47%，同比增加3203.80万元，增长14.13%。全市住房公积金缴存总额达到1298295.37万元。市直单位管理部缴存总额343592.70万元，占26.46%；娄星区管理部缴存总额97905.08万元，占7.54%；双峰县管理部缴存总额124813.64万元，占9.61%；

涟源市管理部缴存总额133690.10万元，占10.30%；冷水江市管理部缴存总额211418.71万元，占16.28%；新化县管理部缴存总额140900.04万元，占10.85%；钢城管理部缴存总额245975.10万元，占18.95 %。归集余额达到645748.42万元，同比增加65572.58万元，增长11.30%。其中，市直归集余额为144984.51万元，占22.45%；钢城归集余额为109779.90万元，占17.00 %；娄星区归集余额为48060.35万元，占7.44 %；涟源市归集余额为74360.99万元，占11.52%；冷水江市归集余额为113582.17万元，占17.59 %；新化县归集余额为84582.22万元，占13.10 %；双峰县归集余额为70398.28万元，占10.90%。

【缴存比例增长】2017年，全市所有财政供养人员津补贴全额纳入缴存基数。严格控制在5%~12%范围内。冷水江市提高2个百分点，达到12%，成为全市首个缴存比例达到12%的县（市、区）；娄星区提高1个百分点、新化县、双峰县、涟源市提高2个百分点，均达到10%。涟钢集团提高2个百分点，达到12%。截至2017年年底，全市财政拨款单位职工缴存住房公积金基数和比例是：市直单位、冷水江市、娄星区、涟源市、双峰县、新化县分别是工资包含津补贴12%、12%、10%、10%、10%、10%。涟钢集团缴存比例为12%。

【提取维持平稳】2017年，全市提取住房公积金40632人次，提取金额134869.21万元，同比减少15606.55万元，减少10.37%，占全年归集额67.27%。其中，购建大修翻建自住房提取10294人次55726.22万元，占提取总额41.32%；离退休提取4685人次23132.90万元，占提取总额17.15%；对冲还贷提取18929人次47475.07万元，占提取总额35.20%。解除劳动合同及离开娄底市提取3349人次5107.47万元，占提取总额3.79%；房租、大病及家庭突发事件提取1584人次2590.78万元，占提取总额1.92%。至年底累计提取住房公积金205935笔652546.95万元，占住房公积金归集总额50.26%。

【贷款稳中有升】2017年，全市发放贷款5347户，贷款金额为153318.90万元，占年归集总额76.47%，同比增加15937.90万元，增长11.60%。其中：市直单位管理部完成1273户42379万元，同比增加5995万元，增长16.48%；娄星区管理部完成379户11974万元，同比减少872万元，同比减少6.79%；双峰县管理部完成947户23895.90万元，同比增加250.90万元，增长1.06%；涟源市管理部完成581户16453万元，同比增加1246万元，增长8.19%；冷水江市管理部完成746户20059万元，同比增加6203万元，增长44.77%；新化县管理部完成813户21423万元，同比减少1276万元，减少5.62%；钢城管理部完成608户17135万元，同比增加4391万元，增长34.46%。截至2017年12月底，累计发放个人住房贷款73173户999673.41万元，占归集总额77%。贷款余额为546085.69万元，占归集余额84.57%，同比增加86620.64万元，增长18.85%。通过提取和贷款，为房地产市场注入资金28.81亿元，为促进住房消费、全市房地产业去库存做出积极贡献。资金个贷比为84.57%，同比上升5.38个百分点，较年初目标超4.57个百分点。市直单位管理部个贷比为109.20%，同比增加7.73个百分点；娄星区管理部个贷比为102.88%，同比下降3.56个百分点；双峰县管理部个贷比为112.76%，同比增加4.38个百分点；涟源市管理部个贷比为84.37%，同比增加2.75个百分点；冷水江市管理部个贷比为59.19%，同比增加4.44个百分点；新化县管理部个贷比为74.47%，同比增加5.41个百分点；钢城管理部个贷比为60.11%，同比增加6.31个百分点。

【资金整体安全】2017年，娄底市住房公积金管理中心风险准备金余额达16382.57万元。全年回收个人贷款66698.26万元，同比减少1150.79万元，减少1.70%。个贷逾期率为0.03%，同比持平，逾期金额170.41万元，同比增加14.83万元，逾期笔数64笔。其中，市直单位管理部37笔123.02万元，逾期率为0.08%；钢城管理部零笔，逾期率为零；娄星区管理部零笔，逾期率为零；涟源市管理部10笔2.26万元，逾期率约为零；冷水江市管理部10笔13.63万元，逾期率为0.02 %；新化县管理部4笔30.93万元，逾期率为0.05%，双峰县管理部3笔0.57万元，逾期率约为零。完成增值收益8990.93万元，同比减少3560.14万元，减少28.37%，完成年计划的128.44%。

房地产监管

【概况】2017年，娄底市房地产管理局开展“解难题、促发展、保稳定”专项行动，落实娄政发〔2016〕8号文件，化解商品房去库存难题。全市完成房地产开发投资70.05亿元，同比下降24.6%；商品房施工1241万平方米，同比增长5.22%，商品房新开工270.5万平方米，同比增长6.71%；商品房竣工236万平方米，同比减少40.63%；全市商品房销售292.4万平方米，同比增长19.83%，平均去化周期减少至11个月；中心城区商品住宅均价3480元/平方米，同比增长2.36%。中心城区居民申请购房奖励13205余户，市财政发放奖补金额8000多万元；出台《加快培育和发展住房租赁市场暂行办法》《商品房去库存与易地扶贫搬迁安置相结合工作方案》等文件，助力房地产市场发展。全年协征房地产契税11389.1万元，比上年同期增长13.9%。完成新建商品房网签备案14020宗，完成预告预抵备案9618宗；办理二手房交易业务6662宗，办理抵押业务6420宗；出具测绘报告123份，测绘面积152.5万平方米；白蚁预防施药面积112万平方米，完成回访复查面积400万平方米，接收档案32620卷，接待社会各界档案利用者3万余人次，出具各类房产证明110174卷（次）；办理各类房屋租赁登记备案达4533笔，租赁备案注销登记825笔；完成230栋危旧房屋鉴定工作。

【住房保障】2017年，省下达娄底市保障性安居工程建设目标任务26603套，全市保障性安居工程建设开工10932套，开工率为41.09%；基本建成目标任务35281套，完成基本建成29899套；发放租赁补贴目标任务16702户，实际发放租赁补贴13527户，完成率为80.99%。政府投资和企业建设公租房分配目标任务10330套，实际新增公租房10692套分配入住，分配入住率103.5%。

【物业管理】2017年，市本级归集物业专项维修资金9538.2万元，完成前期物业管理招投标12个，物业管理用房备案4个，业主委员会备案19个；返回物业维修资金53个小区490.4万元；回复和处理物业和装饰装修咨询投诉120余起，满意率达到100%；在全省率先开展“智慧物业”试点，首批试点8个项目。2017年，市人大将《关于构建长效机制加强娄底物业管理的议案》列为2017年1号议案，交办市人民政府。经过2个多月调查、召开会议、征求意见，市人民政府出台《娄底市人民政府办公室关于进一步加强物业管理的通知》，对全市物业管理有序健康发展起到良好推动作用。

（李刚）

表55　　2017年度娄底市房地产管理局先进集体和先进个人一览表

获奖单位、先进个人	奖励名称	颁奖单位	颁发时间
易湘文	2017年度白蚁防治先进个人	中国物业管理协会白蚁防治专业委员会	2017年12月
市房地产管理局	住房保障成效明显单位	省住房和城乡建设厅	2018年2月

房地产开发

【概况】2017年，娄底市房地产开发管理办公室以“解难题、保稳定、促发展”专项行动工作为重点，以促进娄底市房地产业可持续发展为目标。坚持一月一分析、一季一通报及重点问题专题调研制度；每月利用房地产监管平台采集数据开展分析，及时了解和掌握市场动态，每季度组织统计、国土、银行、税务、房产等12个部门和单位召开联席会议，对房地产市场运行情况及发展趋势进行研判，按季发布《房地产市场运行情况报告》，引领投资和消费。针对房地产市场新常态，就涉稳、非法集资和建立长效机制等重点问题进行专题调研，撰写调研报告4篇，提交省住建厅和市政府，为上级机关和市政府决策提供依据。

【产业管理】2017年，全市房地产开发完成投资730503万元，施工1241万平方米，新开工面积270.52万平方米，竣工235.56万平方米，销售292.37万平方米，销售额1175307万元。其中住宅完成投资533972万元，施工940.75万平方米，新开工202.39万平方米，竣工195.78万平方米，销售257.47万平方米，销售额962784万元。商品房住宅库存控制到9个月以内，为7898名购房户办理不动产权证，税费清缴与企业抵押借款、拆迁人选购商品房作为安置房、房屋办证等同步推进，清缴入库税费3.61亿元。通过精准帮扶，中心城区有9个房地产项目已复工，对21个停工项目提出处理方案。

【日常服务】2017年，全市完成183家开发企业2016年信用评价工作，举办信用信息联络员培训；全年审核新成立开发企业10家，审核开发企业申报各类业务51件，参与8个项目联合竣工验收，监管项目资本金10笔，开展市场巡查28次，约谈企业4家，对全市26家开发企业房地产开发电子手册进行现场指导和核查，抽查13家开发企业和中介服务机构商品房销售价格管理情况；处理信访案件32起，到期结案率100%。全年办理住房货币补贴17人，补贴金额3.6万元；出具无房改房情况证明37人次，处理房改遗留问题信访投诉30人次。（康森）

环境保护

【概述】2017年，全市环境保护工作以改善全市生态环境质量为目标，以抓好中央环保督察交办问题整改为统揽，推进“天蓝水净地绿”三年行动计划，打好大气、水、土壤污染治理攻坚战。重点环保工作综合考评全省第一，生态环保工作受到省人民政府通报表彰，中心城区空气质量优良天气比率达到87.1%，空气质量改善幅度全省排名第一。13个地表水水质监测断面水质均达到或优于Ⅲ类标准，7个县级以上集中式饮用水水源地水质达标率为100%。

【环保督察】2017年，娄底市环境保护局按照中央环保督察相关工作要求，组建3个层次工作机构。4月25日，中央环保督察组进驻后，针对交办问题立查立改，坚持“一日一调度”，对其中较为突出6个方面问题实行市级领导挂点督办。督察组反馈意见后，把落实中央环保督察整改工作作为重大政治任务和重点民生工程来抓，以钉钉子精神抓好整改落实。建立协调保障、案件交办、联系督办、信息公开、资料移送和案件日报等制度，出台《环保问题整改落实工作奖励与问责实施方案》《公众举报环境违法行为奖励暂行办法》。中央环保督察期间交办245件信访件，年底已办结销号；督察组向湖南省反馈意见中交办娄底市9个整改问题，其中7个为全省共性问题，截至年底已完成5个问题整改，其中“资江锑污染”等4个问题也已完成年度目标任务。

【环境治理】2017年，娄底市环境保护局完成82个水、大气、土壤、重金属治理项目，基本建成7个工业园区污水处理厂，完成450个村农村环境综合整治任务，淘汰10蒸吨以下燃煤小锅炉85台181.75蒸吨，淘汰黄标车7525辆，关闭黏土砖厂306家、采石场200余家，取缔禁养区规模畜禽养殖场（户）892家。集中力量实施锡矿山地区环境综合治理工程，启动砷固废资源化无害化工程技术中心建设，完成1200吨/年炼锑铅渣综合回收利用等16个项目建设；实施涟钢周边环境综合治理工程，已完成搬迁区内所有房屋丈量登记工作。

【生态红线】2017年，娄底市环境保护局根据党中央、国务院“明确划定并严守生态保护红线，实现一条红线管控重要生态空间”要求和全省工作部署，编制完成《娄底市生态保护红线划定方案》，初步划定生态保护红线面积1766.45平方千米，占全市国土面积21.78%，已上报审核评估。（胡莹琦）

交通·通信·邮政

Transportation, Communications, Postal Service

◎交通运输
◎交通质监
◎道路运输管理
◎公路
◎农村公路管理处
◎水运
◎通信
◎邮政

交通运输

【概况】2017年,娄底市交通运输局贯彻落实党的十九大精神和交通强国战略,以"综合交通提升三年行动计划"为载体和抓手,开展"四讲四增"主题教育,推进基础设施建设,加强行业综合管理.全年累计完成交通固定资产投资41亿元,为年度计划38亿元的107.89%;完成公路客货运输总周转量1108282.27万吨千米,同比增长20.24%;邮政业务总量完成6.36亿元,同比增长43.10%。公路客货运输量和邮政业务总量增速全省排名第一;治理车辆超限超载被评为全省优秀等次;安全生产工作分别被省交通运输厅和市政府评为交通运输安全生产目标管理先进单位、安全生产优秀单位;道路运输安全"隐患清零"工作全省排名第四,受到省厅通报表扬;交通运输发展目标管理考核全省排名由第三层级上升到第二层级。

【交通基础建设】2017年,龙琅高速有序推进,益娄高速娄底段建成通车,新增高速公路通车里程8.7千米,市域形成"两横四纵"高速公路网。全年完成干线公路建设61千米,娄底大道建设稳步推进,各路段进展总体正常;冷水江市新城大桥建成通车;开展"四好农村路"建设,完成农村公路窄路加宽308千米、断头路边界路301千米、旅游资源产业路63千米、普通公路安防工程995千米、危桥改造33座、渡改桥3座,渡口连接线硬化34千米;完成省厅交通运输"十三五"发展规划中期评估工作与"十三五"规划干线公路项目前期工作。G60醴陵至娄底扩容工程已完成社会稳定性评估报告及调查工作,G59官庄至新化段完成初步设计批复,娄底大道自行车道及景观综合工程已批复工可,水府庙至曾国藩故居全域旅游景观道路项目已通过工可评估。

【城乡公交发展】2017年,省厅审批同意娄底作为"十三五"时期全面推进公交都市建设第一批创建城市,中心城区城乡公交一体化项目完成社会资本采购,中心城区新增50台纯电动空调公交车;信息化工程建设加快推进,中心城区公交一卡通工作完成,实现互连互通,"12328"电话系统联网运行;娄底高铁南站公交综合体范围内充电桩投入使用。省(市)际长途客运实名制工作通过省督查验收。

【质量安全监管】2017年,娄底市交通运输局铁腕推进"隐患清零"行动,开展以道路运输、水上交通、建设施工等领域为重点交通运输安全专项整治,检查生产经营场所近400家次、各类船舶137艘次、渡口码头95道、铁路专用线35条、专用道口30处,排查隐患472项,其中重大事故隐患37项;打击违法违规运输行为19起,查处危货运输车辆5台,停业整顿企业1家,降级汽车客运站1个,注销驾驶员从业资格1个,列入"黑名单"5人,刑拘1人,行政处罚162万元。开展干线、农村公路大桥项目施工、监理人员履约专项整治活动,全市交通安全生产形势总体稳定。

【运输保障服务】2017年,娄底市交通运输局完成重大节假日、重点时段运输保障任务,节假日国省干线和农村公路拥堵问题有效缓解。面对历史罕见洪涝灾害,全市交通运输系统主动作为,快速反应,取消休假,24小时值守。应急处置公路滑坡、垮塌579处,分流高铁站、火车站旅客近3000人次,没有发生旅客滞留现象;加固船锚299艘,协助当地政府处置挖砂船走锚事件7起,减少次生灾害损失。特别科学稳妥处置挖砂船走锚撞卡娄底大道新化老屋院资江大桥施工钢架便桥事件,得到专家认可。

表56　**2017年度娄底市交通运输局先进集体和先进个人一览表**

获奖单位、先进个人	奖励名称	颁奖单位	颁发时间
娄底市交通运输局	2017年全省车辆超限超载年度考核优秀	湖南省加强治理车辆超载超限办公室	2018年1月
娄底市交通运输局	2017年交通运输发展目标管理考核二等奖	湖南省综合交通运输工作领导小组	2018年1月
娄底市交通运输局	2017年交通运输安全生产目标管理先进单位	湖南省交通运输厅	2018年4月

交通质监

【概况】2017年，娄底市交通工程质量安全监督管理处受监干线公路项目31个，农村公路大桥2座，市公路局养护工程拆除重建大桥1座，总里程496.7千米，总投资513526.45万元；各所受监农村公路建设项目90个，受监里程236.91千米，渡改桥项目17个，做到交通建设项目监督工作全覆盖。全年组织受监项目质量安全综合检查4次，在建项目人员履约检查1次，监理、试验检测、安全保障体系专项检查各2次，交通安全设施建设质量回头看1次，农村公路质量安全综合检查2次，全年出动检查61次，对路面宽度、强度、厚度、桥梁混泥土强度、安保工程波形护栏厚度、立柱埋入深度等指标进行抽检，检测数据3241组，合格率达95%以上，全市干线公路和农村公路建设质量总体稳中有升，无一起施工安全责任事故。

【监督管理】2017年，娄底市交通工程质量安全监督管理处修订《娄底市交通运输局关于加强交通建设工程质量管理的实施办法》《娄底市公路水运工程安全监督管理办法》《娄底市交通工程质量安全行政处罚裁量基准》3个规范性文件；针对全市交通建设中工程质量和施工安全中存在问题，下发《关于加强钢筋保护层厚度和受力钢筋间距质量控制的通知》等4个质量安全监督管理文件，有效规范参建单位质量安全管理行为，完成S342双峰县青树坪至太平寺公路改建工程第一合同段施工招标工程量清单预算审查、冷水江市S342线（邵东简家垅—新化奉家）灾害防治工程施工图设计预算审查、新化县礼溪渡口渡改桥工程变更设计施工图设计预算审查、S334冷水江市井湾里至乙伍塘公路两阶段施工图设计预算审查、涟源伏口至漆树公路一阶段施工图设计预算及最高限价审查、新化县琅塘至天门公路工程两阶段施工图设计预算及最高限价审查、双峰洋荆渡改桥改建工程最高限价审查、双峰县城至洪山古塘公路（一期）一阶段施工图预算及最高限价审查、S238新化温塘至冷水江金湾公路改建工程（第一合同段）最高限价审查、S336娄星区双江至涟源七星公路一阶段施工图设计预算审查。累计完成审查投资149745.74万元，核减投资4621.39万元，核增投资187.49万元。

道路运输管理

【概况】2017年，娄底市道路运输管理处以“建平安品质运管，办人民满意交通”为目标，以推进“放管服”为主线，引领娄底道路运输新发展，实现运输服务新提升。全市站场建设计划投资41356万元，实际投资42231万元，超额完成投资875万元，建设三级以上客货运输站场6个、物流园6个、车站提质改造项目2个、招呼站200个，完成2018—2020年（客运站、物流园区）项目建设计划申报工作。城乡客运统筹发展。完成娄底中心城区公交车变更途经线路和延伸批复，做好蛇形山镇、水洞底镇行政区划调整后客运管理工作。推进“四好农村路”建设和城乡公交一体化工作，入选交通运输部“十三五”期间公交都市创建城市工作，全市乡镇和建制村通客车率分别达100%和99.3%，农村“出行难”得到有效解决。推进“绿色交通”建设，严格落实节能减排政策，全市淘汰黄标车及老旧车营运车辆2500余台。依托全省道路运输管理信息系统，实现对全市驾培、维修、客运、货运、站场、出租车等子行业日常管理、许可、执法、信用考核以及实时监管，确保道路运输行业数据无缝交换与共享。实行“计时培训、按学时收费、先学后付”培训模式改革，覆盖率达到全省确定标准。从5月1日起，全市省际、市际纸质包车客运标志牌实行网上备案管理。开展全市道路运输行业三级协同信息技术应用，推进行政审批制度改革和“只跑一次”政务服务改革，对1138台县际及以上道路旅客运输、危险货物运输营运车辆进行审验。全年受理4957件，办结率100%，处运政服务中心被评为全市政务服务“优秀窗口”。执行物价收费管理规定项目和标准，收取非税收入165万元；全年受理投诉和群众来电1666起，回复率达100%，满意率在98%以上，为群众挽回经济损失6万余元。开展全市道路运输安全“隐患清零”行动，“隐患清零”工作在全省14个市州中排名第四。自9月20日起，全市11个长途客运站全面实施长途客运实名制工作，省交通运输厅、省公安厅联合督查检查组对娄底给予肯定；获全省道路运输安全监督目标管理工作先进单位、娄底市抗洪救灾先进集体、市直非税收入执收工作优秀单位、市直单位预算支出绩效管理工作优秀单位等多项荣誉称号。6月底7月初，娄底市遭遇特大洪灾，落实应急客运车辆30台，出动应急运输客车55台次，疏散转运娄底火车站和高铁南站滞留旅客2000多人次。

【安全监管】2017年，娄底市道路运输管理处履行“三关一监督”监管职责，完善“一岗双责”安全监管制度，强化企业安全生产主体责任及行业监管责任。落实分级分片包干责任制，开展“隐患清零”行动及“安全生产月”“安全大讲堂”系列活动。组织对司乘人员安全教育培训190多次，9000多名从业人员进行安全承诺。对全市客运企业、危货运输企业、三级以上汽车客运站进行安全生产绩效考核。对5个县(市、区)“两客一危”企业和二级以上汽车站进行检查，整改隐患118起。约谈5家企业和北斗终端服务平台商，注销危货运输企业2家，停运整顿车辆43台，行政处罚338.15万元。对超速驾驶、疲劳驾驶等违法违章行为和违反凌晨2点至5点停运规定2名从业人员列入“黑名单”。清零行动以来，省交通运输厅先后2次交办全市道路运输安全隐患清单18项、2391个“两客一危”车辆违法违章情况明显下降；连续7年无较大以上责任事故，全市道路运输“隐患清零”工作跨入全省先进行列。

【行业改革】2017年，娄底市道路运输管理处建立市、县、企业三级责任体系，健全应急管理机制，完善重要信息和重大事件报告制度。组织完成全市道路运输行业维稳工作调研，做好出租车改革遗留问题上访人员息访工作。稳妥推进出租车行业改革，有1家网约出租车公司通过行政许可，还有2家网约出租车公司进入行政许可工作流程。全市道路运输行业没有因运输管理工作原因而引发停运、非法上访等大规模不稳定事件。

【依法治运】2017年，娄底市道路运输管理处以监管服务标准化为手段，实施规范管理，坚持“依法治运”。加强运政执法队伍建设，组织处机关执法人员开展法治培训活动，参加普法学习考试及省交通运输厅、省运管局和市交通运输局组织执法培训,参训率达100%。对全市道路运输行政执法文书制作进行规范,办理行政复议案件17起，督促企业及时处理营运车辆违章违法行为2100余条。开展“两客一危”车辆技术状况实车查验工作，查验营运客车2210台次、危货车辆391台次。对达不到技术要求和超过危货运输车辆使用年限、未年审48台车辆进行公告注销，新增危货运输车辆51台；对疑似异地经营30多台危货运输车辆进行逐车核实；开展“打非治违”专项整治行动，参与安监部门和市局牵头联合执法行动20余次，查处违法运输医疗废弃物、液化气、甲醇等违法车辆30余台，罚款10余万元，移交案件3起。全市查处违法运输车辆1858台、套用出租车标志标牌车辆124台。

【精准扶贫】2017年，娄底市道路运输管理处对口扶贫村为双峰县走马街镇大源村。通过科学制定规划，严格精准识别，完善基础设施等举措，使大源村帮扶工作在较短时间内跃上完成原计划9户21人脱贫任务，硬化300米进村公路，建设村民安全饮用水工程，对流经该村主要灌溉河道500米进行硬化和提质改造。按要求完成涟源市斗笠山镇托里村17户45人脱贫任务。

公路

【概况】2017年，娄底市公路管理局以办人民满意公路为目标，强化发展保障，完善路网结构，提升服务品质，公路工作目标管理考核排名稳居全省第一方阵，干线公路建设、公路养护、综合服务等单项工作获全省公路系统“红旗单位”称号，安全生产、综治维稳等多项工作被评为全市先进。全市公路系统创建省级文明单位2个、市级文明单位7个、全国交通运输系统文明单位1个、先进集体1个、全国交通运输行业文明示范窗口1个；冷水江市公路局养路工阳英桃被省公路局评为“最美公路人”，娄星区公路局刘雄飞等多人获全省“十佳”表彰。全市完成投资7.0996亿元，新增通车项目6个总里程101.6千米，新开工项目4个74.5千米，干线公路建设目标考核排名全省第一。

【日常养护】2017年，娄底市公路管理局推进养护运行机制改革，通过政府购买服务，选择满足专业要求物业公司承接国省干线日常养护，实现日常养护物业化管理；完善市、县、站三级公路巡查机制，开展雨季劳动竞赛和水沟畅通、路面平整、路面防水、路容美化“4个专项月”活动，实施路基排水障碍清零行动，加强国省干线重点路段养护管理，注重预防性养护与精细化养护相结合；全市普通国省干线优良路率达83.02%。以全市天蓝、水净地绿3年行动开展为契机，在S209线娄星段和G207线涟源段实施全方位立体绿化试点并初见成效。在养护工程中成功试用钢筋砼桥面超黏超薄快速修复、高黏超微喷涂面层、超黏超薄应力吸收层3项新技术。在S312线新化青峰桥上安装自主研发桥面智能融冰系统（属全国首创），在2017年1月底冰雪天气中得到检验。全年完成国省干线大中修工程和灾毁恢复重建任务40.935千米，完成灾害防治工程12.252千米；日常养护检查和年度考核都排名全省第一；危桥改造、安保设施建设等年度考核位列全省前列。

【路政管理】2017年，娄底市公路管理局开展全市路政治超执法人员准军事化管理轮训，对重点环节和重点岗位廉政防控力度，全面接受社会监督。自主研发“公路行政执法在线学习考试系统”（属于全省公路系统首创），提升路政人员执法水平。以路域环境建设为抓手，将路域环境整治与创建全国文明城市、全市综合交通提升3年行动计划结合起来，先后组织开展违法棚屋、非公路标牌、堵塞公路水沟3个专项治理行动；全年查处涉路违法案件150起，拆除非公路标志993处，制止、拆除违法建筑物、构筑物及临时棚屋41处，清理被堵水沟24处，整顿公路沿线违法摊点757个，清理违法占用公路堆物放料635处。

【公路治超】2017年，娄底市公路管理局保持治超严管重罚高压态势，全年检测货运车辆108.5万台次，查处2996台次，卸载货物39598吨，站点超载率稳控在0.3%以内。开通治超工作重大问题直接向书记、市长汇报“治超工作直通车”，提请市政府印发《关于进一步整治违法超限运输行为的通告》等一系列规范性文件，实施治超工作“市长交办令”限期整改到位。创新治超“非现场执法”新模式，通过从高速公路收费站调取货运车辆过磅检测数据，固定违法超限证据，在全省率先对超限车辆实施非现场处罚。对违法超限超载运输车辆，按“查司机、追车主、纠改装、治源头”流程，开启最严治超处罚流程。全年有20余家采石场因运输车辆超限超载受到停供火工产品处理，30名驾驶员因多次超限超载被吊销从业资格证，拆除货运车辆非法加装千斤顶500多个。

【安全生产】2017年，娄底市公路管理局按需保障安全经费，配备包括无人机在内现代化装备，依托公路信息化监控系统实行安全工作全天候监管，发现隐患及时清零。落实桥梁安全运行“十项制度”，改造危桥1座，定期检测国省干线公路桥梁106座；完成安防工程151.2千米，处置事故多发易发路段安全隐患4处62.5千米；对国省干线公路安保设施“清零行动”成果进行回访，对各管养线路进行全面排查，建立台账，限期整治安全隐患700余处；依托公路应急管理中心，推进应急抢险救援体系建设，充实应急、养护、路政、服务“四位一体”中心养护站职能，完善“中心养护站+养护道班+服务区”应急物资储备体系，开展应急演练；全年实现国省干线公路零责任事故目标。

【精准扶贫】2017年，娄底市公路管理局对接帮扶双峰县甘棠镇湖禧冲村，投入专项扶贫资金40余万元，协调项目资金近200万元，对湖禧冲村实施特色产业扶贫、易地扶贫搬迁、通组公路硬化、农村电网改造、人畜饮水改善、村庄清洁、光伏发电等扶贫项目，整村于2017年年底实现脱贫摘帽。

（王威涛）

表 57　　2017 年度娄底市公路管理局先进集体和先进个人一览表

获奖单位、先进个人	奖励名称	颁奖单位	颁发时间
娄底市公路管理局	全省公路工作目标管理红旗单位	湖南省公路管理局	2018 年 2 月
娄底市公路管理局	全省干线公路建设目标管理红旗单位	湖南省公路管理局	2018 年 2 月
娄底市公路管理局	全省养护目标管理红旗单位	湖南省公路管理局	2018 年 2 月
娄底市公路管理局	全省综合服务目标管理红旗单位	湖南省公路管理局	2018 年 2 月
娄底市公路管理局	全省公路路政目标管理优秀单位	湖南省公路管理局	2018 年 2 月
娄底市公路管理局	全省公路安全生产目标管理优胜单位	湖南省公路管理局	2018 年 2 月
双峰县公路局金鸡中心养护站	全省“十佳养护站”	湖南省公路管理局	2018 年 2 月
阳英桃	最美公路人	湖南省公路管理局	2017 年 10 月
刘雄飞	全省“十佳公路局长”	湖南省公路管理局	2018 年 2 月
彭黄松	全省“十佳养路工”	湖南省公路管理局	2018 年 2 月
高红宁	全省“十佳路政执法人员”	湖南省公路管理局	2018 年 2 月

农村公路管理处

【概况】2017 年，娄底市农村公路管理处以建管养工作为中心，加强农路监管，落实养护责任，完善体制机制。按照省人民政府下达娄底市农村公路建设提质改造目标任务 754 千米，完成投资 67657 万元。普通公路安保工程目标任务是 980 千米，完成投资 13178 万元。全市完成农村公路建设 754 千米，为目标任务 100%，完成投资 67657 万元。完成农村公路安保工程 980 千米，为目标任务 100%，完成投资 13178 万元，全市农村公路列养率达到 100%。完成省政府下达各项目标任务，建立市、县两级农村公路基础数据库和安全隐患台账，收集整理农村公路管理养护档案卡(县道和乡道)、水毁抢修档案、桥梁安全检查记录、公路安全隐患排查整治记录、公路养护质量检查记录、路政管理档案、文件档案等，推动农村公路管理养护信息化建设。

【路政管理】2017 年，娄底市农村公路管理处通过开展路政宣传、路政巡查与查处路政违法案件，加强路政管理工作。全年各县(市、区)路政人员平均上路巡查达 210 天以上，发现和制止各类违法建筑 23 余处，查处路政违法案件 195 起，结案 192 起，结案率达 98%；收取路产赔(补)偿费和罚款 40.84 万元。各县市区全年进行 2 次以上大规模路障清除行动，清除路障 2356 处棚、无新建违法建筑，指路牌、警示标志、桥标志齐全，拆除临时摊位、厂棚 26 处，清除非公路标志 39 块。所有重要县乡道做到无路障、无马路市场、无非公路标志、无临时厂房宅路分家；开展“平安交通”、安全“隐患清零”、“安全生产月”和“道路交通安全大排查大管控大整治”等专项行动；完善安全生产管理制度，强化安全生产责任落实，加大隐患排查整治力度，夯实安全生产基础工作，提升公路安全管理水平，实现全市农村公路安全生产零事故零死亡奋斗目标。全市排查大小安全隐患 660

余处，整改 580 处，其余 80 处正在整改，隐患整改率达 87%以上，投入整改资金 860 万元。

【农路养护】2017 年，娄底市农村公路管理处在各县市区创建“群众性养护”示范乡镇，有娄星区石井镇、双峰县沙塘乡、涟源市白马镇、冷水江市锡矿山街道办事处、新化县维山乡。全市农村公路列养率达到 100%，县道优良率达到 75.9%，乡道优良率达到 74.8%，村道优良率达到 73.9%，PQI 中等路以上比例达 88.8%，实现对全市 1732 座桥梁常年养护，县道、乡道上 100%桥梁、村道上 100%中桥及以上桥梁落实“三个一”责任牌和限载标志牌。全年完成小修保养和清灌缝 122 千米；完成大中修里程 98.8 千米，创建 18 条线路 113 千米，达省标要求。全市多方筹集农村公路管理养护资金，改善农村公路养护工程及配套设施建设，完成 63 条线路 658 千米农村公路绿化任务，植树 68000 株，绿化率达 85.3%；全市完成省交通运输厅下达危桥改造计划 33 座和渡改桥项目 4 座目标任务。

水　运

【概况】2017 年，娄底境内资、涟两水系有通航河流 14 条、8 座有船水库，通航里程 326 千米，其中资水干流航道 111 千米（筱溪、苏溪），为Ⅵ级；涟水干流航道 41 千米（涟钢大桥—双峰江口），为Ⅶ级；渡口 208 道。全市登记在册船舶 571 艘，运力 13 万余吨（其中，常年在外港参运货船 80 余艘，运力约 10 万吨），客位 7935 个。全年本港完成货运量 555.46 万吨、货物周转量 138320.78 万吨千米、水路客运量 51 万人。

【执法服务】2017 年，娄底市地方海事局围绕水上交通安全监管工作中心，全面履责，辖区水上交通连续 16 年保持零事故、零死亡“双零”安全记录。市船检机构通过交通运输部合格审核，执行船舶建造检验 5 艘、营运检验 433 艘、107687 总吨、6230 客位、40584 千瓦、117251 载重吨。全年执行各类船舶登记 271 艘次，全市有 127 艘新造标准化渡船全部依法执行登记；在新化县首次组织开展娄底二、三类船员适任培训考试，通过考试注册船员 45 人、驾驶与轮机适任船员 54 人。市政务中心海事窗口办结行政审批事项 105 件，办结率 100%。根据中央有关文件精神，为减轻企业和个人负担，促进实体经济发展，从 4 月起停征所有水路交通规费。全市成立水上客运公司 7 家，比 2016 年增加 5 家，各县市都有 1 家以上从事水上客运民营公司。“河长制”工作全面推进，全年实施 400 总吨以上货船加装生活污水处理装置 11 艘，国省补助专项资金 40 万元；拆解老旧客渡船舶 9 艘、老旧货船 6 艘，国省补助专项资金 163 万元；为全市所有客、渡船重新配置垃圾桶和废油收集盘（桶）；对娄星区湘江一级支流涟水及其支流孙水饮用水取水口均设置永久性船舶禁航防污警示标牌。6 月下旬至 7 月初，市、县海事部门出动应急抢险人员 820 余人次、车船 120 余次，全力以赴投入辖区抗洪抢险第一线履职。省交通运输厅于 12 月 7 日首次在涟源湄江主办“湖南省 2017 年交通运输应急搜救演练”，市、县交通、海事认真组织参演队员、船舶、直升机、消防及救护车辆等，完成“水陆空”立体应急搜救演练。

【水运基础设施建设】2017 年，娄底市地方海事局投入专项资金 430 余万元，完成省政府“一号工程”湘江流域水运污染防治第一个“三年行动计划”中涟水（湘江支流）娄底市本级 30 米防污海事工作趸船、25 米级海巡艇及防污工作码头项目建设，均已通过竣工验收并投入使用。投入专项资金 160 万元，对全市已改建渡口码头全部配套实施连接道路硬化，解决渡口标准化改造“最后一公里”问题。全年投入航道养护专项资金 170 余万元，完成全市干线航道碍航滩险疏浚及抢通保畅 10 处，设置航标 180 余座，确保辖区航道安全畅通。（李朝华）

表 58　**2017 年湖南省娄底市地方海事局先进集体和先进个人一览表**

获奖单位、先进个人	奖励名称	颁奖单位	颁发时间
娄底市地方海事局	2017 年全省水上交通安全管理目标考核先进单位	湖南省水运管理局	2018 年 2 月

通　信

电信股份有限公司娄底分公司

【概况】2017 年，中国电信股份有限公司娄底分公司贯彻落实集团、省公司战略部署，聚焦“1128”发展目标和“6+3”重点工作，精心谋划实施宽带、移动和新兴业务三大格局战，实现企业预算目标全面完成、内外部市场份额提升、转型创新目标达标、员工收入同步增长目标，业绩考核获湖南电信达标单位。下辖新化、涟源、冷水江、双峰四个县级分公司，有员工 1268 人。固定资产总值达 19.2 亿元。

【网络建设】2017 年，中国电信股份有限公司娄底分公司娄底 IP 城域网出口扩容 200G，总出口达 520G。FTTH 新增 4.8 万个端口，用户平均测速带宽从 50.22M 提升至 78.33M，打造“极速下载、真 4K 体验、高清流畅”等极致体验为目标宽带精品网；开通 C+L 双模基站 102 个，C 网基站 54 个；开通 LTE 800M 基站 428 个，全网开通 NB-Iot，支撑物联网业务拓展，“网页秒开、视频流畅、手游瞬杀”智能连接型生态业务圈已构成；新增娄底 iTV 出口带宽 60G，用户观看质优率从年初 91.32%提升到 98.8%，“大视频”运营支撑保障体系及用户感知保障系统搭建完成。

【客户服务】2017 年，中国电信股份有限公司娄底分公司从 5 月 1 日起，光网宽带 /iTV“六项服务承诺”实施范围从城区扩大到全市农村区域，全市光网宽带服务时效和服务质量有新飞跃。响应国家号召，从 9 月 1 日起，全面取消手机国内长途和漫游费，践行国有企业责任。

【关电退网】2017 年，中国电信股份有限公司娄底分公司提前一个月成功完成关电退网，成为全省第一个完成汇接局退网关电本地网。至此，娄底城西、中心两大汇接局正式退出历史舞台，也标志着娄底电信分公司网络转型完成，步入全 IP 化新时代。此次汇接局退网关电工程，历时 11 个月，累计割接 87 个 2M 电路，大客户中继电路 63 条，迁转用户 9.8 万余户，腾空 18 个机架，每年预计节约电费 8.4 万元。同时，腾空机房将打造娄底市范围内最大云大数据机房，以推进本地“大数据”和“互联网 + 产业”战略落地。

【异业联盟】2017 年，中国电信股份有限公司娄底分公司与娄底联通在全市范围内联合开展全网通手机“假一赔十”举牌徒步宣传活动。400 余人组成 14 支队伍，覆盖市区人流街道、商圈及主要市场及集中小区，规模超前“全城举牌，全城沸腾”徒步宣传活动让全网通品牌深入人心。　（卿星星）

中国移动通信集团湖南有限公司娄底分公司

【概况】2017 年，中国移动通信集团湖南有限公司娄底分公司以“谋发展、促转型、精管理、重效益、补短板”为出发点，坚持稳中求进、好中求快，深入实施“大连接”战略，聚焦价值增长。通过“全国文明单位”复审，蝉联“全国文明单位”。全年净增通话客户 9.73 万多户，净增份额 65.64%，全市移动用户总数达到 170 多万户，期末通话客户份额 61.5%，期末客户份额排名从全省第 11 位跃升到第 8 位；完成通信服务收入 13.04 亿多元，实现利润 2.54 亿元；净增 4G 客户 26.4 万户，净增宽带客户 9.67 万户，魔百和用户数达 15 万户；流量客户普及率 84.66%，手机上网累计户均流量 1011M B，市场经营综合评估排全省第 2 位。净利润率 22.64%，EVA 率 26.73%；加强“差旅费、招待费、会议费”管理，会议费同比下降 7.53%、业务招待费同比下降 19.6%；开展萨班斯法案遵循测试，有序开展专项审计、跟踪审计、经济责任审计；扎实推进嵌入式廉洁风险防控体系建设，梳理出 18 个业务领域 305 个风险点；完成巡视整改 57 项，并通过验收；强化安全生产，全年整改安全隐患 400 多处。

【网络覆盖】2017 年，中国移动通信集团湖南有限公司娄底分公司立足于“强能力、提质量、优感知”，打造精品网络。全年建设开通 4G 基站 640 个、NB_IOT（窄带物联网）基站 479 个；建设城市 / 行政村有线宽带小区 903 个、端口 11.8 万个，布放光缆 267.千米，新建管道 271 千米，行政村光纤通达率达 62%；LTE 路测覆盖率稳定 99%，下载速率维持在 40Mbps 以上，LTE 室分 MR 弱覆盖小区数量占比由 2016 年年底 6.68%降至 3.04%，高速公路综合覆盖率达 96.4%，高校 MR 覆盖率提升至 98.97%，农村 MR 覆盖率达 92.59%。

【业务运营】2017 年，中国移动通信集团湖南有限公司娄底分公司开展“I 家”行动,率先提出城区“188”及农村“224”装维服务标准,装移机满意度由84%提升至98%;强化弱光ONU整治,弱光ONU占比由2016年10.41%下降至4.09%;集客专线支撑能力显著提升,全年新建专线4048条,规模相当于2016年3.6倍,完成11个综合业务区466个微网格优化,平均专线开通时长缩短至4.5天,专线开通及时率100%,AB类单位厚覆盖100%。

【客户满意度】2017年,中国移动通信集团湖南有限公司娄底分公司以客户满意度和工信部“两条红线”指标为抓手,突显客户服务差异,提升服务质量和客户感知。全年客户满意度领先值为11.71%,移动客户NPS领先值为47.05%,家庭宽带客户满意度为83.86%,集团专线客户满意度为96.58%,四五星级客户满意度为91.99%,星级服务NPS为75.63%,百万用户申诉率、百万用户不明扣费申诉率控制在合理范围内,各项指标均达省公司考核标准。

中国联通娄底分公司

【概况】2017年,娄底联通以“客户信赖智慧生活创造者”为愿景,以建设“更快、更广、更好”移动宽带领先网为目标,着力提升网络服务能力和网络服务质量,牢记“联通世界,创享美好智慧生活”使命,服务近100万用户,从2G时代,到3G、4G时代,始终坚持以用户感知为中心,年上缴税收近1500万元。获“2016届湖南省文明标兵单位”称号。

【网络建设】2017年,娄底联通拥有移动电话基站数量达4900余个,移动电话交换容量达到126万户,达到100%乡镇镇区网络覆盖,打造一张无处不在、感知领先移动网络,为4G时代高速互联体验奠定坚实网络基础。宽带网络建设实施光纤到户,FTTH项目覆盖已到77%,实现全娄底光网覆盖。完成营收4.5亿元,较成立之初增长近4亿元,缴纳营业税金及附加税近100万元,增值税764.2万元。已形成市、县、乡(镇)3级管理模式,全市一级网点550余家,形成服务更到位、可持续性发展渠道服务网络。

【手机秘书】2017年,娄底联通通过信息化手段助力全市政协会议会务工作,让委员们实时获取会务指南,“手机秘书”服务成为会议新亮点,为委员们提供“手机秘书”服务,通过“个性化”短信推送,一对一精准高效地为其服务。开启娄底市政协“互联网+”会议模式先河,真正实现“无纸化”会议,不仅节约会议成本,而且减轻会务人员工作量,提高工作效率,获得市政协和参会委员一致好评。

【事故网络保障】2017年,娄底联通做好涟源市祖保煤矿爆炸事故网络保障工作。启动应急预案,成立省市联合应急通信保障指挥小组;率先达到事发矿区现场,完成周边基站扩容和参数调整;与省公司联动,出动应急通信车1台和工程抢修保障车辆5台,布放应急光缆、扩容基站及传输板件,率先开通网络。网络保障期间,矿区周边基站业务量是平时5倍,网络接通率99.98%,下载速度超过50Mbps,通话畅通、上网流畅,有效保障事故现场人员聚焦区域联通网络顺畅。

中国铁塔股份有限公司娄底市分公司

【概况】娄底铁塔下辖娄星、涟源、双峰、冷水江、新化5个区域,公司主要经营铁塔建设、维护、运营,基站机房、电源、空调配套设施和室内分布系统建设、维护、运营及机站设备维护。2017年,围绕“效益、服务”两条主线,坚持服务行业发展,牢固树立共享理念,加快创新发展,提升专业化能力,营造良好环境,促进提质增效。通过动环性能整治、故障调度管理、定期巡检管控、维护整治等方式提升整体设备运营状态,通过组织代维人员技能培训、岗位现场比武、建立代维片区负责人考核机制等方式提升维护人员整体素质和负责人管控能力,完成1676个站点、7个室分项目、7个微站建设;长昆高铁覆盖项目承建123个、娄邵铁路覆盖项目承建47个;实现“100%客户响应,100%服务保障”;维护部经理张琳荣获“中国铁塔劳动模范”称号。（朱春华）

邮　政

【概况】2017年,娄底市邮政管理局围绕“安全发展和规范经营”主题,推动行业整体标准化管理,坚持以规模总量、服务质量、受益群众增量“三量齐升”

为目标,壮大行业发展规模,夯实发展基础,提升服务实力,全市邮政业发展呈现高位增长且健康有序良好态势。

【经济指标】2017 年,全年全市邮政业务总量完成 57507.86 万元,同比增长 46.25%,高出全省平均增幅 12.38 个百分点,增速居全省第一;业务收入完成 47977.29 万元,同比增长 27.36%,高出全省平均增幅 2.54 个百分点,增速居全省第二。其中快递业务量完成 1368.52 万件,同比增长 38.81%,高出全省平均增幅 17 个百分点,增速居全省第一;快递业务收入完成 16547.83 万元,同比增长 26.20%,高出全省平均增幅 1.04 个百分点,增速居全省第三。引进韵达、顺丰、申通、天天、中通、汇通、圆通等 24 个快递品牌,发展快递许可及分支机构 78 家,全市邮政、快递寄递网点达 476 个,从业人员达 4500 余人,日均服务 20 万人 / 次。全市有邮政普遍服务营业场所 100 处,其中,城市网点 15 个,农村网点 85 个;设投递段道 190 条,邮件处理场所 88 处,通邮行政村 1936 个,通邮率 100%;设置有邮筒(箱)116 个,智能包裹柜 73 组、邮政报刊亭 53 处、村邮站 571 个,三农服务站 60 处,便民服务站 2520 处(2017 年新增 554 处)。综合服务平台有 1194 个点,服务网络遍及城乡、深入村镇,邮政业消费者申诉处理满意率达到 100%。

【政策支撑】2017 年,娄底市邮政管理局把争取政府支持行业发展作为工作重中之重,全年攻克 4 个规范性文件难关。在全省率先与发改部门联合发布《娄底市邮政业发展“十三五”规划》(娄发改规划〔2016〕441 号),在宏观层面为“快递 +”模式提供政策保障;推动《关于促进娄底快递业健康发展实施意见》落地落实。按照职能职责,明确 28 个部门责任归属。出台“快递 + 电商 + 农产品”扶持政策:一是对入驻电商产业园,面积在 2000 平方米以上建设区域集中分拣、分拨、安检、集装等流程于一体物流快递分拨中心,市财政在专项资金中一次性补助 20 万元;建设冷冻冷藏库使用面积 1000 平方米以上物流快递企业。二是对在末端及村级综合服务平台设立物流快递网点,站点经成功验收登记后,市财政在专项资金中给予每个站点首次 4000 元建设补助,站点持续运行一年后给予每个站点 1000 元运营补助。在全省率先出台《娄底市市本级城市邮快件配送车辆管理暂行办法》(娄政发办〔2017〕40 号)。明确对邮快件配送车辆实施动态管理,针对配送车辆进入停车收费路段和收费停车场、通过禁停路段实施配送作业以及交通事故处理等情况提出相应便利政策,化解运管部门以三轮车“非法营运邮快件”为名处罚惯例,为邮快件配送车辆“最后一公里”通行难问题提供根本解决途径。全市城区近 700 辆配送车辆现已实施“三统一”管理,700 多名驾驶员均培训合格后上岗,整体风貌焕然一新。

【网点布局】2017 年,娄底市邮政管理局按照国家邮政局七项民生实事工程重要部署及省邮政管理局民生实事重点工程方略,有力推进快递下乡、末端寄递、社区综合服务平台等民生实事工程建设,开办快递专营网点 138 个,全市 71 个乡镇,实现快递网点全覆盖。全市完成智能包裹柜和快件箱 73 组,为 65 个社区(商区、机关、企业)完善寄递末端投递网络。中通、邮政、580 等试点设立城市综合服务网点 5 个,百世快递总部已批准将娄底列为全国 10 个社区综合服务试点城市之一。全市有城区快递网点 238 个达到标准化,业务量大乡镇网点已逐步实现标准化,全市网点标准化率在 90%以上,中心城区快递配送车辆统一外观标识率达到 100%。为 31 个社区,8 个商区,5 个机关企业,2 个校园,46 个区域完善末端服务,其中 4 个是设立快递服务网点,42 个是以智能快件箱或邮政包裹柜形式提供服务,全市 3 所高校已 100%设立快递服务网点。制定《关于开展邮件快件“不着地、不抛件”专项整治活动方案》,结合“三进工程”禁止末端投递摆地摊行为,要求快递网点配备货架、周转箱等将待投待发包裹全部上架,要求分拨中心逐步配备传送带,有条件配备过桥机、笼车、托盘等,通过分拣设备升级换代实现分拣和装卸等环节无缝隙对接,确保快件不落地。解救娄底天天、双峰安能因内部债务纠纷引发 3061 件快件被扣押事件。

【转型升级】2017 年,娄底市邮政管理局助推行业转型升级,主动融入地方经济发展。依托自身主渠道,推进本地农产品进城、工业品出娄。建成电商服务站达 2520 个,成功运作新化县白溪豆腐乳、豆腐干、金秋梨、冷水江市译山葡萄、涟源市杨家镇土鸡蛋、双峰县辣酱、腊肉、腌制品等线上销售农特产品120余种品牌，累计销售额达2290万元，助力精准扶贫。加强与市商粮局以及有关单位工作沟通联系，促进邮政业与电子商务深度融合，打造“一市一品”培育快递+示范项目，每日通过邮政、快递等寄递渠道寄出辣酱达2000件以上；白溪豆腐项目从业人员4000余人，大小作坊95家，年产值2亿元，通过邮政、快递渠道出货量日均达到1000件以上；冷水江市休闲麻辣食品和麻花项目，全年销售收入突破3000万元，通过寄递渠道麻辣食品日出货量在3000件以上，麻花在5000件以上，寄递与电商融合收效明显。

【邮政投递】2017年，娄底市邮政管理局加强邮政普遍服务监督管理，全年开展邮政普服网点日常检查、各类专项检查206点次，参与检查502人次，依法向邮政企业下发责令改正通知书3份，收到整改回复3份，对延误投递邮件进行通报2起，敦促企业内部经济处罚6000元。通过约谈整改、严肃处理，提升邮政企业依法履行普遍服务意识和自觉性。落实国家局、省局关于执法检查“双随机一公开”工作要求，率先在全省范围内应用“双随机一公开”开展各项检查。每季度定时向邮政企业通报全市邮政普遍服务监管运行情况；以组织培训、上网公示等形式向邮政企业宣传撤销提供邮政普遍服务邮政营业场所、停止办理或者限制办理邮政普遍服务业务审批规定必备条件，督促企业严守“两条红线”。受理办结网点恢复办理业务备案1起，集邮市场销售备案2次。组织县市邮政公司100余人学习新《邮政普遍服务》标准，牵头组织娄邵怀片区社会监督员培训，详细阐述新旧标准对比，利用下县检查时机于邮筒（箱）随机投放寄往全局及指定接收点平信165封。经统计，最终有效回收154封，法定时限内到达149封。实现全域党报党刊投递邮车直达，在普邮和快包大幅增量情况下，对党报党刊实行单独投递、优先投递，确保市直城区中央级党报当日11点前投递完毕；县（市）局委办运输党报上午12点前投递完毕，其他长沙邮车运输党报当天下午投送完毕。清理规范末端快递网点51个，关停不符合条件网点5个，检查邮政、快递网点25处，报刊亭11处，邮（快）件分拣处理中心6处，向监管企业传达违禁书籍目录16批次，口径传达345人次，扫打成效显著，被评为2017年度省级“扫黄打非”先进集体。定期到市邮政分公司和各县市分公司开展安全生产专项检查，全年开展安全生产专项检查20点次。

【市场监管】2017年，娄底市邮政管理局实施“双随机一公开”，将随机选择与重点检查快递企业相结合，实现执法有计划、处罚有汇报。全年计检查网点301个，出检987人次，下发整改通知书34份，约谈企业10次，立案查处企业38家，罚款金额计62000元。其中查处设立分支机构未备案情况1起、安全设备不达标2起、未按要求进行安全生产培训30起、未制定突发事件专项预案5起。按省邮政管理局要求督促全市快递企业配置安检机35台，市级快递品牌基本上全部配备安检机，县级主要品牌已独立配备安检机，日出件量少品牌就近联合安检形式，实现出口包裹在出县（市）前100%过机安检。与国安、公安联合印制《关于推行邮件快件实名收寄信息系统的通告》，与市公安局联合制定“邮寄物品安全提示”牌，统一印制实名登记本，发挥协会行业自律责任，确保各快递企业在揽收快件时做到100%开箱验视、100%实名收寄、面单信息100%规范准确，为企业印制安检制度台账500本。印发《关于落实全市寄递渠道安全管理联动机制强化属地安全管理的通知》（娄公发〔2017〕33号），明确县级治安大队负责寄递渠道安全工作，充实寄递安全县级监管力量，发现可疑物快件形成报告制度，协助侦破案件2起。与烟草部门联合下发《关于联合打击非法寄递烟草制品的工作意见》，在查处假冒走私卷烟方面建立联合机制，协助查案50余起；受理邮政、顺丰、中通、全峰等品牌注册末端网点20个，开展分级评选检查工作，确定绿色企业9家，蓝色企业50家，红色企业4家。日常工作中对红色企业增加检查频次，约谈企业负责人12人/次，推进企业改善安全生产条件。已完成市内圆通、韵达、中通等主要品牌联网试点工作，实现所有网点监控联网。

商贸·旅游

Business and Tourism

◎商务粮食
◎投资事务促进
◎贸促会
◎电商协会
◎石油销售
◎供销合作
◎烟草专卖
◎盐业
◎旅游

商务粮食

【概况】2017年，娄底市商务粮食局实施“创新引领、开放崛起”和“招大引强”战略，招项目、增投资，调结构、扩总量，提品质、促转型，强基础、保安全，各项经济指标实现保位进位。全年全市实际利用外资4.62亿美元，完成年度计划（省年度计划，下同）106.5%，增长16.1%，排省第五位（增幅，下同）；内联引资606亿元，增长17.6%，其中省外境内264.8亿元，完成年度计划105.1%，增长16.8%，排省第5位。实现进出口总额81.8亿美元，完成年度计划126.4%，增长37.6%，排省第八位。新增“走出去”企业6家，境外投资1430万美元，实现合同额11577万美元，劳务输出3996人，对外承包工程和劳务合作完成营业额12331.8万美元，完成年度计划119.3%，增长31.2%，排省第七位。社会消费品零售总额537.4亿元，完成年度计划99.3%，增长10.8%，排省第三位。商业实现税收12.9亿元，占比国税22.2%，增长24.3%。粮食收购、储备、轮换完成目标任务，粮油深加工总产值36.64亿元，增长54%。获“全省商务工作先进单位”“湖南省商务执法先进单位”等称号。

【招商引资】2017年，全市瞄准钢铁及薄板深加工、精细电子陶瓷、装配式建筑、新能源新材料、不锈钢、互联网等产业，锁定重点区域及目标企业，精准招商。娄底经开区打造装配式建筑产业基地，万宝新区发展“互联网+”、总部经济等“两型”产业，冷水江打造“中国鲁尔”，娄星工业集中区打造新材料循环经济产业园，涟源市依托三一集团打造高端制造产业园、新化县打造电子陶瓷、文印产业园、双峰县设立首家县级“湖南双峰台资工业园”，园区产业集群初步形成。由行业主管部门组队，抽调专门人员，安排专门经费，组建市经信委、市发改委、市商务粮食局等11支招商引资小分队服务全市招商大局，引进项目54个，总投资212亿元，实际到位资金42亿元。宜和集团、颐高集团、格林美、中民筑友、陌陌科技、中钰资本、葛洲坝等知名企业投资娄底，全年新签约项目103个，签约金额637.3亿元，其中投资10亿元以上项目15个，投资30亿元以上项目4个，投资超50亿元以上项目2个。世界500强、中国500强、民营500强项目10个，最具代表的是投资30亿元华润风电娄星项目、投资20亿元碧桂园城市综合体二期项目、投资70亿元华菱涟钢薄板深加工产业园项目、三一集团投资30亿元长沙路机设备制造项目和利和集团投资10亿元宁邦城市广场等项目。全市在册招商引资项目实现税收29.97亿元，占全市地方财政收入43%；引进总部企业105家，实现税收4.25亿元，中心城区65家。最具代表性是北京陌陌科技有限公司网络直播部分业务落户万宝新区，中钰资本、葛洲坝等项目落户娄底经开区、娄星工业集中区。娄底经开区建立电力科技总部经济产业园和湘中物流园总部经济产业园。

【开放型经济】2017年，市直部门首次全部纳入发展开放型经济年度目标管理考核范围，利用外资、进出口两项指标首次纳入政府重点指标调度范围。在全省市州中率先出台《娄底市关于实施开放崛起建设开放强市的意见》《娄底市招商引资若干政策规定》，制定《娄底市开放型经济发展考核办法》《娄底市招商引资专项工作考核办法》《娄底市重点产业小分队招商引资实施办法》《娄底市关于促进外贸外经和口岸发展的若干措施》等配套政策，构建开放强市“1+X”政策支撑体系。市财政预算每年安排开放型经济专项资金2000多万元，用于招商引资、承接产业转移、发展电子商务与互联网创客经济、拓展对外贸易和促进对外经济合作。首次将外经合作指标列入发展开放型经济考核范畴，首次将对外投资、境外承包工程、外派劳务等纳入外经贸政策资金支持范围。引进浩通、中南神剑等5家外贸综合服务中心并实现运营，新增外贸业绩5000万美元；建成公共保税仓并获得长沙海关行政许可，待验收后运营；完成娄底铁路口岸综合办公大楼、海关通关作业区、检验检疫查验区，海关监管区等项目，开展出口食品农产品质量安全示范区创建并下达目标任务，争取2018年涟源市成功创成首个示范区。冷水江利用亲情招商引进皮草协会，新增出口业绩约4亿元。全市“破零”企业46家，倍增企业21家。大丰和电动汽车、金朋科技国际有限公司走进香港市场，伍星生物在印度进行动物软骨及杂碎加工，包金山矿业在肯尼亚进行金矿开采，优鼎优进出口公司在坦桑尼亚进行箱包、五金、农副产品加工和贸易，创业投资集团在香港成立投资公司，湖南湘江电力建设集团境外承包高空高压电缆工程，完成营业额2338万元。全市依托双峰、新化两家外派劳务平台优势，全年输送劳务人员3996人。全市9家农机企业赴泰国、老挝、越南三国对接企业 160 多家，举办三场农业机械推介会，劲松机械小型米机现场签订 2500 台销售协议。

【内贸流通】2017 年，娄底市商务粮食局以“优商品、通商路、减商负、立商信”为着力点，促进消费需求扩大和消费升级。引导天虹、步步高等传统实体零售企业运用网络平台、移动终端、社交媒体开展全渠道营销，促进线上线下融合发展，带动消费升级。电子商务交易额突破 80 亿元，新化县、涟源市获批成为“全国电子商务进农村综合示范县”，分别获得项目资金 2000 多万元。湘村黑猪、新化水酒、永丰辣酱、青树坪淮山等娄底一批名优特产品参展 2017 中国食品餐饮博览会，“湘村黑猪”获“消费者最喜爱食品品牌”，娄底餐饮团队获 1 个“特金奖”和“金奖”，在武陵片区餐饮茶文化竞赛中娄底总分排全国第二，获“优秀组织奖”。武陵片区餐饮茶文化竞赛中，娄底特色餐饮参赛选手荣获特色烹调第一名，十大名菜获得三大、总分全国第二的优异成绩；出台《娄底市促进电子商务等互联网经济加快发展若干措施》，每年安排专项资金 300 万元用于支持和引导电子商务等互联网经济发展；完成电子商务企业认定 21 家，新化、涟源成功获评“全国电子商务进农村综合示范县”，湖南麻辣魔方食品科技公司等 2 家企业获批年度湖南省电子商务示范企业，娄底市湖湘溪砚有限公司等 7 家企业获省电子商务重点培育和支持项目，获国家、省支持资金 4240 万元。建立乡村电商服务站 1800 个，全年累计实现电子商务交易额 80.6 亿元，网络农产品销售额 7.8 亿元。五江碧桂园城市广场等一批城市综合体建成营业，富田桥豆腐、永丰辣酱入选湖南老字号，“农友及图”商标被国家工商行政管理总局商标局认定为驰名商标，湘土味庄餐饮管理有限公司被认定为湖南省著名商标。开展城区废品回收点清理整治、再生资源回收行业等专项整治行动，督促沃尔玛、新华联等商超推进两型商务试点项目建设，新增注册企业 1835 家，新增登记服务机构 163 家，排全省第一位。

【商贸物流】2017 年，娄底市商务粮食局落实市委、市政府“项目建设大比拼”活动，为项目单位排忧解难，出谋划策，重点项目投资进度和项目形象进度均超额完成年度计划，被评为市直牵头责任优秀单位。引进中国供销和诚通物流两大物流企业，构建两大特色物流园区，入列国家二级物流园区布局城市和全国流通节点城市。出台《关于引导支持中心城区零担物流企业进入物流园区发展政策措施的意见》；湘中国际物流园零担门面招商率 100%，签约品牌包括苏宁物流、德邦物流、京东物流云仓、百世快运、恒邦物流等知名物流品牌 32 家。仓储招商率 98.3%，签约湘恒板材、华星电器、箭牌卫浴、中国移动、迅达集团等 45 家品牌客户。物流园区分拨中心、公共配送中心、末端配送点三级配送网络布局合理，培育建设一批具有整合资源功能城市配送综合信息服务平台。实施《商贸物流标准化专项行动计划》。

【市场监管】2017 年，娄底市商务粮食局强化监管，优化样本结构，调整 14 家监测样本企业，涉及批发、零售、餐饮、住宿等十二大类、600 种消费品和九大类、200 多种生产资料，覆盖市直重点流通企业和 5 个县(市、区)。确定 113 家地方粮食应急供应网点、25 家应急加工企业、12 家应急配送中心、11 家粮食应急储运企业开展粮油市场价格测报。对全市农贸市场洪涝灾害情况摸底，向省商务厅争取农贸市场洪灾救助 255 万元。娄底市活禽交易市场建成正式营业。抽检汽、柴油 252 批次，对 38 批次不合格成品油进行依法处罚，市本级查出案件 3 起，罚款 3 万元；开展马路市场联合整治行动，取缔马路市场 4 个。构建“有信可查、守信激励、失信必究、市场规范”商务粮食信用体系。开展各项督查、调查、检查 251 次，出动人员 1047 人次，检查各类粮食企业 506 户次。粮食库存检查专项行动核查库点 19 个，进入仓廒 80 处，测量 64 仓，占全部 126 个存粮仓廒 51%；“大、快、严”集中整治行动市级抽查库点 17 处，整改问题 46 个。

【粮食安全】2017 年，娄底市商务粮食局牵头组织粮食安全考核工作。完成省、市、县地方储备粮油轮换任务 60804 吨，全市收购新粮 10.5 万吨。落实军地联合监督检查机制，完善军粮应急保障体系，确保军粮供应安全。聚焦供给侧结构性改革，推进“优质粮油工程”，双峰县获批全国“优质粮油工程”行动示范县，获国家财政引导资金 1800 万元。灯塔米业万福香大米、卓越粮油“龚卓越”牌米粉获第十五届中国国际粮油产品及设备技术展示交易会金奖。全市 2 万吨油菜籽深加工项目、日产 30 吨放心米粉生产线建设项目等一批项目建成投产。全市 6 家国有粮食储备库进入首批试点，按纵横 8 千米间距采集稻谷样品 128 份、玉米 25 份；冷水江市 1.5 万吨新仓建设项目竣工投入使用，争取中央财政资金补贴223万元；引导实施日处理稻谷150吨生产线改扩建升级项目、鸿运粮油日产50吨精米生产线改造项目、卓越粮油年产20万吨精米深加工项目。

【创文管卫】2017年，娄底市商务粮食局作为全市创建全国文明城市市场环境建设组、巩固国家卫生城市农贸市场管理组牵头单位，对标对表负责职责范围内创文管卫工作。组织农贸市场、商场超市等创文管卫会议近30次，对农贸市场及大型商超创文管卫宣传进行查缺补漏，制作公益宣传广告栏（匾、牌）等100多块，对两大城市综合体、三大超市进行对标督查、对标整改，对2个农贸市场活禽宰杀区进行达标改造，改造门店32个，排查问题常态化制度化，发现问题立即下达交办函整改，聚焦问题10多个方面、下达整改书60多份，开展为期40天和100天占道经营集中整治各1次。

【湘博会】2017年，娄底市商务粮食局作为市政府主要工作部门负责筹办第八届“湘博会”，展会布展面积25000平方米，标准展位1500个，有498家海内外企业、34家境外采购商、30家省外采购商、146家市外省内采购商参展参会。签约项目65个，增长51.2%，总投资476.7亿元，增长112.9%；贸易合同167个，增长22.8%，贸易额38.94亿元，增长44.2%。第八届“湘博会”同往届相比，主题更加鲜明，活动更加丰富，惠民更加空前，成果更加丰硕，运作更加规范，组织更加严密。（邓杰）

表59　**2017年度市商务粮食局先进集体和先进个人一览表**

获奖单位、先进个人	奖励名称	颁奖单位	颁发时间
娄底市商务粮食局	全省商务工作先进单位	省商务厅	2018年1月
娄底市商务粮食局	电商扶贫专项优秀	省商务厅	2018年4月
市商务综合执法支队	商务行政执法优秀队伍	省商务厅	2017年12月

投资事务促进

【概况】2017年，娄底市投资促进事务局全面贯彻落实市委经济工作会议精神，紧扣“开放强市”目标。全年接待客商90批次，接待客人1530余人；全市内联引资到位资金606亿元，同比增长17.7%，完成目标任务104.8%，实际利用外资4.69亿美元，同比增长17.8%，完成年计划108.1%；引进总部企业105家，实现税收4.25亿元，其中中心城区65家；全年在谈招商引资项目109个，新签约项目103个，签约金额637.3亿元，其中，投资10亿元以上项目15个，投资30亿元以上项目4个，投资超50亿元以上项目2个。

【管理创新】2017年，娄底市投资促进事务局出台《娄底市招商引资若干政策规定（试行）》《娄底市发展开放型经济考核办法（试行）》《娄底市招商引资工作专项考核办法（试行）》《娄底市重点产业小分队招商引资实施办法（试行）》及发展总部经济政策文件；编辑出版《2017年全市重点招商项目册》《娄底市招商引资政策文件汇编》《娄底投资指南》；成立12支专业招商小分队；成立娄底市总部经济实施工作领导小组，全市出台发展总部经济政策文件3个，创立重大项目推进机制，重大项目由市级领导挂帅督办。

【精准招商】2017年，娄底市投资促进事务局围绕板材深加工及汽车零部件产业链、新能源及储能产业链、先进陶瓷产业链、生物医药健康产业链、互联网信息产业链、现代农机产业链、装配式建筑产业链招商；引进投资60亿元卓达装配式建筑产业园项目，投资20亿元北京定荣家科技有限公司装配式建筑项目，投资5亿元三一住宅项目，打造成全省最大装配建筑产业基地；引进北京陌陌科技有限公司投资6亿元建设娄底陌陌项目，浙江颐高集团投资5亿元兴建颐高大数据中心等“互联网+项目”；围绕装备制造产业及新材料产业，先后引进益坤工程机械园、手机高端防静电材料等项目；市文广新局招商小分队与香港颐和集团对接，开展娄底足球城项目招商，并引进恒大集团着力打造足球小镇；市发改委、市经信委小分队在新能源领域引进光伏发电项目；市农业委招商小分队从江西、山东引进种、养项目；市商粮局招商小分队引进物流建设项目；市住建局招商小分队力促政府 PPP 项目；市卫计委、市旅游外事侨务局、市科技局等招商小分队均在各自领域积极开展招商活动。依托娄底异地商会，广泛接触娄商，进行亲情乡情招商。市发改委招商小分队联络中国物流董事长梁伟华，在引进中国物流投资诚通物流项目后，又在娄底高新区投资兴建物流项目；娄星籍客商付冬文在万宝新区投资 F2C 项目（顺德造）；市政协招商小分队联系娄商，引进投资 1.5 亿元玻璃胶项目。全年开展大型招商活动 6 次，签约项目 103 个，签约金额 637.3 亿元。其中 4 月由市委副书记、市长杨懿文率全市代表团参加 2017 年湖南（香港）投资贸易洽谈周活动，签约省市级项目 23 个，引进资金 198.5 亿元；9 月，以“智能制造，湘品出湘”为主题第八届“湘博会”签约招商引资项目 65 个，总投资 476.7 亿元，其中世界 500 强、国内 500 强项目 4 个，签订贸易合同 167 个，贸易额 38.94 亿元；11 月 22 日，娄底市委副书记、市长杨懿文率团参加第八届湘商大会，有 35 位娄底籍企业家代表参会，8 个项目在现场签约落户娄底，总投资 41.2 亿元。

【投资服务】2017 年，娄底市投资促进事务局开展招商引资项目企业全程代办服务。为香港利和集团全程代办工商注册，打造集信息公开、项目发布、政策宣传、娄商联络于一体招商网络信息平台，发布最新版娄底形象宣传片和娄底投资指南、招商项目书；创建“娄底投资促进”微信公众平台。在各新闻媒体发布信息 196 条，其中商务部网站 1 条、红网 1 条、省商务厅网站 8 条、娄底新闻网 7 条、市商粮网 26 条、局公众号 153 条，获年度全市商务粮食系统信息宣传工作优秀单位。（王忽晴）

贸促会

【概况】2017 年，中国国际贸易促进委员会娄底支会、中国国际商会娄底商会（简称市贸促会）主动盘活国际资源，组织 45 家以农机和电子陶瓷为主企业，分 9 批次、130 余人参加印度、柬埔寨、越南、老挝、泰国、印尼、美国、墨西哥、巴拿马、古巴、芬兰、德国等“一带一路”国家和中国香港、台湾地区经贸交流、展览、推介活动，签订外贸合同 2700 万美元；其中农友农机销往柬埔寨烘干设备 200 套，双峰农机与印度、越南、印尼合作成效非常显著，农机外贸总额在以上国家达到 3000 万美元。味菇坊与芬兰企业合作在北欧湖南农业产业园投资 3000 万欧元兴建蘑菇生产基地。五星生物软骨素提取项目继在印度北方邦投资 500 万美元建立初加工基地后，又在印度南部海德拉巴征地 60 亩，投资 1000 万美元再建一处软骨素提取基地。全年引进国、境外客商 40 余人次，其中包括印度和越南农机采购团 5 批次 30 余人次到双峰采购农机产品；澳大利亚客商 2 批次 5 人次考察湖南英越船舶；台湾、香港地区客商 2 批次、10 余人到新化、涟源等地考察洽谈优质农产品销往中国香港、台湾地区事宜。双峰客商朱文清与台湾客商投资 200 万美元在娄星工业集中区注册娄底恒泰顺皮具有限公司，为美国、意大利、法国等加工手袋，年加工贸易额 500 万美元。

【服务国际经贸】2017 年，娄底市贸促会主动服务企业，牵头对全市 80 多家开放型企业进行走访调研，了解企业需求，为企业排忧解难，撰写《以品牌建设为抓手，强力推进“娄品出境”》调研论文发表在 9 月 27 日《娄底日报》上。聘请两名精通国际法律师坐镇，为走出去企业提供法律咨询服务。为企业产品出口办理原产地证明，全年出证 200 余份；组织国际经贸知识培训，为企业培养外贸人才。8 月，邀请海关、商检及外贸服务公司专家和金牌讲师授课，举办外贸知识培训班，参训企业 100 余家，娄底市发展开放型经济领导小组副组长王雄到会作动员讲话。引进跨境电商“宜选网”进驻娄底；农友机械、长江电子、渠江薄片等企业已与“宜选网”开展实质性合作。促成双峰和新化贸促会投资数万元编辑双峰农机产品和新化电子陶瓷产品中英文目录，为两大特色产品走向国际市场提供便利。

【构建国际平台】2017 年，娄底市贸促会在芬兰、德国、泰国、越南、印度尼西亚等国家和中国台湾地区建立娄底市国际商会代表处，并在印度、非洲东部和南部联盟等国家和中国台湾地区建立娄底市国际商会驻外代表处，为企业“走出去”打造国际服务平台。

【打造会展品牌】2017 年，娄底市贸促会主动作为，积极协调国家、省贸促会将“湘博会”纳入国家贸促会专业展会范围，已得到国家贸促会认可；主动配合办好“湘博会”。通过促成省贸促会作为“湘博会”

承办单位之一参与第八届“湘博会”承办，安排近50万元资金组织贸促系统50个展位特装展。邀请包括中联部原副部长、印度问题专家艾平、湖南省人民政府副省长何报翔、印度广州总领事唐施恩、中印商务理事会秘书长萨奇夫等中印政要和客商200余人参加2017年中国（湖南）—印度经贸合作论坛等系列活动。撰写《关于我市承办“湘博会”现状调查及调整办展思路的建议》调研报告，得到分管市长肯定。

【招商引资】2017年，娄底市贸促会实施招商引资一把手工程，成立以会长为组长招商引资、招大引强领导小组，安排一名中层骨干专门负责该项工作。为湖南娄底响莲实业发展有限公司引资3亿元，已到位1000万元；引进台湾客商与双峰客商朱文清合作，投资200万美元在娄星工业集中区注册公司。

（谢建胜）

表60　2017年度娄底市贸促会先进集体和先进个人一览表

获奖单位、先进个人	奖励名称	颁奖单位	颁发时间
中国国际贸易促进委员会娄底支会	湖南省贸促系统先进单位	中国国际贸易促进委员会湖南省分会	2018年2月

电商协会

【概况】2017年，娄底市电子商务协会换届。娄底市文正湖生态农业科技有限公司总经理李享当选为会长，资深电子商务人士王建明为执行会长，深圳原汁味农文化有限公司总经理米久亮为秘书长。该协会成立于20014年3月，系由从事电子商务企事业单位按照自愿平等原则组成，经娄底市民政局注册登记、具独立法人资格非营利性行业组织。其英文全称LouDi Electronic Commerce Association，缩写为LDECA。主管是娄底市商务粮食局，业务指导为娄底市经济和信息化委员会。现有会员单位60余家，设有贸易、制造业、移动电子商务、物流与信息、电子支付5个专业委员会。

【主要业务】2017年，娄底市电子商务协会以“服务、自律、代表、协调”为宗旨。通过服务企业、规范行业、发展产业，来促进娄底市电子商务快速、健康发展。在政府和企业之间架起一座桥梁，及时把政府政策、法规、指令和行业导向传达给会员单位，把会员单位和行业诉求上报政府，协助政府部门作出正确产业决策。包括技术交流、咨询培训、中介服务、举办会展、出版资料、承接政府购买服务和其他事项。具体为是组织行业宣传与推广活动、开展行业内统计和相关研究、组织对行业现状调研和发展动态分析、建立行业自律信用体系、承接政府相关项目以及参与组织研究制定与电子商务有关行业标准。开展行业内技术和信息交流，组织会展和论坛，提供咨询和培训，组织专业委员会，开展专业领域研究和专家指导服务，受理网上客户投诉，开展行业服务质量监督等。

【工作重点】2017年，娄底市电子商务协会通过对接会员需求，把服务会员放在首位。组织会员单位开展“产业对接”活动，为会员单位提供信息沟通对接、业务推介对接、商务寻找对接、技术交流对接专题活动，搭建会员单位互动平台，促进会员单位共享共赢发展；协调会员单位企业与政府间、企业与企业间、企业与顾客间关系，回应会员单位诉求，解决纠纷和矛盾，指导和帮助会员单位解决发展中困难和问题；依靠行业专家库资源和统计信息优势，为企业提供各类技术咨询和介绍服务。举办论坛、研讨会、交流会、专题报告会和座谈会等，为企业搭建产业信息、技术交流、形象展示和行业间联系平台，帮助企业及时、准确掌握政府相关政策，提升会员企业技术创新能力。

【标准制定】2017年，娄底市电子商务协会参与娄底电子商务环境健康发展标准制定、项目承接和组织会员企业参加合作互动活动，为农友股份等会员企业拓展海内外市场提供商机。通过参加政府组织各类活动、座谈、专题汇报会等，组织会员参与、汇报行业发展状况、反应企业诉求，对娄底电子商务现状、特点和发展趋势提出意见和建议；参与娄底电子商务公平公正服务环境建设，倡导“诚信、公平”电子商务理念和氛围，推进电子商务企业信用评价体系、服务评价体系建设，重视行业自律、依法规范经营，组织会员企业开展诚信专题培训和教育活动，助力娄底市电子商务企业健康快速发展。

【自身建设】2017年，娄底市电子商务协会按照市政府和市商务粮食局要求，完善娄底市中小企业服务平台建设，为中小电商企业提供协会活动信息、行业信息、企业资源信息、企业发展案例等；定期专题研究专委会工作，定期组织专业论坛、体验活动、行业峰会，开展各专委会之间沟通与合作，提升专业能力。与有关院校和培训中心等合作，举办电商职业技能培训和电子商务职业技能竞赛，参与娄底市电子商务高技能人才培养基地建设，为培训电商企业高技能人才和高技能职业鉴定打好基础。

（彭祖菊）

石油销售

【概况】2017年，中国石化销售有限公司湖南娄底石油分公司按照“突出质量效益，注重精心经营，坚持改革创新，从严从紧管理”经营管理思路，履行国有成品油销售企业社会责任，开展“碧水蓝天工程”“三项制度改革”、扶贫帮困等工作。实现经营总量34.9万吨，上缴税收3080万元。在全省系统“比学赶帮超”活动中，获在营率、安全设备管理2面年度红旗，5面季度先进红旗，6面月度先进红旗，7面争光红旗，获省公司“创投石化公司筹建”“网点建设”单项奖。

【市场经营】2017年，中国石化销售有限公司湖南娄底石油分公司围绕“巩固市场占有，提高市场控制能力”目标，加强客户走访维护，提升优质服务。成品油零售开展“天天优价”活动，以92号汽油为突破口，吸引并锁定汽油消费群体，单站当日增幅高达121%，对汽油稳量增量及广告宣传起到促推作用。开展“会员日”活动，每月15日针对加油卡个人用户开展充值换购活动；开展加油卡“五进”（进社区、4S店、厂矿、企业、机关）活动80余场次，新增私家车集团客户121家；推广柴油联名卡，锁定柴油客户；开展“他有我营”，与新化炉观大桥加油站联营；开展“油非双增长”“赢客百千万”“奋战100天”等销售竞赛活动，并配合打非治违，净化成品油市场。非油品业务发展迅速，通过跨界营销与步步高、娄底邮政等公司合作，开拓非油营销渠道；通过竞标获得安邵高速梅城、蔡锷服务区超市经营权，开启全省系统租赁服务区超市之先河；有在营油库1座，在营加油站80座，在营便利店83座。

【内部管理】2017年，中国石化娄底石油分公司开展“从严管理年”活动，加大从严管理、隐患治理、油品数质量管理、资产和财务管理力度。开展违纪违规专项整治，开除员工41人，免职站长8名。获评2017年度安全生产工作优秀单位。双涟油库被省公司评委HSSE管理先进油库。安全科被省公司评为安全先进科室。张家湾加油站7S标准化建设在全省评比中获得第一名，代表湖南公司参加销售公司举办区域联动、“双百讨论”会。实行问题闭环管理，全年开展远程督查320次，处罚270人次。完成营运资金系统和普通发票系统上线工作，普通发票系统与管控、海信、加油卡系统实时对接，依据实际交易流水打印发票，有效控制虚开发票。

【网点建设】2017年，中国石化娄底石油分公司创新思路和模式，与娄底市创业投资集团有限公司合作成立娄底市创投石化有限责任公司，拥有娄底市城区“十二五”“十三五”规划加油站19座。与冷水江市政府谈判确定诚意加油站拆迁补偿方案。投资1亿多元新建投营加油站1座（新化连接线站），整体改造2座（双峰永丰站、五里牌站），综合改造加油站48座，完成双涟油库下装改造，优化全市油气储运供应网络。

【企业改革】2017年，中国石化娄底石油分公司深化机构改革，出台《娄底石油分公司三项制度改革实施方案》《关于基层机构设置、职数配置及机关、库站人员定编定岗的通知》《关于下达娄底石油分公司2017年岗位薪酬系数的通知》《娄底石油分公司县公司、直属零售公司2017年职能改革方案》等一系列三项制度改革人事制度和文件，机关职能部门由12个减少到9个，完成优化用工目标101人。制定《娄底石油分公司2017年中层干部述职竞聘工作方案》，推动干部能上能下，公司副科级以上干部（不含联营单位）由原来29人减少到22人。制定《娄底石油分公司2017年加油站（自营自管）站长竞聘方案》，采取双向选择方式开展全区目标加油站站长竞聘工作，调整站长35人次，新聘站长6人，落选站长3人。完善《娄底石油分公司县公司领导班子绩效考核办法》《娄底石油分公司客户经理绩效考核办法》《娄底石油分公司加油站绩效考核管理办法》《娄底石油分公司加油站站长绩效考核管理办法》《娄底石油分公司双涟油库及油库主任绩效考核和薪酬兑现办法》等一系列考核办法，促进库站经营质量和管理水平提升。

【企业文化】2017年，中国石化娄底石油分公司通过明晰岗位职责、开展竞赛比武、丰富员工业余文化生活等，提升队伍凝聚力和战斗力。对加油站进行职业技能鉴定，确定初级工6人，中级工11人，高级工10人，技师3人，高级技师1人。有初级工263人，中级工187人，高级工38人，技师14人，高级技师5人。开展“走千家，访万户”活动，走访慰问困难职工200余人次，发放慰问金10万余元，看望因工因病住院职工8人次。耐心细致地做好团购房项目上访员工工作，确保企业生产经营正常开展；开展精准扶贫，定点联系新化县田坪镇南石村，派驻村帮扶人员2名，中层以上干部每人结对帮扶贫困户3~4户，组织集中走访慰问贫困户4次，投入扶贫资金12万余元，帮助解决村级小学饮水、医疗保险、垃圾处理等问题。

供销合作

【概况】2017年，娄底市供销社顺应农业农村发展新形势新要求，推进供销合作社综合改革，创新经营体制和服务机制，强化基层组织，加快合作经济组织发展，以服务规模化推进农业现代化、提升为农服务水平。全市供销社系统全年完成总销售71.42亿元，比上年增长17.68%，实现利润总额8817万元，同比增长6.89%。

【综合改革】2017年，娄底市供销社出台深化供销社综合改革《实施意见》及《实施方案》，构建综合改革工作大格局。贯彻深化供销合作社综合改革全国电视电话会议和全省推进会精神，召开全市深化供销合作社综合改革推进会，副书记何文君作重要讲话，提出在农业供给侧结构性改革中更好地发挥供销合作社独特优势和作用新改革理念、改革方式和改革重点。以“推动农村产业融合发展”为题向全国总社申报娄底市深化供销合作社综合改革专项试点意向项目；按照《湖南省供销合作总社综合改革试点经验复制推广工作方案》（湘供合字〔2017〕45号）安排，在5个县市区供销社各选择2条试点经验进行复制推广；重点推进完善供销社基层组织和惠农服务网络建设，通过服务“三农”示范带动，促进社会资本参与供销社事业发展；涟源市入围全省供销社惠农综合服务工程示范县建设笼子。向各县（市、区）领导小组发文，交办八大类24项综合改革任务，并实施考核。

【社有企业】2017年，娄底市供销社成立“资产管理公司”。涟源市供销社以祥兴农林科技、盛达农业、天柱山禽业、锦地养殖等29家具一定规模和产业带动力强入社加盟企业为龙头，助推特色产业健康发展。重点培育优质稻、油茶、特色水果、蔬菜、茶叶等种植业和黑牛、黑猪、黑山羊等畜禽养殖，通过创新完善农产品购销网络体系发展壮大社有企业。支持一批成长性好、发展前景广企业，如涟源市盛达农业服务有限公司、冷水江市景宜果业股份有限公司、湖南省水府庙农林科技有限公司、新化县绿源农林科技有限公司等。全市发展社有企业56家，资产总值达27.1亿元，供销社全额控股社有企业10家，控股51%以上企业10家，供销社参股35%以上企业14家，开放办社企业22家。年销售总额过亿元企业8家。创“国家级龙头企业”1家，“省部级龙头企业”10家。发展乡镇基层社72家、村级综合服务社1095家、农民专业合作社153家。同时发展质量得到提升。

【农资供应】2017年，娄底市供销社发挥供销社在全市农资供应中主渠道作用。全年全市系统实现农资销售11.4亿元，其中销售尿素96590吨、复合肥96190吨、农药2870吨、农膜2270吨。3月24日，召开全市农资供应工作会议，结合全市农资供应工作实际情况，确定年度农资供应工作在四个“大”字上作文章，即：开展大调研；构建大格局，加强联合合作，培育龙头企业和发挥农资协会重要作用；发动大协调，优化发展环境，争取政策和项目资金扶持；促进大提升，创新经营服务，推动农资企业转型升级。掌握农资市场行情，备足货源保供应。督促各县市区供销社切实抓好农资冬储工作，冬储期间，实行定期报告制度。及时向系统内农资经营企业提供政策信息，帮助企业研判市场形势，制定年度购销计划。

【农村电子商务】2017年，娄底市供销社组织各县（市、区）相关人员赴湖北专项考察学习电子商务工作，牵头按“1+5”模式组建娄底市新供销电子商务公司，市级展示中心已建成投入运营，双峰、涟源两个县级营运中心、新化供销e家实体店建成在即。采

2017年5月26日，湖南省供销合作总社理事会副主任李云才一行到娄底市供销社调研综合改革及农村电子商务发展工作　（陈新颖　摄）

集特色农特产品200多种，基本完成产品上传全国总社“供销e家”准备。备建娄底农特产品数据库，市供销电子商务发展列入全市电子商务发展规划。涟源市向市政府申请将供销社电子商务纳入全市农村电子商务建设重点规划和电子商务进农村“最后一公里”省级示范县项目范围，得到商务部门大力支持。通过对涟源市拥有136家电商实体店优秀电商企业—家利多电子商务有限公司考察和洽谈，成功与涟源市社电子商务公司整合，成立涟源市供销合作社家利多电子商务有限公司。

【土地托管】2017年，娄底市供销社系统积极开展土地托管、土地流转、统防统治、农产品深加工等新型农业社会化服务，土地托管面积63500亩、土地流转61100亩，比上年分别增长45%、8%，在涟源、双峰、冷水江各建设1个土地托管为农服务中心。涟源市盛达农业服务有限公司成功申报全国供销总社农村一、二、三产业融合发展试点项目单位，精心组织“水稻(油茶)土地托管农业开发示范项目”实施，完成598.58万元项目投资，通过相关部门验收考核。冷水江景宜果业有限公司成功申报入库2018年度全国总社农开项目。

【精准扶贫】2017年，娄底市供销社实施扶贫攻坚，全程指导、全程参与、全程监督，确保匡家村村支两委换届；利用村土地建设气象服务站，上马110千伏光伏发电项目，预计每年可增加村级集体经济收入10万元。全年筹措帮扶资金30万余元，将扶贫工作重点放在产业帮扶和就业帮扶方面，帮助村民发展种养殖业和提供就业机会；对贫困户进行精准识别，清理建档立卡贫困户117户358人。全年走访贫困户50人次，帮助解决实际困难30件。实现28户79人脱贫、全村整体退出贫困村行列脱贫目标。（陈新颖）

粮食储备

【概况】2017年，娄底市国家粮食储备库层层签订《安全储粮目标责任状》，增强保防人员安全储粮责任，推进现粮保管工作科学化、精细化；在全省开展春季、冬季库存粮油安全和安全生产大检查中，成为“一符四无”(账物相符，无虫、无霉、无鼠雀、无事故)粮库。执行国家发展改革委、国家粮食局等6部门关于《小麦和稻谷最低收购价执行预案》精神，按国家中等质量标准早籼稻每50千克收购价为130元，杜绝“人情粮”“关系粮”“打白条”人和事。全年完成粮油轮换计划49178吨，其中轮出市级储备粮18189吨，轮入市级储备粮18189吨；轮出省级储备粮5000吨，轮入省级储备粮5000吨；轮出市级储备油1400吨，轮入市级储备油1400吨。为储粮安全奠定基础。储存粮油在全国质量普查中均符合国家质量标准，全库科学保粮率达95%以上，有标准储粮仓10栋，棚仓两栋，有效仓容6.7万吨，储备油罐7个。储备粮食3.5万吨，其中市级储备粮2万吨，省级储备粮5000吨，最低收购价粮1万吨；储备食用油1400吨；储备市级应急防汛麻袋3万条。拥有日产80吨精米加工生产线一条、食用油脂包装线二条，是一座集粮油收储、调拨、销售、加工为一体综合型粮库。6个仓库安装有大3P空调20台。　(陈瑞)

烟草专卖

【概况】2017年，娄底市烟草专卖局(公司)围绕行业“贯彻发展新理念，再上卷烟新水平”发展理念。经济效益“三量齐升”，累计销售卷烟14.83万箱，增长0.35%、增幅全省第三；单箱均价2.81万元，全省第七、同比前进4位；实现税收7.52亿元，增长2.22%，纳税额占娄底财政收入19.43%，获“娄底市十大纳税企业”称号(居第二位)。累计查处涉烟违法案件553起，查获各类违法卷烟851.74万支(真品卷烟572.01万支、假冒卷烟277.09万支、走私烟2.64万支)。破获国标网络案3起、省标网络案2起，查处5万元以上大要案件14起。刑拘15人、逮捕13人、判刑2人。积极履行社会责任,广泛参与创文管卫、精准扶贫等共建共创活动,累计捐赠资金177.5万元。

【卷烟营销】2017年,娄底市烟草专卖局(公司)紧扣"规范""市场""客户"关键词。紧盯销量目标、围绕市场做方案,以有限资源优化市场状态。更新调控规则,创新投放办法,精准把握投放节奏。强化数据分析应用,为精准营销提供信息支撑。开展"身边人、身边事"典型推广活动,挖掘一批"娄烟营销好经验"。做实"两单四制"基础工作,汇聚规范经营治理合力。探索"两表一账一例会"工作机制,改进客户拜访模式。拉升一二类烟销量,消费市场结构持续上扬。开展湖南中烟"U形陈列"竞赛、严格定点管理,品牌引导持续发力。优化客户评价,提供增值服务。建立物流定额管理体系,单箱物流费用、单箱配送费用、人工费用比例、送货响应时间等9项对标指标优于全省系统平均值。完善标准化管理体系,3项技术标准被确定为省级标准,拟申报行业标准。物流费用同比下降0.56%,人均配送效率同比增加1.94%,货款回笼率100%。

【专卖监管】2017年,娄底市烟草专卖局(公司)以"打源头、端窝点、破网络、抓主犯"为工作重点,突出互联网、物流环节涉烟违法行为监管,发挥涉烟刑事案件查处协调领导小组作用,开展"物流寄递企业专项联合检查"等行动,市域涉烟刑事案件查处协调机制纵向完善。探索跨区协作模式,加强与贵州等省市兄弟单位合作,协作平台横向拓宽。利用自主研发互联网涉烟情报分析系统查获涉案金额近200万元自媒体售假网络案1起。落实"双随机、一公开"改革要求,转变监督理念,创新监管方式,改进监管手段,推进市场监管和案件查办职责相对分开,履行监督管理职责。重点监管涉烟违法和无证经营等行为,引导广大零售户自觉守法经营。建立和完善市场秩序评价体系,推行分类管理、错时检查、重点监管等监管方法;落实商事制度改革要求,依法修订完善零售点合理布局规定,切实降低准入门槛,行政许可审批时限提至10个工作日以内,规范化管理水平提升。加强与工商和市场监管部门协作,在许可管理上突出对事中事后两个环节监管,做到事中环节有告知有反馈、事后监管有力度有效果,全年无行政诉讼、复议案件。

【企业管理】2017年,娄底市烟草专卖局(公司)推进制度体系建设,形成九大类217项75万字规章制度汇编。推进薪酬体系建设,坚持"工效挂钩、业绩导向、拉开差距",发挥绩效"奖优罚劣、以绩取酬"作用。推进问责体系建设,对问责事项、主体、对象、标准、流程进行系统梳理。建立市县"一体两级三层"目标体系、动态把控各项业绩指标。"一事一标准"支撑和服务作用增强。降本增效定额标准试点工作在全省推广,1个课题被评为全省"精益十佳"。建立定额指标体系,强化预算管理硬约束;聚焦电子结算成功率,年底两个月时间从60.15%提升至94.76%,化解货款资金安全风险。紧盯会计基础、异常费用、重点费用、税利目标,发挥财务"四关"监督作用。紧扣降本、规范、监督、服务,开展经济责任、财务收支审计和专项审计。做实规范性文件、商事改革、案卷评查、合同审查、法治宣教、法律风险排查等企业法治工作,化解矛盾纠纷3起,首次跻身全省系统合同评查"优秀单位"。推进"三供一业"分离移交,水电气分离基本完成,立体宣贯、物业设施改造摸底、相关方协调沟通等工作有序推进。完善鸿网公司法人治理结构,盘活闲置门店。着力抓好舆论引导,编印《娄烟之声》4期,内网刊发政务信息1320篇,协作主媒刊发300余篇。安全责任分解、风险排查整改,开展各类安全督查50多次,通过国家局安全检查。落实24小时双岗值班、局领导接待日和重大情况上报等制度,强化网络安全、信息化资产、政务公开、网络舆情、信访维稳等管理,抗洪抢险、党的十九大"特护期"安全稳定,全年未发生任何安全事故和舆情事件。

【队伍建设】2017年,娄底市烟草专卖局(公司)执行干部选拔任用、干部管理监督、档案审核、人事调配、教育培训等政策规定。稳妥调配单位、部门负责人37名,选任科级干部11名,严格审核全部人事档案。首次自主评审助理政工师2名,组织员工轮训2批94人次、内训19场次,新招聘大学生3名,入围全省系统"双百"人才库8人。围绕社会主义核心价值观、"八个更加懂得"、时代精神、业务技能,组织开展网络学习、专题讲座、政研调研、青年思想论坛、"学习十九大"青年座谈、"好家风、好家规、好家训"征集、老干畅谈建言、点赞行业新变化等活动,汇聚发展智慧与正能量。队伍活力进一步激发,获全省系统烟草制品购销职业技能竞赛团体第二名、产生"省手"2名,获全省系统"崇德守法·知行合一"法律知识竞赛团体第二名。抓好工会兴趣小组活动,捐款帮扶职工重病家属，坚持“四定期”“六必访”慰问工作制度，做细老干工作，开展老同志党建主题活动5次、文体活动4次，诠释“四海一家”文化。开展“636”志愿服务、创文管卫、义务献血等活动21场次，参与社会共建投入捐赠资金105.4万元。省级文明单位、依法办事示范窗口、卫生单位、园林单位、模范职工之家等称号纷至沓来。 （潘震球）

表61　　2017年度娄底市烟草专卖局（公司）先进集体和先进个人一览表

获奖单位、先进个人	奖励名称	颁奖单位	颁发时间
双峰县烟草专卖局专卖监督管理股	2016—2018年全省依法办事示范窗口单位	湖南省依法办事领导小组	2017年3月
娄底市烟草专卖局	全省卷烟打假工作特殊贡献奖	湖南省烟草专卖局 省公安厅	2017年6月
新化县烟草专卖局	全省卷烟打假工作先进集体	湖南省烟草专卖局 省公安厅	2017年6月
娄底市烟草公司	2017年度全省系统工作业绩考核先进单位	湖南省烟草公司	2018年5月
戴俊杰	湖南省烟草商业系统2015—2016年度物流工作“十优”个人	湖南省烟草公司	2017年3月
戴　轩	全省系统先进离退休干部工作者	湖南省烟草专卖局	2017年4月
彭　超	省级烟草技术能手	湖南省烟草专卖局	2017年4月
段思勤	省级烟草技术能手	湖南省烟草专卖局	2017年4月
周琼雄	全省卷烟打假工作先进个人	湖南省烟草专卖局 省公安厅	2017年6月
刘　滔	2017年度全省系统安全生产（保卫）工作先进个人	湖南省烟草专卖局	2018年3月

盐　业

【概况】017年，湖南盐业股份有限公司娄底市分公司主动作为，贴近市场，做实终端，提升服务，加强管理，控费增效，在全省率先与邮政达成战略合作协议。利用“雪天”盐产品宣传片、电视媒体报道和微信平台等方式多方位宣传“雪天”品牌，全年出动宣传车辆21台次，视频播放300小时，发放宣传资料32000余份，行程遍布全市92个乡镇和街道办事处。全年各项费用较上年下降16.4%，减少各项费用支出62万元。完成全年各项工作任务。获评017年度安全生产目标管理先进单位。全年完成各类盐销售19775吨，其中销售小包盐15300吨。内设综合管理部、市场管理部、财务审计部3个部室，下辖双峰县、涟源市、冷水江市、新化县4个县市公司和娄星批发部5个经营单位。现有员工165人，其中在职员工69人。

（欧阳建华）

旅 游

【概况】2017年,娄底市旅游外事侨务局贯彻落实“旅游兴市”发展战略,围绕五大发展理念,坚持“四个全面”战略布局。召开市委常委办公会议和全市旅游工作大会,专题研究部署全域旅游工作;增加旅游产业发展专项资金投入;完善文化旅游产业融合发展领导协调机制;强化对县(市区)、市直责任单位旅游产业绩效考核;召开“交通+旅游”和重点旅游项目建设等调度会10余次。出台《娄底市文化旅游及健康养老产业三年发展计划》《娄底市长三角旅游客源市场促销奖励暂行政策》《娄底市旅游产业发展奖励办法》等文件。全年接待国内外旅游者3466万人次,同比增长21.3%,旅游创收251亿元,同比增长24.98%,计划新、改建旅游厕所97座,蹲位2085个,总投资8620万元。完成建设102座,完成率105.15%。实现旅游业快速发展,外事、侨务、港澳工作同步进取。

【项目拉动】2017年,娄底市旅游外事侨务局实施三年行动计划,重点推进28个项目,年度计划投资24.46亿元,实际完成33.35亿元,完成率达136%;其中新化、涟源两县市各完成投资过10亿元。实行市、县领导对重点项目挂点联系制度,推进梅山古镇、大龙山康养旅游、归谷国际旅游度假区、紫鹊界梯田、博盛旅游度假区、资江旅游度假区、曾国藩故居7个重点旅游项目建设,争取补助资金1730万元。大湘西地区文化生态旅游精品线路公共服务设施建设得以推进。

【品牌创建】2017年,娄底市旅游外事侨务局把紫鹊界梯田推评为全球重要农业文化遗产,成功申报省级田园综合体示范点;曾国藩故里被评为全国港澳青少年研学基地;新化三联峒、涟源博盛获评五星级全国休闲农业和乡村旅游区(点);旅游商品在省旅游产业博览会上获1金2银2铜。评定新化油溪桥村旅游区、冷水江资江旅游区2个国家AAA级旅游景区,五星级乡村旅游区(点)7家。鸿源紫荆酒店评为四星旅游饭店,实现全市无高星级旅游饭店零突破。

【旅游扶贫】2017年,娄底市旅游外事侨务局推荐新化县为全省旅游扶贫示范单位,全市涌现新化县渠江源、桃花源、油溪桥村,双峰县江口村、大街村,涟源市博盛生态农庄6个旅游扶贫典型,其经验上报国家、省进行推广。其中新化油溪桥村依托当地丰富旅游资源,发展乡村旅游,争取财政帮扶资金200万元,直接带动当地贫困人口脱贫,成为省旅游扶贫推进先进典型,央视新闻以4分20秒专题报道。先后协调筹措扶贫资金近100万元,解决农电、卫生、饮水、交通出行及贫困户发展经济致富脱贫等实际问题,年底脱贫11户,在全市扶贫工作会议上作书面发言。

【业态创新】2017年,娄底市旅游外事侨务局推出采摘园、乡村民宿客栈、养生山吧、休闲农庄、婚纱摄影等新业态旅游产品。配合相关部门实施水府庙、孙水河风光带、马拉松赛道、足球特色小镇、水府庙至曾国藩故居全域旅游景观大道、自行车慢车道、绿道建设、自驾车房车运营及营地建设、通用低空观光旅游等项目计划。其中通用低空观光旅游于6月开通龙山、紫鹊界梯田景观光旅游业务。

【品牌推广】2017年,娄底市旅游外事侨务局在《娄底日报》《娄底广播电视报》《旅伴》等媒体出版旅游专刊,宣传推介娄底旅游。与今日头条、红网、TOP旅行等网媒合作,在中央电视台国防军事频道、湖南卫视黄金时段重磅投放紫鹊界梯田、大熊山景区旅游宣传广告;与凤凰网、新华网、人民网、华声在线等网站合作,在凤凰网湖南频道开设新化文化旅游专题展示区;涟源湄江景区在湖南卫视天气预报栏目中宣传;组织参加沪昆高铁推介会,组团赴昆明、贵州参加“锦绣潇湘 伟人故里,湖南如此多娇”湖南旅游推介会;参加港洽周省旅游推介会,《新化八分钟》主题节目声形并茂推介新化旅游;参加第五届中国(湖南)国际矿物宝石博览会,借力省旅游推介大平台实现娄底旅游全面营销。国庆期间,中央电视台《新闻联播》对新化三联峒、紫鹊界梯田两景区旅游实况作报道。

【特色活动】2017年,各市县联合在涟源博盛生态体验园举办“山水围城·魅力涟源”首届“博盛杯”2017全国汽车场地越野挑战赛,“大龙山,春天里——骑游湘军故里,观赏油菜花海”活动。双峰举办“旅游扶贫万亩花·特色小镇一幅画”——娄底·双峰第七届油菜花文化旅游节、荷花节。新化举办“熊爆”2017·中国大熊山户外精英挑战赛。冷水江举办“快美湖南 热吻冷江”活动。在市区举办“5·19”中国旅游日系列活动；在长沙地铁 1 号、2 号线举办“周末去娄底”主题宣传活动等。

【依法治旅】2017 年 5 月，举办全市旅游行政管理部门和旅游企业管理人员 100 余人参加《湖南省实施〈旅游法〉办法》培训班。在新化承办全省《办法》法律知识半决赛，全市在全省总决赛中获优胜奖。深入开展涉旅企业自愿承诺诚信经营活动，打击“不合理低价游”，依法惩治商业贿赂行为，进一步规范旅游市场。全市吊销 2 家旅行社业务经营许可证，对 1 家旅行社分公司给予警告行政处罚。结合全市创建全国文明城市和迎接国家卫生城市复审工作，全局在全市旅游行业认真开展文明创建活动，不断优化旅游业发展文明环境。不断强化旅游安全保障，举办全市旅游部门和旅游企业安全生产负责人安全知识和技能培训。开展“大排查、大整治、大管控、大督查”四大行动和“一单四制”整治，排查安全隐患，全市各级开展各类安全检查 100 余次，出动执法检查人员 600 余人次，排查整改安全隐患 50 余处；全市旅游行业未发生较大以上旅游安全责任事故，获评全市安全工作优秀单位。

表 62　　**2017 年度娄底市旅游外事侨务局先进集体和先进个人一览表**

获奖单位、先进个人	奖励名称	颁奖单位	颁发时间
市旅游外事侨务局	2017 中国湖南（湖南）旅游产业博览会优秀组织奖和最佳展位奖	中国湖南（湖南）旅游产业博览会	2017 年 10 月
市旅游外事侨务局	《湖南省实施〈中华人民共和国旅游法〉办法》知识竞赛优胜奖	湖南省旅游发展委员会	2017 年 9 月
市旅游外事侨务局	文化旅游和健康养老三年行动计划优秀单位	文化旅游和健康养老三年行动领导小组办公室	2018 年 2 月

新化县奉家镇百牛氹实景　　（杨建长　摄）

财政·税务

Finance and taxation

◎财政

◎国家税务

◎地方税务

财 政

【概况】2017年，全市各级财政部门实施积极财政政策、科学统筹、通力协作，精准施策、深度挖潜，出台《娄底市财源培植考核奖励办法》《娄底中心城区税源企业考核奖励暂行办法》，初步构建起“大财源”建设格局。打造市县一体“1+4”综合治税平台，形成“1+X”征管制度体系，构建“横向到边、纵向到底”综合治税格局。通过应用综合治税平台或第三方涉税信息，入库各类税收3.56亿元。通过“取远水”“解近渴”，全市财政收入实现增量、质量“双提升”，完成一般公共预算收入115.62亿元，同比增长10.54%，增幅排名全省市州第六位。其中税收收入87.1亿元，同比增长18.2%，高于全省平均增幅3.3个百分点。地方财政收入中税收占比达59.41%，比上年提高4.73个百分点。落实省政府9号文件精神，累计争取专项资金12.58亿元；协助企业申报项目80多个，到位资金1.07亿元；市级累计筹措资金1475万元，支持化解煤炭、烟花爆竹等落后产能；全年取消、停征行政事业性收费38项，市本级落实减费2700多万元，取消、降标和放开部分服务性收费5项，减费400万元；支持房地产去库存，落实中心城区新商品房购房奖励政策，全年发放购房补贴和奖励资金1.3亿元。安排2600万元资金支持工业转型发展；统筹1560万元资金引导企业加大研发技改投入。

【民生保障】2017年，娄底市财政局坚持为民聚财、为民理财，全市民生支出占比达70%。城乡居民医疗保险补助标准由每人每年420元提高到450元，城乡居民基础养老金上调至月85元，企业退休职工待遇连续13年上调，农村低保标准与国家扶贫标准实现“两线合一”。全市城镇新增就业37500人，新增农村劳动力转移就业37000人，新增创业担保贷款8650万元，创业带动城乡就业18900人。支持新建保障性住房45570套，累计发放租赁补贴16822户。完善“一事一议”财政奖补机制，实施项目1393个，总投资1.5亿元，争取奖补资金1亿余元，覆盖1393个行政村，242万农民群众受益。完成惠农补贴“两卡两折”改革，全年发放补贴资金18.23亿元。提升农业综合开发效益，全市投入农业综合开发资金1.96亿元，完成高标准农田建设5.95万亩，实施产业化经营项目32个。筹措5000万元巩固中心城区化解大班额成果。拨付8.29亿元构建从学前教育到高等教育“全覆盖”资助体系。公共文体场馆免费开放、市文化中心建设等项目资金及时保证。

【财税改革】2017年，市县两级均按要求公开预决算及“三公”经费，实现除涉密部门公开全覆盖。重点加强市级和县级涉农资金整合用于精准扶贫，全市实际整合资金15.49亿元。全市推进PPP项目40个，其中开工建设项目9个，总投资104.1亿元。市级安排1500万元，推进法律援助、项目评审专项、送戏下乡、园林绿化等领域政府购买服务项目。全市申请置换债务136.71亿元，年均减少利息负担近7.52亿元。市财政给予涟源、双峰一次性补助各1500万元，促进区划调整平稳过渡。

【财政管理】2017年，全市采集民生资金公开项目近700项，涉及民生资金60余亿元。选取化解大班额、廉租房建设、残疾人保障金等22个项目开展重点绩效评价，评价金额达5.6亿元。支付电子化管理顺利完成系统验收，县（市、区）全部实现乡镇国库集中支付，实行“乡财县管”乡镇达84个，占应改革乡镇数量97.7%。村级财政性资金管理逐步规范，星级财政所创建顺利通过省财政厅验收。完成财政投资评审金额13.64亿元，审减率达22%。开展市直单位“回头看”财务检查，开展“雁过拔毛”式腐败问题专项督查和交叉检查，联合市扶贫办深入县市区开展两次扶贫资金大督察。

【预算管理】2017年，娄底市财政局强化政府预算全口径大统筹，所有非税收入实行预算统筹，实行“收支两条线”。落实部门预算经济分类改革，在编制年度预算时增设政府预算经济分类，对机关、事业单位、企业、个人单独设置科目反映相关支出，使年度预算更切实际、编制更科学、执行更公开透明。加强专项资金管理，完善市级专项资金管理办法，确保重大民生政策性资金分配结果向社会公开，探索分类制定市本级产业引导资金有偿使用和无偿使用管理办法，逐步由无偿投放转变为以奖代补、基金投入、贷款贴息等多种形式。

【财源培植】2017年，娄底市财政局到基层调研，了解全市财源税源状况，澄清财源税源底子，撰写高质量调研报告，为市委、市政府科学分配收入任务、调整市区财税体制、完善征管措施提供重要决策参考依据。兑现2016年财源培植工作奖励，对华菱涟钢等40家纳税大户和纳税增长大户、1家总部经济企业、3家在新三板上市公司给予奖励兑现，拨付奖励资金873万元。

【综合治税】2017年，娄底市财政局调整行政职能，将原由市政府金融办履行财税调研、协税护税、财源建设奖励考核职能划转市财政局，原由市政府金融办管理市级综合治税平台移交市财政局。将综合治税工作纳入市政府绩效考核内容，出台一系列综合治税办法和文件，形成“1+X”制度体系，为综合治税工作开展、平台建成、信息共享提供制度保障。推进国土资源信息系统房产交易管理系统与房地产税收征收管理系统互联互通；实施纳税人守信联合激励和失信联合惩戒，对纳税D级企业实施失信联合惩戒。出台《娄底市所属区范围内个体零散税收委托代征工作方案》，在娄星区、娄底经开区、万宝新区所辖范围内，委托乡镇（街道）代征个体税收。

【化解大班额】2017年，娄底市财政局自2012年实施中心城区“化解大班额四年行动计划”以来，市级财政连续6年每年安排5000万元，累计完成投资20.2亿元，竣工54个项目，新增学位60058个，义务教育阶段平均班额由75人降至55人。

【公共文体场馆免低收费开放】2017年，娄底市财政局争取中央、省各项转移支付及补助资金867万元，市级财政追加市文化中心运行经费110万元，确保体育场馆、博物馆、文化馆、艺术馆、图书馆、美术馆等场馆免费低收费开放后正常运行。投资1900万元的艺术馆“群星剧场”于8月底竣工，投资659万元的博物馆“神韵娄底——娄底历史文化陈列”于11月底完工。

【涉农资金整合】2017年，娄底市财政局出台《娄底市财政扶贫资金监督管理办法》，督促指导县市修改、完善涉农资金统筹整合方案，加强县级涉农资金整合，凡是预算安排涉农资金，除相关文件或预算有特殊规定用途之外，一律按一定比例统筹整合用于脱贫攻坚工作，做到应统尽统，全市实际整合涉农资金15.49亿元。

【社保水平提高】2017年，全市城乡居民医疗人均基本公共卫生服务补助标准由45元提高至50元；企业退休职工待遇连续13次上调，人均养老金达1841元/月；全市农村低保标准与国家扶贫标准实现“两线合一”，农村低保标准提高至每人每月268元，超过省级指导标准及国家扶贫标准；发放低保资金39亿元，全市城市、农村低保月均救助水平分别达到320元和160元；农村、城市保障特困人员基本生活年供养标准分别提高到4180元和6552元以上。

【落实工资与养老保险标准】2017年，自2014年10月1日机关事业单位养老保险制度改革和完善工资制度改革以来，根据国家和省、市统一部署，机关事业单位两次调整基本工资标准，同时相应两次将津补贴和绩效工资进行调整。全年全市199家单位11233人进行津补贴和绩效工资标准调整，总计调整金额92.48万元，并补发津补贴差额（2016年7月起）、绩效工资差额（2017年1月起）1224.4万元，补扣个人公积金146.9万元。全面落实机关事业单位养老保险制度改革，对全市11113人进行养老金调标，并从2017年元月起补扣差额部分391.2万元。

【财政农业保险】2017年，全市承保水稻保险等品种18个，其中承保水稻保险253.59万亩，水稻大灾保险45.98万亩，油菜26.73万亩，玉米61.55万亩，能繁母猪19.74万头，育肥猪96.3万头，公益林347.61万亩，商品林15.34万亩，肉鸡121.59万羽，生猪价格指数21.74万头，蛋鸡20万羽，蔬菜1.77万亩，中药材3.04万亩。全市农业保险签单保费13944.49万元，其中中央财政补贴资金5162.62万元，省级财政补贴资金3719.14万元。

【农村综合改革】2017年，完善“一事一议”财政奖补机制，制定《娄底市村级公益事业建设一事一议财政奖补资金监督管理办法》。全市村级公益事业一事一议财政奖补覆盖1393个行政村，实施项目1393个，其中村内道路修建项目781个，村内水利建设项目419个，村内垃圾清理项目29个，其他项目164个，242万农民群众受益。项目总投资14953万元，争取上级财政奖补资金10025万元。在双峰县、娄星区、冷水江市开展农村公共服务运行维护机制建设和村级集体经济发展试点，争取上级资金2213万元。

【国库集中支付】2017年，娄底市财政局推进财政一体化系统和国库集中支付系统改革，优化国库集中支付业务，6月完成全部上线前测试联调准备工作，7—8月，建设银行、长沙银行、工商银行、中国银行、农业银行和交通银行电子化支付正式上线运行，至年底电子支付系统运行平稳并完成系统验收。

【房地产去库存】2017年，娄底市财政局联合市房地产管理局、市地方税务局出台《关于娄底中心城区购房奖励资金发放实施细则》，对符合政策新购房者按照购房面积给予5000元或1万元奖励，全年发放购房补贴和奖励资金1.3亿元。

【非税移动缴费】2017年，娄底市财政局推广湖南省非税移动缴费平台，学生或家长只需关注“湖南非税移动缴费平台”微信公众号即可随时随地缴纳费用，并实时查询掌握缴费动态，交易过程不收取任何交易手续费，极大地方便缴款人缴费。秋季开学，全市在娄底一中和娄底七小先行试点非税收入移动缴费，有8000余人通过平台缴纳学杂费。

【政府购买服务】2017年，娄底市财政局加强预算源头管控，清理预算已安排资金政府购买服务项目和暂未安排但计划应该实施政府购买服务项目，原则上凡是预算已安排资金项目，应在2020年前实施政府购买服务，预算暂未安排资金项目，根据单位工作实际和财力情况，逐年推进政府购买服务。市财政预算在法律援助、项目评审专项、送戏下乡、中介服务、单位物业管理、园林绿化、环卫、新增环卫、园林养护等领域，安排政府购买服务资金1500万元。追加预算10万元用于推进政府购买农业公益性服务机制创新试点。

【互联网+监督】2017年，成立市财政局“互联网+监督”工作领导小组。通过业务培训、现场答疑、电话咨询、QQ微信平台等方式，传达政策精神，反馈工作动态，实时解决工作中困难和问题，保质保量完成工作任务。2017年11月，顺利启动“互联网+监督”平台，全市采集民生资金公开项目近700项、涉及资金60余亿元；2000多个村（居）财务实现全公开，采集信息260余万条。电子政务网络覆盖所有乡镇，村级财务软件升级及平台查询等外延设施基本到位，实现与省平台并网运行。

【“雁过拔毛”式整治】2017年，娄底市财政局采取查阅资料、查看账簿、实地查看、重点抽查等方式，全面核查2013—2015年“新农合”、城乡居保、农村集体经济等9个项目一般性转移支付资金和项目专项资金。重点整治“一事一议”财政奖补项目和农业综合开发项目领域。开展全市贫困村和上访村村级账务清理审计，发现问题线索297条，立案28起，结案9起，追缴违纪资金80.8万元，清退资金486.5万元，取消村干部提名资格77名。制定、完善和补强包括“三公”经费开支、接待管理和出国(境)事项、惠农补贴信息公开备案、惠农补贴发放“一卡通”等8个规章制度，着力构建财政资金监督管理长效机制。

【参与县市区区划调整】2017年，娄底市财政局出台《娄底市财政局关于部分行政区域调整工作方案》，成立部分行政区域调整领导小组和专门测算小组。多次组织相关科室与娄星区、双峰县和涟源市沟通协调，对两个乡镇行政区划调整所涉及收支基数进行反复测算，对涉及债务进行调查核实。争取上级政策支持，市财政给予涟源、双峰一次性补助各1500万元，促进区划调整平稳过渡。

【湘江保护治理】2017年，娄底市财政局贯彻落实《湖南省湘江保护条例》和《湖南省湘江保护条例〈实施方案〉》，争取和统筹安排资金，市本级年度预算安排湘江保护资金近8000万元。出台《娄底市财政局关于印发〈关于推进我市湘江保护和治理第二个“三年行动计划”的实施意见〉的通知》《娄底市健全生态保护补偿机制的实施方案（征求意见稿）》。按照“资金跟着项目走，监督跟着资金走”原则，通过到项目现场“听、看、查、验”，实现资金使用全过程监管。

【乡镇财政管理】2017年，娄底市财政局健全惠农补贴发放公示制度，扩大惠农补贴“一卡通”发放范围，提高发放效率，全市全年发放各类涉农补贴资金18.23亿元。开展星级乡镇财政所创建，推荐金竹山镇财政所、金凤乡财政所、沙塘乡财政所、禾青镇财政所为省级示范星级乡镇财政所，推荐三尖镇财政所、井字镇财政所、湄江镇财政所为市级示范星级乡镇财政所。全面推行乡镇财政国库集中支付改革，加强财务支出核算，统一支出项目、标准和范围，全市乡镇全部推行财政国库集中支付改革。全市实行“乡财县管”乡镇84个，占应改乡镇97.7%。

【规范实施PPP项目】2017年，娄底市财政局规范PPP项目健康运行，对市本级PPP项目全面自查整改，重新梳理、调整项目，开展第三方评估论证，对存在问题进行整改。委托咨询机构对市本级实施推进10个PPP项目进行梳理、调整和优化。实施机构对存在违规现象PPP项目方案或合同进行修改或签订补充协议，确保PPP项目推进合法合规。

【会计管理】2017年，娄底市财政局精心组织会计资格考试，做好考试报名、考生数据库管理、准考证发放等前期准备工作，严肃考风考纪，狠抓考前培训，促进考试组织工作科学化、制度化、规范化，娄底市获全国会计专业技术资格湖南考区考试组织工作考核一等奖。全年全市培训财会人员6000人；全市会计师事务所实现总收入3200万元。（阳伟书 梁 霜）

表 63　**2017年度娄底市财政局先进集体和先进个人一览表**

获奖单位、先进个人	奖励名称	颁奖单位	颁发时间
市财政局	2017年度地方财政信息工作先进单位	财政部	2018年2月
市财政局	2017年度“三刊两鉴”宣传工作先进单位	财政部中国财政杂志社	2017年8月
市财政局会计科	2017年度部办会计报刊宣传发行工作先进集体	财政部中国财政杂志社、中国财经报社	2017年9月
市财政局办公室	2017年度部办财经报刊宣传发行工作先进集体	财政部中国财政杂志社、中国财经报社	2017年9月
市财政局	2017年度全省财政系统信息宣传工作先进单位	湖南省财政厅	2018年2月
市财政局	2017年专题调研报告评比二等奖	湖南省财政厅	2017年12月
市财政局	2017年度全省财政系统人事教育统计工作二等奖	湖南省财政厅	2018年1月
市农开办	2017年度全省农业综合开发项目统计工作先进单位	湖南省财政厅	2018年1月
娄底市会计专业技术资格考试领导小组办公室	全国会计专业技术资格湖南考区考试组织工作考核一等奖	湖南省会计专业技术资格考试领导小组办公室	2017年12月
市财政局	全省财政金融与债务管理工作良好单位	湖南省财政厅	2017年10月
市财政局	2017年度国有企业经济效益月度快报工作先进单位	湖南省财政厅	2017年12月
李赐甫	2017年度地方财政信息工作先进个人	财政部	2018年2月
阳伟书、李赐甫、左继建、高良梅	2017年度部办报刊宣传发行工作先进个人	财政部中国财政杂志社、财政部中国财经报社	2017年9月
左继建	2017年度“三刊两鉴”宣传工作先进个人	财政部中国财政杂志社	2017年8月
李　超	2017年度全省农业综合开发宣传信息工作先进个人	湖南省财政厅	2018年1月
李赐甫	2017年度优秀通讯员	湖南省会计学会	2018年3月
梁　霜	2017年度全省财政系统信息宣传工作先进个人	湖南省财政厅	2018年2月

国家税务

【概况】2017年，娄底市国税局落实“干好税务、带好队伍”总要求，推进全市国税工作。累计组织入库各项税收收入631980万元(含车辆购置税)，同比增收189578万元，增长42.85%，圆满完成收入任务，税收规模和收入质量创历史最佳。全市有登记注册纳税户53038户（不含非正常户），全市征税户为14185户，占全市总登记户数26.74%。其中增值税一般纳税人总户数7842户。

【税收征管】2017年，娄底市国税局参与财源税源建设，1篇分析报告获省委常委表扬性批示，2篇分析调查报告获市委政府主要领导表扬性批示。获授全市财税收入先进征管单位、全市综合治税考核一等奖。抓好重点税源和税种管理。大企业税收入库29.23亿元，同比增收5亿元，增长20.91%。推行增值税发票管理新系统。推进“营改增”第5阶段工作，娄星区国税局获评全省营改增工作先进单位和国家税务总局嘉奖。所得税、车购税管理经验在全省作经验介绍。全年退税2.69亿元。强化风险管理，风险管理入库2.8亿元，风险应对率达98.96%。推进国地税合作，试点探索“合署管税”等新模式，联合风险应对入库税款5000多万元。娄底市被评为全省“国地税合作市级示范区”；利用第三方信息补税2.06亿元。

【纳税服务】2017年，娄底市国税局开展“纳税服务提质年”活动，全市11个联合办税服务厅126个窗口全面实现“一窗通办”，等候时间同比下降8分钟。走访大企业31户次，国税、地税联合为108户大企业提供个性化风险提示服务，风险提醒入库税款536万元。全市12268户纳税人注册使用电子税务局，网络申报率达89%。国地税联合评定4656户纳税人，34个部门联合明确实施122条激励惩戒措施，推送诚信纳税人名单1961户，金融机构发放贷款5426万。被评为全市服务开放型经济发展先进单位，全年纳税人满意度调查排名全省第二。

【税收执法】2017年，娄底市国税局推进行政执法“三项制度”试点，采购执法记录仪420台，配备法制审核人员14名，其中取得国家法律职业资格人员4名；累计行政执法公示482次，公示信息3962条，记录数据4505条，办理重大执法决定法制审核事项22件。“三项制度”试点得到国家税务总局、湖南省国税局领导表扬性批示。执法案卷连续3年代表娄底参加省政府案卷评比，连续2年获“全市法治政府建设先进单位”。全年结案222户，查补入库7194万元，其中税警联合办案21起，采取刑事强制措施45人。

（吴梦辽）

表64　　2017年度娄底市国税系统先进集体和先进个人一览表

获奖单位、先进个人	奖励名称	颁奖单位	颁发时间
娄底市国税局	全国文明单位(到期复申报)	中央文明办	2017年
双峰县国税局	全国文明单位	中央文明办	2017年
冷水江市国税局	全国文明单位	中央文明办	2017年
娄星区国税局	湖南省文明标兵单位	湖南省文明办	2017年
娄底市国税局	全省国税系统“岗位大练兵 业务大比武”竞赛三等奖	湖南省国税局	2017年
娄底市国税局离退休干部党支部	全省示范离退休干部党支部	中共湖南省离退休干部工委办公室	2017年
娄底市国税局	全国税务系统离退休干部工作先进集体	国家税务总局	2017年

续表 64

获奖单位、先进个人	奖励名称	颁奖单位	颁发时间
娄底市国税局	全省国税系统绩效管理先进单位	湖南省国税局	2017 年
娄底市国税局稽查局	打击发票违法犯罪活动工作先进单位	国家税务总局	2017 年
刘剑锋	打击发票违法犯罪活动工作先进个人	国家税务总局	2017 年
娄底市国税局监察室	税收执法大督察工作先进单位	国家税务总局	2017 年
娄星区国税局	全省营改增先进单位	湖南省国税局	2017 年
朱华峰	全国税务系统百佳县市区局局长	国家税务总局	2017 年
朱华峰	全省国税系统十佳县市区局局长	湖南省国税局	2017 年

地方税务

【概况】2017 年，娄底市地方税务局践行“三个地税”目标愿景，落实“一稳两全”工作部署，推进“两严两创两重视”工作思路，担负起全市 62980 户纳税户地方税收征管任务，负责个人所得税、企业所得税、城建税、耕地占用税、契税、车船税、印花税、资源税、房产税、土地使用税、土地增值税、烟叶税 12 个税种征收管理；并征收或代征代收教育费附加、地方教育附加、水利建设基金、社会保险费、工会经费、残疾人就业保障金 6 个费金征收管理。下辖 6 个县市（区）局，22 个税务分局，1 个直属局，1 个稽查局，市局机关内设 19 个科室（包括绩效办）。为建设新娄底贡献“地税智慧”“地税力量”。

【收入组织】2017 年，娄底市地方税务局坚持以服务全市经济社会发展为己任，牢记“为国聚财，为民收税”使命，贯彻省局“保持收入稳健增长”总体要求，科学制定“小税种不小看”方针，面对主体税种缺失、增长预期一再调高等多重考验，加大税收分析、预测和监控力度，挤水保质、提实压虚，全年入库各项收入 33.09 亿元，同比增收 4.51 亿元，增长 15.76%，完成目标任务。

【税收征管】2017 年，娄底市地方税务局征管落实总局“四个转变”和省局“四个转型”要求，树立“优质征管”理念，健全风险管理机制，推广风险应用平台，全年完成风险应对任务 11 批次 8784 户，推送准确率达 86%，入库税款 9150.58 万元。深化税源专业化管理，调整部分分局管理职能，税源控管能力明显提升，冷水江市局、新化县局分级分类管理取得突破。开展欠税清理，累计清理各类欠税 1.88 亿元。国际税收和大企业税收管理规范，财行税管理卓有成效，所得税管理稳步推进，规费规模扩大，做到“大税管实、小税管细、散税管严”。落实《合作工作规范 3.0 版》，在日常征管、税务稽查等核心业务上开展深度合作，推进国地税合作市级示范区创建，实现“互信升级、机制升级、合作升级”。牵头起草一系列管理文件，提请召开全市综合治税推进会议，建立国地财联合办公机制，建好综合治税信息管理平台，综合治税工作步入日常化、规范化、协同化轨道。

【队伍建设】2017 年，娄底市地方税务局坚持从严治队，倾情带队，注重以人为本，严管善待，锻造地税铁军。加强班子建设。落实民主集中制，严肃党内政治生活，落实“两个责任”，开展中心组学习，发挥各级党组以上率下作用，提升各级班子凝聚力和战斗力。落实“党管干部”要求，按照“选准、配优、激活”原则，稳妥开展交流轮岗工作，引导干部健康有序流动，选拔一批德才兼备、年富力强年轻干部充实班子。探索“互联网+干部教育”培训模式，举办各类培训班69期，培训人员2800余人次；有2人通过考试进入省局机关、多名同志获省市级多项荣誉。双峰县局强化“结果应用”抓教育效果较好。强化绩效管理。优化考核指标，改进评分机制，调整考评方式，重视结果运用，绩效管理“指挥棒”作用有效发挥。突出文化建设。建立以国藩文化为载体“八本兴税，家国责任”文化体系，组建以“悦时光”为代表“青年读书会联盟”；娄星区局获“全国文明单位”称号。

【法治建设】2017年，娄底市地方税务局顺应“全面依法治国”战略，深入推进法治地税建设步伐，提升依法治税能力和水平。“三项制度”试点工作稳步推进。出台《娄底市税务系统行政执法全过程记录制度》等8项制度8万余字管理文件，完成试点任务，取得重要阶段性成果，强化国地融合，联合开展法制培训和创建全国税收普法教育示范基地，开展执法交叉督查，识别风险24项，发现问题144个，涉及纳税人223户次与税费5553万元，提出整改建议45条。有2个案卷被评为全省系统2017年度税收执法案卷评查优秀案卷，担纲编撰《湖南地税通识读本》入围省局法治成果展，获一等奖。娄星区局“谁执法、谁普法”工作成效明显，全市系统3个单位被命名为“2016—2018年全省依法办事示范窗口单位”。稽查作用有效发挥。立案79起，结案56户，查补收入7710万元，查实重大税收违法案件6起，向省局上报大案要案2起，稽查收入占比达3%，超过总局提出1.5%~2%占比要求。

【纳税服务】2017年，娄底市地方税务局围绕实现税收服务现代化主题，落实“放管服”改革，提升纳税人获得感；推进商事制度改革和“便民办税春风行动”，精简行政审批事项；落实惠企优惠政策，开展调研走访活动，全市减免各类税收1.84亿元；强化纳税信用管理，建立健全纳税信用与其他社会信用联动机制。深化“一窗一人双系统”联合办税，提升纳税人“进一家门、办两家事”服务质效，形成合作共赢局面。智慧服务创新创优。深化“互联网+政务服务”，推进网上办税，依托智慧税务平台，丰富手机APP、24小时自助办税终端功能，创新推出“预约办税”服务，实现“线上线下”服务互补互促。（伍鸣）

“银税互动·普惠万家”战略合作签约仪式现场 (伍鸣 摄)

表 65　　2017 年度全市地税系统先进单位和优秀个人一览表

一、娄底市局 2017 年度荣誉

获奖单位	奖励名称	颁奖单位	颁发时间
娄底市地方税务局	2017 年全省地税系统税收法治建设成果评比一等奖	湖南省地方税务局	2018 年 1 月
娄底市地方税务局	2017 年度政策法规工作先进单位	湖南省地方税务局	2018 年 1 月
娄底市地方税务局	2017 年度地方税制改革工作先进单位	湖南省地方税务局	2018 年 1 月
娄底市地方税务局	2017 年国际税收工作先进单位	湖南省地方税务局	2017 年 12 月
娄底市地方税务局	2016 年流转税工作先进单位	湖南省地方税务局	2017 年 1 月
娄底市地方税务局	2017 年全省地税系统纳税服务类业务大比武团体三等奖	湖南省地方税务局	2017 年 4 月
娄底市地方税务局	2017 年度全省地税系统督察审计档案管理先进单位	湖南省地方税务局	2018 年 1 月
娄底市地方税务局	2017 年残疾人就业保障金征管先进单位	湖南省地方税务局	2018 年 4 月
娄底市地方税务局	2016 年度税收分析工作先进单位	湖南省地方税务局	2017 年 9 月
娄底市地方税务局	2016 年税收调查工作先进单位	湖南省地方税务局	2017 年 9 月
娄底市地方税务局	全省地税系统风险管理展演指标模型二等奖	湖南省地方税务局	2017 年 9 月
娄底市地方税务局	全省地税系统风险管理展演应对优秀案例二等奖	湖南省地方税务局	2017 年 9 月
娄底市地方税务局	全省地税系统风险管理展演应对优秀案例优秀奖	湖南省地方税务局	2017 年 9 月
娄底市地方税务局	全省地税系统风险管理展演优秀组织奖	湖南省地方税务局	2017 年 9 月
娄底市地方税务局	湖南省国税地税合作市级示范区	湖南省国家税务局 湖南省地方税务局	2017 年 12 月
娄底市地方税务局	2017 年度“舞动幸福”健身运动会三等奖	湖南省地方税务局	2017 年 9 月
娄底市地方税务局	全省地税系统第一届职工运动会团体一等奖	湖南省地方税务局	2017 年 9 月
娄底市地方税务局	全省地税系统第一届职工运动会优秀组织奖	湖南省地方税务局	2017 年 9 月
娄底市地方税务局	2017 年全省地税系统乒乓球“混合团体赛”第三名	湖南省地方税务局	2017 年 9 月
娄底市地方税务局	湖南省妇联系统宣传工作表现突出单位	湖南省妇联	2017 年 8 月

续表 65

二、市局直属单位和县市区局 2017 年度荣誉

获奖单位	奖励名称	颁奖单位	颁发时间
娄星区地方税务局	第五届全国文明单位	中央精神文明建设指导委员会	2017 年 11 月
娄星区地方税务局办税服务中心	第四批全国学雷锋活动示范点	中宣部	2018 年 3 月
娄星区地方税务局办税服务中心	2016—2018 年全省依法办事示范窗口单位	湖南省委法治湖南建设领导小组	2018 年 2 月
经开区地方税务局	湖南省文明单位	湖南省精神文明建设指导委员会	2017 年 2 月
经开区地方税务局	2017 年度“一窗一人”联合办税先进单位	湖南省国家税务局 湖南省地方税务局	2018 年 2 月
经开区地方税务局	税收征管类优秀案卷三等奖	湖南省地方税务局	2017 年 12 月
经开区地方税务局	全省地税系统先进单位	湖南省地方税务局	2018 年 2 月
冷水江市地方税务局第四税务分局	2014—2015 年度湖南省青年文明号集体名单	湖南省青年职工工作委员会办公室	2017 年 12 月
冷水江市地方税务局	2016 届湖南省文明单位	湖南省精神文明建设指导委员会	2017 年 11 月
冷水江市地方税务局	2016—2018 年全省依法办事示范窗口单位	中共湖南省委法治湖南省建设领导小组办公室	2017 年 1 月
冷水江市地方税务局（冷水江市）	全国百佳国税地税合作县级示范区	国家税务总局	2017 年 4 月
冷水江市地方税务局第二税务分局	全省地税系统先进基层税务分局	湖南省地方税务局	2017 年 12 月
新化县地方税务局	湖南省文明单位	湖南省文明委	2017 年 11 月
新化县地方税务局第五税务分局	全省地税系统先进基层税务分局	湖南省地方税务局	2017 年 12 月

金　融

Finance

◎金融办
◎人民银行
◎银监分局
◎中国银行
◎建设银行
◎工商银行
◎农业银行
◎农发行
◎省农信社
◎娄底市兴娄融资担保有限公司
◎娄底市保安服务有限责任公司
◎娄底市交通建设投资开发有限责任公司
◎娄底市国有资本投资运营有限公司
◎娄底市文化旅游发展投资有限公司
◎娄底市保险行业协会

金融办

【概况】2017年，娄底市人民政府金融工作办公室协调税费清缴、综合治税和组织财税收入，推进金融改革，改善金融服务，稳妥化解民间融资风险，全市金融主要指标完成情况良好，实现金融产业稳步健康发展。全年各项存款余额1716.19亿元，比年初净增207.76亿元，增长13.77%，增速在全省排名第五位；各项贷款余额890.23亿元，比年初净增50.58亿元，增长6.02%；全年保险机构累计实现保费收入51.14亿元，增加10.22亿元，增长24.98%；全年证券交易1282.39亿元，期货交易1084亿元。全年金融业税收完成6.86亿元，增长17.54%，占全市税收总量8.75%。实现金融业增加值24.86亿元，增长9.4%，高于GDP增速1.2个百分点，占GDP比重比上年提升0.4个百分点。

作为正处级政府工作部门，是全市财税和金融系统牵头部门，统筹综合、协调服务和监管指导单位、企业近100家，包括市财税三局、17家银行机构、26家保险公司、8家证券营业部、2家期货公司，18家融资性担保公司和9家小贷公司以及14家省重点上市后备企业等。负责联系协调省驻娄金融管理部门、各类金融机构，负责指导协调企业上市工作。会同有关部门查处和打击非法金融机构和非法金融业务活动，承担打击处置非法集资职责。现有行政编制14名，事业编制3名。内设4个科室和地方金融风险监控中心。

【金融改革】2017年，娄底市人民政府金融工作办公室在“一县两行”建设率先在全省实现县域全覆盖基础上，农商银行改革深化，引入城投、创投参与4家农商银行股权投资，改善股本结构、强化内控管理。全年5家农商银行净增贷款38.14亿元，占全市银行业机构净增贷款42.6%，税收贡献1.94亿元，占全市金融业税收28.27%。成立金融投，引入财信金控，投资4.5亿元有力推进市场化化债解困步伐。引进国泰君安、中投证券、华林证券正式进驻娄底，新增证券交易64.52亿元，产生税收50万元。与中信银行、兴业银行、光大银行签署合作协议，光大银行正式获得银监会批筹设立娄底分行，现已完成娄底分行和新化支行选址和运营团队招聘工作，在中心城区储备项目8个，资金50亿元，在新化发放安居贷款1亿元。

【金融产业】2017年，全市进驻吉星金融广场银行、保险、证券、小贷、担保等机构已达30多家，结合互联网+金融元素，其他金融元素及电商平台集聚，高起点规划万宝新区金融商贸区和双峰金融小镇空间布局和详规，做到统筹建设、招商、管理，在北、上、广、深等地引入供应链金融、区块链金融以及各类投资基金等进驻。全国农村承包土地经营权抵押贷款试点和全省“普惠金融示范县”试点在双峰启动并推进。

【服务实体】2017年，娄底市人民政府金融工作办公室通过争取上级行对娄底支持，组织召开各种对接会，加强项目推介力度，优化贷款结构，调整贷款投向，全年表内净增89.49亿元，其中中长期贷款219.72亿元，新增20.02亿元；普惠金融明显增强，年末小微企业贷款余款306.38亿元，比年初新增52.72亿元，增长22.96%，高于全部贷款增速7.45个百分点，小微贷款户数39979户，比上年增加2352户，申贷获得率为92.02%，提高0.74个百分点，高于各项贷款增速10.59个百分点。

【企业上市】2017年，娄底市人民政府金融工作办公室新组建企业上市科，调整娄底市企业上市工作领导小组成员，明确各职能部门责任，建立企业上市工作领导小组会议制度，出台《关于进一步发展资本市场的若干意见》。年底有6家企业在新三板挂牌，1家企业在湖南股权交易所挂牌，18家企业列入省重上市后备企业资源库，50家企业列入市重点上市后备企业资源库，其中13家企业已完成股改，3家企业正在进行股改；三创环保在新三板挂牌，农友农装11月已受理新三板申报材料，福中医养在湖南股权交易所挂牌。全市实现直接融资179.42亿元，其中新三板和区域性股权市场挂牌融资1.53亿元，企业债券融资6.5亿元，私募股权融资1.5亿元，信托融资14.5亿元，非公开定向票据融资2亿元，私募债融资19.75亿元，融资租赁30亿元，非公开定向债务融资工具5亿元，地方债融资9.62亿元，政府平台银行融资71.24亿元，基金融资3亿元，棚改专项融资14.78亿元。

【政府平台】2017年，市城投、创投、交建投、文旅投、国资投、金融投、兴娄担保、百通转贷融资达 85.4 亿元，对集聚资源配置、盘活存量、优化增量、转换动能，引导加速产业转型发展。保险保障功能不断给力：全年保险赔付 15.03 亿元，增长 5.01%，累计发放保单贷款 2.6 亿元，解决新增就业人员 25000 多人，并积极推介全市基础设施建设和产业发展项目，分别与中国人保和太平人寿举行 4 次保费资金运用对接会，推动保险资金通过债权、股权投资方式入娄底，支持全市民生工程和重点工程步伐加快。

【风险处置】2017 年，娄底市人民政府金融工作办公室突出民间融资风险化解和打击处置非法集资工作，以重塑“诚信娄底”形象当作防风险守底线重要抓手，以打击恶意逃废金融债务为重点，切实维护金融债权，优化金融生态环境，加强社会信用体系建设。全市民间融资风险化解处置工作在坚持分类处置基础上，实现“三大转变”。一是风险化解工作机制实现“政府主导、司法参与”向“政府牵头、司法主导、依法处置”转变；二是风险资产处置手段由单一司法手段向司法清算、行政帮扶和市场化运作等多管齐下转变；三是由分散处理风险向集中处置个案转变。

【创新机制】2017 年，娄底市人民政府金融工作办公室出台《2017 年娄底市依法办理非法集资案件工作方案》，紧紧围绕“政府牵头、司法主导、依法处置”总体思路，市政府金融办牵头组建“娄底市民间金融纠纷调解中心”，该中心已于 2017 年 7 月 7 日挂牌成立，目前受理调解纠纷 83 起，现场调解成功 57 起，26 起转交属地，目前无重复上访现象发生。为加快非法集资案件办理进度，依法处置涉案资产，全面依法推进打处非工作，组建娄底市中心城区打击处置非法集资集中办案中心，突出重点抓大案要案，突出热点抓追赃挽损，突出案结事抓市场化运作，从公检法司等部门抽调 204 人，集中当年部队转业干部士官 71 人。截至 2017 年年底全市 224 起风险事项，列入帮扶类 56 起，处置类 72 起，打击类 96 起。制订三年清零行动计划，其中 2018 年化解 50%，2019 年化解 30%，2020 年全部清零。

【建立联合惩戒制度】2017 年，娄底市人民政府金融工作办公室牵头建立娄底市打击逃废金融债务联席会议制度，出台《关于建立完善守信联合激励和失信联合惩戒制度，推进社会诚信建设实施意见》，打击恶意逃废行为，依法维护金融合法权益，制定《娄底市创建金融生态良好城市（2018—2020 年）实施方案（草案）》，营造“守信光荣、失信可耻”风气，构建全市金融生态良好诚信环境。开辟绿色通道，创造良好工作环境，为金融机构提供优质服务，帮助压降不良贷款，全年核销不良贷款 7.82 亿元，资产证券化贷款转让 2.77 亿元，以物低债贷款 2.61 亿元，地方政府债务置换 1.14 亿元。

【推进金融扶贫】2017 年，全市新增扶贫贷款 14.61 亿元，增长 30.13 %，高于各项贷款增速 19.76 个百分点，建成金融扶贫服务站 498 个，实现三站融合 117 个，全面完成任务，在全省率先开展金融扶贫服务站运行规范管理年活动，采取直接帮扶、委托帮扶、资源入股、劳动力参与模式，以契约形式与参与企业结成责、权、利关系，帮助建档立卡贫困户增收脱贫，创建 13 个市级示范点，其中 2 个被评为省级示范点，建档立卡贫困户小额信贷获得率 10.01%，超额完成任务，小额信贷新增投放总量 67472.4 万元，完成 127.6%，实现风险补偿 10238 万元，扶贫特惠保完成 2513.68 万元，覆盖面达 100%。

【对口结对帮扶】2017 年，娄底市人民政府金融工作办公室党组一班人高度重视精准扶贫工作，成立驻村帮扶工作领导小组，将驻村帮扶工作和结对帮扶工作列入单位年度工作计划，针对脱贫任务目标制定年度帮扶规划，多次召开专题会议和党组会研究驻村帮扶工作，听取工作队帮扶工作汇报。在人手紧张情况下，选派财税科科长张宇文到扶贫村任第一支书，脱产进驻扶贫村开展工作，班子成员带头开展结对帮扶，主要领导 8 次进村入户，走访慰问和深入调研，研究解决实际问题。组织在职党员干部开展与该村建档立卡贫困户结对帮扶活动，拿出 16 万元作为扶贫资金给村里，协调落实帮扶资金合计达 70 万元。 （陈远波）

人民银行

【概况】2017 年，人民银行娄底市中心支行贯彻执行中央、上级行金融方针、政策和市委、市政府有关决策部署，结合娄底实际，加强金融调控，改善金融管理和服务，推进从严治行，维护区域金融稳健运行。印发《金融支持娄底市供给侧改革的指导意见》，完善货币信贷"1+N"工作机制，活用央行政策工具，主动对接市政府产业引导基金等政策扶持平台，全年发放再贷款、再贴现42.2亿元，支持签发银行承兑汇票122.9亿元，办理票据贴现259.7亿元；开展专项信贷政策导向效果评估和差别准备金动态考核，督促银行机构切实改善薄弱领域信贷服务，全年金融机构新增涉农贷款45.3亿元、小微企业32.9亿元，同比分别多增加35.5亿元、39.4亿元。去产能、去杠杆两项课题分别获得省社科联、省金融学会一等奖。深入推进"两权"改革，协调出台《双峰县农地抵押贷款试点实施方案》，推动政府完善配套机制建设，双峰县农地确权工作、流转平台建设走在全省前列；协调整合涉农资金1000万元设立风险补偿基金，激活农地抵押贷款市场供求，12月末农地抵押贷款余额19983万元，同比增长9.5倍。全年新增一般性贷款73.2亿元，同比多增加43.2亿元；做好宏观审慎评估工作，加强事中监测引导和事后约谈管理，全辖C档机构数下降70%；完善利率自律机制，利率管理工作经验在全省交流；举办货币信贷暨金融市场业务专题培训，向农商行发放常备借贷便利15亿元，为地区经济发展营造适宜货币信贷环境。货币信贷获娄底市委李荐国书记批示肯定。先后20多次到县市区开展金融扶贫专项督查，提前9个月完成全市498家扶贫服务站建设任务。在全省率先开展"金融扶贫站规范管理年活动"，制定扶贫站管理、考评办法，召开金融扶贫工作新闻通气会，分县市举办服务站工作人员集中培训，累计培训1000多人次。完善特色扶贫产业信贷扶持机制，创建扶贫再贷款省级示范点2个、市级示范点11个，在新化县启动金融精准扶贫示范区创建。三季度末全市金融精准扶贫贷款余额75.3亿元，同比增长30.1%，其中产业扶贫贷款余额3.8亿元，同比增长87.5%，扶贫小额贷款余额7.9亿元，同比增长2.3倍。

【金融风险防控】2017年，人民银行娄底市中心支行定期采集银、证、保、小贷公司、担保公司、民间融资等领域数据，完善监测指标体系和评估方法，建立钢铁、煤炭、锑品、房地产和融资平台、出险企业专项监测制度，定期研判"四行业两领域"风险形势，对风险苗头做到早识别、早预警、早处置。历时4个月完成9家地方法人机构存保评级工作；严格财务报表和缴纳基数审查，确保保费计算准确，及时、足额缴纳到位，区域金融稳定机制更加健全。定期对6家关注类法人机构进行监测分析，开展流动性压力测试，对涟源沪农商村镇银行进行资产稳健性评估，根据评测结果及时展开约谈与风险提示。娄底市中支在全省金融稳定知识竞赛中获团体三等奖、优秀组织奖。

【金融生态建设】2017年，人民银行娄底市中心支行开展金融生态"拉网式"调研，向市委、市政府提交《关于改进全市金融生态状况的报告》；在专题调研座谈会上向省政协全面汇报娄底市金融生态城市创建工作。行长李志扬在《娄底日报》《娄底晚报》上发表题为《推进社会信用体系建设 共建娄底良好金融生态》署名文章，召开县域金融生态评估新闻通气会，凝聚所辖全社会齐抓共建金融生态和社会信用体系合力。加强与公检法对接联系，推动金融案件快立、快审、快执、快结，全市金融案件执行率有效提升，地区银行业不良率快速上升势头得到遏制。区域社会信用体系建设稳步推进，市级信用信息共享平台纳入"智慧娄底"整体规划，信用报告应用领域不断拓宽；农村信用体系建设取得突破，全市13.9万建档立卡贫困户信用评级覆盖面达100%，已授信12.2万户，授信率87.7%，授信金额22.9亿元；冷水江市农村信用体系建设全面发力，出台《2017年冷水江市农村信用体系建设实施方案》《冷水江市信用村信用乡镇奖励办法》，采集农户信用信息2.16万户，覆盖率78%。

【金融监督管理】2017年，人民银行娄底市中心支行制定娄底市中支出台《法律风险管理办法》《风险清单》，落实执法检查"双随机一公开"制度，完善行政执法取证程序，相关做法在全省法治央行座谈会上作经验交流；对娄底中行开展为期1个月综合执法检查，督促整改15个方面28类问题；开展"账户实名制落实年"活动，对金融机构执行261号文件情况进行专项督查，累计核查个人可疑账户44万户，发现虚假账户1.1万户，撤销0.41万户，对24.7万无法核实账户暂停非柜面业务。制定互联网金融风险专项整治方案，排查企业1320家。打击治理电信网络新型违法犯罪，协助公安破案165起，打掉团伙25个，查处人员143名，破获双峰县"12·13"特大电信诈骗案等一批大案要案。深入打击"逃骗汇、非法套汇"行为，对一名分拆购汇个人罚款4万元。开展反洗钱分类评级、“3号令”专项督查工作，约谈、走访金融机构22家；完善反洗钱协作机制，推动侦破某珠宝公司虚开增值税发票特大案件。开展征信合规检查，抽查网点62个，调阅档案1.9万份，核查记录数9.1万笔。完善普惠金融工作机制，举办湖南人文科技学院金融知识竞答赛等系列宣传活动，提升弱势群体金融素养；双峰县被纳入湖南省农行普惠金融试点县。代拟金融消费群体性投诉应急预案，长沙中支以文件形式印发全省执行；创新开展金融消保示范网点标准化建设，11月21日全省金融消保示范网点创建试点工作会议在娄底召开，创建经验受到长沙中支肯定；中支被省消协评为全省消费维权先进单位。中支办公室被评为总行金融消保工作先进集体，获全省金融法律知识竞赛二等奖。

【支付结算服务】2017年，人民银行娄底市中心支行着力农村支付环境建设，制作全市银行卡助农取款服务点分布图，对布点情况进行动态标识，组织开展风险排查，规范站点运营管理。牵头联合市扶贫办、市商务局等部门推进“三站”融合共建工作，至12月末390个行政村实现“两站”或“三站”融合。以“智慧娄底”建设为契机，率先在冷水江市开展智慧支付示范县创建，打造县域农村支付环境建设升级版，发放机具80台，累计交易63.8万笔，公交闪付、智慧支付菜场、银校通等应用快速发展，智能IC卡“一卡通”应用取得突破。

【国库服务】2017年，人民银行娄底市中心支行开展县支库TSIS用户角色上收试点，实现人力资源节约和系统运维效能提升“双赢”。攻坚克难，搭建国库集中支付实时在线监督平台，建立非预算单位拨款短信通知平台和办理依据电子传输通道，前移监督关口，破解集中支付模式下基层央行国库监督难题。国库资金运行分析报告获副市长陈蕾肯定性批示。

【外汇管理】2017年，人民银行娄底市中心支行健全跨境流动资金监管“集中决策、分类处置”机制，开展经常项目、资本项目、国际收支等专项监测、核查49期，覆盖全辖200多个涉汇主体，发现异常及可疑线索200多条，金额10.9亿美元；对24家企业、8家银行展开重点监测、检查。全年对3家未履行报告义务企业给予警示，对5家企业下调监管等级，对44家企业实施资本项目管控；提请商务部门对20多家出口少收汇、不收汇企业实施联合监管，前三季度全市出口收汇率达124%，超出全省53个百分点；先后8次展开大额、异常购付汇约谈指导，规劝企业放弃非理性提前购汇5000多万美元，货物贸易管理工作多次受到省分局通报表扬。在省分局指导下编写20万字银行、企业两个版本《外汇业务法规及风险防控指南》，成为涉外业务操作工具书。连续13年被评为娄底市服务开放型经济发展先进单位。

【货币发行】2017年，人民银行娄底市中心支行调拨发行基金173.2亿元，投放货币162.5亿元，回笼货币180.7亿元，保障地区合理现金供应；完善银企间硬币调剂机制，推广硬币服务网格化分片区管理，硬币自循环成效显著，回笼硬币533.6万枚，再投放528.8万枚，第三方公司累计清分80余万枚；投入120多万元完成库房监控系统和除湿除尘杀菌消毒一体化改造，发行库成功创建省级“示范库”，双峰县支行发行库正式启用。着力推进反假关口前移，接连破获两起小面额假币制售重大案件，打击辖内制贩假币犯罪活动；在全省首次运用人民币冠字号码查询系统破获重大诈骗案件，被评为全省打击收缴反宣币先进集体，在全省反假竞赛中获决赛团体三等奖。

【调查统计】2017年，人民银行娄底市中心支行加大对金融机构培训、约谈力度，统计数据质量长期稳居全省前列，得到调统处肯定。实施金融统计数据解读例会制度，完善数据解读分析框架，加强信息资源共享。对调研课题实行项目化管理，建立信息编译微信群，完善优秀信息调研推送机制，举办课题中期报告会、“十佳”调研报告评选等活动，全年上稿200多篇，多篇材料被《中国金融》等核心期刊采用，10多篇调研在上级行获奖。

【征信服务】2017年，人民银行娄底市中心支行开展“6·14”信用记录关爱日、征信知识“五进”系列宣传活动，通过娄底电视台等媒介播放《信用名片》宣传片，编写《征信知识50问》宣传读本，向社会居民发放1000多本，参加全省诚信文化原创微信作品竞赛获最佳人气奖。推广应收账款融资平台，累计促成应收账款融资38.4亿元；全年提供查询服务3.3万次，发放机构信用代码证0.45万个。

【科技服务】2017年，人民银行娄底市中心支行推进运行维护规范化、风险控制精细化、安全审计标准化“三化”管理，出台《国际互联网接入与使用管理办法》，开展信息安全检查、涉密信息系统测评、网络应急演练，落实中共十九大等重要时期网络安全守值责任，在办公网推广一体化终端系统，做好“永恒之蓝”蠕虫病毒防范，筑牢信息安全管理防线。5人获评长沙中支“网络扁平化”“服务器虚拟化”“桌面云化”工程建设先进个人；推进金融IC卡普及应用，辖内非接受理环境POS终端改造率达100%，法人机构银行卡升级工作正按照时间节点要求落实到位。

【大会计管理】2017年，人民银行娄底市中心支行协助长沙中支开展ACS业务异地应急演练；组织法人机构接入ACS综合前置系统，定期开展会计核算座谈会，会计核算质量再创新高，全年ACS系统业务处理成功率达99.8%，有6个月度实现“零差错”。会计财务管理转型卓有成效，对全行帐表进行集中会审，对县支行财务风险点全面排查，出台《中支机关财权与事权分离管理实施办法》《财务管理实施办法》等5项制度，形成权责明晰、制衡有效、运转协调财务运行机制；完善预算管理标准化体系建设，编制2018—2020年业务规划和2018年部门预算；集中采购工作在全省会计工作会议上作经验交流。

【大监督管理】2017年，人民银行娄底市中心支行编制内审工作三年规划，创新信息共享、交流磋商、督办改进三项机制，内审工作“集约化、精细化、信息化、组织化”水平不断提高。修订《大监督风险防控奖罚办法》，“大监督”机制运行更加顺畅。制定《内审项目质量管理办法》，推行内审项目质量分级负责制，建立内审人才库，实行审计项目质量全流程管理，全年完成7个审计项目，“双峰县支行新建发行库专项审计”项目获分行“十优”审计报告和优秀内审项目一等奖。

【大安全管理】2017年，人民银行娄底市中心支行建立部门安全员制度，开展安全检查30次，整改问题隐患9个；狠抓押运制度执行，押运工作“作风军事化、管理精细化”机制成效初显，被评为全省“押运安全管理年”活动先进集体。改造建设机关大院视频监控系统、发行库监控系统、办公楼门禁系统、访客管理系统、车辆出入管理系统，安防智能化水平显著提升。对守卫值班室进行改造，修订完善10多项安保内控制度，开展“内强素质、外树形象”系列活动，枪弹管理和反恐防暴工作在全市安全大检查中获得好评。

【行政效能管理】2017年，人民银行娄底市中心支行落实公务接待标准，按期收回对外出租门面和住房。加强对“四重两会一批示”事项督办，连续16年被评为娄底市保密工作先进单位。对支行户外铜牌、竖牌、电视会议室背景墙及桌面标识进行规范，树立良好机构形象。实现门禁出入、出勤考勤、移动办公、工作审批等“一卡通”。

表66　　2017年度人民银行娄底市中心支行先进个人一览表

获奖单位、先进个人	奖励名称	颁奖单位	颁发时间
人民银行娄底市中心支行办公室	中国人民银行金融消费者权益保护工作先进集体	中国人民银行总行	2017年
陈勇敏	中国人民银行金融市场与信贷政策工作先进工作者	中国人民银行总行	2017年
李彩虹	中国人民银行外汇管理先进工作者	中国人民银行总行	2017年
黄小雄	中国人民银行金融法治先进工作者	中国人民银行总行	2017年

银监分局

【概况】2017 年，娄底银监分局坚持服务实体经济，加强风险防控，提升监管效能，以“有效改善县域金融服务供给，更好服务县域经济发展”为题开展全市金融专题讲座，推动改善县域金融服务，全年全市银行业机构县域贷款余额 510.07 亿元，增加 47.91 亿元，增长 10.37%；全市银行业机构贫困地区（新化县、双峰县、涟源市）贷款余额 371.63 亿元，同比增长 19.32%，建档立卡贫困户扶贫小额贷款余额 6.85 亿元，同比增长 231.96%，覆盖贫困户 16025 户，“六个不低于”目标实现。

【公司治理】2017 年，娄底银监分局加强对董事、监事和股东管理；农商银行改善股权结构获得实质性突破，推动两家国资委控股公司收购双峰农商行已经劣变股东股份 5200 万股，占比分别为 8.33%和 9%。推进新化、涟源两地政府土地置换不良贷款 9800 万元、1 亿元提前一年实现变现；推动辖内农商行强化监管评级，新化农商银行综合评级结果达 AAA，年度纳税 9515 万元，蝉联新化县第一纳税大户，成为娄底市 2017 年度第七大纳税大户；光大银行娄底分行批准筹建。

【风险管控】2017 年，娄底银监分局整治金融乱象，强化重点风险监管，督促银行业核销处置不良贷款 19.49 亿元；加强法人机构监管，先后 18 次开展监管会谈，3 次下发监管意见书，提出 62 条监管意见；针对重点违规行为约谈农商行班子成员，责令监管指标限期达标，推动加快风险化解；全市银行业机构不良贷款余额 27.89 亿元，不良率 3.13%，比年初减少 3.79 亿元，下降 0.64 个百分点，守住不发生区域性金融风险底线。

【金融监管】2017 年，娄底银监分局开展统计数据治理年活动，成为湖南银监局系统统计数据差错最少分局之一；建立 EAST 系统运用反馈机制，加大 EAST 系统推广运用力度，获湖南银监局年度 EAST 系统应用劳动竞赛先进团队三等奖，双峰农商行现场检查项目获湖南银监局优秀现场检查项目一等奖；行政处罚 7 家机构、高管 9 名、员工 1 名，取消 3 名高管任职资格，罚款 250 万元。

【队伍建设】2017 年，娄底银监分局集中 3 个月时间开展“加强监管能力建设大讨论”活动，着力转变监管理念，提升监管能力，改进监管方法，通过大讨论活动，全局干部职工监管服务意识、责任意识、主动作为意识均有明显提升；遵循好干部标准，做好干部选任，全年提任干部 7 名，在分局形成良好正向激励氛围；先后获银监会、湖南银监局集体表彰 7 次，分局 14 人次获银监会、省局、市委政府表彰奖励。

（李四平 刘杰 胡蕾 李姿频）

表 67　**2017 年度娄底银监分局先进集体和先进个人一览表**

获奖单位、先进个人	奖励名称	颁奖单位	颁发时间
娄底银监分局	2016—2017 年度银监会系统文明单位	银监会	2018 年 1 月
娄底银监分局	湖南银监局 2017 年度工作先进单位	湖南银监局	2018 年 2 月
娄底银监分局	湖南银监局 2016 年度优秀现场检查项目一等奖	湖南银监局	2017 年 11 月
娄底银监分局	湖南银监局 2017 年度监管统计工作考评一等奖	湖南银监局	2018 年 3 月
娄底银监分局	湖南银监局 2017 年度优秀网评单位	湖南银监局	2018 年 2 月
娄底银监分局	湖南银监局 2017 年度信息工作二等奖	湖南银监局	2018 年 2 月
吴毅仁	中国银监会监管标兵	银监会	2018 年 1 月
刘红梦	2017 年银监会系统舆情工作先进个人	银监会	2018 年 3 月
刘陈杰	2017 年度优秀现场检查员	银监会	2018 年 3 月

中国银行

【概况】2017年,中国银行股份有限公司娄底分行出台《中国银行股份有限公司娄底分行员工考勤管理暂行办法》《娄底分行本部劳动竞赛方案》,完善内部管理机制建设,严格人员管理,逐步激活人力资源。抓好星级网点创建,娄星支行、涟钢支行通过五星级、四星级网点年度验收,营业部成功创建为全国金融系统四星级网点。技能训练保持良好势头,经省行统一测评,分行130名应测选手,获三级以上能手者125人、190人次,合格率达100%,综合能手率达96.15%,蓝图能手率达93.33 %,有13个网点综合能手率和蓝图能手率均达100%,涌现一大批一级能手和多项能手,新入行人员技能水平较往年显著提高;完成市分行营业部电梯和保管箱安装、星园支行装修以及4个县支行办公楼灾后改造工程和本部办公楼外墙与玻璃幕墙改造;全年外币存款余额为182.77亿元,较年初新增16.93亿元;本外币授信余额(含银行卡)为78.02亿元。实现年度净收入48424万元,同比增长4.65%;实现拨备前利润33993万元,同比增长12.59%;实现净利润25328万元,同比增长542.51%。

【财务管理】2017年,中国银行股份有限公司娄底分行利率定价、负债结构等资源配置优化,预算管理与执行力度得到加强,财务管理主动管控能力提升。全行网点运营风险地图考核在全省整体排名不断前移,会计专业队伍在年度总行组织会计达标考试中通过率达100%,中级会计师考试通过人数在全省二级机构中排名第一。在省分行会计达标验收中以98.13分通过达标验收。

【社会责任】2017年,中国银行股份有限公司娄底分行完成对口扶贫点新化县温塘镇晏家村各项帮扶工作,为该村协调工作经费40万元、项目经费80万元;在娄底市、县范围内建设8个金融扶贫服务站。配合当地监管机构持续开展多场金融知识宣传工作,牵头负责娄底职院“金融知识进校园”活动。在营业网点设置“中行温暖角”,为交警、环卫工人以及其他需要帮助人提供帮助。

表68　　2017年中国银行先进集体和先进个人一览表

获奖单位、先进个人	奖励名称	颁奖单位	颁发时间
李　畅	中国银行湖南省分行2017年度“最美青年员工”	湖南省分行	2018年5月
刘　铮	抗洪救灾优秀“一刊二号”通讯员	省行党务工作部	2017年8月
张顺理	优秀网点行长	中国银行湖南省分行	2017年5月
张顺理	堡垒之星	中国银行湖南省分行	2017年6月
欧阳红	湖南省金融工会工作积极分子	中国金融工会湖南工作委员会	2017年5月
李仲凡	2017年湖南省分行个人金融开门红竞赛优秀县级支行行长	中国银行湖南省分行	2017年4月
肖葭莉	中国银行湖南省分行2017年度优秀共青团员	中国银行湖南省分行	2018年5月
李　玲	“2017年度十佳派驻业务经理”	湖南省分行	2018年2月
风险管理部	中银授信管理工作优秀集体	中国银行股份有限公司授信管理部	2018年1月
共青团中国银行娄底分行委员会	中国银行湖南省分行2017年度“五四红旗团组织”	中国银行湖南省分行	2018年5月
罗　浩	中国银行湖南省分行2017年度优秀共青团干部	中国银行湖南省分行	2018年5月

建设银行

【概况】2017 年，建行娄底市分行一般性存款余额 321.12 亿元，四行占比为 35.66%；比年初新增 24.18 亿元，四行占比 28.46%，，余额占比排同业第一。各项贷款余额为 178.79 亿元，四行占比 36.51%，排名第一。全年实现账面利润 5.9 亿元，四行占比 44.28%，排名第一。对公存款时点余额 104.29 亿元，较初新增 7.27 亿元，四行余额占比 35.89%，排名第一；新增四行占比 21.88%，排名第三位。公司贷款余额 110.53 亿元，余额四行占比 34.83%，排名第一。个人存款余额 216.83 亿元，比年初新增 16.91 亿元四行占比 32.68%；网均新增 5831 万元，超过全省网均 1770 万元。全年个人有效客户增长（折算前）总数 384925 户，比年初新增 39844 户；私人银行客户新增 12 户，私人银行客户人均 AUM 值达到 1662.30 万。个人贷款余额 44 亿元，比年初新增 2.4 亿元，余额四行占比 37.29%，排名第一；全年个人贷款客户新增 57819 户，累计投放自营性个人贷款 18.6 亿元，公积金住房委托贷款 6.8 亿元。全行实现中间业务收入 2.6 亿元，市场占比 43.99%，稳居同业第一，比排名第二工行多 14568 万元。结售汇量同比增幅 36%，四行占比排名稳居第二，领先工行 10 个百分点；条线中收同比增幅达 72%。全年跨境融资性风参业务 + 货币掉期业务实现突破，成功办理 1160 万美元；成功签约 8140 万美元远期购汇业务。对公人民币结算账户新增 1268 户，四行增量占比 38.55%，居同业第一，全省排名第四；移动金融柜面替代率达到 85.61%，比年初提升 14.51%；手机银行客户签约新增 93287 户，同比增幅为 103%；全年信用卡分期交易额 95565 万元。

【资产质量与风险控制】2017 年，建行娄底市分行不良贷款(含信用卡、下同)余额 28965 万元，比年初减少 2514 万元，不良率 1.69%，与年初保持一致，不良率在工农中建四行中最低。通过强化内控合规制度建设，有序开展系列专项活动，全行员工风险意识明显提升，实现全年安全运营。内控合规过程管理工作全省考核排名第一，积分管理工作全省综合考核第一名，审计问题整改率 100%，反洗钱工作、合规 KPI 考核和“两防”考核排名前三。

【夯实客户基础】2017 年，建行娄底市分行树立以“客户为中心”发展理念，提升获客和活客能力。通过抢抓关键时点、扎实推进客户分层分群维护、打造个金专业团队等多管齐下，促进个人业务发展。个人客户金融资产总量日均余额 245.47 亿元，较年初新增 27.08 亿。全年信用卡分期交易额 95565 万元，其中循环分期交易额 56563 万元，专项分期交易额 39003 万元；全年净增商户 3025 户，完成省行计划任务 154.81%，全省排名第二；基金客户新增 2359 户，排名全省第四。

【机构业务取得突破】2017 年，建行娄底市分行加强对财政账户清理、法院一案一户、五险统征、职业年金、智慧医院等重点业务牵头营销，取得成效。在财政账户清理上确保存量账户基本不丢失；在同业中率先上线娄底市财政局集中支付电子化系统、娄底市公共资源交易中心电子竞价系统；成功开立娄底市市本级、冷水江市、双峰县五险统征账户，确定全行主办银行地位；成功营销娄星区、冷水江人民法院“一案一账户”院银直连项目，开立执行案款专户；实现星区人民医院“移动互联网医院”正式上线运行。全年机构业务较年初新增 10.68 亿元。

【信贷结构优化】2017 年，建行娄底市分行完成新合作物流园 5.8 亿元，娄底市中心城区道路提质改造及风貌整治项目 13.6 亿元，娄底市涟水河综合治理(神童湾段)项目 3 亿元，涟源市湄江景区开发项目 2 亿元，冷水江城市综合改造项目 3 亿元，新化光伏发电项目 1 亿元，高速公路 5 亿元等多个重点项目计 33.4 亿元信贷投放，实现有效新增信贷投放 14.17 亿元。储备项目 43 亿元，项目储备是近 5 年以来最为充足一年。全年压缩退出钢贸、煤贸、建材批发客户 28 户，信贷结构得到进一步优化。

【渠道布局优化】2017 年，建行娄底市分行全年新成立一个网点型支行吉星路支行，完成新化梅苑、涟源东城 2 个分理处升格为网点型支行，扩张业务辐射面；引导业务向移动端迁移，全行智慧柜员机交易迁移率达 90%。通过开展青年员工创客大赛，确定商圈打造主题，组织网点认真分析本网点客群特点并选择 2 个客群做深做透参加创客大赛，在全行营造创新转型氛围，提升网点客群经营意识。全年完成冷水江市中职学校和贝比熊孕婴童客群 2 个金融生态圈项目。

【普惠金融服务】2017 年，建行娄底市分行认真梳理小微企业、小微企业主、个体工商户、农户、商户等客户群，围绕已搭建银政、银企、银税、银担等合作平台，实施批量营销；组织“湘叶贷”“税易贷”“税易贷”“助保贷”等专场营销会16场，营造全行发展普惠金融业务良好氛围。全行普惠金融业务全口径贷款余额8.66亿元，累计实现普惠金融信贷投放1.8亿元，为400余家小微企业解决融资需求。

【智慧平台结算】2017年，建行娄底市分行通过推广智慧平台抢抓结算市场资源，确保商户总量与质量。举办五场“慧兜圈”推广启动会，与五江碧桂园、万豪城市广场等主力商圈开展专场促销活动，同时借力总行“百城万店五折惠”“龙卡送红包”“龙卡美食节”等活动，吸引商户驻全行慧兜圈平台。累计新增商户3086户，全年净增商户3025户，完成省行计划任务154.81%，全省排名第二。

【信贷风险管理有力】2017年，建行娄底市分行出台《资产质量管控方案》，建立信贷预审批制度，优化审批流程，通过集体决策、科学决策，以解决背对背签字、信息沟通不全问题，同时提高决策效率，严防新冒不良。全年压缩博长担保和金广源担保在保客户在保余额10887万元，对尚未压缩退出客户，逐户制定压缩方案和目标。落实“315”工程，制定《娄底分行落实信贷管理“315”工程实施细则》，明确各层级信贷经营主体责任人信贷客户管控范围、最基本贷后管理规定动作和履职频率，建立会议机制、走访机制、预警机制、情况掌握机制和季度考核机制，行领导带头走访重点客户、逐户建立走访台账、制定诊断方案。全年不良资产处置30063万元(含信用卡处置)。其中，核销8805万元、现金回收3356万元、盘活上迁3638万元、批量转让10983万元、证券化3281万元。

【内控风险管理】2017年，建行娄底市分行通过强化内控合规制度建设，有序开展系列专项活动，全行员工风险意识明显提升，实现全年安全运营。内控合规过程管理工作全省考核排名第一，积分管理工作全省综合考核第一名，审计问题整改率100%，反洗钱工作、合规KPI考核和“两防”考核排名前三。

【财务资源配置】2017年，建行娄底市分行成立临时薪酬管理与考核委员会，修订员工工资管理实施细则，解决部分干部员工反映突出问题。加强资产管理基础工作和精细化管理，提高资本性支出规范化管理水平。完成资本性支出金额5320万元，全部

11月3日，“乐享生活 普惠万家”——建行“慧兜圈”娄底推广启动会 (刘新山 摄)

实现合规入账。完成火车站支行迁址购置项目1个，营业网点装修项目3个，装修投产离行自助银行2个，建设完成机构类业务延伸项目4个。

【营运管理工作】2017年，建行娄底市分行实行委派营运主管工作职责，加强委派营运主管梯队建设，在全行公开选拔委派营运主管后备人才9人；加强柜员等级管理工作，新增一级柜员3名，二级柜员20名；开展“标杆金库”创建，加强金库基础设施建设，改善作业条件，提高金库管理及硬件水平，全行金库进入年度湖南省“标杆金库”入围名单。

工商银行

【概况】2017年，中国工商银行娄底分行推进“双基双线”战略，攻坚克难，勇于创新，开拓进取。全年各项存款余额184.32亿元，比年初增加16.34亿元，贷款余额132.72亿元，其中，储蓄存款余额122.49亿元，比年初增加10.42亿元；对公存款余额61.83亿元，比年初增加5.91亿元；规模排名四大行第二。累计清收处置不良贷款75658万元，其中法人不良38380万元，个人不良37278万元；累计现金清收信用卡不良4619万元。提款重点建设项目11个计33.65亿元，完成全年任务112.17%；项目贷款新增19.7亿元，贷款余额达42.26亿元，占全部公司贷款49.3%，较年初提高22.04个百分点。

【服务民生】2017年，中国工商银行娄底分行加大网络金融新产品营销推广力度，向客户推介体验使用工行扫码取现、手机银行、一键支付等电子银行

产品一揽子业务，把一些民生缴费项目迁移到融e联平台中，通过这些平台由客户自主完成缴费，让客户享受水、电、气费缴纳等便捷、安全现代金融服务。通过口口相传来做活融e行、e支付，做实融e联，增加活跃客户。经工行娄底分行与新化县政府多次洽谈合作，工行“融e购·新化馆”成功开馆，打造推广特色产品新平台，通过融e购服务平台，新化更多名优特产品和旅游名胜走向世界。凭借工行发卡量和技术支持等优势，契合二维码支付小额、便捷特点，为中小企业或个体工商户等新型商户提供二维码支付体系服务。每月组织一次代发工资专场营销推介会议，为企事业对公单位个人客户提供优质高效代发工资服务；通过社保卡、交通卡、健康卡等渗透民生领域，让广大客户享受美好生活；以新型消费市场为重点，推广国民旅游休闲卡及锦绣潇湘旅游卡项目。利用线上线下多条线销售渠道，增加与保险、基金公司联合营销频率，让代理保险、基金、理财产品、贵金属充分满足各层次客户需求。

【化解风险】2017年，中国工商银行娄底分行采取“四见”“三定”加大不良清收处置力度。采取“四见”排查摸底，即见法人代表，见生产经营场地，见抵(质)押物，见担保人，实行分类处置。实行“三定”，下达定工作目标、定责任人员、定工作进度“三定”处置工作流程图。加强与法院、公安部门合作，开展打击银行卡诈骗犯罪专项行动，联合打击“老赖”行为，运用法律手段化解贷款风险，加大胜诉案件执行力度，确保有立案、有执行、有效果。坚持处置不良与强化特殊资产管理并举，做到“三到位”，即追索到位、追责到位、管理到位。多次向总行、省行汇报娄底实际困难，争取核销资源、证券化、创新处置等政策倾斜支持。《经济日报》《城市金融报》、市政府办公室(研究室)《内部参阅》先后发表工行娄底分行组织课题材料《化解区域金融风险创建金融安全区探讨》及理论文章。

【回归本源】2017年，中国工商银行娄底分行顺势而为，围绕交通、新能源、基础设施建设、环境治理、文化旅游、医教养、现代农业、水利、超低排放和节能改造等领域优质客户和项目，集中信贷资金，加大政府背景项目、有央企背景项目投放支持力度。通过加强与涟钢、冷钢、五江等大户联系，掌握其上下游企业票据信息，寻求合作机会，全方位拓展客户，通过票据贴现满足资金需求，办理票据贴现居四大行第一。

在双峰县开展“两权”抵押试点贷款中，主动作为，发放“两权”抵押贷款250万元，是四大行中唯一完成投放任务分行，为当地经济发展注入新动力。

【内控防管】2017年，中国工商银行娄底分行加强新时期“十大禁令”和典型案例、新版《员工违规行为处理规定》《员工行为禁止规定》和《员工违规积分管理办法》学习，引导员工知敬畏、守底线，守住政治底线、道德底线、职业底线。开展内控合规“执行强化年”活动，深化“十大重点领域和关键环节”治理，确保持续抓出成效。开展前台业务合规操作培训和风险控制文化主题教育培训“第三季”活动，组织前台操作合规文化培训16期，信贷风控文化培训6期，组织以案释纪反腐败教育活动，邀请娄底市纪委办案能手讲述身边案例，强化全员合规与风控意识。

(陈历新)

农业银行

【概况】2017年，农行娄底分行主动回归本源、专注主业，把服务实体经济作为出发点和落脚点，创新金融产品和服务，服务娄底经济社会发展。各项存款余额突破200亿元大关，达213亿元，各项贷款余额107亿元，存贷款增量居四大行双第一，获娄底市2017年度金融工作先进单位。按照“脱虚向实”要求，大力调整信贷结构，将贷款全部投向实体经济，支持龙琅高速、娄底大道、华润电力(涟源)等重点企业和重大项目，在全省系统首创娄底城投债券融资计划、集中投棚改项目银团贷款、五江碧桂园智慧商圈等多个重点融资项目，实体贷款比年初净增12亿元，增量和增幅均居四大行第一。累计发行惠农卡164万张，布放惠农服务点2406个，在全省系统率先实现县域财政惠农补贴与扶贫补贴资金代理全覆盖。推出“专业大户贷款”“粮食贷”“救灾贷”等九大三农特色信贷产品，重点支持回春堂药业、天华牧业等一批知名产业化龙头企业，涉农贷款比年初净增10.4亿元，增速24.2%，实现银监部门“三个不低于”监管目标，服务“三农”工作考核居全省系统第一。主动对接当地政府脱贫攻坚工程，从推进项目带动、产业扶贫、建档立卡贫困户精准扶贫等方面着手，扎实推进金融精准扶贫。扶贫贷款余额21.8亿元，比年初净增

9 亿元，同比多增 5.77 亿元，增速达 72%，余额、增量均居四大行第一，支持或带动建档立卡贫困户人口 14.57 万人，超额完成上级行、当地人民银行和政府下达扶贫贷款任务，被人民银行长沙中心支行和湖南省总工会评为“湖南省 2017 年度金融扶贫专项竞赛先进单位”。

表 69　　2017 年度农行娄底分行先进集体和先进个人一览表

获奖单位、先进个人	奖励名称	颁奖单位	颁发时间
农行娄底分行	湖南省 2017 年度金融扶贫竞赛先进单位	人民银行长沙中心支行、湖南省总工会	2018 年 5 月
农行新化县支行	第四届“全国农行文明单位”	中共中国农业银行委员会	2017 年 3 月
农行双峰县支行	第八届“全国农行精神文明建设工作先进单位”	中共中国农业银行委员会	2017 年 3 月
农行娄底春园支行营业部	中国农业银行五一巾帼标兵岗	中国农业银行	2017 年 3 月

农发行

【概况】2017 年，农发行娄底市分行以服务农业供给侧结构性改革为主线，推动实施总行“一二三四五六”总体发展战略，抓好补短板、防风险、夯基础等工作，服务地方经济发展。全年贷款余额 28.24 亿元；存款余额 19.1 亿元；不良贷款余额、不良率分别较年初下降 0.67 个、0.45 个百分点；账面利润 6443 万元。

【化解不良贷款】2017 年，中国农业发展银行娄底市分行面对风险贷款历史包袱重严峻局面，冷静分析、知难而进。促请召开 3 次协调会，出台 3 次协调会会议纪要，政银企协商达成共识。向省分行党委汇报善后处置工作，争取在信贷支持上给予娄底倾斜支持。专门成立善后处置专职工作组，由行长挂帅，分管前台副行长任组长，做到风险处置与项目营销两手抓，使该笔风险贷款已足额到账；推进百雄堂 1891.82 万元不良贷款核销报批，年底前顺利完成核销。

【政策支农】2017 年，中国农业发展银行娄底市分行累放支农各项贷款 4.7 亿元。坚持把做好粮油收储业务作为基本职责，到双峰县卓越粮油、灯塔米业和中储粮娄底直属库等重点企业走访调研，保障政策性粮食收购资金及时足额供应。落实储备贷款“购贷销还”、收购贷款“封闭运行”管理要求，与市商粮局联合对全市中储、地储、国有购销、产业化龙头企业粮食库存进行检查，规避粮棉油信贷资金风险，确保辖内不出现“打白条”。全年累计发放粮油类贷款 3.99 亿元。制定实施方案，行领导带队紧跟政府、紧联部门、紧盯项目，狠抓中长期贷款项目营销，活动期间营销入库项目 12 个，贷款金额 46.95 亿元。审批省内首个银团贷款项目 1 个，金额 4 亿元，完成省分行受理项目 2 个，金额 9 亿元。适应经济新常态和宏观调控新取向，短时间内营销政府主导中长期项目 5 个，获批 14.2 亿元。

【脱贫攻坚】2017 年，中国农业发展银行娄底市分行全年扶贫贷款余额 6.54 亿元，占各项贷款总额 23.01%。设立中国农业发展银行娄底市分行扶贫金融事业部，统筹推进和督促落实全行脱贫攻坚工作；合规支付易地扶贫搬迁贷款 1.3 亿元、专项贷款 4.39 亿元、专项基金 2.01 亿元、专项债券 0.4 亿元；累放 4300 万元支持产业扶贫，以及基础设施精准扶贫贷款 4.1 亿元；审批 5 亿元贷款支持贫困县新化县桃花源基础设施建设；全年全行认定精准扶贫贷款 12 笔 6.54 亿元。截至年末，双林村 107 户 455 名建档利立卡贫困户实现脱贫，贫困发生率从 25%下降至 0.9%。党委班子成员还与双峰县双溪村 5 名贫困户 “一对一”结对帮扶。

【经营管理】2017 年，中国农业发展银行娄底市分行开展“贷后管理年活动”，统一办贷管贷标准，加强信贷制度建设，明确开户行和管理行贷后管理职责、内容和流程，开展实地现场检查和非现场监管，落实首次跟踪检查和流动资金贷款按月、固定资产贷款按季检查制度，按月对辖内贷后管理工作进行分析，提出监管措施；强化贷前条件落实，发挥好放款监督把关作用，将贷后管理各项规定落到实处；严格财经纪律，坚持勤俭办行，组织低成本存款资金营销，优化负债结构，加快信贷投放，稳定信贷规模，提升经营效益。开展开展“三套利”“三违反”“四不当”“市场乱象整治”“两加强、两遏制”回头看等专项检查，夯实依法合规经营基础。（吴苗）

省农信社

【概况】2017年，湖南省农村信用社联合社娄底办事处围绕“份额、质量、效益、安全”主线，发挥管理、指导、协调、服务功能，着力打造成学习型、服务型、廉洁型、务实型、创新型机关，引导和激发辖内五家农商行服务“三农”内生动力，坚守“服务‘三农’，服务小微企业、服务县域经济”市场定位。全市农商行各项存款余额385.27亿元，比年初增加54.95亿元，增幅16.6%，市场份额22.45%，居全市金融机构第一位；各项贷款余额224.42亿元，比年初增加36.69亿元，增幅19.54%，市场份额25.21%，居全市金融机构一位。全年实现总收入23.5亿元，比年初净增3.79亿元；实现账面利润4.91亿元，同比增加0.78亿元；经营利润8.98亿元，同比增加2.26亿元。新增便民卡33990张，授信40.59亿元，累计发放便民卡75411张，授信102.4亿元；新增公务卡2027张，授信金额9317万元；电子银行替代率达69.28%。双峰农商行、涟源农商行引进市政府平台入股。新化农商行、涟源农商行进行政府土地置换变现。

【精准扶贫】2017年，湖南省农村信用社联合社娄底办事处通过开展“一进两访”“一对一”结队帮扶，建立金融扶贫站358个，评级13.9万户，授信12.2万户，授信金额22.95亿元，累计发放扶贫贷款17917笔，贷款余额8.37亿元，累计发放产业扶贫贷款2.8亿元。

【树立形象】2017年，湖南省农村信用社联合社娄底办事处争取市委、市政府、人民银行、银监局等部门支持农商行工作，把做大做强农商行工作纳入各县市政府考核范畴；举办全市农商行首届“福祥·新化杯”气排球比赛，组织参加省联社“最美农信人礼仪赛”和“合规知识抢答赛”，开展“五小建设”、标杆网点建设等活动。（黄荣强）

娄底市兴娄融资担保有限公司

【概况】2017年，娄底市兴娄融资担保有限公司出台完善《担保业务操作规程》《担保业务评审委员会工作规程》《2017年度担保业务行业指引》等业务管理办法，对传统AB角制度进行改革创新，首创全省D角制度，由D角专职落实反担保措施，职责分工更加明确；并按“优势互补、合作共赢、风险共担”原则，实现“政、银、担”合作机制。与建设银行、中国银行及市经开区、冷水江市政府初步达成责任分担业务操作意向，与湖南金融资产交易中心展开合作，通过“金担通”完成2笔融资担保。全年接洽申请担保项目194个，包括机械、科技生产型等传统行业、农机、电子陶瓷等特色产业，生物医疗、新能源等新兴产业，累计申请金额10.2亿元；累计担保项87个，累计担保发生额5.44亿元。担保客户行业分布合理，其中制造业占比34.14%，批发和零售业占比27.02%，此2个行业占比61.16%，符合娄底七个“三年行动计划”要求与娄底“工业兴娄”总体目标。撬动企业新增产值约8亿元，增加税费约0.5亿元，新增就业1000人左右，获评全省行业内唯一“融资担保机构创新奖”。

表70　**2017年度娄底市兴娄融资担保有限公司先进集体一览表**

获奖单位、先进个人	奖励名称	颁奖单位	颁发时间
娄底市兴娄融资担保有限公司	交通银行湖南省分行担保公司管理水平评级第三名	交通银行湖南省分行	2018年2月

娄底市保安服务有限责任公司

【概况】2017年，娄底市保安服务有限责任公司遵循“规范管理求效益，多种经营求发展，以人为本求和谐，信誉品牌拓市场”宗旨，坚持为客户服务、为社会服务、为娄底经济建设服务为目的，强化管理、加速发展。面向社会各界提供“人防护卫”“武装押运”“联网报警”“汽车租赁”“劳务派遣”等专业安保服务，获全省保安员职业技能竞赛团体第一名，在全国职业技能比赛中荣获第八名，并评为全省先进保安公司，通过ISO9001-2000国际质量认证，荣获全省一级保安公司，获授“娄底市促进就业先进单位”“湖南省优秀保安企业”“全国先进保安服务公司”“中保协常务理事单位”“优秀安防公司”等称号，连续两年获评娄底市“五一先锋集体”。有市管干部2人(董事长、总经理)，公安民警2人，职工1人，公司现有办公大楼面积4864平方米，土地17亩，车辆92台，防暴枪193支，技防分公司接处警平台1套，员工1639人，服务客户300多家，年度营收8400万元。内设党群工作部、纪检监察部、工会、综合管理部、财务审计部、人力资源部、业务拓展部、安全纠察部；下设8个分公司，即守押分公司、人防分公司、技防分公司、劳务派遣公司、平安物业公司、安保汽修厂、保安培训学校、汽车租赁公司等。承担全市中、农、工、建、农商行、邮政、邮储、华融湘江、招商银行、交通银行、长沙银行等所有金融机构现金押送、守护任务。已由单一经营模式向多元化发展，在主要业务以外，还拓展物业公司、劳务派遣、汽车租赁等业务。

娄底市交通建设投资开发有限责任公司

【概况】2017年，娄底市交通建设投资开发有限责任公司遵循“至诚至简，行稳致远”价值理念，以项目建设为抓手，融资工作为核心，加快推进重大交通基础设施项目建设。按照省市“十三五”规划目标，统筹谋划，放眼未来，高标准高规格高质量制定《公司2018—2020三年行动目标方案》，紧靠行动目标方案，完善法人治理机构，调整董事会、成立监事会，搭建经理层，新设和划转2家全资子公司，拟筹2家全资子公司，参股2家公司。构建企业CIS文化标识系统，构筑行政、人事、财务、工程等管理制度体系，明确部门和岗位职责。构建先进人才管理系统。切实按照“公平公开公正”原则招募管理团队员工，完成两期员工公开招聘。建立MBO目标考核法，以全员绩效考核为核心，构筑公司绩效管理体系。利用晚上时间，每周推行业务培训日计划，集中开展业务培训，使全体员工掌握当前融资平台业务前沿知识，在思想观念、知识结构、创新能力等方面力争有一个新突破，力争把学习成果转为带动和推动本部门、本单位工作效能建设实际能力。健全风险防控机制，构架风险识别、评估、管控体系。将工程管理、财务融资、法律风险、重大事项评估等列入风险防控体系，力争公司经营零风险。

【融资拓展】2017年，娄底市交通建设投资开发有限责任公司稳健把控，另辟蹊径，完成年度目标任务，取得救灾应急贷款2亿元，全部投入支持各县区农村公路灾毁重建。按照政府部署，以最快速度争取国省美丽公路建设中长期贷款项目列入国家开发银行总行授信计划，争取18亿元、23年期低利率贷款；促进交通+旅游融合发展，与国开行设立30亿规模娄底市交旅基金，完成注册资金3亿元现金资产归集，归流资金2.3亿元，争取到上级补助资金80万元。完成交通、公路系统资产评估18亿元。提前构架融资平台信用体系，年内总资产达30亿元。

【项目推进】2017年，娄底市交通建设投资开发有限责任公司按照市政府七个“三年行动计划”、项目大比拼要求及公司立司初始确定项目任务，明确分工，倒排工期，落实专人，攻坚克难，健全安全生产制度，与各县市区相关项目前期对接工作密切有效。“一二三”六大项目全面推进。

“一”即娄底大道慢行系统自行车道及综合景观工程项目。分娄双段、涟新段、娄涟段三段，完成现场踏勘和工可报告编制并通过专家评审。建设内容包含绿廊系统、慢行系统、服务系统、交通衔接系统、基础设施和标识系统、配套停车和电气照明与天网工程等。根据市政府整体部署，本项目分期实施，第一期实施娄涟段。娄涟段线路全长29.15千米，全线按双向自行车专用道标准建设，设计骑行速度10~30千米/小时，全线设一级服务点2处，建筑面积36000平方米；二级服务点7处，建筑面积5600平方米，估算投资总额为39648万元。

"二"是两大招商引资项目。一是仙女寨经水府庙至曾国藩故居全域旅游景观道路项目。打造集交通、景观、旅游、娱乐和休憩等多功能于一体，满足自驾车"慢游"体验需求旅游精品路线，也将是湖南省首条全域旅游景观道路。拟作为全域旅游示范性项目，将盘活区域经济，带动沿线4万贫困人口脱贫致富，对全市脱贫攻坚战具有重要意义。线路全长133千米，总投资估算57亿元，其中工程建安费用39亿元。二是孙水乡村生态绿道(石埠至杨市)。起于城区石埠大桥，止于涟源市杨市镇，沿孙水河滨展线，连接娄星区万宝镇、水洞底镇、涟源市杨市镇，路线长28.713千米，估算总投资约3.93亿元，建设内容包括绿道工程、步道系统、服务驿站及配套设施、导视系统及照明工程、景观绿化及驳岸工程、房屋立面及房前屋后改造等。已通过专家评审，目前工可报告正在按专家意见修订。

"三"是三大提质增效项目。一是国省干线美丽公路建设，主要针对道路状况较差或与景区有密切联系国省干线公路进行提质改造，涉及到G207、G209、S312等7条国省干线，改造道路线路全长约320公里，估算总投资约24亿元。完成工可批复，完成该项目PPP实施方案联审并经市发改委批复，财政承受能力、物有所值论证已经市财政局批复，项目已录入财政部PPP综合信息平台，正在招标。二是娄底南站综合客运枢纽。通过学习长沙汽车西站、长沙汽车南站两个综合交通枢纽项目，借鉴经验并结合娄底实际，形成建设方案初稿。工可报告正在编制中，项目已申报交通运输部"十三五"发展规划，力争中央预算内经费支持。三是城际公交一体化。项目立足融城战略，拉近市县距离，促进市域经济发展，解决民生问题，方便人们出行。正在开展前期工作调研及工可报告编制工作。

【三好一优】2017年，娄底市交通建设投资开发有限责任公司在投资思路上，力求"三好一优"，选择好，洽谈好，落实好，做优秀项目。仙女寨经水府庙至曾国藩故居全域旅游项目，开展强势招商引资洽谈工作，中铁建等10余家单位已表示合作意愿。推进中心城区城乡公交一体化项目，参股市公交总公司10%股份。注资大龙山旅游开发项目，参股注册湖南龙城开发建设有限公司，项目即将启动。充电桩项目、共享汽车分期租赁项目、智能停车立体车库等均在有序洽谈落实中。　　（杨俊霞）

娄底市国有资本投资运营有限公司

【概况】2017年，娄底市国有资本投融资运营管理公司对政府投入有关企业各种资金，以股权持有方式进行管理，接收"政资分开、政企分开"过程中"事改企"经营性资产、金融投资、物业分离改造以及相关配套产业经营与管理。

注册资本5亿元。按现代企业制度，设立董事会、党组织、监事会、经理层，法人治理结构完善。设投资规划部、资产管理部、财务审计部、综合管理部(党群工作部)、法务风控部5个部门，有员工25人，拥有本科及以上学历16人，占员工总数64%；持有中、高级技术职称12人，占员工总数48%。

【资产归集】2017年，娄底市国有资本投融资运营管理公司在原国有资产经营公司（以下简称国资经营公司)基础上全面改制为国有企业，按双向选择原则，吸收和消化原国资经营公司员工并按企业制度规范管理；成立全资子公司三家：娄底市农贸综合市场经营有限公司、娄底市国投仁和物业公司及市国资委将娄底市国家粮食储备库全部股权划转国投公司为全资子公司(注册资本金680万元)；控股娄底锑都投资发展有限公司（注册资本金5.701亿元，持股57.07%)、华达汽车空调(湖南)有限公司(注册资本金1亿元，持股55%)、娄底市国投新能源股份有限公司(注册资本金1000万元，持股51%)；参股湖南智慧政务区块链科技有限公司（注册资本金1200万元，持股20%)。有总资产5.3亿元(比2016年增加1.02亿元)，净资产5.28亿元，总投资1.0亿元，总融资1.308亿元，净利润2100万元(含华达)，资产保值增值率为105%。

【精耕项目】2017年，娄底市国有资本投融资运营管理公司围绕国有股权管理中心、辅业资产转化中心、改制剩余资产加工中心、混合所有制企业上市培育中心、高新技术推进中心开展工作。推进"三供一业"物业分离维修改造项目，完成广铁集团、国网电力2家企业项目签约；与北京金股链公司、万宝新区投资开发公司共同出资成立湖南省智慧政务科技有限公司，从政务、民生、社会信用等多个维度进行场景应用；与娄星区城乡投成立聚合城乡开发有限公司，共同组织实施娄星区范围建设用地增减挂钩工作;开展大健康产业投资,与市妇幼保健院多次洽谈整体搬迁项目。

【内部管理】2017 年,娄底市国有资本投融资运营管理公司建立出资人代表授权董事会管重大决策、经理层负责日常运营、监事会负责监督机制。设置公司内部组织机构,以组织建设为中心,建立以董事会为核心公司治理模式,修订公司章程,将党的建设写入公司章程,完善公司内控制度,设置“三会一层”权限,合理配置董事会、经营层、监事会职权,已建立适合公司实际合理分权、有效监督、相互协同、相互制衡公司治理结构。 (李凌云)

娄底市文化旅游发展投资有限公司

【概况】2017 年,娄底市文化旅游发展投资有限责任公司秉持“实诚、实干、实绩”精神,按照现代企业管理制度要求,有序开展各项工作,全年开工省重点项目 1 个, 年内将完成投资额 5000 万元; 抓紧 8 个项目前期工作推进, 完成 3 个控股子公司工商登记注册。公司系全域旅游背景下成立市属国有控股有限责任公司,始建于 2016 年 12 月 12 日,注册资本金 10 亿元。以“一流旅游投融资平台、规范高效现代企业”为目标,围绕“吃、住、行、游、购、娱、商、养、学、闲、情、奇”12 大要素,涵盖餐饮、酒店、旅行社、商业、景区等业务。立足娄底,制定全域旅游开发规划,按照“交通等基础配套 + 景区经营回报”方式包装 3 到 5 个重大 PPP 项目, 在全市启动 16 个文旅项目,撬动文旅投资 100 亿元,成为娄底转型升级、绿色发展和中部崛起重要力量。

【打造全域旅游亮点工程】2017 年, 娄底市文化旅游发展投资有限责任公司确定全域旅游自驾车房车运营及营地体系(一期)建设项目,计划 3 年完成全市全域布局 1 个自驾车房车运营总部和 10 个自驾车房车营地,建设地点均分布市内各景区景点,实现高铁高速路网到景区、城市到景区、景区到景区无缝对接,实现线上预订、线下体验、车辆共享和活动推广“四位一体”,构建“说走就走”全域旅游格局。采用 PPP 模式建设,项目估算总投资为 11 亿元,年内将完成各项审批入库挂网与博盛营地和归古营地开工建设;围绕“吃住行游购娱”旅游要素有效整合全市优质旅游资源, 与湖南一二三零一旅游服务有限公司合作,面对全省范围发行,已于 8 月 19 日完成首发,限量发行 10000 张,每张定价 168 元,持卡用户以在有效期内全年不限次免费游览娄底市各大景区景点,享受全市星级饭店、特色餐饮优惠折扣。

【包装全域旅游重点项目】2017 年,娄底市文化旅游发展投资有限责任公司重拳出击 “娄底国际风情特色小镇项目”,通过文旅产业发展推进经开区产城融合。主要建设内容为休闲服务区、文化艺术服务区、高档住宅区、公共服务区。项目在承接区域核心功能同时,导入体验性功能,体现休闲性、文化性、艺术性和旅游性, 满足国际化生活方式和不同人群生活需求。项目总占地面积约 111 公顷,合 1665 亩。位于涟水河、江龙路、勤丰路交叉区域(经开区中部吉星路两侧滨水地区,北至江龙路,西至勤丰路,南至涟水河,东至洛湛铁路)。总投资约 50 亿元,规划设计由上海同济大学承担, 已召开四次设计成果对接会;与万宝新区合作整体开发仙女寨(含孙水河、尖山寨),主要内容包括航天科技巡展总部、航天体验主题乐园、 娄底市全域旅游自驾车房车运营及营地体系运营总部、娄底市游客集散中心等,把仙女寨自然生态区(含孙水河、尖山寨)规划建设为兼具游客集散功能文化旅游综合体;以龙湾村为核心,创建绿野香坡农旅健康文化小镇, 联动荣华、 琅塘周边 12 个村,全面推动现代新农村建设发展升级,将龙湾湿地打造成富有地方特色新农村建设旅居天堂 “样板工程”。计划从市新型产业发展基金中安排 2.17 亿元由市文旅投先期启动,与洪达仁国际设计管理集团、荣华乡政府实现多次沟通; 速生碳汇草种植和利用产业化项目,先期将杨市镇基地打造成科研基地、示范基地、 种苗繁殖基地以及与文化旅游相融合示范基地,在涟源市桥头河、斗笠山等地区采煤沉陷区、煤矿废弃地、冷水江市锡矿山重金属污染、矿山生态修复地、龙湾湿地滩涂地进行先行先试,再逐步推广种植。与湖南绿心科技公司、涟源市力源旅游建设投资有限公司合资成立湖南首先零碳科技有限公司作为项目开发主体,截至 2017 年年底已开始异地捕碳项目可研论证。娄底文旅粗石雾溪生态旅游扶贫开发建设项目。为顺应国家大力建设“美丽乡村”和“旅游扶贫”发展趋势。项目位于娄底市新化县西河镇粗石村境内,已完成可研编制,总占地面积约为 4.64 平方千米,总投资约为 3.31 亿元,整体分为“一环双廊三片区”空间格局。即雾溪景观游憩环、雾溪特色双走廊、粗石综合服务区、雾溪核心游览区、茶尔峒康养度假区；土坪全域旅游“梅山古瑶”特色民族小镇项目。以将土坪少数民族特色村寨打造成具有民族风情休闲、度假、旅游目的地，成为少数民族文物保护与利用国家级示范基地，总投资50亿元，已与山东宏沐投资有限公司成立湖南蚩尤文化旅游发展股份有限公司作为项目开发主体；体育中心创AAAA景区打造。此项目是为进一步整合资源，用市场化手段提升体育中心运营服务水平，将其建设成为“运动之城、健康之城、旅游之城、活力之城、青春之城”标志性景观；项目总占地面积为娄底体育中心及周边区域约400亩拓展区，合约900亩，现已进入策划规划设计阶段。

【搭建自驾游智慧旅游平台】2017年，娄底市文化旅游发展投资有限责任公司通过对旅游业发展形势认真研判，已着手与长沙数航信息科技有限公司合作搭建娄底市自驾游智慧旅游平台，根据互联网运营模式，采用互联网技术手段，对平台进行房车自驾、营地、活动、部落、攻略等模块研发，基于五大模块业务功能，用户、企业以及运营人员围绕线上体验进行社区化、团队化服务。策划独具地方特色民俗表演，与“山水盛典、天门狐仙、魅力湘西”及杭州丝绸小镇策划团队进行洽谈，与市文体广新局和市文工团合作，结合娄底地域文化特色，先行策划组织一台有吸引力、有高科技元素、能体现娄底市本地文化风情民俗表演；并构建一个具有代表性与地标性美食街，以满足外地游客和本地市民对天下美食需求；现已与多个城市美食团队进行沟通，拟在城市中心地段谋划或新建一个美食街区，引进无现金支付物联网模式，采取购买形成资产方式为美食街建设与运营提供稳固基础。（孙洪波）

娄底市保险行业协会

【概况】2017年，全市有市级保险机构28家，其中财产保险公司14家，人寿保险公司14家；保险从业人员25000多人；设有道路交通事故快处快赔服务中心2家；全市保险业实现保费收入51.14亿元，比去年同期增加10.22亿元，同比增长24.98%；全市保险赔付支出18.53亿元，同比增长16.71%；按统计数据，全市保险深度为3.96%，保险密度为1142元；全年累计发放保单贷款2.93亿元，上缴和代收税费2.3亿元。

新化县紫鹊界梯田　（袁小锋 摄）

科学技术与服务

Science and technology and services

◎娄底市科学技术局
◎娄底市科学技术协会
◎社科联

娄底市科学技术局

【概况】2017年,全市科学技术投入11932万元,增长37.7%;高加工度工业增加值增长12.2%,高技术产业增加值增长16.9%,全市完成高新技术产业总产值1125.5亿元,同比增长21.0%,高新技术产业增加值218.8亿元,增长17.6%。全市申请专利1871件,其中发明专利申请309件;全市专利授权1143件,同比增长4.6%,其中发明专利授权106件,同比增长16.5%。

【工业科技】2017年,全市高新技术产业增加值首次突破200亿元,达218.75亿元,同比增长17.6%,增速居全省第四位,高于GDP增速9.1个百分点;高新技术产业增加值占GDP比重为14.16%,居全省第九位。高新技术企业大幅度增长,新认定高新技术企业43家,相比2016年净增27家,同比增长46.6%,全市高新技术企业总量达到85家。涟源高新技术产业开发区更名为湖南娄底高新技术产业开发区;《娄底市人民政府关于娄底高新技术产业开发区升级为国家高新技术产业开发区的请示》经省人民政府呈报国务院并转科技部;《战略规划》《产业规划》2个规划性文本已完成。新化经开区也升级为省级高新区,以桥头河现代农业综合产业园也已创建省级农业科技园区。推荐湖南三迅新能源科技有限公司"年产10亿瓦时锂离子动力电池产业化关键及时研究与生产线建设"等12个项目,申报省创新创业及时投资项目,其中6个项目获省立项支持;推荐湖南省林海农林生态综合开发有限公司"双峰县名贵花卉苗木星创天地"等26个项目申报中央引导地方科技发展专项计划,推荐湖南天益高技术材料制造有限公司"组合型无蒸汽穿水冷却装置研发及产业化"等31个项目申报湖南省重点研发计划;推荐湖南省劲松机械有限公司"多品种经济类作物烘干机关键技术研究与应用"等3个项目申报创新创业技术投资项目;推荐湖南省博盛生态农业技术开发有限公司"博盛园林园艺科普基地"等44个项目申报省技术创新引导计划;推荐湖南省回春堂药业有限公司"湖南省改善微循环药物工程技术研究中心"等3个项目申报省科技创新平台与人才计划。获立项支持45项,实施市级计划项目146项。全年完成技术合同交易20余项,合同交易额达1.3亿元。

【农业科技】2017年,全市选派科技特派员43名深入开展助企兴农,接收"三区"科技人员54人深入企业或农村开展科技服务320余天(次),开展各类培训100余场(次),利用"12396"服务平台为农户解决技术难题42个,累计接听咨询电话217个,发布信息1926条,新增一村一网基层站点20个,全市一村一网站点达200家,发布信息3726条。扎实推进科技脱贫工作,为水洞底镇文建村引进三和绿源农业科技有限公司产业扶贫项目建设蔬菜基地70多亩;指导成立油茶林种植合作社,承包油茶林种植基地100亩;为该村争取到国家扶贫政策支持的60千伏光伏发电项目;多方争取资金180万元为文建村新修公路2.85千米,修补1.8千米;新修水渠2300多米;完成村部球坪整修硬化、村路灯亮化、1000米机耕路建设、长步水渠建设等基础工作。

【社会科技】2017年,全市应用技术与研究经费、重大专项、奖补资金总和增长到2016年2.5倍,增长142.8%,年度财政科技投入预算比上年度增长70%。出台《娄底市"十三五"科技发展规划》《关于实施创新引领战略建设科技强市的实施意见》等政策性文件。4月5日组织全市科技创新大会。5月24日娄底市人民政府与中南大学进行产学研全面战略合作框架协议签约,7月31日召开娄底市创建国家级高新区动员大会。推荐上报安地亚斯电子陶瓷有限公司"湖南省先进陶瓷材料与新能源部件工程技术研究中心"并获批组建;推荐申报8家"星创天地",其中3家被认定为省级以上"星创天地","双峰县名贵花卉苗木星创天地"通过科技部审核备案,纳入国家级科技企业孵化器管理和服务体系。推荐申报2家省级科技企业孵化器、5家省级众创空间,其中娄底经开区中小企业孵化中心被认定为省级科技企业孵化器,联邦众创、娄底创客园等4家被认定为省级众创空间。全市推荐19项创新成果参加第六届中国创新创业大赛(湖南赛区)暨第四届湖南省创新创业大赛,9项脱颖而出,其中湖南省众一精细陶瓷制造有限公司等获省二等奖,湖南电将军新能源有限公司等8家企业获省优秀奖,获奖企业数量位列全省第二位。

【学术与科普】2017年,娄底市科技局组织"科技下乡"、科技活动周等科普宣传活动,展出宣传图片377幅,实物展览280件,发放宣传资料61540份,接受服务人数 21845 人次。参与举办第三届娄底市青少年机器人竞赛，评选出一等奖 14 个，二等奖 126 个，三等奖 153 个，优秀组织奖 8 个，优秀教师指导奖 15 个。开展校园科普活动，组织市相关医院、学校开展“守护成长 呵护花蕾”系列公益科普讲座，给孩子们讲授“青春期保健及防性侵知识”“防治意外伤害”“儿童安全急救知识”，发放健康宣传小手册；利用科普大篷车，组织青年科学家进校园向学生普及科学知识。邀请湖南师范大学、国防科学技术大学等高校专家教授进行“集成电路及发展趋势”“科研漫谈——以水射流研究为主线”“油茶栽培技术”等系列科普讲座活动。

【知识产权】2017 年，娄底市科技局开展知识产权进校园、进社区、进企业活动，组织、参与 4.26 知识产权宣传周、质量宣传月等专题活动，开展“湘中法治论坛”专题讲座。市“双打办”与科技部门牵头组织公安、工商、质量技术监督、市食品药品监督等部门开展联合执法。全年申请专利 1871 件，同比增长 22.6%；专利授权 1143 件，同比增长 3.8%；发明专利申请 309 件，同比增长 23.1%；发明专利授权 106 件，同比增长 15.2%。有效发明专利 414 件，每万人有效发明专利拥有量 1.06 件。查处假冒专利案件 202 件，结案 202 件，结案率 100%；全市调处专利侵权纠纷案件 15 起，结案 15 起，结案率 100%；无行政复议和行政诉讼案件。

【防震减灾】2017 年，娄底市科技局组织全市地震应急预案修订，完善基层地震应急预案体系，娄底城区明确 29 个应急避难场所，对部分避难场所进行改造升级，联合相关部门开展应急疏散演练。调查处置涟源市安平镇新万村老井水温高温异常现象，对双峰县先后发生 ML2.0 级、ML1.3 级地震、ML2.2 级地震，及时组成联合调查组到现场勘察，向村干部和群众通报调查结果，消除群众恐慌心理。（康利民）

娄底市科学技术协会

【概况】2017 年，娄底市科学技术协会坚持“四个服务”职责定位，围绕市委市政府中心工作，引进印遇龙院士及其专家团队，新建湖南伍星生物科技有限公司院士专家工作站，实现县级建站零突破。指导、协调涟钢、市中心医院两个院士专业工作站，通过省级站考核验收工作，涟钢院士专家工作站被评为国家级和省级示范院士专家工作站；助力湖南响莲集团与中国航天集团对接，在冷水江市建立航天科技产业园；举办“全国科技工作者日”活动，走访慰问科技工作者，宣传科技工作者优秀事迹；“引智创新、助力娄底开放崛起”论文，被中央党校编入“中国优秀领导干部论坛”。获准成为湖南省专利信息推广站子站，对新注册 113 家企业开展知识产权战略宣讲，举办企业专利应用工程师培训班，对 20 家规模企业开展服务，培养典型案例 12 个。推进“基层科普行动计划”“精准扶贫科技助力工程”，争取国家奖补项目 10 个、省奖补项目 8 个，获奖补助 175 万元。市级奖补项目 18 个，获补 38 万元。评出 13 名青年科技奖表彰人选，10 名农村科普典型。联合市农业委、市扶贫办、市农科所成立市科技助力精准扶贫工程领导小组，印发《关于组织开展娄底市精准扶贫科技助力工程的通知》，对省下达指标进行分解，建立“两数”管理员工作群，进行数据采集培训，完成“两数”采集工作任务。推动落实中国科协及省科协科技助力精准扶贫工作。全市已完成科技助力精准扶贫带动建档立卡贫困户 542 户，助力脱贫人数 1709 人，完成科技助力精准扶贫服务专家登记 261 个，建立农技协联合会 1 个。

【助力全市科学素质提升】2017 年，娄底市科学技术协会履行全民科学素质纲要实施职责，争取市政府把全民素质工作纳入政府对县市区、市直有关单位绩效考核。对各项重点任务进行分解，明确责任主体与措施；开展送科技下乡、防灾减灾日、科技活动周、食品安全周、科普大篷车巡展、科技工作者日、全国科普日等主题活动，免费赠送科普资料和开展咨询义诊，倡导科学、文明、健康生活方式。组织“科普中国·百城千校万村行动”，印发《关于开展科普文化进万家活动的通知》，督促指导县市区开展活动，建立社区 e 站 50 个，校园 e 站 35 个，乡村 e 站 82 个。组织青少年学生参加全国、全省青少年科技创新大赛、青少年机器人大赛和青少年科学调查体验活动。在全国创新大赛上，获二等奖 1 个，三等奖 3 个。在全省创新大赛上，各类项目获一等奖 8 个，二等奖 13 个，三等奖 11 个；在全省青少年机器人大赛上，获一等奖 14 个，二等奖 12 个，三等奖 10 个；开展形式多样学术交流活动，全年举办学术交流活动 170 场次，其中国际学术交流活动 1 场次。联合市中心医院、市抗癌协会主办第七届骨科国际学术交流和周宏颖院士及其专家团队精准医疗学术交流活动。与湖南人文科技学院科协主办第一届湖南省精细化陶瓷与粉体材料专题论坛，邀请北京航空材料研究院、中国电子科技集团第12研究学院、湖南大学、中南大学、湘潭大学教授出席会议。涟钢科协每月组织专家开展学术交流，举办科技人员培训班。开展“抓重点，补短板，强弱项”建言献策活动。

【推动科协服务体系完善】2017年，娄底市科学技术协会组织市级学会联系本行业、本单位实际，稳步推进体制改革，完成市青少年科技教育协会、市青少年机器人协会、市个体医师协会、市发明协会、市青少年视力保护协会、市消防协会、市生猪贸易协会等8个市级协会与行政挂靠单位脱钩，走市场谋发展。发挥以点带面示范引领作用，组织开展示范学会、科技活动示范学校、科普示范社区、科普示范基地、科技示范户、先进农技协等创建活动，2个学会、4所学校、3个社区、16个基地、8个科技示范户、4个农技协受到表彰。通过网站、论坛、微博、微信、电台、短信等途径，强化“六位一体”科普信息化宣教模式，发科普微信720多条。打造“娄底科普”微信公众平台，推动科普乡村、社区e站试点工作，推进科普中国和科普湖南在娄底落地。向市政府作专题汇报，提请召开项目协调会，启动市科技馆建设；根据湖南省科协系统深化改革方案，主动协调各部门，结合娄底实际，借鉴兄弟市州科协经验，在征求县（市、区）科协以及市级学会、高校科协、企事业科协、乡镇科协、农技协等基层科协组织意见建议基础上，出台《娄底市科协系统深化改革实施方案》。

【提升自身服务能力】2017年，娄底市科学技术协会履行党建工作主体责任和“一岗双责”，落实中央“八项规定”，党组书记与党组成员、部室负责人层层签订党风廉政建设责任状。扎实开展“两学一做”暨责任心教育，推进常态化制度化向纵深发展。学习《条例》《准则》，开展“扪心三问”等专题讨论和违规涉矿经营等专项整治，把新理念融合到新时代科协各项工作中。召开市科协三次代表大会，选举产生新一届领导机构。指导县（市、区）科协依章办会，按期换届，5个县（市、区）科协都设立党组。成立中共娄底市科学技术协会社会组织行业党委，指导市个体医师协会、市土建学会、市气象学会、市老科协、市青少年机器人协会、市自然科学学会工作研究会、市企事业科协研究会、市咨询协会成立基层党组织。推进园区、高校科协组织建设，高校科协100%覆盖，在娄底经开区成立企业联合会，拓展科协基层组织建设；指导市气象学会等3家学会按期换届。市级学会年检合格率100%。举办全市科协系统干部业务培训班，市县两级科协、市级学会、高校科协、企业科协、乡镇科协、农技协等科协基层组织60名工作人员参加培训，坚定科协人理想信念，激发创新活力，提升服务能力。服务省科协常委、委员开展“四联”工作。组织开展“市科协专职领导联县市区科协、机关干部联常委、常委联委员，委员联基层组织”四联工作。

（刘绍昌）

3月2日，双峰经开区企业——湖南伍星生物科技有限公司院士专家工作站正式授牌。中国工程院院士印遇龙，娄底市委常委、组织部部长华学健，双峰县委书记禹敏，湖南伍星生物科技有限公司董事长谭岸为院士专家工作站揭牌 （刘绍昌 摄）

社科联

【综述】2017年，娄底市社会科学联合会按照市委宣传部工作安排，组织“坚持创新引领，着力打造娄底智库平台”活动被评为全省年度社会科学创新活动典型案例，开展科普主题活动周被评为全省优秀活动，《坚持以人民为中心推进党的创新理论武装工程》一文被全国中文核心期刊《湖南社会科学》采用，《以建设国家级家风家教教育基地为载体，着力打造曾国藩故居AAAAA级景区》入选省社科联年度“社科专家服务团基层行”活动，前期调研报告得到市委书记李荐国等领导肯定。7月26日，娄底市社会科学界联合会第三次代表大会召开，大会通过《开拓创新，奋发有为，为繁荣发展全市哲学社会科学再立新功》工作报告，选举产生市社科联第三届委员会。市委书记、市人大常委会主任李荐国出席开幕式，强调要在“联”字上多下实功夫，把准“联”方向，挖掘“联”资源，用好“联”平台，畅通“联”渠道，联“天线”、联大局、联实际、联群众、联专家学者，多出成果、多出经验、多献良策；省社科联副主席郑升到会指导。

【学习宣传十九大精神】2017 年，娄底市社会科学联合会组织开展一场专家座谈、一批名师专访、一次集中培训、一轮普及宣讲和开辟一个理论专栏，对市委党校、市内各高校及相关工作部门进行安排部署，对有思想深度、在学界有影响力社科理论专家点对点发出约稿邀请函。组织全市社科理论界认真收看、收听中共十九大召开盛况。10 月 27 日，娄底市社科理论界学习党的十九大精神座谈会召开，来自市委政研室、市政府综调室、市委组织部、市委宣传部、市社科联、市委讲师团、市直机关工委、娄底日报社、娄底电视台、市委党校、市内各高校等单位社科理论专家代表汇聚一起；市委常委、宣传部部长、市社科联主席吴建平出席会议并讲话。通过媒体开展党的十九大精神解读阐释，联合娄底日报“学与思”推出 3 期专栏，推介部分社科专家学习心得体会文章 20 多篇；联合电视台《学习园地》栏目制作《学习党的十九大精神社科专家访谈》七期，在娄底电视台娄底新闻时段连续播出。

【开展科普主题活动周】2017 年，娄底市社会科学联合会在双峰举行“2017 年娄底市社科普及主题活动周暨富梦·中国梦——蔡和森、蔡畅光辉一家人文行”活动。湖南省社科联党组成员、副主席戴树源宣布活动启动。全国政协委员、蔡畅外孙李勇，娄底市委常委、市委宣传部部长、市社科联主席吴建平，原中办警卫局保健处处长牛福康等出席启动仪式。召开纪念蔡畅诞辰 117 周年座谈会。蔡和森、蔡畅亲属、身边工作人员，国家纳米技术与工程研究院、南开大学、湘潭大学、湖南人文科技学院、湖南女子大学及社会各界专家学者参加座谈会，共同纪念缅怀蔡畅光辉一生。该活动受到省社科联高度肯定，被评为全省社科普及优秀活动。

【日常管理工作】2017 年，娄底市社会科学联合会通过日常监管、完善档案、规范换届、集中年检，加强归口社科联管理 32 个社科类社会组织管理，对多年没有开展活动、名存实亡学会在征求挂靠单位意见基础上予以注销。按照论坛管理相关规定，强化审批、监管、备案，根据行业管理、属地管理原则加强考核。举办全球通 VIP 大讲堂等活动，全年编辑出版《湘中论坛》6 期，《文化娄底》《品读曾国藩》等栏目因紧扣地方特色而获得好评。

表 76　　2017 年度市社科联先进集体和先进个人一览表

获奖单位、先进个人	奖励名称	颁奖单位	颁发时间
市社科联	申报的《坚持创新引领，着力打造娄底智库服务平》工作经验被评选为全省社会科学创新活动典型案例	省社科联	2017 年 6 月

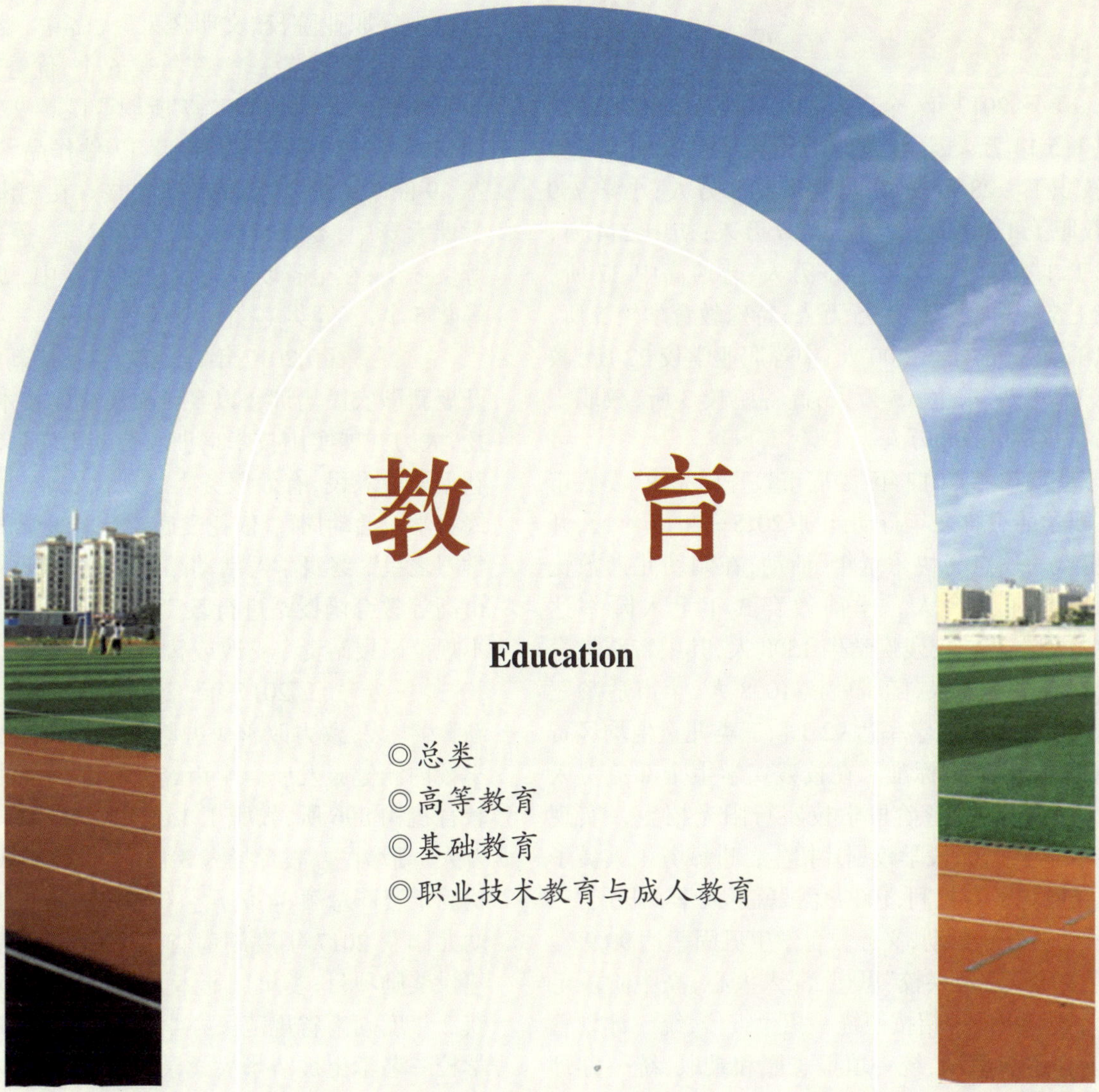

教 育

Education

◎总类
◎高等教育
◎基础教育
◎职业技术教育与成人教育

总　类

【概况】2017年,全市有各级各类学校1852所,教职工5.14万人,学生76.4万人。其中,幼儿园782所,教职工1.28万人,在园幼儿13.3万人;小学759所,教职工1.36万人,学生34.07万人;初中244所,教职工1.34万人,学生14.5万人;普通高中37所,教职工7289人,学生7.95万人;特殊教育学校5所,教职工135人,学生500人;中等职业学校22所,教职工1676人,学生3.5万人;高等院校3所,教职工2496人,学生2.96万人。

【基础教育】2017年,娄底市教育局完成《娄底市第二期学前教育三年行动计划(2015—2017年)》,开展"游戏——点亮快乐童年"活动,在园幼儿人数比上年增加1万余人,学前教育3年毛入园率达83.3%;全市有在校残疾学生1508人,其中特殊教育学校在校生500人,随班就读1008人,全市适龄三类残疾少年儿童入学率达92.3%,三类儿童生均经费达到每年6000元标准,在校残疾学生全部免费入学;城区义务教育阶段学校实行阳光招生,实现100%义务教育阶段学校划片招生;进城务工人员子女享受同等教育权利,100%免试就近入学。开展"三帮一"劝返复学行动,义务教育学生巩固率达99.9%。"特色兴校,质量兴校"思想,深入人心,高中阶段毛入学率达89%;中招按照统一招生宣传,统一计划管理,统一组织考试,统一填报志愿和录取,统一办理新生注册,统一开学时间要求有序推进;全市有87540名初二、初三学生参加中考,其中初二44853人,初三42687人;录取普通高中高一新生26914人,通过中招改革规范全市高中阶段教育招生行为,促进普职教育合理分流和协调发展。

【职业教育】2017年,全市各中职学校招收新生13348人。在娄底市第一职业中学、冷水江工业学校等赛点举行年度中职学校学生技能竞赛,设9个专业大类20个赛项,全市中职学校223名选手参赛,评选49个一等奖,33个二等奖,36个三等奖,从中选拔69名学生代表娄底参加湖南省职业院校技能大赛。举办娄底市第三届职业教育宣传周,以校园开放、教育教学成果展示、职业体验、校企对接、招生就业为主要内容。全市435名学生,16支体育队在全省职业学校"文明风采"竞赛中,获女子排球第一名,获一等奖7个,二等奖18个,三等奖35个;在十三届全国中等职业院校"文明风采"大赛中,娄底市获一等奖3个,二等奖1个,三等奖6个,优秀奖5个,在全省中职学校排名第二;7所职业院校27件作品参加初赛,经过专家评选,推荐17件作品参加省里决赛,9件作品获奖,获奖率达53%。在湖南省第二届微课大赛中,娄底市获一等奖3个,二等奖2个,三等奖3个;在全省职业院校技能大赛中,娄底市获二等奖5个,三等奖17个。

【成人教育】2017年,全市教育适应新时代需要,开展新型农民培训,以乡镇农民文化技术学校为依托,大力开展实用技术培训和劳动力转移培训,培育新型职业农民,有效服务娄底现代农业。举办"全民终身学习活动周"。依托娄底市社区大学,开展"百姓学习之星""终身学习活动品牌"评选活动。12月对全市高等教育函授站进行教育教学检查,对办学行为不规范函授站责令整改或暂停招生。

【民办教育】2017年,娄底市教育局以"改革创新"为主线,致力改善民办教育发展环境,促进民办学校内涵健康发展。全市经教育部门批准各类民办教育机构896所,教职工1.6万人,在校(园)学生16万人。新增民办教育投入3.17亿元,全市民办教育机构固定资产总额34亿元。双峰曾国藩幼儿园等3所幼儿园获2017年度湖南省优质民办学前教育资源建设奖励项目;娄星区菲米力幼稚园等10家幼儿园获2年度湖南省规范民办学校建设奖补项目;蓝圃学校一名学生被清华大学录取,楚英学校等民办义务教育学校中考成绩连年居全市前列,楚英学校2名、双峰东方学校4名学生被空军青少年航空学院录取,楚英学校4名学生在全国青少年国防体育大赛中获得冠、亚军。

【教育规划】2017年,娄底市教育局制定娄底中心城区中小学近期规划建设方案,组织参与相关会议20余次,征求人大、政协、城投、国土、发改、财政等相关单位意见,方案前后修改24稿,经市长办公会议、市政府常务会议审议通过由市政府办印发文件,出台《娄底市教育事业发展"十三五"规划》;全市有初中毕业生46930人,计划高中阶段招生40475人,其中普通高中学校25475人,中等职业学校15000人;召开全市教育事业统计工作布置会,组织县市区教育局和部分乡镇中心学校统计人员参加全国和省级统计业务培训班，开展市县乡（镇）3级培训。

【教育经费】2017年，全市落实教育经费62.9亿元，比上年同期增加5.2亿元，增长9.09%，其中公共财政预算安排教育经费49.9亿元，比上年同期增长2.7亿元，增长5.8%，在落实义务教育经费保障资金（小学600元/年，初中800元/年）基础上，高中学校生均公用经费按600元/年标准落实到位；全市争取中央财政资金3571万元，建设项目15个35875平方米。完成农村薄弱学校改造项目134个，建设义务教育标准化教学点66所，新建农村中小学实验室及其他功能室275间。

【教师队伍】2017年，娄底市教育局开展师德师风集中教育活动。把2017年定为“师德师风建设年”，编印《师德师风读本》，免费发放给全体教师。暑假组织全市所有教师提前返校集中学习；扩大公费定向师范生培养规模，全市招收定向培养免费师范生849人。新化县首次启动实施小学教师定向培养扶贫计划50名，全市新招聘特岗教师554名全部按时报到上岗，有369名湖南省公费定向师范毕业生到岗任教，面向社会公开招聘教师551名，其中引进研究生20名；构建“国培—省培—市培—县培—校本”五级培训体系，培训教师7000余人，开设“娄底教育大讲坛”，首批成立9个娄底市名师工作室，举办“娄底市直中小学骨干教师高级研修班”和新课改、新高考培训班，完成1.6万余名中小学教师信息技术应用能力提升培训；评审通过1224名中小学高级教师、594名中小学一级教师、19名中专讲师，经市评审推荐报省审定中小学正高级教师10人、特级教师9人；全市中小学教师全部纳入社会保险范围；各县市区按每月300~700元标准落实20973人武陵山区人才津贴；各县（市、区）按初中和小学每人每月分别不低于180元与80元标准提高班主任津贴。

【校园安全】2017年，娄底市教育局把平安校园建设作为学校工作重中之重，组织开展学校安全大检查、大管控、大整治、大督查，消除学校安全隐患。召开全市学校安全工作会议，按照“一岗双责”要求层层签订安全责任书；冷水江市、涟源市、双峰县申报平安校园建设先进县市区已在省里立项，已建立省级文明安全校园34所，市级143所，投入学校改造建设资金5.3亿元。娄底一中、经开区一中、涟源三一学校获评省级食品安全示范学校。投入1100多万元完成非国标校车全淘汰工作目标，所有幼儿园全部使用国标校车；落实“谁排查、谁签字、谁负责”要求，实行安全隐患排查整治网络化管理。开学初由市综治办牵头，教育部门联合公安、消防、工商、城管、食药监、卫计、交警、文体广新等部门，开展净化学校周边环境、打击销售假冒伪劣食品、化解涉校涉生矛盾纠纷等专项活动；开展“安全教育月”等活动，实现安全教育知识进课表、进课堂、进考卷目标，全市中小学、幼儿园按照教育部规定组织开展安全应急演练；全年投保学生56万多人，理赔6200余人次，理赔金额1723万元，理赔率51%。

【德育工作】2017年，娄底市教育局统筹谋划中小学德育工作，多次专题研究中小学德育工作，多次向市委、市政府分管领导汇报，加强与市委宣传部和市文明办沟通协调，全市上下形成“党委领导、政府统筹、教育主导、部门联动、家校携手、社会协同、文化引领、教化育人”德育工作格局。全市召开一次高规格、大规模全市中小学校德育工作暨文明校园美德少年表彰大会，表彰10名美德少年和25所文明校园；在校园文化建设和日常教育教学中融入社会主义核心价值观内容，开展各类主题教育社会实践活动：通过组织“清明祭英烈”“学雷锋志愿服务”等活动，为广大青少年践行社会主义核心价值观搭建平台；通过组织学生参观毛泽东纪念馆、罗盛教纪念馆等爱国主义教育基地，向学生弘扬各类英雄人物、先进事迹，增强民族文化自信，传递正能量；推进心理健康教育进课堂，加强学校心理辅导室建设，招聘心理健康教育专职教师；开展青少年健康人格教育，娄底四中打造一支专业青少年健康人格工程工作队伍，该校做法被教育部认定为全国中小学德育工作优秀案例。

【教学研究】2017年，娄底市教育局发挥“研究、指导、服务、管理”职能，以指导研讨为平台，提高教育教学质量。组织教研员对娄底一中、涟源一中、双峰一中等20多所学校进行定点研究与指导。举办初中学段骨干教师研修班、普通高中教育教学研讨会、新课改培训班、2017届高考复习备考研讨会。在省教育学会“十二五”课题研究成果评比中，获得一等奖5项、二等奖9项、三等奖16项；在省第四届基础教育教学成果奖评选中，获二等奖1个、三等奖3个；在湖南省教育科学“十三五”规划2017年度立项课题中，娄底成功立项23个，立项数居全省第二。组队参加全省、全国"希望之星英语风采大赛",有3人获得省级特等奖、19人获省级一等奖、63人获省级二等奖,有6人晋级全国赛,1人获全省第一和全国第二等奖。在第38届湖南省青少年科技创新大赛上,获金牌11块、银牌13块、铜牌8块。辅导高中学生参加全国奥林匹克竞赛,获得国家级奖励301人,其中数学57人、物理130人、化学65人、生物49人。

【体育卫生】2017年,娄底市教育局实施新《学生体质健康标准》,推进体育教学与阳光体育运动,通过开展足球、篮球、排球、广播体操、武术操等丰富多彩的活动,培养学生热爱生命、锻炼意志、提升体质、进取向上精神。组织娄底市第一届中小学生运动会、中小学生智力运动会和全市中小学生足球赛,开展初中毕业生体育考试。对全市56所足球特色学校进行督查考核,按要求参加省级国家级足球培训和足球夏令营、冬令营活动,在2017年中国西南地区中学生篮球交流赛中,娄底二中男子篮球队代表湖南省参赛,以五战全胜成绩夺得男子组冠军。开展常见病、传染病防控、禁毒、禁烟、防艾以及全市中小学生体育体质健康监测,监测面达90%。坚持把校园食品与饮水安全摆在卫生安全工作首位,建立健全学校食品安全"一岗双责"制度,先后有涟源市渡头塘中学、娄底一中、经开区一中、涟源市三一学校等被评为湖南省食品安全示范学校。

【艺术教育】2017年,娄底市教育局加强音乐、美术课程建设,举办中小学生独唱、独舞、独奏、中学生建制班级合唱比赛。娄底一中参加全省中学生"建制班"合唱比赛蝉联一等奖。

【高校招生】2017年,全市有26817人报名参加全国普通高校招生,其中文科考生9470人,理科考生15485人,职高对口考生1862人,提前录取3742人,实际参考23077人。本科一批以上上线3097人,占报考人数15.38%,本科二批以上上线8222人,占40.78%,本科三批以上上线11176人,占55.43%,全市22312人被录取,录取率83.2%。其中本科一批录取2130人,本科二批录取5361人,本科三批录取1421人,其他类本科录取1261人。双峰一中学生以裸分703分获得全省理科第一名。成人高等学校招生考试全年有7521人报名,比2016年增加3729人。参加全国硕士研究生招生报名人数达1908人,比上年增加317人。招生组考按照"科学、公平、安全、规范"要求,强化工作责任,规范考试管理,健立各项制度,优化考试环境,实现"三杜绝一减少""保平安、保公平、保质量"目标,获评全省教育考试招生工作先进单位。

【高教自考】2017年,全市全年举行2次自学考试。第一次于4月举行,有5032人报名参考,总科次为15720科,设3个考点123个考场;第二次10月举行,有4770人报名参考,总科次为13801科。

【毕业就业】2017年,娄底市教育局围绕"双高"(高就业率、高就业质量)工作目标,实施就业创业工作一把手工程,开展就业创业教育,建立完善就业信息发布平台。通过开展多种形式招聘活动,为毕业生提供就业岗位;全市有高校毕业生6758人,其中硕士48人,本科3586人,专科3124人;中等职业学校毕业生10774人,本专科毕业生初次就业率达92.02%,硕士毕业生初次就业率为93.75%,中职毕业生就业率97%。全年接收应届高校毕业生档案9800多份,办理转递手续1600多人次。

【教育督导】2017年,娄底市教育局开展多种形式督政督学活动。娄星区获省"两项督导评估"先进县市和教育强县市区称号,获省政府奖励30万元,获"全国义务教育发展基本均衡县(市、区)称号。双峰县、涟源市通过全国义务教育均衡发展评估验收,获年度"义务教育发展基本均衡县(市区)"称号。其中双峰县在检查验收中获得满分,居全省之首,获省人民政府一次性奖励500万元,在全省"义务教育发展基本均衡"推进会上作经验介绍,双峰一中在省级示范性普通高中网络评估中评优秀等次,获奖10万元。

【教育扶贫】2017年,娄底市教育局按照"五个一批"要求,采取多种形式,稳步推进全市教育扶贫工作。全市没有一人因贫困失学、辍学,建档立卡学生辍学率为零。开展"三帮一"劝返复学行动,全市资助贫困学生280251人次,资助金额总计2.71亿元,办理生源地信用助学贷款合同4668个,贷款金额3764.91万元,为娄底职院、潇湘职院等两所高职院校发放奖助学金867.6万元,资助学生4966人次。落实彩票公益金"三个计划"和"泛海助学行动",学生资助工作获全省先进。从省、市城区选派309名教师到新化、双峰乡村学校支教,落实教师乡镇工作补贴20973人;按300~700元标准落实武陵山区人才津贴6790万元、13290人次。开展大学生暑期"情牵脱贫攻坚" 主题实践活动,332名大学生和166名带队老师组成166支队伍，分赴娄底各县市区498个贫困村开展为期半个月实践活动。在对口扶贫点涟源市新玉峰村确定建档立卡贫困户125户387人，扶助新玉峰村葡萄、青蛙等产业做强做大，推进28户贫困户危房改造改建工程，改善玉峰小学办学条件，资助部分特困学生，修建一批水利设施，启动安全饮水工程，拓宽硬化村级主干道。

【信息化建设】2017年，全市提前完成农村小学教学点无线Wi-Fi全覆盖，投入资金1838万元，完成建设学校950所，综合布线10893个班，全市89.45%学校实现光纤信号到校到班，彻底解决农村学校师生上网学习需求，提升边远山区学校教育信息化水平。建设市本级及所辖县市区“教育网络与信息安全控管平台”，全部接入省教育网络与信息安全管理平台，构建省、市、县三级教育网络与信息安全管控体系。举办一期“湘教云”建设与应用培训班。全市有31所学校，500余名选手参加湖南省青少年机器人竞赛，获一等奖14个，二等奖9个，三等奖10个；选送作品参加湖南省电脑制作活动，获一等奖4件，二等奖2件，三等奖29件。开展“一师一优课，一课一名师”活动。全市19500多名中小学教师参加，晒课达26528节。娄底市第六中学等4所学校被定为湖南省教育信息化创新应用“十百千万工程”示范学校，娄底市第六小学等七所学校被定为湖南省教育信息化创新应用“十百千万工程”中小学网络联校。

【教学仪器】2017年，全市用于实验室建设和普通教学仪器装备经费达2342万元，新建实验室275间。精心组织八年级、九年级物理、化学、生物实验操作技能考试，举办全市中学生物教师实验技能竞赛和中学物理教师实验能手大赛。8名教师参加全省大赛，其中获一等奖1名，二等奖2名，三等奖5名，娄底市教育局获全省竞赛活动优秀组织奖。

【语言文字】2017年，全年组织8464人参加普通话测试。组织省级语言文字规范化学校创建工作，推荐娄底二小等3所学校向省申报；开展三类城市语言文字工作评估。继双峰、涟源、冷水江市完成国家三类城市语言文字工作评估后，新化县于6月22日正式启动三类城评工作，10月组织3400余名公务员和公共服务行业从业人员参加普通话水平测试。参加湖南省首届大中小学生经典诗文朗诵大赛、“中国诗词大会”湖南赛区选拔赛、第二十届全国推广普通话宣传周活动及社会语言文字公益活动以及“夏青杯”朗诵大赛，全市300多名选手参加，选拔10名选手参加省比赛。

【教育宣传】2017年，娄底市教育局与娄底电视台合作开设《娄底教育》专栏正式开播；编印《娄底教育》《娄底民办教育》《娄底教育简报》；在各类媒体上稿1000余篇，《湖南娄底老调“重”弹师德师风建设》在《中国教育报》头版发表；围绕全市教育工作中心，上报各种信息150多篇，教育宣传工作居全省第一方阵。

【工会工作】2017年，娄底市教育局在全市开展“教育系统教职工代表大会星级标准”评估工作。完成对149名全省特困教职工摸底汇总、上报工作，开展走访慰问活动，发放救助慰问金150余万元，救助2000余人。为保障民办教师合法权益，与市总工会、社保局合作，在全市推行民办基础教育行业集体协商制度；组织开展教职工体育竞赛活动，组队参加全省中小学教职工羽毛球比赛并获得冠军，组队参加市直机关“长沙银行杯”男子篮球赛蝉联冠军，市直机关乒乓球团体比赛获得第二名、羽毛球团体比赛获得第三名。

【史鉴编纂】2017年，娄底市教育局按照湖南省教育厅及教育史志编委会有关要求，完成《湖南教育人物志(1978—2015)》(娄底部分)编纂任务。全市入志人物669人，其中教育人物传4人，教育人物简介9人，教育人物表262人，教育人物录394人；教育人物入志率及教育人物类别精准率在全省居先进行列。并完成《湖南教育年鉴》以及《娄底年鉴》《娄底党委工作纪事》组稿任务，按月编写《娄底教育大事记》，收集并保存教育史志方面资料。

【关心下一代工作】2017年，娄底市教育局根据教育部关工委和省教育厅统一部署，围绕社会主义核心价值观教育，全市1098所中小学校开展“阳光校园我们是好伙伴”主题教育活动，全市1098所中小学校取得全国最好成绩，近50万名中小学生参与；有3027篇优秀学生征文作品在全国获奖，其中特等奖32篇，一等奖756篇。参加全国演讲朗诵总决赛5名学生有2人获一等奖，3人获二等奖。市教育局和各县市区教育局获全国先进集体奖，全市有32所学校获授“全国示范学校”称号。教育关工委连续第18年获全国先进集体奖，市教育局关工委副主任雷海华等15人被评为全国先进个人。娄底市教育局、娄星区教育局、冷水江市教育局被评为“全国青少年‘五好小公民’主题教育活动20周年先进集体”，冷水江市教育局副局长段跃纲等5人被评为“全国青少年‘五好小公民’主题教育读书活动20周年先进个人”。3名学生获全国“诚信友善好少年”称号，3个班级获全国“我们是好伙伴”优秀班集体称号；并以家长学校为平台，开展家庭教育。全市家长学校办学面达98%，66个研究课题全部结题，获省级一等奖24个。

【教育基金会】2017年，娄底市教育局贯彻落实党和政府关于发展公益慈善活动文件精神，紧紧抓住教育基金会关爱师生奖励助学主线，扎实开展教育公益活动。开展“爱烛行动”，全年救助贫困教师、贫困大学新生、贫困高中生、初中生、小学生380人，资助金额达66万元。奖励高考优秀学生、义务教育优秀教师、高考优秀教师、边远山区优秀教师等72.2万元。2017年年底，娄底市教育基金会基金总量达4652万元，投资回报收入487.2万元，收益回报率居全省第一位。

高等教育

湖南人文科技学院

【概况】2017年，湖南人文科技学院围绕转型发展和“双一流”建设，连续8年获得“湖南省直单位社会管理综合治理先进单位”“湖南省十大平安品牌示范单位”“中国高校创新创业教育联盟理事高校”，跻身湖南第二批拟立项建设硕士学位授予单位。占地800亩，校舍33万平方米，有15个教学学院，54个本科专业，1个硕士专业学位点，涵盖文、理、工、教、经、管、法、农、艺九大学科门类。全日制在校生16423人，教职工1149人，其中专任教师744人，正高职称77人，博士109人，离退休教师500余人。

【教学管理】2017年，湖南人文科技学院根据转型发展要求，出台《教学经费使用与管理办法》《创新、创业、创优奖励办法》《专业动态调整实施办法》《学分制学籍管理办法》《湖南人文科技学院毕业论文（设计）模板（2017版）》等教学管理制度，规范教学管理，推动产教融合；各学院先后对接走访省内外60余家企业，接待22家企业近50次来校对接交流，与15家企业签订人才培养或社会服务合作协议；行业学院——金蝶商学院组建并挂牌，其教学软件经由双方认可第三方机构独立评估，价值为2071万元。立项15门校企合作课程、19本校企合作教材和23门MOOC课程；开设25门尔雅通识课程，全年15098人次修读课程，新增省级教改课题立项16项。参加学科竞赛获国家一等奖16个，国家二等奖13个，国家三等奖14个；省级一等奖21个，其他等级奖项97个；参加湖南省普通高校教课堂教学比赛能源与机电工程学院李艳获一等奖，数学与金融学院邓华老师获年度全国高校数学微课程教学设计竞赛二等奖，能源与机电工程学院聂时君老师、农业与生物技术学院王双辉获湖南省第二届微课大赛一等奖。

【双一流建设】2017年，湖南人文科技学院召开省级应用特色学科申报动员会，对省内同类学校学科建设情况进行调研，组织校内专家对拟报材料进行审阅。遴选10个校级一流应用特色学科：计算机科学与技术、植物保护学、材料科学与工程、应用经济学、中国语言文学、体育学、作物学、美术学、马克思主义理论、机械工程。组织申报各类科研项目200多项，国家自然、社科项目立项4项，国家艺术基金立项1项，省级科研项目立项27项；获娄底市科技进步奖2项，获批专利292项；新增“湖南省梅山文化研究基地、湖南省党创新理论研究基地、湖南省农创空间”3个省级科研平台，获纵向科研进校经费1320万元；组建25个对接行业企业较为密切应用型社会服务团队开展校企合作，横向项目新增合同59项，新增科技经费545万元；举办学术报告110场，其中“人文科技大讲坛”45场、“教授博士论坛”65场。中英学前教育合作办学引进英方人才培养模式、学科前沿思想，实现图书资源共享；新增国外合作院校8所，海外名师、引智计划等项目运作推进农业生物技术、美术设计、学前教育、人力资源与管理等学科专业发展；派出36名教师赴国外访问研修、12名教师赴境外学术交流，接收国（境）外45名学生交流，纳入湖南省“一带一路”语言生奖学金招生单位。

【硕士点建设】2017年，湖南人文科技学院在年度国务院学位委员会新增硕士学位授权申报工作中，扬长避短，精心准备，经过通讯评审、会议答辩，从全省近20所学院中脱颖而出，被列为湖南省第二批硕士学位授予立项建设单位。为学校争取硕士学位授权到位打下基础；服务国家特殊需求农业硕士试点项目验收工作，创造性提出“三双四模块七学段”人才培养模式，实施研究生“三农”工作室实践新举措，获得专家好评，试点项目在全国农业教指委会议评审中获全票通过。招录硕士研究生52名，毕业37人，就业36人，就业率97.3%；全年研究生发表学术论文35篇，其中ISTP论文2篇，获批软件著作权1项，新型实用专利7项，申请发明专利2项，湖南省研究生科技创新研究项目6项，在湖南省研究生数学建模竞赛中获一、二、三等奖各1项，在湖南省首届研究生电子设计大赛中获二、三等奖各1项，在全国研究生数学建模竞赛中获三等奖1项。

【创新创业教育】2017年，湖南人文科技学院先后投资1000余万元，建成创客广场、创新创业实训平台。分别在匠成楼、逸夫楼、农生院集中建设大学生创新创业孵化基地。回收后街商业门面，以零租金形式支持学生创新创业项目入驻，娄底市创新创业学院在正式挂牌，实施校地共建，市里每年500万元专项资金落实到位。出台《湖南人文科技学院创新创业教育改革实施方案》，将创新创业教育纳入到人才培养体系，融入到专业教育之中。在16版人才培养方案中包含有大学生创业基础和创新创业实务两门通识课程、三周创新创业实践周、学生在校期间需修满10个创新创业必修学分；推出30~50门创新创业公共任选课，构建科学完整创新创业实践教育体系和课程体系；开展与专业实训相结合SYB培训、创业模拟实训和创新创业实践活动，提高学生创业意识和创业能力；与市人社局联合开展大学生SYB创业培训，培训人数达690人，99%学员均获得“合格证书”。第二期30名精英班学员，从7月开班，利用暑假前往长沙新道科技股份公司、行动教育公司、创研股份公司等地调研、学习、跟班。9月、10月邀请校内外具有实践经验企业家、知名校友，和本校优秀师资担任主讲老师和创业导师，采用线上线下相结合慕课、路演、实训、集中培训等方式完成创新创业理论、实务、实践系统学习。举办创新创业文化节，开展创新创业教育主题活动17项，承办团省委组织全省创新创业高峰论坛；定期举办“创意达人”评选、大学生创业学生资助大会、创业项目路演等大型活动，吸引大学生参加各种创新创业活动，鼓励师生参加各类技能竞赛和创新创业大赛，形成“项目申报—比赛选育—重点包装—运营支持”一条龙参赛指导服务机制，在挑战杯大赛中获得1个一等奖、3个二等奖、5个三等奖好成绩，学校荣获优秀组织奖，获省教育厅推荐参评“全国创新创业典型经验高校”；加入全国创新创业教育联盟和全国大学生创新创业实践联盟，当选为中国高校创新创业教育联盟理事。在“就业信息网”累计发布就业信息1000多条，提供就业岗位20000多个，用人单位数据库数据总量达2000家；开通“学友通”就业信息微信服务平台，就业信息得到精准发布；积极组织相关学院有针对性参加苏州、杭州、广州、东莞、深圳、武汉、厦门、昆山等地校企合作洽谈会15次，建立新实习就业基地15个，“实习+就业”合作模式取得成效。第四届“联通班”顺利开班，“理昂班”“万科班”来势看好。举办春冬两季大型供需见面会，参会单位计750余家，提供就业岗位18000余个，应届毕业生初次就业率92.02%。

【人才队伍建设】2017年，湖南人文科技学院出台《双师型教师认定与管理办法》《教师深入企业锻炼实施办法》，完善《在职教职工攻读博士学位管理办法》《在职教职工攻读硕士学位管理办法》；制定新绩效工资实施方案，加大对高层次有突出贡献人才激励，草拟《柔性引进高层次人才实施办法》《职称评审方案》，全年参加人才招聘会15场，接待博士教授来访80余批次，引进正高职称人员3个，柔性引进教授2人，34名博士与学校签订引进协议。特别机械学科团队已有5位博士到学校，获得150万元新加坡企业委托科技攻关项目；送培18人外出攻读博士学位，所有送培人员都与学校签订毕业返校协议。

【教学质量监控】2017年，湖南人文科技学院出台《湖南人文科技学院教学督导团章程》《湖南人文科技学院听课制度》《湖南人文科技学院迎接本科教学工作审核评估实施方案》《湖南人文科技学院本科教学工作审核评估迎评工作进程表》《湖南人文科技学院本科教学审核评估工作任务分解表》《湖南人文科技学院关于开展2017年本科专业综合评价工作的通知》《湖南人文科技学院迎接省普通高校章程实施专项督导工作方案》7个文件。英语、计算机科学与技术是湖南省率先开展专业综合评价试点专业，按要求完成基础数据表和两个专业专业数据和定性材料审核上传工作，启动并完成全校42个专业校内专业综合评价工作。在颁布审核评估实施方案基础上，6月底印发审核评估学习资料第1辑，7月6日召开审核评估动员大会，邀请华中农业大学教务处处长江珩教授做审核评估动员大会专题报告。根据审核评估进程安排表和任务分解表各二级学院及项目组召开审核评估工作部署会。完成2016—2017学年教学基本状态数据采集上传工作学年本科教学质量报告编制和发布工作。对教学督导进行调整，重点听“新人、新课、两头、典型”，听课面争取全员覆盖，以商学院为试点单位正在实施。开展论文、试卷专项检查，进行教学质量常态监控，抽查近168门课程试卷，涉及到14个教学院44个专业，抽检全校14个教学学院111篇毕业论文（设计）；对应届毕业生做教育教学和管理工作满意度进行问卷调查，发放调查问卷3920份，回收有效问卷3666份，平均回收率为93.52%，总体满意率84.66%。

【改革内部管理】2017年，湖南人文科技学院撤销湘中区域研究中心、招生就业处，将招生工作并入教务处，就业工作并入创新创业学院。成立新闻中心挂靠宣传部，成立教师发展中心挂靠人事处；产学研教育指导中心更名为校地校企合作处，增加其横向科研管理职能，评建办更名为质量监控与发展规划处。保障教学、科研、研究生、校地校企合作、二级学院教务秘书、行政秘书等岗位，核减紧缩后勤服务、图书、继续教育学院、以及机关其他职能部门岗位。确保校院两级管理实施后，工作重心下移。向教学科研一线和有突出贡献高层次人才倾斜，一档教授待遇全校最高，将奖励性绩效下放二级学院，激发二级学院办学活力。

【办学条件】2017年，湖南人文科技学院完成一批大型维修改造项目。包括高韵楼改造、创新创业孵化基地门面改造、博达楼外墙改造、风雨田径棚屋面板改造、匠成楼改造、低压电改造等工程，总计完成大型维修改造立项项目92项，完成投资2700多万元。投资近5000万元，新建8号学生宿舍24000平方米；安装3300多台宿舍空调，食堂中央空调已投入使用，校园公共区无线Wi-Fi已投入使用。全年收入突破3.47亿元；教学仪器设备投入1200万元，基本建设投入5900万元，购置图书资料300万元，购置办公设备300万元。

【两个校园建设】2017年，湖南人文科技学院获湖南省十大“平安学校”称号；调处矛盾纠纷11起，化解率为100%；校园110接处警900余次，查处各类治安案件、一般刑事案件40余起，抓获各类作案嫌疑人20余人，移送公安机关处理8人；进行大规模学生宿舍安全检查6次，消防安全普查8次，治安隐患普查6次；平安校园建设与综治工作得到上级主管部门肯定，被湖南省综治委授予2017年度湖南省十大“平安学校”称号，以全省高校排名第一资格参评全国文明校园评选。

基础教育

娄底市第一中学

【概况】2017年，娄底市第一中学以“抓学习、抓班子、树典型、树标杆”为工作思路，在“实、细、精”上做足文章；常态建设国旗下讲话、校园广播站、校园橱窗、校园自媒体、班会和班级墙报、家长学校6个育人阵地，精心打造师生成长“移动课堂”“爱心义卖”“娄底一中志愿者”、经典诗文诵读、六十华里远足、国内外游学六大品牌教育活动；普及体育教育“模块走班制”，常态体育竞赛活动有序开展，承办全国“未来之星”阳光体育大会湖南分会场开幕大会及各项赛事，投入建设心理教育功能室和心理咨询服务工作站，配备5名心理学专业教师，在一定程度上改善学校心理教育课程现状，为学生健康成长改善办学条件；完善《娄底一中财务管理制度》《娄底一中出差管理办法》《娄底一中水电管理办法》《娄底一中班级财产管理办法》等相关后勤制度建设。为全市音、体、美、国防教育“四项课程”推进会提供观摩现场，“三考”成绩取得新突破，高考被清华大学录取1人，飞行员录取5人，一本纯文化上线271人，二本纯文化上线718人，艺术生被录取58人，赢得社会和家长及同行普遍赞誉，为新校区办学实现开门红。2017年学业水平考试，全校1576名学生参考，合格率98.03%，合格率和人平总分排名全市第三名。2017年中考，以人均总分898分名列中心城区公办学校第一名。

【教育教学】2017年，娄底市第一中学贯彻“聚焦课堂提升质量”指导思想，抓备课组集体备课环节、科学检测考试环节、考后质量分析环节、年级培优环节、班级后1/4学生和临界生跟踪辅导环节、面批作业环节和信息交流整合环节，引导学生改变课堂学习方式提升学习效率；抓早晚自习课学风和教师工作作风等等，出版《新学考通》和初、高中暑假作业。开启学科奥赛培养工程，高中获全国一等奖4人，二等奖30人，三等奖25人，初中信息学获全国一等奖3人，二等奖34人，三等奖2人。

【课程改革】2017 年，娄底市第一中学完善学科教研室组织建设，加强学科室工作计划管理，常态开展工作督查和学科研究与高考研究，有 22 个省级课题(含 5 个省级规划课题)立项开题并开展研究，有微课题 68 个开展研究，有 5 位老师进入全省“十百千工程”培训计划，有 20 余位老师参加各科国培项目。以“青蓝工程”为抓手，力促队伍建设，有 151 对师徒结对，并举行徒弟片段教学比武活动。有 20 余名教师参加“一师一优课，一课一名师”活动中，有 8 位老师获得省级优课奖，在湖南省贝壳网第二届备课比赛中有多组老师获特等奖、一等奖。在省教科院、省科研协会论文评选中，全校有 70 多篇论文提交，其中 12 篇论文获省一等奖、58 篇论文获省二等奖。获授“湖南省教育科研先进单位”称号。

表 77　　2017 年度娄底一中先进集体和先进个人一览表

获奖单位、先进个人	奖励名称	颁奖单位	颁发时间
娄底一中	湖南省网络督导评估优秀学校	湖南省教育厅	2017 年 2 月
娄底一中	湖南省未成年人法制教育基地	湖南省人民检察院	2017 年 4 月
娄底一中	全国群众体育先进单位	国家体育总局	2017 年 8 月
娄底一中	湖南省第二届中学生建制班合唱比赛高中一等奖	湖南省教育厅	2017 年 11 月
娄底一中	湖南省生态文明示范学校	湖南省教育厅	2017 年 12 月

娄底市第五中学

【概况】2017 年,娄底市第五中学高考参考人数 420 人,600 分以上 5 人,一本上线 63 人,二本上线 194 人,本科上线率达 54.8%。综合排名全市第 6 名。学校完成度省示范性普通高中网上督导评估，专家对学校领导班子、教师队伍、教育教学等方面给予肯定,综合得 80 分;学校工会连续 8 年荣获娄底市先进工会,学校连续三年被评为娄底市文明院落。教师论文有 30 多篇获得市级以上不同等级奖励。参加省、市教学比武、实验技能比赛,获省、市级奖 20 余人次。学生参加国家、省、市各级奥赛及征文、创新英语、CCTV“希望之星”英语风采大赛、体育等竞赛,有 167 人次获奖，其中国家级 48 人次、省级奖 119 人次、市级奖 32 人次。占地 77256 平方米,建筑面积 42011 平方米。有教学班 69 个(其中高中 27 个班、初中 42 个班),在校学生 4158 人;在职教职工 283 人,专任教师 246 人,其中高级教师 160 人,全部达本科以上学历,其中研究生 30 人;全国优秀教师 2 人,国家级骨干教师 1 人,正高级教师 1 人,省特级教师 1 人,省级骨干教师 12 人,市级骨干教师 20 人。

【师资建设】2017 年,娄底市第五中学加强师德师风建设,促进教师全面发展。组织开展一师一优课竞赛,各教研组开展相互听评课;搭建教师外出学习平台,先后派出 40 余人次外出参加培训学习、研讨会和校内外送教活动;获取“娄底市高中生物名师工作室”挂牌,先后有湘钢一中、龙山中学等知名学校领导和教师到前来观摩。

【学校管理】2017 年,娄底市第五中学发挥教职工民主治校作用。现任中层干部均竞聘上岗,每年底都组织全体教职工对中层干部、和后勤工作人员进行民主测评。制定《娄底五中中层干部竞聘上岗实施方案》,推行中层干部竞聘上岗制,按择优原则确定中层行政干部。通过教代会、校务公开等组织形式,保障教职工参与学校民主管理和监督;出台《娄底五中校务公开实施细则》,成立《娄底五中校务公开领导小组》《娄底五中财务内审小组》，开辟校务公开栏。制定《娄底五中 2017 年高中招生办法》,不擅自增减招生计划、提前招生、跨区域招生。没有擅自组织单独高中招生考试。不使用非法手段招揽生源;不招无志愿学生,不招最低控制线以下学生,恪守“三限”政策。不突破招生计划,保证市教育局政令畅通。

【教育教学】2017 年,娄底市第五中学为保证各项管理要求得到及时落实,将教学管理权、考核权授予高中、初中两部。强化常规教学,强化教学纪律,强化考评制度,拓展多元化成才渠道;以丰富多彩活动促进德育工作落实,开展学生艺术节、体育节等一系列活动,军训期间组织学生 20 千米拉练,已成为全校全面教育一大特色。

【安全工作】2017 年,娄底市第五中学把安全工作摆在首位,实行“一岗双责”,确保 4500 多名师生人身安全。年初学校与各部门签订《安全责任状》,强化干部和全体教职工安全风险意识。从人防和技防 2 个层面提高校园安全系数。加强与公安、派出所、居委会、文化交管部门联系,建立校园警务室,为教育教学营造良好校园环境。加强对饮食、饮水、食品安全监测管理,坚持日常登记、留样、定期检测,确保师生饮水、饮食安全,校园平安。消防零事故,食品安全零事故,无群体性事件发生,无集体越级上访、集访事件发生。学校商店没有出售“三无”过期变质食品及非法出版物,学校周边有明显交通警示标志。

【体艺工作】2017 年,娄底市第五中学推进足球课堂教学,开设校园“足球专栏”,在初中班级每周开设一节足球课,高中开设足球模块教学课程。建立校园足球联赛制度,成立学生足球社团、班级足球队,组织班级联赛参加校际之间足球交流、比赛等活动。高考音体美特长生二本上线 31 人,一本上线 6 人。参加省市中小学生“三独”比赛 8 人获奖。参加娄底市第一届中学生运动会,派出田径代表队 22 名运动员,乒乓球代表队 8 名运动员参与角逐。运动员们发扬拼搏精神、勇创佳绩,夺得金牌 5 枚,银牌 5 枚,铜牌 4 枚,团体总分 110 分,在甲组(师范中学组)中排名第四。陈建华、易仲源、吴理平三位老师被评大会组委会为优秀教练员。

职业技术教育与成人教育

娄底职业技术学院

【概况】2017 年,娄底职业技术学院“十三五”校园基本建设规划启动实施,强化校园网络服务与监管,校园网络运行良好,校本部与医学院校区网络实现互联互通。新建教职工食堂,解决一线人员和加班人员吃饭难后顾之忧。校园绿化美化亮化建设顺利通过省级园林单位复查初审,实现食品安全管理“零事故”,学校本部被评为全市食品安全示范学校。有全日制大中专学生 18000 余人。开设涵盖装备制造、资源环境与安全、农林牧渔、土木建筑、教育与体育、文化艺术、电子信息、财经商贸、旅游、医药卫生 10 个大类 39 个专业,其中机电一体化技术专业与畜牧兽医专业为中央财政支持国家级重点建设专业;建设工程技术专业与应用电子技术专业为国家级重点建设专业;应用电子技术专业与旅游管理专业为教育部财政部“支持高职院校提升专业服务产业发展能力项目”专业;机电一体化技术、模具设计与制造与护理 3 个专业为湖南省精品专业;模具设计与制造专业与畜牧兽医专业为湖南省生产性实习实训(暨师资认证培训)基地建设项目专业;护理专业与药剂专业为湖南省特色专业建设项目专业;机电一体化专业为湖南省职业教育中高职衔接试点项目建设专业;畜牧兽医专业为省级现代学徒制试点专业。建有全省一流现代制造技术实训中心等 12 个实训中心,实验实训室 264 个。有附属医院 2 所,其中一所为国家二甲医院,有病床 500 张。在中国科学评价研究中心、中国教育质量评价中心联合科教评价网发布 2017 年中国高职高专院校竞争力排行第 157 位,在湖南 71 所高职院校中排名第 9 位,是湖南省办学规模最大高职院校之一。为湖南省示范性高职院校、教育部人才培养工作水平评估优秀学校、全国职业院校魅力校园。有 2 个校区,占地 900 余亩,校舍 37 万平方米,固定资产 61379.5 万元,教学仪器设备值 6595.49 万元。内设机构及附属单位 42 个,其中党政管理机构14个，教学单位17个，教辅单位5个，附属单位3个，纪检机构和群团组织3个。在职在编教职工955人，正高职称43人，副高职称320人；省级教学名师1人，省级专业带头人9人，省级青年骨干教师15人，省级专业教学团队3个。

【教学改革】2017年，娄底职业技术学院推进内涵式发展，出台《关于加强专业建设的指导意见》，申报新增动物医学、道路桥梁工程技术、数字媒体艺术设计、安全健康与环保4个专业，撤销建筑智能化工程技术、移动商务、酒店管理3个专业。修订完善《教育教学奖励办法》《实践性教学管理办法》等教学管理制度9个。完成347门课程标准修订。组织“语音室”等36个项目实验实训室建设与《测量技术应用》《矿山设备电气控制》2门慕课建设，使用《大学生创业学》等30门网络公选课程。在各类比赛中获得国家级一等奖1项，省级一等奖2项、二等奖3项、三等奖10项，其中，喻林荣获全国高职院校体育教师教学技能大赛一等奖；组织学生参加国家级、省级技能竞赛并获得国家级三等奖1项，省级一等奖1项、二等奖6项、三等奖9项；获年度职业教育省级教学成果奖一等奖1项、二等奖2项、三等奖3项，其中《高职院校教学信息化建设的系统设计与创新实践》被省教育厅推荐参评2018年职业教育国家级教学成果奖一等奖；在省级专业技能抽查与毕业设计抽查获评优良等次，8项教研教改课题获省级立项。

【科研工作】2017年，娄底职业技术学院获省厅级科研课题立项32项，结题31项，科研项目结项率与结项质量有所提升。组织参与全国科普日活动、全市“创新开放大讨论”等大型科普活动，农林实训基地开展特色活动开展良好，学校被中国科学技术协会办公厅评为年度全国科普日特色活动优秀单位。

【师资建设】2017年，娄底职业技术学院健全教师成长激励机制，出台《娄底职业技术学院教师下企业实践及教职工培训进修办法》《娄底职业技术学院外聘教师管理办法》系列制度，在校院两级管理、绩效考核等方面做出有效探索。全年引进博士1名，硕士15名，本科生10名，组织209名教师参加专业培训，115名专业教师下企业实践。现代农业技术教师团队入围全国黄大年式教学团队遴选名单。

【招生就业】2017年，娄底职业技术学院录取学生5761人，其中三年制大专新生3678人，五年制高职生982人，三年制中职生1101人，招生数量创历史新高，生源质量得到提升，获评2017年湖南省普通高校招生工作先进单位。12月，全省高职高专招生工作年会在院召开。“云就业”等信息化就业平台使用与推广成效明显，学校应毕业生初次就业率达85.81%。创业一条街再次启动，立项2个“乐易考杯”湖南省“互联网+”大学生创新创业大赛项目。

【社会服务】2017年，娄底职业技术学院组织开展创新创业、技能培训等7个社会培训项目，参培总人数达2400余人。立项为湖南省高技能人才培训基础能力建设项目，预计争取市人社局就业补助资金500余万元。承担涟源市白马镇建新村和石马山镇紫花村两个村驻村帮扶工作，建新村成功立项为全省整村推进移民美丽家园建设试点村项目立项。暑期学校团委组织师生去新化、冷江60个贫困村开展“情牵脱贫攻坚”主题活动，学院团委获全省大中专学生志愿者暑期“三下乡”社会活动优秀单位，刘媛等4位师生被省教育厅、省扶贫办评为先进个人；护理学院“三下乡”项目荣获“千校千项”成果遴选活动最具影响力好项目，电信学院资广飞荣获“千校千项”成果遴选活动下乡情怀好日记。

【文化建设】2017年，娄底职业技术学院推进“铸魂工程”，开展青年学习节、文化艺术节等一系列主题教育活动、文明素养专项整治活动和心理健康教育活动。举办4期《娄底职业》文化大讲堂，出台《进一步加强和改进学校宣传思想工作实施意见》等3个重要指导性文件，意识形态工作常抓不懈，切实加强内部舆论阵地建设与对外宣传力度。统战工作获全省民族团结进步示范单位。

表78　　2017年度职业技术学院先进集体和先进个人一览表

获奖单位、先进个人	奖励名称	颁奖单位	颁发时间
谢　丹	2017年湖南省职业院校信息化教学大赛二等奖	湖南省教育厅	2017年7月
喻　林	2017年湖南省职业院校信息化教学大赛二等奖	湖南省教育厅	2017年7月
王　豪	2017年湖南省中职信息化教学设计专业课程组项目二等奖	湖南省教育厅	2017年7月
廖秀华	2017年湖南省职业院校信息化教学大赛三等奖	湖南省教育厅	2017年7月
黄婷 刘建宇　黄国志	2017年湖南省职业院校信息化教学大赛三等奖	湖南省教育厅	2017年7月
李　权	2017年湖南省职业院校信息化教学大赛三等奖	湖南省教育厅	2017年7月
辜　桃	2017年湖南省职业院校信息化教学大赛三等奖	湖南省教育厅	2017年7月
谢峰琦	2017年湖南省职业院校信息化教学大赛三等奖	湖南省教育厅	2017年7月
李海莉 吴梦华 陈志雄	2017年湖南省职业院校信息化教学大赛三等奖	湖南省教育厅	2017年7月
段环宇	2017年湖南省职业院校信息化教学大赛三等奖	湖南省教育厅	2017年7月
龙育才	2017年湖南省高职院校专业课教师说课竞赛三等奖	湖南省教育厅	2017年6月
曹滢丹	2017年湖南省高职院校专业课教师说课竞赛三等奖	湖南省教育厅	2017年6月
肖希蓉	2017年湖南省高职院校公共课课教师说课竞赛三等奖	湖南省教育厅	2017年9月
龚芸　肖希蓉	湖南省第三届大学生心理健康教育课程多媒体课件制作大赛三等奖	湖南省教育厅	2017年5月
谭　芳	湖南省第二届微课大赛职业教育组个人赛一等奖	湖南省教育厅	2017年2月
辜　桃	湖南省"讲话精神进基层"微宣讲总决赛二等奖	湖南省委宣传部	2017年5月
辜　桃	湖南省高校"讲话精神进基层"微宣讲比赛高职教师组一等奖	湖南省教育厅	2017年7月
喻　林	全国职业院校体育教师《教学设计与实践说课与微课》一等奖	全国高职体育教师教学技能大赛组织委员会	2017年11月
喻　林	全国职业院校体育教师教学技能大赛一等奖	全国高职体育教师教学技能大赛组织委员会	2017年11月
喻　林	湖南省职业院校体育教师教学技能大赛一等奖	湖南省高等学校体育教学指导委员会	2017年11月
谢志勇	湖南省职业教育学会第三届职业技术教育多媒体课件制作大赛一等奖	湖南省职业技术教育学会	2017年12月

续表 78

获奖单位、先进个人	奖励名称	颁奖单位	颁发时间
陈 佳	湖南省职业教育学会第三届职业技术教育多媒体课件制作大赛一等奖	湖南省职业技术教育学会	2017 年 12 月
张云峰、张海峰、王俊、康佳玲、刘艳	湖南省职业教育学会第三届职业技术教育多媒体课件制作大赛一等奖	湖南省职业技术教育学会	2017 年 12 月
张海峰、夏高彦、张云峰	湖南省职业教育学会第三届职业技术教育多媒体课件制作大赛一等奖	湖南省职业技术教育学会	2017 年 12 月
胡小红	湖南省职业教育学会第三届职业技术教育多媒体课件制作大赛一等奖	湖南省职业技术教育学会	2017 年 12 月
彭艳云	湖南省职业教育学会第三届职业技术教育多媒体课件制作大赛一等奖	湖南省职业技术教育学会	2017 年 12 月
范国正	湖南省第三届职业技术教育多媒体课件制作大赛一等奖	湖南省职业技术教育学会	2017 年 12 月
黄香娟	湖南省第三届职业技术教育多媒体课件制作大赛一等奖	湖南省职业技术教育学会	2017 年 12 月
岳 亮	湖南省第三届职业技术教育多媒体课件制作大赛一等奖	湖南省职业技术教育学会	2017 年 12 月
曾 芍	湖南省第三届职业技术教育多媒体课件制作大赛一等奖	湖南省职业技术教育学会	2017 年 12 月
王 豪	湖南省第三届职业技术教育多媒体课件制作大赛二等奖	湖南省职业技术教育学会	2017 年 12 月
王永玲	湖南省第三届职业技术教育多媒体课件制作大赛二等奖	湖南省职业技术教育学会	2017 年 12 月
邹妮娜	湖南省第三届职业技术教育多媒体课件制作大赛二等奖	湖南省职业技术教育学会	2017 年 12 月
戴 鹰	湖南省第三届职业技术教育多媒体课件制作大赛二等奖	湖南省职业技术教育学会	2017 年 12 月
谢 萍	湖南省第三届职业技术教育多媒体课件制作大赛二等奖	湖南省职业技术教育学会	2017 年 12 月
贺 蓉	湖南省第三届职业技术教育多媒体课件制作大赛二等奖	湖南省职业技术教育学会	2017 年 12 月
邓海燕	湖南省高职高专英语课堂教学设计大赛一等奖	湖南省职业教育与成人教育学会	2018 年 1 月
谢 杰	湖南省高职高专英语课堂教学设计大赛二等奖	湖南省职业教育与成人教育学会	2018 年 1 月
李健民	第三届中国外语微课大赛湖南省二等奖	中国高等教育学会	2017 年 11 月
龚文锋	第三届中国外语微课大赛湖南省二等奖	中国高等教育学会	2017 年 11 月
欧阳冷倩	全国中等职业学校化学课程“创新杯”信息化教学说课大赛二等奖	中国职业技术教育学会	2017 年 12 月
学 校	全省民族团结进步创建活动示范单位	湖南省民族宗教事务委员会	2017 年 12 月

续表 78

获奖单位、先进个人	奖励名称	颁奖单位	颁发时间
学　校	2017 年全国科普日特色活动优秀单位	中国科学技术协会办公厅	2017 年 12 月
“医疗情意浓共筑中国梦”医疗服务社会实践项目	2017 年大中专学生“三下乡”社会实践“千校千项”成果遴选活动“最具影响好项目”	团中央学校部、中国青年报社、人民网	2017 年 10 月
刘高永	湖南省教育科学研究工作者协会 2017 年度科研先进个人	湖南省教育科学研究工作者协会	2017 年 11 月

娄底广播电视大学

【概况】2017 年，娄底广播电视大学以远程开放教育为中心，以继续教育、社区教育为两翼，围绕创建开放大学、实现转型发展战略目标，加强内涵建设。全年招生人 5063 人，其中春招 1844 人，秋招 3161 人（含农民大学生 1136 人），已连续 7 年超额完成省校任务，在籍学历教育学生达 10553 人。

【教学质量】2017 年，娄底广播电视大学在完成面授、网上学习、学位论文申报、论文指导、形成性作业评阅、课程复习等系列常规工作基础上，适应课程改革，采用以网络空间为主要载体，线上线下结合混合教学模式，严格过程管理，组织参与省校各类教学活动，在省电大举办“好声音——微宣讲”活动中，获得教师组唯一 1 个一等奖、2 个三等奖，4 个优胜奖，学生组获得 1 个二等奖、2 个优胜奖，并获得优秀组织奖。在参加省校组织农民大学生优秀学员、湖南广播电视大学奖学金活动和国开开展“希望的田野”、国家开放大学奖学金评选活动，分别评选出 20 名优秀农民大学生、16 名优秀学员、8 名优秀农民大学生学员、16 名优秀开放教育学员。

【教务管理】2017 年，娄底广播电视大学全年各类学生报考（含统考、补考）计 78842 门，注册课程 76679 门，办理毕业证书 2422 个，组织毕业生图像信息采集 1671 名。做到教材征订、发放到位，课程注册、学籍异动及时到位，考务安排与实施到位，网上支持服务到位，毕业审核及毕业证办理到位，选课报考、试卷征订到位，网考、统考和形成性考核工作管理到位，期末考试安排组织到位。

【科研工作】2017 年，娄底广播电视大学立足把科研促发展，围绕娄底经济社会发展需求开展科学研究，加大科研成果转化力度，提高学校服务社会能力，特别是终身教育理论研究，在开展终身教育实践基础上认真总结经验，开展理论探索，多次获得省校表扬和肯定。全年有 2 个终身教育课题省教育厅立项、2 个终身教育课题省校立项，在各类学报报刊上发表学术论文 3 篇。

【启用新校区】2017 年，娄底广播电视大学争取省电大支持 200 多万元。市财政增加干部网络教育培训和农民大学生培养两项专项 42 万元。完成 3 号综合楼装修工程、配套设施工程及绿化、亮化、美化工作及教师住宅楼工程交房分房工作，抓紧启动南校区校门、学生食堂、住宿设施、临街服务楼建设前期论证。南校区主要承担成人高等教育、全日制职业教育、中小学师资培训和干部在线教育，北校区主要承担半脱产形式“农民大学生培养计划”项目和各类非学历教育、社区教育、老年大学项目及幼儿教育，两个校区功能互补，为娄底构建终身教育体系发挥不同作用。

【教育转型】2017 年，娄底广播电视大学干部教育网络培训全年注册学员达 6860 人，比 2016 年增加 2260 人，通过率位居全省前列。修订制作干部学习操作手册，推广手机 APP 学习，全年组织召开 2 次全市工作推进会和 2 次优秀论文评审，举办 3 个专题培训班，开展日常管理与技术答疑工作，做到零失误、零投诉。打造全市《梅山文化研究》终身教育学习品牌，同时与全民读书会协调进行贤母文化合作实践。由校长卢再新主持优质社区教育资源建设《梅山文化研究》在省校验收中获得第一名好成绩；新化

"三合汤"和"水车鱼冻"2 个微课参加省校"我最喜欢的微课"活动大赛组织与宣传、推广，取得两个一等奖。完成终身教育指导中心理论研究，参加年度理论研究与教育厅社区教育教学与改革项目工作，《湖南省社区教育事业发展报告(2001—2017)》娄底市 16 项指标材料编撰工作正在有条不紊地进行。学校与市委老干部局合作，组织离退休干部合唱比赛，参加全省离退休干部"喜迎十九大·颂歌献给党"合唱比赛获得优异成绩。对接市教育局教师工作科和各县市区教育局，启动乡村教师适岗培训项目，已有 1200 名参学教师报名第一批第一阶段学习与培训，完成市直单位行政执法人员资格电子化考试任务。

【扶贫攻坚】2017 年，娄底广播电视大学制定《红旗村精准扶贫 2017 年工作计划》，明确目标任务和帮扶责任人，与其他单位派出 85 名中层以上干部，以分片包干方式帮扶贫困户，结对帮扶实施全覆盖。帮扶责任人进村入户 5 次以上，慰问贫困户 2 次，送去慰问金 800 元。召开红旗村脱贫攻坚专题工作协调会，明确每年投入 15 万余元，贫困户 3 年每户 3000 元帮扶资金。开展脱贫攻坚突出问题集中整改，确认贫困户 139 户 444 人，其中新增 55 户 155 人，删除 51 户 165 人。落实"五个一批"扶贫政策，鼓励、支持兴办村级种养合作社，引导 83 户贫困户 275 人加入合作社，与贫困户建立利益联结机制，实施产业委托帮扶。出资 9000 元选送村干部 3 人和 1 名后备干部参加"农民大学生培养计划"大学本科、专科专业学习，做到智力扶贫与"农民大学生培养计划"相结合，完善基础设施建设，推动两处水毁修复工程公开招标、开工建设，解决饮水难等问题。全年实现 18 户 57 人脱贫。 (伍清玲)

娄底幼儿师范学校

【概况】2017 年，娄底市幼儿师范学校围绕"提质增效"目标，坚持"特色办校、科研兴校"宗旨。先后获"第十三届全国中等职业学校'文明风采'竞赛优秀组织奖""教育阳光服务工作先进单位""校园安全管理优秀单位""娄底市市直学校工会工作先进单位""冷水江无偿献血先进单位""市直单位预算支出绩效管理工作优秀单位""娄底市第一届中校学生田径运动会中职组团体第三名" 等。在编在岗教职工 196 人，其中高级教师 68 人，硕士研究生 24 人；在校学生 3609 人，秋季招收新生 992 人。召开第八届大中专幼师学生顶岗实习供需见面会，省内外 196 家知名幼儿园到会，424 名学生全部签订合同，实现 100%就业。

【学校管理】2017 年，娄底市幼儿师范学校把握升专列规这个龙头，突出项目建设、扶贫攻坚、教师师德师风建设等重点。先后出台行管人员巡查、工作出勤考核、出差管理、财务管理、网站管理、项目招投标(含政府采购)、教师绩效奖惩管理、学生奖励等 18 项制度，推动学校各项工作制度化、规范化、程序化；提高教职员工积极性。抓好以食堂粮油、猪肉直销改革为突破口后勤线管理改革，师生满意率提升；按照上级要求将学校食堂进行托管；实行全体人员挂牌上岗；对管理人员和临聘人员出勤情况进行督查；开展校园查巡，进行查漏补缺，发现问题及时解决，提高办事效率；对乱订资料、有偿家教、体罚学生、违规补课等违规行为进行调查，以确保教学运行规范、有效。执行"教师廉洁从教十不准"规定和"禁酒、禁烟、禁赌、限牌"令，在校园里树新风，治陋习，提倡健康高雅的生活方式。

【教育教学】2017 年，娄底市幼儿师范学校完善各项教学常规管理，推动教师教育教学工作。修订《教师岗位职责考核办法》等 4 项制度；组织专业教师对 2016 级小学教育和学前教育专业班级进行《综合素质》科目串讲和答题训练，帮助学生备战"国考"；加强对学生"三字一话"、讲故事、汉字应用水平等教师基本功培养和教师技能训练；对即将顶岗实习班级实施"四环节"教育实习流程(说课、备课专题指导讲座→微格教室说课→上课试讲→小学、幼儿园教育实习→汇报课比赛)；毕业班级学生说课与模拟课堂教学比赛要求低年级学生观摩，起到专业引领示范作用。在"第十三届全国文明风采大赛"中，获全国奖 10 项，省级奖 19 项，市级奖 57 项，7 位教师被评为"全国优秀辅导老师"，学校获全国竞赛优秀组织奖；在湖南省中职学校职业技能竞赛中，获得省三等奖 2 次；在"学宪法讲宪法"竞赛中，学校获得市优秀组织奖；5 位学生被评为省级优秀毕业生；幼教大专 448 班获省级优秀班级。

【教研教改】2017 年，娄底市幼儿学校完善学校信息化教学硬件设施，安排教学经验丰富老教师对新进青年教师培养，通过帮扶指导、压担子、创建良好平台等方式加强对骨干教师及名师培养，以点带面促进教师队伍整体提升；组内积极开展各种集体教研，精心组织公开课；开展各类知识讲座，提升师生综合知识水平。组织教师积极参加各种教学比赛及论文评比活动。参加省、市教学比赛，在“创新杯”说课比赛中，1 人获得全国一等奖，1 人获市一等奖，2 人获市二等奖，2 人获市三等奖；1 人在“学宪法讲宪法”微课大赛中获得省一等奖；8 人获省信息化教学设计比赛二、三等奖等奖。发表科研论文 24 篇，参评获奖论文 17 篇，参编教材 6 部，学校获批主持省级科研课题 4 个。

【德育教育】2017 年，娄底市幼儿学校把习惯养成教育渗透到各项德育工作和教学活动中，致力于学生素质全面和谐发展。一系列养成教育活动，设置文明礼仪劝导小组，致力于督促学生养成良好卫生文明习惯。利用班团活动课、学生出操、集会、文化长廊、黑板报长廊等多种形式及时向学生传达先进事迹、主题教育等教育，最大限度地加强其教育性、引导性，真正起到陶冶学生情操、丰富学生情感、净化学生心灵、指导学生成长作用。举办丰富多彩校园活动，如师生田径运动会、汉字听写大赛、校园中国古典诗词大赛、“5·25”心理健康游戏活动、“读书与成长”推荐会等，丰富学生学习生活，激发学生学习兴趣。

【精准扶贫】2017 年，娄底市幼儿学校按照上级“脱贫攻坚”部署要求，学校多次组织召开“脱贫攻坚”专题会议，结合学校和当地实际情况，班子成员，按月入村宣传扶贫政策，走访慰问帮扶对象，年内学校组织向滴水学校赠送电脑 28 台，帮助村里贫困户销售价值 3 万多元特色农副产品，安排近 20 万元用于扶贫，使新利村摘掉省级贫困村帽子。李振兴、游涛、潘瑞祥 3 位帮扶对象成功脱贫。（黄卉）

表 79　2017 年度娄底幼儿师范学校先进集体和先进个人一览表

获奖单位、先进个人	奖励名称	颁奖单位	颁发时间
娄底幼儿师范学校	第十三届中等职业学校“文明风采”竞赛全国优秀组织奖	全国中职“文明风采”竞赛组委会	2017 年 5 月
刘婷园	第十三届中等职业学校“文明风采”竞赛全国优秀指导老师	全国中职“文明风采”竞赛组委会	2017 年 5 月
王　敏	第十三届中等职业学校“文明风采”竞赛全国优秀指导老师	全国中职“文明风采”竞赛组委会	2017 年 5 月
吴小燕	第十三届中等职业学校“文明风采”竞赛全国优秀指导老师	全国中职“文明风采”竞赛组委会	2017 年 5 月
胡菲菲	第十三届中等职业学校“文明风采”竞赛全国优秀指导老师	全国中职“文明风采”竞赛组委会	2017 年 5 月
李振家	第十三届中等职业学校“文明风采”竞赛全国优秀指导老师	全国中职“文明风采”竞赛组委会	2017 年 5 月
刘玉兰	第十三届中等职业学校“文明风采”竞赛全国优秀指导老师	全国中职“文明风采”竞赛组委会	2017 年 5 月
李邵军	第十三届中等职业学校“文明风采”竞赛全国优秀指导老师	全国中职“文明风采”竞赛组委会	2017 年 5 月
王　敏	2017 年“学宪法讲宪法”微课大赛省一等奖	湖南省教育厅	2017 年 11 月
张　威	2017 年全国中等职业学校德育课“创新杯”教师信息化教学说课比赛“职业生涯规划”全国一等奖	中国职业技术教育学会；德育工作委员会	2017 年 12 月
付婷、李华霞、苏芍	湖南省信息化课题教学比赛二等奖	湖南省教育厅	2017 年 7 月
唐二、刘红花	湖南省信息化课题教学比赛三等奖	湖南省教育厅	2017 年 7 月

续表 79

获奖单位、先进个人	奖励名称	颁奖单位	颁发时间
王智慧、郭思嘉、杨玥瑜	湖南省信息化课题教学比赛三等奖	湖南省教育厅	2017 年 7 月
2014 级幼教 448 班	2016–2017 学年度湖南省中等职业学校省级先进班集体	湖南省教育厅	2017 年 6 月
刘甜洁	2017 年湖南省中职学校职业技能竞赛—“中国舞表演”湖南省三等奖	湖南省教育厅	2017 年 6 月
陈沨、刘思洁	2017 年湖南省中职学校职业技能竞赛—“英语技能”湖南省三等奖	湖南省教育厅	2017 年 6 月
胡菲菲	2017 年湖南省中职学校职业技能竞赛优秀指导老师	湖南省教育厅	2017 年 6 月
唐 玲	2017 年湖南省中职学校职业技能竞赛优秀指导老师	湖南省教育厅	2017 年 6 月
朱 昭	2017 年湖南省中职学校职业技能竞赛优秀指导老师	湖南省教育厅	2017 年 6 月

娄底技师学院

【概况】2017 年，娄底技师学院全年招收各类新生 1634 人，超额完成 1200 人既定目标；顶岗实习安置率 100%，毕业生安置率达 98%；完成各类培训 4000 余人，职业技能鉴定 3512 人。2017 年 6 月，学院与省内外 60 多家企业签订技能人才对口培养协议，并在全市发起“脱贫攻坚技能人才培养计划”，先后在新化、涟源、娄星区 17 个乡镇开办 84 个培训班，总培训人数达 3000 人。现在籍学生 3923 人，以 959 分顺利通过技师学院评估验收，学院发展开启新篇章。

【校企合作】2017 年，娄底技师学院组织人员“走出去”，主动联系就业单位 132 家，安置毕业生 839 人，与汉腾汽车有限公司、无锡小天鹅股份有限公司、广东美的制冷设备有限公司等省内外 40 多家企业签订校企合作办学协议，加大“订单式”培训力度，先后签订“宝辉班”“美的班”“小天鹅班”“丰汇银佳班”，培养人数达 240 人。

【技能脱贫】2017 年，娄底技师学院组织副科以上干部到涟源荷塘镇礼左村开展结对帮扶，扶贫队进村入户，详细调查了解致贫原因，并就此制定切实有效帮扶措施，通过联系就业、开展农业技能培训、免费接收贫困子女入学等方式，走出一条“授之以渔”帮扶之路。面对娄底各地发生百年不遇洪涝灾害，学院党委组织力量开展募捐，深入旁山冲社区开展卫生清理帮扶工作；在全市发起“脱贫攻坚技能人才培养计划”，在新化县、涟源市、娄星区 10 多个乡镇开办 27 个培训班，总培训人数达 2600 人，为 10 名贫困新生减免学费，免费发放床上用品。

【教学质量】2017 年，娄底技师学院秉承“德育为先，育人为本，服务学生”理念，通过修订完善各项管理制度，形成靠制度管权、管事、管人氛围。加强对各项工作和各部门日常工作督查考核及半月工作考核，将考核结果和绩效工资直接挂钩。精心组织竞赛，做到以赛促教、以赛促改，以赛促学；组织 8 名学生参加第 45 届世界技能大赛湖南省选拔赛模具设计与制造等 4 个专业竞赛；成功承办娄底经开区第二届“千名创新创业工匠培养工程”职业技能大赛。

（赵蓉 宁谨）

表 80 **2017 年度娄底技师学院先进集体和先进个人一览表**

获奖单位、先进个人	奖励名称	颁奖单位	颁发时间
王春光	湖南省技工教育和职业培训教材建设先进个人	中国人力资源和社会保障出版集团有限公司	2017 年 12 月

娄底市第一职业中学

【概况】2017年,娄底市第一职业中学围绕“内涵发展、特色发展、创新驱动发展”主题,改善办学条件,强化学校管理。依据现代职业教育发展需要,调整科室结构,细化科室职责、规范科室行为。加大教、学、研相关设施设备采购添置力度。通过向教育局、市编办等部门反复争取,上级部门同意对全校增编48人,增临时编70人,解决师资紧缺问题。推行阳光招生,完成招生任务,扭转被动局面。内设科室由7个增加到9个,所有科级干部实行全员竞聘上岗,制订工作计划,并对分责科室具体工作进行安排、督促、考评,理顺科室之间横向协调关系;在校学生人数突破3500人。

【师德建设】2017年,娄底市第一职业中学通过真学实检开展师德师风集中培训活动,使教师思想政治素质和职工道德水准显著提高;对学生实行“绷带式”全过程无缝隙管理,优化学生行为习惯、文明礼仪、精神状态;坚持做到有工作必有量化考核,有量化考核必有量化评价。8月,在湖南省首届职教校长论坛上作“三得教育”典型发言,经验在全省推广。尹婷老师获全国中等职业学校“创新杯”教师信息化说课大赛一等奖,实现娄底市参赛选手在此项国赛项目上“零”突破,聂日红获省中职班主任基本功竞赛二等奖。

【人文素养】2017年,娄底市第一职业中学注重学生日常行为规范训练,每期开学集训一次,上学期2天,下学期5天;开展文明礼仪素养训练,列入课表,每周2节课;实施五个专项教育:唱歌、卫生劳技、写字、普通话、五笔字输入等常练,每天一次;让学生遵纪守规,彬彬有礼,多才多能。开展四级主题活动:班组主题活动,要求每期至少三次,全年最多达10次;专业组主题活动,要求每期一次,大多数教研组完成任务;科室组织主题活动,要求每年至少一次每个科室均能很好完成;全年举办学生技能大赛、学校田径运动会、元旦游艺晚会等5个活动,以展示、发现、发展学生个性特长。践行“三段实习管理”——教学实训(理实一体)、跟岗实习(实践)、顶岗实习(工作),让学生很好地掌握专业技能,很好适应企业和胜任工作。

【学校安全】2017年,娄底市第一职业中学建立健全“党政同责、一岗双责、失职追责”安全生产责任体系,明确各岗位安全职责;加大人防、物防、技防建设投入力度,以防重大安全事故、重大安全隐患为主线,层层签订安全工作责任书,完善安全考核奖惩制度;通过宣传栏、升国旗仪式、家长会、专题讲座、应急演练等多种形式,加强学生安全教育。坚持班子成员轮流值周,设立文明监督岗,实施学生封闭式管理、节假日专人安全巡视,实施安全工作台账等措施确保校园和谐、平安,获评市级安全文明校园和综合治理先进单位。

【专业调整】2017年,娄底市第一职业中学根据公检法中紧缺协警、书记员这一市场需求,与江西司法警官学校联合开办社会事务管理专业;根据中专不准办学前教育专业而幼儿教师又非常紧缺这一现实需求,把学校幼师专业改成音乐专业加学前教育自考大专,使学前教育起死回生;根据汽车修理店中有很多初中毕业这一客观实际,与娄底市汽车维修协会联合开办学徒制汽车维修班,不仅提升学生汽车理论水平、学历层次,而且提高学校经济效益。

表81　　2017年度娄底一职先进集体和先进个人一览表

获奖单位、先进个人	奖励名称	颁奖单位	颁发时间
娄底一职	2017年湖南省职业院校技能竞赛(中职酒店服务)三等奖	湖南省教育厅 株洲市人民政府	2017年4月
娄底一职	2017年湖南省职业院校技能竞赛(中职汽车营销)三等奖	湖南省教育厅 株洲市人民政府	2017年4月
娄底一职	2017年湖南省职业院校技能竞赛(平面设计)二等奖	湖南省教育厅	2017年12月
娄底一职	湖南省“三下乡”活动优秀服务团队	湖南省委宣传部、共青团湖南省委、湖南省教育厅、湖南省文明办、湖南省学生联合会	2017年12月

续表 81

获奖单位、先进个人	奖励名称	颁奖单位	颁发时间
娄底一职	湖南省首届中职学校校长论坛典型发言	湖南省教育厅	2017 年 8 月
谢晓雅	湖南省第二届微课大赛一等奖	湖南省教育厅	2017 年 2 月
刘 昆	全国优秀共青团干部	共青团中央	2017 年 5 月
尹 婷	全国中等职业学校素质教育课程创新杯教师信息化教学说课大赛一等奖	中职技术教育学会教学工作委员会	2017 年 12 月
聂日红	湖南省中职班主任基本功竞赛二等奖	湖南省职成教育学会中职德育工作委员会	2018 年 1 月

冷水江工业中等专业学校

【概况】2017 年，冷水江工业中等专业学校围绕提高教育教学中心，通过项目申报推动学校基础能力建设，发力校企合作，夯实学校专业发展基础。全年招收全日制新生 1105 人，其中校企合作引进工业机器人专业首次招生即完成 3 个班 160 余名新生任务；独立工矿区创业实训基地项目申报成功，获得 2227 万元中央财政支持；新女生公寓建成并投入使用，校园路面及球场、停车场改造完成；先后获授湖南省教育科学研究工作者协会先进会员单位、娄底市职成教育先进单位、娄底市中职学生技能大赛、文化和专业抽考优秀学校等称号。

【教学质量】2017 年，冷水江工业中等专业学校参加高考，刘鹤等 8 人分别考上湖南师大、湖南农大等本科院校，其他参加对口高考同学也全部升入大学深造，升学率达 100%。在年度省、市中职学生技能大赛中，有 4 人获省级三等奖、12 人荣获娄底市一等奖。在 2017 年娄底市中职学生文化与专业抽考中，学校荣获综合排名第一名好成绩，其中参考学生数学及格率为 80%，语文及格率为 100%，机电、财会、旅游专业技能抽考优秀率 100%。在娄底市中小学生田径运动会上，获得职业学校组团体总分第一名。在娄底市“文明风采”女子排球比赛中，获娄底第二名。

【师资队伍】2017 年，冷水江工业中等专业学校加强专业教师队伍建设，全年通过公开招考，补充 11 名财政编制专业课教师。全年有 20 余名教师参加省培，丰富业务内涵，提高业务素质。在娄底市信息化教学比赛中，谢虔雯、段佳荣获二等奖；在娄底信息化教学说课比赛中，有 10 名老师获奖，其中李雅茹荣获一等奖；课题研究有重大突破，现学校有胡秋初、邓华、潘丽红、黄桂平、杨杰华等 11 个省级课题在研究。全年学校公开发表论文 18 篇，省级获奖论文 30 篇，冷水江市获奖论文 20 篇，参编著作 10 部，胡秋初主编《数学模块》，潘丽红副主编《金属材料及热处理》。李智辉等 3 人教学设计在省中职加工制造委员会年会上荣获二等奖。全年还认真组织教师公开课竞赛。

【学生管理】2017 年，冷水江工业中等专业学校本着安全、健康、文明、和谐宗旨，学生科和保卫科切实加强对学生安全教育和管理，完善提高物防、技防能力，新增 55 个摄像头，配备消防微型站相关器材。组织开展军训、消防演练、蹲点领导下课堂教学、禁毒知识竞赛等安全教育活动。全年举办两次女生健康安全知识讲座，做好青春期教育和心理教育工作，促进学生健康成长。充分利用校园广播、社团活动课等定期宣传安全和法制知识，强化学生安全与法律意识。结合班主任例会和实习班主任制度，坚持实行班级管理细则考核办法及班级竞赛月评比，利用班主任微信群开展经验、信息交流，整个学生管理队伍素养有提高。

【校园生活】2017 年，冷水江工业中等专业学校在开展“汉字听写、书法比赛”“诗词大赛”“校园棋艺比赛”“演讲比赛”“女子排球比赛”“男子篮球比赛”。开展“喜迎十九大·不忘初心”跟党走的主题班会和“感恩资助、励志青春”德育教育。通过感恩资助卡发放、感恩征文、现场募捐、感恩励志宣讲报告会等系列活动，既丰富学生校园生活，又提升学生文化素养，教育学生常怀感恩之心，懂得感恩父母、感恩老师、感恩祖国。 （邓华 苏旺）

表 82 2017 年度冷水江工业中等专业学校先进集体和先进个人一览表

获奖单位、先进个人	奖励名称	颁奖单位	颁发时间
冷水江工业中等专业学校	2017 年度湖南省教育科学研究工作者协会“先进会员单位”	湖南省教育科学研究工作者协会	2017 年 12 月
谢新祥	2017 年度湖南省教育科学研究工作者协会“先进个人”	湖南省教育科学研究工作者协会	2017 年 11 月
苏 芳	2016—2017 年湖南省中等职业学校“文明风采”竞赛活动指导二等奖	湖南省教育厅	2017 年 5 月
刘毅鹏	2016—2017 年湖南省中等职业学校“文明风采”竞赛活动指导三等奖	湖南省教育厅	2017 年 5 月
周 锐	2016—2017 年湖南省中等职业学校“文明风采”竞赛活动指导三等奖	湖南省教育厅	2017 年 5 月
李 丽	2017 年教育教学科学研究论文评选二等奖	湖南省教育学会	2017 年 12 月
蔡姣娣	2017 年教育教学科学研究论文评选三等奖	湖南省教育学会	2017 年 12 月
刘 伟	2017 年教育教学科学研究论文评选三等奖	湖南省教育学会	2017 年 12 月
苏建民	2017 年教育教学科学研究论文评选三等奖	湖南省教育学会	2017 年 12 月
胡秋初	2017 年度湖南省教育科学研究工作者协会优秀论文评选评选三等奖	湖南省教育科学研究工作者协会	2017 年 11 月
李 丽	2017 年度湖南省教育科学研究工作者协会优秀论文评选评选三等奖	湖南省教育科学研究工作者协会	2017 年 11 月
李 为	2017 年度湖南省教育科学研究工作者协会优秀论文评选评选三等奖	湖南省教育科学研究工作者协会	2017 年 11 月
苏建民	2017 年度湖南省教育科学研究工作者协会优秀论文评选评选三等奖	湖南省教育科学研究工作者协会	2017 年 11 月
张益中	2017 年度湖南省教育科学研究工作者协会优秀论文评选评选三等奖	湖南省教育科学研究工作者协会	2017 年 11 月
潘丽红	湖南省教育改革发展研究优秀论文二等奖	湖南省教育科学研究院	2017 年 11 月
胡秋初	湖南省教育改革发展研究优秀论文三等奖	湖南省教育科学研究院	2017 年 11 月
苏建民	湖南省教育改革发展研究优秀论文三等奖	湖南省教育科学研究院	2017 年 11 月
苏 旺	湖南省教育改革发展研究优秀论文三等奖	湖南省教育科学研究院	2017 年 11 月
谢虔雯	湖南省教育改革发展研究优秀论文三等奖	湖南省教育科学研究院	2017 年 11 月

续表 82

获奖单位、先进个人	奖励名称	颁奖单位	颁发时间
阳继男	湖南省教育改革发展研究优秀论文三等奖	湖南省教育科学研究院	2017 年 11 月
李智辉	湖南省中等职业学校教学设计比赛二等奖	湖南省职业教育与成人教育学会	2017 年 11 月
孙婵娟	湖南省中等职业学校教学设计比赛二等奖	湖南省职业教育与成人教育学会	2017 年 11 月
邹 飒	湖南省中等职业学校教学设计比赛二等奖	湖南省职业教育与成人教育学会	2017 年 11 月

文化·艺术·体育

Culture / Art / Sports

◎文体广新局
◎娄底市文学艺术联合会
◎娄底市文化市场综合执法支队
◎文物·考古
◎图书发行
◎档案工作
◎体育学校
◎全民健身服务中心

文体广新局

【概况】2017年，娄底市文化体育广电新闻出版局履职尽责，全市文体广电新闻出版各项工作取得新进展、新突破、新成绩。获全国群体工作先进单位、第十三届全运会突出贡献奖、湖南省新闻出版广电工作考核优秀单位、全市综合治理工作考核优秀单位。在人大专项评议中被评为满意。局机关人员编制38个，领导职数为一正四副一纪检一总工。直属单位9个：市文化市场综合执法支队（副处级）、市全民健身服务中心（副处级）、市文物管理处（副处级）、市体育学校（副处级）、市电影发行放映中心（副处级）、市博物馆、市地域文化传承研究中心、市星星影剧院、市艺术馆。

【文艺排演】2017年，娄底市文化体育广电新闻出版局邀请省花鼓戏保护传承中心张小虎、黄娟娟、李鸣3人到娄底精心编排优秀传统花鼓戏《三子争父》；指导市地域文化传承研究中心排练花鼓戏《试妻》《柜中缘》和现代花鼓戏《乡里乡亲》，并在长沙参加全国花鼓戏优秀剧目展演。涟源湘剧院创作湘剧《烧车御史》参加全省基层剧团优秀剧目展演，市艺术馆创作歌曲《你的手儿很温暖》获湖南省“五个一”工程奖并参演省委精准扶贫主题晚会。

【戏曲传承】2017年，娄底市文化体育广电新闻出版局出台《娄底市关于支持戏曲传承发展的实施意见》，支持国家一级演员苏慧娟、国家二级演员彭祁等艺术家深入参与“名师传艺工程”，戏曲进校园活动常态化取得进展。组织2018年度国家艺术基金申报培训，开展戏曲编剧、戏曲声腔等培训学习活动，完成全市全国地方戏曲剧种普查数据送审。

【文化活动】2017年，娄底市文化体育广电新闻出版局配合市委宣传部制定2017年“欢乐潇湘·文化娄底”群众文化活动方案，《精准扶贫遍山乡》《托起明天的太阳》等9个“欢乐潇湘·文化娄底”优秀节目获省文化厅肯定。《赤脚走在田垄上》等2个节目参加全省优秀节目展演。历届“欢乐潇湘”优秀节目新化山歌《春糍粑》入选中央电视台综艺频道《群英汇》栏目录制播出。组织新人新歌赛、社会主义核心价值观原创广场舞比赛、第十六届三湘蒲公英奖评选、“群星奖”优秀群众文艺作品巡演、“红心向党”经典歌曲清唱比赛等大型群众文化活动20多场。开展第八届湘博会地域文化展演、安石之夜2017年新春交响音乐会、庆祝建军90周年文艺晚会、娄底市优秀剧目进基层惠民巡演汇报演出等重大文艺演出。“送戏曲进万村，送书画进万家”文化演艺惠民活动和“五下乡”文艺演出工作推进，全市完成送戏下乡任务681场次，送春联、美术作品2000多幅。举办或承办“写意精神·吴化俊花鸟画展”“娄底书画双百工程写生作品展”“湖南首届中青年书法大展娄底巡展” 等展览活动。设立学雷锋文化志愿服务岗15个。举办走进荣军院、文博展览进社区等大型文化志愿服务活动10多场。开展“书香娄底、人文娄底、精彩娄底、幸福娄底、美丽娄底”等五大文化志愿服务主题活动。认真组织实施农村文化志愿服务阳光工程。启动并推进为志愿者购买公益保险工作。举办全省残疾人体育分级社会体育指导员培训、太极扇培训班。推荐全民阅读“书香之家”全国先进典型2个、全省先进典型12个，全市农家书屋累计开展6498次读书（娱乐）活动，累计放映城市广场公益电影2100场，农村公益电影39228场，农村广播“村村响”工程在乡镇防汛救灾工作中作用突出。

【公共文化体系建设】2017年，娄底市文化体育广电新闻出版局出台《娄底市推进基层综合性文化服务中心建设实施方案》。投资近2000万元市艺术馆群星剧场建成并投入使用。市博物馆《神韵娄底——娄底历史文化陈列展》完成布展。为贫困地区100个村逐村配置2万元乐器和音响设备。建成合格村级综合性文化服务中心1128个，建成村级综合性文化服务中心示范点45个。投资近1000万元原花鼓戏团老院改造项目正式立项。一批县级公共文化设施纳入PPP项目。3.8千米环珠山公园健身步道建成，市体育中心新增标准风雨篮球场4个，全年新增全民健身路径111条，全市人均体育场地面积增加到1.39平方米。3249家农家书屋完成图书补充任务。新建城乡广场公益电影放映点21处，更新农村电影放映设备86套，农村广播“村村响”项目新增投资3409.16万元。

【场馆免费低收费开放】2017年，娄底市文化体育广电新闻出版局要求全市各级体育部门所属体育场馆均实行免费或低收费开放，游泳馆实施儿童全免费，青少年半价，夏季周五、周六上午免费开放，对成人游泳票价实行低收费；体育场、体育馆免费开放项目有篮球、气排球、太极拳、柔力球、健身操等。在体育场建立国民体质检测站正式投入服务社会。市全民健身服务中心全年接待健身人数达到60万人次，其场馆免费低收费开放工作在全省体育工作会议上作为经验交流在大会发言。

【赛事活动】2017年，娄底市文化体育广电新闻出版局全年举(承)办省部级千人以上高规格、大规模体育赛事(活动)15场次。举办2017年“全国健身球之乡”交流活动，全国大学生武术比赛，全国城市中老年篮球比赛，第三届中国娄底全国体育舞蹈公开赛，娄底市“千人水兵舞艺术节”暨“魅力城市最美乡村”舞蹈比赛，全市县处级干部男子篮球比赛，第三届“国藩杯”全国业余围棋公开赛，“长沙银行杯”羽毛球俱乐部联赛，娄底市第一届“体彩，王力安全门业杯”气排球比赛，全民健身日展示活动等比赛活动。2017年，娄底中心城区吸引外来参赛人员全年超过5万人次，赛事经济消费拉动优势明显。

【竞技体育】2017年，娄底市文化体育广电新闻出版局选拔组织全市近600名运动员参加包括田径、射击、游泳等16个项目全省青少年锦标赛，获金牌32枚。市体育学校培养输送娄底籍田径运动员黄瑰芬，在第十三届全国运动会上为湖南体育代表团获得3枚金牌，实现娄底籍运动员在全运会上金牌“零”突破，黄瑰芬被省政府授予“湖南省先进工作者”荣誉称号。

【文体产业】2017年，娄底市文化体育广电新闻出版局印发《娄底市足球发展改革规划纲(2016—2020)》《文化旅游及健康养老产业发展三年行动计划2017年实施方案》等文件。30多个项目进入文体产业项目库。“梅山武术传习所”“梅山傩戏展示馆”“国藩溪砚传习所”3个项目获大湘西地区非物质文化遗产生产性保护资金扶持。湄水湾湘中文化旅游基地获省级特色文化产业基地称号，双峰县荷叶镇荣膺“曾公小镇”称号。冷水江市锊山镇荣膺“牛韵小镇”称号，并纳入第三批18个湖湘风情文化旅游小镇名单。8个文化产业项目获省级文化产业引导资金350万元。全市文化产业新增规上入统文化企业29家，推进个体户转文化企业39家，全市达标入统文化企业171家，文化产业增加值占GDP比重4.39%，文化产业增加值增幅11.3%。体育彩票销售额达到7亿元。足球小镇、城市马拉松固定赛道、伴行娄底大道自行车骑行道前期工作进展顺利。启动沪昆高铁沿线体育赛事联盟机制。

【倡导全民阅读】2017年，娄底市文化体育广电新闻出版局制定下发《关于印发〈做通情达理、文明有礼的娄底人——2017年娄底市创全国文明城市建“书香娄底”全民阅读活动方案〉的通知》，明确指导思想、主要目标、基本原则、活动主题、活动时间、重点工作和工作要求。5月21日，在娄底三中体艺馆隆重举行“2017书香娄底”全民阅读活动启动仪式暨全省创新作文大赛娄底赛区颁奖典礼。6月，市委常委办公会专题研究全市实体书店建设工作，以营造倡导全民阅读良好氛围。7月，启动书香机关和帮扶农村小学建立阅览室活动，全市40多个市直机关单位和281所农村小学建成阅览室。9月下旬，市“书香娄底”全民阅读活动领导小组下发《关于开展2016—2017年“书香机关”评选活动的通知》，组织七进单位评先“书香机关”书香校园”“书香家庭”“书香企业”“书香村组”“书香社区”“书香军营”以及娄底市全民阅读示范基地。

【市场监管】2017年，娄底市文化体育广电新闻出版局出台全市《关于进一步深化文化市场综合执法改革的实施方案》，完成全市275个记者证年度核验，核验合格印刷企业106家，审核25家刊型内部资料性出版物和换发14家报型内部资料性出版物准印证，年检审核164家出版物发行单位。全市文化系统在国庆、春节等重大节日和党的十九大期间等重要时间节点没有发生安全事故。未成年人上网现象得到有效遏制。认真开展“剑网2017”专项行动，版权整治与软件正版化工作稳步推进。“扫黄打非”深入开展，强力开展“清源”“净网”“秋风”“固边”“护苗”等五大专项行动。非法卫星电视广播地面接收设施整治工作成效明显，广播电视安全播出工作零差错，零事故。全年停业整顿网吧57家(次),取缔“黑网吧”2家,停业整顿酒吧1家,收缴非法卫星电视地面接收设施125套,查处违规承印案件7起、违规发行出版物案件3起、出版物侵权案件2起。其中联合办理曾某网上销售淫秽物品案、左某网络销售盗版软件侵权案开启两省三级6单位跨省联合办案新模式。

【文化遗产保护】2017年,娄底市文化体育广电新闻出版局所属国保单位蔡和森、蔡畅故居主体修缮项目和楚怡工业学校新化校址基建、陈列布展项目均已竣工,启动锡三堂、乐恺堂、李聚奎故居等省市级文物保护单位修缮工程。申报文物保护经费,全市申报2018年度省级文物保护专项补助资金1868万元。启动第八批全国重点文物保护单位申报工作。建立文物消防安全管理联合工作机制,全年19件出土文物入库保护。调整娄底市非物质文化遗产保护工作联席会议成员名单。非遗项目及传承人申报制度、评审制度等管理制度得到完善。在《娄底日报》连续4期专版推介全市非遗项目。9月8日,娄底第一个民间非遗馆海文非遗馆开馆,全年举办5个非遗展览,接待观众8000多人。国家级非遗项目抬阁(珠梅抬故事)、省级项目涟源湘剧、枫坪傩狮舞以及市级项目梅山棕编、骨牌灯、湘中剪纸、桥头河花鼓戏、涟源杖头木偶戏、扶王传说、药王传说等10个项目先后在古塘中学、伏口中学、桥头河中学、蓝田中学、龙塘中学、双江小学等14所非遗传承学校展出。公布第一批市级非遗传承学校名单,县级非遗项目木雕、文田砚和市级项目梅山棕编列入湖南人文科技学院美术系课程表。

【文化扶贫】2017年,娄底市文化体育广电新闻出版局开展文化行业扶贫,全市建成54%合格村级综合文化服务中心。在中央和省财政投入2800元/个基础上,全市农家书屋配套资金600元/个全部到位,市本级另投入58万元对58个贫困村农家书屋进行帮扶。全市中央广播电视节目无线数字化实现全覆盖。在涟源双岩村驻村帮扶成效明显,筹集各种资金300余万元,完成易地搬迁8户,危房改造13户,完成60千瓦光伏发电站1个,完成安全饮水项目1个。市地域文化传承研究中心在涟源市双岩村开展“戏曲扶贫·艺动山村”活动,组织村民开展戏曲、器乐、主持、舞蹈培训。6月22日,湖南经视频道对这一文化扶贫进行两次专题报告。“戏曲扶贫·艺动山村”文化扶贫在全省2017年文化志愿服务工作总结表彰会上获得“基层文化志愿服务项目”等5个奖项。 (李海军)

表83 2017年度娄底市文体广新局先进集体和先进个人一览表

获奖单位、先进个人	奖励名称	颁奖单位	颁发时间
娄底市文体广新局	全国群众体育先进单位	国家体育总局	2018年1月
娄底市文体广新局	第十三届全运会突出贡献奖	湖南省体育局	2018年1月
娄底市文体广新局	全省新闻出版广电(版权)工作目标管理考核优秀单位	湖南省新闻出版广电局	2018年1月
局属单位市艺术馆	湖南省第十三届精神文明建设“五个一工程”优秀作品奖	湖南省委宣传部	2017年4月
黄瑰芬	湖南省参加第十三届全国运动会先进个人	湖南省人民政府	2017年11月

娄底市文学艺术联合会

【概况】2017年，娄底市文学艺术界联合会学习贯彻习近平新时代中国特色社会主义思想和在北京文艺工作座谈会上重要讲话精神，团结凝聚全市广大文艺工作者，突出中国梦时代主题，始终坚持围绕中心，服务大局，履行“团结引导、联络协调、服务管理、自律维权”职能，组织各类主题文艺惠民活动，开展重点文艺创作，推动全市文艺事业繁荣发展。在国家级报刊发表作品380余篇（首），在省级报刊发表作品925余篇（首），在市级报刊发表作品1461余篇（首）。

【小说创作】2017年，张小牛中篇小说《架空层下》，刊发《湖南文学》2017年1期。李群芳短篇小说《寒潮》刊《参花》2017年第7期。刘群华短篇小说《汤头便笺》刊《鸭绿江》2017年第2期，小小说《高手鱼厨》刊《小小说选刊》2017年第8期。贺有德小小说《阿九正传之敬酒》刊《小小说大世界》2017年第4期。

【散文创作】2017年，游宇明在《杂文月刊》《文史天地》《百家讲坛》《思维与智慧》《北京日报》《湖南日报》《大公报》《青海日报》《团结报》《山西日报》《银川日报》《今晚报》等全国各地杂志、报纸发表杂文随笔等作品260多篇；刘群华在《人民日报》《文汇报》《内蒙古日报》《江西日报》《散文海外版》《奔流》《当代人》等报刊发表散文、散文诗10篇。刘丽华在《天津日报》《新疆日报》发表散文4篇。张晓鸿在《中国散文家》《神州时代艺术》发表散文2篇。李群芳散文《洪水岭三赋》发《散文百家》2017年第12期。

【诗歌创作】2017年，龙红年《香樟树下》入选《2016中国年度好诗三百首》，由暨南大学出版社出版；《诗刊》第2期发诗歌《天阴了》；7月获《诗探索》“春泥诗歌奖”；《解放军文艺》第8期发表诗歌《红军树：沙洲上的全年古樟》，入选《扬子江诗刊》“红船扬帆——喜迎十九大特辑”；《草堂诗刊》发表诗歌《远眺》；《扬子江诗刊》第6期发组诗5首《暮色里万物柔软》；十月》杂志第6期发诗歌《活驴馆》《远望》二首。李群芳《青春有悔（组诗）》发《北京文学》2017年第2期，《林间行（外二首）》发《扬子江诗刊》2017年第1期，《大山深处海豚音（组诗）》发《诗潮》2017年第5期，《又一批拟提拔名单公示（外一首）》发《天津诗人》2017冬之卷，《说服（外二首）》入围《诗探索》2016华文青年诗人奖。湘小妃《静水微澜》（8首）发《诗刊》双子星栏目2017年第2期，《漫步者》发《诗选刊》2017年第2期，《刀钺志》(外三首) 发《中国诗歌》2017年第2期，《白雾苍茫吞噬了回首》（8首）发《诗歌世界》2017年第1期，《野花》（外四首）发《诗歌世界》2017年第2期。龚志华全年在《长沙晚报》发表散文诗21篇，在《天津诗人》《齐鲁文学》《湖南工人报》《散文诗》等发表诗歌10多首。唐象阳组诗《对不起，江布拉克》发表于《创作与评论》2017年第7期，组章《山里汉子》发表于《神州时代艺术》2017年第7期。白红雪组章《成语失眠》发表于《星星诗刊》2017年第3期。邹定组诗《毛毯棉印象》发表于《散文诗世界》2017年第6期，散文诗《青藏高原》发表于《中国魂散文诗选》2017年第6期。歌词作者曾爱兵以火凤凰笔名创作歌词《中华书画魂》，在2017年8月中国大众音乐学会举办“唱响中国——2017首届大型音乐展演盛典”活动中，荣获银牌作品奖。

【报告文学】2017年，袁杰伟报告文学《四代村民为红军守墓》《雪中送炭》发《中国报告文学》2017年第1期，报告文学《用生命奏响资水船歌》发表于《湖南日报》2017年11月17日《湘江周刊》。

【著作出版】2017年，《廖志理诗歌研究论集》由北京现代出版社出版，这是对诗人廖志理创作进行深入研究与梳理一部理论著作，该书收录众多诗人作家、评论家评论文章40篇；游宇明2017年10月由山西人民出版社出版散文集《梅花开了十七朵》，其历史随笔集《不为繁华易素心：民国文人风骨》2017年7月、9月、12月被浙江大学出版社多次重印；寓言作家吴礼鑫2017年在黑龙江美术出版社出版作品集《狐狸与大象》，中国纺织出版社出版《值得青少年珍藏100个精品寓言故事（小学生插图版）》《值得青少年珍藏的100个智慧启迪故事（中学生插图版）》；莫美短篇小说集《印象》由湖南文艺出版社出版；李一红诗集《一弯清水》由湖南文艺出版社出版。邹劭玲在团结出版社出版散文集《37度温度》；李新毫在长江文艺出版社出版诗集《远航》；钟有富在团结出版社出版散文集《茶盘里的婚姻》。

【民间文艺】2017年，大型现代花鼓戏“乡里乡亲”获市精神文明建设“五个一工程”奖和市第二届文学艺术奖，于10月代表娄底市在长沙参加全国花鼓戏优秀剧目展演。李新吾、李志勇、李新民所著《梅山蚩尤》由湖南文艺出版社出版，以对史称为“梅山蛮峒”湖南山地民间文化长期田野调查为基础，以人类学视野为主干，结合当前国际国内学界文献、文物和民俗三方面最新科研成果多学科切入，解读湖湘区域历史文化源流和特质长篇调研报告。胡卫平所著《湖南历代文化世家》(湘乡曾氏卷)和《曾氏家风与教育》分别由湖南人民出版社出版和中国书籍出版社出版。刘楚魁主编《南楚民俗与旅游研究》和刘楚魁、刘铁辽合著《湘中白喜事文化》由海南出版社出版。曾迪所著《梅山神坛》《梅山乡土》由海南出版社出版。在首届湖南省民间文艺奖颁奖大会上，李新吾《梅山蚩尤》、曾有幸《湘中民间故事》获民间文艺图书奖，苏立文《搬锯匠》获民间艺术(表演)奖。新化县民间武术师晏西征被授予“中国民间文化(梅山武术)杰出传承人”称号。张贻灿被省授予民间文化(梅山山歌)杰出传承人称号。

【美术·书法·摄影】2017年，“美丽湖南 三湘巨变”湖南省现实题材美术创作工程美术精品展娄底巡回展在市美术馆开幕。2017年10月10日，“庆祝十九大胜利召开”娄底美术大展在娄底市美术馆举办，本次参展作品176幅，作品形式丰富，创作水平较高综合展。冷水江市美术家学会于2017年5月27日成立。新入市美协会员15名，分别为聂兵、吴凌霞、刘新庚、谭祥、邬小明、邹垠华、谭杰、王菊华、刘爱华、龚洁、谢爱武、谢剑鸿、伍玉喜、陶冶、文清。新入省美协会员6名，分别是邹垠华、杨辉、向明明、杨性刚、刘爱军、曹晓明。新入中美协会员3名，分别是邹垠华、刘尉霞、蔡维。获奖情况：邹权斌入选当代中国中青年艺术展，刘剑锋入选三湘巨变湖南省中国画学会作品展变重大现实题材巡回展，贺凯《沧江叠翠图》入选大美武陵2017年湖南省名家邀请展，申朝辉《邑沙故事》获得中国(深圳)国际水彩双年展入会资格，《瑶山印象》入选全国青年水彩画展，刘楚华《晨光》入选“悲鸿精神”第二届全国中国画作品展、获庐山国际水彩节一等奖，李朝辉《私语》入选湖南省第四届花鸟画大展，蔡有义《和合盛世》入选“民族魂 中国梦”纪念中国共产党建党95周年暨红军长征胜利80周年优秀作品。《竹林晨韵》入选“湖南省第四届花鸟画大展”，蔡维《南国晨曲》获“湖南省第四届花鸟画大展”优秀作品、《静静的港湾》叶浅予诞辰110周年潇洒桐庐全国中国画作品展入选、《尘外幽境》入选“翰墨青州”2017全国中国画作品展，童雪峰《梦回延安》入选中国美术协会举办全国展，谢爱武《山从人面起，云傍溪水生》入选2017“逐梦威海卫”全国中国画作品展，邹垠华《追梦》在2017庆祝香港回归二十周年全国中国画作品展中获入会资格(最高奖)、《罡》在2017第九届中国体育美术作品展中获入会资格(最高奖)、《峥嵘岁月》入选中国(南昌)军事美术作品展、《云在青天水在瓶》作品入选工在当代全国第十届工笔画展，刘尉霞《岁月逸韵》入选2017年纪念叶浅予诞辰110周年“潇洒桐庐”全国中国画作品展，熊忠林《漫忆湘西》入选2017“万年浦江”全国中国画人物作品展，谢争艳《寂静的山林》入选2017年第二届全国女性水彩粉画作品展，吴国辉在由中国美术人才网主办中国第七届书画大赛三等奖，刘元忠《家园》入选2017艺术草原全国中国画展，杨秀清获“中国梦 劳动美 永远跟党走”湖南省职工书画大赛优秀奖、获庆祝平谷第十九届国际桃花音乐节开幕暨首届“骏隆文化杯”中国画大奖赛优秀奖，邹少灵《南下支队八面山突围》入选中国南昌军事美术作品展，蒋秀召《芬芳岭》入选首届全国美术教育教师作品展，邹夫仁获“中国梦 劳动美 永远跟党走”湖南省职工书画大赛二等奖。

书法在国展中入展4人次，新晋中国书协会员1人，中国书协会员人数增至61人。在《全国第二届书法临帖作品展》中吴红兵入展，在《全国第四届青年书法展》中曾宪良、杨文彪2人入展，在《全国第二届行书展》中曾宪良入展。

全市加入市摄影家协会有50余人，推荐加入省摄协有10人，鼓励推荐加入中国摄协有9人。娄底图像资料数字库新入存各项新老照片约5000张，并进行初步分类。数字库为市委、市政府，市直各部门提供大量图片。

【音乐·舞蹈·曲艺】2017年，全市创作音乐、舞蹈、戏剧作品120余件，发表学术论文210余篇，获国家实用新型专利12项，出版专著8部等，文艺作品与成果获省市级奖项43项，会员人数发展到226名，将歌曲《抗战女兵》《涟源湘剧》《梅山棕编》，合唱曲《溜溜山歌》，舞蹈《开山锣鼓》《珠梅抬故事》《成人礼》等近20部作品推上舞台演出。歌曲作品《超越》

(曾爱兵词、南建雄曲)4月在“感动中国营——群文杯第四届全国大型原创词曲征集活动”中获“中国原创优秀歌曲”。

【文艺活动】2017年，娄底市文学艺术界联合会组织市书法界、美术界在广东佛山举办“国藩文化·富厚日新”娄底书画艺术佛山展，参展艺术家达200多人，参展作品203幅，参加此次展览开幕式各界人士达500多人，观展人数达2万人。全年指导、举办“筝心筝意·品端午古筝音乐会”、娄底市首届合唱声乐展演音乐会、“写好中国字·做好中国人”娄底市首届书法进校园作品展、“美丽湖南，三湘巨变”湖南省现实题材美术创作工程美术精品展娄底巡展、“喜庆十九大，共筑中国梦”娄底市红颜雅韵魅力旗袍秀、“喜迎党的十九大·走进双峰一中” 美术家创作交流活动、第二届奇石文化展览等大型文艺活动20余场次。其中“喜庆十九大，共筑中国梦”2017年娄底市红颜雅韵魅力旗袍秀活动由湖南卫视国际频道全程录播，全球1700多个网络平台全程同步直播，创造“五个全市第一”：参演人数最多，观众人数最多，第一次由省级媒体录播，第一次面向全球同步网络直播，第一次将娄底政治、经济、文化、社会、生态、旅游等方面进行全方位推介。

【文艺惠民】2017年，娄底市文学艺术界联合会组织开展送春联送“福”字进社区进农村进机关进企业活动、文化进万家活动、“五下乡”集中服务活动、文艺惠民走基层活动、“文艺助力精准扶贫” 等主题文艺惠民活动十余次，免费书写春联和“福”字3000余幅，创作书画作品1000余幅，运用文艺形式广泛宣传普及社会主义核心价值观、宣传贯彻党的十九大精神。

【文艺组织】2017年，娄底市文学艺术界联合会批复成立红颜雅韵旗袍协会，榜书艺术研究会，发展检察官文联作为行业文联会员单位。制定《娄底市市属各文艺家协会换届实施意见》，7月深入各县（市、区）文联和市直各文艺家协会进行专题调研，撰写调研报告，为全面深化文联改革、加强协会管理奠定坚实基础。11月，召开中共娄底市文联社会组织行业委员会第一次代表大会，选举产生第一届中共娄底市文联社会组织行业委员会，在市直有关文艺家协会试行建立基层党组织。

【文艺扶贫】2017年，娄底市文学艺术界联合会贯彻落实中央、省委扶贫工作要求和市委、市政府精准扶贫工作部署，发挥文联组织优势，履职尽责，将文艺与扶贫攻坚相结合，让文艺助力精准扶贫，组织文联机关干部职工多次到新化县琅塘镇龙凤村，走访帮扶对象，摸清实情、制定脱贫良策，干部职工个人为困难群众送去慰问金3800元，为龙凤村解决扶贫资金3万元，多方协调将龙凤村4.2千米村级公路纳入县乡村旅游公路发展规划，项目改造资金协调到位。书画艺术家为困难群众创作书画作品100余幅。

（李飞兵）

娄底市文化市场综合执法支队

【概况】2017年，娄底市文化市场综合执法支队以推进文化市场综合执法改革、创文管卫、扶贫攻坚工作为重点，内强素质、外树形象，不断创新管理模式，加强市场监管，促进文化市场有序发展。明确专人负责起草市委、市政府两办《深化文化市场综合执法改革实施方案》，配合市委深改、文改领导小组多次专题研讨，推进综合执法改革工作。5月底将《实施方案》初稿送市文体广新局党组审定，形成征求意见稿，上报市文改领导小组。6月初，按照市领导批示，把《实施方案》征求意见稿分别送市编办、市财政局、市人社局等相关部门征求意见。9月，支队根据市文改领导小组第二次会议审议意见对《实施方案》进行修订完善，并报市委政府领导和有关部门。10月9日，市委书记、市人大常委会主任、市委全面深化改革领导小组组长李荐国主持召开市委全面深化改革领导小组第十七次会议，原则通过《关于进一步深化文化市场综合执法改革的实施方案》，并由娄底市委办公室、娄底市人民政府办公室联合下发。

【文娱网络监管】2017年，娄底市文化市场综合执法支队坚持以规范文化市场经营秩序，创造良好文化环境为目标，落实文化市场监管“一岗双责”责任制，按照创文管卫工作要求，开展证照清理、消防安全、禁烟控烟等多项整治行动。结合全市演出市场实际情况，全力投入执法力量，出动执法人员1850人次、执法车辆376台次，检查各类娱乐、演出场所及大型商超酒店300余家次，两次对辖区4县市暗访督察，开展“春雷”专项整治行动。对各剧院、体育场馆等取得演出场所经营资格单位进行检查；巡查各大商场、超市、酒店,对相关负责人宣讲有关法律法规,明确告知举办庆典,促销等涉及演出行为活动要及时到当地文化部门办理批准手续，在巡查过程中及时制止华达厂区门口未办理手续即将进行商品促销演出活动,开展娱乐场所清理整顿。对检查中发现万引酒吧非法演出行为进行停业整顿并罚款5万元;查处两家KTV开场前进行模特走秀表演,一家酒吧违规魔术表演。将城区网吧按分布情况划分为2片,执法人员分2组,每组4名执法人员加6名协管员实行日常巡查监管,采取“一级对一级负责”“层层签订责任状”办法,实行分片管理、分组负责,责任到人,做到家家有人管、人人有责任。对所有网吧进行A、B、C三档分类、施行分级管理。管理有序、守法经营为A级网吧;管理不力、偶有违规为B级网吧;管理无序、经常违规为C级网吧。对所有网吧实行“一店一档”数字化管理。对网吧接纳未成年人行为处罚标准依法进行具体量化，在加强重点时段重点区域日常巡查基础上，开展“利剑”“校园周边”“高考学考”“署期专项”“创文管卫”“消防安全”“净化社会文化环境”“平安文化”“十九大期间专项保障行动”等集中专项整治行动，对网吧违规经营特别是违规接纳未成年人行为,坚持全覆盖、无死角、零容忍。娄底城区上网服务场所由206家下降到151家，经营秩序得到规范。

【新闻出版整治】2017年，娄底市文化市场综合执法支队开展为期2个月的“两节两会”期间印刷复制发行专项行动和十九大印刷复制发行行业安全保障行动;结合创文管卫工作要求,在全市范围内组织开展印刷企业专项整治,联合市公安局、市工商局、市农业委员会、市食品药品监督管理局、市质监局、市知识产权局、娄星区知识产权局8家单位开展打击侵权假冒行为联合执法专项行动和互联网低俗色情信息整治等“扫黄打非”专项整治行动;开展出版物发行市场专项检查,查处7起违规承印案,其中2家因擅自变更厂址未备案予以警告,3家擅自承印内部资料性出版物和1家未经批准承印境外出版物予以行政处罚,1家擅自从事出版物装订厂予以取缔并处罚款，没收非法出版物2500册，非法报纸1000份,3起违规发行出版物案(2家发行非法教辅资料、1家擅自从事出版物发行),2起出版物侵权案,1起会同娄底市公安局娄星分局办理网上销售淫秽物品案,1起与广东佛山禅城区文化执法局、双峰文化执法大队联合办理网络销售盗版软件侵权案。

【广电市场监管】2017年，娄底市文化市场综合执法支队以“加强市场监管,维护广电安全”为目标,开展4个方面专项整治:对电影院实行日常管理。按《中华人民共和国电影产业促进法》规定,重点对是否办理相关电影放映许可证件，是否有与院线签订协议，影片是否符合国家广电规定要求等进行日常监管。娄底城区有电影院8家,所放映电影均属于院线电影,片源由总公司提供,相关影片预告、广告等由总公司规范制定,内容健康。对星级宾馆接收境外卫星电视节目开展专项清查。联合市国安局对城区23家三星级以上宾馆接收电视节目内容，以及传输电视节目电视台、电信、铁通、有线网络公司等单位展开全方位清理整治。通过整治,全市宾馆卫星电视信号均符合规定要求,清除境外节目,全部为中央、省、市电视台传播节目。查处“铁通公司违法播放境外节目“香港凤凰卫视”“香港中文资讯”一案获文化部“重大案件奖”。10月8日—11月3日,针对非法卫星地面接收设施销售、安装相对集中洞新市场、民营市场、科技大楼、老街等重点区域开展专项整治集中行动,收缴非法卫星锅51个,拆除非法卫星地面接收设施12套,“卫星锅”131个,并依法查处鸿源紫荆酒店擅自安装非法卫星地面接收设施一案。维护电影电视广播播出安全，加强广电节目传播源头监管,重点开展对电视台、广播站、有线网络公司明察暗访,严厉打击违规播出行为。

【体育市场监管】2017年，娄底市文化市场综合执法支队对高危体育项目经营业主和相关单位进行详细摸底，并开展体育市场无证无照专项整顿和高危险性体育项目经营安全大检查。7月至9月,其体育执法大队对娄底市城区游泳场馆展开专项整治行动。一查是否办理“高危险性体育项目经营许可证”;二查是否安全稳定经营,出动人员45人次,车辆12台次,检查经营场馆108家次。发现无证经营1家,许可证过期3家。

【脱贫攻坚】2017年，娄底市文化市场综合执法支队根据市扶贫办要求，确定帮扶对象梅源村脱贫攻坚目标,与联合帮扶各单位统一思想,达成共识,制定帮扶方案,将责任层层分解到人,并建立定期联席会议制度。围绕对象开展精准识别,按照“贫困人口一个不漏、非贫人口一个不纳”要求,对建档立卡工作开展多次“回头看”,严把申请、核查、评议、公示、审批等环节,力求把扶贫对象搞准确、把致贫情况搞明白、把动态进出搞实在,全村清退贫困人口50多户,新纳入贫困人口30多户,真正做到精准识贫,精准扶贫;并专题研究,及时调整帮扶力量,采取一帮三模式,责任到人,确保脱贫攻坚各项工作落到实处。联合市全民健身服务中心、市体育学校、市电视发射台和市文物管理处5个单位组成扶贫工作队,到梅源村开展“喜迎十九大·情系梅源村”为主题“全国扶贫日”活动。发动中国移动、中国电信、中国联通、市新华书店等20余家企业踊跃献出爱心,与五家帮扶单位捐款29.7万元。这批爱心捐款将着重为梅源村解决基础设施建设等方面实际问题。

(戴子耘 胡君归)

表84　　**2017年度市文化市场综合执法支队先进集体和先进个人一览表**

获奖单位、先进个人	奖励名称	颁奖单位	颁发时间
曹霞希	湖南省“扫黄打非”先进个人	湖南省“扫黄打非”工作小组办公室	2017年12月
谭琪琳	湖南省新闻出版广电(版权)工作先进个人	湖南省新闻出版广电局	2017年12月

文物·考古

【概况】2017年,全市文物工作坚持“保护为主、抢救第一”方针和“有效保护、合理利用、加强管理”原则,推进文物安全、文物保护维修、文物保护单位“四有”档案、文物保护单位申报、文物考古、博物馆建设和免费开放等工作。在全省文物工作目标管理综合考评中,全市文物工作全省排名第二位。全市第一个市级文物保护法规《曾国藩故居保护条例》已纳入娄底市人大立法规划,且完成立法调研和条例起草工作。新化县人民政府印发《新化县不可移动文物安全管理办法》。涟源市成立由市长任组长、17个部门单位组成涟源市文物管理委员会。市文物管理处与各县市区文物管理所(局)、博物馆、纪念馆分别签订年度《文物安全(消防)责任书》,与消防支队联合成立“娄底市文物消防安全管理联合工作机制”,组织全市文博单位联合开展一次为期一周的全市文物交叉大检查,两次全市文物安全(消防)专项整治行动;坚持每季一次、县市区文物管理部门坚持每月一次辖区内文物安全巡视、检查。

【文物保护】2017年,娄底市文物管理处完成15处省级文物保护单位“四有”档案建档工作,补充更新完善4处国家级文物保护单位“四有”档案。全市14家市级文物保护单位全部完成说明牌和保护标志工作。开展湖南省经典文化村镇和第八批全国重点文物保护申报工作,涟源市三甲乡、双峰县荷叶镇、新化县正龙村和土坪村被评为湖南省第一批经典文化村镇;召开全市第八批全国重点文物保护单位申报工作动员会,全市启动6家文物保护单位申报全国重点文物保护单位申报方案和申报文本编制工作。投入文物维修保护经费542.5万元,争取国家和省两级文物维修保护经费629万元。完成国家级文物保护单位富厚堂用电线路更新和半月塘、荷花池溢水口改造。完成省级文物保护单位李聚奎故居维修工程、贺国中故居维修工程和消防工程、万宜堂局部维修工程、锡三堂一期和二期维修工程、乐恺堂一期维修工程。完成市级文物保护单位楚怡工业学校新化旧址维修和消防安防工程、罗氏宗祠抢救性维修工程;完成不可移动文物点秋瑾故居修缮工程。

【两馆开放】2017年,娄底市文物管理处指导涟源市博物馆建设完成项目选址、建设规划设计、实施方案编制、财政评审等前期准备工作,纳入涟源市文化艺术中心PPP建设项目;新化楚怡高级工业学校新化旧址完成陈列布展工作并开展。市博物馆已完成娄底历史文化专题展“神韵娄底”陈列布展工作。博物馆、纪念馆免费开放有创新,双峰县蔡和森纪念馆依托互联网,开办“百群直播,万人同步”学习蔡和森网络专题展览。全年娄星区博物馆、蔡和森纪念馆、罗盛教纪念馆、楚怡高级工业学校新化旧址免费接待35万余人次，其中中小学生观众7万余人次。

【文物考古】2017年，娄底市文物管理处配合省考古研究所完成沅陵官庄至新化高速公路新化段考古调查勘探工作，参与娄底新化春田机场、娄底桥头河机场、涟源高新区燃气电厂选址论证工作。双峰县杏子铺镇坳头村出土12件春秋时期青铜编钟，这一重大发现对研究娄底古代历史文化具有重大意义；涟源市龙塘镇新石桥村出土5件战国时期青铜剑，其中三级文物2件；双峰县荷叶镇长塘村出土2件元代虎型纹陶魂瓶。

【人才队伍】2017年，娄底市文物管理处先后选送2人参加中国博物馆"互联网+博物馆"应用实践信息化培训，4人参加湖南省玉器鉴定培训班，3人参加湖南省文物行政执法培训班，并开办全市文物行政执法培训班；在年底湖南省文物局组织全省文物行政执法大比武活动中，娄底市代表队获三等奖。

（朱俏）

表85　2017年度娄底市文物管理处先进集体和先进个人一览表

获奖单位、先进个人	奖励名称	颁奖单位	颁发时间
娄底市文物管理处	2017年度文物工作考核先进单位	湖南省文物局	2018年1月

图书发行

【概况】2017年，湖南省新华书店有限责任公司娄底市分公司围绕履行国有文化企业社会责任，上下一心，充分发挥图书发行主渠道主阵地作用，坚持以服务教育事业为已任，创建优秀文化企业，打造读者精神家园，实现社会效益与经济效益双提高。下辖涟源、冷水江、双峰、新化4个县（市）新华书店，设中心书城5个，有在职职工221人。娄底市公司设总经理室，下设综合管理部、资产财务部、党群工作部、人力资源部、后勤部、教材教辅部、连锁经营部、图书城、大宗业务部、招投标部、实体门店项目部等11个部室，现有在职员工61人。"娄底图书城"营业面积达1900平米，陈列图书品种数量达2.6万余种。

【政治读物发行】2017年，湖南省新华书店有限责任公司娄底市分公司以学习贯彻中共十九大会议精神为契机，发挥政治类图书发行传统优势，协助及组织各部门做好时政类图书征订发行工作。全市发行十九大系列图书额达1457万元，完成任务排名全省第一，创单次政治读物发行历史最高纪录。其中，发行《胡锦涛文选（第二卷）》1.8万套，《习近平谈治国理政（第二卷）》5.3万套，《理论热点面对面——全面从严治党》1.14万册，完成率均居全省前列。

【教材教辅发行】2017年，湖南省新华书店有限责任公司娄底市分公司增强市场经营意识，发挥中小学教材教辅发行主渠道作用，做政策精神宣传者与拥护者。教材发行以提高服务水平，优化服务质量为出发点，用心做好细节工作，完成"课前到书，人手一册"任务；教辅发行依托规范操作找立足点，遵循学生自愿原则，杜绝学校包办等违规操作现象。

【推进阅读工程】2017年，湖南省新华书店有限责任公司娄底市分公司通过精心组织和策划开展众多大型活动。4月9日，娄底一中体育馆"大咖思享会"活动，邀请中国诗词大会亚军彭敏举办"大咖思享会"，聘请湖南省知名教育专家李卓进行作文讲座，诚请全国书业十佳全民阅读推广人易春花分享亲子共读经验；5月21日娄底三中"2017年书香娄底"全民阅读启动仪式，现场举行向娄底6所农村小学捐赠价值15万元图书仪式；12月28日在娄底三中举办"书声琅琅"中小学阅读活动启动仪式，倡导读书风尚。

【发行网点建设】2017年，湖南省新华书店有限责任公司娄底市分公司坚持有序推进、市场运作、合法经营、惠及师生原则，以省、市示范性学校，市、县市区直属学校，规模较大民办学校为重点，建设校园连锁书店及代办点，全市已建校园书店15家。其中娄底四小校园书店、娄底一中校园书店被市“书香娄底全民阅读活动领导小组办公室”授予“全民阅读示范基地”称号，冷水江分公司桃源学校校园书店也建成“青少年阅读示范基地”。（朱自豪）

档案工作

【概况】2017年，娄底市档案局围绕中心大局，强化档案工作管理，抓好“四个体系”建设，提高档案服务能力，把推动新馆建设作为工作重点，专门成立服务新馆建设工作小组，优化市国家综合档案馆设计方案，追加预算经费。总投资2572万元新化县国家综合档案馆建成；涟源市国家综合档案馆新馆建设完成立项可研批复、土地规划落实等工作；发挥档案工作在服务经济社会发展中独特作用，获评年度全省档案工作先进单位。

【开发利用】2017年，全市各级国家综合档案馆全年接待查阅利用8300余人次，查阅档案12000余卷（册），开具证明7000余份。在精准扶贫、机构改革、创建全国文明城市、七个“三年行动计划”等全市中心工作和市人大政协两会等重要活动中，发挥档案工作存凭咨政作用。市国家综合档案馆配合市委党史办做好《娄底市委文件汇编》编撰工作，对1977年至1997年21年间市委（地委）所发文件进行清理，提供大量复印资料。

【基础业务】2017年，全市各级国家综合档案馆接收机关纸质档案11385件，照片档案10000余张，征集特色档案500册。冷水江市国家综合档案馆接收人大、政协两会、新城大桥通车仪式等3重档案20盒，党政机关到期档案1412卷/盒档案。涟源市档案馆接收党政机关到期档档案328卷、8226件，征集资料366册（本），照片1600余张，字画、印章等实物档案48幅（件）。新化县国家综合档案馆征集奉氏、米氏、粟氏等5个姓氏族谱档案10余卷。6月底7月初，全市普降暴雨，各级档案部门完善应急处置预案，及时排除隐患，实现安全度汛。做好行政区划调整档案处置工作，印发《娄底市档案局关于认真做好行政区划调整档案处置工作的通知》，副市长李有才主持召开行政区划调整档案处置工作推进会。推进精准扶贫档案工作，市档案局转发相关文件，选派2人常驻新化县水车镇正龙村助力脱贫攻坚，开展精准扶贫档案业务指导服务。双峰县档案局积极投入到脱贫攻坚工作中，通过举办业务培训班、印发2万余册业务资料、多轮业务督导等多种方式，全县16个乡镇及486个行政村、110个县直驻村帮扶单位、18个行业扶贫部门、脱贫攻坚指挥部实现精准扶贫全部建档，43740建档立卡户全部实现“一户一档”。做好农村土地承包经营权确权登记颁证档案指导工作，各县（市、区）档案局积极争取经费支持，加强监管，确保此项工作有序推进。4—12月份，推进新农村建设档案工作。娄星区成立新农村建设档案工作领导小组，争取财政经费支持，健全管理制度，建立示范点。开展全市创文工作档案业务指导服务，选派2名业务骨干常驻市创文管卫办，对创文管卫资料收集、整理、归档进行严格把关。对各县市（区）委、政府和全市169家立档单位进行绩效评估。

【依法治档】2017年，市县两级档案管理部门开展档案行政执法检查。市档案局对42家市直机关进行档案行政执法检查，对存在问题需要进行整改21家单位下发整改通知书。新化县档案局对全县166个单位进行档案执法检查，对存在问题天门乡、企改办等5个单位下发整改通知并限期整改。双峰县档案局对16个乡镇、近100个县直单位开展档案行政执法检查和年检年审。娄星区档案局对11个乡镇街道办事处和22个机关单位开展行政执法检查，发现问题现场交办并跟踪整改。

【档案宣传】2017年，娄底市档案局组织全市16500人参加国家档案局举办“宝葫芦杯”全国档案法律法规知识有奖竞赛活动，获优秀组织奖。“6·9”国际档案日，全市各级档案部门开展形式多样宣传活动，发放宣传资料4000余册。连续21年获全省档案宣传工作先进，在国家、省、市报刊、网络等媒体上稿100余篇。

【学会工作】2017年，娄底市档案学会开展第22次档案学术论文评选活动，推荐4篇论文参加湖南省档案学会第23次论文评选。7月14日，为纪念建军90周年，市档案学会开展书画作品比赛，收到参赛作品35幅。经过严格评选，评出一等奖2名、二等奖5名、三等奖8名。8月4—5日，承办全省档案系统第二届“兰台杯”羽毛球赛八强赛和决赛。来自全省各市州8支代表队、110余名档案系统羽毛球爱好者参加比赛，市档案学会再次荣获冠军。（谭海）

表 86　2017 年度娄底市档案局先进集体和先进个人一览表

获奖单位、先进个人	奖励名称	颁奖单位	颁发时间
娄底市档案局	全国档案法律法规知识普及宣传优秀组织奖	国家档案局	2018 年 1 月
娄底市档案局	全省档案工作先进单位	湖南省档案局	2018 年 1 月
娄底市档案局	全省档案宣传工作先进集体	湖南省档案局	2017 年 9 月
娄底市档案学会	全省第二届“兰台杯”羽毛球团体比赛冠军、优秀组织奖	湖南省档案学会	2017 年 11 月
新化县档案局	2017 度全省档案宣传工作先进集体	湖南省档案局	2017 年 9 月

体育学校

【概况】2017 年，娄底市体育学校贯彻以科学选材、培训、输送体育后备人才和“精品”人才为宗旨，现在训运动员 400 余人，开设有田径、柔道、摔跤、跆拳道、射击、羽毛球、网球、游泳 8 个运动项目；有教职工 38 人，其中校班子成员 6 人，在编在训教练员 18 人，聘任教练员 1 人，专职科研人员 2 人，专职枪弹管理员 1 人，实行 24 小时值班；内设有办公室、训练科、学生科和科研所。

【体育训练】2017 年，娄底市体育学校重视科学选材工作，每年在人力、物力、财力上给予重点保障，安排各项目教练员分期分批次到各县（市、区）、各乡镇甚至各农村中进行宣传、选材，挖掘好苗子，利用暑假进行集中培训，再由科研人员经过各种仪器测试之后进行有目筛选，择优录取，充实到各项目，确保各项目组别、年龄得到衔接。抓常规训练管理，按要求执行训练考勤制度。训练科每天坚持到各训练场馆进行各项目训练检查、抽查和考勤制度，并不定期进行抽查检查，对教练员训练工作起到积极督训作用，且对教练员教案进行定期检查，对教案检查情况通报，促进教练员工作责任意识，提高训练质量。为提高教学质量，组织各项目教练员参加国家、省局、各运动管理中心、行业协会举办各类培训班以及全省青少年项目训练营，培训学习计 8 期 22 人次，要求所有参加培训教练员认真做好学习笔记，撰写学习总结和学习心得。通过走出去形式，开拓教练员眼界，促进项目竞技水平提升和项目横向交流。还不定期组织各项目队内进行教学大比武，设置一定奖惩措施，以调动教练员积极性，促进教练员之间良性竞争。成立娄底市青少年体育俱乐部，为项目发展搭建更高平台。创造条件申报国家高水平体育后备人才基地，为培养、输送更多、更好优秀体育后备人才奠定基础。组织教练队伍上报《湖南省竞技体育后备人才培养与机制研究》课题申报，促进教练员业务水平和理论水平提升。制定教练员和后勤管理人员岗位责任制、奖罚措施、考评细则和奖励办法等管理措施，加强学生教学和管理工作，完善运动员管理办法，做到有章可循。学生公寓实行军式化管理模式，与教育局以及各学校间友好沟通，解决 52 名运动员读书问题，其中高中 23 名，初中 22 名，小学 7 名。

【承办赛事】2017 年，娄底市体育学校承办第 28 届中老年篮球赛，由全国城市中老年篮球赛由全国城市中老年篮球理事会发起，从 1990 年至今，已举办 27 届，参赛队伍达 100 多支，涉及省内外城市 100 多个，已成为在全国具有较大影响群众品牌赛事。今年在校举办第 28 届全国中老年篮球赛，有美国洛杉矶老马华人队，香港、台湾，4 个直辖市和 20 多个省份 60 多个城市 142 支球队 2000 多人参加比赛，比赛场次达 322 场，前国篮国手、澳门地区篮球总教练黄云龙将代表娄底双峰男队参加 45 岁组别比赛。本次比赛创下娄底市篮球项目及该赛事参赛队伍最多、参赛人数最多、比赛场次最多历史记录。（伍晖）

比赛成绩、先进名录

（一）省级比赛成绩

1.柔道获2金4银8铜,团体总分210分,位居全省第一。

2.跆拳道获5金3银12铜,团体总分172分,位居全省第二。

3.摔跤获4金1银8铜,团体总分205分,位居全省第六。

4.羽毛球获6金2铜,团体总分108分,位居全省第六。

5.游泳获2金3银3铜,团体总分111分,位居全省第七。

6.田径获1金5银1铜。

7.网球获3铜,团体总分105分。

8.射击获1金,团体总分84分。

(二)全国比赛成绩见表87。

表87

全国比赛成绩一览表

竞赛名称	时间、地点	姓名	项目	名次
第十三届全国运动会田径项目	8月27日—9月8日 天津市	黄瑰芬	女子200米	1
		黄瑰芬	女子4×100米接力	1
		黄瑰芬	女子4×400米接力	1
		周 超	男子标枪	8
第十三届全国运动会田径项目	8月18—19日 陕西渭南	康冰洁	女子4×100米接力	4
全国田径锦标赛	5月16—19日 山东济南	黄瑰芬	女子200米	2
		黄瑰芬	女子400米	3
		黄瑰芬	女子4×400米接力	1
全国田径冠军赛	6月25—27日 贵州贵阳	黄瑰芬	女子400米	2
		黄瑰芬	女子4×400米接力	2
全国青年田径锦标赛(U20)	6月3—5日 鄂尔多斯	郑贵兰	女子标枪	8
全国少年田径锦标赛	4月18—20日 江西南昌	郭 斌	女子400米	8
第十三届全国运动会柔道项目	8月7—10日 天津	朱 雅	女柔-70公斤	3
第十三届全国运动会跆拳道项目	9月4—7日 天津	彭 姗	跆拳道49公斤	5
第十三届全运会资格赛暨全国男子自由式摔跤锦标赛	3月29日—4月1日 乌兰察布	赵海林	自由跤61公斤	5
全国跆拳道锦标赛	3月12—16日山东莱芜	吴 娟	跆拳道67公斤	3
第十三届全国运动会柔道项目	8月7—10日 天津	朱 雅	女柔-70公斤	3
第十三届全国运动会跆拳道项目	9月4—7日 天津	彭 姗	跆拳道49公斤	5
全国跆拳道冠军赛	10月13—15日 迁安	向若鸣	跆拳道74公斤	2
		吴 娟	跆拳道67公斤	2
全国青年跆拳道锦标赛	8月18—20日 四川巴蜀	黄 磊	跆拳道63公斤	5
		吴 凯	跆拳道78公斤	2
2017年全国跆拳道精英赛	12月1—3日 苏州	吴 凯	跆拳道80公斤	2
		朱 雅	女柔70公斤	3

（三）先进个人和先进集体

1.单位获2013—2016年度全国群众体育先进单位。

2.禹文辉获全国体育事业突出贡献奖。

3.颜智慧获2013—2016年度全国群众体育先进个人。

全民健身服务中心

【概况】2017年，娄底市全民健身服务中心围绕健身场馆开放、科学健身指导、全民健身活动、体育产业发展等方面开展工作。为娄底市文体广电新闻出版局二级机构，系集体育比赛、运动训练、全民健身、会展博览、文艺会演、休闲娱乐、旅游观光于一体综合性大型体育中心，为娄底城市形象标志性建筑和体育文化创意产业园。地处娄底主城区东北部，占地430亩，建筑89340平方米，总投资10.6亿元；建有一场（主体育场）四馆（体育馆、游泳馆、综合馆、乒乓球馆）一公园（体育公园），以及室外篮球场、网球场、室外足球场、羽毛球场、乒乓球场、健身路径区等健身场所。根据全民健身工作计划，负责落实体育公园内全民健身器材装备配置及安装、维护等工作；提供优秀运动队训练竞赛等综合场馆服务；承办非经营性全民健身活动，开展体育产业开发经营等工作。按照国家体育总局指示全面落实体育场（馆）“免费（低收费）开放工作”。游泳馆两个室外池、两个室内池，全年对身高1.2米以下儿童免费、1.2~1..4米青少年半价优惠开放，夏季6月、7月、8月实行周五、周六上午免费开放；对成人游泳票价实行低收费，单次票价只相当于本市其他游泳场馆八折。在夏季经营期内，每周五、周六两天上午分别将室外池向广大市民免费开放（每天300人）。体育场每天下午3点到晚上10点免费向市民开放，8月8日起开始增加免费开放晨练，项目有健步走、慢跑、羽毛球、篮球，每天来体育场健身休闲市民近1000人次。体育馆免费开放有篮球、气排球、太极拳、柔力球、健身操等，开放时段为每天上午8点到晚上10点，开放时长达14个小时。体育馆附馆（室内羽毛球馆）每天上午8点到12点免费开放，全年接纳健身人数达13万人次，场馆开放接纳健身人数达到80万人次，比2016年增加30%。中心各场馆成功协助完成国际级赛事（拳星时代——世界极限格斗赛）1次，国家级赛事活动（全国中老年人篮球赛、全国体育舞蹈大赛、全国大学生武术比赛、CCWBA中国中西部青少年篮球锦标赛年度总决赛）等7次；省级赛事活动（第八届湘博会、青少年篮球锦标赛、青少年足球锦标赛、田径锦标赛、蹦床比赛等）8次，市级赛事活动（市直机关篮球赛、市直机关足球联赛、第十六届县处级干部篮球赛等）20余次。

【承接娄底 第三届CEFA国际标准舞全国大奖公开赛】4月29日至5月1日，由娄底市文体广新局、中国艺术职业教育学会共同主办，湖南芭菲尔舞蹈培训有限公司承办，于全民健身服务中心体育馆举行，活动得到CEFA国际标准舞专业委员会和CEFA国际标准舞湖南考级中心支持，参与人数达12000人（其中参赛队伍93支参赛者3200余人），出席领导有市人大常委会副主任彭增光，市政协副主席席伏应。

【娄底市直单位第三届足球联赛】6月29日晚，由娄底市政协主办，娄底市总工会、市文体广新局承办，长沙银行股份有限公司娄底分行冠名“长沙银行杯”市直单位第三届足球联赛开幕式在体育场举行，有26支队伍参赛，其中市直行政事业单位16支，县市区行政事业单位和企业单位10支。市政务中心联队、市委办联队、市交通运输代表队分别获得市直组前三名，涟源市机关联队、新化县机关联队、双峰县机关联队分别获得县市组前三名，娄星区大地保险、娄底铁路、娄底电信，分别获得企业组前三名。市政协主席姚兵，市委常委、宣传部部长吴建平，市人大常委会副主任彭增光，市政协副主席席伏应等出席开幕式。

【湖南省青少年田径锦标赛】8月24日至27日，

2017年湖南省青少年田径锦标赛在娄底举行（刘新山 摄）

由湖南省体育局主办，娄底市文体广新局和娄底市一中承办。比赛为期四天，99所学校1000多名运动员按年龄分甲乙两组参加传统校组各项比赛。市政协副主席席伏应参加。

【湖南省第八届“湘博会”】9月27日，以“智能制造 湘品出湘”为主题湖南省第八届农业机械、矿山机械、电子陶瓷产品博览会在娄底开幕。本届“湘博会”由湖南省人民政府主办，省商务厅、省经信委、省粮食局、省农机局、省贸促会、娄底市人民政府共同承办。以农业机械、矿山机械、电子陶瓷产品展览展销为特色重要经贸展会。湖南省副省长何报翔宣布博览会开幕，娄底市委书记、市人大常委会主任李荐国致辞。印度驻广州领事馆总领事唐施恩、湖南省商务厅、湖南省经信委、湖南省粮食局、湖南省农机局、湖南省贸促会等省直单位和14个市州有关领导出席。

本次“湘博会”围绕国家“一带一路”倡议、“中国制造2025”和湖南“创新引领开放崛起”发展战略，邀请境内外嘉宾、工商企业代表、投资商、采购商、供应商、重要商协会代表、国内区域合作组织代表等1500多人参展。设农业机械与矿山机械展览展销区、电子陶瓷及其应用产品展览展销区、智能制造及新兴产业展览展销区、粮油机械与粮油产品展览展销区、房车及地方名优特产品综合展览展销区5个展区，展览面积30000平方米左右，标准展位1500多个。全省14个市州和6个境外湖南商会机构分别组成代表团参加展会。签订投资项目65个，总投资476.7亿元，其中5亿元以上项目31个，投资额达404.49亿元；签订贸易合同167个，贸易总金额38.94亿元，其中国际贸易合同30个，贸易额9.1亿元。

【2017年中国大学生武术锦标赛】10月4日，由中国大学生体育协会主办，中国大学生体育协会民族传统体育分会执行，湖南人文科技学院承办，娄底市文体广电新闻出版局、娄底市教育局、娄底市全民健身服务中心等单位协办。比赛包括拳术、器械、对练项目等38个大项近2000个单项，有来自浙江大学、复旦大学、北京理工大学、北京体育大学、华中科技大学、中山大学、厦门大学、澳门大学等全国86所院校88支武术队672名运动员竞赛。教育部学生体育协会联合秘书处秘书长兼专职副主席薛彦青，湖南省娄底市人民政府副市长李有才，湖南人文科技学院党委书记郭军出席开幕式。

娄底市体育公园实景 (刘新山 摄)

新闻·出版·广播电视

News,publication,radio and television

◎娄底日报社
◎广播电视
◎电视发射台工作

娄底日报社

【概况】2017年，娄底日报社树立政治意识、大局意识、核心意识、看齐意识，领导班子和职工队伍凝聚力、战斗力增强。围绕市委、市政府中心工作，开展新闻宣传工作，提升办报质量，唱响主旋律，打好主动仗，新闻采编出新出彩，各项管理规范有序，广告战略合作实现双赢。为全市政治、经济、文化、社会和生态文明建设营造舆论环境。获授"中国城市党报最具发展活力媒体"称号，新新网评为"2017全国地市网络媒体网民最关注十强品牌"、微信公众号被授予"2016—2017湖南区域市州影响力微信"称号。并获市委政府"优秀班子""绩效考核良好单位""抗洪救灾先进集体""社会禁毒工作先进集体"等奖励。

【新闻采编】2017年，娄底日报社从1月始将《娄底日报》由周6刊增为周7刊，由每日4版扩为每日8版。改进新闻报道，创新报道形式，稿件突出针对性，贴近实际、贴近群众、贴近生活，形式生动活泼，综合运用消息、新闻故事、深度报道、图片等，推出系列有深度、有温度、有精度、群众喜闻乐见的新闻报道。围绕转型发展、脱贫攻坚、生态文明建设、社会主义核心价值观、"两学一做"暨"责任心教育"等中心工作开展新闻宣传策划，开设"加速转型、奋力赶超""项目建设大比拼""七个三年行动计划——天蓝水净地绿""脱贫攻坚在娄底""转型创新进行时""砥砺奋进的五年""新时代新气象新作为""娄底家风故事""楼迪新""思辨录"等30个专栏，拍摄上万幅聚焦社会热点的新闻图片，完成10万余幅再现娄底历史的图片征集储存。《娄底晚报》注重社会民生，在保持优秀栏目"姜矮子观场""市民直通车""文明监督岗"基础上，新开设"凡人善举""身边的温暖"等栏目和专版。在省级以上各类好新闻评比中有78篇(次)新闻作品获奖；新新网和《娄底手机报》发挥网络媒体优势，坚持以新闻立网，民生兴网、活动强网、视频活网，提升网站影响力，手机报可读性增强，有8篇新闻作品获年度全国地市网络新闻一、二等奖。

【广告经营】2017年，娄底日报社在广告经营上，实行砍块分方，坚持刊发"五审"制，与广告单位签订品牌战略合作协议，把责任单位落实到人，任务层层分解；按照"科学监管，积极发展"原则，以"策划为王，活动带动，内外兼修"为导向，以"思路决定出路，布局决定结局，行为决定作为"为工作旨归。通过资源系统开发来提升报社广告经营实力。扩大与县市宣传部门的合作关系，形成新的增长点。注重把社会效益放在第一位，完善广告承接、验证、内容审查等管理制度，自觉接受社会监督。活动产业部成功举办第19届、第20届汽车文化节暨汽车博览会，先后在新化、涟源、双峰等县市组织汽车经销商进行汽车巡展。

【党建工作】2017年，娄底日报社报社把党建工作与报社事业发展有机结合，实行"六统一"，即统一部署、统一要求、统一推进、统一落实，统一检查、统一考核，健全党组领导、党政齐抓、纪检协调、部门负责、职工支持参与的领导工作机制，自觉把党风廉政建设责任制放在心上、扛在肩上、落实到行动上。出台《娄底日报社2017年落实党风廉政建设责任制目标任务分解》制度，分解党风廉政建设工作任务。社党组书记、社长与各部室签订《党风廉政建设责任状》，将责任明确到每个部室、具体到每个负责人，夯实责任，在全社形成一级抓一级、层层抓落实的浓厚氛围。全年社班子成员无违纪违法问题。

【日常管理】2017年，娄底日报社借市委第三巡察组巡察的东风，修订完善《2017年娄底日报社采编管理制度》《2017年娄底日报社广告经营目标管理办法》《娄底日报社行政后勤岗位工作职责及评分办法》《娄底日报社发行工作目标管理办法》《娄底日报社绩效考核办法》《娄底日报社财物管理制度》等制度，坚持以制度管人，以制度管物，以制度管事。对公务用车、公务接待、公费出国(境)按照有关规定和制度执行，向全社公布财务开支情况。用70万元处置20世纪90年代末所欠市农行1682万元历史呆账问题，收回抵押土地使用证和房产证；投入500万元新建印刷车间和添置全新高斯牌双塔印刷机；新添摄像机、照相机、同步直播机等设备，提质新新网。对2005年至2015年广告旧欠账进行清理，收回历年广告欠款124万元。

(张长青)

表 88　　2017 年度娄底日报社先进集体和先进个人一览表

获奖单位、先进个人	奖励名称	颁奖单位	颁发时间
娄底日报社	2017 年度全国报刊广告“优秀单位”奖	中国广告协会报刊分会	2018 年 1 月
娄底日报社	全国“最具发展活力媒体”奖	中国报协	2017 年 11 月
娄底日报社	全国地市网络媒体网民最关注的十强品牌	中国地市新闻网联盟	2017 年 11 月
娄底日报社	全省党报印刷质量竞赛二等奖	湖南省市州党报印刷工作委员会	2017 年 11 月
娄底日报社	湖南区域市州影响力微信	湖南省网信办	2017 年 7 月
谭清华	品牌建设功勋奖	中国广告协会报刊分会	2018 年 1 月
刘明军	2017 年度优秀红十字志愿者	湖南省红十字会	2018 年 1 月

广播电视

【概况】2017 年，娄底市广播电视台全年发射台各套节目累计播出 12 万小时，转播中央、省、市模拟电视节目 5 套，调频广播节目 4 套，地面数字电视 20 套。所属各频道合计播出 19710 小时，广播新闻频道和广播交通频道合计播出 12410 小时。娄底广播电视报四开 24 版，全年刊发报纸 52 期。湖南有线娄底网络有限公司数字电视前端播出 8760 小时，娄底中心城区有线电视网络现有有线数字电视注册用户 13.9 万户，因“三网融合”市场竞争加剧，有线数字电视用户继续呈现负增长，期末数字电视有效用户 7.3 万户，比上年减少 1 万户；宽带数据用户有所增长，达到 1.3 万户，比上年增加 2000 户；新建楼盘全部实施光纤入户模式，网络双向化率达到 95%，有线电视入户率达 95%，光缆主干线皮长 1178 千米，网内双向机顶盒 9.1 万台，高清机顶盒 6.12 万台，智能机顶盒（家盒）1.16 万台，向全市有线电视用户提供高标清数字电视节目 163 套，其中基本节目 71 套，付费节目 38 套，高清节目 53 套，3D 高清节目 1 套，试播 4K 超高清节目 1 套。现有员工（含聘用员工）452 人，其中退休人员 58 人，中级以上技术职称专业技术人员 41 人。

【队伍建设】2017 年，娄底市广播电视台坚持党建工作为总揽，“两学一做”暨责任心教育制度化、常态化，“攻坚克难，党员在前”活动扎实有效、贯穿始终，开展支部书记“双述双评”，强化党员教育管理，党员积分管理考核推进，谈心谈话和思想动态分析展开。组织对二级媒体财务内部审计，加大对往来账款和遗留问题清理和历史清欠力度，推进院落物业管理，落实公务接待规定。发动全台副科以上干部捐款捐物，与 68 名贫困村民结对帮扶，精准脱贫工作验收基本完成。年底完成以深化人事制度和分配制度为重点新一轮内部改革，激活队伍活力，进一步营造良好干事创业环境；加强人事制度和劳动用工管理，开展“吃空饷”清理整顿；开展人才培养和素质提升工程，组织多人次、多批次外出交流考察学习。先后获全市计划生育、安全生产优秀单位，综治工作平安单位，对外宣传工作先进单位、禁毒工作突出单位、市直机关党建标准化建设先进单位、抗洪救灾工作先进集体、森林防火先进单位称号。公共频道活动策划部荣获市“五一劳动奖状”，综合频道舒雯当选省十三届人大代表，黄黎明、李友仁荣获市“五一劳动奖章”。

【新闻宣传】2017 年，娄底市广播电视台围绕市委市政府重大决策、重大部署、重大工作，组织开展“治国理政新理念新思想新战略”“砥砺奋进·弄潮湘中”“喜迎十九大”“三新访谈录”“抓重点、补短板、强弱项”集中调研、“加速转型、奋力赶超”“坚决打赢脱贫攻坚、转型升级、生态环境治理三大战役”“项目建设大比拼”“创文管卫”“万众一心，打赢防汛救灾保卫战”等主题宣传。为贯彻落实省市党代会精神，推出“转型创新进行时”大型系列报道；为贯彻脱贫攻坚誓师大会精神，开辟“脱贫攻坚在娄底”专栏；针对“国家卫生城市复审”事关全局重点工作，台属媒体认真履职，同声发力，为全市“创文管卫”营造良好舆论氛围，得到省督查组高度评价和肯定；为鼓舞全市人民抗洪抢险救灾斗志，台属媒体众志成城，广大新闻工作者冲锋在前，对娄底万众一心斗洪魔进行及时、准确、全面报道；“娄底创新开放大讨论”活动开展得有声有色；完成第八届湘博会宣传报道；承办全市贯彻落实十九大精神加速突出环境问题整改推进大会“电视问政”，进行网上直播；富有成效开展市人大、政协“两会”和市委经济工作会议宣传，社会反响效果良好，得到市委主要领导高度肯定。围绕“喜迎十九大”“十九大时光”“新时代新气象新作为”“学习贯彻十九大”，利用全媒体矩阵强大传播力，集中版面，集中时段，集中资源，全方位、多角度、集束式进行宣传报道。台属媒体大力宣传社会主义核心价值观，组织开展“娄底市首届最具责任心领导干部”“娄底市十大新闻事件、十大新闻人物”“湖南好人”“我身边的凡人善举”等先进典型宣传，倡导向上向善，推出《湖南娄底：“托举哥”洪水中转移婴儿》、最美乡村医生郑太红、勇救落水女子 80 后退伍军人李明华等“湖南好人”，讲好娄底故事，传播正能量。台属媒体全年发稿 22525 篇，完成自采稿件 14027 篇，完成重点报道 275 篇，系列报道 166 组；完成对上报道 529 篇，其中中央电视台 27 条，中央人民广播电台29 条，湖南卫视新闻联播 238 条，参与和组织推送《娄底：联村建绿、还绿于民》《十九大时光：娄底市民喜谈身边变化》《湖南娄底警方破获制售有害减肥药案》等报道，在中央电视台《新闻联播》等要闻时段推出，对上报道实现新突破，有力服务市委政府工作大局，提升娄底形象和美誉度，在全国全省产生良好影响。《乡村医生的 12 万元账单》《你是我心中最美的太阳花》《涟源村民有了“微权力清单”》3 部作品获 2017 年湖南新闻奖二等奖；《公安民警托起生命之舟》《五保老人王楚松 12 年还债》《琴海绿源，世界长寿之乡》3 部作品获 2017 年度湖南广播电视奖一等奖。

【经营创收】2017 年，娄底市广播电视台广播电视技术设备改造升级完成。筹资 2000 万元对 3 个电视频道制播系统高清化进行改造，对 2 个广播频道数字化进行改造，2 个广播频道数字化改造在 9 月 28 日完成并成功试播，3 个电视频道高清化改造在 2018 年 1 月 8 日完成并实现上线试播。技改全面提升全台技术装备水平，标志制播基础条件步入全省市州台前列。通过与市城建投密切配合，完成项目用地上建筑及附着物拆迁；经营创收超额完成年初确定目标经营创收任务，全年实现创收 3297.99 万元(不含网络公司)。四是项目争取和媒体融合积极进展。争取中央、省文化事业发展专项项目 2 个，引导资金 160 万元，其中，湖南省文化事业发展专项资金项目娄底交通广播数字融媒体建设 100 万元；中央补助地方文化服务体系建设资金项目娄底新闻联播设备改造 60 万元。无限娄底在完成二期建设基础上，致力内容生产和容量，加强和整合全台资源，推进娄底微信矩阵平台建设，开展推广托管服务。五是播出工作实现安全优质。以开展迎接党的十九大安全播出检查为主线，通过强化责任，加强管理，做好元旦、春节、全国两会和党的十九大召开等重要保障期安全播出工作，重要部位和重点岗位防范工作进一步加强，确保安全播出万无一失，荣获全省十九大安全保障突出贡献集体。 (汪伯雄)

电视发射台工作

【概况】2017年，娄底市电视发射台时刻紧绑安全播出之弦，做好各类设备系统日常维护和预检预测工作，将故障隐患消灭在萌芽状态，确保设备安全运行。发射模拟电视节目5套(CCTV-1、CCTV-7、HNTV、HNETV、娄底电视台综合频道)，2个公益数字电视频道(CMMB、国家公益无线数字)，发射电视节目30套；发射模拟广播节目4套(中央人民广播电台一套、湖南人民广播电台新闻频道、娄底人民广播电台交通频道、城市管理广播)，总发射转播功率为17.9千瓦，信号覆盖娄底大部分县市及宁乡、湘乡、邵东等周边县市部分地区，覆盖人口近400万人。日常安全播出与春节、国庆、党的十九大等节假日与特护期安全播出万无一失，已实现中央、省、市广播电视节目安全播出12万小时无差错。

【设施升级】2017年，娄底市电视发射台投入资金140余万元，开展技术升级和机房改造，提升安全播出保障能力。对机房进行重新规划和全新装修，对播出设备和系统进行布局调整，机房面貌焕然一新。把原会议室、旧职工活动室等3处180平方米用房调整为播出机房和监播值班室，对原有机房进行全面装修；先后对发射铁塔塔体进行防腐处理；对铁塔接地系统进行完善(新钻4口30米深接地井)；更换地面无线数字电视发射天馈线系统和低压总配电屏和新增3组机房分配电屏；更新机房主供电缆和到各发射机分电缆；新安装广播电视监控桌与电视墙，播出机房与监播值班室重新铺设300平方米防静电地板；更新机房接地设施；新装调频广播监控屏显系统、数字视频安防监控系统、防盗报警与消防报警系统。市政府投入专项资金70万元，对东面一段频临倒塌围墙进行重新翻修，使安全播出保障能力得到提高。 (吴迪江)

娄底市娄星区文正湖实景 (刘新山 摄)

卫生和计划生育

Health and family planning Class

◎总类
◎卫生计划生育执法监督
◎计划生育协会
◎疾控中心
◎市中心医院
◎妇幼保健院
◎娄底市第一人民医院
◎娄底市第二人民医院
◎娄底市中医医院

总 类

【概况】2017年,娄底市卫生和计划生育委员会贯彻全国、全省以及娄底卫生与健康大会精神,以建设健康娄底为目标,以打好"五大战役"为抓手,攻坚克难,着力推动卫生计生改革创新发展。全市有干部职工25633人,其中卫生专业技术人员18410人(含执业医师及执业助理医师7810人、注册护士6896人)。有疾控、卫监、血站等公共卫生机构13家,公立医院36家,其中综合医院17家(其中三级医院2家),中医医院7家(其中三级中医医院1家),妇幼保健院6家(其中三级妇幼保健机构1家)。乡镇卫生院83所,社区卫生服务中心14所,村卫生室3476个,个体诊所、医务室、门诊部1081家。市卫生计生委机关有内设科室18个,另设机关党委和纪检组,归口管理地方病防治领导小组办公室、公共卫生应急救援指挥中心、市医学会医疗事故技术鉴定工作办公室、计划生育三优服务中心和计划生育药具管理站等5个正科级机构;有在职干部职工90人(其中处级干部18名)。除归口管理市计划生育协会(正处级)以外,市直有医疗卫生单位9个,有编制数4569个,在编工作人员2683人,人事代理人员1059名,合同制人员1150名。市直单位中正处级单位1个(市中心医院),副处级单位6个(市卫生计生综合监督执法局、市疾病预防控制中心、市妇幼保健院、市第一人民医院、市第二人民医院、市中医医院),科级单位2个,分别是市中心血站(高配副处级)、市骨伤医院。娄底创国卫工作获得全国爱卫办、湖南省爱卫办专家好评,以总分802.2高分,全省排名第三一次性通过国家卫生城市复查评审。

【健康娄底建设】2017年,娄底市卫生和计划生育委员会实施健康扶贫,在"大病集中救治一批、慢病签约服务一批、重病兜底保障一批""三个一批"基础上,创新性地提出"公卫提质促进一批"举措,对农村贫困妇女儿童提供精准公共卫生服务,实行"七免费、两确保",全市建档立卡贫困人口530955人已100%参加基本医保。贫困人口提高基本医疗保险报销比例10%,补偿71254人次,补偿金额3057.26万元,人均提高补偿金额429元。娄底市在全省健康扶贫考核排名居前。妥善处理今年发生24起突发公共卫生事件,未造成疫情扩散,无二代病例发生。有效防控H7N9流感疫情,抓好洪涝灾害以后传染病防控工作,确保大灾之后无大疫。

【全科队伍建设】2017年,娄底市在全省首创性地开展"农村建制村全科医生(执业助理全科医生)全覆盖行动计划",获国家卫生计生委副主任曾益新肯定,副省长向力力专题到娄底调研全科医生工作,《健康报》《湖南日报》《大众卫生报》等媒体均于头版头条予以推介。现全市有2108人参加乡村全科执业助理医师资格考试,占全省43%;1158人通过考试,占全省47.85%;全省转岗培训基地17个,娄底市有3个。12月8日,全市首批668名全科医生正式进村开展医疗服务。

【全面深化医改】2017年,娄底市卫生和计划生育委员会推广家庭医生签约服务,全市已组建家庭医生签约服务团队500余个,签约总人数达1784898人,签约率达45.64%。切实加强医联体建设,4家三级公立医院全部参与医联体建设,娄底市中心医院已与7家医疗机构组成医联体;娄底市第一人民医院与涟源桥头河卫生院等4家医疗机构建立对接人才、技术医联体;娄底市妇幼保健院牵头组建妇幼保健专科联盟;娄底市中医医院以中医药服务为纽带,与水洞底卫生院等5家医疗机构建立联盟关系。推行药品采购"两票制",加强高值耗材阳光采购,起市使用高值耗材医院16个,有11个医院参加省平台集中采购。

【计生工作进位】2017年,娄底市卫生和计划生育委员会通过开展"大清查、大培训、大宣讲、大惩戒、大督查"五大活动。全市上报出生人口63483人,其中政策内出生56418人,符合政策生育率为88.87%,比上年提高0.83个百分点。出生人口性别比为111.95,比上年同期下降2.85个比点。全年计划生育工作进入全省先进行列。

【推进项目建设】2017年,中央预算内投资项目11个,全部开工建设,已竣工6个。中央投资项目完工率98.35%,排名全省第三。两年度中央投资项目建设进度开工率100%,全省排名第一,中央投资资金执行率84.26%,全省排名第一。加强中医医院硬件建设,总建设面积12380平方米、总投资7422万元娄底市中医医院矽肺病及癌症防治中心和全科医师培训综合大楼项目竣工验收,新化县中医医院加速整体搬迁。

【人才队伍优化】2017 年，娄底市卫生和计划生育委员会落实放管服改革要求，首次开展基层卫生高级职称评审工作，45 人获得基层卫生专业技术高级职称评审资格；市直医疗卫生事业单位计划共引进高层次人才 57 名，其中博士 1 名，研究生 52 名，副主任医师 4 名；公开招考专业技术人员 25 名，公开选调 1 名；各县（市、区）引进招考各类专业技术人员 234 名。

【中医药服务能力提升】2017 年，娄底市卫生和计划生育委员会重视中医药工作，出台娄底市中医药事业发展若干决定，成立中医药发展基金，建设娄底国医馆。举办娄底市首届中医药膏方养生文化节，健缘医疗科技有限公司"中药封包综合治疗"被确认为湖南省第二批中医药专长绝技项目，全市 100%综合医院开设中医科，100%乡镇卫生院开设中医门诊、中药房，87%社区卫生服务中心，45%左右村卫生室，100%社区卫生服务站能开展中医药服务。

【办好民生实事】2017 年，娄底市卫生和计划生育委员会抓好"两癌"免费检查和免费产前筛查工作，截至年底，全市已完成农村适龄妇幼"两癌"免费检查 83296 例，完成率达 112.25%。完成免费产前筛查 36044 例，目标人群（35027 例）覆盖率为 102.90%。

【严管医疗服务】2017 年，娄底市卫生和计划生育委员会推进"改善医疗服务行动计划"，加强院感管理，开展抗菌药物临床应用整治和优质护理服务活动，规范开展医疗机构校验，清理整顿一批不达标机构，市本级全年注销医疗机构（含诊所）46 家；加强血液管理，全市临床用血继续保持 100%来自自愿无偿献血，无一例经采供血途径传播疾病发生，确保临床用血需要和安全。农村人口无偿献血"涟源模式"获被省卫计委推介。全市无偿献血工作连续 7 次获得"全国无偿献血先进市"；果断处置涟源湘中煤炭医院出现伤医行为，辖区内二级及以上医院安全防范建设达标率达 85%。开展为期 3 个月清除农村医疗墙体广告专项整治工作。市直医疗单位出动人员 218 人次，清除农村各类医疗墙体广告 891 条，市管民营医疗机构出动 796 人次，清除农村各类医疗墙体广告 1267 条。牛皮鲜广告 2140 多张，县市区（娄底经开区）卫计局组织清除农村各类医疗墙体广告 4697 条，牛皮鲜小广告 4864 条。杜绝无证发布超范围发布和发布虚假医疗广告，净化医疗市场。（朱婷莎）

12 月 8 日，娄底启动全科医生驻村服务到 2020 年实现全覆盖（朱婷莎 摄）

表 89　**2017 年度卫生计生委先进集体和先进个人一览表**

获奖单位、先进个人	奖励名称	颁奖单位	颁发时间
娄底市卫生计生委	湖南省 2015—2016 年援外医疗工作先进单位	省卫生计生委	2017 年 7 月
娄底市卫生计生委	省卫生应急技能竞赛活动总成绩团体三等奖	省卫生计生委、省人社局省总工会	2017 年 9 月
娄底市	2017 年度全省人口和计划生育工作良好单位	省委办、省政府办	2017 年 12 月
娄底市卫生计生委	2017 年度全省查处"两非"典型案件先进单位	省人口和计划生育领导小组	2017 年 12 月
娄底市卫生计生委	2017 年度市州卫生重点工作目标管理考核良好单位	省卫生计生委	2018 年 1 月

续表 89

获奖单位、先进个人	奖励名称	颁奖单位	颁发时间
娄底市	2017 年度全省出生缺陷防治工作先进单位	省卫生计生委	2018 年 3 月
娄底市卫生计生委	2017 年度全省卫生计生宣传工作先进单位	省卫生计生委	2018 年 3 月

卫生计生执法监督

【概况】2017 年，娄底市卫生计生综合监督执法局完成辖区内 3467 家医疗机构日常监管，查处案件 208 起，查处无证行医案件 61 起，查处逾期不校验“医疗机构执业许可证”仍从事诊疗活动案件 2 起，查处超范围执业案件 6 起，查处未取得“母婴保健技术服务执业许可证”开展母婴保健技术服务案件 2 起，查处使用非卫生技术人员案件 98 起，查处医务人员未取得执业资格开展诊疗活动 19 起，查处其他案件 56 起，下达行政警告案件 390 件，罚款案件 192 起，罚款并没收违法所得 112.007 万元。从婚前医学检查，产前筛查，新生儿疾病筛查 、听力筛查、“出生医学证明”管理等方面对全市 107 家妇幼保健院及计划生育服务机构进行督查，共监督检查机构，处罚 42 家。作为参照公务员法管理全额拨款事业单位，其职责是医疗卫生、公共场所和计划生育监督。现有在职干部职工 31 人，退休干部 7 人。内设办公室、行政后勤财务科、稽查与信息科、医疗卫生监督科、计划生育监督科、食品安全学校卫生与传染病防治监督科、公共场所监督科、职业卫生与放射卫生监督科、综合监督科。

【卫生监督检查】2017 年，娄底市卫生计生综合监督执法局监督检查 1641 家次，下达整改意见书或巡查意见书 1641 份，实施卫生行政处罚 44 起。全市住宿业、游泳业、美容美发业卫计监督量化分级管理率 100%，卫生许可证办证率 100%；从业人员上岗持证率 100%，从业人员卫生知识知晓率达 100%，五病调离率 100%。抽检全市城市设计日供水千吨以上水厂 11 家，城市其他水厂 4 家，农村设计日供水千吨以上水厂 54 家，农村设计日供水百吨以上水厂 395 家，二次供水单位 18 家。对部分生活饮用水单位存在无水质处理器，蓄水设施未清洗消毒、水质检测不合格等问题，全部下达监督意见书，责令其限期整改。对部分农村简易式、分散式供水单位卫生条件薄弱、水质不符合要求问题开展卫生监督和检测，农村饮用水卫生管理有所改善。对辖区内 46 所中小学校和 180 所托幼机构进行卫生监督执法检查，重点从学校传染病防控、常见病与多发病防治、生活饮用水、教室和生活环境、公共场所及突发公共卫生事件卫生监督等方面进行检查，将检查情况汇总进行通报，对存在问题下达卫生监督意见书，要求各学校对生活饮用水安全问题作出书面承诺，并对各县市区开展学校卫生监督进行专项评估。

【传染病防治与放射卫生监督检查】2017 年，娄底市卫生计生综合监督执法局对市直管医疗卫生单位传染病防治工作进行执法检查，重点从 39 家医疗机构，对其传染病防治管理组织、制度、应急预案、发热门诊、预检分诊、传染病疫情报告、医院消毒管理、临床用血、医疗废物和医院污水处置等方面对其进行监督检查。对全市 55 家放射诊疗医疗机构进行日常监督检查，其中持“放射诊疗许可证”54 家，许可率 98.1%。有放射工作人员 340 余人，其中取得“执业医师证”有 120 余人；经相关放射防护知识培训并取得“放射工作人员证” 334 人，持证上岗率 98.2 %。

【消毒产品和集中式餐饮具消毒监督】2017 年，娄底市卫生计生综合监督执法局以餐饮具集中消毒服务机构是否取得现场卫生审查合格意见书、生产过程是否符合卫生要求、产品卫生质量管理体系是否健全和消毒好餐(饮)具是否用密封严密包装袋包装以及包装袋上标注信息是否齐全规范等为主要整治内容；通过监督检查发现个别餐饮具集中消毒单位还存在采购消毒产品及包装材料等原材料时索证不全、个别从业人员未持有效健康检查证明上岗、未如实记载生产过程检验记录、留样记录和销售记录等行为;针对监督检查中发现问题,卫生监督员在检查现场同各陪同检查人员一道认真分析存在问题原因,结合法律法规和标准规范要求指导其立即整改。针对在监督检查过程中发现存在问题餐饮具集中消毒服务机构,出具卫生监督意见书12份。立案查处2家,罚款1.5万元。

【专项整治工作】2017年,娄底市卫生计生综合监督执法局开展医疗卫生机构医疗废物和医院污水专项督查。督查对象为全市所有二级以上医疗卫生机构、部分一级医疗卫生机构(含民营医院机构)、乡镇卫生院及村卫生室。重点对辖区内医疗机构医疗废物收集、暂存、运送、处置和集中处置情况、医院污水处置整改落实情况、医院污水是否达标排放等进行全过程监督。对检查中发现医疗机构医疗废物未及时收集,收集分类、转运登记不规范、暂存间不符合卫生要求等问题,全部下达卫生监督意见书,要求立即整改,按照《医疗废物管理条例》等法律法规对整改不力单位给予警告和行政处罚。先后对市中心医院、娄底东方医院、娄底现代医院、娄底丽人妇产医院、娄底阳光医院等20余家重点发布医疗广告单位逐一进行检查。下达卫生监督意见书25份,责令限期整改16户次,取得明显效果。多数医疗机构按规定申请办理“医疗广告审查证明”。全年抽检医疗美容机构11家,生活美容机构101家,出动卫生监督人员620人次,立案9起,罚款22200元,没收违法所得9510.8元。全年出动卫生监督执法人员1700人次,检查医疗机构512家,其中发现未取得“医疗机构执业许可证”擅自执业2家,未按期校验医疗机构5家,超出登记范围开展诊疗活动医疗机构17家,检查医疗美容机构19家,妇科及母婴保健技术医疗机构86家,泌尿外科及性病诊疗机构52家,未发现禁止和未经备案开展医疗技术临床应用情况,计抽查医务人员资质3333人,资质合格3260人,立案查处102件,罚款人民币39.3万元。监督检查餐饮具集中消毒服务机构17户次,抽检餐饮具样品57个,合格57个,合格率为100%。同时针对在专项监督检查过程中发现存在问题餐饮具集中消毒服务机构,出具卫生监督意见书17份。

【“双随机”工作】2017年,娄底市卫生计生综合监督执法局根据省、市相关文件件要求制定“双随机一公开”实施细则及抽检方案,建立执法人员和市场主体名录库及专人负责制度,对公共场所、生活饮用水、学校及医疗机构规范执业等进行双随机监督检查,检查学校213家,生活饮用水单位46家,餐饮具消毒单位1家,公共场所114家,医疗卫生机构13家等,检查结果已录入双随机平台并进行公示。落实国家卫生计生监督信息报告系统下发双随机任务,对随机抽取404家监管服务单位进行卫生监督和卫生检测。

【卫计监督应急机制】2017年7月娄底境内连降强暴雨,江河水位猛涨,许多地方险情不断,形势十分严峻。为确保全市抗洪救灾应急处置卫生监督工作高效快捷、科学专业,最大限度降低洪涝灾害对公众健康和生命安全造成危害,启动应急预案,成立娄底市卫生计生综合监督执法局抗洪救灾应急处置工作领导小组,组建卫生计生监督应急专业队伍,明确工作职责。洪灾期间,通过各职能部门共同努力全市无洪涝引发水传染病流行。（曾琼阳）

计生协会

【概况】2017年,娄底市计划生育协会求真务实、真抓实干,全市计生协工作居全省第二位,被评为模范单位,已连续11年获全省计生协工作先进单位称号,被确定为国家计划生育特殊家庭帮扶试点市。全市5万余名骨干会员常年联系重点服务对象6万余人。在确定新农村建设点和扶贫项目时,把计划生育基层群众自治工作作为前置考察条件,对达不到自治村标准不予立项;推行“一票否决”,在评选基层党建、基层民主法治和新农村建设先进单位中,凡计划生育基层群众自治工作验收不合格给予“一票否决”,取消评先资格;全市创建43个省、市级示范村(居)和10个省、市级示范乡(镇、街),娄星区被确定为全国计划生育基层群众自治示范区,全市计生基层群众自治合格村(居)比例达85%。全市各级筹措生育关怀专项资金1172余万元,为计生贫困家庭、计生贫困母亲和失学女孩解决系列生产生活方面困难,全市慰问金额达1050万元。开展关爱育龄群众健康活动，全市投入资金60余万元，开展免费检查、发放药品、受益育龄群众达8万余人。全年全市创办“生育关怀——三结合”项目8个、小额贴息贷款项目84个，扶持计生家庭400余户；对每个项目都明确1名副科级及以上干部作为项目具体负责人进行常年跟踪服务，市、县定期检查项目运转情况。全年为35.5万人(户)计生家庭办理计划生育系列保险，644户出险计生家庭获得保险理赔，理赔金额达349万余元。

10月，省计生协会长石玉珍一行到娄底调研计划生育特殊家庭帮扶工作，对娄底帮扶工作赞赏有加，中国计生协副会长姚瑛高度肯定娄底市工作。12月，组织开展“抓重点、补短板、强弱项”调研活动，在新化县及其4个乡镇、冷水江市及其2个乡镇采取召开座谈会、查阅有关资料、现场走访、问卷调查等方式进行，找寻全市计生协工作重点、弱项和短板，拿出工作对策，并撰写出比较有份量调研报告。

【计生特殊家庭帮扶】2017年，娄底市计划生育协会以市委市政府名义出台《关于改革完善计划生育服务管理的实施意见》(娄发〔2017〕14号)，对独生子女死亡、伤残家庭扶助标准在国家标准基础上每人每月分别提高200元，各县市区也结合自身实际提高计生特殊家庭扶助标准。构建县乡村三级联动格局，形成政府部门、计生协组织、社会团体和志愿者队伍相辅相成共同服务工作模式。在上半年市、县计生协分别举办计生特殊家庭帮扶工作动员暨培训班。对计生特殊家庭进行全面调查摸底、采集、录入。建立责任机制、考评机制、帮扶机制三项机制。以县为单位将计生特殊家庭帮扶任务进行层层分解，明确到责任人，明确到志愿者团队。开展生活帮扶、心理帮扶、生产帮扶和健康帮扶。在全市范围内，实行计生特殊家庭免费健康体检，为他们开通就医绿色通道“爱心一卡通”，将家庭困难纳入健康扶贫范畴，为全市所有计生特殊家庭办理计划生育综合保险和计生特殊家庭成员住院护理津贴保险。娄星区成立馨美聚爱服务中心，126名志愿者对全区418个计生特殊家庭广泛开展家政服务、心理慰藉、健康保健、文体服务、美食服务、政策宣传引导和经济援助等活动，其善行义举得到中国计生协和省计生协领导高度赞赏。娄底市计生特殊家庭帮扶工作领跑全省。10月26日全省计生特殊家庭精准帮扶工作大会上，市计生协、娄星区和双峰县计生协及馨美聚爱服务中心均作经验推介。

【流动人口计划生育】2017年，娄底市计划生育协会在外出务工人员较多的广东、长沙、怀化、上海等地建立25个流出人口计生协，在本市流入人口较多企业成立22个企业计生协。建立联络通报制度、信息交流制度和监督管理制度，做好“婚育证明”查验工作，督促流出已婚育龄妇女落实避孕、节育措施，及时掌握流出人口生育、节育状况，及时向户籍地进行反馈，有力地促进全市计划生育工作长足发展。开展流动人口计生协示范创建活动，参加“省、市、县、乡”四级联创，娄星区长青街道天虹流动人口计生协建设项目被确定为省级示范点项目。着力推进计生协“6+1”流动人口健康服务活动，广泛开展生殖健康服务、留守儿童关怀服务、健康帮扶服务、权益维权服务等活动。娄底市计生协流动人口服务管理工作得到省计生协肯定，在全省流动人口计生协工作大会上，市计生协和娄星区计生协分别介绍经验。

【计生宣传教育工作】2017年，娄底市计划生育协会组织“5·29”集中宣传服务活动，开展先进单位和先进个人表彰、计生困难家庭帮扶、专家宣讲、文艺演出等活动。全市各级计生协开展各类活动1600余场次，参与人数达28万人次，现场义诊和生殖健康普查3.6万余人次，制作各种宣传板报、宣传横幅标语2700多块(条)，发放各类宣传资料28万余份，免费发放避孕药具2.5万份。5月25日，市计生协、市卫生计生委、中共娄星区委、娄星区人民政府在星星影剧院举办“关爱计生特殊家庭，建设健康幸福娄底”主题活动，表彰奖励幸福家庭代表、表演计生文艺节目、慰问计生特殊家庭代表，活动现场为20户计生特殊家庭代表发放慰问金4万元。全年全市各级计生协在国家、省、市媒体上刊发稿件573篇，其中省级以上媒体宣传报道达247篇。并创建门户网站，全市上稿168篇。涟源市在闹市区设置永久大型宣传牌9块、高质量小型宣传牌180块。运用网上政务平台及微信公众平台开展宣传教育，娄星区在微信公众平台上开通娄星计生“幸福起跑线”，构建政府、计生协组织和育龄群众及时沟通新纽带。

表 90　　2017 年度娄底市计生协先进集体和先进个人一览表

获奖单位、先进个人	奖励名称	颁奖单位	颁发时间
娄底市计划生育协会	湖南省计生协模范单位	湖南省计生协	2018 年 2 月

疾控中心

【概况】2017 年，娄底市疾病预防控制中心贯彻“预防为主”工作方针，按照年初工作部署，依靠中心广大干部职工，，发挥疾控机构应有职能作用，为建设“富饶、美丽、健康、祥和”新娄底做出应有贡献。全年获省级以上集体荣誉 27 项，市级以上集体荣誉 9 项，中心干部职工在市级及以上部门获奖 16 人次。其中，在年度湖南省卫生应急技能竞赛中，突发中毒事件应急处置项目盲样检测成绩排名全省第一，团体成绩排名第二，获二等奖；传染病网络直报工作在全省报告质量综合评价考核中，与长沙疾控并列全省第一；创文管卫“健康教育和健康促进”“公共卫生与医疗服务”2 个专业组高分通过考核，获“湖南省疾控系统健康教育和新闻宣传工作先进单位”“全市抗洪救灾先进集体”等称号。娄底市职业病防治医院添置健康体检管理系统及全自动生化仪、化学发光仪等，预防接种工作得到稳步推进，在疫苗安全使用上实现预防接种事故、预防接种异常反应为零工作目标。狂犬病暴露后预防处置及时、规范、有效，未发生免疫失败病例。继续加强肝病专科、尘肺病专科等特色专科建设，开展尘肺病患者门诊治疗。职防医院被省人社厅、省卫计委确定为湖南省尘肺病农民工基本医疗救治救助定点医疗卫生机构后，创造条件开展尘肺病农民工住院康复治疗。组织策划“健康中国(湖南)娄底行”主题宣传活动，悬挂宣传横幅 60 余幅，展出宣传展板 80 余块，发放宣传资料 10 万余份，制作健康教育专栏 11 期，设计制作卫生宣传展板新增 12 块，刊出单位内部健康教育宣传专栏 11 期，在各媒体发表稿件 140 余篇。

【传染病疫情控制】2017 年，全市报告法定传染病 31425 例，发病率为 811.64/10 万，发病率较上年同期有所下降；传染病报告综合率为 99.98%，高于上年同期 97.89%；对流感、手足口病、登革热、布病等重点传染病实施主动监测，从专业角度，为政府卫生防病决策和实施提供支持。有效处置各类突发公共卫生事件 34 起，期间检测疑似患者标本 220 余份，环境标本 350 余份。开展灾后传染病疫情监控，全市派出医疗防疫队 602 批次，人数 5874 人，救治伤病人数 1928 人，消毒面积 525.68 万平方米，发放宣传单 89.29 万份，发放救灾防病药物价值 147.53 万元，预防服药与接种人数 5263 人。印发《娄底市学校传染病防控实施方案》，推动城区内最大活禽批发市场搬迁工作。

【免疫规划工作】2017 年，娄底市疾病预防控制中心坚持抓好基础免疫和冷链运转等常规免疫规划工作，保持“无脊灰”状态，抓麻疹、流行性腮腺炎等传染病防控工作，采取有效措施，防止疫情扩散，3—5 月在全市范围内开展麻疹类疫苗查漏补种活动；加强对流动人口免疫接种工作，组织入学入托儿童预防接种证查验及补种工作；开展免疫规划工作督导及适龄儿童接种率调查工作，各剂次疫苗接种率均达到 90%以上；全市有 5 家数字化预防接种门诊投入使用，有 3.5 万余名家长下载安装小豆苗 APP，为儿童家长、接种单位提供接种提醒、预约、咨询、信息推送及疫苗科普等个性化信息服务。全市报告免疫规划针对性疾病 8111 例、无死亡病例，分别为甲肝 22 例、乙肝 4060 例、流行性腮腺炎 3947 例、麻疹 67 例、百日咳 8 例、风疹 4 例、乙脑 3 例；报告麻疹监测病例 334 例，排除麻疹风疹病例报告发病率为 5.57/10 万；扫码接种覆盖率、儿童接种个案基本信息完整率、接种信息完整率均达 94%以上，接种个案 7 天内及时上传率为 99.04%；销售生物制品 1867 万，回款2005万元。

【地方病、寄生虫病和病媒生物监测工作】2017年，娄底市疾病预防控制中心完成生活饮用水水碘含量调查工作及碘缺乏病监测工作，数据表明全市居民碘摄入量符合标准。修订《娄底市消除疟疾工作报告》，通过省卫生计生委对娄底市消除疟疾工作督导评估，多个兄弟市州专门前来就病媒相关工作进行交流。省爱卫办也多次邀请中心派专家参加省内病媒生物C级达标调研及考核。娄底作为国家级病媒生物监测点，依照《全国病媒生物监测方案（2016年版）》要求，分别在市区及涟源市、双峰县设立监测项目点，与省中心签订“病媒生物抗药性试验合作协议”，已合作完成白纹伊蚊抗药性试验，并开始进行德国小蠊抗性试验前期试虫饲养和繁殖工作。

【艾滋病与麻风病防治】2017年，娄底市疾病预防控制中心对自愿咨询检测人员及各类重点人群开展艾滋病监测检测工作。全年全市检测510374人次，占全市常住人口13.18%，累计报告艾滋病病毒感染者与病人1673例，新报告艾滋病病毒感染者与病人281例，全市艾滋病免费抗病毒治疗在治人数1122人，治疗率87.38%，新增抗病毒治疗262人，做好艾滋病感染者结核病及其配偶艾滋病病毒抗体筛查，结核病检查比例达98.95%，其配偶艾滋病病毒抗体检测率达97.61%。组织开展在各类人群中推广使用安全套，全市5个戒毒药物维持治疗门诊运转正常，及时为阿片类物质成瘾者提供药物维持治疗。国家疾控中心专家组对娄星区艾滋病防治数据质量进行现场评估，得到国家中心专家组肯定。全市全年累计报告麻风病病例249例，重症病人6例（均为MB型），完成治疗4例，正在接受联合化疗2例，均按要求完成随访。新发病人1例，对其家属及时进行调查，有1例麻风反应病例正接受治疗；按时完成娄底市麻风病流行概括与新化县麻风村志编写。

【结核病防治】2017年，全市免费接诊初诊病人13701例，对发现涂阳病人和初次涂阴病人都进行免费治疗和管理，系统管理率、菌阳病人治愈率、活动性肺结核患者成功治疗率、菌阳诊断率、肺结核患者登记管理率均超指标完成。报告肺结核患者和疑似肺结核患者总体到位率97.45%，达92%以上要求。

【慢性非传染性疾病防控】2017年，娄底市疾病预防控制中心推进政府主导慢性病综合防控示范区建设。涟源市、娄星区通过慢性病综合防控示范区省级考核验收，推进以“三减三健”“万步有约”“健康中国行”等全民健康生活方式行动，倡导健康文明生活方式，贯彻零级预防理念。实施慢性病高危人群患病风险评估和干预指导，开展适龄儿童龋齿充填和窝沟封闭项目工作，健全死因监测、肿瘤登记、心脑血管事件报告和慢性病营养监测制度。全市家庭医生签约服务191.1万人，人群覆盖率达到48%，实现全部建档立卡农村贫困人口和计划生育特殊家庭家庭医生签约服务全覆盖。制定《娄底市2017年慢病综合干预试点方案》，完成新化县慢病综合干预试点工作和双峰县儿童与乳母营养健康调查工作。配合大气污染急性健康风险研究工作专项调查和雾霾监测工作。全市累计报告重性精神疾病患者18564例，完成重性精神疾病患者监护奖励12745例；开通娄底市第一条免费心理援助热线，为公众心理健康保驾护航。

【职业病防治与职业卫生】2017年，娄底市疾病预防控制中心组织开展《中华人民共和国职业病防治法》宣传周活动，推进《娄底市职业病防治规划(2014—2020年)》落实。对13家放射诊疗机构进行放射防护预评价与控制效果评价，对5家放射诊疗机构进行射线装置防护检测，指定专人负责健康危害因素监测信息系统网络直报，全年报告职业病601例(其中噪声聋1例)，报告病例中新发尘肺病例526例、晋期病例75例；报告重点职业病个案卡3940例，疑似职业病病例257例，职业禁忌证110例，农药中毒16例，均为非生产性中毒。

【卫生检验和卫生监测】2017年，全市检验样品9385份，流感毒株培养343份，上送国家疾控阳性毒株229株，排全省第三；处理多起突发中毒应急事件（流感禽流感疫情、食品安全事件）。预期完成对ICP-MS,LC-MS两大质谱安装、培训工作，ICP-MS首次实战，卫生应急技能竞赛中毒盲样考核娄底为全省第一。完成《2017年湖南省食品安全风险监测方案》及实施细则监测要求，对21大类38种食品开展常规和专项监测工作；审核上报3200余例病例信息和41起食源性疾病暴发事件；完成121例食源性疾病生物标本检测数据上报。配合省里开展总膳食研究暨 POPS 母乳监测项目，完成 30 份志愿者母乳和静脉血以及 73 份食品样品采集工作。根据《湖南省空气污染对人群健康影响监测方案(2017 版)》要求，完成大气污染急性健康风险研究相关调查工作。对娄底中心城区市政供水、自建设施供水和二次供水单位水质进行监测，任务完成率 100%；并开展生活饮用水与介水传染病相关调查及网报工作，完成“全国饮用水水质卫生监测信息系统”6000 余条数据网络直报工作和 5 个县市区城市水 52 个水样、农村饮用水 501 个水样 4 万余条数据审核上报工作，完成率 100%，全年完成市直管 15 所大中小学直饮水卫生监测。对 46 家市直医疗机构、12 家诊所进行 2 次消毒监测，对 4 家洗涤公司进行消毒卫生监测。对 22 家医院开展 98 次透析用水卫生监测。对设置有污水处理系统市直医疗机构进行医源性污水监测 59 次。对 36 家医疗机构候诊区域开展公共场所空气质量、微小气候监测。对全市 56 家基层医疗机构消毒情况进行现场督查和技术指导，配合综合执法局对 468 医院处理污水。

【质量管理工作】2017 年，娄底市疾病预防控制中心依据相关法律法规要求对现有体系文件进行改版；对有关科室进行内部质量控制考核；全年受理检测样品 6772 份，发放报告单 6701 份。完成省市质量技术监督局对全中心实验室资质和食品检验机构资质认定监督评审；组织有关科室参加各类能力验证活动 25 项。（蒋媛）

表 91　　2017 年度娄底市疾控中心先进集体一览表

获奖单位	奖励名称	颁奖单位	颁发时间
市疾控中心	湖南省卫生应急技能竞赛突发中毒事件应急处置项目中娄底市卫生计生委代表队荣获二等奖	省卫生计生委	2017 年 11 月
市疾控中心	湖南省卫生应急技能竞赛娄底市卫生计生委代表队获团体三等奖	省卫生计生委	2017 年 11 月
市疾控中心	突发中毒事件应急处置项目盲样第一名	省卫生计生委	2017 年 11 月
市疾控中心	2016 年度全省食品安全风险监测工作考核微生物及其致病因子监测良好单位	省卫生计生委	2017 年 3 月
市疾控中心	2017 年度湖南省疾控系统健康教育和新闻宣传工作先进单位	省疾控中心	2017 年 12 月
市疾控中心	全国第八轮抗结核药物敏感性试验熟练度测试一线抗结核药物敏感性试验考核成绩合格、二线抗结核药物敏感性试验考核成绩合格	中国疾控中心	2017 年 3 月
市疾控中心	2017 年参加全国质控网络并合格的盐、尿、水碘实验室	国家碘缺乏病参照实验室	2017 年
市疾控中心	2017 年度全国地方病防治机构实验室氟、砷测定质量考核工作，水中氟化物含量的测定考核合格	中国疾控中心	2017 年 9 月
市疾控中心	2017 年度全国地方病防治机构实验室氟、砷测定质量考核工作，尿中氟化物含量的测定考核合格	中国疾控中心	2017 年 9 月
市疾控中心	2017 年度全国 CD4+T 淋巴细胞检测能力验证成绩优秀	中国疾控中心 性艾防控中心	2017 年 12 月
市疾控中心	2017 年度全国艾滋病检测实验室 HIV 抗体血清学检测能力验证成绩优秀	中国疾控中心 性艾防控中心	2017 年 12 月

续表 91

获奖单位	奖励名称	颁奖单位	颁发时间
市疾控中心	2017 年度全国艾滋病检测实验室 HCV 抗体血清学检测能力验证成绩优秀	中国疾控中心性艾防控中心	2017 年 12 月
市疾控中心	2017 年度全国艾滋病检测实验室 HBsAg 血清学检测能力验证成绩优秀	中国疾控中心性艾防控中心	2017 年 12 月
市疾控中心	2017 年度全国艾滋病检测实验室梅毒抗体血清学检测能力验证成绩优秀	中国疾控中心性艾防控中心	2017 年 12 月
市疾控中心	2017 年食品安全风险监测的质控考核工作中，项目砷考核优秀	省疾控中心	2017 年 12 月
市疾控中心	2017 年食品安全风险监测的质控考核工作中，项目镉考核优秀	省疾控中心	2017 年 12 月
市疾控中心	2017 年食品安全风险监测的质控考核工作中，项目甲拌磷考核优秀	省疾控中心	2017 年 12 月
市疾控中心	2017 年食品安全风险监测的质控考核工作中，项目克伦特罗考核优秀	省疾控中心	2017 年 12 月
市疾控中心	2017 年食品安全风险监测的质控考核工作中，项目特布他林考核优秀	省疾控中心	2017 年 12 月
市疾控中心	2017 年度湖南省艾滋病抗体检测实验室质量考评中结果为优秀	省疾控中心	2017 年 12 月
市疾控中心	2017 年度湖南省梅毒血清学检测实验室室间质量考评中结果为优秀	省疾控中心	2017 年 12 月
市疾控中心	2017 年度湖南省疾控机构实验室间比对活动，微生物检测项目麻疹风疹血清盲样考核结果为优秀	省疾控中心	2017 年12 月
市疾控中心	2017 年度湖南省疾控机构实验室间比对活动，微生物检测项目麻疹风疹核酸考核结果为优秀	省疾控中心	2017 年 12 月
市疾控中心	2017 年度湖南省疾控机构实验室间比对活动，微生物检测项目流感核酸考核结果为优秀	省疾控中心	2017 年 12 月
市疾控中心	2017 年度湖南省疾控机构实验室间比对（微生物)活动中,获得优秀组织奖	省疾控中心	2017 年 12 月
市疾控中心	湖南省临床检验中心全血细胞计数合格	湖南省临床检验中心	2017 年 2 月
市疾控中心	湖南省临床检验中心临床化学合格	湖南省临床检验中心	2017 年 2 月

市中心医院

【概况】2017年，娄底市中心医院秉承“一切为了人民健康”服务宗旨，狠抓医德医风和医疗质量，不断提升服务水平，主动适应城市公立医院改革新常态，主动作为，攻坚克难，创新发展。执行中央关于加强作风建设“八项规定”“六项禁令”和省委“九项规定”，坚持“集体领导、民主集中、个别酝酿、会议决定”十六字方针，凡属重大决策、人事安排、党员发展、工程项目、大型设备采购和大额经费开支等坚持纪检监督、集体考察、公开选拔、择优录用、公开招标和领导班子集体决策等原则，通过党务院务公开栏、医院官网、党务公开网等多种方式及时进行公示，形成民主管理体系。引进博士1名、硕士48名，博士硕士数量比例居湖南省地市级医院前列。邀请美国加州大学、中南大学、中山大学等国内著名医学专家到院开展学术讲座40余场次，选派医疗技术骨干外出进修培训500余人次；全年接诊门急诊病人133万余人次，年出院病人7.88万余人次，实现病人数量和业务收入同步增长，先后获授全国卫生系统改善医疗服务示范医院、全国医院报刊与新闻宣传先进集体、湖南省援外医疗工作先进单位、全市综治工作考核评估先进单位、全市卫生应急医疗救援工作优秀单位等称号。

【整顿医疗环境】2017年，娄底市中心医院落实党建主体责任和“一岗双责”，院长、党委书记、副书记、纪委书记、分管院领导与支部书记、各科室负责人层层签订行业作风建设目标责任书，明确主体责任、层层传递压力。按照中央、省市关于推进党风廉政建设和反腐败工作相关指示精神，多次组织召开专题会议，对党风廉政建设和反腐败工作进行再强调、再部署。医院领导班子成员对全院重点、关键岗位工作人员分期分批进行提醒约谈，落实党风廉政建设责任制，运用“四种形态”监督执纪。医务科、质控科、药剂科等科室加大对“不合理检查、不合理用药”等情况督查和治理力度，院纪检监察室、财务科等职能科室对门诊、住院部各科室收费情况及全部收费协定方案进行自查自纠，坚决杜绝乱收费等损害群众利益行为。院党委书记倪志铭、业务副院长龚铁逢带领相关职能科室负责人到全院59个临床科室和医技科室与医务人员进行医德医风教育谈心活动，相关院领导和各科室开展各层次谈心谈话2813人次；邀请中国医师协会法律事务部、中国政法大学、市纪委、市检察院等专家和领导到院为护士长以上中层干部及医务人员进行党纪条规和法纪教育4场次，院党委书记倪志铭以《如何算好人生“七笔账”，走好廉洁行医路，做一名无愧于党和人民的医务工作者》为题为全院护士长以上中层干部讲专题党课。在全院各临床科室开展“假如我是患者”换位思考大讨论，引导全院医护人员站在患者角度，审视就医环节中需要改进和完善地方，促进医疗质量和服务水平提升。

【提升医疗质量】2017年，娄底市中心医院由主要领导、值班院领导带队开展查房55场次，职能科室开展各种形式质量安全督查210次，组织开展疑难病例全院大讨论、研究生文献阅读会、临床医技科室科主任和护士长会议等270场次，开展科间病历大讨论和互学互评活动105场次，举办各级、各类学习培训和岗位练兵活动86场次及各类理论、操作考试110场次，并在全院范围内开展医疗安全专项整顿活动，包括围术期安全专项检查、放射源安全管理与放射防护检查、抗菌药物和质子泵抑制剂临床应用专项检查整治、院感管理隐患大排查，以及针对不规范填写检查、检验申请单专项整治，进行安保与综合治理工作自查整改活动等，使医疗质量和医疗安全得到改进和加强。举办院内心肺复苏培训考核119场次、急救技能竞赛17场。9月医院在全省卫生应急技能竞赛中获突发事件紧急医学救援“团体第一名”，成为全省14支市州代表队中唯一获此殊荣三级甲等综合医院，通过ISO 9001国际质量管理体系认证。

【科研教学取得成效】2017年，娄底市中心医院坚持“以教促学、以学促研”方针，大力推进科研教学。全年组织申报省科技厅、省卫计委科研课题35项，获娄底市科技进步奖2项。“Gemini MKⅡ微创技术在HTO患者膝关节置换术中的应用及临床研究”等2项课题获湖南省第十四届医学科技进步奖三等奖。46篇论文在娄底市第九届自然科学优秀学术论文评选中获奖，对19个院级科研课题进行评审立项。4月份，美国著名关节外科专家Tad Gerlinger(泰德·格林杰)教授应邀参加由该院牵头主办第七届全市骨科国际学术交流活动。承办省医学会血液肿瘤高峰论坛、湖南儿童重大疾病早期识别与诊治培训班、全省新生儿专科建设提高班、省胆道结石微创外科治疗研讨班、省女性生殖道感染与宫颈疾病规范化诊治巡回公益学术讲座等省市学术活动近30场次;市医学会皮肤性病学、临床输血学及重症医学专业委员会成立并挂靠该院，湖南医药学院附属娄底医院暨娄底临床学院落户该院并举行揭牌仪式，该院还携手各县市11家医院成立全市卒中医疗联盟和市脑卒中救治质量控制中心，打造覆盖全市卒中黄金1小时急救圈。招收全日制临床硕士研究生10名,带教南华大学麻醉本科生104名,培养基层全科医生、住院规培医生231名。副省长向力力到该院调研指导全科医生转岗培训等工作。9月,住院医师规范化培训工作通过国家卫生计生委复查，获评省级麻醉学科(围术期舒适化镇静)技术培训示范基地,麻醉科主任贺涛获授中国医师协会年度住院医师规范化培训“全国百佳优秀专业基地主任”称号;12月,在第二届湖南省护理技术创新大赛中,120急救中心护士长王旭容发明“一次性锁扣在院前急救抢救药品管理中心应用研究”专利获护理产品创新项目一等奖;31病室护士长袁辉辉发明“冷敷袋的设计”和7病室护士长戴平湖发明“一体化多功能氧气管”专利获二等奖,得奖数量和层次位居地市级医院前列。率先开展全省首例B超引导下肺肿瘤微波消融术，湘中地区首例经皮肾镜球囊扩张碎石取石术，全市首例射频消融手术、心脏CRT-D植入术、腹腔镜+膀胱镜双镜联合下输尿管癌根治术等新技术、新项目,多次得到国内、省级相关专家赞誉。

【注重尖端技术引进】2017年，娄底市中心医院由周宏灏领衔全省首家三甲综合医院院士专家工作站落户娄底市中心医院一年半以来,运行良好。与中南大学湘雅检验所合作开展孕妇外周血胎儿游离DNA产前检测1200余例,抗高血压药物、氯吡格雷、肿瘤化疗药物、肿瘤靶向药物等个体化基因检测150余例,其中该院独立在骨科、心血管内科、消化内科、神经内科、老年内科、神经外科等科室开展华法林个体化用药基因检测40例。组织申报《院士专家工作站个体化医学分子检测中心技术创新平台》项目获中央引导地方科技发展专项立项,获50万元专项资金资助。1月5日,由该院生殖医学中心培育首例双胞胎试管婴儿顺利诞生。医院生殖医学中心已为332对夫妇进行试管婴儿及夫精人工授精助孕技术625周期数,试管婴儿临床妊娠率稳定在55%~60%,试管婴儿技术填补娄底市人类辅助生殖技术空白，通过国家卫计委正式评审,获专家组认可。邀请全国著名肝胆外科专家、原肝胆医院院长吴金术教授,全国著名肿瘤专家、中南大学湘雅医院原肿瘤科主任廖遇平教授,全国著名血液内科专家、中南大学湘雅二医院血液病学一级教授张广森教授到院长期义诊指导,返聘原湖南省医学会烧伤整形外科专业委员会委员、市医学会烧伤整形委员会名誉主委周衡海到烧伤整形外科,相关专科技术得到长足发展。特别12月10日,在吴金术教授操刀指导下,肝胆外科成功实施一例极为复杂肝胆管结石手术,为患者取出多达半斤肝胆结石。

【推进精准扶贫和医联体建设】2017年，娄底市中心医院以“扶贫帮困”和“对口支援”为载体,主要领导及班子成员高度重视精准扶贫工作,多次召开专题会议进行研究部署,院领导班子带领全院168名副科实职以上干部9次深入建扶村——双峰县锁石镇坪壤山村开展“一进二访”“精准扶贫”和送医送药送温暖活动,与74户建档立卡贫困户实行“全覆盖”结对帮扶,为村里困难户送去慰问金和粮油、棉被等物资。建扶工作队争取、整合建扶资金300余万元,帮助村里解决安全饮水问题、新增400千瓦变压器、完成2.4千米村组公路硬化、安装160余盏路灯,完成光伏发电、易地扶贫搬迁、山塘清淤等民生工程,深受当地百姓好评,该院脱贫攻坚工作得到市委组织部、市驻村办、市扶贫办充分肯定,被市委办、市政府办联合授予2015—2017年驻村帮扶优秀单位，并在全市驻村帮扶工作推进会上作典型发言，扶贫工作队队长陈威华连续3年荣立个人三等功。开展十二项便民惠民服务、改善医疗服务行动计划、志愿者服务在医院以及大幅减免普通门诊诊查费等便民惠民服务举措,为群众减免诊查费860万余元。联合共青团娄底市委,在全市开展心肺复苏等急救志愿培训活动,组织急救专家赴娄底高校、部队、公安、机关单位、基层医院以及部分县市进行心肺复苏、AED使用等急救知识培训演示近30场次,培训人员1.5万余人次,拍摄制作心肺复苏演示视频,通过电视台和医院微信公众号进行宣传，关注量超过10万人次，效果非常明显,深受群众欢迎。同时,组织医务人员深入黄泥塘社区和长春社区积极开展卫生清扫、健康服务等社区帮扶活动，全年组织专家到各县市区及农村开展送医送药义诊科普活动达52场次,方便基层群众看病就医;贯彻落实省市卫计委、扶贫办、发改委等有关部门文件精神，扎实开展农村贫困人口大病专项救治工作,对符合政策20名患有“四类九种”疾病农村贫困患者进行集中救治,减免医疗费用2.41万元;与省民政厅合作实施“残疾孤儿手术康复明天计划”,为残疾孤儿免费提供手术、康复治疗和护理服务41人次,免除医药费41.21万元;参加娄底市“光明行”公益活动,为148名经济困难白内障患者实施免费复明手术;选派7名专家分两批到麻阳苗族自治县人民医院开展精准帮扶工作，对口支援工作获得省市卫计委领导和受援医院肯定，被省卫计委作为先进典型向国家卫计委进行推荐。派遣7名高年资主治医师到双峰、涟源、新化等地乡镇卫生院开展为期半年“医卫特派员”工作;探索构建区域医疗联合体,全市首家医联体全面协作医院于2月24日落户双峰县青树坪镇中心卫生院，现已与冷水江市人民医院等7家基层医院正式签订医联体合作协议，推进基层讲学指导日常化并开展远程会诊。全年到青树坪镇、渡头塘镇、杨市镇等地开展义诊、讲学、教学查房等活动12场次,全方面、多层次地加强与基层医院合作,全面提高基层医院医疗技术水平。被国家卫计委医政医管局、健康报社联合授予全国卫计系统“改善医疗服务示范医院”称号，获评湖南省援外医疗工作先进单位、全市联村建绿优秀单位等称号。

【推进6S精益管理】2017年，娄底市中心医院为提高医疗质量和服务水平,先后购置一批先进、必需医疗设备,引进湘中地区首套“蒙特卡罗算法”治疗计划系统及娄底首台血细胞分离机，并分批次在各科室实施6S(整理、整顿、清扫、清洁、素养、安全)精益化管理,通过全院上下3个月努力,完成6个批次141个科室（区域)6S精益管理样板科室打造,科室环境焕然一新,各科室物品摆放规范有序、标签清楚明白、文化建设个性凸显,医护人员工作效率和精神面貌都得到显著提升,干部职工团队意识、责任意识、服务意识显著增强,病友满意度提高,6S精益管理工作得到省卫计委相关领导以及业内同行肯定，先后有湘潭、长沙、永州、常德、怀化及市内多家医院前来参观交流6S精益管理工作，医院6S精益管理经验先后在全国卫计系统“改善医疗服务行动计划”典型经验推进会及全国百姓放心示范医院动态管理第六周期中期推进会等全国性医院管理论坛和全省医政医管工作会议上作典型发言。

表92　**2017年度娄底市中心医院先进集体和先进个人一览表**

获奖单位、先进个人	奖励名称	颁奖单位	颁发时间
娄底市中心医院	全国“改善医疗服务示范医院”	国家卫生计生委医政医管局、健康报社	2017年1月
娄底市中心医院	ISO 9001国际质量管理体系认证	北京世标认证中心有限公司	2017年8月
娄底市中心医院	全国医院报刊与新闻宣传先进集体	中国卫生思想政治工作促进会医院报刊专业委员会	2017年10月
娄底市中心医院	全国卫计系统优秀医院宣传平台奖(院报)	国家卫生计生委宣传司、健康报社	2017年11月
娄底市中心医院	省级麻醉学科(围术期舒适化镇静)技术培训示范基地	国家卫生计生委	2017年9月
娄底市中心医院	全省卫生应急技能竞赛突发事件紧急医学救援团体第一名	湖南省卫计委	2017年9月
娄底市中心医院门诊办	2015-2017年全省改善医疗服务行动优秀科室	湖南省卫计委	2018年1月
娄底市中心医院	湖南省2015—2016年援外医疗工作先进单位	湖南省卫计委	2017年7月
李细平	全国实施妇女儿童发展纲要先进个人	国务院妇儿工委	2017年12月

续表 92

获奖单位、先进个人	奖励名称	颁奖单位	颁发时间
贺　涛	2017 年度住院医师规范化培训“全国百佳优秀专业基地主任”	中国医师协会	2017 年 9 月
曾　强	湖南省 2015—2016 年援外医疗工作先进个人	湖南省卫计委	2017 年 7 月
张雄峰	湖南省 2015—2016 年援外医疗工作先进个人	湖南省卫计委	2017 年 7 月
张称奇	全省突发事件紧急医学救援人个三等奖	湖南省卫计委	2017 年 11 月
潘　祺	全省突发事件紧急医学救援人个三等奖	湖南省卫计委	2017年 11 月
肖扬、伍旭辉、黄暾昇、童作明、张朝贵、李健、潘祺	GeminiMLII 微创技术在 HTO 患者 TKA 中的应用与研究（医学科技三等奖）	湖南省医学会	2017 年 11 月
谭华清、饶作晓、唐湘宇、杨志远、陈光耀、邱海桂、曾淑敏	溶栓治疗对急性患者 NTproBNP 变化及心室重塑的影响（医学技术三等奖）	湖南省医学会	2017 年11 月
王旭容	第二届湖南省护理技术创新大赛护理产品创新项目一等奖（一次性锁扣在院前急救抢救药品管理中的应用研究）	省医院协会护理管理专业委员会	2017 年 12 月
袁辉辉	第二届湖南省护理技术创新大赛护理产品创新项目二等奖（冷敷袋的设计）	省医院协会护理管理专业委员会	2017 年 12 月
戴平湖	第二届湖南省护理技术创新大赛护理产品创新项目二等奖（一体化多功能氧气管）	省医院协会护理管理专业委员会	2017 年 12 月
晏子瑜	湖南省核医学科普演讲比赛第二名	湖南省医师协会	2017 年 5 月
凌　琴	《当代护士》首届护士长管理和临床培训教学能力比武最佳创艺奖	当代护士杂志	2017 年 6 月

妇幼保健院

【概况】2017 年，娄底市妇幼保健院以三级甲等妇幼保健院创建和医院整体搬迁项目建设为抓手，坚持内涵建设和技术升级，强化创新驱动和文化引领，医疗质量与服务效能得以提升。出生缺陷防控工作获评全省先进单位，在全省妇幼健康工作会议上做典型发言，获授中国出生缺陷干预救助基地，牵头成立娄底市预防医学会出生缺陷干预委员会，启动“天籁工程”耳聋基因免费筛查项目；加入湖南省儿科医联体、湘雅医院产科联盟、省妇幼健康服务联合体，成立“娄底市妇幼健康服务联合体”；医院荣获全市卫生应急技能竞赛“突发事件紧急医学救援”团体二等奖，被授予全市计划生育先进单位。全年发行院报 4 期 12000 份，推送微信 200 条；更换宣传栏 70 期；制作展板 45 块、海报 30 张；编制新宣传读物 19 种、健教处方 6 种计 23 多万册；制作医院首部微电影《使命》，继续携手新新网开展“娄底市妇幼保健院杯”最萌宝宝大赛，已连续开展 4 届，影响深远。与院外电视、报纸、网站等媒体合作，扩大影响。《湖南妇幼通讯》发表 10 余篇，《新湖南》《健康报》《娄底晚报》和娄底综合频道、娄底新闻网等相关媒体报道高达 200 多篇次。到社区、学校、乡村推进"守护成长、呵护花蕾"关爱留守儿童系列志愿者服务活动，先后为 30 所学校，10000 名学生进行青春期健康知识、防性侵知识、儿童保健知识、急救知识宣讲。深入社区举办健康讲座 10 多场，公共宣传义诊 14 场，"促进自然分娩、孕味嘉年华"等大型活动 6 场，将健康送到老百姓身边。

【推进医改工作】2017 年，娄底市妇幼保健院打造智慧"掌上医院"，完善身份证挂号、病人自助查询、排队叫号系统、报告自助打印等便民设施，方便病人，开通微信支付，完成"全省公立医院互联互通"项目工作。控制药占比，规范抗菌药物使用，今年全院药占比控制在 30%以下。推行临床路径管理，保持入径疾病 10 种；建立多学科诊疗模式，实行同级医疗机构检查、检验结果互认，促进合理检查，降低患者就诊费用。启动跨省异地就医直接结算、娄底市城镇职工基本医疗保险市内跨县（市、区）异地就医直接结算、城乡居民大病保险与基本医疗保险"一单制"结算工作。上引下联推进医联体建设，先后加入湖南儿科医联体、湖南省妇幼健康服务联合体，并居全省市州之首牵头构建"娄底市妇幼健康服务联合体"，当好健康守门人。

【妇幼健康服务】2017 年，全市婴儿及五岁以下儿童死亡率分别控制在 3.37‰和 5.64‰；孕产妇死亡率出现反弹，为 23.59/10 万；产妇系统管理率 91.62%；剖宫产率控制在 34.78 %；全市婚检率 86.91%，孕前优生健康检查率 100%，叶酸服用率 96.37%，产前筛查率达 81.32%，产前诊断率 86.92%，确诊畸形胎儿 35 例（均已引产），全年新生儿疾病筛查辖区筛查率 100.39%，确诊遗传代谢性疾病患 205 例，均已得到有效治疗和随访管理；新生儿听力筛查辖区筛查率 101.37%，确诊听力障碍 128 例；完成地中海贫血筛查 73631 例，确诊 65 例；完成中国预防出生缺陷干预救助基金会免费新生儿遗传代谢病筛查 18000 例，耳聋基因 4500 例；艾滋病孕期机构检测率 99.34%，确诊艾滋病孕产妇 23 例，其中已分娩 16 例，梅毒孕期机构检测率 90.81%，确诊梅毒孕产妇 135 人，均进行医学干预。全市为 77349 名 35~64 岁妇女免费提供宫颈癌和乳腺癌检查服务，任务目标人群覆盖率 104.24%。

9 月 12 日中国出生缺陷干预救助基金会授予妇幼保健院出生缺陷救助基地　　（刘新山 摄）

【推进技术创新】2017 年，娄底市妇幼保健院引进开展新业务、新技术十余项，其中不孕不育及内分泌科开展复发性流产精准保胎技术效果好；产后康复科运用雷火灸治疗盆腔炎显效；手术麻醉科开展桡动脉穿刺测压，中心静脉置管，围术期体温管理等技术，提升危重患者救治能力；儿童保健科开展艾灸、穴位敷贴、推拿、三伏贴等中医"简便验廉"适宜技术，受到家长朋友认可；乳腺外科开展乳管镜、乳腺微创旋切术检查治疗乳腺疾病，伤口小、损伤轻、外观美，是乳腺肿瘤患者治疗首选。两个国家级科研课题"维生素 A、E 与小儿呼吸道感染的相关性研究""维生素 A、E 与产前孕期子痫的相关性研究"第一期工作保质保量完成；举办全市麻醉专业技能培训班、全市妇产科学术会议、全市盆底防治学术会议，牵头成立娄底市预防医学会出生缺陷干预委员会，召开第一届学术交流会。全年在《中国医药指南》《健康世界》等杂志上发表学术论文数 40 余篇。

（潘德晟　辛满艳）

娄底市第一人民医院

【概况】2017 年，娄底市第一人民医院加强病历、医疗业务与抗菌药物管理，着力打造集医疗、保健、教学、科研于一体国家三级综合医院，现有职工近 800 人，其中高级职称 130 余人，国家级和省级医学专业委员会委员 12 人。医院编制床位 1200 张，设有烧伤整形外科、泌尿外科、骨外科、呼吸内科、心血管内科、儿科等 20 余个临床重点专科。医院总建筑面积 6.6 万平方米，占地面积 4.1 万平方米，并拥有一批具备国内、国际先进水平高档医疗仪器设备。是中国烧伤创疡娄底科技医疗中心、中国创面修复专科建设培育单位、湖南省娄底市全科医生转岗培训基地、3D 打印湖南省工程研究中心娄底分中心、中南大学湘雅医院定点指导双向转诊医院、湘雅二医院医疗协作医院、湖南中医药大学第一附属医院湘中医疗联盟单位、娄底市创面伤口修复中心。多次获授“省文明医院”“娄底市十佳医院”“省文明卫生单位”“省园林式单位”等称号。

【医疗综合实力】2017 年，娄底市第一人民医院按要求外请教授到院会诊手术和完成特殊手术审批，开展处方点评 12 次。完成全院执业医师电子化注册和医师定期考核工作；启动电子病历系统，制定电子病历书写质量考核细则，组织专人定期开展运行病历和出院病历质量控制，出版质量简讯 6 期。质控病历 6788 份，甲级率达到 91.6% ，抽查护理病历 2580 份，合格为 100%；出版相关督导简讯 6 期，按时上报传染病 504 例，无迟报漏报现象。全年上报心脑血管疾病等各类疾病 709 例，完成医院环境卫生学各类监测 2513 份，合格率 99.84%。监测病例 20316 例，医院感染发生率仅 0.78 %，低于行业标准。实行抗菌药物分级管理，按要求开展抗菌药物临床应用“双十”公示。召开 2 次新药审批会议，做好药品需求计划，集中按需采购药品达 98%以上，基本药物采购金额比例达 30.44%，高出合格标准 5.44%。严格实现“两票制”，严格审核药品采购发票和随货同行等票据。引进国内最先进盆底生物刺激反馈仪，申报省市级科研项目 7 个。

【学科建设成就】2017 年，娄底市第一人民医院获准成为中国创面修复专科建设培育单位、湖南省娄底市全科医生转岗培训基地、增材制造(3D 打印)湖南工程研究中心娄底分中心、湖南中医药大学第一附属医院湘中医·医疗联盟单位、娄底市创面伤口修复中心等。与湘雅二医院、省儿童医院等省级医院建立专科联盟，与湘雅三医院、省儿童医院开通远程会诊平台。航空应急救援中心、双星司法鉴定所、眼科、卒中中心建设有序推进。康复理疗科、老干病房等相继开科运行，盆底与产后康复中心、腹腔镜模拟中心投入使用，血液净化中心全面升级。举办省医学会显微外科专业巡讲会、市医学会烧伤专业年会、放射专业学术交流暨读片会等学术会议，开展骨科、内分泌、肝胆、泌尿、院感、麻醉等学术讲座。举行卫生应急技能竞赛，参加全市应急医疗救援竞赛，荣获团体一等奖、优秀组织奖，其中参赛队员李君璐荣获个人全市第一名、郭忠卫荣获个人全市第二名。选送文建福到以色列学习应急医疗救援，大力推动急诊医学发展。开展院感读书报告会和全球洗手日活动、启动 2017 年娄底全科医生转岗师资培训。开通娄底首条“空中 120”航空医疗救援通道。开展强直性脊柱炎家族遗传科研等项目。

【改革取得进展】2017 年，娄底市第一人民医院自落实公立医院医药价格综合改革以来，在学习培训、宣传、价格数据测算、价格信息切换等做出有效工作，药品零差率、“两票制”等举措相继落地，药占比下降 7.02%，卫生材料收入占比下降 1.43%，大型设备检查下降 7.12%。有条不紊地进行绩效工资改革，正委托第三方对经管方案修订，分级诊疗和医联体建设工作扎实开展；已与中南大学湘雅医院、湘雅三医院、涟源市和娄星区 4 家卫生院(社区卫生服务中心)签订医联体协议，与涟源北部医院签订医共体医疗联盟协议。按照城市三级综合医院、乡镇卫生院(社区卫生服务中心)、“村卫生室 + 一个家庭” 模式，基本完成涟源市白马镇和田心镇家庭医生签约服务工作，与桥头河等 7 个乡镇医院建立临床指导关系，家庭医生签约人数 10 万余人，向定点指导医院派出专家坐诊、查房 49 次，派出专家 156 人次，为 1000 余名群众提供健康咨询，服务基层群众 5000 余人次。推进信息化建设。已完成互联互通一期工程，排列全省第八、全市第一；医院新信息系统上线运行，无线 Wi-Fi 覆盖全院。

【人才队伍有建树】2017 年，全院职工扩增到 760 余人，增加高级职称职数 29 个。高级职称和硕士研究生学历人员新增 16 人。按照干部人事管理规定，提拔任用干部 3 名；完善人员培训进修制度 12 个，进修、内培 5600 余人次，选送 64 人组成 17 个团队进修 21 批次，邀请付小兵院士等著名专家来院讲学，选送人员到广州医科大学附属第一医院、湘雅医院等 11 家省内外品牌医院深造，人才队伍提质增速。骨科大讲堂开讲 80 期，读片会开展 80 场次。组织31名中高级职称人员参加2017年计生卫生系列高级职称晋升面试。对临床各科室医生进行定科管理，对新进临床医生实行轮科管理，出台医院护理人员管理办法。

【健康扶贫有成效】2017年，娄底市第一人民医院凭借自身职能和专业优势，通过义诊查疾，救助特困村民、健康宣教，提升健康素养、完善设施、培训乡村医生三大举措，建立和不断完善可复制推广健康扶贫机制，助推精准扶贫落地生根。多次组织专家到建整扶贫村涟源安平镇青山湾村义诊慰问。救助患强直性脊柱炎20年贫困病人颜忠良及其家族；对“五保”老人等特殊贫困人群实行“零负担”住院；垫付100万余元为烧伤面积达85%贫困患者张先梅实施手术18次，其儿颜文武“割皮救母”入选“娄底好人”“湖南好人”。（张扬 鄢婷）

娄底市第二人民医院

【概况】2017年，娄底市第二人民医院以争创二级甲等综合医院为契机，推动科学规范化管理，提升医疗技术人员业务素质；促进医疗护理质量和优质服务水平提高；围绕娄底创文管卫目标任务，明晰岗位责任担当，创建文明卫生医院。坚持以病人为中心，丰富优质服务内涵，完善“便民惠民措施”，医疗环境和条件得到明显改善，为病人提供舒适就医环境和温馨就诊体验，业界形象得到提升。但因硬件条件相对落后，管理未有新突破，病源不足未得解决；受全市城市公立医院综合改革影响，引进人才与资金周转困难。全年出院病人计划完成9000人次，实际8942人次，同比减少0.16%；病床使用率72.06%，同比下降2.94%；病床周转次数31.0，同比增长0.1；出院患者平均住院日8.3天，同比减少4.6%；门诊总诊疗48595人次，同比减少25.1%；完成手术台数1079台，同比减少11.63%；另取得财政补助收入946.56万元（含基建拨款460万元），同比增加603.41万元。现有医务员工375人，其中正副高级专业技术职称55人、中级专业技术人员100人，初级专业技术人员164人，管理和工勤人员56人。

【儿科综合楼项目】2017年，娄底市第二人民医院儿科综合楼项目系市级重点工程。做到业务透明、公开招标、阳光办事、廉洁高效。院领导、纪委、基建科和其他职能部门有关人员参与协调、谈判、考察、招标及合同审定，依法规办事，完成初步设计方案评审、施工图设计、基建用地土地整合国土规划手续、办理规划许可证和工程消防防空审批手续，办理施工许可证，于7月初动工。实施招标代理公司招标、代建公司招标、基坑支护招标、基建配电工程单位招标、土建及安装工程建设施工单位招标、监理单位招标，完成负一楼土方挖掘转运、基坑支护及档土墙混凝土灌注工程。年内签订与儿科综合楼建设相关合同15个，合同金额近3000万元。至12月底，支付工程款630万元，其中自筹170万元。并为“铁西路单改双工程”做大量协调工作。

【创建二甲医院】2017年，娄底市第二人民医院以“创建二级甲等综合医院”为契机，促进规范管理，提高人员素质，确保安全质量，增强服务能力，让患者家属就医体验得到改善。落实核心制度，加强日常三级查房、病历书写管理、抢救病人会诊、死亡病例讨论、应急演练等工作。评审专家对医院制度建设、规范管理、安全管理、护理管理、院感和传染病管理、医务人员应知应会知识培训等方面工作给予较好评价。但医院在查房交班、病历质量管理、合理治疗合理检查合理用药、病例讨论分析等多方面仍然存在一些不足。优质护理获省市检查组好评，医保宣传执行医保政策到位，医疗总费用控制有成效。先后购置临床彩超、心电监护仪、血液透析机、电动手术床、无创呼吸机、除颤监护仪、心电图等医疗设备22台，计189.9万元。维修设备807台次，设备完好率90%；纪检监察室加大监督执纪考核力度，对投诉做到100%处理和问题责任追究。

【医疗技术创新】2017年，娄底市第二人民医院管理层重医疗、抓科研，激励医务人员刻苦钻研业务技能，推动医院学科发展步入良性循环。罗建国的论文《中医综合治疗的应用原则与推广》获娄底市第九届自然科学优秀论文一等奖。7月，对2016年度新技术、新项目优秀成果给予奖励，对获得特等奖、一等奖、二等奖、三等奖10个新技术新项目科室分别给予10000元、5000元、3000元和1000元奖励。外一科开展“完全乳晕入路腔镜甲状腺次全切术”；外二科开展“人工全髋关节翻修术”“骨折闭合复位弹性髓内钉内固定手术”“颈椎间盘摘除加内固定术”“显微镜下左前臂、左手掌清创及血管、神经、肌腱探查修复术”等；内二科开展电子纤维支气管镜、胸腔镜检查、肺内支气管直接吸痰和支气管镜引导下气管插管术及异物取出术，运用无创正压通气技术治疗睡眠呼吸暂停低通气综合症；内三科建立“糖尿病友之家”微信群，吸引糖友500余人加入，科室多名医务人员加入好大夫在线网站，年内开展网络答疑3万余次，团队获市卫生计生委医学会表扬。

【业务拓展】2017年，娄底市第二人民医院外二科拓展监狱、工伤和商业保险病人业务，全年出院同比增长32.7%。内二科近年收治病人数量、出院病人总量取得科室排名第一好成绩，同比增1.61%。康复科积极向其他医院联系拓展业务，增加脑卒中病人量，开展“冬病夏治”与中药饮片使用，出院病人同比增长12.7%，增幅为全院第二名。医保费用增长幅度在全市公立医院中最少，获铁路和地方各医保部门赞誉。规范抗生素使用管理，先后奖励科室59次计52800元，处罚科室20次计17200元。每周三由主要领导带队深入科室加强医疗业务查房，促进医疗核心制度落实，并督促科室开展出院病人定期回访，促进医患沟通。护理严把质量关，组织应急演练、学习培训、三基知识考试、护理操作技能大赛等，其中组织心肺复苏、口腔护理、静脉输液，压疮护理、电动吸痰等四项临床常用基本操作项目竞赛，一批护理骨干脱颖而出。医院护理工作获得二甲医院评审组专家好评。医院年内收到锦旗14幅、感谢信12封、拒收红包38人次计12478元，医务人员拾金不昧5人次计2800元。对59人次奖励3080元。

【作风建设】2017年，娄底市第二人民医院执行中央“八项规定”、省委“九项规定”、原卫生部“九不准规定”和“十严禁”要求，加大对医疗方面和医疗购销领域侵害群众利益行为有关问题处罚力度，开展医疗行业“雁过拔毛”式腐败问题专项整治工作；定期组织领导干部日查房和夜查房，到临床一线主动解决问题；提高机关后勤人员为临床服务意识，增强医务人员优质服务自觉性；控制“三公”经费支出。发生公务接待102675.64元，比上年同比减少18.8%；处理违反劳动纪律和被投诉人员54人次，扣奖励性绩效3000元；处理医疗护理核心制度不落实者43人次，扣奖励性绩效2905元。（赵维力）

娄底市中医医院

【概况】2017年，娄底市中医医院落实国家中医药管理局《关于加强中医医院中医药文化建设的指导意见》《中医医院中医药文化建设指南》及相关文件精神，注重发挥中医药特色优势，结合自身实际及地域文化特点，将中医药文化融入医院精神，并在发展战略、院歌、院徽、员工行为规范中加以体现。举办娄底市首届中医药膏方养生文化节，助力全市中医药事业发展，推出一批“名医”“名方”，培养一批研发、制作膏方人才，陈列展示膏方60多个，已成为全市中医药特色优势载体。与电视台、广播电台、报纸等媒体建立良好信息互动关系，开办专题栏目，对全院中医特色、专科专病、专家、医疗科研新成果、便民服务措施等开展宣传。与娄底公共频道合办《中医与健康》栏目，与电台做《空中医院》专访节目，医院网站改版、升级，建立医院微信平台。编撰《娄底市中医医院院报》，报道医院学科发展情况和医院特色，引导患者看病就医。医院办公楼达4.2万平方米，总资产1.5亿余元，病区13个，编制床位450张，其中针灸康复科为国家重点中医专科、推拿科、骨伤科为省级重点中医专科。全年门急诊量同比增长5.2%，住院病人同比增长8.05%，各类手术数量同比增长8%，病床使用率为92%。

【提高医疗质量】2017年，娄底市中医医院实行全员参与、全过程、全方位质量控制，强化缺憾管理与投诉管理。明确院长为医疗质量管理第一责任人，加强基础质量与环节质量控制，从科级、职能、院级3个层面成立质量管理体系，把质量管理重心与重点下移科室，定期分析质量管理方面存在问题，编辑《质控简迅》予以通报，制定落实持续改进措施。抓好核心制度学习与培训，抓好核心制度落实情况专项考核，使制度在规范诊疗行为、减少医疗差错、提高医疗质量、保证医疗安全方面发挥重要作用。遵循科学、规范、安全、有效、经济、符合伦理原则，建立医疗技术风险预警机制，落实审批程序与授权制度，加强对新技术、新项目、高风险技术操作管理。推进医疗技术发展，对各专科制定新技术、新项目开展计划。普外科已多次开展各类微创手术，小儿推拿科得到广大患者认可，妇产科宫腔镜手术、盆地康复以及呼吸内科支纤镜已常规开展，外送人员至上级医院做专项技术进修。加大对医技科室投入，增加检查项目，引进、培养医技人才，定期召开临床与医技科室沟通会，增强医技为临床服务意识。加强对重大手术、新手术、非计划再次手术、疑难手术、致残手术、毁损性手术监管；规范各级医师手术权限，把好手术审批关，建立急诊手术绿色通道，保障急诊手术能及时安全进行，提高急诊抢救成功率。完善管控体系与规章制度，严抓卫生规范、职业防护、职业暴露处理流程、消毒隔离制度落实，对重点科室进行重点监控与管理，定期开展医院感染横断面调查，配合药剂科做好抗菌药物管理，做好医疗垃圾分类与医疗废弃物管理；积极应对传染病防控工作，加强组织与培训，提高突发公共卫生事件应急处置能力，组织多科参与传染病应急处置演练。开展血液质量管理监控和血液全程管理，严格审批用血手续和程序，严格各项掌握临床用血适应症和输血指征，确保输血安全。扩大临床路径管理病种覆盖范围和进入比例，已制定 36 种优势病种诊疗方案，推广应用 24 种临床路径，各临床科室每年对优势病种诊疗方案进行优化与总结，客观评价临床疗效。

【完善学科建设】2017 年，娄底市中医医院按照“专科带动、全面发展、深挖潜力、丰富内涵、突出特色、完善功能、抓住重点”思路，以人才队伍建设为重点，以技术创新为动力，以中医特色为基础，以发展为第一要务，狠抓“质量、安全、服务、疗效”，科学谋划、统筹安排，形成功能完备、特色优势明显、充满活力学科体系。建筑面积达 12000 平方米综合楼已于 11 月投入使用，缓解针灸推拿康复中心床位紧张、住院条件简陋矛盾，为学科发展打下坚实基础。一病室已分为肾病、糖尿病专科与心血管内科 2 个病区，近期将把内二科分为神经内科与肿瘤科。对现有学科进行客观分析，分门别类制定阶段性发展建设规划与具体措施。贯彻“名医、名技、名科、名药、名院”战略，坚持“高起点、高标准、高投入、高效率、高效益”建设专科。投入资金 500 多万元，到省级以上医院进修培训 8 人次，参加学术会议 60 人次，开展新技术新项目 20 余项。建立一支稳定教学队伍，教学设备设施完善。全年接收实习生 84 人，培训中医类别助理全科医师任务 9 名，承担省级科研课题 3 个，举办省级继续教育培训班 1 个，公开发表学术论文 25 篇。全年组织新技术业务学习 12 次，参加人数约 1800 人次；组织 4 次护理理论考试、2 次技能操作考核；“5·12” 国际护士节组织中医理论知识及中医护理操作比赛。

【着力培养人才】2017 年，娄底市中医医院有在职职工 462 人，其中卫生专业技术人员 396 人，高级职称 45 人，博士 1 人（娄底第一位骨伤科博士），中医类别执业医师比例为 60.1%。为加强人才队伍建设，医院定期组织专家讲课、会诊，加强对人员培训。同时，医院还加大医学人才引进工作。用专家讲课、会诊、手术、学历教育、专业进修等方式，加强对在岗人员“三基三严”训练，提高在职人员服务水平。全年派去上级医院培训 10 人次、往年规培 4 人、学会会议 13 人次。年度科技下乡特派员 2 人，医院下乡工作 5 人。

【对口支医工作】2017 年，娄底市中医医院先后与涟源市中医医院、涟源市蓝田社区卫生服务中心、娄星区茶园镇中心卫生院等 10 家基层医院签订对口支援协议，派驻下乡支援 10 人次，到受援医院义诊 10 余次，为受援医院免费培训进修生 12 人次。并针对各受援医院具体需求，合理安排人员参加对口支援工作，不定期了解支援医务人员工作情况及工作业绩，保证对口支援工作真正落到实处。全年组织医务人员上街健康教育宣传 14 次，健康教育讲座和健康教育大讲堂 12 次，发放健康教育资料超 1 万份。

2017 年 8 月 7 日，广州军区原副司令员、中将龚谷成一行到娄底市中医医院视察，并现场亲笔题字“大医精诚”赠送给医院。在市中医医院院长陈福如及班子成员陪同下，年逾七旬龚谷成将军实地察看医院门诊楼、住院大楼、新住院综合楼，对医院浓厚中医药文化氛围给予高度评价。

8 月 7 日，广州军区原副司令员、中将龚谷成（右一）一行到娄底市中医医院视察　（刘新山 摄）

社会保障

Social life guarantee

◎人力资源和社会保障
◎民政工作
◎残疾人事业
◎福利救助
◎红十字会

人社工作

【概况】2017年，娄底市城镇新增就业3.79万人，新增农村劳动力转移就业3.74万人，新增创业担保贷款8650万元，创业带动城乡就业1.99万人，城镇登记失业率稳定控制在4.39%以内较低水平，零就业家庭动态清零率达100%，各项社会保险基金征缴收入55.48亿元，支出92.12亿元；全市社保卡持卡人数265.14万人。娄底市人力资源和社会保障局在全国清理整顿人力资源市场秩序专项行动、《中国人事报》《中国劳动保障报》宣传等10项工作获全国、全省先进，有4项工作在全国、全省作经验介绍，获2017年度全省人社系统绩效评估考核“良好”等次，社会综合治理、安全生产、建议提案等20项工作获全市先进。

【脱贫攻坚】2017年，娄底市人力资源和社会保障局出台《强化人社职能助推脱贫攻坚七条举措》，从技能培训、劳务协作、人才支持、医疗保险等7个方面，创新提出培训300名月嫂、住院医疗费用报销比例提高10%、大病起付线减半等精准扶贫措施。开展贫困家庭“两后生”技能培训951人，实现新增贫困农村劳动力转移就业7817人；有11.98万人次建档立卡贫困人员享受到医保报销比例提高10%优惠政策，增加补偿金额5221.3万元。完成13万余本地户籍建档立卡贫困劳动力和2万外地户籍到娄底市务工建档立卡贫困劳动力信息采集核实工作。

【就业创业】2017年，娄底市人力资源和社会保障局在娄底市中心城区开展创业开办费补贴，给予每户最高5000元一次性补贴，全市补贴资金1179.8万元。开展创业就业示范典型申报评选，全市获评2016年度省级创新创业带动就业示范基地1个、“双百资助工程”优质初创企业8家、个体工商户8户，获省级奖补资金220万元；评选出市级示范基地，示范乡镇（街道）、示范社区（村）、优质初创企业、个体工商户等78个示范典型，奖励资金618万元。开展娄底市“巾帼创业之星”评选活动，确定22人为“巾帼创业之星”，拨付资金186万元。以农民工、高校毕业生就业为重点，成功举办“就业援助月”等大型招聘活动8场，提供空缺岗位86524个。

【职业能力建设】2017年，娄底市人力资源和社会保障局严格通过政府采购认定职业培训定点机构，对培训机构办学施行全程监管，规范其办学行为。开展就业前技能培训、岗位技能提升培训、创业培训，培训人数4.77万人。强化职业技能鉴定质量意识，全年开展职业技能鉴定2.09万人次，取证人数为1.79万人。开展“特色餐饮·茶文化”竞赛暨“武陵味道”娄底选拔赛，于“武陵味道”竞赛中获市州团体二等奖。

【社保制度改革】2017年，娄底市人力资源和社会保障局完成城乡居民医保制度整合工作，娄底经济开发区城乡居民经办全面整合至市本级，出台《关于做好2017年城乡居民医疗保险工作的通知》，对全市城乡居民医保政策进行统一规范。推进跨省、市内异地就医直接结算，跨省异地就医直接结算已办理31例。市内跨县（市、区）联网结算全面停止“点对点”结算，全部进入市级结算平台结算。深化医保支付方式改革，全面推进以病种付费为主多元复合医保支付方式，确定106个病种实行单病种付费。推进机关事业单位养老保险制度改革，应纳入单位全部进入新系统办理业务。推进全市被征地农民参保工作，征收被征地农民社会保障资金9.85亿元，已享受被征地农民社会保障待遇人数7.75万人，经开区10418名被征地农民通过身份认定。

【社保待遇调整】2017年，娄底市人力资源和社会保障局开展全民参保登记和五险统一征缴，全市基本养老保险、城镇基本医疗保险、失业保险、工伤保险、生育保险参保人数分别达235.65万人、397.1万人、33.01万人、40.52万人、20.64万人。企业退休职工待遇已连续13次上调，人均养老金达1841元/月；城乡居民基础养老金上调至85元/月；城镇职工医疗保险年度内最高支付限额提高至30万元，城乡居民医疗保险最高支付限额达到35万元，失业保险待遇提高至960.5元/月。全面落实社保降费政策，企业职工基本养老保险缴费比例由20%降低为19%，失业保险总费率由1.5%降至1%，生育保险费率由0.7%降至0.6%，工伤保险费率由原有三类行业调整为八类行业，切实降低企业社保缴费。向市本级105家企业发放稳岗补贴1404万元。

【人事人才工作】2017年，娄底市人力资源和社会保障局开展2017年公务员考试录用、事业单位公开招聘及各类人事考试，录用公务员150名、公开遴选25名，批复公开考聘单位230家、批复计划997名。推进全市法官、检察官工资制度改革，基本工资套改审核在6月底全部完成。深化干部人事制度改革，县以下机关公务员职务与职级并行制度落实到位。进一步规范机关事业单位人员交流，流动人员人事档案实现全省联网。参与起草《中共娄底市委办公室 娄底市人民政府办公室关于娄底经济技术开发区人事、考核和薪酬制度改革与指导意见》，在经开区全面推行全员聘用制、全员绩效考评制、绩效薪酬制。支持深化国防和军队改革，接收军转干部和随军随调家属120人。完成各系列职称发文确认、证书发放及各类资格考试考后资格审查工作，指导完成中小学教师、基层卫生专业技术人员职称评审制度改革。加大人才引进力度，落实《娄底市引进高层次人才工作实施办法》，引进高层次人才102人，其中：博士学位以上优秀人才5人。加强引进海外人才和智力项目力度，组织申报省级引智项目12个，争取省级引智经费52万元，申报省级引智示范基地2个。

【劳动关系】2017年，娄底市人力资源和社会保障局加强劳务派遣单位管理，完成全市32家劳务派遣经营单位审核。全市最低工资标准由原1030元/月调整为1130元/月，小时最低工资标准由原10.3元/小时调整为11.6元/小时。全市企业动态劳动合同签订率、工资集体协商建制率均达90%以上。全年市、县市区两级仲裁机构和各基层调解组织处理劳动人事争议案件4275起，调解成功率达72.9%，处理争议案件当期结案率达98%以上。持续开展农民工工资支付情况专项检查，接受日常举报投诉1474件，调解处理1275件，立案调查199件，法定期限内结案率100%。向公安机关移送拒不支付劳动报酬案件7起，刑拘3人。

【绩效评估】2017年，娄底市人力资源和社会保障局科学设置绩效评估指标，突出重点工作、民生导向、发展导向，考核权重向重点民生实事、三大攻坚战等指标倾斜，发挥绩效评估“指挥棒”作用，推动全市各项工作落实。2017年，娄底市完成省级下达各项指标任务，在全省绩效考核中被评为“良好”等次。

(欧阳婧)

表93　2017年度市人社局先进集体和先进个人一览表

获奖单位、先进个人	奖励名称	颁奖单位	颁发时间
娄底市	就业工作总体成效明显的市；就业工作全省排名第三	省人民政府办公厅	2018年2月
娄底市劳动监察局	2017年全国清理政府能人力资源市场秩序专项行动取得突出成绩单位	人力资源和社会保障部	2017年7月
娄底市人力资源和社会保障局	2017年度中国人事报刊宣传工作成绩突出单位	人力资源和社会保障部	2017年8月
娄底市人力资源和社会保障局	2017年度中国劳动保障报宣传工作做得好单位	人力资源和社会保障部	2017年8月
娄底市机关事业单位社会保险处	湖南省巾帼文明岗	湖南省妇女联合会	2018年2月
刘兆梅	一等功	中共湖南省委	2017年5月

民政工作

【概况】2017年，娄底市民政局坚持“民政为民，民政爱民”理念，突出“五化”民政建设，适应新常态，应对新挑战，全市民政事业发展呈现动力增强、转型加快、质量提升态势。社会救助、社会福利、安置、殡葬改革、区划地名、重点民生实事、老区、民政宣传、办公室综合等17项工作在全省民政系统绩效考核中被评为“优秀”等次，市民政局被评为“全省民政工作优秀单位”(排名第五)。先后获得全国社会组织新闻宣传工作、全省民政统计工作、全省支持和促进革命老区建设发展工作、全省民政宣传工作等先进单位称号。

【社会救助】2017年，娄底市民政局农村低保与国家扶贫标准首次实现“两线合一”，全市农村低保标准提高至每人每月268元，较上年提高21.8%，超过省级指导标准及国家扶贫标准。对全市农村低保和社会保障脱贫对象开展清理整顿，全市农村低保减至36749户计80444人；农村低保对象减至5979户、9926人，分别减少51.5%、68.9%，“政策保”“人情保”“拆户保”等问题得到纠正。全市保障确定特困人员22194人。联合财政出台《关于调整特困人员救助供养标准的通知》，首次对基本生活标准和照料护理标准进行明确。推进279个护理床位建设和照料护理区建设，生活不能自理特困人员集中供养率提高。医疗救助城乡困难群众227080人次。临时兜底救助城乡困难群众130544人次。

【防灾减灾救灾】2017年，娄底市民政局面对历史罕见特大洪涝灾害，让全市102.8万余名受灾群众得到妥善照料，转移安置人口164677人，紧急生活救助人口38357人；下发资金物资折合人民币7560万元，设置临时安置点52个，放发救灾专用帐篷200顶、棉被6580床、折叠床1000张等应急救灾物资，确保灾区群众“有饭吃、有衣穿、有临时安全住所、有干净水喝、有病能及时救治”，帮助3191户因灾倒损房屋困难群众重建住房，所有受灾困难群众在春节前入住新房。市慈善总会募集善款618.96万元助力灾后重建，修葺或重建乡村便民桥39座，修缮受灾小学8所。面对强冰冻雨雪天气，第一时间下拨冬春荒救助资金2200万元、棉衣3700件，棉被8930床等物资。

【区划调整】2017年，娄底市民政局行政区划调整取得进展，水洞底镇、蛇形山镇移转娄星区管辖，创造全省区划调整从决策到获批到移交最快纪录。新化县撤销上梅镇，设立上梅、枫林、上渡3个街道办事处，是全省唯一获批县。

【退役安置】2017年，娄底市民政局继续推进“阳光安置”，全年全市接收符合政府安排工作条件退役士兵203人，完成年度安置任务。举办培训班12期，培训退役士兵1245人，培训合格率、获证率均达98%。举办就业推介会6场次，就业率达92%。有65个安置遗留问题得以“清零”。

【优抚工作】2017年，娄底市民政局坚持以双拥为龙头，以“双带双促”为载体，协同部门强化涉军保障。在春节、“八一”等节日期间开展走访慰问活动，市本级发放慰问款物80余万元。先后举办军地座谈会、“9·30”烈士纪念日公祭活动、纪念南京大屠杀大型图片展、纪念抗日战争胜利72周年系列活动等大型活动，并开展重点优抚对象短期疗养等工作。

【养老服务】2017年，娄底市民政局强化养老服务，出台《关于扶持社会力量兴办养老服务机构实施的意见》《关于积极推进医疗卫生与养老服务相结合工作的实施意见》，超额完成重点民生实事项目，新增养老床位1712张，完成任务149%。全市健康养老产业建设完成投资15.5亿元，建设并投入使用养老机构9家，新增各类养老床位3216张。全市有养老机构157家，养老床位23246张，每千名老人拥有养老床位数34.3张。市康复医院老年呵护中心以廉价、优质服务，为失能、半失能、家庭无力照顾老年人提供全方位照顾，200余张医养床位供不应求。基本养老服务补贴覆盖率达86.5%，“五类”老年人意外伤害保险参保率100%。老年人优待政策有效落实，基本养老服务补贴覆盖率达86.5%，“五类”老年人意外伤害保险参保率达100%。

【殡葬改革】2017年，娄底市民政局做好乱埋乱葬专项整治工作。对全市“三沿六区”内345座大墓、豪华墓，30座“活人墓，88座无主坟墓，及463座乱埋乱葬坟墓，按“一墓一策”原则整改到位。执法1101次，规避违规治丧事件654起，处置违规治丧行为69起，火化遗体3240具，比2016年同期增加154具，增幅5%，其中生态安葬比例达到57%，骨灰入墓率较2016年提高6%，在殡仪馆办理丧事1028场，比2016年同期增加102场，增幅11%，搭棚治丧、噪音扰民、抬棺游丧等违规殡葬行为得到遏制。

【未成人保护】2017年，娄底市未成年人保护体系得到完善，出台《加强农村留守儿童关爱保护工作实施方案》，构建未成年人（农村留守儿童、困境儿童）关爱保护工作体系。新建未成年人关爱保护中心2家，农村留守儿童之家153个。开展“爱满娄底·与您‘童’行”困境儿童帮扶活动，对全市121名困境儿童帮扶3年，已发放帮扶资金45万元。

【孤儿权益】2017年，娄底市民政局对全市超龄孤儿情况开展全面调查摸底，做好孤儿认定工作，建立健全孤儿信息，全市2746名孤儿基本生活费争取和发放工作得到保障，生活费按时按标准发放到孤儿和监护人手中。2017 年 5 月 28 日，市本级举行大型关爱孤残儿童“六一”公益会演活动，安排文艺表演、颁奖表彰、书画认捐、签订友好帮扶协议等内容。

【福利企业】2017 年，娄底市民政局规范福利企业建设发展，对全市 41 家福利企业进行年度检查，重点检查福利企业生产经营情况，残疾职工工资福利待遇落实情况等。通过年检，维护残疾人合法权益，促进企业健康有序发展。

【收养登记】2017 年，娄底市民政局按照《收养法》规范收养程序，坚持收养条件，确保收养登记合格率达 100%，办理收养登记 12 件，无举报无投诉。

【社会组织】2017 年，娄底市民政局坚持培育发展与管理监督双管齐下，社会组织管理创新发展，全市新增社会组织 196 个，目前有社会组织 1771 个，其中社会团体 728 个，民办非企业单位 1041 个，基金会 2 个。第二批行业协会商会脱钩试点工作圆满完成，全市 100 家行业协会商会于 9 月 30 日前全部完成脱钩。全市新建社会组织孵化基地 6 家，入驻社会组织 45 个，出壳社会组织 17 个。

【福利慈善】慈善在“精准扶贫”中补充作用明显，“贫困家庭救助”项目为全市 1297 户因大病致贫家庭提供救助金 135 万元；“幸存抗战老兵关怀计划” 为全市幸存且未享受退休待遇 70 余名抗战老兵，提供每人每月 600 元生活援助金；“百骏肾病救助”项目，投入资金 50 余万元，救助肾病患者 130 余人；“老牛桥”项目，援助 10 座便民桥建设资金 50 万元；开展慈善义捐书画展、新建慈善超市 3 家等。发行“有你、有爱、有梦想”福利彩票 3.6 亿元，开展“福泽潇湘·关爱见义勇为困难家庭” 大型公益活动，向 32 个见义勇为困难家庭捐助 14.8 万元。“福泽潇湘·娄底福彩关爱贫困家庭重病儿童” 公益活动，给 50 名重病儿童发放救助金 25 万元。

【基层政权】2017 年，娄底市民政局完成村居同步换届，全市 1837 个村、258 个居委会均圆满完成换届选举工作任务，选出村（居）民委员会主任 2095 人，副主任和委员 5579 人，合计 7674 人。新当选“两委”班子结构实现“两升一降”；开展村（居）务公开“亮栏行动”，按照规范要求实现全覆盖。

【民政项目】2017 年，全市民政系统向中央、省争取项目和资金 12.5 亿余元。新建或改扩建救助管理站 3 所、社会福利院 3 所、社会组织孵化基地 6 家、军休所 1 所、慈善超市 3 家、救灾物资储备仓库 2 个、未成年人关爱保护中心 2 家、农村留守儿童之家 153 个、省级综合减灾示范社区 5 个、国家级综合减灾示范社区 4 个、城乡养老服务示范点 37 个、养老床位 3216 张、骨灰安（放）葬塔 3 处。

【婚姻登记】2017 年，全市办理结婚登约 29345 对，离婚登记 9944 对，补发结婚证 6083 对，补发离婚证 927 对，坚决杜绝违法登记，实现登记程序“零差错”，登记合格率和出具证明准确率均达 100%。

（周金红）

表 94　**2017 年度娄底市民政局先进集体和先进个人一览表**

获奖单位、先进个人	奖励名称	颁奖单位	颁发时间
市民政局	全省民政工作优秀单位	湖南省民政厅	2018 年 1 月
市民政局	民政部新闻宣传工作先进单位	中国社会报	2018 年 11 月
市军供站	全国重点军供站	中华人民共和国民政部 中央军委后勤保障部	2018 年 4 月
市军供站	军供工作先进单位	驻广州铁路集团公司军事代表办事处	2018 年 1 月
市军供站	全国重点军用饮食供应站	中华人民共和国民政部 中央军委后勤保障部	2018 年 4 月
市民政局	2017 年度支持和促进革命老区建设先进单位	湖南省革命老根据地经济开发促进会	2018 年 1 月

续表 94

获奖单位、先进个人	奖励名称	颁奖单位	颁发时间
市民政局	2017 年湖南省军休系统门球赛第四名	湖南省民政厅	2017 年 5 月
市康复医院	全省优抚医院“5·12”国际护士节文艺会演优秀组织奖	湖南省民政厅	2017 年 5 月
市民政局	全省民政新闻宣传信息工作先进单位	湖南省民政厅	2018 年 1 月
市民政局	2017 年度全省民政统计工作先进单位	湖南省民政厅	2018 年 1 月
市康复医院	全省首届“严重精神病障碍管理治疗项目知识技能竞赛”最佳组织奖	湖南省精神疾病防治项目办公室	2017 年 8 月
周金红	2017 年度全省民政新闻宣传信息工作先进个人	湖南省民政厅	2018 年 1 月

残疾人事业

【概况】2017 年，娄底市残疾人联合会彻落实中央群团组织改革战略部署，围绕“打基础、抓服务、带队伍”整体思路，强化责任，真抓实干，开拓创新，奋发有为。全市补助 182 万元扶持 910 户农村贫困残疾人家庭发展生产，发放重度残疾人护理补贴 401650 人次 2008.57 万，困难残疾人生活补贴 309591 人次 1547.905 万元，为 203 户贫困残疾人家庭进行无障碍改造，按时发放残疾人机动轮椅车燃油补贴，全市投入 72 万元完成残疾人托养 600 名。有基本康复需求残疾人 50732 人，完成康复 23606 人，康复服务率达 46.53%；有辅助器具适配需求残疾人 20768 人，完成辅具适配服务 15168 人，辅具适配率 73.04%，超额完成 2017 年残疾人精准康复服务任务；完成残疾儿童训练康复 373 名。投入 198 万余元完成残疾人辅具适配 1111 名。开展“残联光明行动”活动，完成 1000 例贫困白内障患者免费复明手术；开展娄底市肢体残疾人“站立行动”活动，为 150 名患有股骨头坏死、风湿性关节炎等骨病残疾人进行手术治疗或康复训练。输送培训人员参加省残联举办各类康复业务培训班 18 次，培训残联从事康复工作人员 25 名，各类康复教师 83 名，残疾人辅具服务人员 35 名，培训残疾儿童家长 360 名。制定《娄底市残疾人就业保障金征收使用管理实施办法》。争取国家康复辅助器具产业综合创新试点申报材料，娄底作为湖南唯一城市上报中央六部委，残疾人康复中心于 2017 年 3 月通过市公共资源交易中心公开招标确定广州健缘医疗科技有限公司为运营单位，现正在加紧施工中。

【帮扶就业】2017 年，全市举办残疾人就业招聘会 4 场，50 多名残疾人求职业与相关用人单位达成就业意向；走访残疾登记失业人员家庭 50 家，登记失业残疾人员 115 人，帮助残疾登记失业人员实现就业人数 22 人，帮助残疾人享受专项扶持政策 234 人。全年全市 52 名应届残疾人毕业生就业 30 人，考取硕士 4 人，推荐 11 名残疾人毕业大学生参加省残疾人劳动就业服务中心举办职场训练营活动。对全市盲人保健按摩机构进行调查摸底，有规范盲人保健按摩机构 54 家，从业盲人保健按摩师 217 人，开展“送技术、送服务”帮扶活动进行技术业务指导和门店管理帮扶；组队参加湖南省第二届残疾人岗位精英职业技能竞赛，获最佳组织奖。全市扶持 70 户贫困残疾人家庭开展创业扶持，扶持资金达 105 万元。先后投入 7 万多元资金为每户残疾人家庭提供 3000~5000 元帮扶，为 22 户残疾人家庭适配辅具，为 1 名精神病残疾人免费提供服药。市本级受理用人单位申报审核残疾人就业 110 家，按比例安排残疾人就业 426 人，市本级年度征收残疾就业保障金 600 万元，残疾人就业保障金使用严格实行财政预算管理，并细化到每一个具体项目。

【教育培训】2017 年，全市完成残疾人职业技能培训培训任务 386 名，为就业年龄段残疾人数 7‰。申报残疾大学生及贫困残疾人家庭子女大学生 176 人，申报残疾高中生及贫困残疾人家庭子女高中生 100 人。为 20 名学龄残疾儿童申请彩票公益金扶残助学项目，每人资助 3000 元。对全市 4 所特校及省特教中专娄底籍 407 名残疾学生每人补助 500 元，补助 20.35 万元。超额完成省特教中专招生工作任务，获评全省特教中专招生工作先进单位，并作典型经验介绍；为 30 名不方便入学重度肢体、智力、多重残疾儿童提供送教上门服务，为 10 名残疾高考考生申请便利考试。

【助残宣传】2017 年，娄底市残疾人联合会与娄底 8 家媒体达成宣传合作协议，宣传残疾人工作报导 500 余篇；把助残与扶贫攻坚相结合，并在助残日开展送文化、送服务、送医疗活动，送去近 5 万元慰问金和物品。全市开展助残日活动 18 次，受益残疾人达 3000 余人。

特别参加自强逐梦湖南省残疾人就业创业公益摄影比赛，获品质收藏奖 11 个。参加全国残疾人田径锦标赛，全市残疾运动员罗叶获男子组 F54 级标枪金牌、铅球铜牌；参加第五届全省残疾人文化周活动，获一等奖 2 个、二等奖 3 个、三等奖 5 个，优秀奖 6 个，并获组织奖。（李翔）

福利救助

2 月 18 日，娄底市未成年人社会保护中心在市救助管理站会议室正式签约，标志着全市未成年人关爱保护工作有更完善、更全面基础保障（刘新山 摄）

【概况】2017 年，娄底市救助管理站坚持“人性化管理，亲情化服务”理念，按照“自愿求助、无偿救助”工作原则，以“抓管理促规范、求创新促发展”为抓手，构建服务平台，落实“坚守底线，积极作为，锐意创新，力争成效”工作目标，规范成年人救助工作，推进未成年人社会保护工作，完善基础设施，提升救助环境，树立良好形象，增强创文工作主动性。市未成年人社会保护中心完成主体工程建设，按国家二级救助管理机构标准，项目总建筑面积 3590 平方米，总投资 1180 万元，设置未成年人起居室，心理咨询室、图书室、宣泄室、多功能厅、诊疗室、康复室、社会工作室等功能用房。开展“寒冬送温暖”“夏季送清凉”专项街面救助行动。全年救助 4364 人次，其中男性 4026 人次，女性 338 人次，外省 2029 人次，本省 2041 人次，本市 294 人次，精神异常 235 人次，老年人 162 人次。全年关爱保护留守（困境）儿童 13000 人次，录入 43817 人次。

【关注留守儿童】2017 年，娄底市救助管理站起草《加强农村留守儿童关爱保护工作实施方案》，报请市人民政府批准并出台《娄底市未成年人（农村留守儿童）关爱保护工作联席会议制度》（娄政办函〔2017〕39 号），拟定未成年人（农村留守儿童）关爱保护工作政策措施和年度工作计划。全年开展 18 次未成年人（农村留守儿童）关爱保护主题月活动，帮扶 8420 人次，帮扶资金 210 万元。对全市 121 名在读贫困农村留守儿童开展“爱满娄底·与您童行”帮扶行动，每月资助 400~600 元生活、学习费用，支付资金 60 万元。开展扶贫助学活动，帮扶留守儿童和困境未成年人 400 余人，发放帮扶资金及物资 50 万余元，指导建成 153 个留守儿童之家。

红十字会

【概况】2017 年，娄底市红十字会开展博爱送万家活动，筹集价值 100 余万元大米、棉被、衣服、药品、家电等物资，到各县市区和部分市红十字会理事单位联系点慰问受灾户、孤寡老人和特困群众，受益人数达 4500 多人。红十字特色救助小天使基金 32 人获资助，金额超 100 万元，天使阳光基金 3 人获资助。全年为全市 128 户特殊困难家庭在省红十字会申请人道救助金 65 万元。6 月底 7 月初，娄底市发生特大洪涝灾害。7 月 1 日，党组书记、常务副会长曾启明率市红十字会救灾工作组，第一时间赶赴各县（市区）勘查灾情。7月3日，中国红十字基金会赴涟源、新化勘察灾情并慰问灾民，把生活急需品送到灾民手中。7月5日，中国红十字会党组书记、常务副会长徐科率总会救灾工作组到娄底涟源市桥头河镇石湾街实地查看灾情，听取红十字会救援工作情况，亲自将救灾物资发放到受灾群众手中。省红十字会党组书记、常务副会长陈丹萍，市人民政府副市长、市红十字会会长李有才等陪同察看灾情。

【外援项目】2017年，娄底市红十字会向省红十字会和中国红十字总会争取10万元应急救护培训专项基金和2个红十字博爱家园项目，资金50万元。完成涟源桥头河镇桥头河村、斗笠山镇金玲村、双峰石牛澎田村前期博爱家园项目验收工作，做好新化县炉观镇九龙村、金凤乡铁炉村博爱家园项目申报。

【安全教育】2017年，娄底市红十字会开展初级卫生救护培训，普及群众性自救、急救、互救知识，争取省红十字会确定娄底市为“红十字生命健康安全教育项目”实施区。开展群众性救护培训，应急演练、学校安全教育与体验活动、亲子讲座主题宣传活动。在全市五个县（市区）、娄底经开区、湖南人文科技学院、娄底职院、娄底一小、娄底户外俱乐部等地开展8期救护员培训350名，并颁发救护员合格证书。举办“红十字生命健康安全教育进校园 娄底一小消防紧急疏散演练”中，投入工作人员和志愿者计100人，参演学生群众约4000人。完成5场400人亲子讲座，填补娄底亲子讲座空白。结合湖南人文科技学院打造红十字特色高校成功经验，11月15日，“红十字会进娄底职业技术学院活动启动仪式”在娄底职院举行。市红十字会与娄底职院将联合开展“红十字特色高校”打造计划，力争在2019年前将娄底职院打造成全国“红十字进校园”典范。市人民政府副市长、市红十字会会长李有才等领导出席启动仪式。

【无偿捐献】2017年，娄底市红十字会采取多种形式宣传无偿献血知识。器官捐献工作稳步推进，红十字会是作为器官捐献第三方见证方，协调员单位。有23名志愿者捐献器官组织，造血干细胞捐献者资料库建设已成为一个品牌项目，有132人报名捐献造血干细胞，初步配型成功6名，大唐发电冷水江金竹山电厂职工张广度捐献造血干细胞。

【志愿服务】2017年，娄底市红十字会利用社会资源，发动社会积极参与，健全红十字会基层组织和志愿者组织，新发展娄底眼科医院红十字会和娄底五官科医院红十字会两个基层组织。娄底市红十字蓝天救援队、娄底红十字湘中社区志愿者服务队、娄底市红十字救护师资志愿服务队、娄底市红十字梅山人爱心联盟、娄底市红十字无偿献血和造血干细胞捐献志愿者服务队、娄底市红十字紧急救援队新化分队等志愿服务队，开展防灾减灾、应急救护、助力精准扶贫、爱心助学、敬老爱老、社区服务等丰富多彩志愿服务活动。

【宣传工作】2017年，娄底市红十字会以《中华人民共和国红十字会法》修订后重新颁布实施为契机，结合第9个“全国防灾减灾日”，5月12日联合市应急办、市防灾减灾委承办娄底市“5·12”全国防灾减灾日暨“5·8”红十字活动周集中宣传活动在娄星广场举行。市红十字会组织15家市直基层红会及蓝天救援队等单位，100余名医护人员和志愿者在娄星广场设置义诊宣传栏和无偿献血点，免费为1000多人提供义务咨询、诊治，发放新修订《中华人民共和国红十字会法》等宣传资料4000余份。市委副书记、市人民政府市长杨懿文，市人民政府副市长、市红十字会会长李有才等领导率有关部门负责人亲临活动现场指导，并慰问医务工作人员和红十字志愿者。同时，加强与各级新闻媒体沟通，利用网络新媒体等手段进行宣传，全年发布新闻报道30余篇，微信公众号及官网发布信息100余条。（肖成树）

县(市、区)概况

General situation of county and city

◎娄星区

◎冷水江市

◎涟源市

◎双峰县

◎新化县

娄星区

【概况】娄星区为娄底市中心城区所在地，系国家园林城市，国家卫生城市，全国绿化模范城市，全国科技进步先进县市(区)，省级文明城市，湖南省教育强区，全省新农村建设先进县市(区)，全省开放型经济先进县市(区)，全省城乡环境卫生十佳县市(区)。2017年，全区国土628.42平方千米，辖1乡5镇7个街道办事处，耕地面积16.86千公顷；总人口61.68万人，其中城镇人口46.77万人，人口出生率15.34‰，人口自然增长率9.33‰；境内年平均最高气温38.5℃，最低-4.6℃，年平均降水量1556.5毫米。

【农牧渔业】2017年，娄星区实现农林牧渔总产值38.65亿元，比上年增长3.9%，全区粮食种植面积24.74千公顷，比上年增长0.01千公顷，出栏生猪56.24万头，牛1.48万头，羊3.84万头，出笼家禽(鸡、鸭、鹅)453.84万羽，水产品产量10059.66吨。

【科教文卫】2017年，娄星区组织申报国家科技项目19个，省级科技计划项目16个，市级科技计划项目39个，区级科技计划项目84个，全年申请专利461件；全区中小学52所，其中小学38所，九年一贯制学校3所，初级中学11所，全区小学招生5818人，在校小学生33365人，初中招生5112人，在校初中学生12236人，高中招生2902人，在校学生8107人；小学适龄入学率100%，初中适龄入学率和初中毕业生毕业率均为100%。有文艺团体83家，其中群众业余文艺团体66家，馆办文艺团体3家，群众文化馆1个，文化站11个，组织文艺活动38场次，办培训班30次，公共图书馆1个，藏书13.4万册，博物馆1个，馆藏文物2537件，其中二级品4件，三级品72件，陈列展10次。有医院40家，其中三甲医院1家，乡镇卫生院7所，社区卫生服务中心5个，妇幼保健院2家，标准病床位7030张，执业医生1502人，注册护士2214人(包括所有在娄星区注册执业助理医生和护士)。

【金融财贸】2017年，娄星区金融业增加值17.4亿元，同比增长4.5%，市辖区金融机构本外币各项存款余额647.9亿元，同比增长16.3%，市辖区金融机构本外币各项贷款余额380.2亿元，同比增长0.7%，2017年12月11日，长沙银行娄底支行成立。全区区属财政总收入10.0亿元，比上年上升10.3%，区属地方财政收入6.0亿元，比上年增长7.4%；其中国税完成15501万元，同比增加11.8%，地税完成26325万元，同比增加20.8%，区财政完成18481万元，同比下降9.3%，上划中央税收30233万元，同比上升11.1%，上划省税收9553万元，同比上升29.2%，养老保险基金收入62万元，同比下降57.2%；全年区属财政支出25.4亿元，比上年上升41.8%，一般公共预算支出21.8197亿元，比上年上升25.3%，其中财政八项支出18.2985亿元，同比上升34.9%。全区社会消费品零售总额22.5亿元，比上年增长10.8%，其中城镇社会消费总额112.5亿元，比上年增长11.0%，乡村社会消费品零售总额10.1亿元，比上年增长8.10%。

【工业、建筑】2017年，娄星区工业实现增加值224.9亿元，比上年增长10.4%，区属规模以上工业总产值288.7亿元，比上年增长17.4%；区属规模以上工业增加值69.7亿元，比上年增长6.1%；原煤产量245718吨，同比下降0.8%，商品混凝土累计产量3465047立方米，同比增加8.0%，耐火材料制品本年累计产量77174吨，同比下降15%，鲜、冷藏肉年产量20565吨，同比上升4.0%，洗煤年产量为3985229吨，比上年下降3.9%，水泥年总产量174121吨，比上年增长18.0%。区属建筑业总产值155.3亿元，比上年增长12.4%，建筑业增加值30.9亿元，比上年增长5.8%。交通运输、仓储和邮政业增加值16.1亿元。同比增长11.2%，农村公路提质改造23千米。已成为综合性交通枢租城市和环长株潭城市群重要节点城市，沪昆高铁，娄邵快铁和湘黔、洛湛铁路以及上瑞、娄怀、二广、长韶娄、益娄衡5条高速，均交会于此。

【民生社保】2017年，娄星区城镇居民人均可支配收入29459元，比上年增长8.2%；农村居民人均可支配收入16603元，比上年增长10.8%。全区企业养老保险参保人数30783人，机关事业单位养老保险参保人数7619人，新型农村养老保险参保人数147960人，城镇职工医疗保险参保人数17587人，失业保险参保人数28010人，覆盖率83%，工伤保险参保人数43272人，比上年增加4294人。投资12亿元改造3568套煤矿棚户区保障性住房，结对帮扶困难人口12126人，改造农村危房1202户。（刘卫华）

冷水江市

【概况】2017 年，冷水江市辖 1 乡 5 镇 4 个街道办事处和 1 个经济开发区，土地面积 437.9 平方公里，耕地面积 7.02 千公顷。年末常住人口 34.83 万人，其中少数民族约 5000 余人，城镇常住人口 26.84 万人，人口出生率 11.42‰，自然增长率 1.65‰。年内气温最高 39.8℃，最低 -1.7℃；年降水量 1480.1 毫米。

地区生产总值 301.6 亿元，比上年增长 7.6%。其中第一产业增加值 11.1 亿元，增长 4.2%，第二产业增加值 189 亿元，增长 5.9%，第三产业增加值 101.5 亿元，增长 11.6%，第一、二、三产业比重为 3.7∶62.6∶33.7。财政总收入 17.6 亿元，增长 3.7%，其中地方财政收入 11.1 亿元，增长 0.6%。

农林牧渔业总产值 17.8 亿元，增长 4.3%。粮食播种面积 7.97 千公顷，同比持平，油料种植面积 1.65 千公顷，增长 1.2%，蔬菜种植面积 2.61 千公顷，同比减少 6.8%，粮食总产量 4.5 万吨，出栏生猪 32.75 万头，肉牛 1.53 万头，羊 4.18 万只，出笼家禽 225.85 万羽，水产品产量 4700 吨。完成水利建设投资额 3032 万元，增长 36.3%，治理水土流失面积 0.36 千公顷，增长 2.9%，新增农田有效灌溉面积 0.25 千公顷，增长 38.9%，年末农业机械总动力 24.6 万千瓦，增长 2%。瑞生源专业合作社创建为全国示范专业合作社。实现工业增加值 178 亿元，增长 5.9%，规模工业总产值 450.7 亿元，增长 12%；规模以上工业增加值 92.08 亿元，增长 6%。主要工业产品产量：原煤 240 万吨、发电量 65.7 亿千瓦时、生铁 290.9 万吨、粗钢 308.1 万吨、钢材 301.9 万吨、水泥 257.8 万吨、锑品 5.3 万吨、纯碱 15.6 万吨。资源枯竭型城市转型绩效考核继续获评全国“优秀”。

全年建筑业增加值 11.1 亿元，增长 5.9%，房屋建筑施工面积 223 万平方米，房屋竣工面积 71 万平方米。商品房销售面积 33.8 万平方米，销售额 12.5 亿元。

社会消费品零售总额 103.4 亿元，增长 10.7%。居民消费价格总指数为 101.5。进出口总额 19.8 亿元。实际利用外资 5888 万美元。接待游客 297 万人次，实现旅游收入 25.54 亿元。电子商务创业园入驻优质企业 106 家，全年实现交易额超 10 亿元，继续被评为“全国电子商务百佳县(市)”。

固定资产投资 236.3 亿元，其中第一产业投资 35.7 亿元，第二产业投资 87.4 亿元，第三产业投资 113.2 亿元，第一、二、三产业投资比重为 15.1∶37∶47.9。泰和不锈钢产业集群项目加快推进，新能源汽车电子陶瓷等“两型”产业项目集中建设，组建锑都环保集团公司总览锡矿山治理，野外混合渣安全处置工程开工建设。

交通和邮电事业有序推进。新城大桥、金竹山互通竣工通车，青园东路交付使用，群丰路二期、融泰路等城东新城基础设施项目有序推进。邮电业收入完成 3.69 亿元，同比增长 23.2%。

社会事业全面发展。完成 1276 人易地扶贫搬迁，实现 3327 人脱贫、5 个省级贫困村摘帽。新增城镇就业 6820 人、农村劳动力转移就业 2350 人，开工建设保障性住房 3185 套，改造农村危房 1000 户，社会养老服务中心投入运营。解决农村安全饮水 1.4 万余人。建设合格学校 5 所，改造薄弱学校 5 所。家庭医生签约 12.69 万人，52 名乡村医生取得全科医生资质，完成 50 个标准化村卫生室建设，成功创建省级卫生村 8 个。

存在主要问题：发展不平衡不充分问题较为突出，安全生产、生态环保等方面基础薄弱、欠账较多，调结构、补短板、防风险压力巨大，资源要素制约凸显。

【美丽乡村建设】2017 年，冷水江市按照“产业兴旺、生态宜居、乡风文明、治理有效、生活富裕”总要求，贯彻落实乡村振兴战略，开展美丽乡村示范创建工作，构建布局美、产业美、环境美、生活美、风尚美乡村格局，集中实施 14 个美丽乡村建设，《湖南工作》专题介绍冷水江美丽乡村示范创建经验；石坑村成为全市第四个全省美丽乡村示范创建村；金星村评为全国美丽乡村示范创建百佳范例；被列入全省全域推进美丽乡村 11 个示范县市之一，获评“2017 年度全省美丽乡村建设先进县市”。

【“放管服”改革】2017年，冷水江市在全国率先开展社区警务网格化改革，建成10个社区网格警务室，实现城区全覆盖，改革经验上报省深改办和中央深改办作为简政放权、便民服务典型推介。并实行社区矫正中心运行“六集中”机制，社区矫正工作成为全省学习典范。先后获评国家工商总局注册登记先进窗口、全省依法办事示范窗口单位，注册登记便利工作在湖南日报市州头条上进行推广。成为全省7个政务公开标准化规范化试点县市之一。

表95　　2017年度冷水江市先进集体和先进个人一览表

获奖单位、先进个人	奖励名称	颁奖单位	颁发时间
谢　宏	湖南省第二届网络原创视听节目大赛微电影类三等奖	湖南省广播电视台	2017年12月
铎山镇	2017年全省计划生育基层群众自治师范乡镇街道	湖南省计划生育协会	2018年1月
冷水江市	全省平安县市区	省委、省政府	2017年12月
冷水江市	全省十大平安创建示范县市区	省综治委	2017年12月
禾青镇	湖南省安全生产示范乡镇	湖南省人民政府	2018年1月
冷水江市工商业联合会	全国“五好”县级工商联	中华全国工商业联合会	2018年2月
冷水江市人民检察院	湖南省检察文化建设示范院	湖南省人民检察院	2018年1月
冷水江市人民检察院	湖南省文明标兵单位	湖南省精神文明指导委员会	2017年3月
冷水江市人民检察院	全国检察机关文明接待室	最高人民检察院	2017年10月
冷水江市人民检察院	第五届检察机关一级规范化检察室	最高人民检察院	2017年12月
龙湘平	二等功	湖南省人民检察院	2017年8月
阳旭文	优秀运动员	湖南省人民检察院	2017年6月
袁　婷	全省刑事申诉办案能手	湖南省人民检察院	2017年8月
罗　文	湖南省检察机关第三届“湘检杯”优秀运动员	湖南省人民检察院政治部 湖南省检察官文学艺术联合会	2017年11月
冷水江市公安局	全省公安机关“三实”信息集中采集专项行动成绩突出单位	湖南省公安厅	2017年2月

续表 95

获奖单位、先进个人	奖励名称	颁奖单位	颁发时间
冷水江市公安局交警大队轧钢护学岗	湖南省文明交通标兵护学岗	湖南省公安厅	2017 年 11 月
冷水江市公安局交警大队	党的十九大交通安保维稳工作成绩突出集体	湖南省公安厅	2017 年 10 月
冷水江市公安局交警大队	2017 年全省集中打击重点交通违法行为“百日会战”行动成绩突出集体	湖南省公安厅	2017 年 6 月
伍俊、谢斌(三尖所)	全省公安机关“三实”信息集中采集专项行动成绩突出个人	湖南省公安厅	2017 年 2 月
黄华锋	党的十九大交通安保维稳工作成绩突出个人	湖南省公安厅	2017 年 10 月
罗三军	全省公安机关深入推进户口登记管理清理整顿工作成绩突出个人	湖南省公安厅	2017 年 8 月
冷水江市	2017 年度全省动物疫病防控绩效考核先进县	湖南省防治重大动物疫病指挥部	2017 年 12 月
冷水江市地方税务局	2016—2018 年全省依法办事示范窗口单位	中共湖南省委法治湖南建设领导小组办公室	2017 年 1 月
冷水江市地方税务局	全国百佳国税地税合作县级示范区	国家税务总局	2017 年 1 月
冷水江市地方税务局第二税务分局	全省地税系统先进基层税务分局	湖南省地方税务局	2018 年 4 月
冷水江市国税局	全国文明单位	中央文明办	2017 年 11 月
冷水江市国税局	全国税务系统法治基地	国家税务总局	2017 年 1 月
冷水江市国税局	模范职工之家(验收)	中华全国总工会	2017 年 12 月
冷水江市国税局	湖南省文明窗口单位	湖南省文明办	2018 年 4 月
朱华峰	全国税务系统优秀县税务局长	湖南省国税局	2018 年 1 月
朱华峰	全省国税系统优秀县市局局长	湖南省国税局	2018 年 1 月
李　夏	2016—2017 年湖南省国税系统先进工作者	湖南省国税局	2018 年 1 月
李　婕	2017 年度“互联网 + 政务服务”先进个人	湖南省国税局	2018 年 1 月
冷水江市教育局	全国青少年五好小公民“阳光校园我们是好伙伴”主题教育读书活动优秀组织奖	教育部	2017 年 8 月
冷水江市教育局	湖南省青少年五好小公民“阳光校园我们是好伙伴”主题教育活动优秀组织奖	省教育厅	2017 年 8 月
冷水江市教育局	湖南省“生源地信用助学贷款县级学生资助管理中心”优秀单位	省教育厅	2017 年 11 月

续表 95

获奖单位、先进个人	奖励名称	颁奖单位	颁发时间
冷水江市教育局	湖南省百佳学生资助工作单位典型	省教育厅	2017 年 11 月
冷水江市教育局	湖南省“国培计划”(2017)、“送培到县”示范性培训项目工作优秀组织单位	省教育厅	2017 年 12 月
周勇艳	全国青少年五好小公民“阳光校园我们是好伙伴”主题教育读书活动先进个人	教育部	2017 年 8 月
易俊杰	湖南省“生源地信用助学贷款县级学生资助管理中心”先进个人	省教育厅	2017 年 11 月
冷水江市财政局	全国资源枯竭城市转型绩效考核优秀县市	财政部	2017 年 12 月
冷水江市财政局	省财政系统信息宣传工作先进单位	省财政厅	2017 年 1 月
冷水江市财政局	省金融与债务管理工作先进单位	省财政厅	2017 年 10 月
冷水江市财政局	省预算绩效管理工作 先进单位	省财政厅	2017 年 6 月
冷水江市财政局	省预算执行分析工作 先进单位	省财政厅	2017 年 12 月
冷水江市财政局	省财政管理绩效综合评价 AA 级(全省第六名)	省财政厅	2017 年 11 月
冷水江市财政局	省财政社会保障工作综合 考核先进单位	省财政厅	2017 年 8 月
冷水江市	关于 2017 年度全省人口和计划生育工作评估与奖惩情况的通报	省委办公厅、省政府办公厅	2017 年 12 月
冷水江市	关于通报 2016 年度全省实施基本药物制度考核情况的函	省卫计委、省财政厅	2017 年 7 月
冷水江市	关于确认岳麓区等 21 个县市区为儿童保健服务合格县市区的通知	省卫计委	2017 年 1 月
冷水江市	关于表彰 2017 年度查处“两非”典型案件先进单位和先进个人的通报	湖南省人口计生领导小组	2017 年 12 月
冷水江市人民医院	湖南省优质护理表现突出科室	省卫计委、省中医药管理局	2018 年 5 月
谢　龙	关于表彰 2017 年度查处“两非”典型案件先进单位和先进个人的通报	湖南省人口计生领导小组	2017 年 12 月
潘霞玲	三十年护理奉献奖	湖南省护理学会	2018 年 5 月
冷水江市自来水公司	全国县镇供水工作先进单位	中国城镇供水排水协会县镇工作委员会	2018 年 5 月
冷水江市自来水公司	湖南省五四红旗团总支	共青团湖南省委员会	2017 年 5 月
余　颖	全国县镇供水工作先进个人	中国城镇供水排水协会县镇工作委员会	2018 年 5 月

续表95

获奖单位、先进个人	奖励名称	颁奖单位	颁发时间
刘武	湖南省安全监督技能优胜奖	湖南省建设工程质量安全监督与检测技能竞赛组委会	2017年12月
冷水江市地震局	全省县市区防震减灾工作综合考核优秀单位	湖南省地震局	2017年11月
冷水江市文体广新局	农家书屋全面建设十周年先进集体	湖南省新闻出版广电局	2018年5月
冷水江市文化市场综合执法大队	2017年度全省文化市场综合执法大队先进单位	湖南省文化厅	2018年1月
冷水江市文化市场综合执法大队	2016—2018年全省依法办事示范窗口	中共湖南省委法治湖南建设领导小组办公室	2017年1月
冷水江市文广传媒艺术发展有限责任公司	2017年“欢乐潇湘”全省群众文艺会演优秀文艺团队	中共湖南省委宣传部、湖南省文化厅、湖南省总工会	2017年11月
冷水江市图书馆	湖南省青少年党史国史主题教育活动“先进集体”称号	中共湖南省委宣传部、省文化厅、省教育厅、省妇联等八部委	2017年11月
冷水江市图书馆	在“书香湖南·红星闪闪耀童心”2017年湖南省少年儿童系列读书活动中,荣获“阅读活动奖”	中共湖南省委宣传部、省文化厅、省教育厅、省妇联等八部委	2017年12月
锡矿山闪星锑业有限责任公司	2017“欢乐潇湘”全省群众文艺会演一等奖	2017年“欢乐潇湘”全省群众文艺会演组委会办公室	2017年11月
冷水江市文广传媒艺术发展有限责任公司	2017“欢乐潇湘”全省群众文艺会演二等奖	2017年“欢乐潇湘”全省群众文艺会演组委会办公室	2017年11月
冷水江市文化馆	2017年度优秀文化志愿服务团队	湖南省文化厅	2017年12月
冷水江市司法局	专项重要工作表现突出记集体三等功	湖南省司法厅	2017年6月
冷水江市司法局布溪司法所所长郭远红	入选“湖南好人榜”	湖南省文明办	2017年1月
冷水江市司法局布溪司法所所长郭远红	全国人民调解工作先进个人	中华人民共和国司法部	2018年5月
冷水江市联合人民调解委员会	全国人民调解工作先进集体	中华人民共和国司法部	2018年5月
冷水江市总工会财务部	全国工会财务工作先进单位	中华全国总工会	2017年12月
湖南博长冷水江控股集团炼铁厂五号高炉	全国工人先锋号	中华全国总工会	2017年
锡矿山闪星锑业有限责任公司工会	“欢乐潇湘”全省群众文艺会演优秀节目一等奖	湖南省总工会	2017年
大唐华银金竹山火力发电分公司工会	“欢乐潇湘”全省群众文艺会演优秀文艺团队	湖南省总工会	2017年
虞　明	湖南省“五一劳动奖章”	湖南省总工会	2017年
翟梅华	2017年度反映社情民意工作优秀个人	民建湖南省委	2018年1月

续表 95

获奖单位、先进个人	奖励名称	颁奖单位	颁发时间
翟梅华	2017 年度零讯工作优秀个人	民建湖南省委	2018 年 1 月
姜东兵	2017 年度社会服务工作优秀个人	民建湖南省委	2018 年 1 月
冷水江市	全省安全生产工作良好单位	中共湖南省委 湖南省人民政府	2017 年 12 月
黄海源	安全生产监管监察先进个人	国家安全生产监督管理总局 国家煤矿安全监察局	2018 年 1 月

涟源市

【概况】2017 年，涟源市辖 19 个乡镇街道、1 个高新技术产业开发区，504 个村（社区）。国土 1830 平方千米。其中耕地 67659 公顷。年末总人口 114.4 万人。其中，城镇人口 21.9 万人，乡村人口 92.5 万人。人口出生率 12.5‰，自然增长率 1.6‰。最高气温 39.6℃，最低气温 -1.9℃，降水量 1318.40 毫米。

全市全年实现地区生产总值 286.3 亿元，按可比价计算，同比增长 8.3%。第一产业增加值 53.8 亿元，增长 4.1%；第二产业增加值 123.7 亿元，增长 7%；第三产业增加值 108.8 亿元，增长 12.3%。三大产业结构比为 18.8∶43.2∶38.0，一、二、三产业对 GDP 增长贡献率分别为 9.4%、37.7%、52.9%。财政总收入 121116 万元，同比增长 1.1%。地方财政收入完成 77439 万元，下降 0.7%。其中国税部门完成 22243 万元，增长 26.6%；地税部门完成 27068 万元，下降 14.9%；财政部门完成 28128 万元，下降 6.9%。全口径税收占财政总收入比重 76.8%。

规模以上工业企业 146 家，新增规模企业 21 家。实现规模工业总产值 321.4 亿元，同比增长 14.2%；实现增加值 86.2 亿元，增长 7.5%。产值过亿元规模以上企业 66 家，产值 285 亿元，增长 18.2%；17 家省级高新技术企业，产值 84 亿元，同比增长 28.6%，占规模工业总产值 26.1%。培育战略性新兴企业 17 家，涉及医药制造、节能环保等行业。规模工业产销率 99.40%；实现营业收入 316.7 亿元，同比增长 13.3%；利润总额 23.4 亿元，增长 16.0%。规模以上工业企业原煤产量 118.4 万吨，同比下降 44.9%；水泥产量 241.4 万吨，下降 12.6%；发电量 20.5 亿千瓦时，增长 12.30%；焦炭产量 62.50 万吨，下降 23.5%。建筑业增加值 13 亿元，同比增长 6.1%。全市资质以上总承包和专业承包建筑企业 15 家，房屋建筑工程产值 36.3 亿元，增长 21.9%。

农业总产值 87.2 亿元，同比增长 4.2%；实现增加值 53.8 亿元，增长 4.1%。全年粮食播种 7.84 万公顷，比上年减少 1000 公顷，下降 1.2%；粮食总产量 45.2 万吨，增长 2.1%。畜牧业总产值 40.8 亿元，同比增长 2.3%。牲猪出栏 118.6 万头，增长 4.8%；牛出栏 5.7 万头，增长 7.9%；羊出栏 13.7 万头，增长 4.9%；家禽出笼 504.4 万只，增长 5.0%；肉类产量 9.7 万吨，增长 5.0%；禽蛋产量 0.9 万吨，增长 5.0%。水产品产量 1.9 万吨，增长 4.7%。农产品加工企业 306 家，龙头企业 64 家。规模以上企业 42 家，新增 8 家；省级龙头企业 8 家，娄底市级龙头企业 56 家，比上年新增 16 家。农产品加工企业实现销售收入 112 亿元，利润总额 4.1 亿元，同比增长 44.6% 和 11.3%，从业人员 16772 人，建立基地面积 2.13 万公顷，带动农户 7 万多户。省级休闲农庄 14 家。其中，五星级 4 家。推广各类农机具 8000 多台（套）。遥控飞行喷雾机 13 架，高速插秧机 21 台，大型轮式拖拉机 10 台，履带式旋耕机 34 台，大型烘干机 10 套，化肥同步深施机 29 台，收割机 36 台，生物质制肥机 1 台。农机总动力 86 万千瓦 /14 万台套；完成机耕面积 4.97 万公顷，机耕水平 92.48%；机插机播面积 2.1 万公顷，机插机播水平 39.17%；机械化收获面积 4.31 万公顷，机收水平 80.3%；水稻生产耕、种、收综合机械化水平 71.61%。培训农机实用技术人员 1200 名。

固定资产投资施工项目484个,累计完成固定资产投资233.3亿元,同比增长11.9%。其中,5000万元以上投资项目完成96.1亿元,增长82.6%;5000万元以下投资项目完成129.9亿元,下降11.4%;工业投资149.5亿元,同比增长24.9%(技改投资119亿元,增长16%);房地产投资完成7.3亿元,下降19.9%。推进各类重点项目81个,完成投资133.8亿元,占总投资的57.5%。重点产业项目47个,占重点项目总数58%;投资10亿元以上重大项目9个,比上年增加4个。53个“项目建设大比拼”项目完成投资117.2亿元,17个项目竣工投用或基本建成。

社会消费品零售总额124.3亿元,同比增长10.7%。其中,城镇完成111.2亿元,增长10.7%;乡村完成13.1亿元,增长11.1%。完成外贸进出口总额2114万美元,增长118.8%。旅游总投资4.3亿元,同比增长13.2%,旅游接待人数939万人次,旅游收入77.1亿元,分别比上年增长20.4%、20.9%。其中,入境旅游7万人次,创收2亿元人民币,分别同比增长14.9%、8.1%。

金融机构本外币各项存款余额252.3亿元,同比增长11.7%;金融机构本外币各项贷款余额120.6亿元,增长9.6%。保费收入51680万元,同比增长22.9%;赔款和给付17949万元,增长16.3%。

农村公路窄路加宽路基建设69.2千米、路面27.5千米;边界路和“断头路”路基建设60.5千米、路面47.5千米;旅游公路路基29.7千米,路面17.6千米;危桥改造12座,渡改桥完工2座,安保设施建设151.9千米;行政村客运班线通达率99.3%。固定电话用户41875户,减少691户。其中,城市电话用户13202户,增加1091户;乡村电话用户26673户,减少1382户;移动电话期末用户62.2万户,增加14.2万户;互联网宽带用户12万户,增加4.8万户。

中小学校367所。其中,小学210所,初级中学52所,高级中学7所。在籍中小学生114711人。小学生64122人,初中生30271人,高中生20318人。公办幼儿园21所,民办幼儿园158所,在园幼儿24174人。在职教师7695人,离退休教师4001人。投入4500万元,改扩建农村义务教育薄弱学校48所,投入470万元完成农村小学和教学点无线Wi-Fi全覆盖工作。小学、初中义务教育巩固率分别达到100%、97.4%。专利申请量256件,同比增长70.3%。完成高新技术产业产值84亿元,培育5家高新技术企业,申报省级“星创天地”2家、省级“众创空间”1家、科普基地1个,成功创建省级农业科技园区。送戏下乡演出120场,农村公益电影放映2万多场次,创排情景剧《精准扶贫遍山乡》获全省“欢乐潇湘”群众文化汇演金奖。每个村投入资金30万元,建设35个预脱贫村卫生室,提高农村建档立卡贫困人口住院费用医保报销比例10%,降低农村建档立卡贫困人口大病保险起付线50%,对建档立卡贫困人口参加城乡居民医保个人缴费部分给予50%补贴。市人民医院、市中医院和18个乡镇(中心)卫生院进行远程诊室建设。新增居民健康档案管理健康档案112514份,建档率90.6%。举办首届“博盛杯”全国汽车场地越野赛。全省青少年田径锦标赛涟源体校斩获4枚金牌,全省第二届中学生运动会获1金1银,全市公共文化体育设施面积181万平方米,人均1.8平方米。

城镇居民人均可支配收入为20322元,同比增长8.7%;农村居民人均可支配收入为9096元,增长11.2%;居民消费价格指数101.5%。

城镇新增就业人员6845人,失业人员实现再就业3572人,就业困难对象实现再就业1157人,新增农村劳动力转移就业9020人。其中,新增贫困劳动力转移就业2645人。新增创业主体1430户,新增创业主体带动城乡就业人员2812人,新增创业主体带动城镇就业人员1418人,新增2个就业扶贫基地。解决5.8万人安全饮水问题,完成棚改5673套,新增养老床位370张。

发生各类生产安全事故8起,死亡18人,亿元GDP生产安全事故死亡率0.0629人。关闭淘汰17家落后产能企业,6家烟花爆竹生产企业。环境空气质量综合指数4.37,同比下降8.5个百分点,优良率85.5%,提升0.1%,PM10和PM2.5平均浓度分别为66微克每立方米和44微克每立方米,下降16.4%和6.3%。各地表水断面和城市集中式饮用水水源地水质达到或优于Ⅲ类,农村生活污水处理率70.5%。59个加油站全部完成油气回收改造;4家燃煤锅炉完成清洁能源替代,淘汰“黄标车”1386台。二氧化硫、氮氧化物比上年分别削减490吨、1100吨,化学需氧量和氨氮比2015年分别削减919.13吨、140吨。关停涟源市瑞通福利有限公司炼焦生产线,关闭砖厂114家,黏土砖厂全面关闭退出。

精准扶贫清理识别不准对象64277人,新增纳入40504人,全年减少建档立卡贫困人口29618人、退出贫困村35个，完成易地扶贫搬迁6614人、危房改造3796户、小额信贷2.27亿元，完成指标任务41项。

主要困难和问题：经济总量不大，增长速度不快，转型效果不明显，部分重点项目推进力度不大，重大产业项目不多，项目支撑效应和拉动效果未得到充分显现，离高质量发展尚有差距。财政收入增速不快，财政收支矛盾突出。城市功能品质不优、不精。古塘易地扶贫搬迁工程围标串标案和"2·14"祖保煤矿重大煤尘爆炸事故带来影响未完全消除；脱贫攻坚、安全稳定、民生改善等任务艰巨。（章长斌）

【抗击特大洪灾】6月30日，发生百年不遇洪涝灾害，28.23万人受灾，直接经济损失12.6亿元。第一时间发布防汛Ⅱ级应急响应动员令，组织动员干部群众12000余人次投入抗洪抢险第一线，全市没有垮一库一堤一坝，没有一人直接因灾死亡。先后安排、调拨灾害救助资金1100万元及142万元救灾物资，接收社会各界救灾募捐款736万元、港币20万元、上百万元救灾物资。灾后完成385户灾后重建和786户维修，总投入1850万元。灾后重建工作获全省先进。

【园区工业企业建设】园区工业企业128家，比上年增加17家。其中，规模以上工业企业44家。完成园区规模工业企业增加值54.7亿元，增长11.3%，占全市规模工业增加值比重63.5%。其中，高新技术产业增加值完成25.1亿元，增长55.4%。

【大案破获】7月19日，部督"4·1"特大电信诈骗案集中收网，抓获熊光华等犯罪嫌疑人22名，缴获涉案车辆8辆、银行卡61张、手机50台、电脑4台、赃款10万余元，破获涉及全国各地电信诈骗案件数百起。9月5日，"2017.6.19"电信诈骗案收网，摧毁诈骗窝点4个，抓获犯罪嫌疑人22人，缴获作案电脑25台，手机45台、作案银行卡50张。涟源市荣获省公安厅贺电，被中央电视台等主流媒体推介。部督"2016—905"毒品目标案，9月22日告破，截断广东到湖南贩毒通道，抓获犯罪嫌疑人30名，缴获冰毒16153.31克，作案车辆7台，缴获仿54式手枪1支、自制火药枪1支、子弹12发。

双峰县

【概况】2017年，双峰县围绕"三个走在前列，两个确保，一个加快"总目标，按照"规划壮大产业实力、激发产业活力、提升文化魅力、增进环境美丽"发展路径，攻坚克难，砥砺奋进。辖12个镇3个乡，设1个省级经济开发区；国土1591.93平方千米，耕地50.21千公顷。年末常住人口82.53万人，其中城镇人口30.21万人，城镇化率36.6%，人口出生率13.29‰，自然增长率8.66‰。年内气温最高39.1℃，最低气温-2.4℃；年降水量1197.3毫米。全年新增高新技术企业6家，农友集团成功入选2017年国家技术创新示范企业，实现双峰本土企业在证券市场零突破，劲松机械获国家级两化融合试点企业。安全生产持续稳定，事故发生数、死亡人数、伤亡人数、财产损失等指数大幅下降，再次被省、市评为先进。

【经济增长】2017年，双峰县全年地区生产总值230.75亿元，增长8.3%；一般公共预算收入10.37亿元，增长7.0%；地方财政收入6.34亿元，增长8.9%；固定资产投资206.12亿元，增长15.6%；城乡居民人均可支配收入达到19472元、10808元，分别增长8.4%、11.4%。社会消费品零售总额83.17亿元，增长10.9%。全年引进项目86个，到位县外境内资金103.43亿元，增长13.8%；到位境外资金6840万美元，增长25.5%。全县接待国内游客488.1万人次，同比增长20.8%，实现国内旅游收入33.6亿元，同比增长23.7%；接待入境游客2134人次，同比增长162.2%；国际旅游收入66.3万美元，同比增长158.4%。11项主要经济指标增幅有9项位居全市前列，其中第一产业增加值、第三产业增加值、地方财政收入、社会消费品零售总额、农村居民人均可支配收入增长率5项指标排名全市第一，地区生产总值、第二产业增加值、固定资产投资、城镇居民人均可支配收入增长率4项指标排名全市第二；一般公共预算收入、规模以上工业增加值增长率2项指标排名全市第三。全县规模以上工业企业达160家，规模工业增加值增长7.3%。

【创新转型】2017年，双峰县申报科技计划项目82项，其中国家级2项、省级6项、市级44项、县级30项。申报项目中，科研计划28项，成果推广计划54项。全县申请专利436件，获取授权专利296件，发明专利授权数量35件。实施113个县级重点项目,总投资119.7亿元。娄双大道双峰段全线路基成型,县城南环线有恒桥开工建设,经开区工业污水处理厂完成主体工程,紫云山风力发电、城市棚户区建设等一批项目加快推进,佳合建科、湘军建材新型节能环保砖等一批项目提前竣工投产。全县整合各类涉农资金3.72亿元,涉农资金整合经验获2017年湖南省首届"管理创新奖"。城乡建设用地增减挂钩项目完成建设用地复垦1200亩,为财政增收3亿元。金融小镇引入股权投资企业59家,新增税收1亿元。公车、出租车、公交车、渣土车"四车"改革扎实推进,"放管服"改革受到省政府通报表彰。工业转型升级,新增高新技术企业6家,农友集团成功入选2017年国家技术创新示范企业,在新三板挂牌交易,实现双峰本土企业在证券市场零突破,劲松机械获评国家级两化融合试点企业,农机制造产业发展加速,生物医药产业强劲增长,制鞋产业量价齐升,园区在全省省级以上134个园区综合评价中排名第29位。农业提质增效,新增土地流转2.32万亩、农民合作社116家、休闲农庄25家,粮食连续14年增产。永丰镇兰花、梓门桥镇红心脐橙、青树坪蛋白桑、甘棠镇中药材、三塘铺镇青钱柳,锁石镇油葵、油菜,杏子铺镇蛋白桑黑土猪、荷叶镇湘莲、洪山殿镇花卉苗木、印塘乡稻鱼蕖种养、石牛乡茶叶、花门镇艾叶,井字镇百香果、玫瑰香柑,沙塘乡黄栀子、走马街镇青壳蛋鸡等各具特色,获"湖南省粮食生产标兵县""全国生猪调出大县",争创"中国好粮油示范县""湖南省家庭农场示范县""湖南省农业生产社会化服务试点县"。举办第七届油菜花文化旅游节和曾国藩故里首届荷花文化旅游节,财智时代商业广场完成主体工程,青树坪农贸大市场完成建设,电子商务服务站点乡镇全覆盖、村覆盖率达80%,"全国电子商务进农村综合示范县"项目通过商务部验收。

【城乡建设】2017年,双峰县实施县城提质工程,南北环线PPP项目启动,涓水河东防洪堤及风光带开工建设,艺芳街、归朴街全线贯通,富厚路、存朴街、宾园路等次干道建成通车,复兴东路、梓园路完成改造任务。推进综合交通提升"三年行动计划",S334改造完工,S342、县城至古塘等干线公路完成路基工程,完成窄路加宽98千米、安防工程133千米、"断头"路及边界路78千米。完成侧水梓门桥至杏子河段治理工程、四安埠印塘河段治理工程,实施安饮工程解决3.1万农村人口安全饮水问题。完成75个村农网升级改造、3.02万亩高标准农田建设。新增4G基站270个,实现全县4G网络全覆盖。推进"天蓝水净地绿行动计划",中心城区全面禁燃,淘汰黄标车1061台,关闭58家黏土砖厂,水府庙水库双峰水域网箱拦库全部退养到位,畜禽禁养区关闭退养110家生猪养殖场,争取全国畜禽粪污资源化利用试点县。"户分类、村收集、镇转运、县处理"农村垃圾治理模式被全市推广。

【社会事业】2017年,双峰县全年民生支出占财政总支出75%,重点民生实事完成年度目标任务,小康实现程度达到88.2%。投入5272万元进行薄改、标准化教学点及教师周转房建设;投入1.14亿元改善教育设施设备;投入4.2亿元建成并启动一中新校区;借贷扶贫贷款2.134亿元,新建维修改造校舍5万平方米,对61所中小学提质升级。高考中考综合成绩继续名列全市榜首,全省"理科状元"花落双峰,义务教育均衡发展工作受到省政府通报表彰。公立医院药品采购"两票制"推行,分级诊疗制度有序实施,县医养中心主体工程竣工。18973户、47619人享受城乡低保,农村低保标准由2016年220元/月提高至268元/月,农村"五保"年供养标准由3200元提高到4180元。失地农民养老保险认定符合条件被征地农民28478人,清理不符合条件774人,发放缴费补贴8470人,补贴金额4662万元。

【脱贫攻坚】2017年,双峰县开展精准识贫专项行动,清除"四类对象"和优亲厚友、识别不准人数38523人,新纳入7415人。实现驻村帮扶工作队对所有贫困村、联村工作组对所有贫困村和非贫困村、帮扶责任人对所有贫困户"三个全覆盖"。全力推进"七个一批",抓好产业、易地扶贫搬迁、教育、金融、健康、就业、安全饮水和危房改造等各项扶贫工作。落实重点种植产业面积3.2万余亩,易地扶贫搬迁8172人,易地扶贫搬迁工作考核连续两年全省第一。全年全县减少贫困人口19067人、退出贫困村56个。

表 96　　2017 年度双峰县先进集体和先进个人一览表

获奖单位、先进个人	奖励名称	颁奖单位	颁发时间
双峰县科学技术协会科协	2017 年全国科普活动优秀组织单位	中国科协办	2017 年 12 月
双峰县工商业联合会	2017 年全国五好县级工商联	中华全国工商业联合会办公厅	2017 年 12 月
双峰县司法局	2017 年度人民调解宣传工作中为先进集体	中华全国人民调解员协会	2017 年 11 月
双峰县农机局	2017 年全省农机工作先进单位	省农业机械管理局	2018 年 1 月
双峰县食品药品监督管理局	2017 年全省食品安全工作先进单位	省食品安全委员会	2018 年 2 月
双峰县财政局	全省财政金融与债务管理工作先进单位	省财政厅	2017 年 10 月
双峰县档案局	2017 年度全省档案宣传工作先进集体	省档案局	2017 年 9 月
双峰县环保局	2017 年度环保重点工作先进县	省环保厅	2018 年 2 月
双峰县纪委	2017 年全省纪检监察信息工作先进单位	省纪委	2018 年 3 月
双峰县农业银行	2016 年度经营管理先进单位	农业银行省分行	2017 年 2 月
双峰县审计局	2017 年度全省优秀审计项目	省审计厅	2017 年 10 月
双峰县水利局	双峰县被省联合农田水利验收评为优秀等次	省水利厅、财政厅、发改委	2018 年 3 月
双峰县国税局	全面推开营改增试点工作先进单位	省国税局	2017 年 9 月
双峰县	2016 年安全生产工作先进县	省委办省政府办	2016 年 12 月
双峰县	全省深化‘放管服’改革成效明显县	省政府办公厅	2018 年 2 月
双峰县	推进义务教育均衡发展工作力度大、措施得力、效果明显县	省政府办公厅	2018 年 2 月
双峰县	政府网站工作优秀单位	省政府办公厅	2017 年 2 月
双峰县	2016 年度全省粮食生产标兵县	省政府	2017 年 3 月
双峰县	2017 年全省粮食生产标本县	省政府	2018 年 1 月
双峰县	2017 年安全生产工作先进县	省委办省政府办	2017 年 12 月
江卫林	湖南省“五一劳动奖章”	省总工会	2017 年 4 月

新化县

【概况】2017 年,新化县辖 25 个乡镇、3 个街道、2 个国有林场、1 个经济开发区。国土 3636 平方千米,耕地 65.65 千公顷。总人口 150.88 万人(其中少数民族人口 3795 人),城镇人口 41.4 万人,人口出生率 18.1‰,自然增长率 11.22‰。年内气温最高 39.4℃,最低 -1.3℃,年降水量 1594.5 毫米。完成部分行政区划调整,撤销上梅镇与原上渡办,新设置上梅、上渡、枫林 3 个街道。国家全域旅游示范区创建、国地税"四统一"合作治税、纪检监察干部外部监督机制、文旅(上市)小镇平台建设等向全省推介经验。

全县实现生产总值 245.4 亿元,比上年增长 8.2%,其中一、二、三产业增加值分别为 62 亿元、76.4 亿元、107 亿元,分别增长 4.1%、6.8%、11.6%,三次产业结构比为 25.3∶31.1∶43.6。完成财政总收入 12.8 亿元、地方财政预算收入 7.9 亿元,分别增长 9.3%、4.3%。农业总产值 101.6 亿元,农业增加值 62.3 亿元,同比分别增长 4.2%、4.1%。粮食播种面积 88 千公顷,总产量 49 万吨,其中稻谷 38.5 万吨、玉米 8.4 万吨;油料总产量 16493 吨。茶叶总产量 1565 吨。牲猪出栏 153.6 万头,肉类总产量 12.92 万吨。水产品产量 3.6 万吨。全年投入水利工程资金 2.43 亿元,节水灌溉改造工程 0.17 千公顷,治理水土流失面积 15 平方公里。完成第六批小农水重点县建设任务,高峰水源应急工程竣工验收,完成 3800 余亩坡耕地治理,修复水毁工程 1260 处;年末拥有农业机械总动力 13.6 万台(套)、90.8 万千瓦。

全县规模以上工业总产值 211.1 亿元,增长 13%,规模以下工业增长 3.4%。实现工业增加值 55.7 亿元,比上年增长 7.2%。规模工业企业增加值增长 7.4%,其中国有企业实现增加值 3365 万元,增长 26.5%。主要工业产品产量中:原煤 232.5 万吨,发电量 34696.97 万千瓦时,自来水 1169 万立方米,饲料 12.8 万吨;铁合金 9.9 万吨,硅酸盐水泥熟料 345.79 万吨,水泥 474.1 万吨,锑品 1.2 万吨,黄金 383 千克。建筑业实现增加值 20.78 亿元,全年房屋建筑施工面积 241.64 万平方米,竣工 135.46 万平方米。

社会消费品零售总额 104.1 亿元,居民消费价格总指数 101%,进出口总额 8448 万元。内联引资到位资金 100.27 亿元,外资到位 6980 万美元。旅游景区接待游客 1628 万人次,实现旅游综合收入 117.38 亿元。

全县固定完成资产投资 173.7 亿元,其中工业投资 55.2 亿元,基础设施投资 57.8 亿元,技术改造投资 41 亿元,房地产开发投资 15.87 亿元。沪昆高铁新化南站综合客运枢纽完成主体工程;完成学府南路延伸段硬化及绿化亮化、白沙洲西路改扩建二期和朱家垅、学府路以西、资江、盛教北路等安置区建设。公路里程到达数 6313.5 千米。吉庆至白溪公路改造完成。邮电业务总量 5.6 亿元,固定电话用户 4.39 万户,年末移动电话用户 71.5 万户,国际互联网用户 12.6 万户。

【科教文卫】2017 年,新化县申报科技项目 11 个、专利 176 件。撤并 2 所农村薄弱高中,完成 41 个义务教育标准化教学点、17 所"全面改薄"学校建设;实现学校网络教学全覆盖。实施分级诊疗、家庭医生签约服务、全科医生或助理全科医生驻村,实现公立医院和村级卫生室基本药物制度全覆盖。完成楚怡高级工业学校新化旧址修缮,建成农村综合文化中心 168 个,开展第二届梅山武术节等文化体育活动。黄瑰芬夺全运会女子 200 米、4×100 米、4×400 米三块金牌。

【脱贫攻坚】2017 年,新化县建档立卡贫困对象精准到 71920 户、225526 人,8928 户、18875 名农村低保对象按"两线合一"要求纳入建档立卡贫困户;按照"553"模式实现贫困人口结对帮扶全覆盖。整合资金 5.5 亿元,改善贫困村、贫困户生产生活条件。实施易地扶贫搬迁建设项目 84 个、建成住房面积 54 万余平方米,"1+3+X"拎包入住集中安置模式得到群众和省、市领导认可。为所有建档立卡贫困人口购买"扶贫特惠保"、提供基本医疗保障、大病保险和医疗救助,实现建档立卡贫困户子女就学补助全覆盖。完成扶贫小额信贷 22611 万元;硬化贫困村公路 222.5 公里,解决 43555 人饮水安全问题。完成模式化稻田养鱼 10200 亩,实施 73 个贫困村光伏发电建设。对 12000 余名贫困人口、466 名贫困村创业致富带头人开展技能培训,新增 3000 名贫困人口就业。光大集团投入扶贫资金 1360 万元,23 家民营企业对 40 个村挂钩帮扶,社会人士结对帮扶贫困户 1670 户。全年完成 45 个贫困村、36471 名建档立卡贫困人口脱贫任务。

【绿色崛起】2017年，新化县围绕“绿色崛起·科学跨越”主题，建立健全环境保护责任考核机制、耕地保护责任审计制度、环境保护联合执法制度，建立河长体系和制度体系，在资江干流实施春季禁渔;立案各类环境案件106起，查处违法企业38家。西河、琅塘、白溪等污水处理厂建设加速推进;禁养区495家畜禽规模养殖场退出关闭到位，杨家山铜钨矿区EPC项目基本完工;60座加油站油气回收、1238台黄标车及城区两处燃煤锅炉、63家新型墙体材料砖厂、67家黏土砖厂全部按要求改造、处置、取缔到位，非法采矿得到有效遏制。成功争取国家畜禽粪污资源化利用整县推进项目。完成1455.5平方千米生态红线划定，完成龙湾湿地80千米立桩标界;绿化造林4.7万亩，修复退化林、湿地8.3万亩，完成59个村联村建绿。大熊山国家森林公园成为全省森林康养基地。构建“1+3”全域旅游综合管理体系;完成《新化全域旅游发展总体规划》等编制，完成紫鹊界景区提质建设、大熊山蚩尤谷、春姬峡游道建设，三联峒二期工程投入运营，渠江源景区二期、梅山古镇、桃花源、雅天等景区建设持续推进，智慧旅游监控指挥中心安装运行，油溪桥村成为AAA级景区，新增2家五星级、6家四星级乡村旅游区(点)。全年接待国内外旅游者同比增长20.3%;旅游综合收入同比增长21%。接待入境游客4.26万人次，增长32%，其中外国人1.61万人次，港澳台人员2.65万人次。

【农业提质】2017年，新化县农业农村工作实现农业增产、农民增收、农村稳定。完成5.1万亩高标准农田建设，茶叶、中药材、油茶林等特色作物种植面积40万亩，紫鹊界田园综合体、茶叶一、二、三产业融合发展、农业废弃物资源化循环利用等项目顺利推进，新化红茶、白溪豆腐、新化黄精国家地理标志证明商标认证进入公示阶段。农业工业化水平不断提升，农业特色更加突出。

【提档转型】2017年，新化县经济技术开发区申报获准为“省级高新技术开发区”。琅塘电子陶瓷环保窑、鑫鑫矿业铜矿采选、达润桶装水和果汁饮料生产线、步升取暖科技、排蜡厂、长江电子年产500万件新能源汽车陶瓷外壳、兴龙玻璃门窗等项目竣工投产;引进年产1000套惯导系统生产线、万吨食品生产线、陶瓷电阻生产线等一批高科技及产业链项目，完成8大类37大项158小项改革任务，新化文印科技公司成立运营。11月，联合国粮农组织批准新化紫鹊界梯田入选全球重要农业文化遗产保护名录。吉庆镇油溪桥村入选第五届全国文明村镇。获全国粮食生产先进县，农产品质量成为全国安全示范县，生猪生产进入全国百强，林下经济获全国示范县，为全国休闲农业与乡村旅游示范县。以全省第一名成绩获评全国电子商务进农村综合示范县。美丽乡村建设在100个创建村推进。主要旅游景区及乡镇植树、养花、种草已形成风气，油溪桥村获评全国文明村镇，奉家镇成为全省美丽乡村示范乡镇，土坪村成功创建省级美丽乡村示范村。

表97　**2017年度新化县先进集体和先进个人一览表**

获奖单位、先进个人	奖励名称	颁奖单位	颁发时间
新化县	省安全生产工作优秀单位	省人民政府	2017年12月
新化县	全省政府网站工作优秀单位	省人民政府	2018年3月
新化县	省粮食生产优秀县市区	省人民政府	2018年1月
新化县	全省查处“两非”典型案件先进单位	省人口与计划生育委员会	2017年12月
新化县	全国电子商务进农村综合示范县	商务部	2017年7月
新化县	湖南省旅游扶贫示范县	湖南省旅游发展委员会	2017年7月

续表97

获奖单位、先进个人	奖励名称	颁奖单位	颁发时间
新化县	全省农民维权监管工作先进市县	省农民权益维护和农民负担监督管理领导小组办公室	2017年12月
新化县	湖南省知识产权工作先进县	省知识产权局	2018年1月
吉庆镇油溪桥村	第五届全国文明村镇	中央文明委	2017年11月
县人民检察院	全国检察机关“文明接待室”	最高人民检察院	2017年10月
县人民检察院	全国检察机关派驻监管场所一级规范化检察室	最高人民检察院	2017年12月
县人民检察院	湖南省文明单位	湖南省委省政府	2017年3月
县人民法院	全省法院先进集体	省高级人民法院	2017年12月
县委史志办	省“以史铸魂”平台建设先进单位	省党史研究室	2017年9月
县档案局	全省档案宣传工作先进集体	省档案局	2017年9月
县工商联	全国“五好”县级工商联	中华全国工商业联合会办公厅	2017年12月
县工商联	湖南省“五好”县级工商联	省工商业联合会	2017年12月
县妇联	省妇联系统宣传工作先进单位	省妇联	2017年8月
县文联	全省文联系统先进单位	省文联	2018年1月
县发改局价格监测中心	湖南省价格监测先进单位	省价格监测中心	2018年1月
新化县价格认证中心	省价格认证工作先进单位	省发改委	2017年12月
县墙改办	湖南省墙体材料革新工作优秀基层单位	省墙改办	2017年3月
县散装水泥办	湖南省优秀县市区散装水泥办工室	省散装水泥办	2017年3月
县财政局	全省财政监督工作先进单位	省财政厅	2017年5月
县财政局	全省预算绩效管理先进单位	省财政厅	2017年6月
县财政局	全省金融与债务管理工作先进单位	省财政厅	2017年10月
县财政局	全省财政税政法制获奖单位	省财政厅	2017年12月

续表 97

获奖单位、先进个人	奖励名称	颁奖单位	颁发时间
县财政局	全省财政社会保障工作优秀调研报告先进单位	省财政厅	2017 年 8 月
县财政局	全省预算执行分析工作先进单位	省财政厅	2017 年 12 月
县财政局	全省固定资产投资决算报表编制先进单位	省财政厅	2017 年 12 月
县财政局	全省国外贷款管理工作先进单位	省财政厅	2017 年 12 月
县国土资源局	全省国土年鉴先进单位	省国土资源厅	2017 年 12 月
县国土资源局	全省永久基本农田划定工作表现突出单位	省国土资源厅	2018 年 3 月
县水利局	全省抗洪救灾先进集体	省委省政府	2017 年 9 月
县水利局	2017 年度芙蓉杯水利建设优秀单位	省水利厅	2018 年 1 月
县林业局	全国林业信息化建设先进单位	国家林业局	2017 年 5 月
县商务粮食局	省商务工作(招商引资)先进单位	省商务厅	2018 年 1 月
县移民局	市州移民工作绩效考评先进单位	省水库移民开发管理局	2017 年 12 月
县移民局	2017 年度信访工作先进单位	省水库移民开发管理局	2017 年 12 月
县地方税务局	湖南省文明单位	省文明委	2017 年 3 月
县地方税务局第五分局	全省地税系统先进基层税务分局	省地方税务局	2018 年 4 月
县计生协会	县市区计生协模范单位	省计生协会	2018 年 1 月
县经管局	全省农村经营管理工作先进单位	省农委农村经营管理处	2017 年 12 月
县经管局	全省培育发展家庭农场工作先进单位	省农委农村经营管理处	2017 年 12 月
县教育局	国培计划“送培到县”示范性培训项目工作先进单位	省中小学教师发展中心	2017 年
县文化市场综合执法大队	省“扫黄打非”工作办案有功集体先进单位	省“扫黄打非”工作小组	2017 年 1 月
梅山文化演艺有限公司	第七届全国服务农民、服务基层文化建设先进集体	中共中央宣传部国家新闻出版广电总局	2018 年 1 月
新化县城市综合交通体系规划(2014—2020)	2017 年度湖南省优秀城乡规划设计二等奖	湖南省城乡规划学会	2017 年 12 月

续表 97

获奖单位、先进个人	奖励名称	颁奖单位	颁发时间
新化县 2015 年度财政预算执行及其他财政收支审计项目	省优秀审计项目一等奖	省审计厅	2017 年 9 月
天门乡土坪村	省级美丽乡村建设示范村	省农委	2017 年 12 月
县国税局	省巾帼文明岗	省妇联	2018 年 2 月
县国税局	省级文明窗口单位	省文明办	2018 年 4 月
国网新化县供电公司	2017 年品牌建设先进集体	省电力有限公司	2018 年 2 月
国网新化县供电公司	企业文化建设先进单位	省电力有限公司	2018 年 1 月
国网新化县供电公司	2016—2018 全省依法办事示范窗口单位	省委法制湖南建设领导小组办公室	2016 年 12 月
国网新化县供电公司	全国厂务公开民主管理先进单位	全国厂务公开协调小组	2017 年 9 月
县国税局西河分局	省局系统 2016—2017 年度先进集体	省国家税务局	2017 年 12 月
新化农商银行	2017 年绩效考核先进单位	省农村信用合作联社	2017 年 3 月
新化农商银行	压不良 控风险先进单位	省农村信用合作联社	2017 年 10 月
县烟草专卖局	全省卷烟打假工作先进集体	省烟草局 省公安厅	2017 年 6 月
大熊山林场	2017 年度全省森林公园质量管理十佳单位	省林业厅	2018 年 2 月
县国家调查队	全省优秀县级调查队	国家统计局湖南调查总队	2018 年 1 月
中华联合财产保险股份有限公司新化县支公司	先进基层公司	中华联合财产保险股份有限公司湖南分公司	2018 年 2 月
中国人寿保险股份有限公司新化支公司	全省县域 30 强县支公司(第 8 名)	中国人寿湖南省分公司	2017 年 12 月
中国人寿保险股份有限公司新化支公司	模范职工之家	中国人寿总公司	2017 年 12 月
新化县矛盾调处中心	全国模范人民调解委员会	司法部	2017 年 7 月
新化县政协	湖南省政协云工作先进单位	湖南省政协	2017 年 11 月
金凤乡财政所	2016—2017 年度省级星级乡镇财政所	湖南省财政厅	2018 年 2 月
县教师进修学校	湖南省中小学教师网络研修工作先进单位	湖南省教师发展中心	2017 年 12 月

续表 97

获奖单位、先进个人	奖励名称	颁奖单位	颁发时间
县教师进修学校	“国培计划”(2017)、“送培到县”示范性培训项目实施工作先进单位	湖南省中小学教师发展中心	2017 年 12 月
新化县人民医院	2015—2017 年全省改善医疗服务行动示范医院	省卫生计生委	2018 年 3 月
新化县人民医院新生儿科	2017 年度湖南省优质护理服务表现突出科室奖	省卫生计生委、省中医药管理局	2018 年 5 月
新化县三联洞	湖南省文明风景旅游区	省文明委	2018 年 4 月
县人武部	抗洪救灾先进单位	省军区	2017 年 9 月
郑太红	全国卫生计生系统劳动模范	人社部	2017 年 8 月
吴海春	全国麻风防治先进工作者	中国麻风防治协会	2017 年 8 月
朱国飞	抗洪救灾先进个人	省军区	2017 年 9 月
刘剑锋	全国税务系统打击发票违法犯罪先进个人	国家税务总局	2017 年 10 月
伍铁希	湖南省人民满意公务员	省委组织部	2017 年 5 月
伍铁希	全国模范人民调解员	司法部	2017 年 7 月
段湘桂	全国优秀普法辅导员	中央综治委、司法部、国家关工委	2017 年 8 月
邹国平	全国系统先进个人	中国人寿总公司	2017 年 12 月
彭育晚	“中国好人”	中央文明办	2017 年 4 月
彭育晚	“湖南好人”	省文明办	2017 年 2 月
谭康来	“湖南好人”	省文明办	2017 年 4 月
李文辉	“湖南好人”	省文明办	2017 年 10 月
彭可夫	“湖南好人”	省文明办	2017 年 10 月
陈望中	“湖南好人”	省文明办	2017 年 11 月

统计公报

Statistical bulletin

◎2017年娄底市国民经济和社会发展统计公报
◎行政区划与自然资源(2017年)情况表
◎总产出(2017年)情况表
◎地区生产总值构成项目(2017年)情况表
◎按2015年可比价格计算的生产总值情况表
◎按支出法计算的生产总值情况表
◎按产品和行业划分的资本形成总额情况表
◎最终消费支出情况表
◎人均GDP及居民消费水平情况表
◎各县市区总产出(2017年)情况表
◎各县(市、区)生产总值及构成(2017年)一览表
◎各县(市、区)生产总值指数(2017年)一览表
◎各县(市、区)支出法生产总值(2017年)一览表
◎各县(市、区)支出法生产总值结构(2017年)一览表
◎各县(市、区)人均居民消费水平(2017年)一览表

2017年娄底市国民经济和社会发展统计公报

2017年，市委、市政府带领全市人民认真贯彻落实党中央、国务院和省委、省政府决策部署，紧紧围绕建设富饶美丽健康祥和新娄底目标，大力实施创新引领开放崛起战略，坚持“加速转型、奋力赶超”，统筹推进稳增长、促改革、调结构、惠民生、防风险各项工作，全面推进七个“三年行动计划”，坚决打好“三大攻坚战”，经济运行稳中有进、稳中向好、好于预期，全市各项主要经济指标增幅居全省前列，努力开创全市经济社会发展新局面。

一、综合

初步核算，全市实现地区生产总值1544.98亿元，同比增长8.5%。其中，第一产业增加值215.96亿元，同比增长4.1%；第二产业增加值724.72亿元，同比增长7.1%；第三产业增加值604.29亿元，同比增长12.0%。按常住人口计算，全市人均GDP 39555元，增长7.8%。

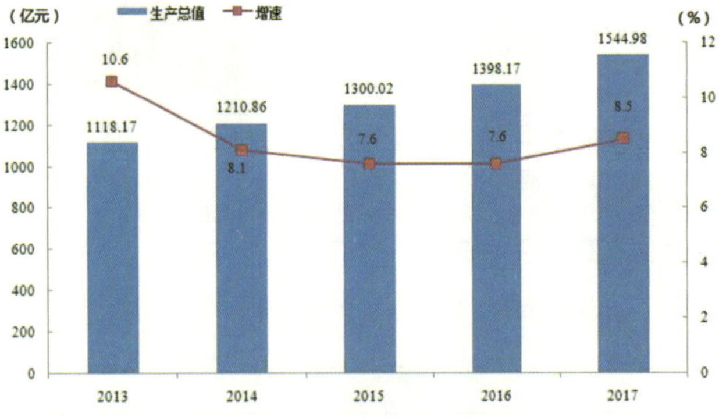

图1 2013—2017年全市地区生产总值及增长速度

全市三次产业结构由上年14.7∶47.8∶37.5调整为14.0∶46.9∶39.1，第三产业占比提高1.6个百分点，三次产业对全市经济增长贡献率分别为6.7%、41.5%和51.8%，分别拉动全市GDP增长0.6个、3.5个和4.4个百分点。全市非公有制经济增加值697.13亿元，增长7.8%，占地区生产总值比重为45.1%，对全市经济增长贡献率为42.2%。

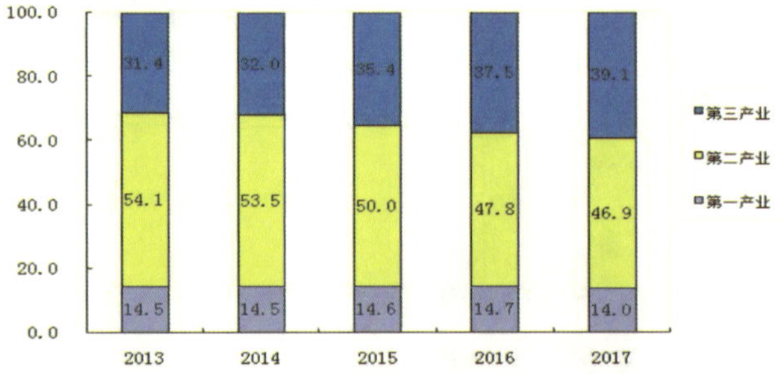

图2 2013—2017年全市三次产业结构

全市公共财政预算收入115.62亿元，同比增长10.5%，其中地方财政收入70.29亿元，增长5.2%。全市公共财政预算支出277.84亿元，增长3.8%，其中，教育、科技、文化、交通、医疗卫生、节能环保、社会保障与就业、城乡社区事务、农林水、住房保障等民生支出206.43亿元，占全市财政支出比重达74.3%。

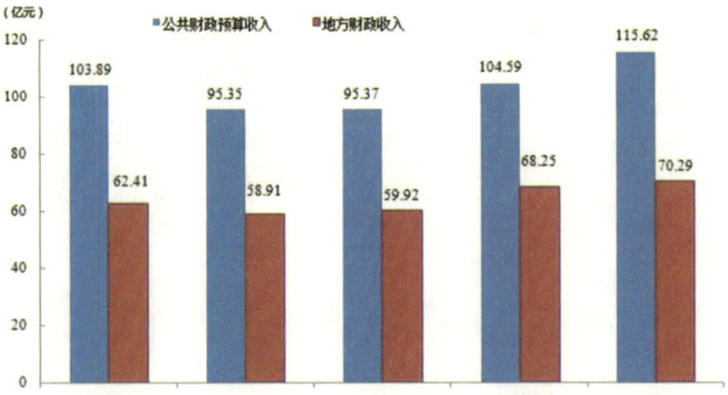

图3 2013—2017年全市公共财政预算收入和地方财政收入

表 98　2017 年全市财政收入和支出

指标	绝对数(万元)	增长(%)
公共财政预算收入	1156223	10.5
地方财政收入	702890	5.2
其中:税收收入	417569	16.4
非税收入	285321	-7.7
上划中央级税收	365031	19.0
上划省级税收	88302	24.0
公共财政预算支出	2778358	3.8
其中:一般公共服务支出	383816	29.4
教育支出	493858	5.7
科学技术支出	11932	37.7
文化体育与传媒支出	34540	12.1
社会保障和就业支出	449580	3.0
医疗卫生与计划生育支出	298360	-12.6
节能环保支出	50598	-27.0
城乡社区事务支出	179306	39.6
农林水事务支出	346168	20.4
住房保障支出	96814	-39.5

全市居民消费价格比上年上涨 1.5%，其中食品烟酒类下降 2.6%，衣着类上涨 1.3%，居住类上涨 4.0%,生活用品及服务类上涨 2.0%,交通和通信类上涨 2.0%,教育文化和娱乐类上涨 0.6%,医疗保健类上涨 14.0%,其他用品和服务类上涨 1.9%。全市工业生产者出厂价格上涨 5.8%，工业生产者购进价格上涨 7.2%。

二、农业

全市农林牧渔业总产值 344.55 亿元，同比增长 4.2%。其中,农业产值 144.55 亿元,增长 5.5%;林业产值 6.92 亿元,增长 10%;牧业产值 174.04 亿元,增长 2.6%;渔业产值 17.0 亿元,增长 6.8%,农林牧渔服务业产值 2.04 亿元,增长 9.8%。

全市粮食种植面积 278.8 千公顷，同比增长 0.4%;蔬菜种植面积 49.82 千公顷,增长 10.6%;油料种植面积 40.78 千公顷，增长 3%。全市粮食总产量 165.3 万吨,增长 2.6%;蔬菜产量 175.72 万吨,增长 11.8%；油料产量 5.40 万吨，增长 5.6%；肉类产量 42.90 万吨，增长 6.5%；禽蛋产量 3.05 万吨，增长 1.9%；水产品产量 9.79 万吨，增长 7.2%。生猪出栏 527.34 万头，增长 4.7%；牛出栏 19.05 万头，增长 0.6%;羊出栏 35.5 万头,增长 2.3%,家禽 2058.96 万羽,增长 0.3%。

全市财政资金中农林水事务支出 34.62 亿元,占全市公共财政预算支出 12.5%。全年开工水利建设工程 6 万处,投入资金 9.88 亿元,完成土石方 7500 万立方米,新增农田有效灌溉面积 5.36 万亩,新增节水灌溉面积 6.71 万亩，治理水土流失面积 31.74 平方公里。完成农村公路提质改造 696 千米,农村公路安保设施建设 700 千米。

三、工业和建筑业

全市实现全部工业增加值 638.69 亿元,同比增长 7.3%。规模以上工业增加值增长 8.7%,其中非公有制规模以上工业增加值增长 7.5%。在规模以上工业中,按经济类型分，国有企业基本持平；集体企业下降 12.0%,股份制企业增长 11.6%,外商及港澳台投资企业增长 11%。按企业规模分,大中型企业增长 9.6%,小微型企业增长 7.8%。按行业分,农副食品加工业增长 30.6%,医药制造业增长 18.7%,非金属矿物制品业基本持平，石油加工、炼焦和核燃料加工业下降 22.6%,黑色金属及压延加工业增长 10.7%,有色金属及压延加工业下降 21.4%，通用设备制造业下降 0.1%,专用设备制造业增长 18.8%。

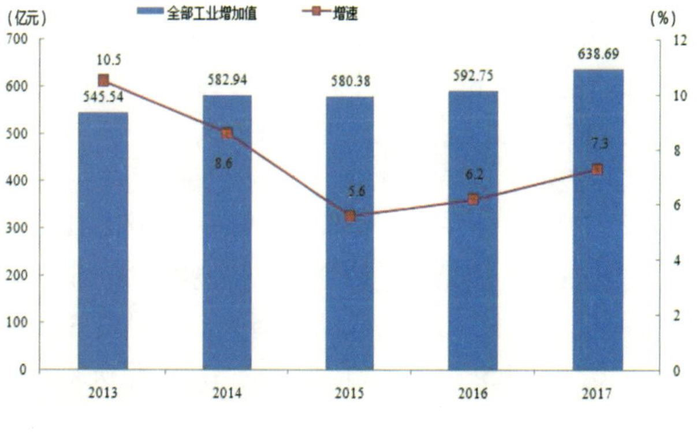

图 4 2013—2017 年全市工业增加值及增长速度

全市省级及以上园区规模工业增加值同比增长 11.3%，占全市规模以上工业增加值比重为 68.5%。全市高加工度工业增加值增长 12.2%,高技术产业增加值增长 16.9%。全市六大高耗能行业增加值增长 2.7%，占规模以上工业增加值比重为 37.3%，比上年同期下降 4.3 个百分点。

全市重点监测 10 种主要工业产品产量中，原煤产量 680.38 万吨，同比下降 13.2%；生铁 950.2 万吨，下降 1.6%；粗钢 1053.6 万吨，增长 8.0%；钢材 1245.5 万吨，增长 21.1%；氮肥（折纯）4.26 万吨，下降 82.3%；发电量 122.43 亿千瓦时，增长 5%；焦炭 413.2 万吨，下降 2.2%；纯碱 15.62 万吨，增长 0.9%；锑品 6.52 万吨，增长 5.5%；水泥 1419.7 万吨，下降 1.1%。

全市规模以上工业企业实现利润总额 128.6 亿元，同比增长 72.9%。分经济类型看，国有企业盈利 2180 万元；集体企业盈利 1.54 亿元；股份制企业盈利 110.29 亿元，增长 63.7%；外商及港澳台投资企业盈利 12.89 亿元。

全市建筑业增加值 86.47 亿元，增长 5.9%；全市具有建筑资质等级总承包和专业承包建筑业企业 133 家，完成建筑业总产值 296.24 亿元，增长 17%。房屋建筑施工面积 1286.11 万平方米，增长 9.8%，房屋建筑竣工面积 678.48 万平方米，增长 12.1%。

四、固定资产投资

全市施工项目 2904 个，同比增长 7.1%，新开工项目 2245 个，增长 10.3%，投产项目 1910 个，减少 1.5%。

全市完成固定资产投资 1376.32 亿元，增长 14.7%。分类型看，国有投资 550.95 亿元，增长 20.8%，非国有投资 825.37 亿元，增长 10.9%，其中，民间投资 792.65 亿元，增长 9.8%，占全部投资比重为 57.6%。分产业看：第一产业投资 89.47 亿元，增长 32.2%；第二产业 578.52 亿元，增长 16.9%；第三产业 708.33 亿元，增长 11.1%，第三产业投资占全市投资比重为 51.5%，超过第二产业占比 9.5 个百分点。

全市采矿业完成投资 51.38 亿元，同比下降 10.5%，制造业投资 453.54 亿元，增长 16.1%，基础设施投资 389.77 亿元，增长 27.6%，高技术产业投资 86.04 亿元，增长 30.4%，战略性新兴产业投资 321.24 亿元，增长 12.5%，生态环境投资 57.28 亿元，下降 14.7%。

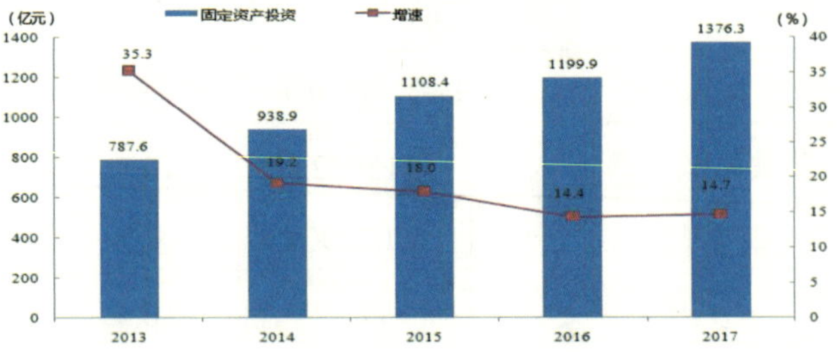

图 5 2013-2017 年全市固定资产投资及增长速度

全市房地产开发投资 73.05 亿元，同比下降 21.4%。其中住宅投资 53.4 亿元，下降 18.1%，办公楼投资 0.56 亿元，下降 24.7%，商业营业用房投资 12.02 亿元，下降 39.7%。商品房销售面积 292.4 万平方米，增长 20.8%，其中期房销售面积 226.49 万平方米，现房销售面积 65.88 万平方米。商品房销售额 117.53 亿元，增长 32.5%，其中，住宅销售额 96.28 亿元，增长 46.8%。商品房待售面积 60.8 万平方米，下降 24.8%。

五、贸易外经

全市完成社会消费品零售总额 537.44 亿元，增长 10.8%。按经营地分，城镇消费品零售额 453.97 亿元，增长 10.6%，乡村消费品零售额 83.47 亿元，增长 11.5%。按消费类型分，商品零售额 493.79 亿元，增长 11.2%，餐饮收入额 43.65 亿元，增长 6.3%。按限额类别分，限额以上单位零售额 238.86 亿元，增长 14.8%；限额以下零售额 298.59 亿元，增长 7.7%。限额以上批零企业商品零售额中，粮油、食品类 32.43 亿元，增长 42.3%；服装鞋帽针纺织品类 15.26 亿元，增长 18.9%；化妆品类 2.82 亿元，增长 7%；金银珠宝类 3 亿元，增长 19.9%；日用品类 7.87 亿元，增长 3.7%；家用电器和音像器材类 27.29 亿元，增长 10.2%；五金电料类 10.37 亿元，增长 18.9%；石油及制品类 30.49 亿元，增长 14.9%；汽车类 67.56 亿元，增长 18.4%。

图 6 2013—2017 年全市社会消费品零售总额及增长速度

全市实现进出口总额 81.78 亿元，同比增长 37.6%，其中，出口额 20.42 亿元，增长 34.4%，进口额 61.36 亿元，增长 38.7%。在出口货物中，从贸易方式看，一般贸易出口 7.04 亿元，加工贸易出口 0.36 亿元；从重点商品看，机电产品出口 1.99 亿元，高新技术产品出口 4.83 亿元，农产品出口 0.69 亿元。全市规模工业企业出口交货值 17.61 亿元，增长 13.7%。全市实际利用外资 4.62 亿美元，增长 16.1%，全市内联引资到位资金 606.44 亿元，增长 17.6%。

六、交通、邮电和旅游

全市公路货运量 10355 万吨，同比增长 15.7%；货物周转量 109.14 亿吨千米，增长 20.7%；公路客运量 5451 万人，减少 9.4%；旅客周转量 16.89 亿人千米，下降 3.5%。年末全市公路(不含高速公路)线路里程 14717.5 千米，高速公路里程 319.8 千米。全市民用汽车保有量 31.3 万辆，增长 11.5%，其中私人汽车保有量 29.5 万辆，增长 13.3%。

全市完成电信业务总量 42.0 亿元(按 2015 年不变价计算)，增长 58.1%，邮政业务总量 5.75 亿元(按 2010 年不变价计算)，增长 46.2%。年末全市固定电话用户 25.41 万户，减少 7.7%；移动电话用户 328.47 万户，增长 16.9%；互联网宽带用户 66.97 万户，增长 23.3%。

全年旅游者总人数 3466.12 万人次，增长 21.3%，其中国内旅游者 3463.67 万人次，增长 21.3%。实现旅游总收入 251.38 亿元，增长 25%，其中国内旅游收入 250.86 亿元，增长 25%。

七、金融

年末全市金融机构各项存款余额 1716.19 亿元，比年初增加 207.76 亿元，其中住户存款余额 1178.64 亿元，比年初增加 136.21 亿元，非金融企业存款余额 242.83 亿元，比年初增加 19.4 亿元；年末金融机构各项贷款余额 890.23 亿元，比年初增加 50.58 亿元，其中住户贷款 331.97 亿元，比年初增加 54.04 亿元，非金融企业及机关团体贷款 558.26 亿元，比年初减少 3.47 亿元。

表 99　**2017 年全市金融机构本外币存贷款余额及增速一览表**

指标	年末余额(万元)	增长(%)
金融机构本外币各项存款余额	17161879	13.8
其中:住户存款	11786415	13.1
非金融企业存款	2428283	9.2
广义政府存款	2933102	21.3
非银行业金融机构存款	10662	-30.5
境外存款	3418	3.5
全年新增本外币各项存款	2077641	-7.1
金融机构本外币各项贷款余额	8902294	6.0
其中:住户贷款	3319650	19.5
非金融企业及机关团体贷款	5582587	-0.6
# 个人住房消费贷款	1359330	14.0
# 中小微企业贷款	2605763	5.8
# 农、林、牧、渔业贷款	73000	9.5
# 制造业贷款	1086884	-12.8
全年新增本外币各项贷款	505780	3.2
金融机构人民币各项存款余额	17135439	13.8
金融机构人民币各项贷款余额	8805507	6.1

全市10家证券公司营业部完成证券交易额1282.4亿元，同比下降20.1%；2家期货公司完成成交金额1316.38亿元，下降8.4%。28家保险公司实现原保险保费收入51.14亿元，增长25%，其中财产保险收入13.76亿元，增长16.9%，寿险收入33.01亿元，增长26.6%，健康险收入3.78亿元，增长49.6%，意外伤害险收入0.59亿元，增长9.9%；各项赔款与给付支出18.53亿元，增长16.7%，其中财产保险赔付7.94亿元，增长29.0%，寿险赔付9.3亿元，增长3.2%，健康险赔付1.12亿元，增长102.3%，意外伤害险赔付0.17亿元，增长12.2%。

八、教育和科学技术

全年普通高等教育招生0.90万人，在校生2.92万人，毕业生0.67万人；各类中等职业教育招生1.24万人，在校生3.51万人，毕业生0.99万人；37所普通高中招生2.67万人，在校生7.95万人，毕业生2.37万人；244所初中学校招生5.04万人，在校生14.53万人，毕业生4.68万人；759所普通小学招生6.04万人，在校生34.08万人，毕业生5.04万人；特殊教育招生191人，在校生500人，毕业生26人；幼儿园在园幼儿13.32万人；各类民办学校718所，在校学生15.15万人。

全市完成高新技术产业总产值1125.5亿元，同比增长21%；高新技术产业增加值218.8亿元，增长17.6%。全市申请专利1871件，其中发明专利申请309件；全市专利授权1143件，同比增长4.6%，其中发明专利授权106件，同比增长16.5%。

九、文化、卫生和体育

年末全市有艺术表演团体5个，群众艺术馆和文化馆6个，博物馆和纪念馆4个，公共图书馆6个，国家级非物质文化遗产保护目录4个，省级非物质文化遗产保护目录7个。出版报纸4种，报纸总印数1498.8万份，出版期刊1种，期刊出版总印数0.6万册。放映农村公益电影3.92万场。全市有广播电台5座，电视台5座，有线电视用户59.16万户，电视综合人口覆盖率99.67%，广播综合人口覆盖率99.79%。

年末有医疗卫生机构3883个，其中医院86个，乡镇卫生院77个，社区卫生服务中心14个，村卫生室3409个，诊所、卫生室、医务室254个，妇幼保健机构6个，疾病预防控制中心6个。卫生技术人员20708人，其中执业医师及执业助理医师9975人，注册护士7324人。医疗卫生机构床位25098张，其中医院17727张，乡镇卫生院5872张，妇幼保健机构1067张，社区卫生服务中心372张。

全市各类体育场地5180个，其中体育馆15座，运动场384个，游泳池31个，各种训练房248个。开展全民健身项目165项次，经常参加体育锻炼人数达到186万人次，新建农民体育健身工程行政村60个。获全国冠军3个，全国冠军分别为第十三届全运会女子200米，女子4×100米接力，女子4×400米接力三块金牌，实现全市在全运会上金牌零突破。

十、资源、环境和安全生产

全市已发现矿种56种，已探明资源储量矿种28种，其中能源矿产4种，金属矿产11种，非金属矿产13种。实施地质勘查项目（含续作项目）8个，实施老矿山边深部找矿项目3个，完成资源整合重点矿区3个。全年水资源总量67.81亿立方米，平均年降水量1445.8毫米，年末全市大型水库蓄水总量7551万立方米，总用水量15.16亿立方米。

全年完成造林面积1万公顷，全市活立木蓄积量1508.8万立方米，森林覆盖率为50.25%。实际监测地表水断面中，满足Ⅲ类标准及以上断面比例95.24%；全年中心城区环境空气质量优良天数达到318天，优良率为87.1%；中心城区污水处理率达97.05%，比上年提高6.41个百分点，城市生活垃圾无害化处理率100%。中心城区建成区面积49.8平方公里，城市人均公园绿地面积9.61平方米。

全年能源消费总量同比增长2.12%，万元地区生产总值能源消耗量下降5.87%。全年规模工业综合能源消费量下降2.2%，万元规模工业增加值能源消耗量下降9.4%。

全年发生各类生产经营性安全事故32起，死亡43人，其中道路交通事故7起，死亡6人。亿元GDP事故死亡人数为0.0278人，工矿商贸从业人员十万人事故死亡人数2.22人，煤矿百万吨煤死亡人数1.844人，道路交通万车死亡人数1.834人。

十一、人口、人民生活和社会保障

年末全市总人口453.61万人，常住人口391.76万人，其中城镇人口185.34万人，乡村人口206.42万人，城镇化率为47.31%，比上年提高2.02个百分点。全年出生人口5.98万人，出生率为16.52‰，死亡人口2.71万人，死亡率为6.95‰，自然增长率为9.57‰。

表 100 2017 年末全市常住人口数及构成表

指 标	年末数(万人)	比重(%)
年末常住人口	389.4	100
其中:城镇人口	184.23	47.59
乡村人口	205.17	52.41
其中:男性人口	202.84	52.09
女性人口	186.57	47.91
其中:0~54 岁人口(含不满 16 周岁)	77.29	19.85
16~59 岁人口(含不满 60 周岁)	244.67	62.83
60 岁及以上人口	67.44	17.32
#65 岁及以上	46.36	11.83

全市居民人均可支配收入 16813 元，同比增长 9.8%,扣除价格因素影响实际增长 8.2%;其中城镇居民人均可支配收入 25634 元,增长 8.3%,扣除价格因素影响实际增长 6.7%。城镇居民收入中,工资性收入 15074 元,经营净收入 1970 元,转移净收入 7199 元,财产净收入 1392 元。农民人均可支配收入 10530 元,增长 10.5%,扣除价格因素影响实际增长 9.2%,其中工资性收入 5173 元,经营净收入 2102 元,转移净收入 3172 元,财产净收入 83 元。

全市居民人均消费支出 13345 元，同比增长 8.3%，其中城镇居民人均消费支出 17734 元，增长 6.4%;农民人均消费支出 10220 元,增长 9.5%。城镇居民家庭人均住房面积 45.1 平方米，农村居民人均住房面积 72.1 平方米。

全市新增城镇就业人员 3.79 万人，帮助失业人员实现再就业 1.81 万人,城镇登记失业率为 4.39%。年末参加企业职工基本养老保险人数 40.05 万人,参加机关事业单位基本养老保险人数 13.92 万人,参加城乡居民基本养老保险人数 192.16 万人；参加基本医疗保险人数 397 万人，其中城乡居民基本医疗保险 360.26 万人,城镇职工基本医疗保险 36.74 万人；参加失业保险职工人数 33.01 万人,全年领取失业保险金职工人次为 3.17 万人。参加工伤保险职工人数 40.5 万人。参加生育保险职工人数 20.58 万人。全市有 4.78 万人享受城镇居民最低生活保障，发放城镇居民最低生活保障经费 1.99 亿元;8.04 万人享受农村居民最低生活保障，发放农村居民最低生活保障经费 2.12 亿元。年末各类福利机构床位数 23246 张，各类社会福利单位收养人员数 14623 人。城镇各种社区服务设施 520 个,其中综合性社区服务中心 258 个。全年销售社会福利彩票 36100 万元,筹集福彩公益金 10030 万元,直接接收社会捐赠 702.3 万元。

说明：1.本公报数据为初步统计数；

2.生产总值(GDP)、各产业增加值绝对数按照现价计算,增长速度按可比价计算

表 101　　行政区划与自然资源(2017 年)情况表

	单位	合计	娄星区	双峰县	新化县	冷水江市	涟源市	开发区
一、行政区划								
乡	个	14	1	3	7	1	2	
镇	个	56	5	12	18	5	16	
街道办事处	个	15	5		3	4	1	2
村民委员会	个	1835	144	486	639	92	461	13
居民委员会	个	261	60	37	48	58	43	15
二、人口								
年底人口数	万人	453.61	61.15	90.11	150.88	37.06	114.41	
人口密度	人/平方千米	559	971	565	417	846	625	
三、土地								
土地面积	平方千米	8109.59	630.02	1596	3619.93	437.89	1830.01	
耕地	千公顷	192.8	16.86	50.21	65.65	7.14	52.94	
人均耕地	亩/人	0.64	0.41	0.84	0.65	0.29	0.69	
四、森林								
有林地面积	千公顷	345.35	21.59	63.23	179.62	16.88	64.03	
森林覆盖率	%	50.25	60.72	44.33	56.97	51.66	40.02	
林木蓄积量	万立方米	1571.24	108.25	335.08	811.55	70.91	245.45	

说明:1.娄星区人口、土地、森林数据包含娄底经开区数据;2.因行政区划调整后,市国土局没有公开发布和提供各县市区土地面积数据,本表娄星区、双峰县、涟源市土地面积数据来源于《娄底市人民政府关于我市部分行政区划调整的通知》(娄政发〔2017〕4 号)文件发布的数据

表 102

总产出（2017 年）情况表

单位：万元，%

	按当年价格计算		以上年为 100 的指数	
	2017 年	2016 年	2017 年	2016 年
总产出	36566241	35664756	107.9	107.3
农林牧渔业	2465623	2374774	104.2	103.6
农业	1198992	1147464	105.0	107.8
林业	69253	60594	110.0	108.8
畜牧业	966147	958924	102.6	99.8
渔业	142394	128323	106.8	108.9
农林牧渔服务业	88837	79469	105.5	109.8
工业	22223294	22965554	106.8	106.3
采矿业	2579766	2723788	88.0	102.1
#开采辅助活动	810	760	104.6	106.6
制造业	18182402	19161739	108.5	107.2
#金属制品、机械和设备修理业	16442	14942	105.8	107.1
电力、热力、燃气及水的生产供应业	1461126	1080027	124.0	101.1
建筑业	2368959	2076759	105.9	107.3
批发和零售业	1225739	981937	119.8	107.2
批发业	480673	387926	118.6	107.7
零售业	745066	594011	120.5	107.0
交通运输、仓储和邮政业	1569764	1303762	115.8	105.5
铁路运输业	180352	158414	106.9	100.5
道路运输业	1049465	869421	117.2	107.0
水上运输业				
航空运输业				
邮政业	31240	21697	127.2	118.8
其他	308707	254230	115.7	103.0
住宿和餐饮业	713449	554036	119.8	109.8
住宿业	158759	115432	127.5	104.4
餐饮业	554690	438604	117.7	111.4
信息传输、软件和信息技术服务业	515518	418674	126.9	125.8

续表 102

单位:万元、%

	按当年价格计算		以上年为 100 的指数	
	2017 年	2016 年	2017 年	2016 年
电信、广播电视和卫星传输服务	489256	404408	125.1	125.7
其他	26262	14266	178.9	128.9
金融业	720937	597081	108.0	106.3
货币金融服务	544561	441673	107.4	110.3
资本市场服务	46856	46314	100.3	68.9
保险业	122281	102564	112.8	113.1
其他金融业	7239	6530	106.9	121.1
房地产业	500535	402548	112.4	106.2
房地产开发经营	185525	133344	127.9	108.5
其他房地产活动	27279	22877	113.5	108.6
自有房地产经营活动	287731	246327	104.4	104.8
租赁和商务服务业	445007	323281	129.3	146.7
科学研究和技术服务业	83207	79125	105.0	113.0
水利、环境和公共设施管理业	102602	100820	106.6	102.0
居民服务、修理和其他服务业	672977	640449	105.6	115.8
教育	869346	829851	106.3	122.0
卫生和社会工作	499801	486363	106.4	107.6
文化、体育和娱乐业	271497	171401	140.6	163.9
公共管理、社会保障和社会组织	1317986	1358341	101.4	106.4
第一产业	2376786	2295305	104.2	103.6
第二产业	24575001	25026611	106.7	106.4
第三产业	9614454	8342840	112.5	111.7

说明:1. 为更好地反映创新对经济增长的贡献,国家和省级实施了研发支出核算方法改革,将研发支出纳入GDP 核算, 根据全省反馈的全市研发支出新增 GDP 及分行业数据, 对 2015 年及 2016 年 GDP 相关数据进行修正; 2. 根据《国民经济行业分类》(GB/T4754 -2011),2013 年国家统计局对三次产业划分进行了修订,将“农、林、牧、渔业”中的“农、林、牧、渔服务业”,“采矿业”中的“开采辅助活动”,“制造业”中的“金属制品、机械和设备修理业”等三个大类调入第三产业,自 2014 年起三次产业数据按照此标准进行统计; 3. 本章人均地区生产总值、居民消费及消费水平等指标自 2000 年起按常住人口计算,2000 年以前按户籍人口计算

表 103　　地区生产总值构成项目(2017 年)情况表

单位:万元

项　目	增加值	劳动者报酬	生产税净额		固定资产折旧	营业盈余
				补贴		
地区生产总值	14118145	7684820	2088445	12614	1759181	2585699
农林牧渔业	1573306	1508311	-12614	12614	43268	34341
农业	855867	820510	-7100	7100	23537	18920
林业	52610	50437	-404	404	1447	1130
畜牧业	497141	476603	-3821	3821	13672	10687
渔业	122387	117331	-941	941	3366	2631
农林牧渔服务业	45301	43430	-348	348	1246	973
工业	5736877	1761221	1434220		940848	1600588
采矿业	828105	254228	207026		135809	231042
#开采辅助活动	260	80	65		43	72
制造业	4527418	1389917	1131855		742497	1263149
#金属制品、机械和设备修理业	4094	1257	1024		671	1142
电力、热力、燃气及水的生产供应业	381354	117076	95339		62542	106397
建筑业	864670	647638	99437		26805	90790
批发和零售业	862920	361563	245069		35380	220908
批发业	368941	154586	104779		15127	94449
零售业	493979	206977	140290		20253	126459
交通运输、仓储和邮政业	807801	530432	114140		95730	67499
铁路运输业	108031	59772	29195		26143	-7079
道路运输业	550969	369150	73831		57299	50689
水上运输业						
航空运输业						
邮政业	10809	8874	368		4605	-3038
其他	137992	92636	10746		7683	26927
住宿和餐饮业	291730	230991	22912		10976	26851
住宿业	69854	39956	7824		8313	13761
餐饮业	221876	191035	15088		2663	13090
信息传输、软件和信息技术服务业	332010	35503	13583		100063	182861

续表 103　　单位:万元

项　目	增加值	劳动者报酬	生产税净额		固定资产折旧	营业盈余
				补贴		
电信、广播电视和卫星传输服务	315570	29979	11676		97827	176088
其他	16440	5524	1907		2236	6773
金融业	396782	151000	39471		11767	194544
货币金融服务	287528	106673	25015		10351	145489
资本市场服务	35892	15972	7035		502	12383
保险业	68722	22884	7147		756	37935
其他金融业	4640	5471	274		158	-1263
房地产业	403579	74172	47734		286372	-4699
房地产开发经营	113356	62686	46023		14283	-9636
其他房地产活动	19668	11486	1711		1534	4937
自有房地产经营活动	270555				270555	
租赁和商务服务业	262109	171944	20182		17561	52422
科学研究和技术服务业	63404	45017	3170		3994	11223
水利、环境和公共设施管理业	81363	71518	488		5289	4068
居民服务、修理和其他服务业	401094	321677	38906		10428	30083
教育	640708	570230	3844		53179	13455
卫生和社会工作	283887	236478	2271		17033	28105
文化、体育和娱乐业	184089	110786	14700		25943	32660
公共管理、社会保障和社会组织	931816	856339	932		74545	
第一产业	1528005	1464881	-12266	12266	42022	33368
第二产业	6597193	2407522	1532568		966939	1690164
第三产业	5992947	3812417	568143	348	750220	862167

表 104　　按 2015 年可比价格计算的生产总值情况表

单位:万元

项　　目	按可比价格计算		以上年为 100 的指数	
	2017 年	2016 年	2017 年	2016 年
地区生产总值	14561251	13427296	108.4	107.6
农林牧渔业	1493189	1433724	104.1	103.6
农业	825526	787716	104.8	108.4
林业	40499	36817	110.0	107.1
畜牧业	483193	473255	102.1	98.2
渔业	101205	95476	106.0	108.7
农林牧渔服务业	42766	40460	105.7	110.0
工业	6579983	6161033	106.8	106.2
采矿业	796497	905110	88.0	102.1
#开采辅助活动	264	246	107.3	103.8
制造业	5428506	4969649	109.2	107.2
#金属制品、机械和设备修理业	4034	3760	107.3	105.6
电力、热力、燃气及水的生产供应业	354980	286274	124.0	101.2
建筑业	797270	752747	105.9	107.3
批发和零售业	821323	685872	119.7	106.6
批发业	350486	295123	118.8	106.2
零售业	470837	390749	120.5	107.0
交通运输、仓储和邮政业	764326	661182	115.6	104.6
铁路运输业	100239	93769	106.9	100.5
道路运输业	525206	448128	117.2	105.6
水上运输业				
航空运输业				
邮政业	9282	7297	127.2	118.8
其他	129599	111988	115.7	103.0
住宿和餐饮业	266995	222485	120.0	108.6
住宿业	65464	51356	127.5	104.4
餐饮业	201531	171129	117.8	109.9
信息传输、软件和信息技术服务业	331986	261649	126.9	125.8

续表 104 单位:万元

项　目	按可比价格计算		以上年为 100 的指数	
	2017 年	2016 年	2017 年	2016 年
电信、广播电视和卫星传输服务	316389	252926	125.1	125.7
其他	15597	8723	178.8	129.1
金融业	354854	328873	107.9	105.9
货币金融服务	239218	222528	107.5	112.8
资本市场服务	33478	33345	100.4	68.5
保险业	77471	68619	112.9	113.1
其他金融业	4687	4381	107.0	114.1
房地产业	356287	321369	110.9	106.0
房地产开发经营	97543	76265	127.9	108.5
其他房地产活动	18499	16299	113.5	108.6
自有房地产经营活动	240245	228805	105.0	105.0
租赁和商务服务业	243306	188244	129.3	139.4
科学研究和技术服务业	62518	59518	105.0	112.0
水利、环境和公共设施管理业	71191	66774	106.6	102.0
居民服务、修理和其他服务业	398499	377081	105.7	114.8
教育	632522	594742	106.4	121.8
卫生和社会工作	261888	246045	106.4	107.6
文化、体育和娱乐业	157924	112135	140.8	157.9
公共管理、社会保障和社会组织	967190	953823	101.4	106.4
第一产业	1450423	1393264	104.1	103.6
第二产业	7372955	6909774	106.7	106.3
第三产业	5737873	5124258	112.0	111.3
地区外净要素收入				
人均地区生产总值	37281	34580	107.8	107.1

表 105

按支出法计算的生产总值情况表

单位:万元,%

项　　目	按当年价格计算		按可比价格计算			
			绝对额		以上年为 100 的指数	
	2017	2016	2017 年	2016 年	2017 年	2016 年
支出法地区生产总值	13981748	13000169	13994437	13000169	107.6	107.6
支出法地区生产总值	14118145	13389856	14561251	13429085	108.4	107.6
一、最终消费支出	7271017	6681816	7022056	6566099	106.9	108.1
居民消费支出	5475411	4995801	5285937	4900076	107.9	109.1
城镇居民	3288467	2954704	3176230	2896992	109.6	112.3
农村居民	2186944	2041097	2109707	2003084	105.3	104.8
政府消费支出	1795606	1686015	1736119	1666023	104.2	105.1
二、资本形成总额	8149240	7677195	8061312	7611728	105.9	106.7
固定资本形成总额	7673941	7153644	7608041	7111045	107.0	106.9
存货变动	475299	523551	453271	500683	90.5	104.4
三、货物和服务净流出	-1302112	-969155	-522117	-748742	69.7	87.4
流出	204155	291988	194433	279147	69.7	97.9
流入	1506267	1261143	716550	1027889	69.7	93.5

表 106

按产品和行业划分的资本形成总额情况表

单位:万元

项　　目	2017 年	2016 年
资本形成总额	8149240	7677195
一、固定资本形成总额	7673941	7153644
1. 住宅	727683	870250
2. 非住宅建筑物	4285770	3881234
3. 机器和设备	1557477	1378927
4. 土地改良支出	5000	4500
5. 矿藏勘探费	600	580
6. 计算机软件		
7. 其他	1097411	1018153
二、存货变动	475299	523551
1. 农林牧渔业	11948	11272
2. 工业	380099	431931
3. 建筑业	7931	8052
4. 交通运输、仓储和邮政业	8017	7526
5. 批发和零售业	38803	38664
6. 住宿和餐饮业	10447	10388
7. 房地产业	6740	5239
8. 其他服务业	11314	10479

表 107 最终消费支出情况表

单位:万元

项　　目	2017 年	2016 年
最终消费支出	7271017	6681816
一、居民消费支出	5475411	4995801
(一)农村居民	3288467	2954704
1.食品烟酒	987424	941522
2.衣着	270530	255223
3.居住(含自有住房服务)	558783	443354
4.生活用品及服务	242368	187946
5.交通和通信	313698	299773
6.教育文化娱乐	508904	444012
7.医疗保健	255167	243505
8.银行中介服务	23072	25780
9.保险服务	58289	48155
10.其他商品和服务	70232	65434
(二)城镇居民	2186944	2041097
1.食品烟酒	743215	697857
2.衣着	96323	97018
3.居住(含自有住房服务)	445684	427584
4.生活用品及服务	123306	122479
5.交通和通信	171992	140947
6.教育文化娱乐	299225	284847
7.医疗保健	224300	205825
8.银行中介服务	13917	15794
9.保险服务	19430	16052
10.其他商品和服务	49552	32694
二、政府消费支出	1795606	1686015

表 108　　人均 GDP 及居民消费水平情况表

单位:元,万人,%

项目	绝对额		以上年为 100 的指数	
	2017 年	2016 年	2017 年	2016 年
人均 GDP	36145	34483	107.8	107.1
当年价格居民消费水平	14018	12866	109.0	110.6
城镇居民	18183	17087	106.4	110.1
农村居民	10427	9477	110.0	109.1
不变价格居民消费水平	13533	12619	107.2	108.5
城镇居民	17563	16753	104.8	107.9
农村居民	10059	9300	108.2	107.1
年平均常住人口	390.59	388.30	100.6	100.5
城镇居民	180.85	172.92	104.6	104.1
农村居民	209.74	215.38	97.4	97.9

表 109　　各县市区总产出(2017 年)情况表

单位:万元

县(市、区)	总产出	第一产业	第二产业	
				工业
娄星区	14039040	268446	10170843	9019048
双峰县	5424997	703841	3607623	3306025
新化县	5293567	670406	3245904	2642780
冷水江市	9168703	145971	7395308	6944829
涟源市	5920976	585620	3569345	3239735

表 110　　各县(市、区)生产总值及构成(2017 年)一览表

单位:万元

县(市、区)	GDP	第一产业	第二产业	工业	建筑业	第三产业	人均生产总值(元)
娄星区	4601745	177623	2407247	2098609	309100	2016875	74886
双峰县	2122106	459259	879633	772448	107185	783214	25791
新化县	2270321	434849	763564	556871	207796	1071908	19891
冷水江市	2583981	89014	1479322	1369139	110559	1015645	74520
涟源市	2642749	367258	1157279	1028380	130030	1118212	26939

表 111　　各县(市、区)生产总值指数(2017 年)一览表

单位:%

县(市、区)	GDP	第一产业	第二产业	工业	建筑业	第三产业	人均生产总值(元)
娄星区	110.4	103.8	109.5	110.0	105.8	112.3	109.6
双峰县	108.6	104.2	107.0	107.1	106.0	113.7	108.0
新化县	108.5	104.1	106.8	107.2	105.8	111.6	107.9
冷水江市	107.3	103.7	105.6	105.4	107.2	111.7	106.8
涟源市	108.6	104.1	107.0	107.1	106.1	112.3	108.2

表 112　　各县(市、区)支出法生产总值(2017 年)一览表

县(市、区)	支出法 GDP	最终消费	资本形成总额	货物和服务净出口	投资率(%)	消费率(%)
娄星区	4601745	1869853	2710642	-89400	58.9	40.6
双峰县	2122106	1323274	1340972	-542140	63.2	62.4
新化县	2270321	1400358	869963		38.3	61.7
冷水江市	2583981	658801	1842854	82326	71.3	25.5
涟源市	2642749	1704046	926179	12524	35	64.5

表 113　　各县(市、区)支出法生产总值结构(2017 年)一览表

县(市、区)	资本形成总额(万元)				最终消费(万元)					
	绝对数		比重(%)		绝对数				比重(%)	
	固定资本	存货变动	固定资本	存货变动	居民消费	城镇居民	农村居民	政府消费	居民消费	政府消费
娄星区	2269239	552053	83.7	16.3	1202605	977936	224669	667248	64.3	35.7
双峰县	1320745	20227	98.5	1.5	864931	426853	438078	458343	65.4	34.6
新化县	732793	137170	84.2	15.8	1266962	685394	581568	133396	90.5	9.5
冷水江市	1288292	554562	69.9	30.1	605645	488770	116875	53156	91.9	8.1
涟源市	918375	7804	99.2	0.8	1410246	732222	678024	293800	82.8	17.2

表 114　　各县(市、区)人均居民消费水平(2017 年)一览表

县(市、区)	全市居民消费水平		城镇居民		农村居民	
	绝对数(万元)	指数(%)	绝对数(万元)	指数(%)	绝对数(万元)	指数(%)
娄星区	19570	109.8	21081	110.8	14918	104.4
双峰县	10512	104.7	14628	103.6	8250	103.3
新化县	11100	109.7	17238	106.2	7819	109.2
冷水江市	17464	106.6	18313	106.4	14628	107.4
涟源市	14383	118.9	18852	122.1	11451	113.6

说明:以上年为 100

重要文件目录

Important file directory

◎2017 年中共娄底市委出台文件目录

◎2017 年中共娄底市委办公室文件目录

表 115　　2017 年中共娄底市委出台文件目录

序号	责任者	文　号	题　　　名	日期	页数	备注
1	市委	娄发 1 号	关于深入推进农业供给侧结构性改革切实加快农业农村创新发展的意见	2017-03-31	29	
2	市委	娄发 4 号	关于印发《娄底市法治政府建设(2016—2020 年)实施方案》的通知	2017-03-17	45	
3	市委	娄发 5 号	关于印发《娄底市市管国有企业负责人薪酬制度改革实施方案》的通知	2017-03-24	21	
4	市委	娄发 6 号	关于加快金融业改革发展的实施意见	2017-03-28	34	
5	市委	娄发 7 号	关于印发《中共娄底市委 2017 年度政党协商计划》的通知	2017-04-06	8	
6	市委	娄发 8 号	关于进一步加强人民政协工作的意见	2017-04-08	21	
7	市委	娄发 9 号	关于印发《娄底市全面深化两型社会建设综合改革加快推进生态文明建设行动计划》的通知	2017-04-08	19	
8	市委	娄发 12 号	关于印发《娄底市委常委会落实“两学一做”学习教育和责任心教育常态化制度化九项措施》的通知	2017-05-22	18	
9	市委	娄发 13 号	关于实施创新引领战略建设科技强市的意见	2017-05-31	18	
10	市委	娄发 14 号	关于改革完善计划生育服务管理的实施意见	2017-08-21	41	
11	市委	娄发 15 号	关于实施开放崛起战略建设开放强市的意见	2017-06-09	23	
12	市委	娄发 16 号	关于实施创新引领开放崛起战略奋力建设富饶美丽健康祥和新娄底的决定	2017-07-31	41	
13	市委	娄发 17 号	关于推动责任心教育向纵深发展的决定	2017-07-31	8	
14	市委	娄发 18 号	关于印发《娄底经济技术开发区体制机制改革方案》的通知	2017-09-08	14	
15	市委	娄发 19 号	关于推动省“451”行动在娄底落地见效的具体意见	2017-09-21	71	
16	市委	娄发 20 号	印发《关于市委常委会带头学习宣传贯彻党的十九大精神的六条要求》的通知	2017-10-30	7	
17	市委	娄发 21 号	关于表彰 2017 年度全市抗洪救灾先进集体和先进个人的决定	2017-11-08	29	
18	市委	娄发 22 号	关于加强市属国有企业党建工作的意见	2017-11-15	16	
19	市委	娄发 23 号	关于印发《娄底市深化国家监察体制改革试点工作实施方案》的通知	2017-12-14	18	
20	市委	娄发 24 号	关于深入推进城市执法体制改革改进城市管理工作的实施意见(试行)	2018-01-23	25	

表 116

2017 年中共娄底市委办公室文件目录

序号	责任者	文 号	题 名	日期	页数	备注
20	市委办	娄办发 1 号	印发《关于全面推进政务公开工作的实施意见》的通知	2017-01-06	24	
21	市委办	娄办发 2 号	关于印发《娄底市信访工作责任制实施细则》的通知	2017-01-06	19	
22	市委办	娄办发 3 号	关于进一步加强县市区信访工作的实施意见	2017-01-06	21	
23	市委办	娄办发 4 号	关于加强娄底异地商会建设支持娄商发展的意见	2017-01-09	32	
24	市委办	娄办发 5 号	关于印发《娄底市党政领导干部生态环境损害责任追究实施细则(试行)》的通知	2017-02-04	22	
25	市委办	娄办发 6 号	关于 2016 年度全市综治工作考核评估情况的通报	2017-02-15	19	
26	市委办	娄办发 7 号	关于 2016 年度全市计划生育工作考核评估情况的通报	2017-02-15	10	
27	市委办	娄办发 8 号	关于 2016 年度全市安全生产工作考核情况的通报	2017-02-16	11	
28	市委办	娄办发 10 号	关于印发《娄底市重大事项社会稳定风险评估实施办法》的通知	2017-03-09	19	
29	市委办	娄办发 12 号	关于印发《娄底市容错免责办法(试行)》的通知	2017-03-31	14	
30	市委办	娄办发 13 号	关于印发《娄底市治理“为官不为”暂行办法》的通知	2017-03-31	11	
31	市委办	娄办发 14 号	关于印发《娄底市乡镇(街道)进度工作规范》的通知	2017-04-07	18	
32	市委办	娄办发 16 号	关于印发《娄底市 2017 年重点民生实事项目实施方案》的通知	2017-04-26	16	
33	市委办	娄办发 17 号	关于进一步加快推进美丽乡村建设的实施意见	2017-05-02	43	
34	市委办	娄办发 18 号	关于进一步规范全市评比考核表彰奖励活动的通知	2017-05-05	10	
35	市委办	娄办发 19 号	关于加快推进覆盖城乡居民的公共法律服务体系建设的实施意见	2017-05-22	20	
36	市委办	娄办发 20 号	关于印发《娄底市严禁领导干部违规插手干预工程建设和政府采购活动“十不准”规定》的通知	2017-05-24	10	
37	市委办	娄办发 21 号	关于印发《娄底市正向激励实施办法(试行)的通知》	2017-06-04	4	
38	市委办	娄办发 22 号	关于印发《市委主要领导批示督办落实管理办法》的通知	2017-06-06	7	
39	市委办	娄办发 23 号	关于推进社会治理网格化服务管理工作的实施意见	2017-06-08	16	

序号	责任者	文　号	题　　名	日期	页数	备注
40	市委办	娄办发 25 号	关于进一步提高办文效率的意见	2017-06-26	9	
41	市委办	娄办发 26 号	关于 2016 年度全市全面建成小康社会推进工作考评结果的通报	2017-07-07	9	
42	市委办	娄办发 27 号	关于加强市纪委派驻机构建设的实施意见	2017-07-11	18	
43	市委办	娄办发 28 号	关于 2016 年度全市绩效评估结果的通报	2017-08-10	7	
44	市委办	娄办发 29 号	关于印发《2017 年娄底市绩效评估实施方案》的通知	2017-08-10	65	
45	市委办	娄办发 30 号	关于印发《娄底市村财民理乡镇监管办法》的通知	2017-08-10	29	
46	市委办	娄办发 31 号	关于在全市建立“有事请找我”责任担当机制的指导意见	2017-08-11	6	
47	市委办	娄办发 32 号	关于印发《娄底市运用监督执纪第一种形态开展党内谈话的实施办法（试行）》的通知	2017-08-14	20	
48	市委办	娄办发 33 号	关于印发《娄底市市属投融资公司重大事项报告暂行规定》的通知	2017-08-21	12	
49	市委办	娄办发 35 号	关于在全市村党支部书记中开展争当“脱贫致富带头人”活动的意见	2017-08-21	8	
50	市委办	娄办发 36 号	关于在全市贫困群众中倡导开展“人穷志不穷、脱贫靠自身”自强自立行动的意见	2017-08-23	11	
51	市委办	娄办发 37 号	关于推动传达学习贯彻重要文件会议精神制度化长效化的若干意见	2017-09-05	8	
52	市委办	娄办发 38 号	印发《关于加快推进失信被执行人信用监督、警示和惩戒机制建设的实施意见》的通知	2017-09-05	17	
53	市委办	娄办发 39 号	关于动员全市机关和企事业单位帮助贫困群众增收致富的意见	2017-09-06	9	
54	市委办	娄办发 40 号	关于加快建设国家产业转型升级示范区的若干意见	2017-09-11	59	
55	市委办	娄办发 41 号	关于印发《深化娄底经济技术开发投资建设有限公司体制改革实施方案》的通知	2017-09-14	11	
56	市委办	娄办发 42 号	关于建立健全娄底市“十三五”规划纲要实施机制的指导意见	2017-10-31	62	
57	市委办	娄办发 43 号	关于在全市开展“抓重点、补短板、强弱项”集中调查研究的意见	2017-11-14	5	
58	市委办	娄办发 44 号	印发《关于加强民办学校党的建设工作的实施意见（试行）》的通知	2017-11-15	18	
59	市委办	娄办发 45 号	印发《关于进一步深化文化市场综合执法改革的实施方案》的通知	2017-11-22	44	
60	市委办	娄办发 46 号	关于深化“大学习大调研大提升”推动党的十九大精神在娄底落地见效的意见	2018-01-02	10	
61	市委办	娄办发 49 号	关于印发《娄底市科协系统深化改革实施方案》的通知	2018-01-12	47	

序号	责任者	文　号	题　　名	日期	页数	备注
62	市委办	娄办 1 号	关于印发《政协娄底市委员会 2017 年度协商工作计划》的通知	2017-01-09	12	
63	市委办	娄办 2 号	关于印发《市委常委联系县市区工作方案》的通知	2017-01-12	7	
64	市委办	娄办 3 号	关于印发《中共娄底市委巡查工作领导小组办公室主要职责、内设机构和人员编制规定》的通知	2017-01-20	8	
65	市委办	娄办 4 号	印发《关于落实〈关于贯彻落实党的十八届六中全会精神推进全面从严治党落地生根的若干意见〉的责任分工方案》的通知	2017-01-23	22	
66	市委办	娄办 5 号	关于绿化娄底四年行动计划第四年度考核情况的通报	2017-01-23	11	
67	市委办	娄办 6 号	关于 2016 年度全市信访工作考核结果的通报	2017-02-15	7	
68	市委办	娄办 7 号	关于实行市级领导挂点联系重点建设项目责任制的通知	2017-02-16	8	
69	市委办	娄办 8 号	关于娄底市 2016 年度七个“三年行动计划”推进工作和项目建设大比拼活动开展情况考核结果的通报	2017-02-16	8	
70	市委办	娄办 9 号	关于组织市县机关干部集中开展“进村庄社区、进项目工地、进实体企业”活动的通知	2017-02-17	7	
71	市委办	娄办 10 号	关于印发《娄底市工业提振三年行动计划 2017 年市级领导挂点联系重点企业(项目)工作方案》的通知	2017-02-17	24	
72	市委办	娄办 11 号	关于切实做好市级领导定期接访工作的通知	2017-02-17	12	
73	市委办	娄办 12 号	关于成立全市村(社区)党组织和村(居)民委员会换届选举工作领导小组的通知	2017-02-17	8	
74	市委办	娄办 13 号	关于娄底市 2017 年度市级领导挂点帮扶贫困村和市直单位驻村帮扶贫困村任务分工的通知	2017-03-02	18	
75	市委办	娄办 14 号	关于给予娄底市 2016 年度优秀驻村帮扶工作队员记功嘉奖的通报	2017-03-02	7	
76	市委办	娄办 15 号	关于做好迎接中央环境保护督察组环境保护督察工作的通知	2017-03-02	21	
77	市委办	娄办 16 号	关于调整市委全面深化改革领导小组专项小组的通知	2017-03-02	14	
78	市委办	娄办 17 号	关于 2016年度落实党风廉政建设责任制检查考核情况的通报	2017-03-03	10	
79	市委办	娄办 18 号	关于成立娄底市国家卫生城市管理工作领导小组和调整娄底市创建全国文明城市工作领导小组成员的通知	2017-0304	18	
80	市委办	娄办 19 号	关于调整娄底市爱国卫生运动委员会成员的通知	2017-03-04	8	
81	市委办	娄办 20 号	关于印发《娄底市 2017 年迎接国家卫生城市复审工作方案》的通知	2017-03-04	8	
82	市委办	娄办 21 号	转发省纪委《关于 1 起违反村(居)“两委”换届选举工作纪律典型案例的通报》的通知	2017-03-17	13	
83	市委办	娄办 22 号	关于调整市老年大学(老干部活动中心)项目建设领导小组的通知	2017-03-07	8	

序号	责任者	文　号	题　　　名	日期	页数	备注
84	市委办	娄办 23 号	关于 2016 年度全市城乡环境综合整治及建设工作考评结果的通报	2017-03-22	12	
85	市委办	娄办 25 号	关于调整市科技创新工作领导小组成员的通知	2017-03-29	7	
86	市委办	娄办 26 号	关于在全市深入持续开展“三进”活动的通知	2017-04-01	4	
87	市委办	娄办 27 号	关于印发《娄底市全面推行河长制实施方案》的通知	2017-04-10	63	
88	市委办	娄办 28 号	关于 2016 年度法治政府建设工作考核结果的通报	2017-04-10	10	
89	市委办	娄办 29 号	关于调整市党政机关楼堂馆所办公用房清理整改领导小组成员的通知	2017-04-10	6	
90	市委办	娄办 30 号	关于下达 2016 年度市直退役士兵安置任务的通知	2017-04-11	14	
91	市委办	娄办 32 号	关于成立市生态环境建设和治理工作领导小组的通知	2017-04-19	15	
92	市委办	娄办 33 号	关于印发《娄底市脱贫攻坚十条禁令》的通知	2017-04-22	7	
93	市委办	娄办 34 号	关于调整市脱贫攻坚领导小组和市扶贫开发领导小组成员的通知	2017-04-22	13	
94	市委办	娄办 35 号	关于印发《娄底市脱贫攻坚突出问题集中整改方案》的通知	2017-04-22	17	
95	市委办	娄办 36 号	关于印发《娄底市脱贫攻坚责任制实施办法》的通知	2017-04-22	22	
96	市委办	娄办 37 号	关于对 2016 年脱贫攻坚工作相关单位和个人进行组织处理的通报	2017-04-22	6	
97	市委办	娄办 38 号	关于进一步做好《娄底党委工作纪事》(2017 年卷)编纂工作的通知	2017-04-24	11	
98	市委办	娄办 39 号	关于 2016 年度全市全面深化改革项目化管理考核结果的通报	2017-04-25	8	
99	市委办	娄办 40 号	关于印发《娄底市配合中央环保督察有关环保问题整改落实工作奖励与问责实施方案》的通知	2017-05-02	7	
100	市委办	娄办 41 号	关于印发《市委、市人大常委会、市政府、市政协秘书长联席会议制度》的通知	2017-05-02	8	
101	市委办	娄办 42 号	关于调整市国家安全工作领导小组成员的通知	2017-05-02	8	
102	市委办	娄办 43 号	关于调整市全面建成小康社会推进工作领导小组成员的通知	2017-05-02	8	
103	市委办	娄办 44 号	关于调整市委宣传思想工作领导小组、市委建设学习型党组织工作领导小组、市委对外宣传领导小组成员的通知	2017-05-02	8	
104	市委办	娄办 45 号	关于调整市精神文明建设指导委员会等 6 个议事协调机构成员的通知	2017-05-02	17	
105	市委办	娄办 46 号	关于印发《娄底市配合中央环境保护督察总体工作方案》的通知	2017-04-28	17	

序号	责任者	文　号	题　　名	日期	页数	备注
106	市委办	娄办 47 号	关于印发《市区领导及中心城区单位联系帮扶社区创文管卫工作方案》的通知	2017-05-08	23	
107	市委办	娄办 48 号	关于成立市纪委派驻机构改革工作领导小组的通知	2017-05-09	9	
108	市委办	娄办 52 号	关于成立市项目建设大比拼活动领导小组的通知	2017-05-22	7	
109	市委办	娄办 53 号	关于成立市金融改革发展领导小组的通知	2017-05-22	8	
110	市委办	娄办 54 号	印发《关于推进“两学一做”学习教育常态化制度化的实施方案》的通知	2017-05-22	23	
111	市委办	娄办 55 号	关于印发《2017 年全市“两学一做”学习教育和责任心教育工作要点》的通知	2017-05-22	20	
112	市委办	娄办 56 号	关于印发《2017 年度市级领导带案下访包案处理信访问题活动方案》的通知	2017-05-22	19	
113	市委办	娄办 59 号	关于开展“扪心三问”推动责任心教育向纵深发展的通知	2017-06-02	6	
114	市委办	娄办 60 号	关于印发《娄底市继续开展“项目大比拼”活动的实施意见》《娄底市 2017 年度项目建设大比拼活动考核办法》的通知	2017-06-06	83	
115	市委办	娄办 61 号	关于印发《娄底市七个“三年行动计划”2017 年度实施方案》《娄底市七个“三年行动计划”2017 年度考核办法》的通知	2017-06-06	92	
116	市委办	娄办 62 号	关于切实做好新一轮市级领导办点和部门服务帮扶新农村建设示范村(片)工作的通知	2017-06-19	13	
117	市委办	娄办 63 号	关于成立市“互联网 + 监督”工作协调领导小组的通知	2017-06-19	11	
118	市委办	娄办 66 号	关于全市党政主要领导干部带头开展脱贫攻坚“三走访三签字三联系”工作的通知	2017-06-30	9	
119	市委办	娄办 68 号	关于印发《深入开展“大排查、大化解、大稳控”信访维稳专项行动实施方案》的通知	2017-06-30	15	
120	市委办	娄办 69 号	关于印发《全市无上访乡镇(街道)和无上访村(社区)创建活动实施方案》的通知	2017-06-30	17	
121	市委办	娄办 70 号	关于印发《娄底市防汛保安紧急令》的通知	2017-07-01	5	
122	市委办	娄办 72 号	关于调整市绩效评估委员会的通知	2017-07-05	10	
123	市委办	娄办 73 号	关于市级领导联系指导扶贫重点乡镇开展脱贫攻坚工作的通知	2017-07-07	12	
124	市委办	娄办 74 号	印发《关于加快推进“互联网 + 监督”工作实施方案》的通知	2017-07-11	15	
125	市委办	娄办 76 号	印发《娄底创新开放大讨论活动实施方案》的通知	2017-07-21	11	
126	市委办	娄办 77 号	关于学习讨论电视专题片《将改革进行到底》的情况报告	2017-07-28	8	
127	市委办	娄办 79 号	关于印发《中共娄底经济技术开发区委员会娄底经济技术开发区管理委员会主要职责内设机构和人员编制规定》的通知	2017-08-23	16	

序号	责任者	文　号	题　　名	日期	页数	备注
128	市委办	娄办 80 号	关于成立娄底市防范和化解重大风险事项工作领导小组的通知	2017-08-23	9	
129	市委办	娄办 81 号	关于成立市国有文化资产监督管理委员会的通知	2017-09-04	7	
130	市委办	娄办 82 号	关于印发《2017 年度法治政府建设考核方案》的通知	2017-09-05	17	
131	市委办	娄办 83 号	关于印发《乡镇党政正职脱贫攻坚工作问责规定(试行)》的通知	2017-09-07	11	
132	市委办	娄办 84 号	印发《关于加强离退休干部经常性学习教育工作的实施意见》的通知	2017-09-18	14	
133	市委办	娄办 85 号	关于用务实作风推动四个《意见》落地见效的通知	2017-09-13	9	
134	市委办	娄办 86 号	关于印发《娄底市优秀企业家、优秀娄商评选表彰工作方案》的通知	2017-09-14	28	
135	市委办	娄办 87 号	关于成立娄底市锡矿山地区环境综合治理工作领导小组的通知	2017-09-18	8	
136	市委办	娄办 88 号	关于进一步落实 2017 年度全省脱贫攻坚目标考核责任的通知	2017-10-11	6	
137	市委办	娄办 91 号	关于表彰在党的十九大期间信访维稳安保工作中作出突出贡献的集体和个人的决定	2017-11-16	22	
138	市委办	娄办 92 号	关于娄底经济技术开发区人事、考核和薪酬制度改革的指导意见	2017-11-20	10	
139	市委办	娄办 95 号	关于印发《2017 年度娄底市全面建成小康社会推进工作考核办法》的通知	2017-12-30	14	
140	市委办	娄办 96 号	关于 2016 年度全市民间融资风险处置及打处非工作考核情况的通报	2017-11-27	10	
141	市委办	娄办 100 号	关于印发《娄底市 2018 年度联村建绿活动实施方案》的通知	2017-12-28	24	

表 117　　2017 年娄底市人民政府文件目录

序号文号	文 件 标 题
1	关于印发《娄底市人民政府工作规则》的通知
2	印发《娄底市人民政府党组关于加强自身建设的十条规定》的通知
3	关于 2017 年《政府工作报告》重点工作部门分工的意见
4	关于我市部分行政区划调整的通知
5	关于加快发展现代职业教育的实施意见
6	关于支持和规范工商企业转型投资林业建设的实施意见
7	关于印发《加强农村留守儿童关爱保护工作实施方案》的通知
8	关于印发《娄底市“十三五”科技发展规划》的通知
9	关于印发《娄底市全民健身实施计划(2017–2020 年)》的通知
10	关于进一步深化行政审批制度改革优化政务服务的实施意见
11	关于印发《娄底市全科医生管理暂行办法》的通知
12	关于印发《娄底市妇女发展规划(2016–2020 年)》和《娄底市儿童发展规划(2016–2020 年)》的通知
13	关于加快推进易地扶贫搬迁工作的实施意见
14	关于印发《娄底市公共资源交易平台管理和交易监督暂行办法》的通知
15	关于开展高速公路沿线特色小镇建设试点的实施意见
16	关于市政府领导带头抓实抓细项目建设的若干意见
17	关于印发《娄底市加快培育和发展住房租赁市场暂行办法》的通知
18	关于印发《娄底市行政复议听证规则》的通知
19	关于加强困境儿童保障工作的通知
20	关于支持娄底经开区设立动力电池与储能电池产业园的若干意见
21	关于印发《娄底市土壤污染防治工作方案》的通知

序号文号	文件标题
22	关于印发《娄底市社会信用体系建设规划(2016—2020年)》的通知
23	关于印发《娄底市投融资体制改革重点任务分工》的通知
24	关于2017年征兵的命令
25	关于公布规范性文件清理结果的决定
26	关于授权娄底经济技术开发区行使部分经济社会管理权限的通知
27	关于第二批清理规范65项市政府部门行政审批中介服务事项的决定
28	关于加快质量发展建设质量强市的实施意见
29	关于发布《娄底市政府核准的投资项目目录(2017年本)》的通知
30	关于加强食品安全工作的实施意见
31	关于进一步加快发展资本市场的若干意见
32	关于取消和调整一批行政审批事项的通知
33	关于加快社会信用体系建设的意见
34	关于新化县部分行政区划调整的通知
35	关于撤销新化县上梅镇和上渡办事处设立上梅、上渡、枫林3个街道的通知
36	关于印发《娄底市促进电子商务等互联网经济加快发展若干措施》的通知
37	关于促进快递业健康发展的实施意见

表 118　　2017 年娄底市人民政府办公室文件目录

序号文号	文件标题
1	关于印发《娄底市人民政府领导成员工作分工》的通知
2	关于印发《娄底市市长质量奖管理办法》的通知
3	关于印发《娄底市市本级接收安置退役士兵办法(修订)》的通知
4	关于引导支持娄底中心城区零担物流企业进入物流园区发展的意见
5	关于印发《娄底市基本公共服务清单》的通知
6	关于印发《娄底市"十三五"普通公路建设使用国家开发银行贷款资金管理办法》的通知
7	关于贯彻落实《湖南省全民科学素质行动计划纲要实施方案(2016—2020 年)》的通知
8	关于印发《娄底市抗旱应急预案》的通知
9	关于印发《娄底市防汛应急预案(2017 年修订)》的通知
10	关于印发《娄底市全科医生(助理全科医生)驻村全覆盖行动计划实施方案》的通知
11	关于加强和改进行政应诉工作的实施意见
12	关于印发《娄底市公众举报环境违法行为奖励暂行办法》的通知
13	关于印发《娄底市政府和社会资本合作项目监管办法(试行)》的通知
14	关于印发《娄底市"十三五"时期易地扶贫搬迁工作方案》的通知
15	关于印发《娄底市危险化学品安全综合治理实施方案》的通知
16	关于印发《娄底市易地扶贫搬迁督查工作方案》的通知
17	关于印发《娄底市易地扶贫搬迁十个一律不准》的通知
18	关于印发 2017 年督查工作要点的通知
19	关于印发《娄底市 2017 年度地质灾害防治方案》的通知
20	关于印发《娄底市发展开放型经济考核办法（试行)》《娄底市招商引资工作专项考核办法（试行)》《娄底市重点产业小分队招商引资实施办法(试行)》的通知
21	关于印发《娄底市招商引资若干政策规定(试行)》的通知

序号文号	文件标题
22	关于建立“一单四制”政务督查制度的通知
23	关于印发《娄底市整合建立统一的公共资源交易平台工作实施方案》的通知
24	关于印发《娄底市推进基层综合性文化服务中心建设实施方案》的通知
25	关于印发《娄底市深化医药卫生体制改革2017年重点工作任务》的通知
26	关于加快推进中心城区中小学近期规划建设的通知
27	关于巩固中央环境保护督察成果进一步加强环境保护工作的通知
28	关于印发《娄底市“12345”市长热线工作规则》的通知
29	关于积极推进医疗卫生与养老服务相结合工作的实施意见
30	关于印发《娄底市推进医疗联合体建设和发展实施方案》的通知
31	关于印发《娄底市降低实体经济企业成本实施细则》的通知
32	关于印发《娄底市贯彻落实〈湖南省促进民间投资六大专项行动〉实施方案》的通知
33	关于印发《娄底市进一步加强煤矿安全生产监管工作若干规定》的通知
34	关于支持戏曲传承发展的实施意见
35	关于进一步加强公安派出所工作的意见
36	关于印发娄底市道路交通安全工作考核办法》的通知
37	关于做好“12345”市长热线工作的通知
38	关于印发《娄底市政务服务中心主要职责内设机构和人员编制规定》的通知
39	关于印发《娄底市金融支持经济社会发展奖励办法(2017年修订)》的通知
40	关于印发《娄底市市本级城市邮快件配送车辆管理暂行办法》的通知
41	关于进一步加强物业管理的通知
42	关于印发《市人大代表建议和市政协提案办理工作规定》的通知
43	关于印发《娄底市市本级政府投资项目审批及管理办法》和《娄底市政府投资项目审批简化环节优化流程实行办法》的通知
44	关于印发《娄底市道路交通安全“道安监管云”建设实施方案》的通知
45	关于加快推进养殖业转型升级的实施意见

序号文号	文件标题
46	关于印发《娄底市企业投资项目核准和备案管理实施细则》的通知
47	印发《娄底市关于促进外贸外经和口岸发展的若干措施》的通知
48	关于印发《商品房去库存与易地扶贫搬迁安置相结合工作方案》的通知
49	关于印发《娄底市安全生产工作考核办法》的通知
50	关于加强基地物流安全管理工作的通知
51	关于印发《娄底市推行政务服务"只跑一次"改革实施方案》的通知

索 引

A

安全生产监督管理 ……………………………… (221)

B

保密工作 ………………………………………… (144)
不良资产处置 …………………………………… (219)

C

财政 ……………………………………………… (310)
残疾人事业 ……………………………………… (412)
城管行政执法支队 ……………………………… (271)
城市供电 ………………………………………… (274)
城市供水 ………………………………………… (276)
城市管理行政执法 ……………………………… (269)
城市建设管理 …………………………………… (266)
城乡规划 ………………………………………… (277)
畜牧水产业 ……………………………………… (243)

D

大事记 …………………………………………… (28)
大唐华银金竹山火力发电分公司 ……………… (260)
档案工作 ………………………………………… (375)
党史工作 ………………………………………… (147)
道路运输管理 …………………………………… (285)
地方税务 ………………………………………… (315)
地方志工作 ……………………………………… (162)
地质矿产勘测 …………………………………… (256)
电商协会 ………………………………………… (300)
电视发射台工作 ………………………………… (385)
电信股份有限公司娄底分公司 ………………… (290)
电子政务工作 …………………………………… (166)
督察工作 ………………………………………… (129)
对台工作 ………………………………………… (139)

F

发改委 …………………………………………… (214)
法院 ……………………………………………… (200)
房地产监管 ……………………………………… (280)
房地产开发 ……………………………………… (280)
风景园林管理 …………………………………… (273)
福利救助 ………………………………………… (413)
妇幼保健院 ……………………………………… (400)

G

港澳事务和外事侨务 …………………………… (168)
港澳工作及归国华侨侨眷联合会 ……………… (168)
工商行政管理 …………………………………… (222)
工商银行 ………………………………………… (328)
公安工作 ………………………………………… (189)
公安钢城分局 …………………………………… (192)
公共交通 ………………………………………… (276)
公共资源交易 …………………………………… (231)
公路 ……………………………………………… (286)
供销合作 ………………………………………… (302)
广播电视 ………………………………………… (383)
国家税务 ………………………………………… (314)
国家统计调查队 ………………………………… (228)
国民经济与社会发展 …………………………… (68)
国土资源 ………………………………………… (216)
国有土地上房屋征收中心 ……………………… (218)
国有资产管理 …………………………………… (215)

H

红十字会 ………………………………………… (413)
湖南兵器长城机械有限公司 …………………… (262)
湖南人文科技学院 ……………………………… (348)
湖南神斧集团一六九化工有限责任公司 ……… (263)
湖南省娄底监狱 ………………………………… (204)

湖南省煤业集团金竹山矿业有限公司 ……（259）
湖南省煤业集团涟邵实业有限公司 ……（259）
华达汽车空调（湖南）有限公司 ……（262）
环境保护 ……（281）
环境卫生 ……（273）

J

机构编制工作 ……（138）
机关事务管理 ……（168）
疾控中心 ……（393）
计生协会 ……（391）
纪律检查工作 ……（133）
检察工作 ……（197）
建设银行 ……（327）
建置区划 ……（66）
讲师团工作 ……（147）
交警支队 ……（193）
交通运输 ……（284）
交通质监 ……（285）
教育 ……（344）
接待工作 ……（149）
金融办 ……（320）
经信委 ……（254）
九三学社娄底市委员会 ……（177）
军休所 ……（143）

L

老干部工作 ……（142）
冷水江工业中等专业学校 ……（361）
冷水江市 ……（417）
涟源钢铁集团有限公司 ……（257）
涟源市 ……（422）
粮食储备 ……（303）
林业 ……（246）
娄底广播电视大学 ……（356）
娄底技师学院 ……（359）
娄底经济技术开发区 ……（234）
娄底日报社 ……（382）
娄底市保安服务有限责任公司 ……（332）
娄底市保险行业协会 ……（335）
娄底市城市建设投资管理办公室 ……（269）
娄底市城市建设投资集团有限公司 ……（269）
娄底市第二人民医院 ……（403）
娄底市第一人民医院 ……（401）
娄底市第一中学 ……（350）
娄底市第一职业中学 ……（360）
娄底市妇女联合会 ……（183）
娄底市工商业联合会 ……（178）
娄底市国有资本投资运营有限公司 ……（333）
娄底市交通建设投资开发有限责任公司 ……（332）
娄底市科学技术局 ……（338）
娄底市科学技术协会 ……（339）
娄底市人民代表大会 ……（150）
娄底市人民代表大会常务委员会工作报告 ……（16）
娄底市人民防空办公室 ……（211）
娄底市人民政府 ……（154）
娄底市社会主义学院 ……（179）
娄底市委直属机关工作委员会 ……（134）
娄底市文化旅游发展投资有限公司 ……（334）
娄底市文化市场综合执法支队 ……（371）
娄底市文化艺术联合会 ……（369）
娄底市兴娄融资担保有限公司 ……（331）
娄底市中医医院 ……（404）
娄底市总工会 ……（180）
娄底幼儿师范学校 ……（357）
娄底职业技术学院 ……（352）
娄星区 ……（416）
旅游 ……（306）

M

贸促会 ……（299）
民政工作 ……（409）
民族宗教工作 ……（162）

N

农村公路管理处 ……（288）
农村经营管理 ……（230）
农发行 ……（330）
农业机械 ……（245）
农业委员会 ……（240）
农业银行 ……（329）

Q

气象预报 ……（250）
强制隔离戒毒所 ……（200）
全民健身服务中心 ……（378）

R

燃气供应 …………………………………… (277)
人民银行 …………………………………… (321)
人社工作 …………………………………… (408)

S

商务粮食 …………………………………… (296)
社会治安综合治理 ………………………… (188)
社科联 ……………………………………… (340)
审计 ………………………………………… (220)
省农信社 …………………………………… (331)
石油销售 …………………………………… (301)
食品药品监督管理 ………………………… (225)
食品药品检验 ……………………………… (226)
市人民政府办公室 ………………………… (158)
市委党校(娄底行政学院)工作 …………… (145)
市政维护 …………………………………… (272)
市中心医院 ………………………………… (397)
双峰县 ……………………………………… (424)
水利 ………………………………………… (247)
水文 ………………………………………… (248)
水运 ………………………………………… (289)
司法行政 …………………………………… (203)

T

体育学校 …………………………………… (376)
统计 ………………………………………… (226)
统计公报 …………………………………… (434)
统一战线工作 ……………………………… (135)
投资事务促进 ……………………………… (298)
图书发行 …………………………………… (374)

W

万宝新区 …………………………………… (236)
卫生和计划生育 …………………………… (388)
卫生计生执法监督 ………………………… (390)
文体广新局 ………………………………… (366)
文物·考古 ………………………………… (373)
无线电管理 ………………………………… (167)

X

锡矿山闪星锑业公司 ……………………… (261)
消防支队 …………………………………… (196)
新化县 ……………………………………… (427)
信访工作 …………………………………… (164)
宣传工作 …………………………………… (131)

Y

烟草专卖 …………………………………… (303)
盐业 ………………………………………… (305)
移民工作 …………………………………… (169)
银监分局 …………………………………… (325)
邮政 ………………………………………… (291)

Z

在市委经济工作会议上的讲话 ……………… (2)
政策研究工作 ……………………………… (140)
政府工作报告 ………………………………… (9)
政府法制工作 ……………………………… (165)
政法委工作 ………………………………… (186)
质量技术监督管理 ………………………… (223)
中共娄底市委办公室 ……………………… (124)
中国共产党娄底市委员会 ………………… (120)
中国共产主义青年团娄底市委员会 ……… (182)
中国联通娄底分公司 ……………………… (291)
中国民主建国会娄底市委员会 …………… (175)
中国民主同盟娄底市委员会 ……………… (174)
中国农工民主党娄底市委员会 …………… (176)
中国人民解放军娄底军分区 ……………… (208)
中国人民武装警察部队娄底市支队 ……… (209)
中国人民政治协商会议娄底市委员会 …… (170)
中国人民政治协商会议娄底市第五届委员会常务委员会工作报告 ……………………………… (21)
中国铁塔股份有限公司娄底市分公司 …… (291)
中国移动通信集团湖南有限公司娄底分公司 (290)
中国银行 …………………………………… (326)
重要报道 …………………………………… (90)
重要成果 …………………………………… (89)
重要会议 …………………………………… (71)
重要活动 …………………………………… (82)
住房公积金 ………………………………… (278)
驻北京办事处工作 ………………………… (160)
驻长沙办事处工作 ………………………… (161)
驻广州办事处工作 ………………………… (160)
自然地理 …………………………………… (64)
组织工作 …………………………………… (130)
组织机构及负责人名单 …………………… (106)